Andreas Löschel, Dirk Rübbelke, Wolfgang Ströbele, Wolfgang Pfaff
Michael Heuterkes
Energiewirtschaft

Andreas Löschel, Dirk Rübbelke,
Wolfgang Ströbele, Wolfgang Pfaffenberger,
Michael Heuterkes

Energiewirtschaft

Einführung in Theorie und Politik

4., vollständig überarbeitete Auflage

DE GRUYTER
OLDENBOURG

ISBN 978-3-11-055632-2
e-ISBN (PDF) 978-3-11-055633-9
e-ISBN (EPUB) 978-3-11-055647-6

Library of Congress Control Number: 2020940180

Bibliografische Information der Deutschen Nationalbibliothek
Die Deutsche Nationalbibliothek verzeichnet diese Publikation in der Deutschen
Nationalbibliografie; detaillierte bibliografische Daten sind im Internet über
http://dnb.dnb.de abrufbar.

Vorwort zur 4. Auflage

Seit der dritten Auflage sind nunmehr acht Jahre vergangen. Deshalb ist eine grundlegende Überarbeitung des Lehrbuchs „Energiewirtschaft" angebracht. Gegenüber der dritten Auflage betreffen die wichtigsten Veränderungen insbesondere folgende Teile:

- die Neuerstellung bzw. fundamentale Umstrukturierung der Kapitel „Energiebilanzen", „Klimaschutzpolitik", „Sektorale Energienachfrage- und Bedarfsprognosen" und „Energiehandel",
- eine Ausweitung der theoretischen Grundlagen und Konzepte in den Kapiteln „Energieträger als erschöpfbare Ressourcen", „Energie- und Umweltrestriktionen", sowie in den „Grundlagen der Regulierungstheorie",
- die Berücksichtigung aktueller Entwicklungen bezüglich der Energieträger Stein- und Braunkohle, Erdöl, Erdgas, Kernenergie, sowie der Erneuerbaren Energien.

Neben der Aktualisierung von Tabellen und Abbildungen wurden alle Kapitel des Buchs durchgesehen und – wo angebracht – Änderungen vorgenommen.

Bei der Erstellung dieser Auflage erfuhren wir intensive Unterstützung durch unsere wissenschaftlichen und studentischen Mitarbeiter*innen Anna-Christina Beiker, Lisa-Hanna Broska, Anja Brumme, Marvin Gleue, Oliver Kaltenegger, Laura Klockenbusch, Philip Mayer, Sebastian Otte, Lukas Reinhardt, Binia Sonnen, Theresa Stahlke und Madeline Werthschulte.

Die verbleibenden Mängel gehen wie immer zu unseren Lasten.

Freiberg, Münster und Oldenburg, im März 2020

Prof. Dr. Andreas Löschel
Prof. Dr. Dirk Rübbelke
Prof. emer. Dr. Wolfgang Ströbele
Prof. emer. Dr. Wolfgang Pfaffenberger
Dr. Michael Heuterkes

https://doi.org/10.1515/9783110556339-201

Inhalt

Abbildungsverzeichnis

https://doi.org/10.1515/9783110556339-202

Tabellenverzeichnis

https://doi.org/10.1515/9783110556339-203

1 Einführung und Grundlagen

Die Energieökonomik befasst sich mit einem zentralen Thema der Menschheitsgeschichte, ja des Lebens überhaupt. Leben bedeutet im Kern, dem ständig wirkenden Naturgesetz zum Einebnen von geordneten Strukturen entgegen zu wirken. Gebäude verrotten, Sandburgen werden glatt gespült, Gebirge werden abgetragen, Lebewesen sterben, usw. – ohne Eingriffe und immer wieder neuen Aufbau geordneter Strukturen tendiert alles zu Gleichförmigkeit. Dies ist die Aussage des Gesetzes von der **Zunahme der Entropie** (Gleichförmigkeit) in einem geschlossenen System. Danach wäre das Leben auf der Erde sehr langfristig gar nicht möglich, wenn nicht die Erde von verschiedenen Seiten immer mit neuen Energiezuflüssen versorgt würde.

Die geordneten Strukturen von Gebirgen und Landschaften auf der Erde wie die Alpen oder der Himalaja sind durch Prozesse entstanden, die durch Reste einer Glut aus der Erdentstehungszeit angetrieben werden: Das nach wie vor extrem **heiße Erdinnere** sorgt für Bewegungen der Erdkruste, faltet sie auf, lässt anderswo Massen wieder versinken, etc. In einigen Milliarden Jahren ist diese Glut so weit erkaltet, dass dann Erdbeben o. ä. nachlassen oder sogar aufhören werden.

Die großräumigen Wasserbewegungen in den Weltmeeren, sichtbar als Aufeinanderfolge von **Ebbe und Flut**, verdanken ihren Antrieb der Bewegungsenergie von Erde und Mond, die um einen gemeinsamen Schwerpunkt kreisen, der wegen der deutlich größeren Masse der Erde sehr nahe des Erdmittelpunktes liegt. Dadurch werden beide Himmelskörper, praktisch kaum messbar, über die Jahrtausende geringfügig langsamer **(Gravitationsenergie)**.

Dass überhaupt Leben und damit zumindest vorübergehend geordnete Strukturen auf der Erdoberfläche möglich wurden, verdanken wir vor allem einem riesigen, ständig vor sich hin explodierenden Fusionsreaktor, von dessen unvorstellbar großen Mengen an freigesetzter Energie ein winziger Bruchteil die Erde erreicht. Ohne die **Sonnenenergie** gäbe es keinen Wasserkreislauf, keinen Wind und kein Leben für Pflanzen und Tiere. Letztere arbeiten dem Entropieanstieg entgegen, indem sie in Nahrungsketten Energiespeicher der vorgelagerten Ebene nutzen und selbst verwerten. Am Beginn jeder Nahrungskette steht deshalb die Fotosynthese von Algen, Gras, Getreide o. ä. In diesem Sinne lebt auch der rein fleischfressende Gepard indirekt von der Sonnenenergie, haben doch seine Beutetiere das Gras der Steppe oder Savanne genutzt. Dem Gefälle der Energienutzung entspricht dann auch der Befund, dass Fleischfresser in geringerer Zahl vorkommen als ihre Beutetiere: Es muss mehr Antilopen geben als Geparden oder Löwen.

Während Gesellschaften des Altertums und des Mittelalters fast ausschließlich auf der Nutzung regenerierbarer Energieressourcen wie Holz, tierischer oder menschlicher (Sklaven-)Kraft oder Wasser- und Windenergie beruhten, nutzt eine inzwischen auf mehrere Milliarden Menschen angewachsene Weltbevölkerung seit etwa 300 Jahren auch fossile Energiequellen. Für das menschliche Leben und die Produktionspro-

https://doi.org/10.1515/9783110556339-001

zesse ist deshalb eine ausreichende Energieverfügbarkeit von größter Bedeutung. Insbesondere die industrielle Produktionsweise ist auf ergiebige Energiequellen angewiesen.

Auf Aluminiumbleche, Weihnachtsbäume oder Erdbeermarmelade kann die Menschheit zur Not verzichten: Energieressourcen sind hingegen absolut notwendig für die Aufrechterhaltung jeglicher Produktion und des Lebens schlechthin.

1.1 Natürlicher und anthropogener Energieumsatz

Menschliche Energienutzungen in Form von Nahrung für das eigene Leben und Einsatz von Energie für technische Systeme (Maschinen, Fahrzeuge, usw.) sind nur ein geringer Bruchteil der **natürlichen Energieumsätze**, die ständig im Bereich der Erde, ihrer Atmosphäre und auf der Erdoberfläche registriert werden können. Die Größenordnungen verdeutlicht die Abb. 1.1.

Von den rund 180 Mrd. MW Sonnenenergieeinstrahlung, die ständig die Erde erreichen, wird rund ein Drittel bereits vor dem Auftreffen auf die erdnahen Schichten der Atmosphäre reflektiert (Albedo).[1] Rund zwei Drittel wandeln sich in Wärme um, indem sie Luft, Wasser oder Landmassen erwärmen. Unter den derzeitigen Bedingungen der Atmosphäre wird mit geringer Verzögerung diese Wärme wieder in das Weltall zurückgestrahlt.

Eine Größenordnung von 300–400 Mio. MW ($\approx$ 0,2 % der Sonneneinstrahlung) wird in **Wind-** und **Wellenbewegungsenergie** umgewandelt, 70–80 Mio. MW durch **Fotosynthese** in Pflanzen verschiedenster Art in Form von chemischer Energie als Stärke oder Holz o. ä. gespeichert ($\approx$ 0,04 %). Der derzeitige **zivilisatorische Energieumsatz der gesamten Menschheit** beläuft sich auf rund 10 Mrd. Tonnen RÖE, was bei Gleichverteilung auf die 8.760 Jahresstunden einer durchschnittlich beanspruchten Leistung von 13,7 Mio. MW, d. h. etwa 0,0075 % der ständigen Sonnenenergieeinstrahlung, entspricht.

Der **biologische Energiebedarf** für die Menschen beträgt bei der derzeitigen Erdbevölkerung rund 0,8–0,9 Mio. MW, die durch Nahrungsmittel, d. h. letztlich aus Fotosynthese gedeckt werden müssen. Dass die Landwirtschaft durch ihre direkte und indirekte Nahrungsmittelproduktion erheblich mehr als diese 0,8–0,9 Mio. MW bereitstellen muss, liegt an den unter energetischen Aspekten geringen Wirkungsgraden der Erzeugung von großen Mengen tierischen Eiweißes für den Fleischkonsum. Die Menge an Pflanzen für die Fütterung der Nutztiere ist sehr hoch. Um den Energiegehalt eines Rindersteaks zu erhalten, muss ein Vielfaches dieser Energie in Form von Pflanzen für die Fütterung bereitgestellt werden.

---

[1] Die Maßeinheit für die „Leistung" (Energieumsatz pro Zeitspanne) ist Watt. Zu den Energiemaßeinheiten vgl. Abschnitt 1.2.

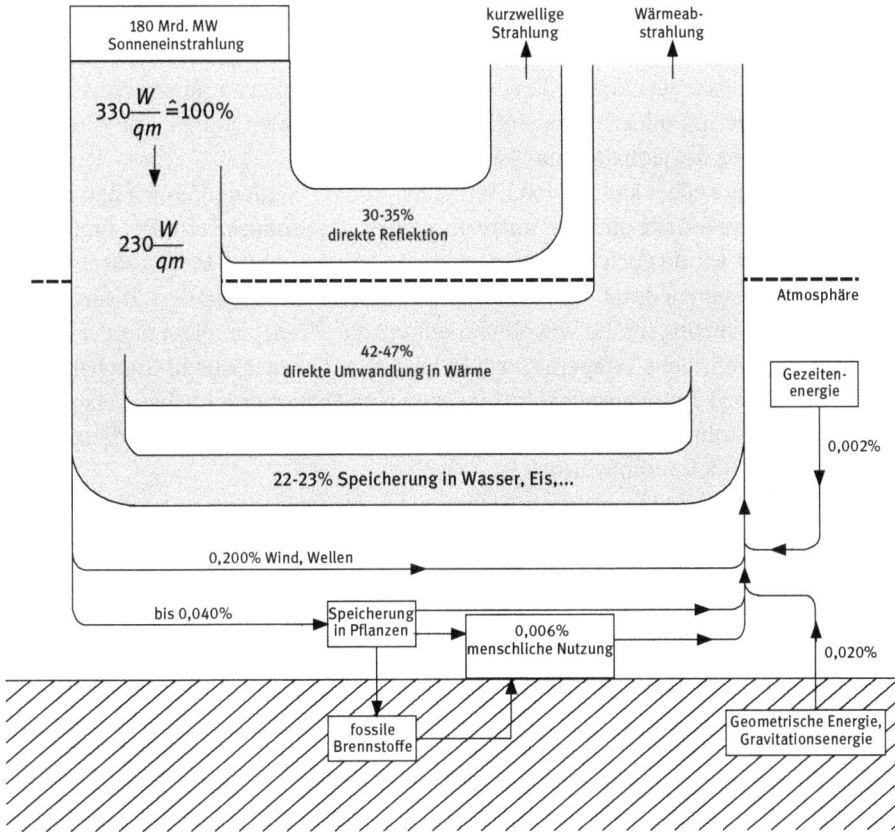

Abb. 1.1: Natürliche und anthropogene Energieumsätze auf der Erdoberfläche und in der Atmosphäre

Die **Erdoberfläche** ist somit unter Energieaspekten **kein geschlossenes System**, sondern weist eine Energiezufuhr von Sonne und in geringerem Ausmaß Erdwärme und umgewandelter Gravitationsenergie auf. Diese Energiezufuhr würde die Erde immer wärmer werden lassen, wenn sie sich nicht mehr in einer Balance mit Wärmeabstrahlung ins kalte Weltall befindet.

Die anthropogene Wärmezufuhr aus Verbrennungsprozessen, Kernspaltung u. ä. erzeugt in den heutigen Größenordnungen keine globalen Wärmebalanceprobleme, sondern in ungünstigen Fällen eher lokale und regionale „Hitzeinseln", die in entsprechenden Wetterkonstellationen schlimmstenfalls lokale Unwetter oder andere regionale Ereignisse wie Hagelschauer oder extreme Wärmetage beeinflussen können.

Eine Beeinträchtigung der Wärmebalance tritt jedoch infolge der mit menschlicher Energienutzung verbundenen Treibhausgasemissionen auf. Bereits 1827 beobachtete Jean-Baptiste Fourier die wärmende Wirkung von Treibhausgasen in der Atmosphäre. Fourier erkannte die Ähnlichkeiten zwischen den Vorgängen in der Atmosphäre und denen innerhalb eines Treibhauses. Aufgrund dieser Ähnlichkeiten fand der Begriff „Treibhauseffekt" Anwendung. Der Treibhauseffekt steht für einen Prozess, bei dem Spurengase reflektierte, langwellige Sonnenstrahlen am Austritt aus der Atmosphäre hindern. Dadurch akkumuliert Wärme im globalen System und dies führt zu einem Anstieg der globalen Durchschnittstemperatur.

Der Treibhauseffekt kann in zwei Teileffekte zerlegt werden, nämlich den **natürlichen Treibhauseffekt** und den **anthropogenen Treibhauseffekt**. Der natürliche Treibhauseffekt würde auch ohne menschliche Aktivität auf der Erde vorliegen, und er wird unter anderem durch Wasserdampf und Kohlendioxid generiert. Dieser Effekt ist eine Voraussetzung für die Bewohnbarkeit unseres Planeten, denn ohne ihn würde die durchschnittliche Temperatur am Erdboden nur etwa minus 18 Grad betragen. Der anthropogene Treibhauseffekt ist hingegen eine Folge menschlichen Lebens und Wirtschaftens. Kohlendioxid (CO_2) ist dasjenige Treibhausgas, welches für diesen Teileffekt hauptsächlich verantwortlich ist.

Die durch den anthropogenen Treibhauseffekt hervorgerufene globale Erwärmung stellt eine weltweite Bedrohung dar, denn sie wird mit schwerwiegenden negativen Entwicklungen wie beispielsweise dem Ansteigen des Meeresspiegels und dem vermehrten Auftreten von Extremwetterereignissen (Stürme, Starkregen usw.) verbunden sein. Aus diesen Folgen der globalen Erwärmung werden hohe volkswirtschaftliche Kosten resultieren. Auf diesen globalen Aspekt der Energieerzeugung wird in späteren Kapiteln separat eingegangen.

In der Erdgeschichte und auch in den letzten Jahrtausenden hat es erhebliche natürliche Schwankungen mit Wärme- und Kältezeiten gegeben, über längere Zeitabschnitte auch im Gehalt an Treibhausgasen in der Atmosphäre. Es ist somit die sehr schwierige analytische Trennung der „ohnehin" stattfindenden und der durch anthropogen verursachte Treibhausgase „zusätzlich" induzierten Temperaturveränderung zu leisten.

1.2 Energie aus natur- und ingenieurswissenschaftlicher Sicht

Der Physiker bezeichnet **Energie als Fähigkeit, (physikalische) Arbeit zu leisten**. Dies kann sich auf den atomaren oder molekularen Bereich beziehen (chemische Umwandlungen, Schmelzen o. ä.), auf mechanische Arbeit wie das Heben einer Masse in den 3. Stock eines Gebäudes oder den Transport von Massen in endlicher Zeit von einem Ort zum anderen. Auch das Verändern von Temperaturen wie das Bereitstellen von warmem Wasser im Haushalt oder die Prozesswärme in der Industrie ist als Arbeit zu werten.

Während es früher eine Vielzahl von **Maßeinheiten für Energie** gab, die zudem im amerikanischen und angelsächsischen Raum wieder anders aussahen als im kontinentaleuropäischen und bei Ingenieuren anders üblich waren als bei Physikern oder Energiewirtschaftlern, hat sich die internationale Konvention mit der Maßeinheit

Joule (J) durchgesetzt. Das Problem dieser Maßeinheit für den Energiewirtschaftler ist ihre für praktische Anwendungen ungünstige „Kleinheit":

1 J = 1 Watt-Sekunde und entspricht der Arbeit, die eingesetzt werden muss, um einen Körper mit der Masse von 102 g einen Meter (friktionslos) anzuheben (für Experten: Differenz der Höhenenergie bei Standardgravitationskraft).

Eine Wattstunde (Wh) entspricht 3.600 Joule (J) bzw. 3,6 Kilojoule (kJ). Wenn man bedenkt, dass ein normal elektrifizierter Haushalt in Deutschland rund 4.000 kWh Stromverbrauch im Jahr aufweist, kommt man beim Rechnen mit J für Branchen oder die gesamte Volkswirtschaft sehr schnell in Milliarden J oder noch größere Zahlen, was die Einführung von Mega-, Giga-, u. ä. Skalen nahe legt. Es gelten die in Tabelle 1.1 dargestellten **Skalen**.

Tab. 1.1: Abkürzungen für 10-er Potenzen

Kilo	=	k	=	Tausend	=	10^3	Tera	=	T	=	Billion	=	10^{12}
Mega	=	M	=	Million	=	10^6	Peta	=	P	=	Billiarde	=	10^{15}
Giga	=	G	=	Milliarde	=	10^9	Exa	=	E	=	Trillion	=	10^{18}

Die verschiedenen Formen der Energie können über die **Wärmeäquivalente** ineinander umgerechnet werden. Dies beruht auf dem Energiegesetz, dass sich jede Form von Energie in Wärme umwandeln lässt. Um den Energiegehalt eines Brennstoffs zu ermitteln, gibt es zwei verschiedene Konventionen. Der sogenannte Brennwert (H_o) schließt die Kondensationswärme von zu Wasserdampf verbranntem Wasserstoff als Teil des Energieträgers ein. Der Heizwert (H_u) hingegen erfasst nur gasförmige Verbrennungsprodukte. Da in den Statistiken H_u ausgewiesen wird, kann beispielsweise ein so genannter Brennwertkessel einen rechnerischen „Wirkungsgrad" von über 100 % erzielen, was thermodynamisch unmöglich ist, hier aber aus der statistischen Konvention folgt. In Tabelle 1.2 sind Umrechnungsfaktoren für gebräuchliche Energieeinheiten aufgeführt.[2]

Neben den Umrechnungsfaktoren zwischen verschiedenen Energieeinheiten sind häufig auch Umrechnungen für einzelne Primärenergieträger notwendig. Dies ergibt sich aus unterschiedlichen historischen Bezeichnungen in den verschiedenen Ländern. So gibt es beispielsweise für Erdöl vier international gebräuchliche Messsysteme, die in Tabelle 1.3 aufgeführt sind.

Die statistische **Erfassung des elektrischen Stroms** ist dabei an zwei Stellen möglich: Für Strom als Endenergieträger kann ermittelt werden, wie viel Wärme bei Umwandlung aus 1 kWh Strom zu gewinnen ist. Da bei Strom eine fast verlustfreie Umwandlung in Wärme technisch möglich ist, ist natürlich 1 kWh Strom mit 3.600 kJ zu bewerten. In der Stromerzeugung kann man fragen, wie viel Energieträger (Kohle,

---

2 Die Zahlenangaben beziehen sich grundsätzlich auf den Heizwert (= „unterer Heizwert").

Tab. 1.2: Umrechnungsfaktoren für Energieträger

	kJ	kcal	kWh	kg SKE	kg RÖE	m³ Erdgas
1 Kilojoule (kJ)	–	0,2388	0,000278	0,000034	0,000024	0,000032
1 Kilokalorie (kcal)	4,1868	–	0,001163	0,000143	0,0001	0,00013
1 Kilowattstunde (kWh)	3.600	860	–	0,123	0,086	0,113
1 Steinkohleeinheit (SKE)	29.308	7.000	8,14	–	0,7	0,923
1 Rohöleinheit (RÖE)	41.868	10.000	11,63	1,428	–	1,319
1 m³ Erdgas	31.736	7.580	8,816	1,083	0,758	–

Tab. 1.3: International gebräuchliche Umrechnungsfaktoren für Erdöl mit durchschnittlicher Dichte (Quelle: BP, 2018)

	Tonnen	Kiloliter	Barrels	US-Gallonen	Tonnen pro Jahr
Tonnen	1	1,165	7,33	307,86	–
Kiloliter	0,8581	1	6,2898	264,17	–
Barrels	0,1364	0,159	1	42	–
US-Gallonen	0,00325	0,0038	0,0238	1	–
Barrels pro Tag	–	–	–	–	49,81

Gas, usw.) eingesetzt werden müssen, um 1 kWh zu erzeugen. Da der Netto-Wirkungs-grad (nach Abzug des Eigenverbrauchs) eines Wärmekraftwerks mit einer Dampftur-bine derzeit bei um die 58 % liegt,[3] ist dementsprechend Strom in dieser Betrachtung energetisch etwa um den Faktor 2 höher auszuweisen. Diese Kennzahl hängt aber of-fensichtlich von der technischen Effizienz des jeweiligen Kraftwerksparks einer Volks-wirtschaft ab. Seit 1995 wird Kernenergiestrom mit dem tatsächlichen Wirkungsgrad von 33 % zurück gerechnet (was seinen Beitrag zur „Primärenergie" statistisch er-höht); Wasserkraft- und Windenergiestrom wird mit 100 % als Primärenergie einge-setzt (was ihren Beitrag in der Primärenergiebilanz gegenüber der früheren Konventi-on niedriger ausweist).

Der **erste Hauptsatz der Thermodynamik** besagt nun, dass in einem geschlos-senen System die Energiemenge nicht verändert werden kann, sondern lediglich zwi-schen verschiedenen Erscheinungsformen umgewandelt wird. Demnach kann es ei-gentlich aus rein physikalischer Sicht keinen Energie**verbrauch** geben, sondern nur Energie**umwandlungen**.

Der **zweite Hauptsatz der Thermodynamik** besagt, dass tendenziell alle Ener-gieformen in einem geschlossenen System (potenzielle, kinetische Energie, Hochtem-peraturwärme, usw.) in „minderwertige", d. h. gleichförmig verteilte Wärme (etwa auf Umgebungstemperatur) umgewandelt werden. Sie verlieren somit ihre Fähigkeit, qua-

---

3 Vgl. Umweltbundesamt (2019a).

litativ hochwertige Arbeit zu leisten. In diesem Sinne und weil die Erde derartige „minderwertige" Wärme letztlich ständig ins Weltall abstrahlt, gibt es aus ökonomischtechnischer Sicht doch etwas wie Energieverbrauch: Verbraucht wird die qualitativ hochwertige Form von Energieträgern, die für Produktions- und Konsumprozesse benötigt wird. Derzeit beruht der größte Teil der Energieumwandlungen auf der Welt auf **Verbrennung**sprozessen[4], bei denen zwei chemische Reaktionen dominieren, nämlich die (schnelle) Kohlenstoffoxidation und die (schnelle) Wasserstoffoxidation. Deshalb sollen die Reaktionen (in gerundeten Zahlen) genauer betrachtet werden:

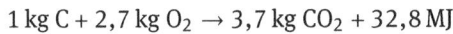

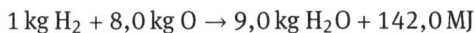

$$1 \, kg \, C + 2,7 \, kg \, O_2 \rightarrow 3,7 \, kg \, CO_2 + 32,8 \, MJ$$

$$1 \, kg \, H_2 + 8,0 \, kg \, O \rightarrow 9,0 \, kg \, H_2O + 142,0 \, MJ$$

Wenn die unvermeidlichen **Kuppelprodukte der Verbrennung** Kohlendioxid bzw. Wasser beide harmlos wären, könnte man die Umweltaspekte der Verbrennungsprozesse vernachlässigen. Jedoch haben die Erkenntnisse der Klimaforschung über die letzten 30 Jahre sukzessive enthüllt, dass eine weitere Anreicherung der Erdatmosphäre mit CO_2 langfristig das Weltklima negativ verändern kann. Offensichtlich wären für Verbrennungsprozesse Energieträger auf der Basis von Wasserstoff unter diesem Aspekt vorzuziehen, zumindest solche, die aus einer Mischung von Kohlenstoff und Wasserstoff bestehen (Erdgas, Mineralöl). Noch besser wären unter diesem Aspekt Energieträger, die nicht auf Verbrennungsprozessen von Kohlenstoff basieren. Für zahlreiche heute wichtige Anwendungen stehen diese aber (noch) nicht in technisch-wirtschaftlich ausgereifter Form zur Verfügung, wohingegen derzeit kohlenstoffhaltige Energieträger noch reichlich zu niedrigen Förderkosten verfügbar sind.

Andere Kuppelprodukte, die aus Umwandlungsprozessen chemisch verunreinigter Brennstoffe entstehen (z. B. aus schwefelhaltiger Kohle oder Mineralöl) oder die in Reaktionen mit den anderen Bestandteilen der Luft (z. B. Umwandlung von Luftstickstoff bei hohen Verbrennungstemperaturen in Stickoxide NO_x) erzeugt werden, können zumindest grundsätzlich durch geeignete Reinigungstechniken entweder im Verbrennungsprozess selbst oder nachträglich im Abgas durch Filter oder Katalysatoren wieder eliminiert werden. Auch für CO_2 gibt es Verfahren, die das unerwünschte Kuppelprodukt in der Atmosphäre reduzieren. Bei der sogenannten **CO_2-Abscheidung und -Speicherung** (engl.: carbon dioxide capture and storage [CCS]) wird Kohlenstoff beispielsweise am Kraftwerk technisch abgespalten und an geeigneten Orten dauerhaft verwahrt. In dem Verfahren **CO_2-Abscheidung und -Verwendung** (englisch: carbon capture and utilization [CCU]) wird der Kohlenstoff ebenfalls abgespalten, dann aber für andere chemische Prozesse eingesetzt.

Die Kohlenstoff- und Kohlenwasserstoffverbindungen der Lagerstätten, welche von der Menschheit seit etwa knapp 300 Jahren für ihre **kommerzielle Energiever-**

---

4 Größenordnung 2016: Mineralöl 33,28 %, Erdgas 24,13 %, Kohle 28,11 %, Atomenergie 4,46 %, Wasserkraft 6,86 % und erneuerbare Energieträger 3,16 %. Quelle: BP (2017).

sorgung genutzt werden, sind zum größten Teil auf Lebensvorgänge früherer Jahrmillionen zurückzuführen: Tierische und pflanzliche Überreste gespeicherter Sonnenenergie wurden unter günstigen Bedingungen vor dem Verrotten bewahrt und chemisch umgewandelt und stehen deshalb heute zum Verbrennen zur Verfügung.

Der Mensch als Lebewesen nimmt natürlich mit der Nahrung täglich in Pflanzen und Fleisch gespeicherte Sonnenenergie auf: Landwirtschaft, Jagd und Fischerei sind also unter energetischen Aspekten nichts weiter als Wirtschaftssektoren zur Ernte und Umwandlung von Sonnenenergie in für den Körper verwendbare Formen. Der tägliche **biologische Nahrungs-**, d. h. **Energiebedarf**, richtet sich im Wesentlichen danach, welcher Energieverbrauch des Körpers unterstützt werden muss: Ein Hochleistungssportler oder Schwerarbeiter benötigt leicht über 4.000 kcal pro Tag, ein überwiegend sitzender Mensch kommt gut mit 1.500–2.000 kcal aus, andernfalls speichert der Körper die überschüssige Energiezufuhr in Form von Fettzellen.

Die **technische Bereitstellung von Energie** verlangt danach, (potenziell) hochwertige Energie in einen Prozess einzusetzen, einen möglichst großen Teil dieser Energie für gewünschte Zwecke zu nutzen und schließlich in einen Zustand minderwertiger Energie (Wärme auf oder nur geringfügig über der Umgebungstemperatur) umzuwandeln. Der Autofahrer wandelt den Energiegehalt seines Benzintanks durch einen kontrollierten Explosionsprozess im Motor in Bewegungsenergie um, wobei der Wirkungsgrad (Verhältnis von effektiv für den Transport genutzter Energie zu eingesetzter Energie) hier sehr niedrig ist. Ein Teil der Energie wird zunächst zur Fortbewegung genutzt und zuletzt in Wärme (Rollreibung der Reifen, Abwärme des Motors, die im Winter für Heizzwecke des Fahrzeugs teils mitgenutzt wird) umgewandelt.

1.3 Energie aus historischer Sicht

Seitdem die Menschen anfingen, kontrolliert das Feuer für Heizzwecke, zum Kochen und Braten und zur Verteidigung gegen angreifende Feinde einzusetzen, griffen sie auf Energieträger aus der Natur zurück. Die thermischen Energieanwendungen (Heizen, Kochen, Schmelzen von Erzen und Metallen) basierten zum größten Teil auf Holz und Holzkohle, mechanische Energie wurde anfangs ausschließlich durch tierische Zugkraft, dann aber auch zunehmend durch Wasserkraft oder Windenergie bereitgestellt. Auch der Einsatz von Sklaven, etwa auf Galeeren, kann als Ausnutzung von menschlichen Kraftquellen für Antriebe von Schiffen betrachtet werden.

1.3.1 Allgemeine Entwicklung

Weit bis in die Neuzeit lieferten vielfältige Formen der so genannten **regenerierbaren Energieressourcen** (Biomasse als Futter für Tiere, Wind- und Wasserkraft für Mühlen und Pumpen, Tierdung als Brennstoff, Holz als Brennstoff, Windenergie für Segelschiffe) den Löwenanteil der Energieversorgung. Der Aufschwung der Niederlande ab dem 17. Jahrhundert beruhte nicht nur auf der 1648 errungenen Unabhängigkeit, sondern vor allem auch auf den bereits einige Jahrzehnte vorher entwickelten Methoden, Windenergie für großtechnische Entwässerungssysteme und später für Sägewerke für den Flottenbau zu nutzen.

Noch bis in die fünfziger Jahre des 20. Jahrhunderts wurden in Deutschland viele Küchenherde mit Holz befeuert. Zu dieser Zeit konnte man kleine Brennholzscheite in Geschäften kaufen. Diese heute so genannte nicht kommerzielle Energie wurde und wird auch heute noch nur sehr begrenzt auf Märkten gehandelt; sie dient meistens der Eigenversorgung. In einigen Ländern der so genannten Dritten Welt liefern diese **nicht kommerziellen Energieträger** nach wie vor wichtige Beiträge zur Energieversorgung vor allem auf dem Lande. Dementsprechend sind die Energiestatistiken einiger dieser Länder schwer zu interpretieren und nur begrenzt mit denen der Industrieländer zu vergleichen.

Die Energieversorgung der frühen Neuzeit auf der Basis der Holzkohle für industrielle Schmelzprozesse wurde zum Engpassfaktor für technisch an sich mögliche Skalenvergrößerungen: Die Hochöfen konnten nur in geringer Größe (3–4 m hoch und einfach ausgeführt) gebaut werden, da die jeweils umliegenden Wälder nur begrenzte Energielieferanten waren. Nach deren Abholzen mussten die Hochöfen aufgegeben und an anderer Stelle neu errichtet werden. Als Abraham Darby im Jahr 1709 in Wales zum ersten Mal einen größeren Hochofen mit hochwertiger Steinkohle beschickte und dieses Verfahren funktionierte, begann die **industrielle Entwicklung** in großem Stil: Der relativ hohe Energiegehalt der Steinkohle, ihre anfangs einfache Förderung an den Taleinschnitten in Wales und größere Hochöfen ließen im 18. Jahrhundert eine Ausdehnung der Eisenproduktion zu, die vorher undenkbar war.

Erst 1774 lieferten Experimente von Lavoisier in Paris die grundlegenden naturwissenschaftlichen Erkenntnisse über Verbrennungsvorgänge.

Als Brennstoff für Anwendungen im Haushalt dominierte lange Zeit **Holz**. Als Energielieferant für den Antrieb stationärer Kraftanwendungen diente bis zur Erfindung und technischen Ausreifung der Dampfmaschine in der ersten Hälfte des 18. Jahrhunderts praktisch ausschließlich **Wind- und Wasserkraft**.[5]

Es gab aber auch den Einsatz einer großen Zahl von Tieren beispielsweise für Pumpzwecke in Bergwerken u. ä. Kohlebefeuerte Dampfmaschinen wurden ab der Mitte des 19. Jahrhunderts zunehmend in Schiffen und Lokomotiven eingesetzt. Mobile Kraftanwendungen wurden nach wie vor auch durch tierische Zugkraft für Feldarbeiten oder zum Bewegen von Pferdekutschen erbracht. Erstaunlicherweise trugen diese Komponenten auf der Basis regenerierbarer Energieträger beispielsweise in dem aufstrebenden Industrieland USA noch in der zweiten Hälfte des 19. Jahrhunderts über 50 % zur anthropogenen Energieversorgung bei.

---

5 Die erste Dampfmaschine für Produktionszwecke in Deutschland wurde 1785 in einem preußischen Bergwerk für die so genannte Wasserhaltung, d. h. für Pumpzwecke, in Betrieb genommen.

Nachdem die **Steinkohle** die Basis für die industrielle Entwicklung im 19. Jahrhundert gelegt hatte,[6] begann gegen Ende des 19. Jahrhunderts der Siegeszug des neuen Energieträgers **Mineralöl**, der aufgrund seiner Handling-Vorteile und guten Energiedichte praktisch universell einsetzbar ist. Wurde Mineralöl anfangs vor allem als Petroleum für Beleuchtungszwecke eingesetzt, so wurde diesem Energieträger mit der Erfindung des Automobils nach 1885 ein neuer riesiger Markt erschlossen. Später eroberte es auch als Heizöl Einsatzbereiche in der Wärmeerzeugung und in Kraftwerken.

Während das **Erdgas** in den USA bereits nach dem 1. Weltkrieg erfolgreich eingesetzt wurde, kam es in Europa erst nach dem 2. Weltkrieg in großem Stil zum Zuge und verdrängte sukzessive das bis dahin aus Kohle gewonnene (giftige) Stadtgas.[7]

Seit den sechziger Jahren des 20. Jahrhunderts begann zunächst in den Industrieländern die kommerzielle Nutzung der **Atomenergie**. Dies geschah in verschiedenen Bauarten von Kernspaltungsreaktoren, von denen sich derzeit in den westlichen Staaten zwei Baulinien von so genannten Leichtwasserreaktoren durchgesetzt haben. Andere Baulinien wie Gas-Grafit-Reaktoren (Großbritannien) oder Schwerwasserreaktoren (Kanada, Deutschland) oder verschiedene andere Typen aus der früheren Sowjetunion werden inzwischen nicht mehr gebaut, sind aber noch teils in Betrieb.

1.3.2 Entwicklung in Deutschland

Nach dem Zweiten Weltkrieg dominierte in der westdeutschen Energieversorgung anfangs noch die einheimische **Steinkohle** mit Fördermengen in einer Größenordnung von 150 Millionen Tonnen jährlich. Daneben wurden auch größere Mengen **Braunkohle** im linksrheinischen Revier gefördert. Die deutsche Mineralölförderung war stets gering und erreichte nicht mehr als drei bis vier Prozent des Verbrauchs. In der ostdeutschen Wirtschaft trug die **Braunkohle** die Hauptversorgungslast.

Mit dem Übergang zur Marktwirtschaft in der Bundesrepublik Deutschland wurden die Energiemärkte liberalisiert, und das billige **Mineralöl** verdrängte sukzessive die Steinkohle, sodass es bereits gegen Ende der fünfziger Jahre immer wieder zu Feierschichten im Bergbau und Beginn des Zechensterbens im Ruhrgebiet und Saarbergbau kam.[8]

---

6 Die damalige Weltmacht Großbritannien förderte kurz vor dem 1. Weltkrieg jährlich über 200 Millionen Tonnen Steinkohle, um die Industrie, Dampfmaschinen der Kriegsflotte und Hausbrand mit Energie zu versorgen. Zum Vergleich: Deutschland förderte Mitte der neunziger Jahre knapp unter 60 Millionen Tonnen. Steinkohle trug um 1900 etwa 90 % zur kommerziellen Energieversorgung der Welt mit insgesamt rund 760 Mio. Tonnen SKE bei.

7 In Kontinentaleuropa gab es viele Versuche aus Kohle erzeugtes Gas zur Beleuchtung zu verwenden. So wurde der Hörsaal der Universität Löwen 1785 mit Gas beleuchtet. Eine kleine erste Stadtbeleuchtung führte Professor Wilhelm August Lampadius bereits 1811 im sächsischen Freiberg ein (Bärthel 1997).

8 Vgl. beispielsweise verschiedene Protokolle, Redemanuskripte u. ä. in: Martiny und Schneider (1945).

Mit dem Vordringen des **Erdgases** seit der Mitte der sechziger Jahre und dem Ausbau der **Atomenergie** in der Stromerzeugung in den siebziger Jahren fächerte sich die
deutsche Energieversorgungsbasis weiter auf. Seit einigen Jahren gibt es eine starke
energiepolitische Unterstützung für die Nutzung **regenerierbarer Energieträger** wie
Sonnenenergie oder Windkraftwerke.

Die Strukturveränderungen in den Beiträgen der einzelnen Energieträger zum
deutschen Primärenergieverbrauch zeigt die folgende Tabelle 1.4.

Tab. 1.4: Beiträge der Energieträger zur Primärenergieversorgung in der Bundesrepublik Deutschland in Mio. Tonnen SKE (Quelle: AG Energiebilanzen, 2018a)

	1990	1996	2002	2008	2011	2014	2016[1]
Steinkohle	78,7	71,3	65,7	61,4	58,5	60,0	56,5
Braunkohle	109,2	57,6	56,7	53,0	53,4	53,7	51,8
Mineralöle	178,4	198,2	183,6	167,3	154,4	153,3	155,8
Gase	78,6	107,3	107,7	110,2	99,7	91,2	103,6
davon Erdgas, Erdölgas	*78,2*	*106,9*	*107,3*	*109,9*	*99,3*	*90,8*	*103,2*
Kernenergie	56,9	60,2	61,4	55,4	40,2	36,2	31,5
Erneuerbare Energien	6,7	9,2	15,5	39,1	49,9	51,8	57,9
Sonst. Energieträger[2]			1,5	6,9	8,7	7,7	8,0
Austauschsaldo Strom	0,1	−0,6	0,1	−2,8	−0,8	−4,2	−6,2
Insgesamt	508,6	503,1	492,3	490,6	464,0	449,7	459,0

[1] Vorläufige Angaben

[2] Nichterneuerbare Abfälle, Abwärme und Außenhandelssaldo Fernwärme

Hinter diesen Strukturverschiebungen auf der Energieangebotsseite steht natürlich
auch eine ähnlich starke Veränderung auf der **Energienachfrage**seite. War lange Zeit
die Industrie das größte Aggregat für die Energienachfrage, so haben sich mit der zunehmenden Elektrifizierung der Haushalte, den ständig gestiegenen Wohnflächen bei
fast vollständiger Ausbreitung von Zentralheizungen und der Motorisierung fast der
gesamten Bevölkerung die Gewichte inzwischen verschoben: Die Energienachfrage
im Verkehr und der privaten Haushalte ist heute mindestens ebenso bedeutend wie
die des verarbeitenden Gewerbes.

Die Abhängigkeit von Energieimporten und die Einbindung in die Weltmärkte
machte sich bei den drei Ölpreiskrisen 1973/74, 1979 und 1985/86 heftig bemerkbar.
Bei den beiden erstgenannten Krisen stiegen die Öl- und damit auch mit Verzögerung
die Erdgaspreise drastisch an und sorgten für eine Verschlechterung der deutschen
Terms-of-trade. Nach dem Dezember 1985 kam es zu einem starken Preisverfall für
Mineralöl, was sich 1986 quasi als positives Konjunkturprogramm für die deutsche
Volkswirtschaft auswirkte. Während dieses niedrige Energiepreisniveau bis zum Beginn des 21. Jahrhunderts anhielt, zogen nach dem Jahr 2000 sowohl die Steinkohle-
als auch die Öl- und Gaspreise stark an und erreichten Mitte 2008 historische Höchst-

stände. Nach der Wirtschaftskrise 2009 sind die Ölpreise etwas gesunken, was die Exporterlöse der Ölexportländer schmälerte. Im Jahr 2010 wurde ein Energiekonzept beschlossen, welches erneuerbare Energien als Hauptenergiequelle vorsieht. Der endgültige Ausstieg aus der Kernenergie wurde ein Jahr später erklärt. Bis 2022 sollen alle Kernkraftwerke in Deutschland abgeschaltet werden. Der Umbau der Energieversorgung soll dazu führen, dass Deutschland seinen gesamten Energiebedarf durch erneuerbare Energien decken kann.

1.4 Energie aus ökonomischer Sicht

Aus ökonomischer Sicht ist die mit einem Energieträger in Kombination mit einer bestimmten Energieumwandlungs- und Nutzungstechnik erzielbare **„Energiedienstleistung"** bzw. „Nutzenergie" interessant. Die am Markt verfügbare und vom Nutzer letztlich gewählte Technik hängt neben den überhaupt denkbaren Substitutionsmöglichkeiten entscheidend von den relativen Preisen für Energieträger einerseits und von dem Grad der Kapitalintensität der Umwandlungs- und Nutzungssysteme andererseits ab.

Die **Nachfrage nach Energiedienstleistungen** von Haushalten, Unternehmen oder anderen Wirtschaftssubjekten richtet sich auf
– die Bereitstellung von Niedertemperaturwärme (Heizung, Warmwasser u. ä.),
– die Bereitstellung von Hochtemperaturwärme vor allem für industrielle Prozesse (Eisenverhüttung, Metallschmelzen, usw.),
– die elektrische und chemische Energie für Elektrolysen u. ä.,
– die Beleuchtung und Kommunikationstechniken (Glühbirnen, Leuchtstofflampen, Computer, usw.),
– den Antrieb von Fahrzeugen (Binnenschiff, Automobil, Lokomotive, usw.),
– den Antrieb von stationären Motoren (Kühlschrank, Maschinen in Handwerk und Industrie, usw.).

Die **Nachfrage nach Energieträgern** ist somit eine abgeleitete Größe aus der Nachfrage nach den verschiedenen Formen von **„Nutzenergie"** und den dafür verfügbaren Produktionstechniken und deren Kosten. Die Substitutionsmöglichkeiten zwischen verschiedenen Energieträgern einerseits und zwischen Energie und Kapital andererseits sind beispielsweise für die Bereitstellung von Wärme für ein Haus vielseitiger als bei der Kommunikationstechnik oder Beleuchtung, wo elektrischer Strom praktisch nicht substituierbar ist und auch nur in Grenzen durch Kapital ersetzt werden kann.

Falls sich Energiepreise kurzfristig stark ändern – wie es beispielsweise 1973/74, 1979 und 1985/86 und erneut im Zeitraum 2000–2008 der Fall war, können Energieverbraucher wegen der notwendigen Zeit für erforderliche Umstrukturierungen kurzfristig weniger elastisch reagieren als mittel- bis langfristig: Eine vor fünf Jahren installierte Heizungsanlage wird in der Regel nicht kurzfristig wegen beispielsweise um 30 % gestiegener Heizölpreise ersetzt. Vielmehr erfolgt der Wechsel auf eine energiesparendere Technik bei der nächsten anstehenden Renovierung oder beim Defekt der Heizung. Kurzfristig kann bestenfalls das Nutzerverhalten in Grenzen verändert werden: Inkaufnahme geringerer Raumtemperatur bei der Heizung, Ersetzen einiger Autofahrten durch Fahrradbenutzung oder Verzicht auf einige Fahrten. Die **kurzfristige Preiselastizität der Nachfrage** nach Energieträgern wird demnach deutlich niedriger sein als die längerfristige, wenn Umstrukturierungsprozesse und Ersatz alter Geräte durch solche mit besserer Technik vorgenommen werden können.

Exkurs zur Preiselastizität der Nachfrage
Die Preiselastizität der Nachfrage ε_N beschreibt betragsmäßig den Rückgang der Nachfragemenge in Prozent, wenn der Preis um 1 % gestiegen ist und lässt sich mathematisch ausdrücken als:

$$\varepsilon_N = \frac{dx}{dp}\frac{p}{x},$$

wobei x für die Nachfrage und p für den Preis steht.

Beispiel:
Gegebene Nachfragefunktion: $p = \frac{1}{2}(36 - x^2)$.

Frage:
Wie hoch ist in diesem Fall die Preiselastizität der Nachfrage bei einem Preis $p = 10$?

Antwort:
Aus $p = \frac{1}{2}(36 - x^2)$ folgt nach einfachen Umformungen, dass $x = \sqrt{36 - 2p}$.

Somit gilt: $\quad \varepsilon_N = \frac{dx}{dp}\frac{p}{x} = \frac{-2}{2\sqrt{36-2p}}\frac{p}{\sqrt{36-2p}} = \frac{-p}{36-2p}.$

Das Einsetzen von $p = 10$ ergibt: $\quad \varepsilon_N = \frac{dx}{dp}\frac{p}{x} = -\frac{10}{16} = -0{,}625.$

Daraus resultiert das Ergebnis, dass bei einem Anstieg des Anfangspreises $p = 10$ um ein Prozent die Nachfrage um 0,625 % zurückgeht.

Kontrollfrage:
Wie hoch ist die Preiselastizität der Nachfrage, wenn der Preis bei $p = 16$ liegen würde?

Antwort:

Es ergibt sich als Elastizität: $\varepsilon_N = -\frac{16}{4} = -4$. Also wird bei einem Anstieg des Preises $p = 16$ um ein Prozent nun die Nachfrage um vier Prozent zurückgehen.

Für dieselbe Nachfragefunktion erhalten wir somit bei unterschiedlichen Preisen unterschiedliche Preiselastizitäten der Nachfrage (siehe Abb. 1.2).

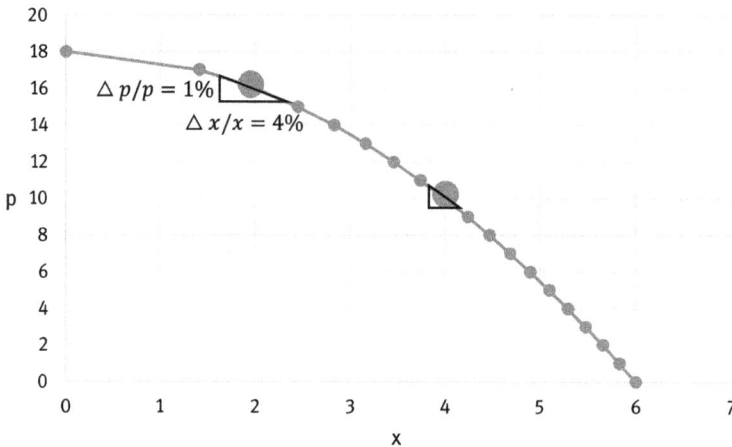

Abb. 1.2: Grafische Darstellung der Nachfrageänderung bei Preisänderungen

Unterschiedliche Elastizitätswerte lassen sich wie folgt einordnen:

Liegt für ein Gut ein *absoluter* Elastizitätswert von

- größer als 1 vor, dann ist die Nachfrage **elastisch.**
  → Die Nachfrage reagiert stark auf Preisveränderungen: Erhöht man z. B. den Preis eines gewöhnlichen Gutes um ein Prozent, sinkt die Nachfrage um mehr als ein Prozent.
- kleiner als 1 vor, dann ist die Nachfrage **unelastisch.**
- Bei einer Elastizität von −1 spricht man von einer einheitselastischen Nachfrage.

Das potenzielle **Angebot an Energieträgern** wird durch eine Vielzahl von Faktoren beeinflusst, die grundsätzlich einer ökonomischen Analyse zugänglich sind:

1. Wie teilt ein Besitzer eines gegebenen Vorrats an Energieressourcen die Förderung auf der Zeitachse auf? Dieses Problem der **intertemporalen Allokation** müssen beispielsweise Ölstaaten wie Saudi-Arabien oder Kuwait über einen sehr langen Zeithorizont lösen. Ist deren Aufteilung kompatibel mit einer „gesellschaftlich er-wünschten" Allokation? Offensichtlich kommen hier Fragen der Diskontrate, der Unsicherheit über Verfügbarkeit und Kosten von Substitutionstechniken, der Prognosen von Nachfragebedingungen u. ä. simultan zum Tragen.

2. Mit welchem Aufwand an Produktionsfaktoren lassen sich Reservenvergrößerung durch **Exploration** und Neuerschließung von Feldern erreichen? Wie viel Forschungs- und Entwicklungsaufwand ist in die Entwicklung heute noch unrentabler, langfristig aber wichtiger Energieträger wie etwa Photovoltaik oder aufwändiger Stromspeichersysteme zu stecken?

3. Welche Kosten durch Energienutzung werden vom jeweiligen Energieanbieter bzw. -nutzer getragen, welche auf Dritte abgewälzt? Da ein großer Teil der Umweltprobleme moderner Industriegesellschaften im Zusammenhang mit Energienutzungen entstehen (CO_2, Stickoxide, Kohlenwasserstoffe, Rußpartikel, usw.), haben **umweltpolitische Rahmenbedingungen** hier große Bedeutung.

Aus der Sicht der modernen Ressourcenökonomik stellt Energie einen „**essenziellen Produktionsfaktor**" dar, der nicht anhaltend durch andere Produktionsfaktoren ersetzt werden kann.

Da die derzeitigen Vorräte an fossilen Energieträgern absehbar groß genug sind, um eine Energieversorgung mindestens über die kommenden 100–250 Jahre sicher zu stellen, ist deshalb nach der sehr langfristigen Substitution durch quasi-unerschöpfliche Energieträger zu fragen. Die damit aufgeworfenen Fragen nach einem „optimalen" Übergang auf eine so genannte Backstop-Technik sind einerseits für Planungsüberlegungen bereits mathematisch nicht trivial, andererseits sind die institutionellen Aspekte je nach Bedingungen für einen Wechsel auf ein neues Energiesystem (Erschöpfung konventioneller Energieträger, Umweltrestriktionen, usw.) sehr komplex.

Die **Energiemärkte** sind unter mehreren Aspekten nicht mit dem Idealbild eines Marktes gemäß der Allgemeinen Gleichgewichtstheorie vergleichbar.

1. Die **zeitliche Reichweite der abschließbaren Verträge** deckt i. d. R. nicht die Lebensdauer eines Ressourcenvorrats ab. Kurzfristiger Egoismus und Risikoeinstellungen von Energieanbietern, Lagerhaltung als kurz- bis mittelfristige Puffer gegen unerwünschte Marktschwankungen sowie unvollständige Information über vorhandene Vorräte, Handel mit Futures an Gas- und Ölbörsen sind hier spannende Aspekte.

2. Die **Kapitalbindung** sowohl auf der Angebots- als auch auf der Nachfrageseite ist häufig sehr **spezifisch** und hat eine lange Planungs- und Lebensdauer zur Folge, was zu prekären Bindungen zwischen an einen Ort gebundenen Anbietern (z. B. aus einem Erdgasfeld) und wenigen speziellen Nachfragern (die eine 1.000 km lange Pipeline zu diesem einen Erdgasfeld gebaut haben) führt. Die für eine Lösung derartig kniffliger Anreizprobleme möglichen Vertragstypen sind ein wichtiges Arbeitsgebiet für Juristen und Ökonomen.

3. Eine funktionierende Energieversorgung leistet unverzichtbare Vorleistungen für die gesamte Volkswirtschaft und ermöglicht damit erhebliche Renten an ganz anderer Stelle. **Versorgungssicherheit** ist deshalb ein eigenständiges Gut. Die Ge-

sellschaft will beispielsweise in der Stromversorgung nicht nur das Gut „elektrische Arbeit" (kWh) beziehen, sondern diese Leistung jeweils zur gewünschten Zeit an den benötigten Stellen in der dann jeweils benötigten Höhe zur Verfügung haben. Falls auch nur für eine Minute die nachgefragte Leistung von der angebotenen abweicht, entsteht im Stromnetz ein Zusammenbruch, Blackout genannt.[9]

4. Bei leitungsgebundenen Energieträgern (Elektrizität, Erdgas, Fernwärme) besteht zumindest in einem relevanten Teilbereich (lokale Feinverteilung auf kommunaler Ebene) ein so genanntes **„natürliches Monopol"**, was staatliche Regulierung auf den Plan ruft. Die genaue Grenzziehung ist beispielsweise in der Stromversorgung, wo der Kraftwerkspark wohl kaum die Bedingungen für ein natürliches Monopol erfüllt, und in der Gaswirtschaft, wo im Ferntransport oder regional bei zahlreichen Großabnehmern auch Parallelnetze sinnvoll sein können, ständig politisch umstritten und auch durch technische Veränderungen und Marktentwicklung variabel.

Die **Energiepolitik** schafft einen bestimmten Ordnungsrahmen für die Akteure auf den Energiemärkten, in dem die wettbewerbsrelevanten „Spielregeln", z. B. umweltpolitische Grenzwerte, vorgegeben werden. Sie ist damit bei der Regulierung der Branchen mit leitungsgebundenen Energieträgern direkt involviert. In vielen Ländern ist zudem die Energieversorgung als quasi-öffentliche Aufgabe organisiert und soll der Industriepolitik, regionaler Beschäftigungspolitik oder anderen übergeordneten wirtschaftspolitischen Zielsetzungen zuarbeiten. Deshalb reicht auch das institutionelle Spektrum von eher marktwirtschaftlichen Modellen mit Börsen (Strommarkt in Großbritannien, Gasmärkte in USA) bis hin zu staatlichen Monopolunternehmen (früher EDF in Frankreich, Strom- und Gasunternehmen in südostasiatischen Schwellenländern). Wegen der hohen Bedeutung von Energie als wichtigem Produktionsfaktor legen viele Länder ohne ausreichende eigene Energiebasis Wert auf eine breite Streuung ihrer Energieimporte und/oder eine hinreichend starke eigene Energieversorgung. Dem Ziel Versorgungssicherheit werden dann sogar vorübergehende wirtschaftliche Nachteile an anderer Stelle untergeordnet. Besonders deutlich wird dieser Aspekt bei Ländern, die sich wirtschaftlichem Boykott aus politischen Gründen gegenübersahen: Während der südafrikanischen Apartheid-Politik setzte das Land zu einem großen Teil auf die Herstellung von Benzin aus der einheimischen Kohle, um von Mineralölimporten, die nur unter Umgehung des Embargos möglich waren, weniger abhängig zu sein.

Aufgabe des **Energieökonomen** ist somit einerseits die Analyse der marktspezifischen Strukturen auf Angebots- und Nachfrageseite, andererseits auch die Analyse

---

9 In zahlreichen Entwicklungsländern ist die nicht gesicherte Stromversorgung eines der großen Hindernisse für eine Entwicklung von Industrie und Handwerk, aber auch Krankenhäuser und Touristenhotels leiden darunter.

und Kritik der konkreten energiepolitischen Interventionen unter Effizienzaspekten. Ursprünglich akzeptable Begründungen und die technischen Möglichkeiten für bestimmte Interventionen verändern sich regelmäßig durch technischen Fortschritt, das Aufkommen neuer Energiesysteme und viele andere Faktoren.

1.5 Energie aus politischer Sicht

Die für Deutschland wichtigsten energiepolitischen Eingriffe und Vorgaben werden inzwischen zu einem großen Teil von der EU, zu einem geringeren Teil durch den deutschen Gesetzgeber und die zuständigen Bundesministerien umgesetzt. Insbesondere sind EU-Regelungen dann übergreifend wirksam, wenn gemeinsame europäische Belange betroffen sind. Dies gilt sowohl für Wettbewerbsfragen, Rahmenvorgaben für die Regulierung leitungsgebundener Energieträger als auch für Umweltschutzstandards und Rahmenvorgaben der Klimapolitik bis hin zur Einführung eines CO_2-Zertifikatehandels für bestimmte Anlagen.

1.5.1 Frühere Phasen der Energiepolitik in Deutschland

Grob strukturiert lassen sich seit Gründung der Bundesrepublik Deutschland einige aufeinander folgende Phasen der Energiepolitik unterscheiden:

Zunächst galt die Zielsetzung „Wirtschaftlichkeit und Wiederaufbau und Ausbau des nationalen Energiesektors" etwa bis 1973 bei geringen Interventionen in die Märkte. Ausnahmen stellten einerseits das politisch gewollte Anschieben der Kernenergie ab Ende der 60er Jahre bei anfänglicher Zurückhaltung der großen Stromerzeuger und andererseits diverse staatliche Maßnahmen zugunsten der Arbeitsplätze in der deutschen Steinkohle im Saar- und Ruhr-Bergbau dar.

Von der 1. Ölpreiskrise 1973 bis in die zweite Hälfte der 80er Jahre wurde eine Reduzierung der Abhängigkeit von Mineralöl („weg vom Öl") und eine Verbesserung der Versorgungssicherheit angestrebt. Es gab die ersten Schritte zur internationalen Kooperation (so z. B. die Gründung der Internationalen Energieagentur IEA 1974).

Seit 1986, als es zu einem drastischen Rückgang der Ölpreise kam, und nach dem Zusammenbruch des Kommunismus erfolgte wieder eine stärkere Marktorientierung. Parallel dazu kam es zunehmend zur Kompetenzverlagerung auf EU-Ebene (Schaffung EU-Binnenmarkt, Wettbewerb in bisher geschützten Sektoren).

Zeitlich überlagernd (etwa seit Mitte der 80er Jahre besonders wirksam) gewann die Umweltpolitik an Bedeutung und es erfolgten umweltpolitisch begründete Eingriffe in den Markt: GFAVO (Großfeuerungsanlagenverordnung) Ende der 80er Jahre, Förderung regenerativer Energien, KWK (Kraft-Wärme-Kopplung), Klimaschutzpolitik ab Anfang der 90er Jahre.

Seit dem Anstieg der Öl- und Gaspreise und dem Anstieg der Koks- und Kesselkoh-
lepreise nach dem Jahr 2004 ergab sich eine neue Sensibilität für die künftigen Bedingungen auf den Weltenergiemärkten: Strategische Aspekte wie Versorgungssicherheit
und langfristige Energiesicherung kamen wieder stärker in den Blick der Politik, ohne
dass sofort neue institutionelle Konsequenzen gestaltet wurden.

Bis zum Reformvertrag von Lissabon[10], der im Dezember 2009 in Kraft trat, hatte
die Europäische Union nicht die rechtliche Kompetenz zur Gestaltung der Energiepolitik. Europäische Rahmensetzungen (wie z. B. im Bereich Wettbewerb) mussten daher
mit allgemeinen Bestimmungen der europäischen Verträge begründet werden. Heute
kann die EU auch im Energiebereich gestaltend tätig werden.

1.5.2 Neuere Entwicklungen

In Deutschland orientiert sich die Energiepolitik am sogenannten **Zieldreieck der Energiepolitik** (Wirtschaftlichkeit bzw. Bezahlbarkeit, Umweltverträglichkeit und Versorgungssicherheit), das aus §1 des Energiewirtschaftsgesetzes (EnWG) abgeleitet ist.
Die Eckpunkte des Zieldreiecks repräsentieren gleichzeitig auch die drei Hauptziele
der EU-Energiepolitik (siehe Abb. 1.3).

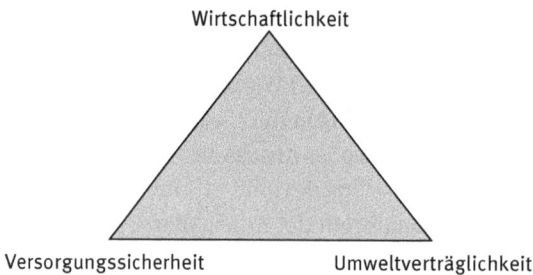

Abb. 1.3: Zieldreieck der Energiepolitik[11]

Zwischen den einzelnen Zielen bestehen Wechselwirkungen[12] und Konflikte bzw.
Trade-offs. Es wird für Deutschland davon ausgegangen, dass letztere im Zuge der
Energiewende teilweise abgemildert werden können, aber es in einigen Bereichen

---

10 In Artikel 194 des Lissabon-Vertrages werden folgende Ziele formuliert: a) Sicherstellung des Funk-
tionierens des Energiemarkts; b) Gewährleistung der Energieversorgungssicherheit in der Union; c)
Förderung der Energieeffizienz und von Energieeinsparungen sowie Entwicklung neuer und erneuerbarer Energiequellen und d) Förderung der Interkonnektion der Energienetze (Vertrag über die Ar-
beitsweise der Europäischen Union AUEV).

11 Vgl. EU (2019).

12 Vgl. Pittel (2012).

auch zu einer Verstärkung der Konflikte (beispielsweise zwischen Wirtschaftlichkeit und Umweltverträglichkeit) kommen wird.[13]

Das energiepolitische Zieldreieck stellt die Leitlinie der deutschen Energiepolitik dar, der „Kompass für die Energiewende" enthält hingegen „das Energiekonzept der Bundesregierung, ergänzende Beschlüsse des Bundestages und europäische Vorgaben".[14]

Die deutschen Maßnahmen stehen im **europäischen Kontext**. Die EU hat sich im Rahmen des Klima- und Energiepaketes (Inkrafttreten im Jahr 2009) folgende Ziele bis 2020 gesetzt:
- Minderung der Treibhausgas-Emissionen um 20 %, bzw. um 30 %, falls andere Industrieländer vergleichbare Ziele vereinbaren.
- Steigerung der Nutzung erneuerbarer Energien auf 20 % des gesamten Endenergieverbrauches.
- Erhöhung der Energieeffizienz um 20 % im Vergleich zu einer Entwicklung ohne weitere Effizienzanstrengungen.

Die Europäische Kommission legte dann im Jahr 2011 einen Energiefahrplan 2050[15] vor, in dem die Herausforderungen dargestellt werden, die mit einer Transformation des Energiesystems hin zu mehr Klimafreundlichkeit unter Berücksichtigung der Ziele der Energieversorgungssicherheit und der Wettbewerbsfähigkeit verbunden sind.

Es folgte 2014 der Beschluss des Europäischen Rates über einen Rahmen für die Klima- und Energiepolitik bis 2030. Damit wird angestrebt, das Ziel einer Senkung der Treibhausgasemissionen der EU um 80 % bis 95 % bis 2050 möglichst kosteneffizient zu erreichen. Die folgenden Interimsziele sind vorgesehen:
- Minderung der EU-internen Treibhausgasemissionen bis 2030 um mindestens 40 % im Vergleich zu 1990.
- Steigerung der Nutzung erneuerbarer Energien auf 27 % des gesamten Endenergieverbrauches.
- Erhöhung der Energieeffizienz um 27 % im Vergleich zu einer Entwicklung ohne weitere Effizienzanstrengungen. Es besteht die Möglichkeit einer Anhebung auf 30 % nach einer Überprüfung bis 2020.

Zur Verfolgung der energiepolitischen Ziele strebt die EU an, den europäischen Energiebinnenmarkt voranzubringen und die Europäische Kommission legte in diesem Kontext 2015 ein Paket zur Energieunion vor.[16]

Deutsche und europäische Energiepolitik stellt jedoch nur ein Puzzleteil im globalen Energiepolitikkontext dar. Eine Verfolgung energiepolitischer Ziele auf euro-

---

13 Vgl. Buchholz et al. (2012).
14 Vgl. BMWi (2016a).
15 Vgl. Europäische Kommission (2011).
16 Vgl. Europäische Kommission (2015).

päischer Ebene kann nur in Abstimmung mit Bemühungen zur Transformation des Energiesystems auf **globaler Ebene** erfolgreich sein. Hierzu ist einerseits eine umfassende Veränderung der bestehenden Energieversorgung der Industrieländer notwendig, andererseits der Aufbau einer kohlenstoffarmen Energieversorgung in Entwicklungs- und Schwellenländern. Daraus folgt, dass eine grundlegende Transformation zu einem kohlenstofffreien Wirtschaftssystem unumgänglich ist.[17]

Zu beachten ist zudem, dass einseitiges Voranschreiten einzelner ambitionierter Länder bei der Transformation der Energiesysteme hin zu mehr umweltverträglichen Systemen die Gefahr des Abwanderns energieintensiver Industrien in weniger ambitionierte Länder erhöht.[18] Dies gilt für Länder umso mehr, wenn ihre Energiepreise bereits im Vergleich zu anderen Ländern relativ hoch ausfallen.

---

17 Vgl. Edenhofer et al. (2011), S. 96.
18 Vgl. Zypries (2014).

2 Energiebilanzen

Die statistische Erfassung der Energieströme einer Volkswirtschaft für eine vergangene Periode findet in der **Energiebilanz** statt. Sie ist das energieorientierte Pendant zur volkswirtschaftlichen Gesamtrechnung, in der die Entstehungs-, Verteilungs- und Verwendungsseite des Inlandsprodukts beschrieben werden. Streng genommen ist der Begriff „Energiebilanz" für Stromgrößen einer vergangenen Periode unsinnig, da sich der Terminus „Bilanz" auf Bestandsgrößen bezieht. Er hat sich jedoch im Sprachgebrauch wie der ebenfalls unglückliche Begriff der „Zahlungsbilanz" eingebürgert. Deshalb wird auch hier mit dem Terminus „Energiebilanz" weitergearbeitet. Eine adäquatere Darstellung ist das **Flussdiagramm**, das grafisch den Weg und die Zusammensetzung der Energieträgerflüsse zeigt. Es wird unmittelbar aus der Energiebilanz abgeleitet und ist in Abb. 2.1 dargestellt.

Die offizielle Energiebilanz für Deutschland wird von der **Arbeitsgemeinschaft Energiebilanzen e. V.** erstellt. Die 1971 gegründete Gesellschaft bürgerlichen Rechts ist ein Gremium, in dem Verbände der Energiewirtschaft sowie wirtschaftswissenschaftliche Institute zusammenarbeiten. Ihre Hauptaufgabe besteht darin, Statistiken aus allen Gebieten der Energiewirtschaft nach einheitlichen Kriterien auszuwerten, daraus Energiebilanzen zu erstellen und sie der Öffentlichkeit zugänglich zu machen.

Die jährlichen Energiebilanzen stellen für die deutsche Energiepolitik eine **unverzichtbare Datengrundlage** dar. Dies gilt insbesondere für den von der Bundesregierung im September 2010 beschlossenen Monitoring-Prozess „Energie der Zukunft", mit dessen Hilfe überprüft wird, inwieweit die Energiewende in Deutschland erfolgreich voranschreitet und an welchen Stellen Handlungsbedarf besteht (BMWi/BMU, 2010). Zudem spielen die Energiebilanzen auch in der internationalen Umwelt- und Klimaschutzpolitik eine wichtige Rolle. So wäre der nationalen Berichtspflicht im Rahmen der internationalen Klimarahmenkonvention sowie zur Konvention über weiträumige grenzüberschreitende Luftverunreinigung ohne Energiebilanzen als Grundlage für die Ermittlung von Treibhausgas- und Luftschadstoff-Emissionen nicht nachzukommen. Insoweit zählt die Arbeitsgemeinschaft Energiebilanzen e. V. für das Umweltbundesamt bzw. für die Erstellung der Nationalen Emissionsinventare zu den wichtigsten Datenlieferanten hinsichtlich der energiebasierten Emissionen.[19]

Energiebilanzen werden zudem auch von anderen Stellen (z. B. Länderarbeitskreis Energiebilanzen) für ihr jeweiliges Aufgabengebiet erstellt.

Die Abschnitte 2.1 bis 2.4 zeigen die grundsätzliche Struktur, Elemente sowie Aggregations- und Bewertungsansätze von Energiebilanzen und gehen auf die aktuelle deutsche Energiebilanz für das Berichtsjahr 2016 ein. Für eine Vertiefung sei an dieser Stelle auf die internationalen Handbücher und Empfehlungen zu Energiestatisti-

---

[19] Vgl. Ziesing et al. (2012).

https://doi.org/10.1515/9783110556339-002

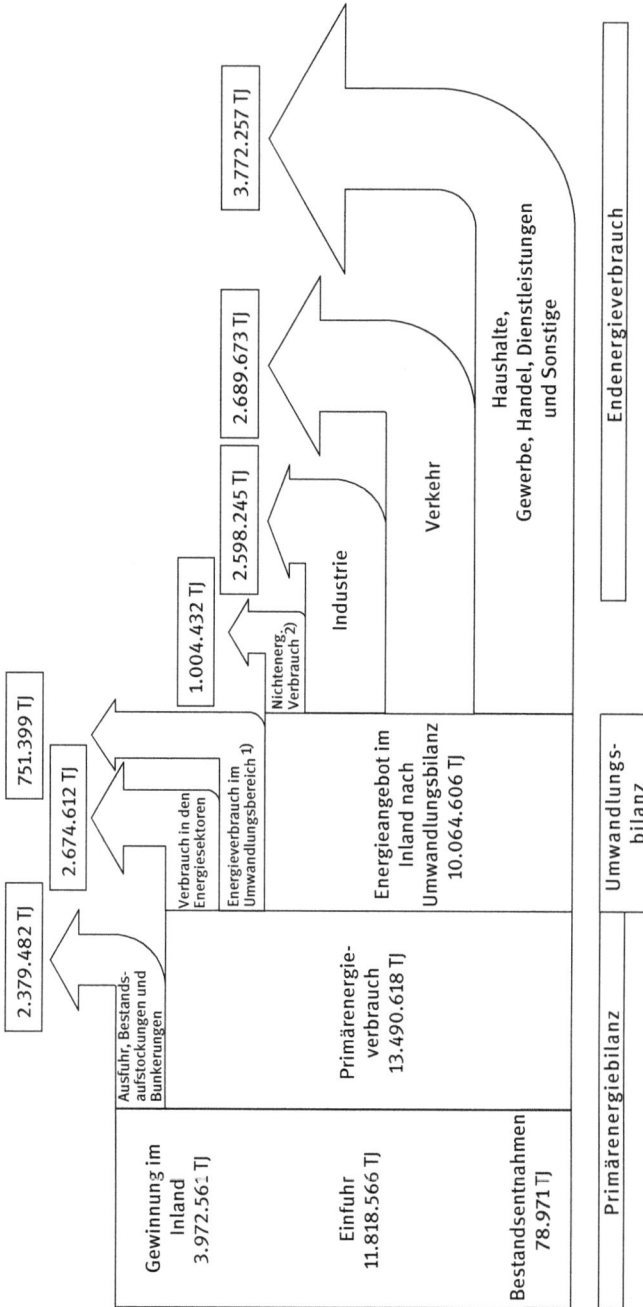

Abb. 2.1: Flussdiagramm am Beispiel der Energiebilanz für Deutschland 2016. Rundungsdifferenzen sind möglich (Quelle: Arbeitsgemeinschaft Energiebilanzen e. V.)

1) Einschließlich Fackel- und Leitungsverluste – 2) Einschließlich statistischer Differenzen.

Primärenergiebilanz | Umwandlungsbilanz | Endenergieverbrauch

Gewinnung im Inland 3.972.561 TJ

Einfuhr 11.818.566 TJ

Bestandsentnahmen 78.971 TJ

Ausfuhr, Bestandsaufstockungen und Bunkerungen

Primärenergieverbrauch 13.490.618 TJ

2.379.482 TJ

Verbrauch in den Energiesektoren

Energieverbrauch im Umwandlungsbereich 1)

Energieangebot im Inland nach Umwandlungsbilanz 10.064.606 TJ

2.674.612 TJ

751.399 TJ

1.004.432 TJ

Nichtenerg. Verbrauch 2)

Industrie

Verkehr

Haushalte, Gewerbe, Handel, Dienstleistungen und Sonstige

2.598.245 TJ

2.689.673 TJ

3.772.257 TJ

ken und Energiebilanzen einschlägiger internationaler Institutionen verwiesen.[20] Abschnitt 2.5 schließt mit weiterführenden Konzepten zur Erfassung von Energieflüssen ab.

2.1 Struktur einer Energiebilanz

Im Wesentlichen ist die so genannte **Energiebilanz einer Volkswirtschaft** ein Input-Output-Schema zur Erfassung des Einsatzes und des Verbleibs von Energieprodukten in einer Periode. In den Spalten dieser Input-Output-Tabelle stehen die verschiedenen Energieträger in den unterschiedlichsten Formen. In den Zeilen stehen die jeweiligen „Sektoren", die diese Energieträger beziehen und weiterverarbeiten, umwandeln und letztlich in Endenergie als letzte Stufe umformen (Tabelle 2.1).

Tab. 2.1: Aufbau einer Energiebilanz (Quelle: Arbeitsgemeinschaft Energiebilanzen e. V., 2015)

	Gewinnung im Inland
+	Einfuhr
+	Bestandsentnahmen
=	Energieaufkommen im Inland
–	Ausfuhr
–	Hochseebunkerungen
–	Bestandsaufstockungen
=	Primärenergieverbrauch im Inland
–	Umwandlungseinsatz
+	Umwandlungsausstoß
–	Energieverbrauch im Umwandlungsbereich
–	Fackel- und Leitungsverluste
=	Energieangebot im Inland nach Umwandlungsbilanz
–	Nichtenergetischer Verbrauch
+	Statistische Differenzen
=	Endenergieverbrauch

Die Energiebilanz ist in drei Hauptteile aufgeteilt: Primärenergiebilanz, Umwandlungsbilanz und Endenergieverbrauch (siehe nochmals Abb. 2.1).

Zu der **Primärenergiebilanz** gehört zunächst der Sektor „Natur als Lieferant von Energieträgern" (Primärenergie) mit der Unterscheidung in in- und ausländische Gewinnung. Die **räumliche Abgrenzung** auf das deutsche Staatsgebiet führt dazu, dass

---

20 Vgl. OECD/IEA/Eurostat (2005), United Nations (2018).

die Einfuhr von Energieträgern in bereits aufbereiteter Form (Sekundärenergie) separat aufgeführt werden muss: Superbenzin aus einer Rotterdamer Raffinerie ist für den deutschen Verbraucher verfügbar, ohne dass dafür Rohöl in einer Statistik erfasst wird.

Die **Umwandlungsbilanz** bildet die Umwandlungsprozesse von einer Energieform in die andere nach. Hierzu gehören z. B. Raffinerien zur Gewinnung von Mineralölprodukten aus Rohöl oder Kraftwerke, die aus Primärenergie elektrischen Strom erzeugen. Während des Umwandlungsprozesses entstehen durch die Thermodynamik **Umwandlungsverluste**, die in der Umwandlungsbilanz ausgewiesen sind.

Die **Endenergiebilanz**, die in Tabelle 2.1 als letzte Zeile dargestellt ist, zeigt dann, welcher volkswirtschaftliche Sektor (z. B. Haushalte, Industrie und Verkehr) welchen Energieträger in welcher Menge bezogen hat.

2.2 Elemente einer Energiebilanz

Im Einzelnen setzen sich die Teile der Energiebilanz wie folgt zusammen:

Als Primärenergieträger werden in der Energiebilanz jeweils nach einheimischen Aufkommen und Importen unterschieden:
- Steinkohlen (Kohle, Briketts, Koks),
- Braunkohlen (Kohle, Briketts, Hartbraunkohle, andere Braunkohlenprodukte),
- Mineralöle (Rohöl, Ölprodukte),
- Gase (Erdgas, Grubengas, andere Gase),
- Erneuerbare Energien (Wasserkraft, Biomasse, Photovoltaik, Windenergie, andere erneuerbare Energien),
- sonstige Energieträger (Abwärme, nicht erneuerbare Abfälle) und
- Elektrischer Strom und andere Energieträger (Strom, Kernenergie, Fernwärme).

2.2.1 Umwandlungssektor und Sekundärenergie

Der Umwandlungssektor umfasst:
- Kokereien,
- Stein- und Braunkohlenbrikettfabriken (in denen z. B. Braunkohlebriketts für den Hausbrand hergestellt werden),
- Heizwerke (Erzeugung von Fernwärme) und Heizkraftwerke (Erzeugung von Strom und Fernwärme),
- Raffinerien,
- Wasserkraftwerke, Wind- und Photovoltaikanlagen und
- sonstige Umwandlungsprozesse (z. B. Hochöfen).

Die dort entstandenen Endenergieträger werden entweder exportiert, gebunkert, als „nicht energetischer Verbrauch" vor allem an die chemische Industrie geliefert oder einer inländischen Verwendung bei Endverbrauchern zugeführt. Ein Beispiel für einen nicht energetischen Verbrauch wäre das bei der Raffination von Rohöl anfallende Bitumen, das als Oberflächenbelag beim Straßenbau Anwendung findet.

2.2.2 Endenergie

Als Endenergieträger dominieren vor allem
–   Kohle, die zum größten Teil an die Industrie geliefert wird.
–   Mineralölprodukte (Heizöl, Kerosin, Benzin, usw.), die vor allem zu Heizzwecken und an den Verkehr geliefert werden.
–   Gas, das in Deutschland zu etwa 40 % an die Industrie und 60 % an Haushalte sowie Gewerbe, Handel und Dienstleistungen geliefert wird. Dort wird es überwiegend in Wärmeprozessen genutzt. Der Verkehr macht gerade 0,3 % des gesamten Gasverbrauchs aus.
–   Elektrischer Strom, der als hochwertigste Energieform an alle Abnehmergruppen geht. Lediglich eine Größenordnung von zwei Prozent des Stromverbrauchs ist dem Verkehr (Eisenbahn, S- und U-Bahnen, Straßenbahnen und -verkehr) zuzurechnen.

2.2.3 Nutzenergie

In den statistisch erfassten Verbrauchsektoren „Industrie" (ohne die Energiesektoren), „Verkehr" und „Haushalte sowie Kleinverbraucher" (d. h. Gewerbe, Handel, Dienstleistungen, sowie Staat, Landwirtschaft, militärische Einrichtungen, Handwerk) wird aus den Endenergieträgern durch Einsatz in eigenen Umwandlungsgeräten (Heizkessel, Automotoren, elektrisch angetriebene stationäre Maschinen, Glühbirnen, Gasleuchten usw.) die so genannte Nutzenergie produziert. Die Nutzenergie ist diejenige Energieform (z. B. mechanische Energie), die beim Verbraucher die konkrete **Energiedienstleistung** bewirkt (z. B. Transportdienstleistung bei Autos):
–   Prozesswärme wird vor allem in der Industrie benötigt (zum Schmelzen von Metallen, für chemische Reaktionen, usw.),
–   Niedertemperaturwärme wird für die Bereitstellung von Brauchwasser und Raumwärme eingesetzt,
–   mechanische Energie wird als bewegliche und stationäre Krafterzeugung (Auto, Kühlschrank, Maschinen, usw.) aufgebracht,
–   Beleuchtung, Kommunikation und EDV durch elektrische Systeme.

Standard-Energiebilanzen weisen keine Angaben zum Nutzenergieverbrauch aus. Der wesentliche Grund dafür ist, dass viele der dafür benötigten Angaben statistisch nur schwer erfasst werden können. Da die Informationen jedoch für die Politik von großer Bedeutung sind, beauftragte das Bundeswirtschaftsministerium entsprechende Untersuchungen. Auf Basis dieser Untersuchungen konnte die Arbeitsgemeinschaft Energiebilanzen e. V. zusammen mit Forschungseinrichtungen eine sogenannte **Anwendungsbilanz** für Deutschland ermitteln. Diese weist nun auch Anwendungszwecke in den Bereichen Industrie, Gewerbe-Handel-Dienstleistungen, bei den Privathaushalten und im Verkehr zuverlässig aus. Die zunächst für das Berichtsjahr 2008 erstellte Anwendungsbilanz ist fortschreibbar und liegt aktuell bis zum Berichtsjahr 2016 vor. Wie die Standard-Energiebilanzen sind auch die Anwendungsbilanzen von der Homepage der Arbeitsgemeinschaft Energiebilanzen e. V. abrufbar. Auf die Ergebnisse gehen wir kurz in Abschnitt 2.4 ein.

2.3 Aggregations- und Bewertungsansätze

Die Energiebilanz in der vorgestellten Form konzentriert sich auf die Darstellung des physischen Energieflusses und weniger auf die ökonomische Seite. So entstehen z. B. auf dem Weg von der Kohle zum Strom Umwandlungsverluste. Nur über die **ökonomische Wertschöpfungskette** ist das Motiv dieser Umwandlung verständlich, denn der „edle Endenergieträger Elektrizität" stiftet beim Konsumenten mehr Nutzen als die für seine Gewinnung eingesetzte Kohle. Aus wirtschaftlicher Sicht rechtfertigt der Nutzengewinn (ausgedrückt in der Steigerung der Zahlungsbereitschaft der Nachfrager) die Umwandlungsverluste.

Es sind Konventionen nötig, um die **Vergleichbarkeit und damit Bilanzierung der verschiedenen Energieträger** vornehmen zu können, da die Energieträger nebeneinanderstehen, wie z. B. Steinkohle, Steinkohlenbriketts, Braunkohle, Brennholz, Erdöl, Benzin, Flüssiggas oder Wasserkraft. Sie haben unterschiedliche Einheiten, wie z. B. Tonne (Gewichtseinheit), Kubikmeter (Volumeneinheit) oder Kilowattstunde (physikalische Arbeit). Alle diese Größen werden zusammengezählt und in der Summe als „Energieverbrauch im Inland" ausgewiesen.

Hieraus ergeben sich zwei Fragen: (1) Ist es überhaupt sinnvoll, unterschiedliche Energieträger „auf einen gemeinsamen Nenner" zu bringen und zum „Energieverbrauch" zu aggregieren? (2) Wie werden die verschiedenen Energieträger in der Energiebilanz gleichnamig und damit additionsfähig gemacht?

Die erste Frage kann bejaht werden, da Substitutionsbeziehungen zwischen den Energieträgern existieren. Dies betrifft einmal die horizontale Aggregation in der Energiebilanz: Erdgas kann in bestimmten Anwendungen Steinkohle, Braunkohle oder Öl ersetzen. Unterschiedliche Energieträger können zur Deckung desselben Nutzenergieverbrauchs (z. B. Wärme) dienen. Weil Energieträger ineinander umgewandelt werden können (z. B. bei der Gewinnung von Elektrizität), ist es sinnvoll, Energieumwandlungsketten auch in vertikaler Sicht zu verfolgen und ggf. Umwandlungswirkungsgrade (z. B. in thermischen Kraftwerken) zu ermitteln. Im Umwandlungsbereich wird grundsätzlich nach dem **Bruttoprinzip** verbucht. Das heißt, dass Sekundärenergieträger, die noch einmal einer Umwandlung unterliegen (z. B. Heizöl in Kraftwerken), jeweils wieder in voller Höhe in Einsatz und Ausstoß erfasst werden. Doppelzählungen werden durch entsprechende Additionen und Subtraktionen vermieden.

Die zweite Frage ist implizit schon in Abschnitt 1.2 beantwortet worden: Für die Volumen- (z. B. Kubikmeter) und Gewichtsmaße (Tonne, Kilogramm usw.) eines Energieträgers wird der Heizwert bestimmt (Tabelle 2.2). Dann ist eine einheitliche Umrechnung auf Energieeinheiten (Joule, Kalorie, SKE) möglich. Allerdings ist dies im Detail nicht so einfach, da sich z. B. der Heizwert von Steinkohle unterschiedlicher Fördergebiete unterscheidet. Hier sind also Referenzwerte nötig.

Tab. 2.2: Heizwert der Energieträger und Faktoren für die Umrechnung von natürlichen Einheiten in die Energieeinheiten zur Energiebilanz für Deutschland 2016 (Quelle: Arbeitsgemeinschaft Energiebilanzen e. V.)

Energieträger	Natürliche Einheit	Heizwert (kJoule)	Heizwert (kcal)	SKE-Faktor
Steinkohle [1]	kg	27.196	6.496	0,928
Steinkohlenbriketts [2]	kg	31.401	7.500	1,071
Steinkohlenkoks [2]	kg	28.739	6.864	0,981
Braunkohle [1]	kg	8.996	2.149	0,307
Braunkohlenbriketts [2]	kg	19.482	4.653	0,665
Andere Braunkohlenprodukte [2]	kg	22.301	5.326	0,761
Erdöl (roh)	kg	42.505	10.152	1,450
Ottokraftstoffe	kg	42.281	10.099	1,443
Rohbenzin	kg	44.000	10.509	1,501
Flugturbinenkraftstoff	kg	42.800	10.223	1,460
Dieselkraftstoff	kg	42.648	10.186	1,455
Heizöl, leicht	kg	42.816	10.226	1,461
Heizöl, schwer	kg	40.343	9.636	1,377
Petrolkoks	kg	32.000	7.643	1,092
Flüssiggas	kg	43.074	10.288	1,470
Raffineriegas	kg	49.500	11.823	1,689
Andere Mineralölprodukte	kg	39.501	9.435	1,348
Kokereigas, Stadtgas [2]	m³	15.994	3.820	0,546
Gichtgas, Konvertergas [2]	m³	4.187	1.000	0,143
Erdgas, Erdölgas [3]	kWh	3.600	860	0,123
Grubengas [1]	m³	17.729	4.234	0,605
Strom	kWh	3.600	860	0,123

[1] Durchschnittswert für den Primärenergieverbrauch; im Übrigen gelten unterschiedliche Heizwerte;
[2] Durchschnittswert für die Produktion und Einfuhr; im Übrigen gelten unterschiedliche Heizwerte;
[3] Sofern statistische Daten auf dem oberen Heizwert (Brennwert) beruhen, werden sie für die Energiebilanz mit dem Faktor 0,9024 in den unteren Heizwert umgerechnet.

Nicht für alle Anwendungen gibt es einen einheitlichen Umrechnungsmaßstab. Problematisch sind z. B. der Außenhandel mit Strom, Wasserkraft, Wind- und Kernenergie sowie Müll und Abhitze in der Stromerzeugung. Um etwa den Primärenergiegehalt eines Endenergieträgers wie elektrischer Strom zu ermitteln, wird die Rückwärtsrechnung angewandt.

Sie kann sich einerseits an der so genannten **Substitutionsmethode** orientieren. Dabei wird von einer Substitution von Strom aus konventionellen Wärmekraftwerken ausgegangen. Die Bewertung erfolgt entsprechend der fiktiven Brennstoffersparnis. In der Endenergiebilanz wird damit der Strom entsprechend seines Heizwertes verrechnet. Nach dieser Methode würde 1 kWh Kernenergie-, Wind- oder Wasserkraftstrom mit einem angenommenen durchschnittlichen Wirkungsgrad der (übrigen) fossilen Kraftwerke von 36 % auf jeweils 2,78 kWh Primärenergieeinsatz umgerechnet werden.

Die (international verbreitetere) Methode der Umrechnung mittels des **tatsächlichen Wirkungsgrades** stellt auf die tatsächlichen thermodynamischen Verhältnisse bzw. Input-Output-Wirkungen ab. So verursacht 1 kWh Kernenergiestrom nach dieser Methode rund 3 kWh Primärenergieeinsatz, da Kernkraftwerke wegen ihrer vergleichsweise geringeren Dampftemperatur lediglich einen thermischen Wirkungsgrad von ca. 33 % haben. Wasser und Winde hingegen verlieren auch ohne menschliche Nutzungssysteme ihre Energie. Deshalb weisen Wasser- und Windkraftanlagen keine zurechenbaren Verluste auf, sodass 1 kWh Strom rechnerisch 1 kWh Primärenergieeinsatz entgegenstehen.

Früher war in Deutschland die Substitutionsmethode üblich. Wegen der internationalen Kompatibilitätsaspekte wurde jedoch nach 1995 auf die Wirkungsgradmethode umgestellt. Dies ist bei der Beurteilung und Interpretation von Primärenergiezahlen zu berücksichtigen.

2.4 Die deutsche Energiebilanz 2016

Aufgrund des umfangreichen Datenmaterials (sowohl in der Erhebung als auch in der Auswertung) erscheinen die vollständigen Energiebilanzen der Arbeitsgemeinschaft Energiebilanzen e. V. mit einer Zeitverzögerung von etwa einem bis eineinhalb Jahr(en). Hinsichtlich des Primärenergieverbrauchs und dessen Energieträgerstruktur werden jedoch auch sehr zeitnahe Quartalsschätzungen, mit einer Zeitverzögerung von nur wenigen Wochen, veröffentlicht.

Die deutsche Energiebilanz für 2016 ist in Tabelle 2.3 dargestellt. Spalten und Zeilen sind aggregiert, so setzt sich z. B. die Spalte „Kohlen" aus Stein-/Braunkohle, Stein-/Braunkohlebriketts, Steinkohlekoks und anderen Kohlenwertstoffen zusammen. Ebenso wird bei den Zeilen „Umwandlungseinsatz" und „Umwandlungsausstoß" z. B. zwischen Kokereien, Brikettfabriken, Hochöfen, Raffinerien und verschiedenen Kraftwerken (Wasser, Wind, Kernenergie, usw.) unterschieden. Strom wird nur in der Primärenergiebilanz erfasst, sofern er importiert bzw. exportiert wird.

Tab. 2.3: Energiebilanz für Deutschland 2016 (in TJ) (Quelle: Arbeitsgemeinschaft Energiebilanzen e. V., 2018)

Datenstand: 14. März 2018 Einheit: Terajoule	Kohlen	Mineralöle	Gase	Erneuerbare	Strom	Sonstige	Gesamt[2]
Gewinnung im Inland	1.659.500	100.189	277.245	1.699.911	0	235.716	3.972.561
Einfuhr	1.634.888	5.524.558	3.596.588	37.239	102.017	923.276	11.818.566
Bestandsentnahmen	2.955	70.910	5.107	0	0	0	78.971
Energieaufkommen im Inland	3.297.342	5.695.656	3.878.939	1.737.150	102.017	1.158.992	15.870.099
Ausfuhr	58.736	951.697	811.387	60.905	283.907	130	2.166.763
Hochseebunkerungen	0	117.477	0	0	0	0	117.477
Bestandsaufstockungen	34.838	60.403	0	0	0	0	95.242
Primärenergieverbrauch im Inland	3.203.766	4.566.079	3.067.552	1.676.245	−181.890	1.158.862	13.490.618
Umwandlungseinsatz	3.112.108	4.643.349	830.069	1.014.333	26.989	1.074.589	10.701.438
Umwandlungsausstoß	408.545	4.554.110	252.794	0	2.342.120	469.259	8.026.826
Energieverbrauch im Umwandlungsbereich	7.348	249.164	99.825	21.877	177.300	20.556	576.071
Fackel- und Leitungsverluste	0	0	34.553	954	92.732	47.090	175.328
Energieangebot im Inland nach Umwandlungsbilanz	492.856	4.227.673	2.355.900	639.081	1.863.209	485.886	10.064.606
Nicht energetischer Verbrauch	17.226	824.897	121.687	0	0	0	963.811
Statistische Differenzen	−11.179	−11.527	−17.347	−567	0	0	−40.621
Endenergieverbrauch	464.452	3.391.248	2.216.866	638.514	1.863.209	485.886	9.060.175
Davon Industrie [1]	441.595	71.645	897.852	116.147	815.748	255.258	2.598.245
Verkehr	0	2.533.796	5.848	107.769	42.260	0	2.689.673
Haushalte, GHD [2]	22.856	785.807	1.313.167	414.598	1.005.200	230.628	3.772.257

[1] Bergbau, Gewinnung von Steinen und Erden, Verarbeitendes Gewerbe insgesamt;
[2] Gewerbe, Handel, Dienstleistungen und Sonstige.

Die Umwandlungsbilanz folgt dem Bruttoprinzip: Von der Primärenergie wird der Umwandlungseinsatz abgezogen, der Umwandlungsausstoß addiert und Eigenverbrauch sowie Fackel- und Leitungsverluste subtrahiert. Hieraus ergibt sich das „Energieangebot im Inland nach Umwandlungsbilanz" (Umwandlungsenergie). Werden hiervon nicht energetischer Verbrauch abgezogen sowie evtl. statistische Differenzen berücksichtigt, so erhält man den Endenergieverbrauch. Dieser wird in der Endenergiebilanz auf die verschiedenen Sektoren aufgeteilt, die in Tabelle 2.3 zu Industrie, Verkehr und Haushalte/Kleinverbraucher aggregiert wurden.

Beispiel: Deutschland hat im Frühsommer 2011 sehr schnell mehrere Kernkraftwerke abgeschaltet. Nehmen wir an, dass der Stromverbrauch unverändert bleibt und die in den Kernkraftwerken erzeugte Menge von 300 Einheiten Strom je zu einem Drittel aus Importen, Steinkohle- und Erdgaskraftwerken vom Typ GuD ersetzt wird. In den einzelnen Teilbilanzen wirkt sich das Ersetzen von 300 Einheiten Strom wie folgt aus:

In der **Primärenergiebilanz** sinkt der Einsatz von Kernenergie um 900 Einheiten, wenn die Kernkraftwerke einen Brutto-Wirkungsgrad von 33,3 % hatten. Gleichzeitig steigen der Stromimport um 100, der Erdgaseinsatz der eingesetzten GuD-Anlagen bei einem Wirkungsgrad von 55 % um 182 und der Steinkohleeinsatz wegen der überwiegenden Nutzung älterer Anlagen mit Wirkungsgraden von 40 % um 250. In der Summe geht der bisherige Primärenergieverbrauch von 900 auf 532 zurück. Dieser Primärenergierückgang ist lediglich Konsequenz der statistischen Erfassung nach dem Gebietsprinzip für Deutschland (Importe werden damit lediglich als bereits erzeugte Strommengen ausgewiesen) und dem Wirkungsgradkonzept, was den Beitrag der Kernenergie im Primärenergieverbrauch rechnerisch höher ansetzt als bei den fossilen Kraftwerken.

Ebenfalls betroffen ist auch die **Umwandlungsbilanz**, wo die Verluste aus der Kernenergiestromerzeugung mit 600 auftauchten, jetzt aber nur mit 82 aus der Erdgasverstromung und 150 aus der Kohleverstromung auftreten, insgesamt also noch mit insgesamt 232 Einheiten.

In der **Endenergiebilanz** stehen nach wie vor die 300 Einheiten; nach seiner Produktion sieht man dem Strom die Herkunft nicht mehr an. Insbesondere ist deswegen auch der Endenergieverbrauch unverändert.

Es ist notwendigerweise so, dass eine Energiebilanz grundsätzlich nicht besser sein kann, als die ihr zugrundeliegenden Statistiken. Im Detail können nur kommerziell gehandelte Energieströme erfasst werden. Daher ist z. B. die Verwendung von (selbst geschlagenem) Brennholz in privaten Haushalten eine statistische „Grauzone". Derartige Lücken werden bisweilen über Schätzverfahren geschlossen.

Während die Energiebilanzen in den OECD-Ländern inzwischen einen vergleichbar hohen Standard aufweisen, sind Energiebilanzen für einige Entwicklungsländer teilweise immer noch statistisch unvollständig. In guter bis sehr guter Qualität veröffentlicht die OECD/IEA (2017) derzeit Energiebilanzen für jeweils alle 35 OECD-Mitgliedsstaaten, für über 100 weitere wichtige Länder sowie für die wichtigsten geografischen Regionen, einschließlich für die globale Volkswirtschaft insgesamt.

Die volkswirtschaftliche Situation im Hinblick auf Energie lässt sich mit einer Reihe von Indikatoren beschreiben.

1. Energiedichte

    Die Energiedichte von Energieressourcen beschreibt den Energiegehalt von Ressourcen in der Dimension Energie (MJ) bezogen auf Gewicht (bei festen Brennstoffen) oder Volumen (bei Gas und flüssigem Brennstoff). Dieser Indikator ist relevant für den möglichen Transport von Ressourcen und die damit verbundenen Transportkosten.[21] Die Tabelle 2.4 zeigt einige Beispiele.

Tab. 2.4: Energiedichte von ausgewählten Energieressourcen

Braunkohle	ca. 10 MJ/kg
Stroh	14 MJ/kg
Trockenes Holz	17 MJ/kg
Steinkohle	29 MJ/kg
Erdöl	42 MJ/kg
Erdgas	35 MJ/m³

2. Energieflussdichte

    Der Flächenbedarf für die Erzeugung und Umwandlung von Energie wird durch die Energieflussdichte ausgedrückt. Die Unterschiede sind hier für die Infrastrukturbereitstellung relevant.[22]

Tab. 2.5: Energieflussdichte

Photovoltaik guter Standort	8,7 W/m²
Windkraft inkl. notwendigem Abstand	2–3 W/m²
Modernes Kohlekraftwerk mit Lager und Nebenanlagen	1,6 MW/m²
Kernkraftwerk mit umliegendem Schutzgebiet	1–2 MW/m²

3. EROI (Energy Return on Investment, auch Erntefaktor genannt)

    Der Erntefaktor bestimmt das Nettoergebnis für den Energieverbrauch einer Aktivität.

$$EROI = \frac{\text{verfügbare Energie duch eine Aktivität}}{\text{Energieaufwand für diese Aktivität}}$$

---

[21] Vgl. Smil (2005).
[22] Vgl. Smil (2005).

Der Energieaufwand erfasst den Aufwand für die Anlagen und den laufenden Energieeinsatz, um die Anlagen zu betreiben (z. B. den Aufwand für die Kohlemühlen und alle anderen Nebenanlagen in einem Kohlekraftwerk). Der Erntefaktor ist von Relevanz für die Wirtschaftlichkeit.

4. Energetische Amortisationszeit

   Die Zeit, die erforderlich ist, um den fixen Energieaufwand zurückzugewinnen, wird energetische Amortisationszeit genannt. Sie beträgt z. B. bei fossilen Kraftwerken nur wenige Monate, bei Photovoltaik kann sie je nach Standort mehrere Jahre betragen. Die energetische Amortisationszeit ist von Relevanz für den Investitionsbedarf und die Wirtschaftlichkeit.

5. Kumulierter Energieaufwand

   Für die ganzheitliche energetische Bewertung eines Gutes müssen alle Energieaufwendungen berücksichtigt werden, die diesem auf die gesamte Lebensdauer gesehen zuzuordnen sind. Ein Instrument stellt hierzu der kumulierte Energieaufwand (KEA) dar, der nach VDI-Richtlinie 4600 wie folgt definiert ist:

   „Der KEA gibt die Gesamtheit des primärenergetischen Aufwandes an, der im Zusammenhang mit der Herstellung, Nutzung und Beseitigung eines ökonomischen Gutes entsteht bzw. diesem ursächlich zugewiesen werden kann." Der kumulierte Energieaufwand ist für Systemvergleiche relevant.

Anwendungsbilanz

Die Tabelle 2.6 zeigt die Anwendungsgebiete der eingesetzten Endenergie. Solche Informationen sind wesentlich für alle Überlegungen zur Verbesserung der Energieeffizienz. Die Tabelle zeigt die Werte für die ganze Volkswirtschaft. Zwischen den Sektoren gibt es erhebliche Unterschiede ebenso wie im Hinblick auf den Einsatz der Energieträger.

Tab. 2.6: Struktur des Endenergieverbrauchs nach Anwendungszwecken 2016 (Quelle: Arbeitsgemeinschaft Energiebilanzen, Anwendungsbilanzen für die Endenergiesektoren in Deutschland 2013 bis 2016, Berlin 2017)

Wärme		54,0 %
davon	Raumwärme	27,9 %
	Warmwasser	4,7 %
	Prozesswärme	21,4 %
Kälte		2,2 %
Mech. Energie		38,5 %
IKT		2,3 %
Beleuchtung		3,0 %

2.5 Weiterführende Konzepte zur Erfassung von Energieflüssen

Wie eingangs zu Kapitel 2 beschrieben, stellen die Energiebilanzen das energieorientierte Pendant zur volkswirtschaftlichen Gesamtrechnung (VGR) dar. Die Struktur der Energiebilanzen (siehe Tabellen 2.1 und 2.3) ist jedoch nicht 100 % mit den Konzepten der VGR kompatibel. Um beide Datenquellen zu verknüpfen, sind Anpassungen nötig, welche die **Energiebilanzen in die Darstellung der VGR überführen** (Gliederung nach Sektoren und Wirtschaftszweigen). Dies betrifft insbesondere den Umwandlungsbereich und den Endenergieverbrauch im Verkehr. Raffinerien beispielsweise, die in den Energiebilanzen dem Umwandlungsbereich zugeordnet sind (und nicht dem Endenergieverbrauch des Industriesektors), gehören dem Wirtschaftszweig der „Kokerei und Mineralölverarbeitung" an und sind damit in der VGR dem Industrie- bzw. Unternehmenssektor zuzuordnen. Diese und weitere Anpassungen werden von der sogenannten Umweltökonomischen Gesamtrechnung (UGR) durchgeführt, einem Satellitensystem der VGR, das den „Produktionsfaktor Umwelt" quantifiziert und mit ökonomischen Größen der VGR in Beziehung setzt. Entsprechende Ergebnistabellen und Informationen sind von der Homepage des Statistischen Bundesamtes abrufbar und liefern einen Beitrag zum aktuellen Thema Nachhaltigkeit.

Die nach VGR-Konzept neu strukturierten Energieverbrauchsdaten erlauben anschließend eine Verknüpfung mit den vergleichbar gegliederten **Input-Output-Tabellen** des Statistischen Bundesamtes. Diese Tabellen bilden detailliert die Produktionsverflechtungen einer Volkswirtschaft, einschließlich der Güterströme vom und ins Ausland, ab. Sie zeigen, wie viele (in monetären Einheiten bewertete) Güter eines Sektors (Output) an einen anderen Sektor geliefert werden (Input). Da jede Input-Output-Tabelle gemäß einheitlichem internationalen Standard alle 5 Jahre neu erstellt werden soll, sind etwa Rechnungen des Jahres 2019 mit der I-O-Tabelle von 2015 basierend auf Daten von 2014 tendenziell dann veraltet, wenn in diesen fünf Jahren erhebliche Strukturveränderungen stattgefunden haben. Dies kann Energietechniken oder veränderte Handelsströme betreffen. Dadurch können rechnerische Verzerrungen wie zu hohe errechnete CO_2-Einsparungen einer Maßnahme durch Bezug auf veraltete Sachverhalte entstehen. Projekte wie die „World Input-Output Database" (WIOD), „Exiobase" oder „GTAP" verknüpfen länderspezifische Input-Output-Tabellen zu globalen Matrizen. Beispielsweise repräsentiert die „World Input-Output Database" die globale Ökonomie anhand von 44 Ländern bzw. Regionen mit jeweils 56 Sektoren, d. h. mithilfe einer Matrix von $(44 \times 56) \times (44 \times 56) = 6.071.296$ Zellen. Auf Basis der Arbeiten der UGR kann dann zu jeder dieser Beziehungen (Zellen) eine Aussage zum dazugehörigen Energieverbrauch getroffen werden.

Energiebilanzen weisen lediglich die direkten Energieflüsse bzw. -verbräuche aus. Das ist diejenige Energie, die in der jeweiligen Produktionsstufe für den Herstellungsprozess der Waren und Dienstleistungen benötigt wird (etwa der Strom zum Schmelzen von Stahl oder auch zur Entwicklung einer Software am PC). Die meisten Produkte werden jedoch über eine Vielzahl von Produktionsstufen hergestellt und bestehen aus einer Vielzahl von Vorprodukten, die allesamt ihren eigenen Energieeinsatz erforderten (z. B. besteht ein Auto u. a. aus einem Stahl-Fahrgestell, Motor einschließlich Software, Reifen etc.). Werden dem Endprodukt all diese ursprünglich direkten Energieverbräuche zugerechnet, spricht man, bildlich gesprochen, vom **„energetischen Fußabdruck"** des Endprodukts.

Eine Möglichkeit zur Bestimmung von energetischen Fußabdrücken von Endprodukten besteht darin, die oben angesprochenen Datenquellen der VGR und UGR zu kombinieren. Die globalen Input-Output-Matrizen zeigen die sektoralen Verflechtungen der globalen Ökonomie an und geben damit Aufschluss über den Aufbau der globalen Produktions- bzw. Wertschöpfungsketten. Damit ist eine Zurechnung der direkten Energieeinsätze je Produktionsstufe auf das Endprodukt möglich.

Auf dieser Basis haben Kaltenegger, Löschel und Pothen (2017) mithilfe der WIOD-Datenbank[23] gezeigt, dass die Veränderungen in den globalen Wertschöpfungsketten zwischen 1995 und 2009 für einen deutlichen Anstieg des energetischen Fußabdrucks der Weltwirtschaft (als Summe aller Waren und Dienstleistungen) verantwortlich waren (+ 7,5 %, das entspricht einem Viertel des Gesamtanstiegs von + 29,4 % des globalen energetischen Fußabdrucks in dem Zeitraum). Gründe dafür sind, dass Endprodukte aus immer mehr Vorprodukten bestehen (zu deren Herstellung Energie benötigt wird) und dass die Produktion zunehmend in relativ energieintensiven Regionen, wie dem asiatischen Raum, stattfindet.

---

23 Vgl. Timmer et al. (2015).

3 Energieträger als erschöpfbare Ressourcen

In diesem Kapitel steht die Analyse von Energieträgern in Bezug auf ihre Erschöpfbarkeit im Vordergrund. Dabei werden in Abschnitt 3.1 zunächst grundlegende Aspekte von erschöpfbaren Ressourcen erläutert. In Abschnitt 3.2 steht das Hotelling-Modell im Mittelpunkt, welches das zentrale Modell der Ressourcenökonomik für die Analyse der Nutzung nicht-erneuerbarer Ressourcen darstellt. Anschließend werden in den Abschnitten 3.3 und 3.4 die Aspekte der Wesentlichkeit und der Backstop-Technologie erläutert, die für eine ressourcenökonomische Betrachtung des Energiesektors von besonderer Bedeutung sind. Im letzten Abschnitt 3.5 wird die Bedeutung der Erschöpfbarkeit von Energieträgern für die Energiemärkte abschließend zusammengefasst.

3.1 Erschöpfbare Ressourcen und Weltenergieversorgung

Wie bereits im Kapitel 1 erläutert wurde, basiert ein großer Teil der Weltenergieversorgung bereits seit ein bis zwei Jahrhunderten auf der Verbrennung fossiler Energieträger. Diese sind nach menschlichen Zeithorizonten praktisch nicht regenerierbar. Da sie auch nicht recycelbar sind, werden sie durch Verbrennung „echt" verbraucht und landen nach ihrer Nutzung als wertlose Wärme im Weltall. Auch wenn das Spektrum dieser Energieträger bezüglich
- Förder-, Aufbereitungs- und Transportkosten,
- Leichtigkeit des Handlings in verschiedenen Prozessen,
- Umwelteffekten (Schwefelgehalt, CO_2-Emissionen, usw.)
sehr unterschiedlich ist, soll für analytische Vereinfachungszwecke im folgenden Kapitel ausschließlich von einem einheitlichen fossilen Energieträger (beispielsweise „Steinkohle" oder „Erdöl" genannt) ausgegangen werden. Dies erlaubt relativ einfache formale Strukturierungen intertemporaler Allokationsprobleme und das Aufzeigen von Schlüsselargumenten aus der Ressourcenökonomik mit Anwendung auf das Energieproblem.

3.1.1 Ressourcenbasis, Exploration, Reserven

Die Ausstattung einer Volkswirtschaft mit natürlichen Ressourcen eines bestimmten Typs wird durch
- geologische Gegebenheiten (natürliche Anordnung von potenziell ressourcenhaltigen Schichten bestimmter Mächtigkeit),
- technische Möglichkeiten (Explorationstechniken, Förder- und Aufbereitungstechniken, Transportmöglichkeiten zu den Orten der Nachfrage),

https://doi.org/10.1515/9783110556339-003

- ökonomische Bewertungen (Förder- und Transportkosten in Relation zum erzielbaren Preis)

bestimmt. Selbst wenn eine geologisch vorhandene Ressource ab einem bestimmten Preis grundsätzlich nutzbar sein kann, können bei ungünstigen Bedingungen dennoch technische und ökonomische Argumente gegen eine Nutzung in absehbarer Zukunft sprechen: Nicht jede vorhandene Ressource stellt aus ökonomischer Sicht eine nutzbare Größe dar.

Beispiel: Die Steinkohle des Ruhrgebietes und die englischen Ressourcen liegen in geologisch ähnlichen Schichten, die von Deutschland aus nach Nordwesten immer tiefer tauchend unter dem Ärmelkanal hindurch nach England reichen und dort wieder an die Oberfläche kommen. Da die Kohle unterhalb der Niederlande in Tiefen von weit mehr als 2000–3000 m liegt, gilt sie bei den heutigen Fördertechniken als nicht förderbar.

Zum Zweiten ist die Information über die Verfügbarkeit von Ressourcen selbst nicht kostenlos zu erhalten. Solange ein Unternehmen oder eine Volkswirtschaft über ausreichende Ressourcen für die nächsten 30–40 Jahre verfügt, könnte eine zusätzliche Explorationstätigkeit, die beispielsweise mehrere hundert Mio. € kostet, nicht gerechtfertigt sein, wenn die Förderung der zusätzlichen Ressourcen nicht deutlich kostengünstiger ist oder eine sehr viel größere Lagerstätte als die bisher verfügbaren mit zusätzlicher wirtschaftlicher Verwertungsmöglichkeit gefunden wird.

Als Ressourcenbasis bezeichnet man deshalb eine Größe, die auf geologischen Schätzungen basiert: Analogieschlüsse über das Vorhandensein geeigneter geologischer Formationen dienen als Grundlage für eine gut begründete „Daumenschätzung", welche Ressourcen zusätzlich vermutet werden können. Sowohl der Grad an Gewissheit über die tatsächliche Größe eines Feldes als auch dessen Förderkosten können hierbei vage abgeschätzt werden.

Als Reserven gelten hingegen die nachgewiesenen und bei den heutigen Größenordnungen von Energiepreisen wirtschaftlich gewinnbaren Energieträger. Dazu gehören die bereits fördernden Gebiete genauso wie durch Exploration mehr oder weniger zuverlässig erkundete, aber bisher noch nicht fördernde Bereiche.

Da bezüglich
- der Wirtschaftlichkeit (Förder- und Transportkosten) und
- der Sicherheit der heutigen Information (Größe des Fördergebiets, Explorationsbohrungen, Vermutungen)

die Ressourcenverfügbarkeit zweidimensional einzuteilen ist, kann die Abstufung im so genannten McKelvey-Diagramm (Abb. 3.1) verdeutlicht werden.

Daraus ergeben sich durch Gegenüberstellung der bekannten und wirtschaftlich gewinnbaren Reserven und der laufenden Jahresförderung zwei wichtige Kennzahlen für die Ressourcenökonomen, die beide von Neuerschließungen abstrahieren: Die *statische Reichweite* gibt an, in wie vielen Jahren bei konstanter Förderung die Reserven aufgebraucht sein werden. Diese Kennzahl ist durchaus sinnvoll für ein einzelnes Feld, aber weniger aussagefähig in einem Umfeld mit im Zeitablauf veränderlicher

Ausmaß an Ungewissheit

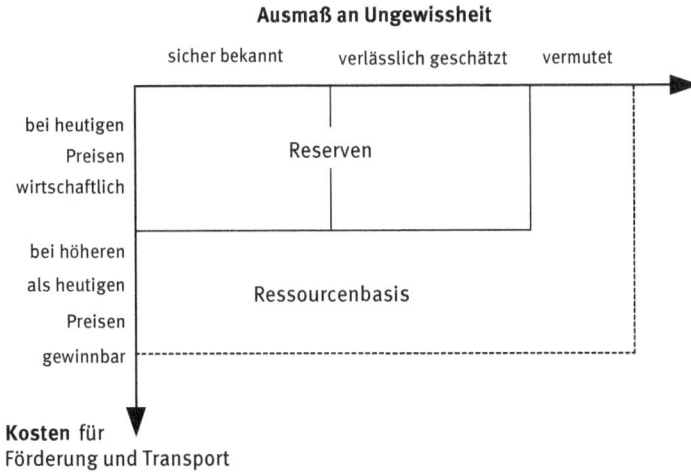

Abb. 3.1: McKelvey-Diagramm zur Ressourcenbasis

Förderung. Kennzahlen zur *dynamischen Reichweite* geben an, wann mit einem Ressourcenmangel zu rechnen ist, wenn eine bestimmte Rate der Neuerschließung konfrontiert wird mit einer mit konstanter Wachstumsrate ansteigenden Förderung.

Beide Kennzahlen sind für längerfristige Knappheiten nur begrenzt aussagefähig, weil steigende Preise bisher unrentable Felder wirtschaftlich ausbeutbar machen können und/oder weil Neuentdeckungen und Neuerschließungen die Reserven vergrößern können. Beide Mechanismen waren in den letzten Jahrzehnten in der Realität gegeben.

Wenn unterstellt würde, dass sich die Reserven $S_0[t]$ nicht mehr steigern ließen (was realiter beispielsweise nur bei einem vollen Öltank sinnvoll erscheint), ergibt sich die statische Reichweite mit einer Wachstumsrate der Förderung von $w = 0$ bei einer Anfangsproduktion $R_0[t/a]$ von ein Prozent des Bestandes ($S_0[t]$) zu $\frac{S_0}{R_0} = 100$ Jahren. Die dynamische Reichweite bei wachsender Nachfrage bzw. Förderung $R_t = R_0 e^{wt}$ kann durch

$$\int_0^T e^{wt} R_0 \, dt = S_0$$

modelliert werden. Nach Integration und einigen Umformungen erhält man für die dynamische Reichweite T:

$$T = \frac{1}{w} \cdot \ln\left(1 + w\frac{S_0}{R_0}\right) = \frac{1}{w} \cdot \ln(1 + w \cdot RW_{statisch})$$

Die jeweils resultierenden dynamischen Reichweiten für verschiedene positive Wachstumsraten w sind in Tabelle 3.1 aufgeführt.

Tab. 3.1: Dynamische Reichweite der Reserven bei $R_0 = 0,01 \cdot S_0$

w-Rate p.a.	Sonderfall: statische Reichweite $RW_{statisch} = 100$ Jahre (bei $w = 0$)	dynamische Reichweite T [Jahre]
0	0,00 %	100,00
1	1,00 %	69,31
2	2,00 %	54,93
3	3,00 %	46,21
4	4,00 %	40,24
5	5,00 %	35,84
6	6,00 %	32,43
7	7,00 %	29,71
8	8,00 %	27,47
9	9,00 %	25,58
10	10,00 %	23,98

Wie man sieht, reicht bereits eine moderate Wachstumsrate der Nachfrage, um aus einer scheinbar komfortablen Ressourcensituation ein Problem zu generieren. Bereits bei nur drei Prozent jährlichem Produktions-, d. h. Nachfragewachstum für Energieressourcen, sinkt die dynamische Reichweite der gleichen Reserven auf unter 50 % des Wertes der statischen Reichweite ab. Bei langen Vorlaufzeiten für Neuexploration und Felderschließung verschärft dieses Nachfragewachstum die Anforderungen an rechtzeitiges Reagieren auf der Angebotsseite.

Selbst wenn dies der Angebotsseite gelingt, so ist die Nachfrage nach 46,2 Jahren auf das 3,9-Fache angestiegen. Jetzt müssten also nicht mehr 100 Einheiten neu gefunden werden, um wieder eine statische Reichweite von 100 Jahren zu erreichen, sondern 392 Einheiten, also fast das Vierfache des alten Wertes.

Die Explorationsaktivitäten unterliegen nun selbst einem komplexen ökonomischen Kalkül: Je nach derzeitiger Ressourcenausstattung der Energiegesellschaft, Wettbewerbsdruck, günstigen anderen Beschaffungsmöglichkeiten beispielsweise auf Spotmärkten, Preis- und Nachfrageprognosen, aber auch in Abhängigkeit vom Zinssatz [wegen der Diskontierung von erst in der Zukunft anfallenden Erlösen aus dem Ressourcenverkauf], ist es unterschiedlich lohnend, die riskante Explorationsaktivität zu beginnen. Jedes „trockene Bohrloch" und jede sich unerwartet verteuernde Erkundung trägt heute sicher zu einem schlechteren Betriebsergebnis bei, während die unsicheren zukünftigen Erträge nur vage abgeschätzt werden können und zudem diskontiert werden müssen.

Da zudem für ein einzelnes Feld aus technischen und wirtschaftlichen Gründen auch eine relativ enge Bandbreite von Förderung in Relation zum vorhandenen Vorkommen sinnvoll sein kann, ist sogar die Erschließung und Aufnahme der Förderung in bereits bekannten Gebieten eine ökonomische Optimierungsaufgabe unter Risiko. Einen derartigen Effekt beobachtete man in den USA nach dem starken Ölpreisanstieg zu Beginn des ersten Jahrzehnts des 21. Jahrhunderts: Plötzlich wurde die Neuerschließung von bereits aufgegebenen Ölfeldern wieder ernsthaft betrieben. Die gestiegenen Ölpreise hatten inzwischen bekannte neue Techniken zur besseren Ausbeute bestehender Felder rentabel gemacht.

Ein weiteres Problem der schrittweisen Umwandlung von „Ressourcen" in „Reserven" betrifft vor allem den Energieträgereinsatz. Für die Suche, Erschließung und schließlich Aufbereitung und Umwandlung in marktfähige Produkte muss selbst Energie eingesetzt werden. Es ist offensichtlich, dass die Nutzung von beispielsweise 100 Einheiten Mineralölersatz, das in feinsten Gesteinsspalten lagert, ökonomisch problematisch wird, wenn für die Aufbereitung der Gesteinsmassen und das Gewinnen des „Ersatzöls" bereits 40 Einheiten Energie benötigt werden. Die für den Markt übrig gebliebene Nettomenge von 60 Einheiten ist bedeutend kleiner als bei Nutzung einfacher konventioneller Felder, die höchstens 10 Einheiten Energie benötigen, um 100 Einheiten zu produzieren: Hier verbleiben netto 90 Einheiten für andere Energienutzungen. Um diese heutigen 90 Einheiten „Originalöl" zu ersetzen, müssten vom „Ersatzöl" brutto 150 Einheiten gefördert werden (siehe Abb. 3.2).

Beim Übergang auf schlechtere Lagerstätten oder ungünstigere Energieträger ist also einerseits ein Kostenanstieg in €/t zu verzeichnen. Andererseits ist (brutto) ein sehr viel höherer Energievorrat als Ersatz zu fördern, um für Verkehr, Industrie und Haushalte die gleiche Energiemenge bereitzustellen wie vorher. In diesem Sinne sind die physikalisch korrekt ermittelten „Energieäquivalenzen" von leicht zu fördernden Energieträgern mit solchen, die ihrerseits nur unter hohem Energieeinsatz gewonnen werden können, aus technischer und ökonomischer Sicht nicht gleich zu bewerten.

3.1.2 Exkurs: Diskontierung von Zahlungen zu verschiedenen Zeitpunkten

In der intertemporalen ökonomischen Planung ist grundsätzlich zu berücksichtigen,[24] dass Zahlungsströme in verschiedenen Perioden zum heutigen Zeitpunkt vergleichbar gemacht werden können, indem die Geldströme späterer Perioden mit dem Marktzinssatz diskontiert werden. Dieses Prinzip gilt für Kosten ebenso wie für Erlöse oder Einkommen eines Haushaltes.

Diskontierung macht Zahlungsströme in verschiedenen Zeitpunkten vergleichbar.
Dazu versetze man sich in die Situation eines Lotteriegewinners, dem zwei verschiedene Auszahlungsvarianten seines Gewinns angeboten werden: In Variante A wird der Gewinn in Höhe von 100.000 € sofort ausbezahlt, während Variante B eine jährliche Auszahlung von 20.000 € über 6 Jahre (jeweils zu Jahresanfang), beginnend

---

[24] Eine vertiefende Darstellung der finanzmathematischen Aspekte findet sich in Kobelt und Schulte (2006).

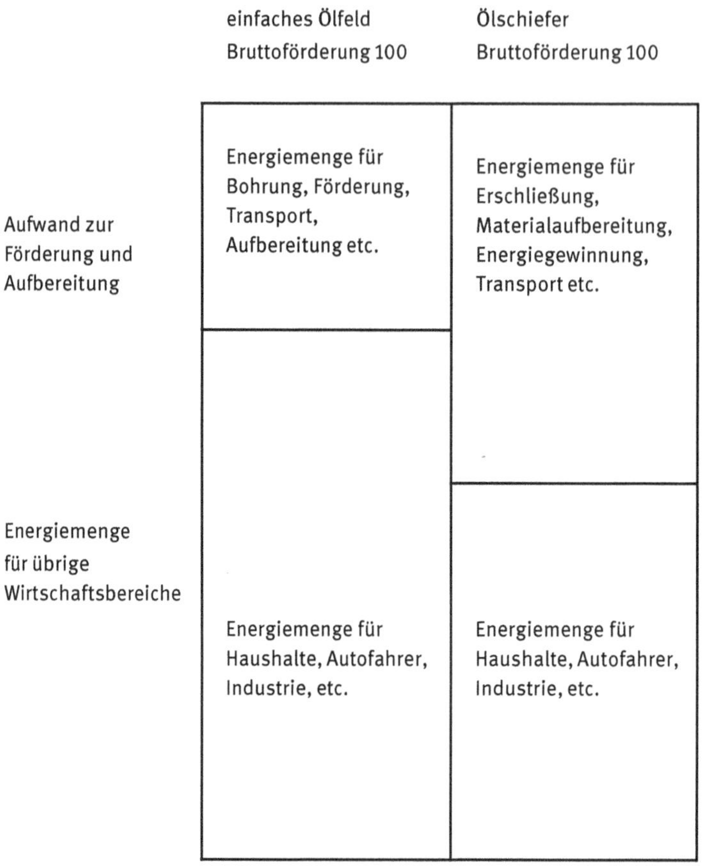

einfaches Ölfeld
Bruttoförderung 100

Ölschiefer
Bruttoförderung 100

Aufwand zur
Förderung und
Aufbereitung

Energiemenge für
Bohrung, Förderung,
Transport,
Aufbereitung etc.

Energiemenge für
Erschließung,
Materialaufbereitung,
Energiegewinnung,
Transport etc.

Energiemenge
für übrige
Wirtschaftsbereiche

Energiemenge für
Haushalte, Autofahrer,
Industrie, etc.

Energiemenge für
Haushalte, Autofahrer,
Industrie, etc.

Abb. 3.2: Energieverbrauch bei Gewinnung am Beispiel von konventionellen und unkonventionellen (z. B. Ölschiefer) Erdölreserven

in Periode 0, vorsieht. Die letzte Zahlung erfolgt also 5 Jahre nach der Anfangszahlung.

Insgesamt erhält der Gewinner bei Variante B eine auf 6 Jahre verteilte Summe von nominal 120.000 €. Andererseits kann man bei Variante A sofort in voller Höhe über den Gewinn verfügen. Ob damit Variante A oder B aus Sicht des Lottogewinners besser ist, wird nur durch den Barwert von B in Relation zu den sicheren 100.000 € von A bestimmt. Dazu muss die mit einem Diskontierungsfaktor auf heute (Periode 0) herunter gerechnete Gewinnsumme in heutigen Euro ermittelt werden (sog. Barwert).

Diese ergibt sich bei einem Marktzinssatz von i allgemein zu:

$$BW_{Variante\ B} = \sum_{t=0}^{5} 20.000 \frac{1}{(1+i)^t} \ . \tag{3.1}$$

Tab. 3.2: Barwertvergleich von Zahlungsströmen

Periode	Variante A	Variante B	$i = 5\%$ $\frac{1}{1+i} = 0{,}9524$	$i = 10\%$ $\frac{1}{1+i} = 0{,}9091$
0	100.000 €	20.000 €	20.000 €	20.000 €
1		20.000 €	19.048 €	18.182 €
2		20.000 €	18.141 €	16.529 €
3		20.000 €	17.277 €	15.026 €
4		20.000 €	16.454 €	13.660 €
5		20.000 €	15.671 €	12.418 €
		$BW_{Variante\ B}$:	106.591 €	95.816 €

Bei $i = 5\%$ ergibt sich ein Diskontierungsfaktor von $\frac{1}{1,05} = 0{,}9524$ und daraus ein Barwert von 106.591 €, was offensichtlich besser ist als der Gewinn der Variante A. Ist jedoch der Zinssatz $i = 10\%$ zu veranschlagen, ist der Barwert von Variante B mit 95.816 € geringer als die sofortige Auszahlung bei Vorliegen der Variante A. Die Tabelle 3.2 stellt die Zahlen überblicksartig dar.

Jährliche versus kontinuierliche Zinszahlungen

Es ist eine Konvention, dass Zinsen als Jahreszinsen ausgedrückt werden. Man kann sich nun fragen, ob ein Hypothekenschuldner A, welcher in jedem Quartal für 100.000 € Zinsen in Höhe von 1.942,65 € bezahlen muss, schlechter gestellt ist als ein anderer Hypothekenschuldner B, der einmal am Jahresende 8.000 € bezahlt.

Der vierfache Quartalszinssatz von 1,94265 % entspricht nicht dem Jahreszinssatz von 8 %, denn $r = 4 \times 1{,}94265\% = 7{,}7706\% (< 8\% = i)$ Die effektive jährliche Rate ermittelt man aus der Überlegung: Auf welche Schuld wächst das Darlehen ohne Zahlungen? Da quartalsweise 1,94265 % belastet werden, wäre die Schuld nach einem Jahr mit Zins und Zinseszins gleich $K_1 = 100.000\,€ \times 1{,}0194265^4 \approx 108.000\,€$. Das heißt, dass der effektive Jahreszinssatz bei dieser Zahlungsform ebenfalls 8,0 % beträgt und A somit genauso viel wie B bezahlt.

Überlegen wir im Folgenden, was passiert, wenn man die Verzinsungsperioden weiter verkürzt, etwa indem man auf monatliche oder sogar tägliche Zinszahlungen umstellt. Dann teilte sich das Jahr in 12 oder 365 Perioden, allgemein in m gleich lange Perioden.

Allgemein ausgedrückt gilt für den in einer jeden der m gleich langen Perioden gezahlten Zinssatz k:

$$k = \sqrt[m]{(1+i)} - 1 \,.$$

Im vorhergehenden Beispiel mit $m = 4$ (also quartalsweiser Verzinsung) ergibt sich:

$$r = 4 \cdot k = 4\left(\sqrt[4]{(1+0{,}08)} - 1\right) = 0{,}077706 \,.$$

Allgemein lässt sich schreiben, dass aus dem Anfangsbetrag $K_0 = 100.000$ nach einem Jahr bei einer Zahl von m gleich langen Perioden

$$K_1 = K_0 \left(1 + \frac{r}{m}\right)^m = 108.000 \tag{3.2}$$

wird.

Um herauszufinden, was passiert, wenn wir die Verzinsungsperioden immer weiter verkürzen, definieren wir in einem nächsten Schritt den Kehrwert von $\frac{r}{m}$ als $v = \frac{m}{r}$, woraus folgt, dass

$$m = v \cdot r. \tag{3.3}$$

Eingesetzt in (3.2) erhalten wir:

$$K_1 = K_0 \left(1 + \frac{1}{v}\right)^{v \cdot r} = K_0 \left[\left(1 + \frac{1}{v}\right)^v\right]^r.$$

Verkürzt man die Länge der unterjährigen Perioden, so wird ihre Zahl m steigen.

Aus (3.3) folgt: Bei konstantem r steigt v mit wachsendem m. Wenn die Länge der unterjährigen Perioden unendlich klein wird, dann werden v und m unendlich groß. Wenn v gegen unendlich geht, gilt:

$$\lim_{v \to \infty} \left[\left(1 + \frac{1}{v}\right)^v\right] = 2,718281828459\ldots = e. \tag{3.4}$$

Gleichung (3.2) i. V. m. (3.4) ergibt für den Fall infinitesimal kleiner Zinsperioden:

$$K_1 = K_0 \cdot e^r. \tag{3.5}$$

Wir können den, zum diskreten Zinssatz i korrespondierenden, kontinuierlichen Zinssatz r wie folgt ermitteln. Wir setzen zunächst $e^r = 1 + i$, was äquivalent ist zu $r = \ln(1 + i)$. Daraus können wir ableiten, dass bei $i = 8\%$ der korrespondierende Zinssatz $r \approx 7,6961\%$ ist. Werden n Jahre [und nicht nur 1 Jahr] betrachtet, dann wird aus (3.5):

$$K_n = K_0 \cdot e^{r \cdot n}.$$

Damit haben wir zwei Möglichkeiten, Beträge auf der Zeitachse miteinander kompatibel zu machen, indem wir die Barwerte betrachten:

– **Diskretes Diskontieren** (i. d. R.) einer zukünftigen Zahlung mit dem im Kreditsystem per Konvention üblichen Jahreszinssatz i:
$\text{BW}_{\text{diskret}} = K_0 = K_n \frac{1}{(1+i)^n}$, wobei K_0 den Barwert zum Zeitpunkt 0 (bzw. zum Anfangszeitpunkt) und K_n den Betrag nach n Perioden darstellt. Es liegen feste Zahlungszeitpunkte vor.
Beispiel des Diskontierens von 20.000 € über 5 Jahre bei $i = 0,05$:

$$K_0 = 20.000 \frac{1}{(1 + 0,05)^5} \approx 15.671.$$

Betrachtet man Zahlungsströme, so wie in Tabelle 3.2, mit Zahlungen Z_t mit $t = 0, \ldots, n$, dann lässt sich der Barwert wie folgt berechnen:
$\text{BW}_{\text{diskret}} = \sum_{t=0}^{n} \frac{Z_t}{(1+i)^t}$, wobei hier feste Zahlungszeitpunkte vorliegen.

– **Stetiges Diskontieren** einer zukünftigen Zahlung mit angepasstem Zinssatz r:
$\text{BW}_{\text{stetig}} = K_0 = \int_0^n K_t \cdot e^{-r \cdot t} dt$.
Im Falle von Zahlungsströmen gilt:
$\text{BW}_{\text{stetig}} = \int_0^n K_t \cdot e^{-r \cdot t} Z_t dt$, wobei der Zahlungsstrom in (stückweise) stetiger und damit integrierbarer Form aufgeschrieben ist.

Im Kern beschreiben beide Methoden den gleichen Sachverhalt. In der Anwendung empfiehlt sich jedoch, nicht zwischen den beiden Konzepten hin und her zu wechseln. So sind Zahlungsströme (siehe Tabelle 3.2) in diskreter Form anders aufzuschreiben als solche in stetiger Form. Dies kann für exakte Rechnungen sehr umständlich werden.

3.2 Das Hotelling-Modell der Ressourcenökonomik

Im folgenden Abschnitt stellen wir das Hotelling-Modell der Nutzung nicht-erneuerbarer Ressourcen vor, welches eines der zentralen Modelle der Ressourcenökonomik ist. Dabei wird in Abschnitt 3.2.1 das grundlegende Konzept zunächst in einem vereinfachten Modell mit zwei Zeitperioden dargestellt. In Abschnitt 3.2.2 diskutieren wir anschließend ein komplexeres Modell mit einer stetigen Betrachtung der Zeitperioden.

3.2.1 Intertemporale Allokation und dynamische Effizienz

Eine intertemporale Allokation von nicht erneuerbaren Ressourcen (Kohle, Erdgas, Öl usw.) ist wohlfahrtsmaximal, wenn der Barwert der über die einzelnen Zeitperioden summierten Gesamtrenten (Produzenten- plus Konsumentenrente) aus der Ressourcennutzung maximal wird. Eine solche Allokation bezeichnet man als dynamisch effizient. Das Konzept der dynamischen Effizienz wird anhand des folgenden einfachen Beispiels eines Steinkohlemarktes näher erläutert und in diesem Rahmen auch die sog. Hotelling-Regel herausgearbeitet.

Wir nehmen hierfür zunächst an, dass die Akteure auf dem betrachteten Markt unter vollständiger Konkurrenz agieren. Sie sind zudem vollständig informiert über gegenwärtige und zukünftige Nachfrage, Grenzkosten, Diskontrate, verfügbares Angebot und Preis. Vereinfachend teilen wir die Zeit in zwei Perioden ein, nämlich Jahr 0 (= Gegenwart) und Jahr 1 (= Zukunft). Die Grenzkosten der Steinkohleproduktion seien konstant und gleich 10 € pro Tonne, sodass die Marktangebotskurve ebenfalls konstant bei 10 € liegt.

Die Marktnachfrage sei in beiden Perioden gleich: Die Steinkohlenachfrage in einem gegebenen Jahr sei beschrieben durch die folgende inverse Nachfragefunktion:

$$p = 25 - 0{,}5q \, , \tag{3.6}$$

wobei q für die Anzahl an nachgefragten Tonnen der Steinkohle steht.

Q sei eine feste Menge von 50 Tonnen Steinkohle, die über die 2 Jahre ausgebeutet werden kann, und die am Markt verwendete Diskontrate liegt bei 15 %.

Im Folgenden betrachten wir zwei verschieden Szenarien, um das Konzept der dynamischen Effizienz zu veranschaulichen. Im ersten Referenzszenario sei angenommen, dass die Marktteilnehmer die Auswirkungen ihrer gegenwärtigen Handlungen auf die Zukunft ignorieren. Im zweiten Szenario hingegen wird die Zukunft bei gegenwärtigen Entscheidungen berücksichtigt.

Szenario 1

Wir nehmen an, dass die Marktteilnehmer im Jahre 0 die Wirkungen ihrer Handlungen auf Angebot, Preis und Gewinn in Jahr 1 ignorieren. Dann ist im Jahre 0 die Marktgleichgewichtsmenge von gehandelter Steinkohle durch den Preis $p = 10$ determiniert, bei dem Angebot und Nachfrage übereinstimmen:

$$10 = 25 - 0,5q \ . \tag{3.7}$$

Auflösen der Gleichung nach q ergibt $q = 30$, d. h. 30 Tonnen Steinkohle werden im Jahre 0 gehandelt. Durch Einsetzen von $q = 30$ in die inverse Nachfragefunktion können wir bestätigen, dass der Gleichgewichtspreis bei 10 € liegt.

Nun ist zu beachten, dass sich durch den Handel von 30 Tonnen Steinkohle die als Angebot bereitstehende Menge von $Q = 50$ auf 20 Tonnen vermindert hat. In Jahr 1 sind somit nur noch 20 Tonnen Steinkohle verfügbar.

Wenn die Marktteilnehmer die Zukunft ignorieren, dann wird – wie man der Abb. 3.3 entnehmen kann – die folgende Gesamtrente im Jahre 0 erzielt: $15 \times 30 \times 0,5 = 225$ (entspricht der Fläche des grauen Dreiecks, also der Fläche zwischen Nachfrage- und Angebotskurve im relevanten Bereich von q).

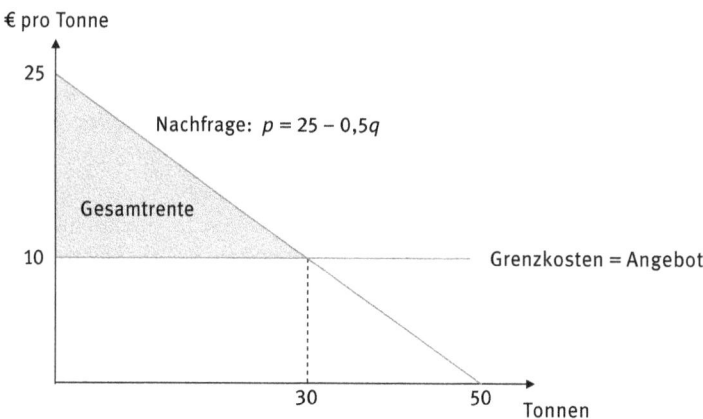

Abb. 3.3: Darstellung zu Jahr 0 des Szenarios 1

Die Gesamtrente setzt sich zusammen aus Konsumentenrente und Produzenten-rente.

Die *Produzentenrente* ist die Differenz zwischen tatsächlich erhaltenem Preis und Grenzkosten (gegeben durch Angebotskurve) und die *Konsumentenrente* ist die Differenz zwischen maximaler Zahlungsbereitschaft (gegeben durch Nachfragekurve) und tatsächlich gezahltem Preis.

Im verwendeten Beispiel ist die Produzentenrente gleich 0, da die konstanten Grenzkosten gleich dem Preis p gesetzt sind. Die Gesamtrente von 225 € besteht hier also ausschließlich aus der Konsumentenrente.

Da im Jahr 1 nur noch 20 Tonnen verfügbar sind, setzen wir für dieses Jahr $q = 20$ in die Nachfragegleichung (3.6) ein und erhalten:

$$p = 25 - 0,5 \cdot 20 = 15 \, . \tag{3.8}$$

Der Steinkohlepreis liegt im Jahr 1 also bei 15 €. Die Konsumentenrente entspricht der Fläche des kleinen oberen Dreiecks in der Abb. 3.4 und lässt sich folglich berechnen als $(25 - 15) \times 20 \times 0,5 = 100$.

€ pro Tonne

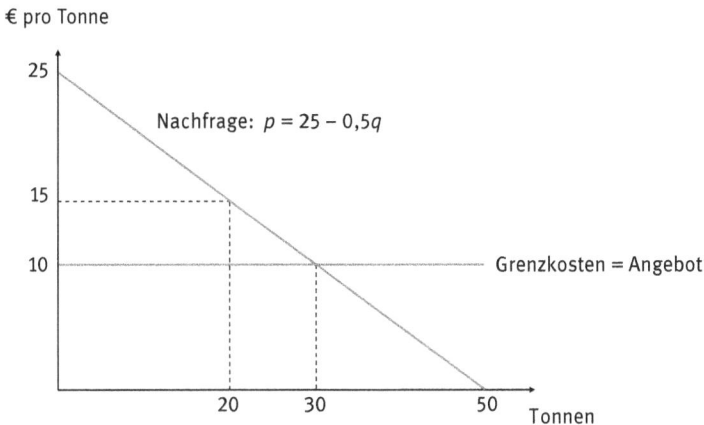

Abb. 3.4: Darstellung zu Jahr 1 des Szenarios 1

Die Konsumentenrente von 100 € im Jahr 1 ist somit deutlich geringer als die entsprechende Rente von 225 € im Jahr 0.

Die Produzentenrente lässt sich berechnen als $(15 - 10) \times 20 = 100$. Also ist die Produzentenrente (100 €) im Jahr 1 deutlich größer als im Jahr 0 (0 €).

Die Gesamtrente (Summe aus Konsumenten- und Produzentenrente) ist im Jahr 1 somit gleich 200 €. Den Barwert der Gesamtrente in Jahr 1 erhalten wir durch Diskontierung mit der Diskontrate (von 15 %), also $\frac{200}{1,15} = 173,91$.

Der Barwert der Summe der Gesamtrenten aus beiden Jahren berechnet sich wie folgt: $225 + \frac{200}{1,15} = 398,91$.

Damit ein dynamisch effizientes Gleichgewicht vorliegt, müsste die Summe der Überschüsse beider Perioden (Barwert in €) maximal sein. Ist diese Bedingung für dynamische Effizienz in dem gegebenen Szenario erfüllt, in dem die Marktteilnehmer bei Entscheidungen in der Gegenwart die Auswirkungen auf die Zukunft ignorieren? Zur Beantwortung dieser Frage wenden wir uns Szenario 2 zu.

Szenario 2

Wir nehmen nun die Perspektive der Anbieter von Steinkohle ein und ignorieren dabei nicht mehr die Auswirkungen gegenwärtiger Handlungen auf die Zukunft. Wir werden also untersuchen, wie die gewinnmaximierenden Anbieter von Steinkohle agieren werden, wenn sie voraussehen, dass der heutige Steinkohlepreis von 10 € im Folgejahr auf 15 € ansteigen wird, wenn sie sich so verhalten wie in Szenario 1 beschrieben.

Die Fragestellung lautet somit: Werden die gewinnmaximierenden Anbieter nun von dem Verhalten gemäß Szenario 1 abweichen?

Bei der Beantwortung der Frage ist zu berücksichtigen, dass der Grenzgewinn ($p - c$) aus dem Verkauf einer Tonne Steinkohle im Jahre 0 gleich 0 € ist, da der Preis den Grenzkosten (c) entspricht. Wenn ein Anbieter eine Tonne Steinkohle nicht in Jahr 0 verkauft, sondern erst in Jahr 1, so erzielt er aus dem Verkauf dieser Tonne einen Preis von $p = 25 - 0,5 \cdot 21 = 14,5$.

Der Barwert des Grenzgewinns in Jahr 1 lautet: $(14,5 - 10)/1,15 \approx 3,91$.

Ein gewinnmaximierender Steinkohleanbieter, der vollständig über gegenwärtige und zukünftige Marktbedingungen informiert ist, wird also einen Anreiz besitzen, den Verkauf der betrachteten Tonne Steinkohle von Jahr 0 in Jahr 1 zu verschieben. Beachte: Je niedriger die Diskontrate, umso höher ist der diskontierte Grenzgewinn in Jahr 1 [und umso attraktiver ist der Verkauf in Jahr 1]. Es folgt, dass bei Verkauf von 30 Tonnen Steinkohle in Jahr 0 und 20 Tonnen in Jahr 1 kein *dynamisches Gleichgewicht* vorliegen kann.

Im Folgenden werden wir ein dynamisches Gleichgewicht ermitteln, das zudem noch gesamtwirtschaftlich *effizient* ist, d. h. der Barwert der Summe der Gesamtrenten aus beiden Perioden ist maximiert.

Zur exakten Lösung dieses Problems setzen wir zunächst so an, dass wir die Nachfragegleichung allgemeiner schreiben als:

$$p = a - bq. \tag{3.9}$$

Die Gesamtrente (Fläche zwischen Nachfrage- und Angebotskurve im relevanten Bereich von q) einer Periode kann mithilfe der Integralrechnung geschrieben werden als:

$$GR = aq - \frac{bq^2}{2} - cq. \tag{3.10}$$

Das Optimierungsproblem besteht nun darin, diejenige Allokation des Ressourcenbestandes über die beiden Perioden zu finden, die zu einer Maximierung des Barwertes GR_Σ der Summe der Gesamtrenten beider Perioden führt. Hierbei ist die Nebenbedingung zu beachten, dass die Ressourcen, die über die Zeit verwendet werden, nicht den anfänglichen Gesamtbestand überschreiten können.

Im 2-Perioden-Fall lautet das Optimierungsproblem formal:

$$\max_{q_0, q_1} GR_\Sigma = GR_0 + GR_{1GW} = \frac{aq_0 - \frac{bq_0{}^2}{2} - cq_0}{(1+r)^0} + \frac{aq_1 - \frac{bq_1{}^2}{2} - cq_1}{(1+r)^1} \tag{3.11}$$

u. d. N.

$$q_0 + q_1 = Q . \tag{3.12}$$

Index GW zeigt an, dass wir den Barwert betrachten, und Indizes 0 und 1 kennzeichnen, auf welches Jahr sich die jeweiligen Werte beziehen [beispielsweise steht q_0 für die Anzahl der Steinkohletonnen, die in Jahr 0 gehandelt wurde].

In unserem speziellen Fall gilt dann:

$$\max_{q_0, q_1} GR_\Sigma = GR_0 + GR_{1GW} = \frac{25q_0 - \frac{0{,}5q_0{}^2}{2} - 10q_0}{(1{,}15)^0} + \frac{25q_1 - \frac{0{,}5q_1{}^2}{2} - 10q_1}{(1{,}15)^1} \tag{3.13}$$

u. d. N.

$$q_0 + q_1 = 50 . \tag{3.14}$$

Mithilfe des Lagrange-Ansatzes lässt sich das Optimierungsproblem lösen. Die Lagrange-Funktion lautet:

$$L = \frac{15q_0 - \frac{0{,}5q_0{}^2}{2}}{(1{,}15)^0} + \frac{15q_1 - \frac{0{,}5q_1{}^2}{2}}{(1{,}15)^1} - \lambda(q_0 + q_1 - 50) . \tag{3.15}$$

Die Bedingungen erster Ordnung lauten:

$$\frac{\partial L}{\partial q_0} = \frac{15 - 0{,}5q_0}{(1{,}15)^0} - \lambda = 0 \tag{3.16}$$

$$\frac{\partial L}{\partial q_1} = \frac{15 - 0{,}5q_1}{(1{,}15)^1} - \lambda = 0 \tag{3.17}$$

Das Auflösen von (3.16) und (3.17) nach λ und Gleichsetzen ergibt:

$$\frac{15 - 0{,}5q_0}{(1{,}15)^0} = \frac{15 - 0{,}5q_1}{(1{,}15)^1} \tag{3.18}$$

Gleichung (3.14) kann man auch schreiben als:

$$q_1 = 50 - q_0 \tag{3.19}$$

bzw.

$$q_0 = 50 - q_1 . \tag{3.20}$$

Einsetzen von (3.19) in (3.18) und Auflösen nach q_0 ergibt:

$$\frac{15 - 0{,}5q_0}{(1{,}15)^0} = \frac{15 - 0{,}5(50 - q_0)}{(1{,}15)^1} \rightarrow q_0 = \frac{27{,}25}{1{,}075} \approx 25{,}3488 \tag{3.21}$$

Einsetzen von (3.20) in (3.18) und Auflösen nach q_1 ergibt:

$$\frac{15 - 0,5\,(50 - q_1)}{(1,15)^0} = \frac{15 - 0,5q_1}{(1,15)^1} \rightarrow q_1 = \frac{26,5}{1,075} \approx 24,6512 \qquad (3.22)$$

Marktpreis und der Grenzgewinn in den einzelnen Perioden lassen sich berechnen:
Für Jahr 0:

$$p_0 = 25 - 0,5q_0 = 25 - 0,5\frac{27,25}{1,075} \approx 12,3256 \qquad (3.23)$$

$$p_0 - c \approx 2,3256 \qquad (3.24)$$

Für Jahr 1:

$$p_1 = 25 - 0,5q_1 = 25 - 0,5\frac{26,5}{1,075} \approx 12,6744 \qquad (3.25)$$

$$p_1 - c \approx 2,6744 \qquad (3.26)$$

Der Grenzgewinn in Jahr 1 ausgedrückt als Barwert:

$$(p_1 - c)/1,15 = \left(25 - 0,5\frac{26,5}{1,075} - 10\right)/1,15 \approx 2,3256 \qquad (3.27)$$

Ausgedrückt als Barwert stimmen die Grenzgewinne in den beiden Perioden überein. Damit ist die *Hotelling-Regel* erfüllt, eine dynamisch-effiziente Lösung liegt vor. Die Anbieter der Steinkohle können ihren Gewinn nicht durch Abweichen von der berechneten Lösung (anders als in Szenario 1) steigern.

Die Hotelling-Regel ist auf den Ökonomen Harold Hotelling (1931) zurückzuführen, der diese Regel zum Auffinden dynamisch effizienter Lösungen von Ressourcenallokationsproblemen entwickelte. Sie besagt für den Fall nicht erneuerbarer Ressourcen, dass der Grenzgewinn $(p - c)$ im Jahre 0 gleich dem Barwert des Grenzgewinns im Jahre 1 und in jedem anderen zukünftigen Jahr sein muss, damit dynamische Effizienz erreicht wird.

Häufig werden die Kosten der Ressourcenproduktion aus Vereinfachungsgründen ignoriert, und es wird gesetzt: $c = 0$. In diesem Fall würde die Hotelling-Regel fordern, dass der Preis p im Jahre 0 gleich dem Barwert des Preises in jedem anderen zukünftigen Jahr sein muss (siehe Abb. 3.5).

Die Gesamtrenten der Jahre 0 und 1 sind jeweils wie folgt bestimmbar:
Gesamtrente im Jahre 0:

$$GR_0 = 25 \cdot \frac{27,25}{1,075} - 0,25 \cdot \left(\frac{27,25}{1,075}\right)^2 - 10 \cdot \frac{27,25}{1,075} \approx 219,59$$

Gesamtrente im Jahre 1:

$$GR_1 = 25 \cdot \frac{26,5}{1,075} - 0,25 \cdot \left(\frac{26,5}{1,075}\right)^2 - 10 \cdot \frac{26,5}{1,075} \approx 217,85$$

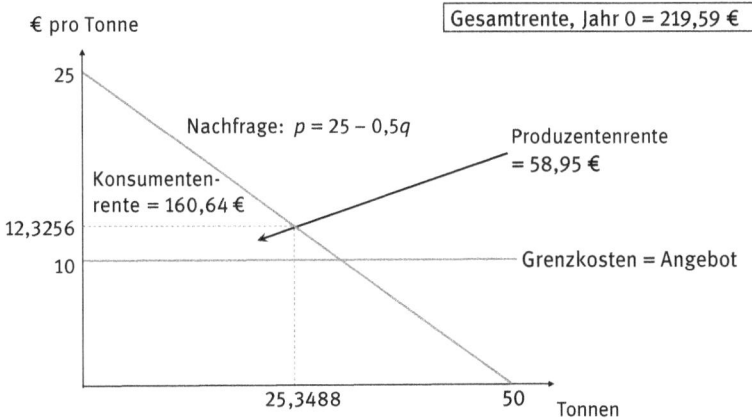

Abb. 3.5: Darstellung zu Jahr 0 des Szenarios 2

Der Barwert der Gesamtrente im Jahre 1 beträgt somit im betrachteten Fall:

$$GR_{1GW} = \frac{217,85}{1,15} \approx 189,43 \,.$$

Die Summe der Gesamtrenten beider Jahre ausgedrückt als Barwert ergibt sich als $GR_\Sigma \approx 219,59 + 189,43 = 409,02.$

Es ist unmöglich eine Vergrößerung der Summe der Gesamtrenten (ausgedrückt als Barwert) von 409,02 € im effizient-dynamischen Gleichgewicht zu erreichen, indem man die Allokation des Ressourcenbestandes gegenüber der effizient-dynamischen Lösung verändert.

Die Produzentenrenten berechnen sich wie folgt:

Produzentenrente im Jahre 0: $PR_0 \approx 25,3488 \times 2,3256 \approx 58,95$

Produzentenrente im Jahre 1: $PR_1 \approx 24,6512 \times 2,6744 \approx 65,93$

Der Barwert der Produzentenrente im Jahre 1 ist $PR_{1GW} = \frac{65,93}{1,15} \approx 57,33.$
Die Konsumentenrenten bestimmen sich als:

Konsumentenrente im Jahre 0: $GR_0 - PR_0 \approx 160,64$

Konsumentenrente im Jahre 1: $GR_1 - PR_1 \approx 151,92$

Der Barwert der Konsumentenrente im Jahre 1 lautet $GR_{1GW} - PR_{1GW} \approx 132,1$ (siehe Abb. 3.6)

Da die Menge der Ressource Steinkohle begrenzt ist, muss also berücksichtigt werden, dass Einheiten der Ressource, die heute entnommen [und konsumiert] werden, in der Zukunft nicht mehr zur Verfügung stehen.

Folglich sollte bei der Bewertung einer heute extrahierten Ressource auch der Wert berücksichtigt werden, der erreicht worden wäre, hätte man die Ressource erst in der Zukunft entnommen.

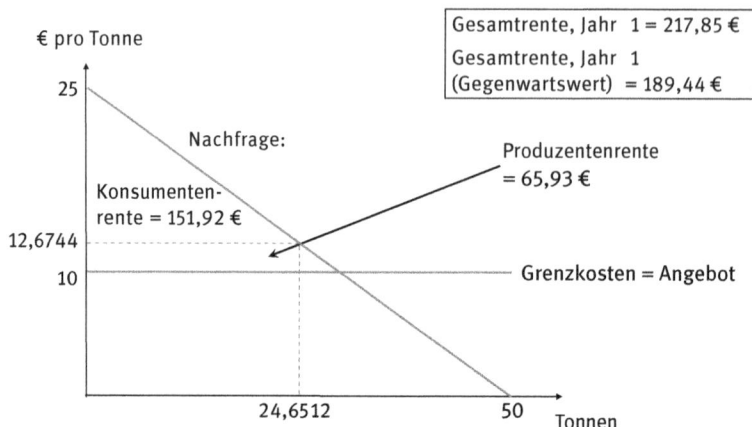

Abb. 3.6: Darstellung zu Jahr 1 des Szenarios 2

Den Gewinn (ausgedrückt als Barwert) der Steinkohleanbieter, der in der Zukunft aufgrund der heutigen Entnahme verloren geht, bezeichnet man als *Opportunitätskosten* der heutigen Entnahme.

In unserem einfachen 2-Perioden-Modell entsprechen die Opportunitätskosten einer heute entnommenen Einheit der Ressource dem Barwert der Differenz zwischen Preis p_1 und Grenzkosten c in der dynamisch-effizienten Lösung.

Beachte: Es gilt $p_1 - c \approx 2{,}6744$, während der Grenzgewinn im Jahre 1 ausgedrückt als Barwert $(p_1 - c)/1{,}15 \approx 2{,}6744/1{,}15 \approx 2{,}3256$; dies entspricht wiederum dem Grenzgewinn $(p_0 - c)$ im Jahre 0.

Aufgrund der Berücksichtigung der marginalen Opportunitätskosten liegt der Preis in dem von uns betrachteten kompetitiven Markt im dynamisch-effizienten Gleichgewicht über den Grenzkosten.

Den Barwert dieser Differenz zwischen Preis und Grenzkosten bezeichnet man auch als marginale *Hotelling-Rente*, marginale Knappheitsrente oder marginale Nutzerkosten (marginal user cost).

In der Realität der Energiemärkte wird diese dynamisch-effiziente Gleichgewichtslösung allerdings überlagert durch die folgenden Einflussfaktoren:
1. tatsächliche Unmöglichkeit, künftige Nachfrager realiter durch geeignete Verträge am heutigen Marktgeschehen zu beteiligen,
2. Exploration und Reservenvergrößerungen in Abhängigkeit vom Ressourcenpreis,
3. unvollkommene Kapitalmärkte, die eine Vorfinanzierung zukünftiger Öleinnahmen nicht wie im Modell erlauben und deswegen einen Ressourcenanbieter zu einem kurzfristig unelastischen Angebotsverhalten zwingen können,
4. Unsicherheit über die langfristig verfügbaren Backstop-Technologien (dazu weiter unten mehr),

5. Marktstrukturen mit oligopolistischem Kern und wettbewerblichem Rand und unterschiedliche Interessenlagen der einzelnen Ressourcenanbieter lassen das einfache Modell nicht anwendbar werden (High- versus Low-Absorber im Ölmarkt, bewusste Inkaufnahme ineffizienter Lösungen wegen regionalpolitischer Zielsetzungen in den Industriestaaten, usw.).

3.2.2 Das Hotelling-Modell aus gesamtwirtschaftlicher Sicht: Eine stetige Betrachtung

Im Folgenden wird die Hotelling-Logik für eine nicht erneuerbare Ressource als langfristiges Gleichgewichtskonzept in einem gesamtwirtschaftlichen Optimierungsansatz abgeleitet. Dies dient weniger zur Beschreibung realer Vorgänge, sondern soll als „Labor" für grundsätzliche Elemente der Allokationstheorie für erschöpfbare natürliche Ressourcen dienen. Die Modellierung erfolgt in zwei Schritten: Zunächst wird ein reines Konsummodell, dann ein Modell mit Produktion vorgestellt. Im Konsummodell findet die Diskontierung zwischen den einzelnen Perioden alleine wegen der Zeitpräferenzrate statt, im Produktionsmodell ist hierfür ein Zinssatz, der sich aus der Grenzproduktivität des Kapitals bestimmt, verantwortlich.

Das Konsummodell
Aus einem Ressourcenbestand mit zum Zeitpunkt $t = 0$ bekannter Größe S („Öl") wird laufend eine Förderung C entnommen, die auf dem Umweg über einen nicht weiter modellierten Produktions- und Umwandlungssektor einen Nutzen U stiftet. Die Förderkosten für C werden der Einfachheit halber mit Null angenommen.[25] Alternativ kann diese kostenlos zu fördernde Ressource auch durch ein Substitut Z ersetzt werden, das zwar unbegrenzt zur Verfügung steht, allerdings konstante Produktionskosten $k > 0$ pro Einheit aufweist.

Ein fiktiver Ressourcenmanager steht damit vor dem Problem, über einen unendlichen Zeithorizont das „Wohlbefinden einer Volkswirtschaft" zu maximieren. Er löst dann eine Aufgabe der folgenden Art:

$$\max \int_0^\infty e^{-\delta t} \left[U(C + Z) - kZ \right] dt \qquad (3.28)$$

Nebenbedingungen:
$\dot{S} = -C$ Ressourcenbestandsänderung
$S_0 > 0$ gegeben $S \geq 0$

---

[25] Dies ist beispielsweise für Erdöl aus dem Nahen Osten keine unzulässige Approximation: Selbst bei einem Marktpreis von rund 40 $/bl machen die Förderkosten nur einen sehr geringen Teil des Verkaufspreises aus.

$k > 0$ gegebene Backstop-Kosten („Leasing-Modell")
$\delta > 0$ konstante Diskontierungsrate zukünftiger Nutzen

Mit dem Ansatz der Hamilton-Funktion[26] lassen sich die notwendigen Bedingungen für eine Optimallösung ermitteln. Man beachte dabei, dass der „Schattenpreis" $\mu(t)$ die [marginale] Nutzenverbesserung angibt, die durch ein Geschenk einer zusätzlichen Einheit „Öl" zum Zeitpunkt t an die Volkswirtschaft möglich ist. Da $k > 0$ ist, wird zuerst ausschließlich die kostenlos zu fördernde Ressource C genutzt. Für diese Phase gilt dann:

$$H = e^{-\delta t} \left[U(C + Z) - kZ \right] - \mu^R e^{-\delta t} C \tag{3.29}$$

$$\frac{\partial H}{\partial C} = 0 \times U^t(C + Z) = \mu^R \qquad \text{Max-Regel}$$

$$e^{\delta t} \frac{\partial H}{\partial S} = -\dot{\mu}^R + \delta \mu^R = 0 \qquad \text{weil } H \text{ nicht von } S \text{ abhängt}$$

Mit der Lösung: $\mu^R = \mu_0^R e^{\delta t}$ \qquad\qquad\qquad (3.30)

Randbedingung $(T = arg[\mu^R(t) = k])$: $S_T = 0, \mu_T^R = k$

Wie aus den notwendigen Bedingungen für ein Nutzenmaximum hervorgeht, gibt es zwei Phasen der Ressourcennutzung:

1. In der ersten Phase (I) im Intervall $[0, T]$ wird der Ressourcenvorrat geleert, die Produktion des Substituts ist $Z = 0$. Der Schattenpreis (Knappheitspreis der Ressource „an sich") μ^R ist gleich dem Grenznutzen[27] und steigt über der Zeitachse mit der Diskontierungsrate δ an. Der Barwert des Grenznutzens jeder marginalen Öleinheit wird dadurch gleich. Offensichtlich ist dies eine notwendige Bedingung für intertemporale Effizienz [in dieser Modellwelt]: Andernfalls könnte man durch eine Reallokation einer marginalen Einheit Öl (z. B. aus einer Periode mit kleinerem Barwert des Grenznutzens als dem ansonsten gleichen Barwert in anderen Perioden) das Nutzenintegral erhöhen. Grundsätzlich gibt es zunächst unendlich viele derartige Hotelling-Pfade, denn μ_0 ist noch nicht bestimmt. Das Niveau dieses Pfades wird aber dadurch eindeutig festgelegt, dass der Ressourcenvorrat S genau dann geleert sein muss, wenn der Schattenpreis für Öl die Backstop-Kosten erreicht: Ein weiterer Anstieg des Ölpreises über k hinaus (bei $S_T > 0$) wäre ineffizient, ein Sprung des Ölpreises ($S_j = 0$ für $j < T$) könnte nutzensteigernd durch Reallokation vermieden werden, was dann einen höheren Anfangspreis erfordert.

---

26 Siehe bspw. 3. Auflage dieses Lehrbuchs (S. 363–370) für eine Einführung in die dynamische Optimierung inkl. einer ausführlichen Beschreibung von Hamilton-Funktionen.
27 Preis gleich Grenznutzen ist eine mikroökonomische Optimalbedingung in einem wettbewerblichen Markt.

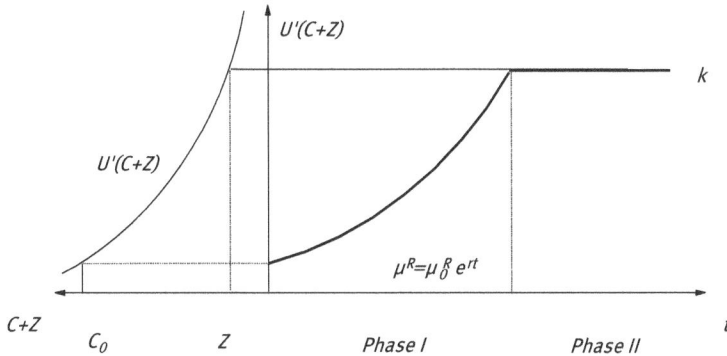

Abb. 3.7: Preispfad mit Übergang auf eine Backstop-Technik ohne CO_2-Restriktion

2. In der Phase II hat die Volkswirtschaft den Wechsel auf die unbegrenzt verfügbare Backstop-Technik vollzogen. Die Randbedingung $U'[C] = \mu^R(T) = k$ gilt jetzt für alle $t \geq T$ (siehe Abb. 3.7).

Dieses Modell ähnelt sehr dem Ansatz in 3.2.1: Hier wird die Nutzendiskontierungsrate δ verwendet, dort ein exogen gegebener Zinssatz. Im Folgenden „Produktionsmodell" werden beide Aspekte zusammengeführt.

Auch dieses Konsummodell zeigt, dass selbst bei Extraktionskosten nahe/gleich Null für eine Ressource wie Öl ein positiver Gleichgewichtspreis resultieren muss. Ein beobachteter positiver Marktpreis deutet also nicht notwendigerweise auf das Ausüben von Monopol- oder Kartellmacht hin, sondern ist zwingend ein Bestandteil einer gesellschaftlichen Optimallösung für erschöpfbare natürliche Ressourcen.

Das Produktionsmodell

Das obige einfache Konsummodell benutzt „Energie" als Inputfaktor direkt in der Nutzenfunktion. Damit ist nur der Konsum heute gegenüber dem Konsum morgen abzuwägen. Ein positiver Zinssatz kann nur aus der Präferenz für höheren Konsum heute resultieren. Für eine auch wirtschaftspolitisch differenziertere Betrachtung ist jedoch eine explizite Berücksichtigung des Produktionssektors vorteilhafter. Damit ist Energie nicht mehr direkt konsumierbar, sondern wird als Input eines Produktionsprozesses, in dem beispielsweise auch Sachkapital K eingesetzt wird, modelliert. Das Konsumgut C wird somit in einem Produktionsprozess mit den Inputfaktoren Kapital K und Energie R erzeugt. Der Kapitalstock kann durch Konsumverzicht, d. h. Nettoinvestitionen, erhöht werden. Der Ressourcenvorrat S wird durch Abbau in Höhe von R pro Periode verringert.

In einem solchen Modellrahmen ist der Zinssatz aus der relativen Knappheit des Produktionsfaktors Kapital abzuleiten. Die Diskontierung zukünftigen Nutzens aus Konsum ist separat zu sehen.

Dadurch ergibt sich folgendes neues Modell mit zwei Bewegungsgleichungen für die Zustandsvariablen K und S:

$$\max \int_0^\infty e^{-\delta t} U(C_t)\, dt \tag{3.31}$$

$$\dot{K} = F(K, R) - C \tag{3.32}$$

$$\dot{S} = -R \tag{3.33}$$

Wobei K_0, S_0 gegeben sind sowie gilt: $C, R, K, S \geq 0$.

Die zugehörige Hamilton-Funktion $H^* = H \times e^{\delta t}$ ergibt sich zu:

$$H^* = U(C) + \lambda \times [F(K, R) - C] - \mu \times R \tag{3.34}$$

Dabei stellen λ den Schattenpreis für eine zusätzliche Einheit „Inlandsprodukt" und μ den Schattenpreis für eine zusätzliche Einheit „Öl" dar. Die notwendigen Bedingungen für ein Nutzenmaximum ergeben (für die Kontrollvariablen C und R):

$$\frac{\partial H^*}{\partial C} = 0 : U'(C) = \lambda \tag{3.35}$$

$$\frac{\partial H^*}{\partial R} = 0 : \lambda F_R = \mu \tag{3.36}$$

Aus (3.36) folgt in Wachstumsraten:

$$\hat{\lambda} + \hat{F}_R = \hat{\mu} \tag{3.37}$$

$$\frac{\partial H^*}{\partial K} = -\dot{\lambda} + \delta\lambda = \lambda F_K \tag{3.38}$$

Gleichung (3.38) umgestellt und in Wachstumsraten ausgedrückt:

$$\hat{\lambda} = \delta - F_K$$

$$\frac{\partial H^*}{\partial S} = -\dot{\mu} + \delta\mu = 0 \tag{3.39}$$

Auch dies kann in Wachstumsraten umgeschrieben werden:

$$\hat{\mu} = \delta$$

Umformungen ergeben unter Verwendung der drei Wachstumsraten-Gleichungen:

$$\hat{F}_R = \hat{\mu} - \hat{\lambda} = \delta - \delta + F_K = F_K \tag{3.40}$$

Hinweis: Da die Maximierungsbedingung bezüglich C für diese Ableitung bislang nicht benutzt wurde, spielt also die spezielle Form der Zielfunktion [die nur von C beliebig abhängt] keine Rolle.

Die **Effizienzregel I** für die Nutzung einer erschöpfbaren natürlichen Ressource lautet somit:

$$\hat{F}_R = F_K , \tag{3.41}$$

was als **Hotelling-Regel** bezeichnet wird. Dies entspricht der oben abgeleiteten Marktlösung: Aus der Sicht des einzelnen Ressourcenanbieters ist der Marktzinssatz durch die Grenzproduktivität des Kapitals F_K gegeben. Der erzielbare Preis für den Produktionsfaktor „Öl" in „Inlandsprodukteinheiten" entspricht F_R. Dieser steigt im Zeitablauf mit der Wachstumsrate F_K an.

Natürlich muss über den gesamten Zeithorizont auch der verfügbare Ressourcenbestand vollständig genutzt werden – ansonsten würde ewig auf Konsummöglichkeiten verzichtet werden. Die **Effizienzregel II zur vollen Bestandsnutzung** lautet deshalb:

$$\int_0^\infty R_t dt = S_0 \qquad (3.42)$$

Auch diese Bedingung wurde bei der Diskussion der perfekten Marktlösung als realisierbar und wichtig für die Gleichgewichtslösung benutzt. Die gesamtwirtschaftlich optimale Lösung würde bei perfekten Märkten realisiert werden.

Eine ständige Steigerung der Grenzproduktivität von Energieressourcen (F_R) gemäß der Hotelling-Regel ist offensichtlich nur bei anhaltender Substitution von Energie durch Kapital möglich.

In Abb. 3.8 wird die Logik der Optimierungsregel deutlich. Bei gegebenem K_0 beginnt die Gesellschaft beispielsweise mit K_{0A} (siehe hierzu weiter unten) und fixiert damit ein $(K/R)_{0A}$. Nun ist das Substitutionstempo und somit R_{0A} über die Hotelling-Regel vorgegeben. Das Niveau und damit R_{0A} des Optimalpfades hängt zum einen von der Zielfunktion und zum anderen von der Bestandsgröße S_0 ab. Würde die Gesellschaft beispielsweise versuchen, mit R_{0B} zu starten, so würde sie beim Durchrechnen des resultierenden Pfades feststellen, dass $\int_0^\infty R_t dt > S_0$, was zu vorzeitiger Ressourcenerschöpfung führen würde. R_{0A} ist also dasjenige R_0, dass gerade die Bestandserschöpfungsbedingung auf dem Optimalpfad erfüllt. Die vollständige Lösung

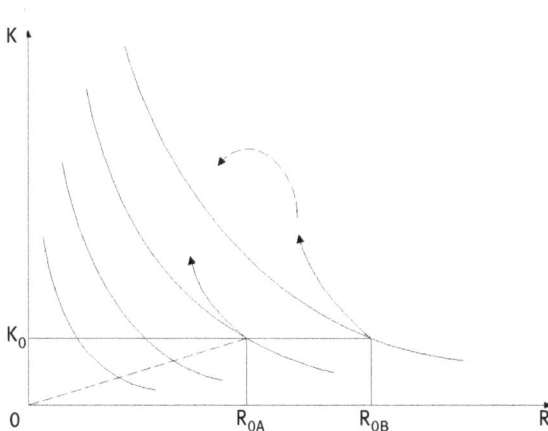

Abb. 3.8: Logik der Hotelling-Regel

des Modells erhält man durch Differenzieren des Logarithmus von Gleichung (3.35):

$$\frac{d(\ln U'(C))}{dt} = \frac{d(\ln \lambda(t))}{dt} \tag{3.43}$$

$$= \frac{1}{U'(C)} \cdot \frac{dU'(C)}{dC} \cdot \frac{dC}{dt}$$

$$= \frac{dU'(C) \cdot C \cdot dC}{U'(C) \cdot dC \cdot dt \cdot C}$$

$$= \eta(C) \cdot \hat{C}$$

$$= \frac{d\lambda}{\lambda dt}$$

$$= \hat{\lambda}$$

Dabei beschreibt die Grenznutzenelastizität $\eta(C)$, um wie viel Prozent der Grenznutzen einer zusätzlichen Konsumeinheit abnimmt, wenn der Konsum um ein Prozent gesteigert wird. Nach gängiger ökonomischer Annahme wirkt eine zusätzliche Konsumeinheit zwar Nutzen steigernd, aber mit abnehmender Tendenz, sodass also der Grenznutzen fällt. Deshalb ist bereits ein negatives Vorzeichen in der Definition von

$$\frac{dU'(C) \cdot C}{dC \cdot U'(C)} = -\eta(C) . \tag{3.44}$$

Durch Einsetzen von (3.43) und (3.44) in die obigen Gleichungen (3.39) und (3.40) erhält man

$$\hat{C} = \frac{F_K - \delta}{\eta(C)} . \tag{3.45}$$

In der langfristigen Modellierung derartiger Zusammenhänge, beispielsweise für Fragen der Klimaschutzpolitik, geht man gerne von Nutzenfunktionen mit konstanter Grenznutzenelastizität aus. Das heißt, dass die im Allgemeinen von Konsumpunkt C_j zu Konsumpunkt C_k unterschiedliche Elastizität durchgehend als konstant unterstellt wird. Dann arbeitet man mit der folgenden Funktion weiter (wie man durch Integration der Gleichung (3.44) für ein konstantes η beweist):

$$U(C) = \begin{cases} \ln(C) & \text{für} \quad \eta = 1 \\ \frac{1}{1-\eta} \cdot C^{1-\eta} & \text{für} \quad 0 < \eta; \eta \neq 1 \end{cases} \tag{3.46}$$

Durch einfaches Differenzieren nach C erhält man die Grenznutzenfunktion als

$$U'(C) = C^{-\eta} \qquad \text{für } 0 < \eta \tag{3.47}$$

was offensichtlich eine konstante Elastizität des Grenznutzens $U'(C)$ bezüglich des Konsums C impliziert. Da dadurch die Differenzialgleichungen des Gesamtmodells leichter rechenbar sind, haben diese Nutzenfunktionen (3.46) eine gewisse „Beliebtheit" bei Modellierern.

Hinweis: Mithilfe von Modellierungsprogrammen wie etwa GAMS oder Matlab lassen sich derartige Optimierungsprobleme bereits auf herkömmlichen PCs numerisch lösen. Natürlich sind die Modelle heute gegenüber obigem Basisbeispiel stärker differenziert mit mehreren Sektoren und verschiedenen Ländern oder Regionen. Damit kann man in fiktiven energiewirtschaftlichen Modellwelten etwa für das Jahr 2050 oder 2080 Konsequenzen unterschiedlicher Klimapolitiken oder Auswirkungen technischen Fortschritts betrachten.

Offensichtlich wird die produktive Bestandsgröße K in der Abb. 3.8 durch Investitionen, d. h. Konsumverzicht, vergrößert, die Bestandsgröße S wird durch Ressourcenentnahme immer kleiner. Die Substitutionsmöglichkeiten zwischen K und R sind von entscheidender Bedeutung, ob [ohne ein perfektes Substitut] überhaupt über einen unendlichen Zeithorizont ein Überleben möglich ist. Der Parameter σ ist ein Maß für die Krümmung der Isoquanten. Bei limitationalen Produktionsfunktionen ist $\sigma = 0$, für eine Cobb-Douglas-Funktion ist $\sigma = 1$. In der Ressourcenökonomik konnte Mitte der 70er Jahre gezeigt werden, dass die Grenze zwischen langfristigem Zusammenbruch und „ewiger Substitution in die Ecke der Produktionsfunktion" durch die Höhe der Substitutionselastizität σ bestimmt wird. Bewegt man sich [in erster Annäherung und für den relevanten Bereich, in dem die Substitution schwierig wird] in der Klasse der CES-Funktionen, so ist $\sigma = 1$, d. h. die Cobb-Douglas-Produktionsfunktion der kritische Grenzfall. Da man aber für $\sigma > 1$ auch ohne R produzieren könnte, weil die Isoquanten die Achsen schneiden, ist dann $\sigma = 1$ der interessante Fall.

3.3 Energie als „wesentliche Ressource"

Berücksichtigung von Kapitalverschleiß

Der Einfachheit halber sei angenommen, dass Kapitalgüter mit einer konstanten Rate $\gamma > 0$ verschleißen. Damit ergibt sich jetzt die Nettogrenzproduktivität des Kapitals zu $F_K - \gamma$, und die Hotelling-Regel wird zu (siehe Abb. 3.9)

$$\hat{F}_R = F_K - \gamma \tag{3.48}$$

Gemäß dieser Regel muss F_R ständig steigen, F_K hingegen fallen. Dem Rückgang von F_K sind allerdings Grenzen gesetzt. Der Substitutionsprozess findet eine Obergrenze bei einer Kapital-Ressourcen-Intensität $x_D = (K/R)_D$, für die die Nettoproduktivität $F_K - \gamma$ gerade Null wird. Jede zusätzliche Investition würde bei dieser Kapitalintensität gerade so viel an Mehrproduktion erlauben, dass der Verschleiß dieser Maschinen und Gebäude gerade ausgeglichen werden könnte: Für zusätzlichen Konsum bliebe nichts mehr übrig.

Nimmt man beispielsweise eine Cobb-Douglas-Produktionsfunktion für das Bruttoinlandsprodukt an, d. h.

$$Y_{\text{brutto}} = K^\alpha \cdot R^{1-\alpha} , \tag{3.49}$$

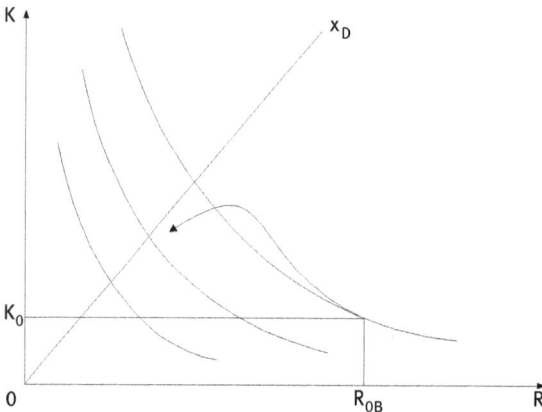

Abb. 3.9: Substitutionsgrenze bei positiven Abschreibungen

dann gilt:

$$Y_{\text{netto}} = K^\alpha \cdot R^{1-\alpha} - \gamma K \,,\tag{3.50}$$

und somit für die Nettogrenzproduktivität

$$F_K - \gamma = \alpha \left(\frac{K}{R} \right)^{\alpha-1} - \gamma \,.\tag{3.51}$$

Diese wird dann Null, wenn x_D erreicht wird:

$$\left(\frac{K}{R} \right)_D = \left(\frac{\gamma}{\alpha} \right)^{1/(\alpha-1)}\tag{3.52}$$

Wenn K/R langfristig einen endlichen Wert nicht überschreiten kann, dann bewirkt ein endlicher Ressourcenbestand unter plausiblen Annahmen über die Produktionsfunktionen, dass insgesamt nur eine endliche Menge Bruttoinlandsprodukt produziert werden kann. Wenn aber eine nach oben hin beschränkte Gesamtproduktion über einen unendlichen Zeithorizont zu verteilen ist, wird ein Überleben ohne Ressourcensubstitut nicht mehr möglich.

Substitutionselastizität für Energie

Im Abschnitt 3.2.2 wurde bereits auf hinreichend „schöne" Substitutionsmöglichkeiten als zusätzliche Bedingung für die Existenz von Optimalpfaden hingewiesen. Es gilt nun jedoch für die Ressource „Energie" aufgrund technischer und naturwissenschaftlicher A-priori-Informationen, dass die Substitutionselastizität σ zumindest für hohe K/R-Werte kleiner als Eins wird, sodass die Substitutionsstrategie in die Ecken der Produktionsfunktion für den Produktionsfaktor „Energie" versagt, wie in Abb. 3.10 dargestellt.

Wenn Energieressourcen ausschließlich aus begrenzten, nicht regenerierbaren Beständen verfügbar sind (Öl, Gas, Kohle, Uran für Leichtwasserreaktoren, usw.), so

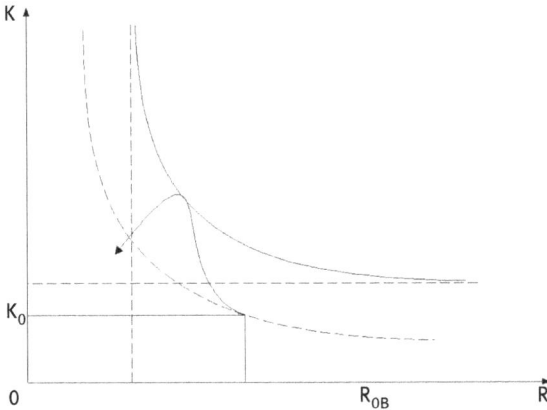

Abb. 3.10: Substitutionselastizität σ < 1

wird damit der langfristige Zusammenbruch des [industriellen] Produktionsprozesses unvermeidlich. Energie ist also eine „essenzielle Ressource". Ein Ressourcensubstitut für die aus begrenzten Vorräten gewonnenen Energieträger ist damit auch aus diesem Grunde notwendig.

3.4 Mögliche Backstop-Techniken

Nach den bisherigen Analysen haben potenzielle Backstop-Techniken im Energiebereich für die langfristigen Perspektiven und für das optimale Niveau von Energiepreisen in der Phase I des Hotelling-Modells eine erhebliche Bedeutung. Als Kandidaten für eine Backstop-Technik im Energiebereich kommen beim heutigen Wissensstand infrage:

1. Nutzung der **Sonnenenergie** in ihren verschiedensten Formen: Angesichts der Notwendigkeit, für industrielle Zwecke und für den Verkehr geeignete hochkonzentrierte Energieträger bereitzustellen, ist nach heutigem Wissensstand eine Wasserstofftechnik als Sekundärenergieträger erforderlich. Wasser wird dazu beispielsweise durch photovoltaisch gewonnenen elektrischen Strom zerlegt. Der Wasserstoff kann dann für den Fahrzeugantrieb oder für industrielle Zwecke genutzt werden. Wenn elektrischer Strom durch geeignete Speicher und Batterien gespeichert werden kann, könnte sogar ein auf Photovoltaik basierendes Stromsystem funktionieren.

2. **Kernspaltungssysteme** auf der Basis von Brutreaktoren oder Leichtwasserreaktoren mit **Urangewinnung aus dem Meerwasser**. Auch wenn derartige Systeme keine echten Backstop-Techniken sind, könnte die Menschheit immerhin mehrere Jahrhunderte auf der Basis dieser Techniken Energie in hinreichender Menge

gewinnen. Auch hierfür wäre als geeigneter Sekundärenergieträger Wasserstoff bereitzustellen.

3. **Kernfusionssysteme,** die den Vorteil hätten, auf praktisch unbegrenzte Ressourcenvorräte zurückgreifen zu können. Die großtechnische Realisierung und Kostenparameter sind jedoch noch völlig ungewiss.

All diese Backstop-Techniken basieren nicht auf der Verbrennung von Kohlenstoff und sind deshalb unter den Aspekten des Klimaschutzes vorteilhaft.

Obwohl für keinen der drei genannten Backstop-Kandidaten einigermaßen abschätzbare Kosten für ein großtechnisches System verfügbar sind, werden in zahlreichen Modellrechnungen (beispielsweise zum Klimaschutzproblem) bestimmte, als sicher angenommene, Kostenschätzungen (für das Jahr 2100) zugrunde gelegt, die dann die Nutzen- und Kostenkalkulationen für die Phase I (mit Nutzung fossiler Energieträger) entscheidend mitbestimmen.

Unterstellt man hingegen, dass die **Kosten einer künftig wichtigen Backstop-Technik** heute nicht mit Sicherheit bekannt sind, sondern stattdessen bestenfalls eine Verteilung möglicher Kosten geschätzt werden kann, entsteht das leider unvermeidliche Problem, dass die Zukunftsplanungen einen Lotteriecharakter haben. Wenn die Gesellschaft und die Energieunternehmen jeweils risikoneutral sind, unterscheiden sich die Marktergebnisse nicht voneinander. Sollten jedoch die Verbraucher Sorge vor einer ungünstig „teuren" Backstop-Technik haben und die Energieanbieter die umgekehrte Sorge vor einer ungünstig „billigen" Backstop-Technik (was bei Offenbarwerden den Preis ihrer Ressourcen gegenüber der Erwartungswertkalkulation nach unten drückt), käme je nach den Möglichkeiten, diese Risikoaversion in den Märkten sichtbar zu machen, eventuell kein gesellschaftlicher Optimalpfad zustande. Die Verbraucher würden sich aus Vorsorgegründen höhere Forschungs- und Entwicklungsanstrengungen wünschen als von den Energieunternehmen realisiert werden.

Wenn die Kosten für die Backstop-Technik durch gezielte **F&E-Anstrengungen,** die heute beispielsweise in der Solar- oder Windenergieentwicklung getätigt werden, auf einem sinkenden Pfad sind, so sorgt dies nicht zwingend dafür, dass die Backstop-Technik [und damit dasjenige Unternehmen, welches die F&E-Aufwendungen getätigt hat] profitabel an den Markt kommt. Vielmehr senkt dies den Gleichgewichtspfad der fossilen Brennstoffe. Die Kosten für einen privatwirtschaftlichen F&E-Erfolg bleiben also beim Unternehmen, der ökonomische Vorteil landet beim Energieverbraucher, der heute günstiger Öl und Gas einkaufen kann. Deswegen würde tendenziell zu wenig F&E-Einsatz für die langfristig wichtige Backstop-Technik betrieben, was staatliche Forschungsunterstützung in diesem Gebiet nahelegt.

Das obige Modell unterstellt zudem einen abrupten Regimewechsel von einer Ölphase auf die ausschließliche Backstop-Nutzung danach. Dies setzt voraus, dass die zugehörige Energieinfrastruktur mit Transport-, Speicher- und Umwandlungseinrichtungen bei den Endenergienutzern unverändert übernommen werden kann.

Ebenso sind auch die technischen Möglichkeiten für Substitutionsprozesse durch verschiedene Formen und Einsatzbereiche von Backstop-Technologien [wie etwa solare Warmwasserbereitung oder Biomasse- und Müllverwertung zu niedrigen Kosten einerseits gegenüber Photovoltaik und Wasserstofferzeugung im großtechnischen Maßstab mit hohen Systemkosten andererseits] abgestuft zu bewerten.

Realiter dürfte wegen zumindest in einigen Bereichen unterschiedlichen technischen Lösungen ohne nachträgliche Umrüstungsmöglichkeit der zugehörigen Einrichtungen ein schrittweiser Übergang über mehrere Jahrzehnte zu erwarten sein.

3.5 Bedeutung der Erschöpfbarkeit in Energiemärkten

Eine eindeutige empirische Bestätigung des Hotelling-Modells ist bisher nicht gelungen. Dies kann daran liegen, dass viele Annahmen des Modells in der Realität nicht erfüllt werden, wodurch die Überprüfung stark erschwert wird. Tatsächlich gelangten Livernois et al. (2006) bei der „Untersuchung von Altbeständen der Douglastanne, deren Wachstum aus menschlicher Sicht so lange dauert, dass es sich um eine nicht erneuerbare Ressource handelt, zu einer Bestätigung der Hotelling-Regel." Bei diesem Bestand waren die grundlegenden Annahmen des Hotelling-Modells wie die jederzeitige Möglichkeit einer Entnahme aus dem Bestand und eine in der Zeit konstante Nachfragefunktion besser erfüllt als bei Metallen und fossilen Energieträgern. Eine weitere mögliche Erklärung der erfolglosen empirischen Überprüfung der Theorie von Hotelling sind Datenbeschaffungs- und Messprobleme.

Die empirische Beobachtung, dass historische Preispfade erschöpfbarer Ressourcen von den Hotelling-Preispfaden abweichen, ist noch keine ausreichende Begründung für eine grundsätzliche Ablehnung der langfristigen Gültigkeit der Hotelling-Regel. Sie untergraben allerdings die Nützlichkeit des Modells für praktische Fragestellungen und schränken den Erklärungsgehalt der Theorie ein.

Einige wirtschaftswissenschaftliche Autoren wie Gordon (1967), Adelman (1990) und Simon (1996) lehnen daher explizit die Annahme eines fixen verfügbaren Bestandes ab. Die grundlegende Überlegung hierbei ist, dass durch technologischen Fortschritt und Preissteigerungen immer neue, bisher nicht rentable Lagerstätten erschlossen werden können. In diesem Fall ist nicht die Knappheitsrente für die Erschöpfbarkeit einer Ressource relevant, sondern die Ersetzungskosten, um eine verbrauchte Reserveneinheit wieder den Reserven hinzuzufügen. Dies bedeutet nicht, dass die Ressource plötzlich reichhaltig vorhanden ist, da die Ersetzungskosten je nach technischem Wissen sehr hoch sein können.

Die Annahme, dass Ressourcen erschöpfbar sind, ist nach Ansicht dieser Autoren eine zu eingeschränkte Betrachtungsweise. In einem erweiterten Kontext sind Ressourcen so definiert, dass sie das von Menschen zu einem Zeitpunkt aufgrund des vorhandenen Wissens zur Bedürfnisbefriedigung eingesetzte Input sind. Welche Ressourcen für welche Bedürfnisse gebraucht werden, hat sich in der Entwicklung der

Menschheit stark verändert. Bodenschätze wie Eisen, Kohle oder Uran wurden erst durch die Entwicklung des technischen Wissens zu Ressourcen. Einem Steinzeitmenschen waren die Bedeutung und die Einsatzmöglichkeiten all dieser Ressourcen unbekannt.

Die Erschöpfbarkeit von Ressourcen spielt in diesem Kontext also nur dann eine Rolle, wenn es sich um wesentliche Ressourcen handelt. Wesentliche Ressourcen können im relevanten Zeitraum nicht durch andere Ressourcen oder durch eine Kombination von Ressourcen mit technischem Wissen ersetzt werden und sind für die Erfüllung eines wesentlichen Bedürfnisses notwendig. Beispielsweise ist die Luft in einem U-Boot auf Tauchfahrt eine wesentliche, erschöpfbare Ressource für die Besatzung, während die Küchenutensilien auf demselben U-Boot zwar ebenfalls erschöpfbar sind, allerdings keine wesentliche Ressource konstituieren.

4 Energie und Umweltrestriktionen

Die Energieerzeugung beeinflusst nicht nur uns als Menschen, sondern auch unseren Lebensraum. Auch eine Vielzahl anderer menschlicher Aktivitäten haben schädigende Auswirkungen auf die Umwelt. Das Auftreten und das Ausmaß von Schäden hängen von verschiedenen Faktoren ab, die von der Umweltpolitik reguliert werden können.

4.1 Umweltökonomik und Umweltpolitik

Im Zusammenhang mit der Produktion oder dem Konsum von Gütern entstehen oft als **Kuppelprodukt** sog. Emissionen, die über Umweltmedien wie Luft oder Wasser transportiert und als Immissionen bei Wirtschaftssubjekten spürbar werden.

Dieser Vorgang wäre unproblematisch, wenn jeweils sowohl der Emittent als auch das durch die Immissionen betroffene Wirtschaftssubjekt
- eindeutig zu identifizieren sind,
- die Immissionen anteilig zurückverfolgt werden können,
- der ausgelöste Schaden durch verschiedene Immissionen eindeutig ermittelt werden kann,
- eine eigentumsrechtliche Regelung installiert werden kann, sodass der Emittent mit allen betroffenen „Opfern" über das optimale Ausmaß der Emissionen verhandeln kann. Je nach eigentumsrechtlicher Regelung kann hier entweder das „Opfer" dem Emittenten das Recht zur Emission zumindest teilweise oder sogar ganz abkaufen (bei Vorliegen einer Laissez-Faire-Regelung) oder das „Opfer" würde entschädigt (bei Vorliegen des Verursacherprinzips),
- die Transaktionskosten zur Ermöglichung dieser Tatbestände hinreichend niedrig wären.

In diesem Fall könnte die staatliche Intervention durch Politik darin bestehen, die Eigentumsrechte durch das Festlegen von Emissionsgrenzwerten oder Haftungsregeln zu definieren. Die Emittenten und die Betroffenen könnten dann auf dem Verhandlungsweg zu einer Optimallösung kommen. Ein Markt für Verschmutzungsrechte wäre installiert, an dem beide Seiten ihre Interessen geltend machen können.

Als Beispiel und Einstieg dient das folgende „Arbeitspferd" der umweltökonomischen Argumente.

a) Oberlieger-Unterlieger-Problem:
Wenn an einem Flusslauf ein Emittent (Kraftwerk) sein erwärmtes Kühlwasser in den Fluss einleitet und dadurch das aquatische Ökosystem verändert, kann dies den Fischfang der flussabwärts liegenden Fischer beeinträchtigen. Durch das Definieren

https://doi.org/10.1515/9783110556339-004

eines Rechtsanspruchs für die Fischer, etwa auf eine bestimmte für die Fische notwendige Wassertemperatur und deren regelmäßige Kontrolle, kann eine Marktlösung entstehen.

Dabei fragt der Kraftwerksbetreiber Emissionsrechte nach und die Fischerei gibt [gegen Zahlung einer entsprechenden Vergütung] eine bestimmte akzeptable Temperatur an, bei der die Fische gerade noch überleben können.

Wir zeigen dies an einem Beispiel, das auch die Grundlage der Abb. 4.1 ist. Vermeidet das Kraftwerk vollständig das Einleiten von erwärmtem Kühlwasser, so verursacht dies Kosten in Höhe von 8000 €/Liter. Bei höherer Einleitung sinken die Kosten der Kühlung kontinuierlich und sind Null, wenn eine vollständige Einleitung erfolgt. In der Abbildung zeigt dies die Kurve GVK (Grenzvermeidungskosten). Diese Kurve zeigt die Veränderung der Vermeidungskosten im Verhältnis zur eingeleiteten Kühlwassermenge, in der Abbildung als Emission gekennzeichnet.

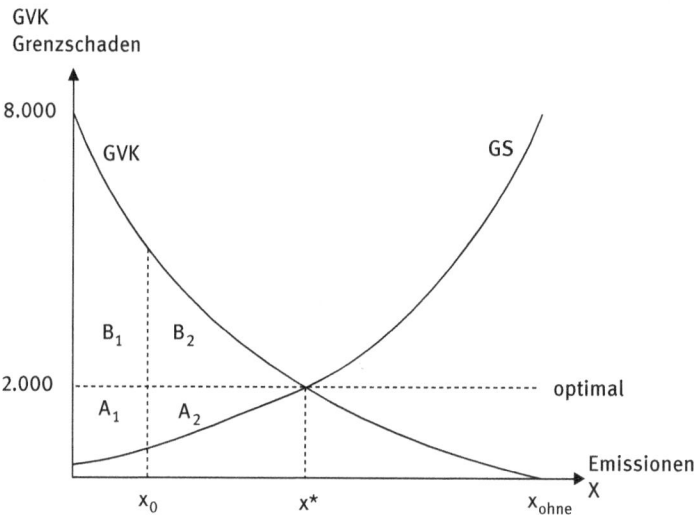

Abb. 4.1: Umweltökonomisches Optimum

Für die Fischer entsteht bei Einleitung von erwärmtem Kühlwasser ein Fangverlust und dementsprechend ein Grenzschaden, den die Kurve GS darstellt. Im Marktgleichgewicht würde offensichtlich noch so lange erwärmtes Kühlwasser in den Fluss eingeleitet werden, bis die letzte vermiedene Einheit zu Vermeidungskosten von etwa 2000 €/Liter und umgekehrt zu Schadensausgleichszahlungen in Höhe von 2000 €/Liter an die flussabwärts liegenden Fischer führt. Ab hier lassen sich die Fischer weitere Emissionen nur noch gegen noch höhere Kompensationen über 2000 €/Liter gefallen, während das Kraftwerk in diesem Bereich bereits zu geringeren Kosten eine Kühlungsanlage betreiben kann. Im Optimum würde eine Emissionshöhe

x^* gefunden, für die gilt:

$$\text{Grenzvermeidungskosten}_{\text{Kraftwerk}}(\text{GVK}) = \text{Grenzschaden}_{\text{Fischerei}}(\text{GS}).$$

Wenn den Fischern als Eigentumsanspruch (Variante 1) eine Wassertemperatur ermöglicht wird, sodass die Fischbestände maximale Lebensmöglichkeiten haben, muss das Kraftwerk mehr an die Fischerei bezahlen als bei anderen Regelungen. Unter Variante 1 muss das Kraftwerk den Fischern eine Zahlung für das gesamte eingeleitete Kühlwasser leisten: $A_1 + A_2$. Die Bewertung der reduzierten Fischerträge erfolgt nach dem Marginalprinzip. Sieht das Recht aber etwa vor, dass eine gewisse Beeinträchtigung der Lebensbedingungen für die Fische akzeptabel ist (Variante 2), bekommen die Fischer weniger Zahlungen: Wenn x_0 hingenommen werden muss, bezahlt das Kraftwerk nur noch A_2 an die Fischer. Die optimale Emissionsmenge x^* wird dadurch aber nicht geändert. Unter beiden Varianten würde x^* realisiert. Dies ist die Idee des so genannten Coase-Theorems. Man erkennt leicht, dass eine der Bedingungen sein muss, dass die Zahlungen $A_1 + A_2$ nicht zu einem Bankrott oder einer Standortverlagerung des Kraftwerks führen. Bei Coase heißt das: Einkommenseffekte müssen vernachlässigbar sein.

Bereits dieses einfache Beispiel zeigt aber auch einige Probleme auf, die in der praktischen Umweltpolitik die vermeintlich elegante Verhandlungslösung oder eine haftungsrechtliche Regelung scheitern lassen können:

– Wenn die angerichteten Schäden einer Emissionsmenge x durch natürliche Schwankungen (Wasserführung des Flusses, jahreszeitbedingte Temperaturschwankungen des Wassers, usw.) mitbestimmt werden, welche aber auch selbst die Lebensbedingungen der Fische beeinflussen, ist die Schadensfunktion nicht mehr unstrittig festzustellen. Damit liegt die „gerechtfertigte" Kompensationszahlung nicht mehr eindeutig fest.

– Wenn die Fischbestände in einem Flussabschnitt nicht direkt beobachtet werden können, sondern lediglich die Fangmengen, können rückläufige Fangmengen auch ganz andere Ursachen haben als die Emissionen. Verschlechterte Fangmengen oder steigende Fangkosten können etwa auch auf zu intensiver Fischerei beruhen, die die Bestände zu stark dezimiert hat.

– Wenn beispielsweise eine Chemiefabrik Stoffe emittiert, die erst durch Akkumulation beispielsweise im Flusssediment zu spürbaren Schäden führen, können die auslösenden Emissionen bei Feststellung der ersten massiven Beeinträchtigungen schon Jahrzehnte zurückliegen und der Verursacher ist eventuell schon bankrott (Elbeverschmutzungen durch DDR-Betriebe oder tschechische Emittenten).

Noch gravierender und sehr viel komplexer sind **Emissionen,**

– die durch Lufttransport mit wechselnden Windrichtungen oder bei Einleitung in Meere mit starker Gezeitenbewegung in verschiedene Richtungen transportiert werden können,

– die aus zahlreichen mobilen Quellen stammen (Automotoren, Flugzeugtriebwerke, usw.),
– die von mehreren Emittenten hervorgerufen werden, sodass bereits nahe der Immissionspunkte die einzelne emittierende Einheit nicht mehr eindeutig bestimmbar ist.

Dann lassen sich die an einem Ort entstehenden Immissionen nicht auf einen oder wenige Verursacher zurückverfolgen und die Verhandlungslösung scheitert. Damit sind etwa einzelne Waldbesitzer aus Süddeutschland vor Gericht gescheitert, die wegen des sauren Regens auf Schadensersatz durch große Stromerzeuger geklagt hatten.

Dasselbe gilt für Immissionen, die bei einer großen Zahl von Betroffenen sehr unterschiedliche Schäden anrichten. Hier entsteht das Problem der öffentlichen Güter: Niemand wird bereit sein, seine wahre Zahlungsbereitschaft für eine gewisse Umweltqualität zu offenbaren. Lautet nämlich die staatliche Vorgabe A, dass die Emittenten die von den betroffenen Wirtschaftssubjekten gewünschte Umweltqualität auf eigene Kosten herstellen müssen, dann übertreibt jeder Betroffene den Wert, den Umweltqualität für ihn persönlich hat. Dies ist rational, da so ohne individuelle Mehrkosten eine höhere Umweltqualität herbeigeführt würde. Wenn aber umgekehrt die staatliche Vorgabe B lautet, dass sich jeder gemäß seiner Zahlungsbereitschaft an der Finanzierung der Umweltqualität zu beteiligen habe, dann wird wegen Trittbrettfahreranreizen jedes Individuum eine Umweltqualität von nahe Null als wünschenswert angeben. Während also im ersten Fall A die Umweltqualität unverhältnismäßig hoch wäre, entstünde im Fall B keinerlei Anreiz, die eigentlich von allen gewünschte Qualität bzw. die optimalen Emissionen x^* auch zu implementieren. In jedem Fall wird x^* verfehlt.

Fazit 1: Außer bei sehr einfachen Oberlieger-Unterlieger-Problemen ist das Implementieren von Verhandlungslösungen, bei denen beide Marktparteien nach der Zuweisung von Primärrechten auf dem Wege von marktnahen Beziehungen das Optimum finden können, kaum praktikabel.

Fazit 2: Um im Umweltbereich Marktbeziehungen [für Emittenten und Betroffene] zu gestatten, darf es nicht zu viele verschiedene Emittenten geben. Damit entsteht das Dilemma: Wettbewerb auf funktionierenden Märkten setzt viele Anbieter und Nachfrager voraus. Bei nur einer sehr geringen Zahl von Beteiligten kann Marktmacht ausgeübt werden, was die Allokation verändert.

b) Probleme der praktischen Umweltpolitik

Ein Umweltproblem ist somit sehr häufig von **externen Effekten**, für die eben kein Marktmechanismus wegen fehlender eigentumsrechtlicher, gerichtsfester Konstruktionen leicht zu installieren ist, und dem Problem des **öffentlichen Gutes** (sehr viele Betroffene, für die das Ausschlussprinzip bei fehlender finanzieller Beteiligung nicht umsetzbar ist) gekennzeichnet (siehe auch Abschnitt 4.4).

Deswegen operiert die **Umweltpolitik** in der Praxis mit einem einfacheren Instrumentenansatz. Anstatt einen Markt für beide Seiten einzuführen, wird häufig ein aus ökologischen oder gesundheitlichen Aspekten abgeleitetes Umweltziel bestimmt und dann nach einer möglichst guten Methode gesucht, dieses Ziel auch effizient, d. h. mit den geringsten Kosten, zu erreichen.

Auch dabei können erhebliche Informationsprobleme auftreten: Man denke an das erst sehr späte Erkennen der Gefährlichkeit von alten Deponien, die jahrzehntelang ohne besonderen Grundwasserschutz betrieben worden waren oder Asbest, dessen Fasergefährlichkeit anfangs völlig unterschätzt wurde. Dies kann so genannte „Altlasten" aufbauen, deren Beseitigung später sehr teuer wird, ohne dass die Verursacher für die Kosten noch herangezogen werden können bzw. aus rechtlichen Gründen dafür auch nicht verantwortlich gemacht werden können.

Für die Beurteilung von Umweltpolitik lassen sich folgende Kriterien heranziehen:

– **Kosteneffizienz/statische Effizienz** herrscht dann, wenn ein gegebenes Umweltziel zu den jeweils minimalen [gesamtwirtschaftlichen] Kosten erreicht wird (Minimalprinzip). Das bedeutet, dass vor allem dort Emissionen zuerst und vorrangig reduziert werden, wo die nächsten Einheiten sehr kostengünstig vermieden werden können. Ein umweltpolitisches Instrument ist kosteneffizient, wenn kein anderes Instrument das gleiche Umweltziel mit niedrigeren Kosten ermöglichen kann.

– **Dynamische Anreizwirkungen** auf weitere Entwicklung der Technik sind gegeben, wenn die Anreize so gesetzt werden, dass technische Verbesserungen, die entweder bei gleichen Kosten günstigere Emissionen mit sich bringen oder Kostensenkungen bei gleichen Emissionen erlauben, auch realisiert werden.

– **Ökologische Treffsicherheit** gilt dann, wenn ein vorher definiertes Umweltziel auch tatsächlich erreicht wird. Dies verlangt i. d. R. eine schadstoffübergreifende Umweltpolitik. Ansonsten kann der Fall eintreten, dass für einen Schadstoff eine Zielvorgabe erreicht wird, indem ein bestimmtes Verfahren gewählt wird, das aber bei einem anderen Schadstoff Probleme mit sich bringt.

– **Wirkungsgeschwindigkeit** gibt an, in welchem Zeitrahmen sich erste Effekte einstellen werden. In manchen Fällen wirken Instrumente verzögert, beispielsweise wenn ein Bestandsschutz gewahrt werden muss. Insbesondere bei irreversiblen Umweltschäden ist die Wirkungsgeschwindigkeit von hoher Relevanz.

– **Praktikabilität, Rechtskonformität und Akzeptanz** sind zusätzliche Faktoren, die die Wirkung umweltpolitischer Instrumente beeinflussen. Praktikabilität ist gegeben, wenn der technisch-administrative Aufwand wie beispielsweise Kontrolle und Expertenwissen (Transaktionskosten) überschaubar ist. Wenn der nationale und internationale Rechtsrahmen sowie Grundsätze wie das Verhältnismäßigkeitsprinzip oder das Gleichbehandlungsgebot eingehalten werden, ist das Instrument rechtskonform. Die Akzeptanz oder Sozialverträglichkeit ist essenziell für die politische und gesellschaftliche Durchsetzbarkeit. Eventuelle Widerstände verschiedener Akteursgruppen sollten minimiert werden. Besonders positiv auf die Akzeptanz wirkt es sich aus, wenn sich ein Instrument bereits in einer anderen Region oder in einem anderen Land bewährt hat.

In der Praxis zeigten sich verschiedene Phasen mit Schwerpunktsetzungen in der Umweltpolitik in der Bundesrepublik Deutschland.

Phase 1 der Umweltpolitik: Beseitigung vorhandener Umweltschäden und -belastungen aus „Altlasten". Kosten dafür wurden oft durch Steuermittel oder Umlageverfahren aufgebracht. Faktisch war dies keine gute Umweltpolitik, da sie nur einem bereits entstandenen Schaden hinterherlief.

Phase 2 der Umweltpolitik: Gebots- und Verbotspolitik, d. h. Auflagen für den Betrieb von Anlagen, Bauleitplanungen, Bundesimmissionsschutzgesetz, Standards für Umweltverträglichkeitsprüfungen, Verpackungsverordnung etc. Insbesondere im Sinne von Vorsorgepolitik sollten mögliche schädliche Umwelteinwirkungen „nach dem Stand der Technik" vermieden werden.

Vorteil dieses Ansatzes: Auflagen erlauben eine einfache Überwachung (standardisierte Messtechnik im Bereich der kritischen Grenzwerte), sorgen für verlässliche Planung und haben niedrige Transaktionskosten.

Nachteile dieses Ansatzes: Auflagen sind tendenziell ineffizient, da die unterschiedlichen (Grenz-)Kosten der Emissionsvermeidung nur implizit bei der Festlegung des Anlagen-Standards berücksichtigt werden können. Die Orientierung „am Stand der Technik" schafft keine ökonomischen Anreize zur Weiterentwicklung der Technik, sondern behindert sogar deren Verbesserung („Kartell der Oberingenieure"): Wenn eine neue Technik entwickelt wird, kann diese schnell zum neuen Standard werden, sodass Altanlagen des gleichen Betreibers nachgerüstet werden müssten. Also hat er wenige Anreize, von sich aus neue emissionsärmere Techniken zu entwickeln.

Phase 3 der Umweltpolitik: Durch stärkere Berücksichtigung ökonomischer Argumente werden eher Instrumente gewählt, die Anreize setzen, effizient ein gegebenes Umweltziel zu erreichen:

- **Auflagen** stellen ein ordnungsrechtliches Instrument dar. Das bedeutet, dass dabei keine Anreize zu einer Verhaltensänderung gesetzt werden, sondern diese durch Ge- oder Verbote erzwungen wird. Praktische Beispiele sind hier die Mülltrennung oder das Verbot von Glühlampen.
- **Steuern** auf Emissionen schaffen umgekehrt stabile Preissignale, verfehlen aber eventuell ein gegebenes ökologisches Ziel, da die Gesamtmenge nicht gedeckt ist. Jeder Emittent kann bei Entrichten der Steuer die gewünschte Menge emittieren, ohne dass die Gesamtmenge begrenzt ist.
- **Handelbare Emissionsrechte** sind in den Lehrbüchern der Ökonomen sehr beliebt und werden im Rahmen des Europäischen Emissionshandels (EU-ETS) bereits praktiziert. Das EU-ETS trat im Jahr 2005 in Kraft und deckte ca. 45 % der in der EU entstehenden Klimagasemissionen und ca. acht Prozent der globa-

len CO_2-Emissionen ab. Zum Ende der zweiten Handelsperiode 2012, die mit der ersten Verpflichtungsperiode des Kyoto-Protokolls zusammenfiel, wurden gegenüber 1990 mehr als acht Prozent der europäischen Klimagasemissionen reduziert. Das Kyoto-Ziel, das für diese Periode für die EU acht Prozent Reduktionen vorsah, wurde damit leicht übererfüllt. Mittlerweile ist bereits die dritte Handelsperiode (2013–2020) angebrochen. Vorteil des EU-ETS ist die ökologische Treffsicherheit, da die Gesamtemissionsmenge vorgegeben ist. Allerdings erschwert das Risiko schwankender Preise längerfristige Investitionen in Schadstoff vermeidende Techniken mit langer Lebensdauer.[28]

Zuletzt sind noch umweltökonomische Instrumente genannt, die ebenfalls durch Anreize wirken, aber eher indirekt und deutlich schwächer als die erstgenannten.
– **Kooperative Lösungen** zwischen Staat und Unternehmen bzw. Verbänden streben eine „freiwillige Verpflichtung" an, bestimmte Emissionsziele zu erreichen. Derartige Ansätze können funktionieren, wenn die beteiligten Wirtschaftseinheiten letztlich befürchten, bei Nichterreichen der Ziele mit anderen ökonomisch härter wirkenden Maßnahmen belastet zu werden.
– **Suasorische Instrumente** sollen die Einstellung der Akteure gegenüber der Umwelt verändern. Hierzu zählen Apelle, Information, staatliches Vorbildverhalten, Erziehung und Kennzeichnungspflichten.

Jede Methode hat einerseits erwünschte allokative Wirkungen und unerwünschte Nebenwirkungen, stellt aber andererseits auch einen (um-)verteilenden Eingriff des Staates dar, der sich jedoch in seiner Schwere für die Sektoren und Individuen je nach Ausgestaltung stark unterscheidet. So sorgt ein Handelssystem mit einer weitestgehend kostenlosen Erstausstattung gemäß dem Grandfathering-Verfahren – die dann natürlich nicht zu 100 % zugeteilt wird, sondern insgesamt wegen der Reduktionsziele um x % gekürzt werden muss – für einen Mittelverbleib in den Unternehmen. Eine Steuer bzw. eine Zertifikatversteigerung können hingegen
– starke Umverteilungswirkungen zugunsten des Staates auslösen,
– das Verlagern von Standorten in solche Regionen begünstigen, in denen diese Umweltpolitik nicht praktiziert wird.

Letzteres wäre im Fall von lokalen oder regionalen Umweltschäden durchaus erwägenswert, steigt doch dann die Umweltqualität im erwünschten Ausmaß – wenn auch durch das drastischste Mittel, nämlich der Schließung von Betrieben oder Abwandern von Emittenten. Im Falle globaler Umweltgüter, in denen der Schaden durch das Zusammenwirken aller weltweiten Emissionen entsteht, wäre dieser Effekt kontraproduktiv.

---

28 Siehe Abschnitt 5.3 für eine ausführliche Darstellung des Europäischen Emissionshandelssystems.

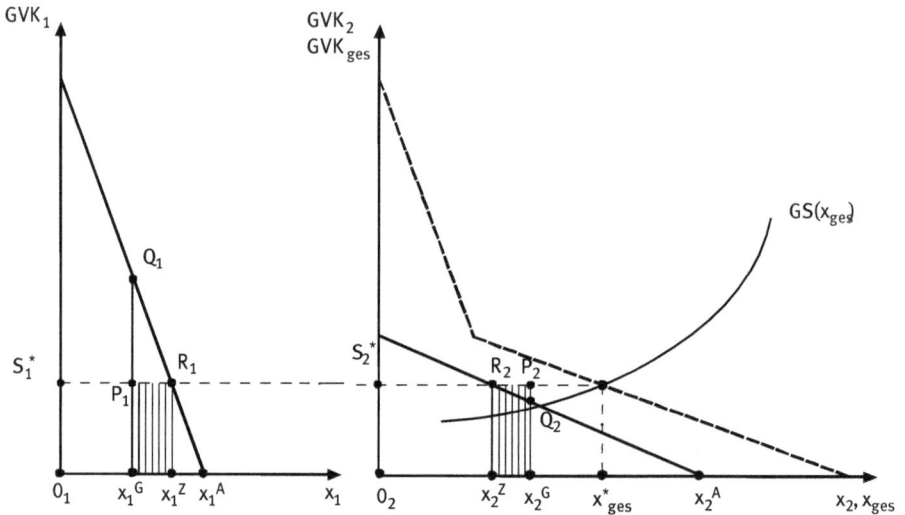

Abb. 4.2: Wirkungen von einheitlichen Auflagen, Steuern und Zertifikaten

Wenn [für analytische Zwecke] hilfsweise perfekte Information der staatlichen Umweltbehörde vis-à-vis von zwei unterschiedlichen Emittenten 1 und 2 unterstellt wird, dann gilt Folgendes bezüglich der Instrumente (siehe Abb. 4.2):

In einer Ausgangslage ohne jegliche Umweltpolitik emittieren die beiden Einheiten x_i^A, woraus sich die Gesamtemission durch horizontale Addition ergibt. Zur Verdeutlichung der Argumente nehmen wir an, dass die Grenzschadensfunktion abschätzbar sei, sodass eine Halbierung der bisherigen Gesamtemissionen auf den Wert x_{ges}^* optimal ist.

Einheitliche Auflagen („jeder reduziert um 50 %") x_1^G bzw. x_2^G sind i. d. R. ineffizient: Die gleiche Gesamtmenge an Emissionen könnte erreicht werden, wenn Emittent 1 mit den relativ „teuren" Möglichkeiten zur Emissionsreduzierung x_1^Z emittiert und Emittent 2 die Menge x_2^Z. Die Kostenersparnis bei Emittent 1 in Höhe von $P_1R_1Q_1$ ist sein Vorteil.

Unternehmen U_2 hat zwar jetzt höhere Kosten für die Reduktion auf x_2^Z. Bei einer Auflagenlösung ist dies die Folge der Auflage, die nicht nach Vermeidungskosten differenziert. Würde stattdessen eine Zertifikatslösung eingeführt, dann erzielt Emittent 2 aber durch einen Zertifikatverkauf Zusatzeinnahmen in Höhe des schraffierten Rechtecks, sodass ein Vorteil aus $P_2R_2Q_2$ besteht: Emissionshandel bei gleichem Gesamtemissionsziel erlaubt somit Effizienzvorteile. Die Emissionsmengen x_i^Z sind dadurch bestimmt, dass für jeden Emittenten die letzte vermiedene Einheit an Emissionen die gleichen (Grenz-)Vermeidungskosten verursacht, nämlich S^*. Allerdings müssen hierbei noch die Transaktionskosten für die Errichtung der Emissionshandelsstelle, die jetzt erforderliche flexiblere Emissionsmessung etc. dagegen gerechnet werden, um den Nettoeffekt abzuschätzen.

Für die **Steuer- bzw. Zertifikatsvarianten ohne Freibeträge** gilt: Die Wirkungen einer optimalen Steuer mit Steuersatz S^* entsprechen genau den Wirkungen von Zertifikaten mit Versteigerung. Die gesamte Kostenbelastung der Emittenten zeigt in beiden Fällen die Fläche $0S^*R_ix_i^A$ = Summe Steuer bzw. Zertifikatkosten $0S^*R_jx_i^Z$ zuzüglich Emissionsverminderungskosten $R_ix_i^Zx_i^A$. Die jeweils optimalen Emissionen werden in beiden Politikregimes erreicht.

Ebenfalls entsprechen sich die Varianten mit Freibeträgen:

Zertifikate mit **individuellen Freibeträgen nach Grandfathering** x_i^Z wirken wie eine Steuer mit individuellen Freibeträgen x_i^Z. Hier trägt jeder Emittent alleine die individuell unterschiedlichen Emissionsminderungskosten.

Zertifikate mit **pauschalierten Freibeträgen** (z. B. als Grandfathering mit einheitlicher prozentualer Abwertung $\rightarrow x_i^G$) entsprechen in den Wirkungen einer Steuer mit pauschalierten Freibeträgen. Hierbei müsste Emittent 1 Zertifikate in Höhe von $x_i^Z - x_2^G$ zum Preis von S^* hinzukaufen, die von Emittent 2 angeboten werden.

Die **freiwilligen Selbstverpflichtungen** können im Prinzip die gleiche Allokation erreichen, solange die Teilnehmer explizit oder implizit davon ausgehen, dass ein Nichterreichen der Ziele sanktioniert wird. Je nachdem, wie stark die jeweiligen Verbände kooperieren und verabredete Ziele intern auch umsetzen können, kann dies im Ergebnis die effiziente Allokation annähern.

Die allokativen Wirkungen von Steuern und Zertifikaten jeweils mit und ohne Freibeträge (bei Zertifikaten ist dies der Grandfathering-Anteil) sind bei vergleichbarer Ausgestaltung somit identisch. Dasselbe gilt für freiwillige Selbstverpflichtungen, wenn sie intern glaubhaft umgesetzt werden können. Die effektiven Kostenbelastungen für Unternehmen hängen allerdings stark von der Ausgestaltung der Freibeträge bzw. dem Erstausstattungsverfahren für die kostenlosen Basisrechte ab.

Die Vorteile eines Systems einer flexibleren Aufteilung der individuellen Reduktionsleistungen gegenüber einer einheitlichen Auflage und damit auch eines Zertifikatsystems sind dann groß, wenn möglichst zahlreiche Emittenten mit unterschiedlichen Verläufen (Steilheit, Lage) der Grenzvermeidungskosten in einen Pool mit interner Ausgleichsfähigkeit einbezogen sind. Umgekehrt sind die Vorteile eines Handels sehr gering, wenn die Grenzvermeidungskostenkurven sehr ähnlich verlaufen.

Wenn es jedoch für die einzelnen Emittenten oder Gruppen von ihnen zusätzliche unterschiedliche, durch die Politik vorgegebene individuelle Emissionsminderungspflichten gäbe, die gesondert einzuhalten wären, würde dies genau den Vorteil eines flexiblen Zertifikatsystems aufheben bzw. einschränken.[29] Derartige institutionell ineffiziente Entwürfe wären sehr einfach daran zu erkennen, dass sie zu einem gespaltenen Markt führen: Innerhalb der eng geschnittenen Teilmenge mit eigenen Anforderungen würden andere Preise gelten als für die übrigen Teilnehmer ohne gesonderte Restriktion.

---

29 Abschnitt 5.3.2 bietet eine genaue Beschreibung eines Zertifikatshandelssystems.

Exkurs: Einfache Abschätzung der Effizienzgewinne eines Handelssystems

Die betroffene Volkswirtschaft bestehe aus zwei Sektoren, welche in einem Ausgangszustand ohne Politik jeweils $x_i = 100$ Einheiten Schadstoff emittieren. In Sektor 1
verläuft die Grenzvermeidungskostenfunktion (GVK(x)) n-mal so steil wie in Sektor 2.
Es werden zwei Politikmaßnahmen verglichen:

a) Jeder Sektor muss $100 \cdot (1 - s)$ % seiner Emissionen verringern, d. h. darf ab heute
   nur noch $s \cdot 100$ Einheiten emittieren. Wenn beispielsweise $s = 0{,}90$ gilt, so sind
   nur noch insgesamt $90 + 90 = 180$ Einheiten zulässig.

b) Wiederum wird die Gesamtmenge (z. B. auf 180 Einheiten) festgesetzt. Jeder Sektor bekommt eine Grandfathering-Vorgabe gemäß (a), allerdings mit der Handels-
   möglichkeit für Emissionsrechte, sodass ein einheitlicher Preis resultiert.

Die Grenzvermeidungskosten können wie folgt dargestellt werden (mit $a > 0$ als Konstante):

$$GVK_1(x_1) = a - \frac{a}{100} \cdot x_1 \tag{4.1}$$

$$GVK_2(x_2) = \frac{a}{n} - \frac{a}{100 \cdot n} \cdot x_2 \tag{4.2}$$

Im Optimum gilt $GVK_1 = GVK_2 = GVK$. Die aggregierte Grenzvermeidungskostenfunktion [für die Gesamtwirtschaft] wird durch horizontale Addition ermittelt.
Hierfür werden die Gleichungen (4.1) bzw. (4.2) nach x_1 bzw. x_2 aufgelöst. Addition
($x_{ges} = X_1 + X_2$ und Auflösen nach GVK ergibt:

$$GVK(x_{ges}) = \frac{a}{1+n} \cdot \left[2 - \frac{1}{100} \cdot (x_1 + x_2) \right] \tag{4.3}$$

Damit ergibt sich bei Politik (a) wegen der generellen Reduktion um $(1 - s) \cdot 100$, dass
für die emittierte Menge gilt: $x_i = s \cdot 100$.

$$GVK_1(x_1) = (1 - s) \cdot a \tag{4.4}$$

$$GVK_2(x_2) = \frac{(1 - s) \cdot a}{n} \tag{4.5}$$

Die Emissionsvermeidungskosten K entsprechen der Fläche des Dreiecks unter
der Grenzvermeidungskostenkurve bis zum Ausgangszustand $x_i = 100$. Sie lassen
sich durch die Dreiecksformel berechnen.

$$K_1 = \frac{1}{2} \cdot (100 - s \cdot 100) \cdot (1 - s) \cdot a = (1 - s)^2 \cdot a \cdot 50 \tag{4.6}$$

$$K_2 = \frac{1}{2} \cdot (100 - s \cdot 100) \cdot \frac{(1 - s) \cdot a}{n} = \frac{(1 - s)^2 \cdot a \cdot 50}{n} \tag{4.7}$$

Die Gesamtkosten einer einheitlichen Reduktionsvorgabe belaufen sich auf insgesamt:

$$Ka_{ges} = 50 \cdot a \cdot (1 - s)^2 \cdot \frac{(n + 1)}{n} \tag{4.8}$$

Wird Handel erlaubt, lässt sich ein einheitlicher Preis erreichen. Somit gilt für die Kosten im Falle der **Politik (b)** unter Beachtung der Reduktion um $(1 - s) \cdot 200$:

$$GVK(s \cdot 200) = \frac{2 \cdot a}{1 + n} - \frac{2 \cdot a \cdot 100 \cdot s}{100 \cdot (1 + n)} = \frac{2 \cdot a \cdot (1 - s)}{n + 1} = P. \quad (4.9)$$

Die Berechnung der Fläche des Dreiecks unter der Grenzvermeidungskostenkurve bis zum aggregierten Ausgangszustand $x_{ges}^A = 200$ mit $GVK = P$ ergibt für **Politik (b)** eine geänderte Allokation mit den Kosten

$$Kb_{ges} = \frac{1}{2} \cdot (200 - s \cdot 200) \cdot \frac{2 \cdot a \cdot (1 - s)}{1 + n} = 100 \cdot a \cdot (1 - s)^2 \cdot \frac{2}{n + 1} \quad (4.10)$$

Gegenüber einer Politik (a) mit einheitlicher individueller Vorgabe sinken die gesamtwirtschaftlichen Kosten dank des Handels im Falle (b) hier um den folgenden Prozentsatz bzw. beträgt die relative Kostenersparnis in %

$$K - \text{Vorteil} = \frac{K_a - K_b}{K_a} \cdot 100 = \left[\frac{n - 1}{n + 1} \right]^2 \cdot 100 \quad (4.11)$$

Für den Fall genau doppelt so hoher Grenzvermeidungskosten, d. h. $n = 2$, kann durch den Emissionshandel eine Effizienzsteigerung von nur 11,1 % erreicht werden (siehe Tabelle 4.1). Nur wenn dann die Transaktionskosten des Handelsmodells geringer sind, entstünde per Saldo ein volkswirtschaftlicher Vorteil.

Tab. 4.1: Entwicklung des Kostenvorteils

n	1	1,5	2	2,5	3	3,5	4
Kostenvorteil	0,00 %	4,00 %	11,11 %	18,37 %	25,00 %	30,86 %	36,00 %

Resümee: Je ähnlicher die Grenzvermeidungskosten in den beteiligten Sektoren und je höher die bürokratischen Transaktionskosten eines Handelssystems, desto weniger effizienzsteigernd ist ein Emissionshandelssystem. Insofern ist das Zusammenfassen nur einander in dieser Hinsicht ähnlicher Sektoren in ein Handelsmodell, wie im Falle des EU-Konzepts für den CO_2-Handel, von vornherein nicht besonders sinnvoll gewesen.

4.2 Energie und Umwelteffekte

Bei der Förderung, dem Transport, der Verarbeitung und der Energieumwandlung von Primärenergieträgern fallen neben der gewünschten Energieerzeugung auch unerwünschte Kuppelprodukte in Form von Wasserverunreinigungen sowie feste, flüssige und gasförmige Abfälle an.

Die im Zusammenhang mit der Nutzung von Energieträgern auftretenden Emissionen und andere Umweltbeeinträchtigungen lassen sich also nicht allein oder vorrangig anhand der entstehenden **Effekte bei der Nutzung der Endenergieträger** beurteilen. Vielmehr müssen die **vorgelagerten Förder-, Transport- und Umwandlungsstufen** in die Betrachtung einbezogen werden. Erst ein Vergleich der Umweltwirkungen von der Gewinnungsstelle bis zur endgültigen Nutzung im Sinne einer möglichst vollständigen Prozesskette erlaubt eine angemessene Bewertung. Dies sei an einem Beispiel verdeutlicht.

Tabelle 4.2 zeigt den direkten, indirekten und gesamten Energieeinsatz sowie die zugehörigen Emissionen von CO_2 im Vergleich einer Erdgasheizung und einer Elektrospeicherheizung. Während der direkte Verbrauch bei der Erdgasheizung größer ist und auch die Emissionen am Einsatzort anfallen, ist der Energieverbrauch bei der Stromheizung aufgrund der hohen Umwandlungsverluste im Kraftwerk insgesamt erheblich höher. Auch fallen dort die Emissionen an. Insgesamt ist dadurch die Erdgasheizung bezogen auf die gleiche Nutzenergie erheblich günstiger im Hinblick auf Energieeinsatz und Emissionen von CO_2.

Tab. 4.2: Prozesskettenvergleich von Heizsystemen

| System | Bezogen auf 1 MWh Nutzenergie | | | | | |
| | Direkt | | Indirekt | | Insgesamt | |
	Energie [MWh]	CO_2 [g]	Energie [MWh]	CO_2 [g]	Energie [MWh]	CO_2 [g]
Erdgasheizung atm. [1]	1,12	225	0,19	29	1,31	254
Elektrospeicherheizung mit Strommix Deutschland	1,01	0	1,98	931	2,99	931

[1] Eine atmosphärische Erdgasheizung nutzt den vorhandenen atmosphärischen Druck zum Ansaugen der Verbrennungsluft und benötigt daher kein Gebläse.

Solche Rechnungen erfordern allerdings ein Modell zur Strukturierung der vielfältigen indirekten Effekte. Bei der obigen Rechnung ist z. B. der eingesetzte Strom mit den Einsatzverhältnissen des durchschnittlichen Kraftwerksparks der Bundesrepublik bewertet.

Unter Berücksichtigung von Emissionsaspekten, Landschaftsverbrauch, Grundwasserabsenkung u. ä. hat jeder Energieträger ein eigenes Spektrum von problematischen Punkten.

So kann bei der Förderung von Steinkohle, Erdöl und Erdgas Methan freigesetzt werden. Die Abwässer aus Kohleaufbereitung oder Schlämme aus Bohrlöchern u. ä. sind für den Endenergienutzer genauso wenig sichtbar wie die schwach radioaktiv strahlenden Abraumhalden bei der Uranerzgewinnung, die der Kernenergienutzung zuzurechnen sind.[30]

Die gravierenden Landschaftsbeeinträchtigungen im Braunkohletagebau erfordern klare gesetzliche Vorgaben über anschließende Rekultivierungsmaßnahmen und angemessene Wiederherrichtung der Landschaft: Die Unterschiede zwischen den Standards in der alten Bundesrepublik Deutschland mit den inzwischen gut gelungenen Seenlandschaften im Köln-Aachener Revier einerseits und den Zuständen in den ehemaligen DDR-Tagebauen andererseits fielen nach der Wiedervereinigung 1990 sehr deutlich auf. Heute sind diese Altlasten der DDR weitestgehend abgearbeitet.

Da es im Rahmen dieses Buches nicht möglich ist, sämtliche Beziehungen zwischen Energie und Umwelt darzustellen, soll im Folgenden auf die markantesten Schadstoffe eingegangen werden. Die mengenmäßig bedeutendsten Emissionen im Zusammenhang mit Energieumwandlungsprozessen landen als Schadstoffe im Umweltmedium Luft. Dabei sind die energiebedingten Emissionen die mit Abstand bedeutsamsten. So machen diese etwa 85 % aller Treibhausgasemissionen aus. Boden und Wasser werden typischerweise durch Unfälle wie defekte Pipelines, Auslaufen von Tanks oder Tankerunfälle beeinträchtigt.

Umwelteffekte bei der Förderung und Weiterverarbeitung am Beispiel von Erdöl

Die Abschätzung, in welchem Maße die Umwelt durch die Produktion, den Transport und die Weiterverarbeitung von Rohöl geschädigt wird, ist aufgrund der schlechten Datenbasis äußerst schwierig. Eine der wenigen Veröffentlichungen in diesem Bereich ist der von der International Association of Oil & Gas Producers (OGP) herausgegebene Umweltreport, der auf den gemeldeten Daten seiner Mitglieder basiert. Veröffentlichte Kennzahlen der Umweltauswirkungen sind die Emissionen in die Luft, der Wasserverbrauch und Ölspills. Die mit Abstand bedeutsamste Luftschadstoffemission bei der Produktion von Erdöl sind die **CO_2-Emissionen** mit 129 Tonnen pro 1.000 produzierten Tonnen. Sie machen etwa 98,5 % aller Emissionen aus; die restlichen 1,5 % verteilen sich in absteigender Reihenfolge auf Methan, andere leichtflüchtige organische Verbindungen (NMVOC), Schwefeldioxide und Stickoxide. Der hohe Anteil der Treibhausgase CO_2 und Methan entsteht zu einem großen Teil durch die Abfackelung von nicht benötigtem Erdgas am Bohrloch. Schätzungen der GGFR gehen davon aus, dass 2016 etwa 150 Mrd. Kubikmeter Gas abgefackelt wurden, was in etwa dem Erdgasverbrauch von Deutschland und Frankreich zusammen entspricht.

Der **Wasserverbrauch** in der Erdölproduktion setzt sich zusammen aus dem als Kuppelprodukt zum Öl geförderten Wasser, dem Wasser, das zur Erhöhung des Förderdrucks in das Reservoir injiziert wurde und dem bei der Gasproduktion konden-

---

[30] Ein bekanntes Rechenmodell für energetische Prozesskettenanalysen ist das vom Öko-Institut in Darmstadt entwickelte Modell GEMIS (Gesamt-Emissions-Modell integrierter Systeme), mit dem auch dieses Beispiel gerechnet wurde.

sierten Wasser. Für jede produzierte Tonne wurden 2015 0,5 Tonnen Wasser entsorgt und 1,1 Tonnen wieder in die Reservoirs injiziert. In dem entsorgten Wasser befanden sich onshore durchschnittlich 8,5 ml und offshore 13,5 ml Öl pro Liter Wasser.

Der **Ölspill** betrug 2015 onshore 8,4 Tonnen und offshore 0,32 Tonnen pro Mio. produzierter Tonnen. In der Regel erfolgen größere Ölspills nicht bei der normalen Produktion, sondern durch außergewöhnliche Ereignisse wie die bewusste Freisetzung von mehreren hundert Mio. Barrel durch irakische Soldaten im ersten Golfkrieg, durch das Tankerunglück der Exxon Valdez 1989 oder das Sinken der Ölplattform Deepwater Horizon im Golf von Mexiko 2010 und dem nachfolgenden Ölaustritt, weil das Bohrloch längere Zeit nicht abgedichtet werden konnte. Im Jahr 2015 gab es 94 gemeldete Ölspills, die mehr als 100 Barrel Öl (= 13,7 Tonnen) freisetzten. Einer der größten war onshore in Nigeria, wobei 523 Tonnen Öl durch ein verbrecherisches Vorkommnis ausgelaufen sind (OGP (2016): Environmental performance indicators – 2015 data).

4.3 Emissionen und Vermeidungstechniken

Es gibt nicht nur einen zeitlichen Faktor, der die Wirkung von Emissionen auf die Umwelt beeinflusst, sondern auch deren Grad der Ausbreitung und Dispersion (Mischung von Stoffen). Nicht alle Emissionen wirken sich gleich stark auf die Umwelt aus.

Nicht mischende oder lokale Schadstoffe wie z. B. Feinstaub oder Schwefeldioxid haben ausschließlich in einem begrenzten Raum Bedeutung. Die Lokalisation der Emissionsquelle definiert hierbei den Grad der Betroffenheit unterschiedlich weit entfernter Orte. Neben der Entfernung sind aber auch die örtlichen Begebenheiten wie beispielsweise eine Kessellage oder die Windrichtung mit verantwortlich für die Schadstoffkonzentration. Nicht mischende Schadstoffe verteilen sich nicht überregional, weshalb der Schaden begrenzt bleibt. Ein Schadstoff ist hingegen **mischend oder überregional bzw. global** (je nach Typus des Schadstoffs), wenn die Verteilung und somit die Betroffenheit verschiedener Orte gleich und die Konzentrationsrate nahezu konstant sind. Von Interesse ist hier nur die absolute Menge des Schadstoffs und nicht die Lokalisation der Emissionsquelle. Dieses Merkmal wird von den meisten Treibhausgasen erfüllt.[31]

Viele Emissionsquellen verursachen nicht ausschließlich lokalen oder ausschließlich globalen Schaden. Mischende und nicht mischende Schadstoffe werden oftmals gemeinsam emittiert, wie beispielsweise beim Verkehr.

Verbrennungsprozesse verlaufen häufig nicht leise, sodass insbesondere bei mobilen oder stationären Explosionsmotoren oder Flugzeugturbinen erhebliche Lärmbelästigungen resultieren können. Da nur stationäre Lärmquellen durch Schallschutz-

---

31 Vgl. z. B. Perman et al. (2003), Kap. 6.

maßnahmen grundsätzlich relativ gut eingekapselt werden können, ist die Lärmbelastung besonders im Verkehr ein großes Problem: Anlieger von Hauptverkehrsstraßen, an Bahnlinien oder Anwohner in einer Flughafeneinflugschneise sind hier Hauptbetroffene, wobei die Auswirkungen bis hin zu schwersten Gesundheitsschäden gehen können.

Während des Verbrennungsprozesses von Primärenergieträgern entstehen bei fehlenden Reinigungstechniken im Abgas Stoffe, die in der näheren Umgebung negative Auswirkungen auf das Wohlergehen und die Gesundheit von Lebewesen oder auf Produktions- und Konsumprozesse Dritter ausüben. Hierzu zählen insbesondere die Rußbelastung mit Kohlenwasserstoffpartikeln, Staub, Schwefeldioxid oder Spuren von Schwermetallen.

Die CO_2-Emissionen machen mit 98 % bei weitem den größten Anteil an allen energiebedingten Treibhausgasemissionen aus. Methan und Lachgas stellen hingegen nur einen kleinen Teil der Treibhausgase dar. Die weiteren energiebedingten Luftschadstoffe verteilen sich auf Kohlenmonoxid, Stickstoffoxid, Schwefeldioxid, NMVOC, Staub und Ammoniak (siehe Abb. 4.3).[32] Diese Verteilung sagt jedoch nichts über die Klimaschädlichkeit des Treibhausgases aus: so ist etwa Methan 25-mal so schlecht wie CO_2, Fluor sogar noch schlechter.

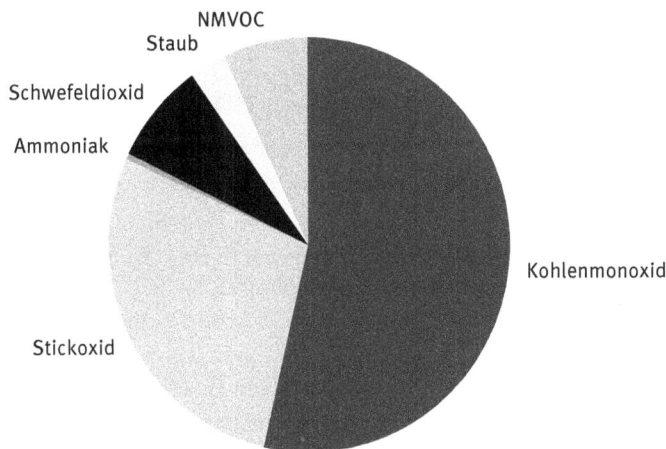

Abb. 4.3: Anteile energiebedingter Emissionen klassischer Luftschadstoffe in Deutschland 2015 – ohne CO_2 (Quelle: Umweltbundesamt 2018a)

Der Dispersionsgrad ist bedeutsam für die Art der Finanzierung von Vermeidungsmaßnahmen bzw. für die Identifikation des Kostenträgers. Vor der Finanzierungsfrage muss allerdings zunächst geklärt werden, ob Technologien existieren, die verschiede-

---

32 Für einen Überblick der Folgen verschiedener Schadstoffe vgl. Rübbelke (2002).

ne Emissionen effizient vermeiden können. Im Folgenden werden die Möglichkeiten von Vermeidungsmaßnahmen unterschiedlicher energiebedingter Schadstoffe untersucht.

Eine ökonomisch spannende Frage ist, an welcher Stelle der Wertschöpfungskette die Vermeidung von Schadstoffemissionen erfolgen sollte. Zum einen kann dies bereits beim Fördern und Aufbereiten der Primärenergieträger erfolgen, da hier an einer zentralen Stelle ökonomische Skaleneffekte genutzt werden können. Dies geschieht beispielsweise bei der Entschwefelung von „saurem" Erdgas im Oldenburger Raum. Zum anderen können die Emissionen dezentral beim Einsatz der Energieträger im Umwandlungsprozess vermieden werden, wenn beim jeweiligen Anwender mit geringem Aufwand ein Reinigungs- oder Rückhalteprozess installiert werden kann. Letzteres Verfahren ist insbesondere dann geboten, wenn die Emission gar nicht auf Beimischungen im Energieträger zurückzuführen ist, sondern durch den Verbrennungsprozess selbst erst ausgelöst wird. Dies gilt zum Beispiel für das Entstehen von Stickoxiden bei bestimmten Verbrennungstemperaturen etwa in Motoren, die durch Katalysatoren im Abgassystem wieder aufgespalten werden können.

4.3.1 Schwefeldioxid

Schwefeldioxid (SO_2) entsteht aus der Verbrennung schwefelhaltiger Brennstoffe. Die Reaktionen in der Luft mit der natürlichen Luftfeuchtigkeit und Sonnenlicht führen zu einer Umwandlung in schweflige Säure (H_2SO_3) oder Schwefelsäure (H_2SO_4), die zusammen mit normalen Niederschlägen als „saurer Regen" Pflanzen, Böden und Gebäude schädigen. Bei hohen Konzentrationen werden auch Atmungsorgane von Menschen und Tieren angegriffen.

Die SO_2-Emissionen aus Energienutzungen sind durch schrittweise verschärfte Auflagen (schwefelarmes Heizöl, Großfeuerungsanlagen-Verordnung, usw.) in den alten Bundesländern von einer Größenordnung von 3,5 Mio. Tonnen p. a. in den siebziger Jahren auf rund 1,0 Mio. Tonnen p. a. in den neunziger Jahren verringert worden. Nach der Wiedervereinigung stiegen sie mit einem Maximalwert von über 5,3 Mio. Tonnen im Jahr 1990 jedoch wieder dramatisch an. Der nachfolgende Prozess der Modernisierung der Kraftwerke, der Wechsel vom Brennstoff Braunkohle zu weniger schwefelhaltigen Energieträgern, teils der Zusammenbruch der ehemaligen DDR-Kombinate, die Umsetzung moderner Umweltstandards etc. sorgten für einen Rückgang der SO_2-Emissionen auf rund 0,36 Mio. Tonnen im Jahr 2008 und 0,27 Mio. Tonnen p. a. im Jahr 2015. Die Entwicklung des Schwefeldioxidausstoßes 1990–2015 ist in Abb. 4.4 dargestellt.

Von den technischen Möglichkeiten zur **SO_2-Verringerung**:

1. Einsatz schwefelarmer oder -freier Brennstoffe,
2. Entfernen des Schwefels vor der Verbrennung (z. B. Erdgas-Waschanlage in Großenkneten südlich von Oldenburg, die faktisch als Schwefelfabrik arbeitet);

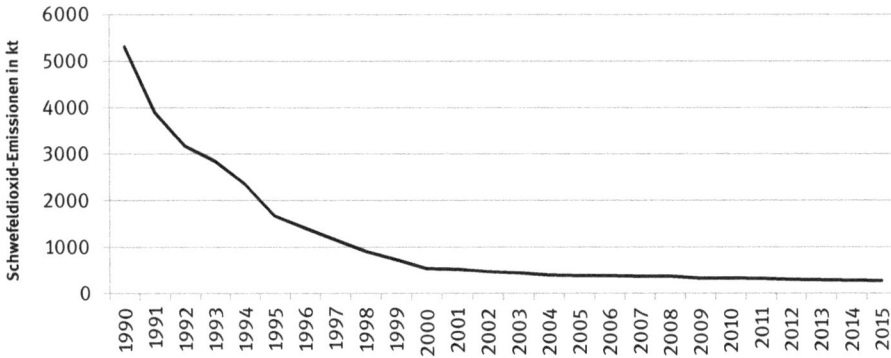

Abb. 4.4: Entwicklung des Schwefeldioxidausstoßes 1990–2015 (Quelle: Umweltbundesamt (2018a))

3. Wirbelschichtfeuerung mit Kalksteinzugabe zum Binden des Schwefels (z. B. Heizkraftwerk in Lüneburg),
4. Rauchgasentschwefelungsanlage (z. B. Rauchgaswäsche mit Gipsherstellung, wie sie in zahlreichen Kohlekraftwerken installiert ist, was inzwischen zu einem großen Teil der deutschen Gipsproduktion beiträgt),

sind bislang vor allem die Ansätze (2) und (4) am stärksten angewendet worden.

4.3.2 Kohlenwasserstoffe und Staubpartikel

Kohlenwasserstoffe, Rußpartikel und **Stäube** sind in der Regel auf eine unvollkommene Verbrennung zurückzuführen. Sie müssen nach gegebenen Umweltstandards in Verbrennungsanlagen durch Filter zurückgehalten werden. Insbesondere der sog. Feinstaub führte in der Vergangenheit zu zahlreichen Diskussionen.

Im Jahr 2006 verabschiedete die Bundesregierung die Feinstaubverordnung, die bei hohen Feinstaubbelastungen Verkehrsbeschränkungen erlaubt. Die Fahrzeuge wurden hierfür in vier Schadstoffgruppen eingeteilt. Diejenigen Fahrzeuge mit einer schlechten Einstufung dürfen ausgewiesene Umweltzonen nicht länger befahren.

Neben der Feinstaubverordnung wurden die Abgasnormen für Dieselmotoren von der EU schrittweise erhöht, sodass neue Motoren ab 2009 nur noch 5 mg und ab 2014 nur noch 4,5 mg Partikel/km ausstoßen dürfen.

Die energiebedingten Staubemissionen im Jahr 2015 haben mit 102 Kilotonnen relativ niedrige Werte erreicht. Im Jahr 1990 betrug der energiebedingte Emissionsumfang noch 1392 Kilotonnen. Nur der Schüttgutumschlag, der Straßenverkehr und bestimmte Industrieprozesse weisen heute noch erhebliche **Staubemissionen** auf. In allen anderen Sektoren haben sich deutliche Verringerungen ergeben.

4.3.3 Stickoxide

Des Weiteren können bei bestimmten Verbrennungstemperaturen chemische Reaktionen ausgelöst werden, die den natürlich in der Luft enthaltenen Stickstoff in NO_x (Stickoxide) umwandeln. In der Luftfeuchtigkeit reagieren diese Moleküle zu salpetriger bzw. Salpetersäure, die einerseits ähnliche Schäden wie SO_2 auslösen, andererseits als Ozon-Vorläufersubstanzen auch für bodennahen „Smog" verantwortlich sind. Die energiebedingten NO_x-Emissionen lagen in den alten Bundesländern in den siebziger Jahren bei rund 2,5 Mio. Tonnen p. a., stiegen in den achtziger Jahren auf bis zu 3,1 Mio. Tonnen und weisen seitdem eine fallende Tendenz auf. In dem Zeitraum 1990–2015 sanken die Stickoxid-Emissionen von 2,6 Mio. Tonnen auf 0,97 Mio. Tonnen. Dieser Aggregatswert setzt sich zusammen aus rückläufigen NO_x-Emissionen der Kraftwerke und der Industrie, die als Folge der Großfeuerungsanlagen-Verordnung Entstickungsanlagen bauen mussten und ihre Anlagen modernisierten, sowie steigenden Emissionsbeiträgen durch den Verkehr. Erst mit fast vollständiger Durchdringung der Katalysator-Technik im Fahrzeugbestand wurden auch im Verkehr deutliche Reduzierungen der NO_x-Emissionen erreicht, wobei allerdings der Verkehr nach wie vor die absolut höchsten NO_x-Emissionen erzeugt: So wirkt bei kaltem Motor der Katalysator zunächst nicht, sodass Kurzstreckenfahrten einen nach wie vor hohen Beitrag liefern.

4.3.4 Kohlendioxid

Als Kuppelprodukt entsteht bei der Verbrennung fossiler Energieträger das Gas Kohlendioxid CO_2. Solange die Weltenergieversorgung zu über 85 % (2017) auf fossilen Energieträgern beruht, sind die langfristigen Probleme für das Weltklima zu berücksichtigen, die aus der Akkumulation von CO_2 in der bisher kostenlos als Deponie genutzten Atmosphäre entstehen.

Nach heutiger Kenntnis vollziehen sich dabei etwa folgende Prozesse: Die Akkumulation bestimmter so genannter Treibhausgase (THG) wie etwa CO_2, Methan oder Lachgas bewirkt eine Änderung der Zusammensetzung der Erdatmosphäre, wodurch sich die Wärmeabstrahlung der Erde gegenüber dem Weltall verändert. Wie in einem Treibhaus, das eine bessere Glashülle bekommt, steigen dadurch bei gleichem Energieumsatz die Temperaturen innerhalb des Treibhauses, d. h. in diesem Falle auf der Erdoberfläche und in der unteren Atmosphäre. Die allgemeine Erderwärmung hat direkte Auswirkungen auf die Verteilung von Temperaturzonen und die Meerwassertemperatur, aber auch indirekte Auswirkungen durch Veränderungen von Luftbewegungen, Niederschlägen, Vegetationszonen, Häufigkeit von Unwettern u. ä. Effekte.

Aus dem empirisch beobachteten Anstieg des CO_2-Gehalts der Atmosphäre von etwa 280 ppmv in der vorindustriellen Zeit auf 355 ppmv im Jahr 1991 und rund 400 ppmv im Jahr 2015 und der gleichzeitig festgestellten mittleren Erwärmung werden seit einigen Jahren Warnungen vor einem langfristig drohenden **Klimawandel** abgeleitet. Eine Besonderheit des „Schadstoffs" CO_2 ist jedoch, dass er in den normal vorkommenden Konzentrationen in der Atmosphäre für Lebewesen harmlos ist und umgekehrt sogar für die Pflanzen neben Licht, Wasser und Mineralien lebensnotwendiger Wachstumsfaktor ist. Anders als bei den zuvor beschriebenen „klassischen" Luftschadstoffen, wo der ausgelöste Schaden heute oder mit geringer zeitlicher Verzögerung beobachtbar ist, lassen sich die erst in der Zukunft zu erwartenden Auswirkungen einer höheren CO_2-Konzentration im Wesentlichen in komplexen **Computer-Modellen** ableiten. Dort werden die Veränderungen in den Klimagleichgewichten über mehrere Jahrzehnte und sogar bis zu 200 Jahre im Voraus abgeschätzt. Daraus entstehen zwei besondere Probleme, die alleine für sich bereits die Umweltpolitik mit der Zielsetzung Klimaschutz erschweren:

1. Die Bereitschaft von betroffenen Bürgern, sich für Emissionsverringerungen einzusetzen, ist aus naheliegenden Gründen dort hoch, wo direkt eine Beeinträchtigung der Lebensqualität durch die Immissionen erlitten wird. Bei CO_2 liegt eine derartige Betroffenheit nicht vor, da die in den bisherigen Modellrechnungen prognostizierten Schäden erst mit erheblicher zeitlicher Verzögerung klar abzugrenzende Konsequenzen besitzen.
2. Die Komplexität der naturwissenschaftlichen Zusammenhänge erleichtert es, den ohnehin begründeten Skeptizismus gegenüber Computer-Modellrechnungen als Vorwand für die Ablehnung jeglicher Maßnahmen zu benutzen.

Durch die Emission und laufende Kumulation von CO_2 (neben einer Reihe von weiteren Treibhausgasen wie Methan, Lachgas, Fluorkohlenwasserstoffe, usw.) ergibt sich eine Verstärkung des [ansonsten lebensnotwendigen] **Treibhauseffekts** in der Atmosphäre. Die Angaben, welchen prozentualen Beitrag CO_2 zu den gesamten zusätzlichen anthropogenen für den Treibhauseffekt relevanten Gasemissionen leistet, variieren zwischen 20 und 80 %. Diese vom Menschen initiierte Verstärkung des natürlichen Treibhauseffekts bewirkt über einen sehr langen Zeithorizont, dass Klimazonen sich verändern können, dass Niederschlagsmuster sich verschieben etc. Allerdings lassen sich erste Veränderungen bereits heute an besonders „klimasensiblen" Orten der Welt, wie z. B. Gletschern, mit dem bloßen Auge erkennen.

Trotz einer erhöhten Sensibilität in der Bevölkerung und einer hohen medialen Präsenz des Klimawandels sind die weltweiten energiebedingten CO_2-Emissionen im Zeitraum 1990–2016 stark angewachsen, wie auch in Abb. 4.5 abgebildet. Deutschland ist eines der wenigen Länder, die ihre Emissionen in dieser Zeit um über 20 % senken konnten. Dies ist jedoch auch auf die Nachfolgen der Wiedervereinigung zurückzuführen, denn im Jahr 1990 existierten noch sehr viele alte Betriebe der ehemaligen DDR mit sehr hohen CO_2-Emissionen, die zum Teil modernisiert und zum Teil stillgelegt wurden. Der Anteil der energiebedingten deutschen Emissionen an den weltweiten Emissionen beträgt heute etwa 2,3 %.

Bedingt durch den Klimawandel wird es Länder geben, die zu den Verlierern gehören werden und andere, die sich sogar Vorteile ausrechnen können. Beispielsweise

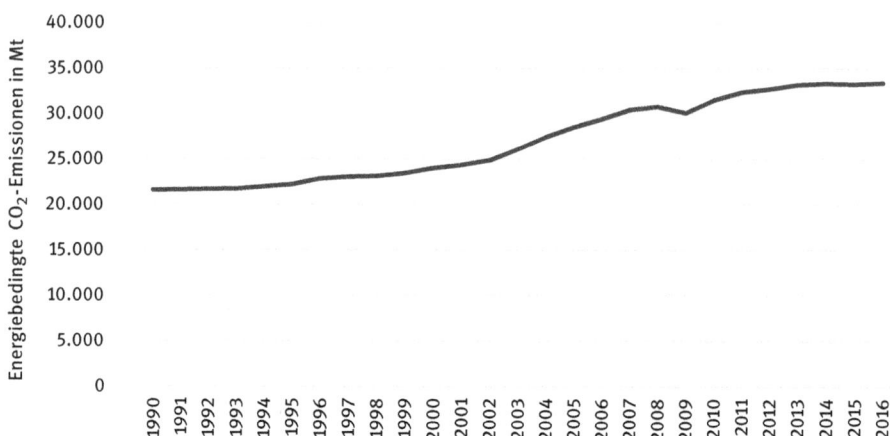

Abb. 4.5: Entwicklung der weltweiten energiebedingten CO_2-Emissionen 1990–2016 (Quelle: BMWi)

werden bei einem erwarteten Anstieg des Meeresspiegels gravierende Verluste bei denjenigen Inselstaaten auftreten, deren Landmassen nur wenige Meter über dem Meeresspiegel liegen oder die eine lange und nur schwer zu sichernde Küstenlinie aufweisen. Aber auch Volkswirtschaften mit einem hohen Anteil an Tourismus oder Landwirtschaft werden durch regionale Klimaveränderungen eher verlieren. In großräumigen und durch hohe Mobilität gekennzeichneten Volkswirtschaften wie den USA werden eher Ausweichstrategien möglich sein als in kleinen Ländern wie der Schweiz.

Auch wenn die Verteilungswirkungen der Klimaveränderungen unterschiedlich ausfallen, gibt es dennoch gute Argumente, dieses irreversible Experiment nicht fahrlässig zu unternehmen: Nicht-Linearitäten und Umkippmechanismen bei sensiblen Meeres- oder Windströmungen oder in bisherigen Permafrostböden in Hochgebirgen oder Polarzonen könnten gravierende Folgen haben und hohe Verluste für ganze Erdteile auslösen. Wenn man diese Prämisse akzeptiert, sind nachhaltige Maßnahmen zur Reduzierung der CO_2-Emissionen über einen längeren Zeithorizont erforderlich.

Aus wirtschaftlichen Effizienzgründen sollen alle Treibhausgase reduziert werden: Neben CO_2 gehören u. a. auch Methan (Energieförderung und -transport, Nass-Reisanbau, Rinderhaltung), Fluorkohlenwasserstoffe (FKWs) und Lachgas dazu. Eine isolierte Verminderung der Emissionen eines einzigen Treibhausgases und das Ignorieren der potenziellen Beiträge anderer ist mit Sicherheit eine sehr kostenungünstige und auch ökologisch fragwürdige Strategie.

Wegen der bei der Verbrennung unvermeidlich entstehenden CO_2-Emissionen haben die fossilen Brennstoffe bei Relevanz der Klimarechnungen jetzt auch ein Entsorgungsproblem. Während der Industrialisierung der west- und mitteleuropäischen Länder, der USA, Japans und anderer Industriestaaten konnten Energienutzer noch davon ausgehen, dass die Atmosphäre als kostenlos zu nutzende Deponie für CO_2 zur

Verfügung steht. Jetzt ist eine Bewirtschaftung der knappen Deponiekapazität als Problem erkannt. Dabei sind wegen des hohen Anteils fossiler Brennstoffe an der kommerziellen Weltenergieversorgung lange Bremswege und Umstrukturierungskosten in Rechnung zu stellen.

Wegen der **eindeutigen Zuordnung zwischen dem Einsatz fossiler Energieträger und der zugehörigen CO_2-Emission** braucht man die CO_2-Emissionen nicht direkt zu messen, sondern kann den eingesetzten Brennstoff als einfache Ersatzbemessungsgrundlage ansetzen. Dies erleichtert für Besteuerung oder Zertifikate die institutionelle Ausgestaltung grundsätzlich sehr: Eine gesonderte aufwändige Messung im jeweiligen Abgas entfällt.

Die bei sauberer Verbrennung entstehenden CO_2-Emissionen sind in der Tabelle 4.3 wiedergegeben. Es ist allerdings zu beachten, dass je nach Herkunft von Steinkohle oder Mineralöl die Emissionsfaktoren durchaus um einige Prozentpunkte von diesen Werten abweichen können. Diese CO_2-Gewichtung ist in Europa weitestgehend akzeptiert.[33]

Tab. 4.3: CO_2-Emissionsfaktoren fossiler Energieträger 2016 (Quelle: Umweltbundesamt, 2019b)

Brennstoff/Energieträger	t CO_2/TJ
Gichtgas	256,7
Braunkohle Großkraftwerk	111,2
Ruhr-Steinkohle	93,6
Rohöl	73,3
Heizöl EL/Dieselkraftstoff	74,0
Erdgas	55,9
Raffineriegas	62,4

4.4 Reine und unreine öffentliche Güter

Die klassische Unterscheidung zwischen öffentlichen Gütern und privaten Gütern geht auf Samuelson (1954) zurück. Private Güter, wie z. B. ein Brikett Kohle, sind gekennzeichnet durch Ausschließbarkeit und Rivalität im Konsum. Buchanan (1965) führte eine dritte Güterkategorie, die der Klub- bzw. Mautgüter, ein; hier gilt Ausschließbarkeit und Nichtrivalität im Konsum. Eine vierte Güterkategorie stellen die Allmendegüter dar. Ein Beispiel eines solchen Allmendegutes, das durch Nichtausschließbarkeit und Rivalität im Konsum gekennzeichnet ist, stellt die Atmosphäre als

[33] In den USA werden nicht die Kohlendioxid-Emissionen ausgewiesen, sondern lediglich der Kohlenstoffgehalt als Gewichtseinheit benutzt: Deswegen entsprechen 1,0 kg C in der amerikanischen Rechenweise 3,7 kg CO_2 in der europäischen.

Senke für Kohlendioxid dar. In umweltpolitischen Fragestellungen tritt immer wieder die sog. Tragik der Allmende auf. Da niemand vom Gebrauch der Umwelt beispielsweise als Aufnahmemedium für Abfälle und Emissionen ausgeschlossen werden kann, können keine Eigentumsrechte vergeben bzw. durchgesetzt werden (Privatisierung bedeutet das Herstellen von Ausschließbarkeit). Dadurch können keine Preise für die Nutzung erhoben werden. Auch wenn es **individuell rational** ist, Umweltgüter uneingeschränkt zu nutzen, kann dies aber in der Summe durch die schädlichen Folgen **kollektiv irrational** sein. Da der freie Markt auf der individuellen Nutzenmaximierung basiert, haben die Akteure keinen Anreiz den Konsum des Umweltgutes einzuschränken. Übernutzung ist die Folge. Der Marktmechanismus funktioniert bei Nichtausschließbarkeit nicht mehr. Man spricht auch von einem **Marktversagen**.

Reine öffentliche Güter sind zusätzlich durch Nichtrivalität gekennzeichnet. Sie werden in zu geringer Menge oder gar nicht erst bereitgestellt. Da jeder von dem Gut profitieren kann ohne dafür bezahlen zu müssen und somit auf Kosten der anderen „freifahren" kann (Trittbrettfahrerproblematik), werden solche Güter nicht privatwirtschaftlich angeboten. Reine öffentliche Güter müssen daher meist vom Staat bereitgestellt oder gefördert werden, sofern die Bereitstellung in effizienter Weise erfolgen soll (siehe Tabelle 4.4).

Bei globalen öffentlichen Gütern, wie beispielsweise dem Klimaschutz, haben die einzelnen Staaten den Anreiz, sich Umweltschutzbemühungen zu entziehen und darauf zu hoffen, dass die anderen Staaten die Umweltprobleme lösen werden. Während lokale öffentliche Güter oftmals durch einen Staat ausreichend bereitgestellt werden können, benötigt es bei globalen öffentlichen Gütern eine überstaatliche Instanz, die die Maximierung der globalen Wohlfahrt im Auge hat, anstatt eigennutzmaximierend zu agieren. Eine solche Instanz existiert jedoch nicht,[34] sodass man trotz vorherrschender Freifahreranreize weiterhin auf eine internationale Verhandlungslösung wird setzen müssen.

Tab. 4.4: Güterarten nach Rivalität und Ausschließbarkeit

	Ausschließbarkeit	Nicht-Ausschließbarkeit
Rivalität	Privates Gut	Allmendegut
Nicht-Rivalität	Maut-/Klubgut	Reines öffentliches Gut

In den folgenden zwei Abschnitten wird die Allokation reiner öffentlicher Güter in optimaler (als Benchmark) und in freiwilliger Bereitstellung gegenübergestellt. Dadurch wird das suboptimal niedrige Bereitstellungsniveau bei freiwilligem Klimaschutz auf-

---

34 So schreiben Buchholz und Eichenseer (2017), „due to the absence of a central authority with coercive power and alternative sanction mechanisms, the pervasive free-rider problem could not be solved".

gezeigt und somit begründet, warum auch auf internationaler Ebene ein suboptimal niedriges Niveau an Klimaschutz durch souveräne Staaten zu erwarten ist. Zuletzt werden unreine öffentliche Güter eingeführt, deren private Charakteristika (das Kuppelprodukt zu ihrem öffentlichen Charakteristikum) eine „privatisierende Rolle"[35] spielen und damit Freifahreranreize abschwächen könnten.

4.4.1 Optimale Bereitstellung reiner öffentlicher Güter

Eine First-Best-Lösung ist wohlfahrtsmaximal. Die notwendige Bedingung hierfür wurde von Samuelson (1954) formuliert. Sie besagt, dass die Summe der Grenzraten der Substitution (zwischen privatem und öffentlichem Gut) aller Akteure gleich der Grenzrate der Transformation (zwischen privatem und öffentlichem Gut) entsprechen muss.

Angenommen es existieren in der betrachteten Welt lediglich zwei Staaten i (= 1, 2), die beide ein privates Gut x_i und ein öffentliches Gut Y konsumieren. Die Nutzenfunktion der Staaten lautet

$$U^i = u_i(x_i, Y) . \tag{4.12}$$

Die Produktionsmöglichkeiten der Güter sind gegeben durch die Transformationsgleichung:

$$F(x_1 + x_2, Y) = 0 . \tag{4.13}$$

Um die First-Best-Lösung zu ermitteln, maximieren wir den Nutzen des Staates 1 und halten den Nutzen des Staates 2 konstant bei $\bar{u}$. Die Lagrange-Funktion mit dem Lagrange-Multiplikator λ_i ist gegeben durch

$$L = u_1(x_1, Y) - \lambda_1 [\bar{u} - u_2(x_2, Y)] - \lambda_2 F(x_1 + x_2, Y) . \tag{4.14}$$

Die Bedingungen erster Ordnung lauten:

$$\frac{\partial L}{\partial x_1} = \frac{\partial u_1}{\partial x_1} - \lambda_2 \frac{\partial F}{\partial x_1} = 0 , \tag{4.15}$$

$$\frac{\partial L}{\partial x_2} = \lambda_1 \frac{\partial u_2}{\partial x_2} - \lambda_2 \frac{\partial F}{\partial x_2} = 0 , \tag{4.16}$$

$$\frac{\partial L}{\partial Y} = \frac{\partial u_1}{\partial Y} + \lambda_1 \frac{\partial u_2}{\partial Y} - \lambda_2 \frac{\partial F}{\partial Y} = 0 . \tag{4.17}$$

Durch Auflösen der Gleichungen (4.15), (4.16) und (4.17) erhalten wir:

$$\frac{\frac{\partial u_1}{\partial Y}}{\frac{\partial u_1}{\partial x_1}} + \frac{\frac{\partial u_2}{\partial Y}}{\frac{\partial u_2}{\partial x_2}} = \frac{\frac{\partial F}{\partial Y}}{\frac{\partial F}{\partial x}} . \tag{4.18}$$

---

[35] „[T]he jointly produced private output can serve a privatising role, not unlike the establishment of property rights" (Cornes und Sandler 1984).

Die linke Seite der Gleichung (4.18) ist die Summe der Grenzraten der Substitution der Staaten i. Die rechte Seite ist die Grenzrate der Transformation des öffentlichen Gutes. Damit haben wir die Samuelson-Bedingung hergeleitet. Wenn diese Bedingung erfüllt wird, ist die Allokation des öffentlichen Gutes die First-Best-Lösung.

Numerisches Beispiel 1:[36]

Gegeben sind die Nutzenfunktionen der identischen Staaten 1 und 2:

$$u_1 = x_1 Y, u_2 = x_2 Y . \tag{4.19}$$

Die Transformationsgleichung lautet:

$$x_1 + x_2 + Y = M . \tag{4.20}$$

M beschreibt die Menge der Güter, die mit gegebener Faktorausstattung produzierbar ist. Anwendung der Samuelson-Bedingung ergibt

$$\frac{x_1}{Y} + \frac{x_2}{Y} = 1 . \tag{4.21}$$

Wir setzen (4.21) in die Transformationsgleichung (4.20) ein und erhalten mit

$$Y + Y = M \qquad \rightarrow \qquad Y = \frac{M}{2} \tag{4.22}$$

die optimale Bereitstellung des öffentlichen Gutes. Die Faktorausstattung wird somit zur Hälfte für die Bereitstellung des öffentlichen Gutes und zur anderen Hälfte zur Produktion privater Güter eingesetzt.

4.4.2 Private Bereitstellung reiner öffentlicher Güter

Wir betrachten zwei identische Staaten i (= 1, 2). Im Folgenden werden wir das Maximierungsproblem des Staates i = 1 darstellen. Die Nutzenfunktion ist gegeben durch

$$U^1 = u_1(x_1, Y) , \tag{4.23}$$

wobei x_1 wieder das private Gut und Y das öffentliche Gut beschreiben. Die private bzw. freiwillige Bereitstellung des öffentlichen Gutes durch die Staaten ist jeweils y_i, sodass gilt:

$$y_1 + y_2 = Y . \tag{4.24}$$

Das Einkommen der Staaten ist jeweils durch m und der Preis des öffentlichen Gutes in Form von privaten Gütern ist durch p (= $(\partial F/\partial Y)/(\partial F/\partial x)$) gegeben. Die Budgetbeschränkung des Staates 1 – welche hier als Transformationsgleichung dient – lautet:

$$x_1 + py_1 = m . \tag{4.25}$$

---

36 In Anlehnung an Ihori (2017).

Staat 1 bestimmt nun seinen Beitrag zum öffentlichen Gut, indem er den Beitrag von Staat 2 als gegeben annimmt. Staat 2 verhält sich in analoger Weise. Die Lagrange-Funktion mit dem Langrange-Multiplikator λ lässt sich dann wie folgt ermitteln:

$$L = u_1\,(x_1, y_1 + y_2) - \lambda(x_1 + py_1 - m)\,. \tag{4.26}$$

Daraus ergeben sich die Bedingungen erster Ordnung:

$$\frac{\partial L}{\partial x_1} = \frac{\partial u_1}{\partial x_1} - \lambda = 0\,, \tag{4.27}$$

$$\frac{\partial L}{\partial y_1} = \frac{\partial u_1}{\partial Y} - \lambda p = 0\,. \tag{4.28}$$

Durch Auflösen der Gleichungen (4.27) und (4.28) erhalten wir

$$\frac{\dfrac{\partial u_1}{\partial Y}}{\dfrac{\partial u_1}{\partial x_1}} = p\,. \tag{4.29}$$

Dies ist die Optimalbedingung des Staates 1. Da sich Staat 2 in analoger Weise verhält, gilt allgemein

$$\frac{\dfrac{\partial u_i}{\partial Y}}{\dfrac{\partial u_i}{\partial x_i}} = \frac{\dfrac{\partial F}{\partial Y}}{\dfrac{\partial F}{\partial x}}\,. \tag{4.30}$$

Das Gleichgewicht befindet sich also dort, wo die Grenzraten der Substitution zwischen öffentlichem und privatem Gut der Grenzrate der Transformation bzw. dem Preisverhältnis der beiden Güter entsprechen.

Ein Vergleich der privaten mit der optimalen Bereitstellung des öffentlichen Gutes zeigt:

$$\underbrace{\frac{\dfrac{\partial u_1}{\partial Y}}{\dfrac{\partial u_1}{\partial x_1}} = \frac{\dfrac{\partial u_2}{\partial Y}}{\dfrac{\partial u_2}{\partial x_2}}}_{\textit{Individuelle Rationalität}} < \underbrace{\frac{\dfrac{\partial u_1}{\partial Y}}{\dfrac{\partial u_1}{\partial x_1}} + \frac{\dfrac{\partial u_2}{\partial Y}}{\dfrac{\partial u_2}{\partial x_2}}}_{\textit{Kollektive Rationalität}}\,. \tag{4.31}$$

Im individuell rationalen Fall ist damit die Bereitstellung des öffentlichen Gutes kleiner als die sozial optimale Menge des Gutes. Die private Bereitstellung eines öffentlichen Gutes führt zu einem zu niedrigen Gesamtbeitrag, da die Staaten die positiven Effekte ihrer Bereitstellung auf andere Staaten nicht berücksichtigen.

Numerisches Beispiel 2:[37]
Im numerischen Beispiel 1 haben wir die optimale Menge des öffentlichen Gutes berechnet. Nehmen wir nun an, dass eine freiwillige Bereitstellung durch die einzelnen

---

37 In Anlehnung an Ihori (2017).

identischen Staaten mit gleichen Einkommen $m = 1/2M$ erfolgt. Gegeben sind wieder die Nutzenfunktionen zweier identischer Staaten (4.19) und die Transformationsgleichung (4.20). Mit der Optimalbedingung der Staaten bei einer privaten Bereitstellung (4.30) erhalten wir

$$\frac{x_1}{Y} = \frac{x_2}{Y} = 1 \ . \tag{4.32}$$

Einsetzen in die Transformationsgleichung (4.20) ergibt

$$Y + Y + Y = M \qquad \rightarrow \qquad Y = \frac{M}{3} \ . \tag{4.33}$$

Der Vergleich mit der optimalen Bereitstellung (4.22) zeigt

$$\underbrace{\frac{M}{3}}_{\textit{individ. Rat.}} \ < \ \underbrace{\frac{M}{2}}_{\textit{kollektiv Rat.}} \ . \tag{4.34}$$

Die Menge des öffentlichen Gutes Y beträgt in einer privaten Bereitstellung nur $M/3$, während die optimale Menge bei $M/2$ liegt.

Bei einem unregulierten Marktmechanismus ist eine suboptimal niedrige Bereitstellung öffentlicher Güter wegen bestehender Freifahreranreize zu erwarten. Anders ausgedrückt, wenn keine übergeordnete Autorität eine volkswirtschaftlich effiziente Bereitstellung erzwingt, wird zu wenig des öffentlichen Gutes bereitgestellt.

4.4.3 Unreine öffentliche Güter

Neben den reinen öffentlichen Gütern gibt es auch unreine öffentliche Güter. Diese haben nicht nur ein öffentliches Charakteristikum, sondern ebenso ein privates, wodurch sie nur teilweise rival und nur teilweise ausschließbar sind. Von dem Konsum des privaten Charakteristikums können andere ausgeschlossen werden. Beispielsweise hat der Betrieb von Solarzellen auf dem eigenen Hausdach das private Charakteristikum des autonom erzeugten Stroms. Der generierte Strom wird in den eigenen vier Wänden konsumiert und ist sowohl rival als auch ausschließbar. Das öffentliche Charakteristikum der Installation von Solarzellen ist der positive Umwelteffekt bzw. die Abwesenheit negativer Externalitäten. Eine solche kombinierte Bereitstellung privater und öffentlicher Charakteristika (auch Kuppelproduktion) wird in der Theorie der unreinen öffentlichen Güter diskutiert.[38]

Aufgrund des **Trittbrettfahrerproblems** werden öffentliche Güter nur auf einem suboptimal niedrigen Niveau freiwillig bereitgestellt. Das private Charakteristikum der unreinen öffentlichen Güter kann hingegen Anreize geben, das Niveau der Bereitstellung des Gutes und damit auch des öffentlichen Charakteristikums zu steigern.[39]

---

38 Für das Standardmodell unreiner öffentlicher Güter siehe Cornes und Sandler (1984) sowie Cornes und Sandler (1994).

39 Wie Cornes und Sandler (1994) schreiben, können Freifahreranreize gedämpft werden, sofern das öffentliche und das private Charakteristikum komplementär sind.

Nicht nur positive externe Effekte können aus einer Kuppelproduktion hervorgehen. Beispielsweise ist der Betrieb einer Ölheizung mit dem privaten Charakteristikum des beheizten Hauses und dem schädlichen öffentlichen Charakteristikum des Ausstoßes global wirkender Schadstoffe verbunden. Entsprechend kann man die Stromerzeugung eines Kraftwerks als unreines öffentliches Gut interpretieren, wobei wir nicht nur zwischen den polaren Fällen globaler öffentlicher und privater Charakteristika unterscheiden können, sondern auch dazwischen liegende Fälle (regionale öffentliche Effekte) integrieren können: Mit dem privaten Charakteristikum der Nutzung des Stroms beim E-Bikefahren und dem öffentlichen Charakteristikum der Klimabelastung durch CO_2-Emissionen wird zudem ein lokales/regionales öffentliches Charakteristikum (lokale/regionale Luftverschmutzung durch SO_2-Emissionen) produziert.

In der Theorie der unreinen öffentlichen Güter resultiert der Nutzen (der Schaden) nicht aus dem Konsum des Gutes, sondern aus dem Konsum von dessen Charakteristika (siehe Abb. 4.6). Der negative (positive) externe Effekt kann sich je nach emittiertem (vermiedenem) Schadstoff und je nach Dispersionsgrad sowohl lokal als auch global auswirken (siehe auch Abschnitt 4.3). In unserem Beispiel der privaten Installation von Solarzellen sind die (beispielsweise durch den Nichtgebrauch von Strom aus fossilen Brennstoffen) vermiedenen mischenden (globalen) und nicht-mischenden (lokalen) Schadstoffe die positiven externen Effekte bzw. das öffentliche Charakteristikum des Betriebes der Solarzellen.

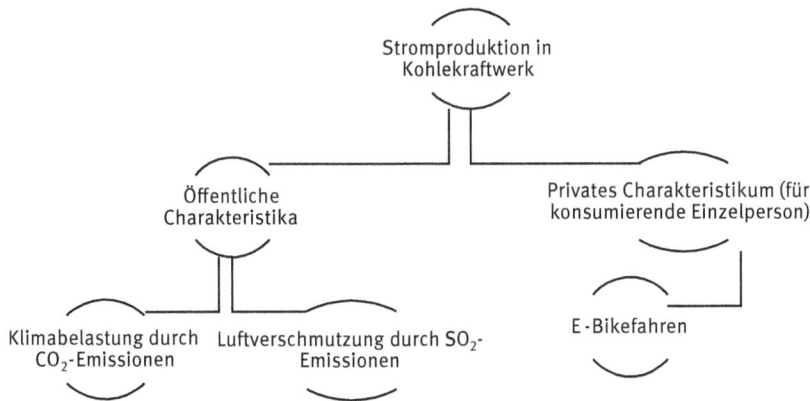

Abb. 4.6: Kuppelproduktion lokaler und globaler Charakteristika aus Sicht einer Einzelperson (Quelle: In Anlehnung an Altemeyer-Bartscher et al. (2014))

Wechseln wir nun die Perspektive von der umweltfreundlichen Privatperson, die durch die Nutzung der Solarzellen zu einer Umweltverbesserung beiträgt, hin zu einem Staat mit einer starken Umweltpolitik. Wenn der Staat ein für alle Haushalte geltendes Gebot der Nutzung von Solarzellen als ordnungsrechtliche Umweltschutzmaßnahme ausspricht, werden auch hier sowohl lokale als auch globale Emissionen

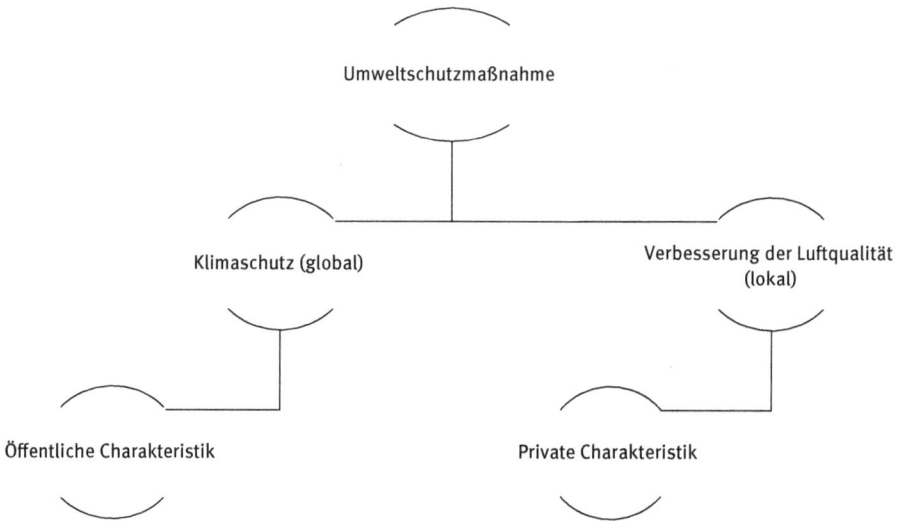

Abb. 4.7: Kuppelproduktion lokaler und globaler Charakteristika aus Sicht des Staates

vermieden. Allerdings ist hier, anders als bei der umweltfreundlichen Privatperson, die lokale Schadensvermeidung das private Charakteristikum und die globale Schadensvermeidung das öffentliche Charakteristikum der Umweltschutzmaßnahme (des verpflichtenden flächendeckenden Betriebes von Solarzellen) (siehe Abb. 4.7). Der Grund hierfür ist, dass die aus der Umweltpolitik des Staates resultierenden positiven Effekte der verbesserten Luftqualität der gesamten innerstaatlichen Bevölkerung zu Teil werden und daher aus Sicht des Staates „privat" sind. Die ebenfalls resultierende Verminderung mischender, also klimaschädlicher, Emissionen hingegen kommt nicht nur der eigenen Bevölkerung, sondern ebenso der Bevölkerung aller anderen Staaten der Erde zugute. Eine Reduktion solcher Emissionen stellt ein öffentliches Charakteristikum der Umweltschutzmaßnahme dar, da andere Staaten nicht von den positiven Effekten des Klimaschutzes ausgeschlossen werden können.

5 Klimaschutzpolitik

Seit wenigen Jahrhunderten beobachtet man einen kontinuierlichen Anstieg der Konzentration von CO_2 in der Erdatmosphäre. Dies kann einerseits auf eine natürliche Erderwärmung und damit veränderte Bindung von CO_2 im Meerwasser und andere „Senken" zurückzuführen sein. Die überwältigende Mehrheit der Klimaforschung stimmt jedoch darüber überein, dass dieser Anstieg auf die Akkumulation so genannter Treibhausgase durch menschliche Aktivitäten – wie etwa das Verbrennen fossiler Energieträger – zurückzuführen ist. Die Argumentation der Experten lautet demnach wie folgt:

Durch die Emission von Treibhausgasen (THG) verändert die Menschheit langsam aber kontinuierlich die Zusammensetzung der Erdatmosphäre. Ihre in Computermodellen abgeschätzten Wirkungen auf das Klima entfalten die Bestände dieser Gase durch eine Veränderung der Wärmerückstrahlung in das kalte Weltall. Da in den natürlichen Kreisläufen die meisten Treibhausgase nur sehr langsam „abgebaut" werden, beispielsweise durch verstärkte Fotosynthese, Bindung im Meerwasser oder chemische Umwandlungen, verbleibt etwa die Hälfte der emittierten THG sehr langfristig in der Atmosphäre. Des Weiteren kommt es nicht darauf an, wann und wo eine Einheit Treibhausgas emittiert wurde: Es handelt sich hierbei um ein **globales Umweltproblem**, dessen Wirkungen durch Akkumulation über Jahrzehnte und Jahrhunderte entstehen.

Das Klima auf der Erde entsteht durch hoch komplexe Prozesse, die vielen globalen Einflüssen unterliegen. Unterschiedliche wissenschaftliche Disziplinen analysieren sowohl die Entstehung als auch die historische Entwicklung und aktuelle Einflüsse auf das Klima.[40]

Unter den Treibhausgasen nimmt das CO_2 einen bedeutenden Platz ein. Der durch menschliche Aktivitäten verursachte Anteil an CO_2-Emissionen entsteht vor allem als Kuppelprodukt bei der Verbrennung fossiler Energieträger wie Braun- und Steinkohle, Mineralöl und den daraus hergestellten Produkten, Erdgas etc. Da die chemische Zusammensetzung der einzelnen Energieträger bei gleichem Energiegehalt unterschiedliche Anteile an Kohlenstoff, Wasserstoff und anderen brennbaren Substanzen wie Schwefel o. ä. zeigt, streuen die spezifischen CO_2-Emissionsfaktoren pro Energieeinheit (gemessen in kg CO_2 pro kJ, MWh oder SKE) erheblich.

Eine natürliche Konzentration an Treibhausgasen sorgt seit vielen Millionen Jahren dafür, dass auf der Erde klimatische Verhältnisse herrschen, unter denen das Leben von Pflanzen und Tieren erst möglich wurde. Ohne den natürlichen Treibhauseffekt würde die Durchschnittstemperatur $-18\,°C$ [anstatt $14\,°C$] betragen. Als

---

[40] Grundlegende und weiterführende Darstellungen zu den globalen Einflüssen auf das Klima sind in entsprechender Fachliteratur zu finden: Cornell et al. (2012), Framer und Cook (2013) sowie beim IPCC (2013).

https://doi.org/10.1515/9783110556339-005

„**menschengemachter Treibhauseffekt**" [oder anthropogener Treibhauseffekt] wird wiederum der zusätzliche Effekt auf das Klima bezeichnet, der direkt oder indirekt auf menschliche Aktivitäten zurückzuführen ist. Vor allem durch das bei der Verbrennung fossiler Energieträger entstehende CO_2 gerät die Konzentration an Treibhausgasen somit aus dem natürlichen Gleichgewicht.

Durch diese höhere Konzentration von CO_2 und anderen Treibhausgasen in der Erdatmosphäre kommt es zu einem globalen Temperaturanstieg und zur Häufung von extremen Witterungsbedingungen, wie Dürren, Überflutungen und Stürmen. Es ist dabei nicht entscheidend, in welcher Region die Treibhausgase ausgestoßen werden. Vielmehr sind die Folgen der Akkumulation von THG in der Atmosphäre ein globales Problem, dem in der internationalen Gemeinschaft begegnet werden muss. Eine gemeinschaftlich koordinierte Klimaschutzpolitik zwischen den Staaten ist daher unabdingbar für den Erhalt der aktuellen klimatischen Bedingungen, die das menschliche Zusammenleben in der jetzigen Form ermöglichen.

Vorausschauende Politik auf Grundlage von Modellrechnungen

Das Gleichgewicht von Sonneneinstrahlung und Wärmeabstrahlung wird neben den Treibhausgasemissionen noch durch zahlreiche weitere Faktoren wie Vulkanausbrüche oder die räumliche Verteilung der Meeresströmungen und Niederschläge beeinflusst, die heute in komplexen Computer-Modellrechnungen in ihren Beiträgen abgeschätzt werden. Die durch menschliche Aktivitäten bedingten zusätzlichen Einflussgrößen sind seit etwa 30–35 Jahren in das Interesse der Forscher geraten. Dazu ist als erstes anzumerken, dass die Menschheit erst nach dem Jahr 1709 schrittweise zur kommerziellen Nutzung fossiler Energieträger gekommen ist, deren Verbrennung einen wichtigen Beitrag zur Gesamtemission von THG leistet. Andere THG wie Fluorkohlenwasserstoffe (FKWs) sind noch deutlich jüngeren Ursprungs. Zudem ist es erst mit der Entwicklung hochleistungsfähiger Computer möglich geworden, die sehr langfristig zu erwartenden Effekte anthropogener Emissionen auf das Weltklima überhaupt in einer Form abzuschätzen, die der interessierten Öffentlichkeit das Problem quantifizierbar vor Augen führen kann. In diesem Sinne handelt es sich somit um ein neues Problem, das allerdings weitreichende Konsequenzen haben kann. Immerhin beruhen derzeit rund 85 % der kommerziellen Energieversorgung der Menschheit auf der Nutzung fossiler Energieressourcen, bei deren Verbrennung bisher unweigerlich CO_2 freigesetzt wird.

Die **Konzentration** der Treibhausgase in der Atmosphäre unterliegt selbst wiederum komplexen natürlichen Auf- und Abbauprozessen. Deshalb benötigt man sehr komplexe naturwissenschaftliche Computer-Modelle, um diese natürlichen Vorgänge abzubilden und langfristige Vorhersagen über die absehbaren Konzentrationen in 50 oder 100 Jahren zu liefern. Erst ein umfassendes Verständnis, beispielsweise über den so genannten [natürlichen] Kohlenstoffkreislauf, erlaubt die Quantifizierung von Wirkungen durch zusätzliche menschliche Aktivitäten. Immerhin stammt der Löwenanteil der globalen CO_2-Produktion nach wie vor aus natürlichen Quellen. Dennoch kann dieser relativ kleine menschenverursachte Anteil am THG-Ausstoß den natürlichen Kohlenstoffkreislauf so aus dem Gleichgewicht bringen, dass der marginale Effekt des menschlichen Ausstoßes erhebliche Auswirkungen auf das Weltklima hat. Nichtsdestoweniger ist CO_2 per se kein gefährlicher „Schadstoff", sondern existenziell notwendig für die Fotosynthese und damit für das Leben auf der Erde schlechthin. Die zusätzlich emittierten Mengen CO_2 aus Verbrennungsprozessen sind als zusätzliche Emissionen über längere Zeit in ihren Auswirkungen zu modellieren. Bereits geringfügige Spezifikationsunschärfen im naturwissenschaftlichen Modell können somit Konsequenzen für die Grundlagen der Beurteilung anthropogener Einflüsse haben. Da zudem die Zeitdimensionen der natürlichen Schwankungen über mehrere Millionen Jahre rückverfolgt werden können, aber die menschlichen Einflüsse erst seit maximal 150–180 Jahren nennenswerte Beiträge liefern, ist es alleine aus methodischen Gründen sehr schwierig, die Bedeutung der anthropogenen Einflüsse quantitativ exakt zu fassen.

Es sind daher sehr präzise Berechnungen vonnöten, um die Auswirkungen veränderter THG-Konzentrationen auf Klima, Form, Menge und räumliche Verteilung der Niederschläge, Meeresströmungen, Verlagerungen von Vegetationszonen etc. abzubilden. Dabei ist natürlich zu berücksichtigen, dass sich THG-Emissionen nicht nur aus den laufenden menschlichen Aktivitäten wie Verbrennung fossiler Energieträger, Nassreisanbau, Tierhaltung oder Freisetzung von FKWs ergeben, sondern auch aus natürlichen Ereignissen wie Vulkanausbrüchen oder Methanfreisetzung aus Permafrostböden resultieren können. Modellberechnungen sollten in jedem Fall sowohl die Auswirkungen aus naturwissenschaftlicher Sicht als auch die Wirkungen auf höhere Schadenshäufigkeiten durch vermehrtes Auftreten von beispielsweise Stürmen und Hochwassern berücksichtigen.

Das durch derartige Modellrechnungen seit den neunziger Jahren erreichte Verständnis dieser Vorgänge legte es nahe, dass internationale Anstrengungen zur mittel- bis langfristigen Reduzierung menschlich verursachter THG-Emissionen als erforderlich angesehen wurden, um eine langfristig herbeigeführte Veränderung des Weltklimas abzuwehren. Der Weltklimarat bezeichnet in einem Bewertungsgutachten von 2014 den menschlichen Einfluss auf das Klima als **„eindeutig"**. Dass der anthropogene Ausstoß von Treibhausgasen die Hauptursache für die globale Erderwärmung darstellt, sei zudem „extrem wahrscheinlich".[41] Die Erdoberfläche hat sich im Vergleich zum vorindustriellen Niveau schon um 1 °C erwärmt und der Großteil der Modellrechnungen prognostiziert steigende Grenzkosten für jede weitere Tonne CO_2, die emittiert wird. Zudem ist davon auszugehen, dass die Menschheit in den nächsten Jahrzehnten nicht damit aufhören wird, THG zu emittieren. Unter Forschern herrscht Einigkeit, dass eine weitergehende Erwärmung substanzielle ökologische und ökonomische Fol-

---

41 Vgl. IPCC (2014).

gen nach sich ziehen wird. Besonders arme Länder werden mit wirtschaftlichen Schäden zu kämpfen haben. Auf Grundlage dieser erheblichen negativen Auswirkungen von einem übermäßigen anthropogenen Ausstoß von CO_2 strebt ein Großteil der Staaten eine Einschränkung der THG-Emissionen an.

Aus ökonomischer Sicht stellt die Reduzierung der THG-Emissionen eine große Herausforderung dar, da die Zusammensetzung der Atmosphäre für die Menschheit ein „öffentliches Gut" ist, dessen bisherige Bewirtschaftung ohne jegliche Einschränkung erfolgte: Entnahme von Sauerstoff und Rückgabe von Gasen wie CO_2 oder anderen THGs erfolgten bisher kostenlos. Isolierte Anstrengungen einzelner oder von Gruppen können dem Ziel der Klimaschutzpolitik i. d. R. kaum helfen, wenn nicht ein koordiniertes weltweites Vorgehen aller relevanten Emittenten erreicht wird.

Um die ökonomischen Auswirkungen unterschiedlich denkbarer Ausgestaltungen von Klimapolitik auf Wachstum und Wohlstand abzuschätzen, wurden wiederum seit den neunziger Jahren ökonomische Computermodelle entwickelt, die jeweils darstellten, wie sich nationale und sektorale Wachstumsraten unter diversen Politikbedingungen verändern. Angesichts der **Komplexität** und der noch offenen Fragen der institutionellen Ausgestaltung von Politik liefern diese Modellergebnisse nur erste Approximationen im Sinne von „Wenn-dann-Aussagen", die keineswegs für die sofortige Beantwortung sehr konkreter Fragen etwa bezüglich der Auswirkungen auf einzelne fein unterschiedene Sektoren wie Grundstoffchemie oder Erdgaskraftwerke in einem Land geeignet sind. Die beiden hauptsächlich verwendeten Typen mit feiner Abbildung der jeweiligen technischen Produktionsbedingungen aus Sicht der Ingenieure (Bottom-up-Modelle) bzw. mit sektoral untergliederten Produktionsfunktionen [im Regelfall als „nested CES-functions" formuliert] im Rahmen eines AGE-Modells (Applied General Equilibrium Model) haben jeweils spezifische Vor- und Nachteile mit daraus resultierenden systematischen tendenziellen Verzerrungen der Ergebnisse.

Diese einleitende Darstellung der Problemstruktur weist darauf hin, dass es zum einen noch Unsicherheiten über die tatsächlichen Schäden bei einer Fortsetzung bestimmter THG-Emissionen gibt, sodass eine gute Politik die Risiken eines Irrtums nach beiden Seiten in Rechnung stellen muss. Zum anderen wird deutlich, dass in weiten Bereichen die Klimapolitik dringend auf die Aussagefähigkeit von Computer-Modellrechnungen angewiesen ist. Insofern ist es von großer Bedeutung, welche Zusammenhänge und Wirkungsmechanismen in den jeweiligen Modellen explizit erfasst sind und wo die jeweiligen Schnittstellen zu exogenen Größen liegen.

5.1 Der „Schadstoff" CO_2

Die einzelnen THG haben unterschiedliche Verweildauern in der Atmosphäre und unterschiedliche Treibhauswirkungen. Mithilfe bestimmter Rechenverfahren lassen sie sich in so genannte **CO_2-Äquivalente** umrechnen, sodass auch die Emissionen, etwa von Methan oder Lachgas, in der gleichen Einheit ausgedrückt werden können. Auch wenn sich derzeit die Diskussion sehr auf Kohlendioxid konzentriert, so sind auch die übrigen THG keinesfalls zu vernachlässigen, zumal hier auch teils sehr kostengünstige Möglichkeiten zur Emissionsvermeidung gesehen werden. Kohlendioxid hat unter den Treibhausgasen derzeit den größten Anteil; in der EU macht es rund 98 % der energiebedingten Emissionen von THGs aus.[42] Es ist allein die in Computermodellen ermittelte Veränderung der Wärmebalance durch Akkumulation von CO_2, warum dieses Molekül als „schädlich" anzusehen ist.

Die Emissionen von CO_2 wurden bis etwa 2000 nicht direkt gemessen, sondern aus den gemeldeten und in den Energiebilanzen ausgewiesenen Einsätzen der verschiedenen Brennstoffe ermittelt. Derartige Meldungen waren bisher ohne negative ökonomische Konsequenzen für die berichtenden Unternehmen, sodass sie als zuverlässig eingeschätzt werden können.

Die fossilen Energieträger sind in der Realität niemals völlig homogen: Es gibt Erdgase mit einer Bandbreite unterschiedlicher chemischer Zusammensetzungen, die Beimischungen und Brennwerte von Stein- und Braunkohle streuen ebenfalls und auch die Mineralöle sind je nach Herkunftsgebiet von unterschiedlicher Zusammensetzung. Hier variieren beispielsweise Schwefelgehalt oder Viskosität. Die statistischen Grundlagen beruhen somit bisher auf Mittelwerten und Konventionen, die für das einzelne Unternehmen unproblematisch waren, da lediglich die Gesamtsumme der Energie bedeutend war.

Die meisten Emissionen (besonders CO_2) fallen bei der Energiegewinnung an. Auf den Bereich stationäre Energie, also Energiewirtschaft, entfallen 36,5 %, auf das verarbeitende Gewerbe 13,9 %, sowie 15 % auf Haushalte, die vor allem durch den Betrieb von Feuerungsanlagen [zur Bereitstellung von Raumwärme und Warmwasser] zum Ausstoß von CO_2 beitragen. Zudem entfallen auf den Sektor Verkehr 18,3 %. Dementsprechend kleine Posten übernehmen die Bereiche Industrie [7 %, wobei diese zusätzlich zu den energetisch bedingten Emissionen der Industrie zu rechnen sind], Landwirtschaft (7 %) und Abfall (1,1 %). Da die Energiewirtschaft mit fast 37 % den größten Anteil an Emissionen produziert, wird im Folgenden ein Augenmerk auf die CO_2-Emissionen bei der Stromerzeugung gelegt.

Die CO_2-Emissionsfaktoren für einige in Deutschland verwendeten Brennstoffe zur Stromerzeugung sind in Tabelle 5.1 exemplarisch wiedergegeben. Erdgas weist dabei mit knapp 58 % den höchsten Wirkungsgrad auf. Braunkohle hat zwar ebenso wie Heizöl einen Wirkungsgrad von knapp 40 %, jedoch wird bei Braunkohle das meiste CO_2 pro MWh Strom produziert. Der Wirkungsgrad ist negativ korreliert mit dem CO_2-Ausstoß, d. h. je höher der Wirkungsgrad, desto geringer der CO_2-Ausstoß

---

42 Im akkumulierten Bestand in der Atmosphäre ist der Beitrag von CO_2 – gemessen in CO_2-Äquivalenten – allerdings deutlich geringer, da hierin beispielsweise auch noch die FKWs enthalten sind, deren (Neu-)Emissionen zumindest in Europa bereits auf nahe Null heruntergefahren wurden.

Tab. 5.1: CO_2-Emissionsfaktoren bezogen auf Brennstoffe und erzeugten Strom. Technikstand: Ende der 90er Jahre in Deutschland (Zusammengetragen auf Grundlage diverser Quellen: General Electric, Siemens sowie Branchenangaben)

	t CO_2/MWh (Primärenergie)	Wirkungsgrad in der Stromerzeugung	t CO_2/MWh Strom
Braunkohle	0,40	40,0 %	1,00
Steinkohle	0,34	43,5 %	0,78
Heizöl	0,27	40,0 %	0,67
Erdgas (GuD)	0,20	57,5 %	0,35
Erdgas-Turbine	0,20	27,5 %	0,73

pro MWh produzierten Stromes. Um die Emissionen zu senken, kann daher nicht einfach nur Strom eingespart werden, sondern auch der Wirkungsgrad muss durch technischen Fortschritt erhöht werden. Die Erhöhung der Wirkungsgrade seit den 1990er Jahren hat demzufolge schon zu erheblichen Einsparungen geführt. Diese Entwicklung ist jedoch noch längst nicht abgeschlossen: In den nächsten Jahren können beispielsweise für Erdgas Wirkungsgrade in Höhe von über 60 % erreicht werden und auch die Wirkungsgrade von Braun- und Steinkohle können noch um etwa 4–5 Prozentpunkte gesteigert werden. Zudem hat der Ausbau der erneuerbaren Energien in den vergangenen Jahren zusätzlich zu großen Einsparungen von CO_2-Emissionen geführt.

Durch den Einsatz erneuerbarer Energie wird die Emission von CO_2 reduziert, wenn die erneuerbare Energie fossile Energie ersetzt. Wie kann man die Reduktion von CO_2 durch Erneuerbare feststellen in einem sich ändernden Energiesystem, in dem der Einsatz der Energieträger sich markt- und politikinduziert ändert? Hierzu bedarf es eines Denkmodells vom Typ „Was wäre wenn". Nehmen wir an, dass durch den Vorrang erneuerbarer Energie im Stromsystem andere Kraftwerke weniger produzieren. Kraftwerksbetreiber würden ökonomisch rational die Anlagen mit den höchsten Grenzkosten zurückfahren, das sind in der Reihenfolge Erdgas, Steinkohle und Braunkohle, soweit das im Rahmen des Netzgleichgewichts möglich ist. Führt aber der Einsatz der Erneuerbaren wirklich zu einem Rückgang der fossilen Produktion? Möglich ist auch, dass die erneuerbare Energie einen Zuwachsbedarf bedient, dann kann man nur von CO_2-Einsparung sprechen, wenn man unterstellt, dass dieser Zuwachsbedarf ohne die erneuerbare Energie durch fossile Kraftwerke bedient worden wäre.

Grundlegende **Eigenschaften von Kohlendioxid** als speziellem THG sind:

– Es ist für CO_2 praktisch **keine umfassende Rückhaltetechnik** verfügbar. Der bei der Großfeuerungsanlagen-Verordnung für Schwefel- oder Stickoxide als Ausweg gefundene Lösungsansatz über Filtertechniken oder Katalysatoren scheidet somit aus wirtschaftlich-technischen Gründen aus. Nur für große an einem Ort konzentrierte Feuerungsanlagen wie etwa in großen Kohlekraftwerken gibt es Projekte, das entstehende CO_2 abzutrennen und beispielsweise unterirdisch abzuspeichern. Aufgrund der hohen Kosten und der Probleme einer dauerhaften Lagerung fehlt dieser so genannten **CCS-Technologie** (engl. carbon dioxide capture and storage) in Deutschland weitestgehend die Akzeptanz.[43]

– Eine **Reduzierung von CO_2** ist bisher nur durch Substitution fossiler Energieträger durch Kapital („Energieeinsparung" durch bessere Wärmedämmung, aufwändigere Motorentechnik, usw.) bzw. CO_2-ärmere oder -freie Energieträger als Vermeidungsoption möglich. Damit sind Braun- und Steinkohle gegenüber Mineralöl und Erdgas in einer ungünstigeren Position. Kernenergie, die derzeit auch aus einzelwirtschaftlichen Gründen bei Neubauten nicht zum Zuge kommt, könnte je nach Kosteneffekten für die fossilen Brennstoffe wieder in Frage kommen, wenn der rechtliche Rahmen dies zulässt. Ob Kernenergie berücksichtigt und politisch durchgesetzt werden kann, hängt indes auch vom Willen der Bevölkerung ab. Diese steht der Kernenergie jedoch unter anderem aufgrund des ungelösten Lagerungsproblems der radioaktiven Abfälle sehr kritisch gegenüber.

– CO_2 ist ein **global wirkender Stoff**, der i. d. R. keine akuten Schäden anrichtet, sondern seine Wirkung über Akkumulation langfristig als veränderte Bestandsgröße entfaltet, wobei sich diese innerhalb von mehreren Jahrzehnten unabhängig vom Ort und Zeitpunkt der ursprünglichen Emissionen aufbaut.

– Es gibt keine so genannte **„Hot Spot"-Problematik**, d. h. keine lokal oder regional besonders massive Beeinträchtigung von normalen Konsum- und Produktionsprozessen durch Schadstoffkonzentrationen.

– Die Langfristeffekte und möglichen Schäden sind nur in komplexen **Computerrechnungen** modellmäßig abschätzbar. Dies gilt sowohl für die eher naturwissenschaftlich beschreibbaren Folgen wie Klimaveränderungen, Verlagerung von Vegetationszonen oder Meeresspiegelanstieg, als auch für die sozioökonomischen Folgenabschätzungen wie Verlagerungen von Landwirtschaftsflächen, Deicherhöhungen, Abwehr der Folgen erhöhter Häufigkeit von extremen Wetterereignissen wie Tornados, Sturmfluten etc. Die dabei verwendete Nutzen-Kosten-Analyse hängt in ihren Ergebnissen entscheidend vom angesetzten Zeithorizont und der gewählten Diskontierungsrate ab.

– Die Zuordnung zwischen dem Einsatz fossiler Energieträger und den spezifischen CO_2-Emissionen erlaubt eine **einfache Ersatzbemessungsgrundlage**. Eine aufwändige Ermittlung der tatsächlichen Emissionen ist somit i. d. R. nicht notwendig, sondern kann anhand der Verkäufe von Brennstoffen zugeordnet werden. In der Praxis erfordert dies aber einheitliche Methoden der Energiebilanzen und der Erfassung unterschiedlicher chemischer Zusammensetzungen der Primärenergieträger.

---

[43] Auch weitere Gründe werden gegen die CCS-Technologie ins Feld geführt, vgl. Vögele, S. et al. (2018).

5.2 Internationale Klimapolitik

Die prognostizierten Veränderungen im Weltklima dürfen aus Gründen der Vorsorge und der Risikominderung nicht eintreten. Vor diesem Hintergrund ist eine **internationale Zusammenarbeit** und **weltweite Emissionsminderung** für die Treibhausgase geboten. Sowohl arme als auch reiche Länder tun sich allerdings schwer damit, freiwillig ihre angestrebten Wirtschaftswachstumspotenziale kurzfristig dadurch zu beschränken, dass sie sich ehrgeizigen Treibhausgasreduktionsverpflichtungen unterwerfen. Ärmere Länder argumentieren häufig, dass sie ihre Industrialisierung nachholen wollen, um Armut zu bekämpfen und deshalb eine CO_2-Beschränkung nicht akzeptabel ist. Diesem Argument ist allerdings entgegen zu halten, dass vor dem Hintergrund der industriellen Entwicklung bisher sehr viel technisches Wissen und somit Lösungspotenzial entwickelt wurde, welches den Entwicklungsländern heute auch zur Verfügung steht, um eine klimaschonende Entwicklung voranzutreiben. Dennoch muss die Sichtweise der Entwicklungsländer für die internationalen Klimaverhandlungen ernst genommen werden. Besonders durch derartige Verteilungsargumente resultieren Herausforderungen für die Zielfestschreibung und Instrumentierung von internationaler Klimapolitik.

In den internationalen Konferenzen von Rio de Janeiro (1992) und Berlin (1995) wurden die ersten Schritte gegangen, die Begrenzung der Emissionen der so genannten Treibhausgase als politisches Handlungsfeld für die internationale Gemeinschaft anzusehen. In Rio de Janeiro wurde die Klimarahmenkonvention der Vereinten Nationen unterzeichnet, wobei im Anhang I die Industriestaaten aufgefordert wurden, die THG-Emissionen zu begrenzen. Diese Zielsetzung wurde noch nicht mit konkreteren Verpflichtungen und auch nicht mit bestimmten Instrumenten verbunden. Auf der nachfolgenden Konferenz COP1[44] in Berlin im Jahre 1995 wurde das „Berliner Mandat" verabschiedet, worin zum ersten Mal die anzustrebende Verpflichtung der Industrieländer auf quantifizierte THG-Beschränkungen als Ziel der zukünftigen Verhandlungen aufgeführt ist.

5.2.1 Das Kyoto-Protokoll

Das Kyoto-Protokoll von 1997, abgeschlossen auf der COP3-Konferenz im japanischen Kyoto, legte dann als erstes internationales Abkommen anzustrebende Emissionsgrenzen zeitlich bis zum Jahr 2012, räumlich für die so genannten Annex-B-Staaten (Industrie- und Transformationsländer) und medial für sechs wichtige Treibhausgase fest. Die Reduktionsverpflichtungen beziehen sich nicht nur auf CO_2, sondern umfassen außerdem Methan (CH_4), Distickstoffoxid (N_2O), Fluorkohlenwasserstoffe (FKWs),

---

44 Englisch: Conference of the Parties.

perfluorierte Kohlenwasserstoffe (PFCs) und Schwefelhexafluorid (SF$_6$).[45] Damit wurden die nach Expertenauffassung wichtigsten THG erfasst. Die Welt wird räumlich in zwei Teile getrennt: Die so genannten Annex-B-Staaten akzeptieren Obergrenzen für ihre THG-Emissionen, die Nicht-Annex-B-Staaten unterliegen keinen Beschränkungen.

Die USA als wichtigstes Annex-B-Land mit den größten nationalen Emissionen im Basisjahr 1990 haben das Kyoto-Protokoll nicht ratifiziert, da im amerikanischen Parlament dafür keine Mehrheit bestand. Australien als großes Kohleland hat anfangs das Kyoto-Protokoll nicht ratifiziert, ist später aber beigetreten. Da für das Inkrafttreten des Kyoto-Protokolls die Ratifizierung durch eine bestimmte Anzahl Länder mit einer bestimmten Gesamtquote an THG-Emissionen im Jahr 1990 verlangt war, kam es letztlich auf Russland an, dass das Kyoto-Protokoll völkerrechtlich rechtzeitig in Kraft treten konnte.

Inhaltlich verpflichteten sich die teilnehmenden Annex-B-Staaten im Kyoto-Protokoll dazu, ihre Treibhausgasemissionen um 5 % gegenüber dem Basisjahr 1990 zu reduzieren. Darüber hinaus ist die EU als Ganzes sogar eine Reduktionsverpflichtung um 8 % eingegangen. Zur Erreichung dieser Ziele sollten drei fundamentale Instrumente Abhilfe schaffen: Staatlicher Emissionshandel zwischen den zu CO_2-Beschränkungen verpflichteten Staaten, sowie die auf einzelne Projekte bezogenen Instrumente Joint Implementation (JI) und Clean Development Mechanism (CDM). Eines der größten aus dem Kyoto-Protokoll hervorgegangenen staatlichen Handelssysteme stellt das **EU-Emissionshandelssystem (EU-EHS)** dar, welches in Abschnitt 5.3 ausführlich vorgestellt wird. Unter JI und CDM werden Anstrengungen eines Staates zur Reduktion von Emissionen in einem anderen Staat zusammengefasst, wobei eine JI-Projektmaßnahme zwischen zwei Annex-B-Staaten durchgeführt wird. CDM-Maßnahmen sind hingegen emissionssenkende Investitionen von Annex-B-Staaten in weniger entwickelte Länder, wie zum Beispiel Technologietransfers von Industrieländern zu Staaten der „Dritten Welt", um Treibhausgasemissionen zu reduzieren und eine nachhaltige Entwicklung vor Ort zu fördern.

Handelssysteme reduzieren real keine einzige Einheit THG, sondern verteilen lediglich die Lasten der tatsächlichen Reduktion neu, um kostengünstigere Potenziale zu erreichen. JI und CDM sind als projektbezogene Effizienzverbesserungen direkt wirksam in der Reduktion von Emissionen, werden aber dem investierenden Land gutgeschrieben. In den Folgekonferenzen wurden die Spielregeln zur Ausgestaltung dieser drei Kyoto-Instrumente konkretisiert.

Die nationalen Reduktionsziele bzw. Beschränkungsziele der unterzeichnenden und ratifizierenden Annex-B-Staaten sind somit in dem Sinne zu verstehen, dass damit die Anfangsausstattung mit Emissionsrechten für die sechs Kyoto-Gase für die jeweiligen Staaten bis zum Jahr 2012 gegeben war. Durch die drei Kyoto-Mechanismen

---

45 Vgl. UNFCCC (1998).

können die tatsächlichen Beiträge zum Klimaschutz regional völlig anders verteilt werden: Wenn etwa mithilfe deutscher Investitionen in Ostasien bisher ungünstige Wirkungsgrade von Kohlekraftwerken von 28 % auf 40 % verbessert werden, was die CO_2-Emissionen dieser Anlage bei gleicher Stromerzeugung um immerhin 30 % reduziert, oder wenn ein Stahlwerk in der Ukraine in Kooperation mit deutschen Firmen seine spezifischen CO_2-Werte um 25 % verbessert, dann werden diese Anstrengungen auch dem deutschen CO_2-Konto als Gutschrift verbucht. Dasselbe gilt für den Emissionshandel nach dem Kyoto-Protokoll, der unterschiedliche Reduktions-Möglichkeiten der einzelnen Vertragsparteien erschließen soll.

Das Kyoto-Protokoll galt bis zum Jahre 2012. Der Versuch, eine Folgevereinbarung auf der Konferenz von Kopenhagen (2009) zu erzielen, scheiterte jedoch. Erst mit dem Pariser Abkommen von 2015 einigte sich die Welt auf ein globales Abkommen. Infolge der Entwicklung der klimaschädlichen Emissionen, die in der Tabelle 5.2 dargestellt ist, war angesichts der Gewichtsverschiebung in den emssionsverursachenden Ländern eine Differenzierung nach Industrieländern und anderen wie im Kyoto-Protokoll nicht mehr angebracht. Wie Tabelle 5.2 zeigt, emittierten 1990 Nordamerika, Europa und die Sowjetunion zusammen etwa zwei Drittel der gesamten Emissionen, während sie heute weniger als 40 % der Emissionen verursachen.

Die gesamten Emissionen sind um etwa 50 % gestiegen und China und der asiatische Raum produzieren heute etwa die Hälfte der gesamten Emissionen. Die Bemühungen, die zum Kyoto-Protokoll geführt haben und die Absicht, die Emissionen insgesamt zu stabilisieren, sind also gescheitert. Umso mehr Bedeutung gewinnen künftige Vereinbarungen.

Tab. 5.2: CO_2-Emissionen und Anteile der CO_2-Emissionen nach Ländergruppen (Quelle: BP Statistical Review of World Energy (2018). Hier werden lediglich die reinen CO_2-Emissionen betrachtet. Andere THG und deren CO_2-Äquivalente finden hier keine Berücksichtigung, erhöhen jedoch die Summe der gesamten Emissionen zusätzlich.)

	1990		2017	
	Mrd. t	**%**	**Mrd. t**	**%**
China	2,32	10,90 %	9,22	27,60 %
übriges Asien	3,05	14,30 %	7,08	21,20 %
USA	4,96	23,30 %	5,08	15,20 %
Europa	4,69	22,00 %	4,14	12,40 %
ehem. UdSSR	3,58	16,80 %	2,20	6,60 %
Mittlerer Osten	0,68	3,20 %	2,10	6,30 %
Südamerika	0,66	3,10 %	1,30	3,90 %
Afrika	0,64	3,00 %	1,20	3,60 %
Kanada & Mexiko	0,72	3,40 %	1,04	3,10 %
Gesamt in Mrd. t	**21,3**		**33,4**	

5.2.2 Das Pariser Abkommen

Auf der Weltklimakonferenz in Paris wurde erstmals ein globales Klimaabkommen beschlossen. Das Abkommen von Paris ist zunächst einmal ein großer Erfolg für den Klimaschutz. Schließlich ist es zum ersten Mal gelungen, die wichtigsten Treibhausgasemittenten der Welt in einem internationalen Abkommen zu Emissionsreduktionen zusammenzubringen. Industrieländer und Entwicklungsländer haben sich prinzipiell zum Klimaschutz und zur Minderung der Treibhausgasemissionen bekannt. Es wurde auch eine globale Zielrichtung völkerrechtlich verankert: die Begrenzung des Klimawandels auf deutlich **weniger als zwei Grad** verglichen mit der Zeit vor der Industrialisierung. Wenn möglich soll der Klimawandel auf 1,5 °C im Vergleich zum vorindustriellen Niveau begrenzt werden. Zudem soll die Anpassungsfähigkeit an die negativen Auswirkungen des Klimawandels gestärkt werden. Von diesen sind vor allem ärmere Länder betroffen.

Das Abkommen von Paris setzt für diesen langen und beschwerlichen Weg den notwendigen Rahmen. Das zentrale Problem bleibt jedoch die stringente Umsetzung der Klimaschutzziele in den Ländern. Hierbei baut das Abkommen von Paris auf ein Bottom-up-System, das national bestimmte Beiträge in den Mittelpunkt stellt. In diesen Selbstverpflichtungen zum Klimaschutz legen die Länder dar, welche Maßnahmen sie nach 2020 ergreifen wollen. In Deutschland werden diese Maßnahmen im „Klimaschutzplan 2050" beschrieben. Die Selbstverpflichtungen der Länder sollten bis 2018 aktualisiert werden, bevor dann ab 2020 alle fünf Jahre neue, stringentere Pläne eingereicht und über die globalen Anstrengungen und ihre Struktur verhandelt werden. Das Abkommen von Paris baut im Kern also auf Freiwilligkeit: Es wird nicht festgelegt, wie viel jedes Land vermindern muss. Es wird auch nicht festgelegt, welche Strafe droht, wenn es gegen das Abkommen verstößt. Gegenüber solchen nationalen Selbstverpflichtungen in einem Pledge-and-review-Prozess ist zunächst einmal Skepsis angebracht. Zwar ist aus nationalem Eigeninteresse zu erwarten, dass Staaten ihre Treibhausgasemissionen in den nächsten Jahren weiter senken werden, etwa um Abhängigkeiten von Energieimporten zu mindern, Standortvorteile für die heimische Industrie zu schaffen oder lokale Luftverschmutzung zu senken. Allerdings werden die Länder dabei vorrangig die Kosten der Emissionsminderung mit diesem heimischen Nutzen vergleichen – und weniger mit dem globalen Nutzen des Klimaschutzes. Aus Sicht des klassischen ökonomischen Ansatzes und der Wohlfahrtstheorie wird also wahrscheinlich zu wenig gemindert.

Die globalen Treibhausgasemissionen dürften im Jahr 2030 selbst bei vollständiger Implementierung der bestehenden Selbstverpflichtungen deutlich über den Emissionen zur Erreichung des Zwei-Grad-Ziels liegen. Um die 2 °C-Grenze mit 66 % Wahrscheinlichkeit nicht zu überschreiten und zugleich mit 50 % Wahrscheinlichkeit die 1,5 °C-Grenze nicht zu überschreiten, dürfen im Zeitraum von 2017 bis zum

Ende des Jahrhunderts noch ca. 700 Gt CO_2 ausgestoßen werden.[46] Im Jahr 2014 lagen die weltweiten Emissionen bei ca. 36 Gt CO_2.[47] Im hypothetischen Fall konstanter Emissionen dürfte die Menschheit also ab 2014 noch etwa 20 Jahre Treibhausgase emittieren, um das zuvor genannte Einsparungsziel zu erreichen. Da die Emissionen aller Wahrscheinlichkeit auch nach dieser Phase nicht auf null sinken, wird deutlich, dass bereits in **naher Zukunft** größere Einsparungsanstrengungen vonnöten sind, um die Klimaschutzziele zu erreichen, die im Pariser Abkommen festgelegt worden sind.

Ausgangspunkt muss daher eine kosteneffiziente internationale Klimapolitik sein, welche Klimaschutzziele zu möglichst geringen Lasten erreicht. Im Ergebnis ist eine effiziente Zielerreichung durch einen einheitlichen Preis für jede Tonne CO_2 gekennzeichnet, unabhängig davon, in welchem Land oder in welchem Sektor die Emissionen angefallen sind. Zur Kosteneffizienz wird im Pariser Abkommen wenig gesagt. Allerdings werden verschiedene Marktmechanismen eingeführt: So sind kooperative Ansätze auf freiwilliger Basis möglich, bei denen Emissionsminderungen international übertragen werden. Emissionsminderungen können also im Prinzip tatsächlich dort stattfinden, wo es am günstigsten ist und diese Minderungsleistung kann anderen Ländern gegen eine Transferleistung angerechnet werden. Diesen Grundsatz der flexiblen Zielerreichung gibt es etwa in einem Emissionshandelssystem. Das Problem dabei ist, dass ein einheitlicher CO_2-Preis in den Industrieländern zu unterdurchschnittlichen regionalen Minderungskosten führt und zu überdurchschnittlichen Kosten für Entwicklungs- und Schwellenländer. Ohne Transfers werden diese daher den impliziten CO_2-Preis in ihren Selbstverpflichtungen eher niedrig halten wollen.

Für eine effiziente Klimapolitik muss aber ein Großteil der Minderungsanstrengungen der nächsten Jahre gerade in diesen Ländern geleistet werden. Es geht also um einen entsprechenden Ausgleich für diese Anstrengungen in Form von entweder **Finanztransfers oder Technologietransfers**. Auch konditionale Zusagen – also: „Ich mache mehr, wenn du auch mehr zum öffentlichen Gut beiträgst" – können die Stringenz der Selbstverpflichtungen erhöhen. Das Pariser Abkommen bietet nun den Rahmen für diese bilateralen und multilateralen Kooperationen, mehr aber auch nicht. Nun müssen individuelle Beiträge in den Selbstverpflichtungen rasch transparent, überprüfbar und vergleichbar dargelegt werden. Wie ambitioniert sind die Selbstverpflichtungen wirklich? Wer kann und sollte mehr leisten? Welche Transfers sind gerechtfertigt? All diese Fragen bleiben weitestgehend offen. Trotz der Einigung auf ein kollektives Ziel besteht also unvermindertes Konfliktpotenzial bei der Umsetzung der Beschlüsse. In Paris haben sich aber alle Länder zumindest verpflichtet, diesen steinigen Weg gemeinsam beschreiten zu wollen.

---

[46] Vgl. Rockström et al. (2017).
[47] Vgl. The World Bank (o. J.).

Im Herbst 2017 haben die Vereinigten Staaten von Amerika unter Präsident Donald Trump offiziell ihren Austritt aus dem Klimaabkommen bei den Vereinten Nationen eingereicht. Damit wären die USA das einzige Land der Welt, das dem Pariser Klimaabkommen nicht angehört. Der amerikanische Austritt soll voraussichtlich im Jahr 2020 wirksam werden, der formale Prozess begann im November 2019 und dauert ein Jahr. In Anbetracht der politischen Lage in Amerika ist es allerdings unklar, wie sich die amerikanische Klimapolitik in den nächsten Jahrzehnten entwickelt, und ob die USA auf lange Sicht Teil des Pariser Abkommens bleiben oder nicht. Jenseits des amerikanischen Austritts bekennen sich alle wichtigen Partnerländer zu dem Pariser Abkommen (Stand November 2019).

5.3 Das Europäische Emissionshandelssystem (EU-EHS)

Das EU-Emissionshandelssystem (EU-EHS) ist ein wesentliches Klimaschutzinstrument der EU-Politik, um die Treibhausgasemissionen kostenwirksam zu verringern. Das EU-EHS ist der erste grenzübergreifende Emissionshandel und der größte Handel, der derzeit weltweit besteht.

5.3.1 Entstehung/Geschichte

1997 wurden mit dem Kyoto-Protokoll erstmals verbindliche Emissionsreduktionsziele für 37 Industriestaaten festgelegt. Die Klimapolitik ist ein supranationales Politikfeld der EU, das heißt die Klimapolitik wird von der EU für alle Staaten geregelt und bestimmt. Die ersten Ideen, ein Emissionshandelssystem der Europäischen Union einzuführen, wurden im Jahr 2000 in einem Grünbuch[48] vorgestellt. Grund dafür war, dass die traditionelle Regulierungspolitik es nicht oder nur unter zu hohen Kosten geschafft hätte, die Anforderungen von Kyoto zu erfüllen. Die EU-EHS-Richtlinien wurden im Jahr 2003 angenommen, sodass das EU-EHS 2005 in Betrieb genommen werden konnte.

Phase 1: 2005–2007
Das EU-EHS startete 2005 als dreijähriges Pilotprojekt. Ziel sollte die praktische Erkenntnisgewinnung und die Vorbereitung auf die zweite Phase sein, da das EU-EHS spätestens dann wirksam funktionieren sollte, um eine Unterstützung zur Erreichung

---

48 Grünbücher werden in regelmäßigen Abständen von der EU veröffentlicht und sollen auf europäischer Ebene Denkanstöße zu spezifischen Themen liefern. Sie stellen wichtige Informationen zusammen, weisen auf Handlungsalternativen hin und sind an interessierte Kreise gerichtet. So fordern sie zur Konsultation und Debatte auf. In einigen Fällen kommt es daraufhin zur Erarbeitung von Rechtsvorschriften, die dann in Weißbüchern näher betrachtet werden.

der Kyoto-Ziele zu sein. Eine Mitnahme der Zertifikate von Phase 1 in Phase 2 war daher nicht möglich.

In Phase 1 wurden zunächst nur die CO_2-Emissionen von Stromerzeugern und energieintensiven Industriezweigen berücksichtigt. Weitere Treibhausgasemissionen, wie z. B. Distickstoffmonoxid („Lachgas", N_2O), oder andere Wirtschaftszweige, wie z. B. der Flugverkehr, fanden zunächst noch keine Berücksichtigung. In der ersten Phase wurden u. a. die Industriezweige der Eisen-, Stahl-, Zement- und Papierproduktion sowie die grundstoffchemische Industrie und die fossile Stromerzeugung in das System eingebunden. Die Emissionszertifikate wurden in den 25 Mitgliedsstaaten fast vollständig kostenlos verteilt. Außerdem wurde der Preis von 40 € je Tonne CO_2 für den Fall einer Überschreitung der Obergrenze festgesetzt. Nach der Schaffung der Infrastruktur für die Überwachung, Erfassung und Überprüfung des EU-EHS konnten die Unternehmen EU-weit mit den Zertifikaten handeln. Für CO_2-Emissionen in anderen Bereichen wie Haushalte, Verkehr, Handwerk, Dienstleistungen und Landwirtschaft ist ein eigenes nationales CO_2-Ziel zu formulieren und umzusetzen; ebenso für alle Sektoren für die übrigen fünf THG des Kyoto-Protokolls.

Im Sommer 2005 kostete eine Tonne CO_2 über 20 €, da die Angst vor einem Engpass an Zertifikaten entstanden war. Als Folge stiegen die Strompreise für die Verbraucher. Im Frühjahr 2006 stellte sich langsam heraus, dass es faktisch keine dramatische Knappheit an CO_2-Zertifikaten gibt und der Zertifikatspreis sank daraufhin stark. Ende 2007 erreichte der Preis sein Minimum, als er auf unter 1 € und sogar nahe Null fiel (siehe Abb. 5.1). Nichtsdestoweniger steigerte sich das Handelsvolumen in der Zeit von 2005–2007 von 321 Mio. Zertifikate auf 2,1 Mrd. Zertifikate.

Die erste Phase des EU-EHS hatte vor allem mit dem Problem zu kämpfen, dass es keine verlässlichen Emissionsdaten gab. Die Obergrenze wurde daher aufgrund von Schätzungen festgelegt, wurde allerdings deswegen zu hoch angesetzt. Es kam zu einem Überschuss an Emissionszertifikaten im Verhältnis zu der tatsächlichen Emissionsmenge: das EU-EHS war daher ineffizient und nicht wirksam.

Phase 2: 2008–2012

Die zweite Phase des EU-EHS fiel mit dem ersten Verpflichtungszeitraum des Kyoto-Protokolls zusammen, sodass die beteiligten Staaten in dieser Zeit erste konkrete Emissionsreduktionsziele erreichen mussten. Mit der zweiten Phase wurden auch einige Änderungen eingeführt. Die Obergrenze wurde im Vergleich zu 2005 um 6,5 % gesenkt und drei neue Länder (Island, Liechtenstein und Norwegen) beteiligten sich am EU-EHS. Außerdem begannen einige Länder damit, Stickoxidemissionen im EU-EHS mit abzudecken. 90 % der Zertifikate wurden weiterhin kostenlos zugeteilt und der Preis für die Überschreitung der Obergrenze stieg auf 100 € je Tonne CO_2.

2010 entfielen 84 % des Gesamtwertes des globalen Kohlenstoffmarktes auf EU-Zertifikate. Das EU-EHS war damit wichtigste Triebkraft des internationalen Kohlenstoffmarktes. Auch das Handelsvolumen stieg von 3,1 Mrd. Zertifikaten in 2008 auf

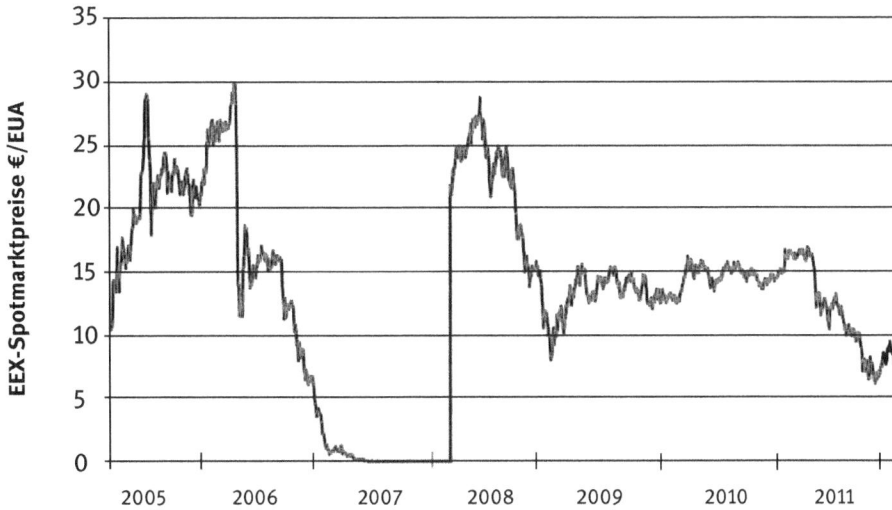

Abb. 5.1: EEX-Spotmarktpreise für Emissionszertifikate in €/EUA[49]

7,9 Mrd. Zertifikate in 2012. In 2012 wurde zusätzlich der Luftverkehrssektor in das EU-EHS mit einbezogen, allerdings zunächst nur für Flüge innerhalb der EU.

Die zweite Phase des EU-EHS wurde wiederholt von einem Problem mit der Definition der Obergrenze geprägt. Die Obergrenze für Emissionszertifikate entsprach zwar den tatsächlichen Emissionen, allerdings wurde die Obergrenze für den Fall von wirtschaftlichem Wachstum festgelegt. In 2008 kam es aber zur Wirtschaftskrise und damit zu einem gesamtwirtschaftlichen Abschwung. Als Folge sank die erzeugte Menge an Strom und die Emissionen gingen stärker zurück als erwartet. Es entstand ein Überangebot an Zertifikaten, sodass die Preise für die Zertifikate wie auch schon in Phase 1 fielen und als Folge geringerer Produktion von Zement, Eisen und Stahl sowie reduzierter Stromerzeugung das EU-Ziel „leichter" eingehalten werden konnte.

Zur aktuellen und dritten Handelsperiode des EU-EHS folgen die Informationen in Abschnitt 5.3.5 Aktuelle Entwicklungen.

5.3.2 Theoretische Modellierung

Ziel des Emissionshandels ist es, Treibhausgasemissionen, insbesondere CO_2, über einen Marktmechanismus treffsicher und kosteneffizient zu reduzieren. Zur Modellierung des Emissionshandels gehen wir davon aus, dass es zwei Firmen auf dem Markt gibt. Firma 2 hat verhältnismäßig hohe Grenzkosten zur Vermeidung des Ausstoßes von CO_2, während Firma 1 zu geringeren Grenzkosten CO_2 vermeiden kann

---

49 EU-Allowance.

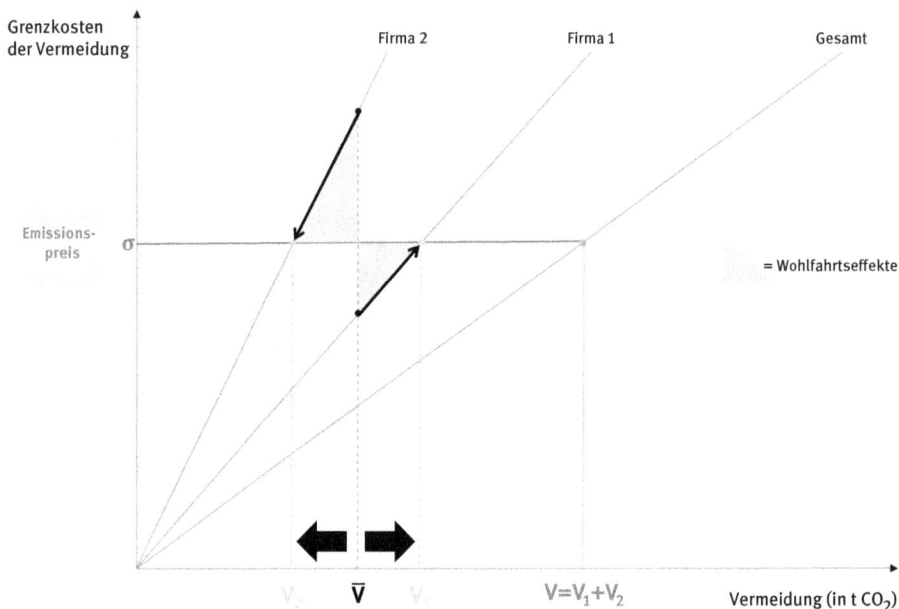

Abb. 5.2: Theoretische Modellierung des EU-EHS

(siehe Abb. 5.2). Solche Unterschiede sind etwa durch unterschiedliche Produktions-technologien oder Optionen zur Energieeinsparung möglich. Setzt die Regierung die insgesamt erlaubte Menge an CO_2 fest und ist diese geringer als das bisherige Emissionsniveau, so ergibt sich die Notwendigkeit zur Vermeidung von Emissionen V. Wäre beispielsweise die jeweils zu vermeidende Menge für beide Firmen auf eine Menge $\overline{V}$ festgesetzt, dann ist es für Firma 1 günstiger, diese Menge CO_2 zu vermeiden als für Firma 2. Das resultierende Ergebnis ist ineffizient, da die CO_2-Vermeidung unter zu hohen Kosten vonstattengeht: Es wäre gesamtwirtschaftlich günstiger, wenn Firma 1 etwas mehr CO_2 vermeiden würde (Bewegung nach rechts, Grenzkosten für Firma 1 steigen) und Firma 2 entsprechend weniger CO_2 vermeiden würde (Bewegung nach links, Grenzkosten für Firma 2 sinken). Das effiziente Ergebnis ist erreicht, wenn beide Firmen die gleichen Grenzkosten zur Vermeidung einer weiteren Einheit CO_2 aufweisen.

An diesem Prinzip setzt der Emissionshandel an. Es wird eine insgesamt erlaubte Menge an Emissionen festgesetzt, welche vom Reduktionsziel abhängt und normalerweise unter dem bisherigen Gesamtemissionsniveau liegt. Daraufhin wird eine entsprechende Menge an Zertifikaten herausgegeben, die zur Emission einer Einheit berechtigen. Ohne entsprechendes Zertifikat darf nicht emittiert werden, andernfalls drohen hohe Strafzahlungen. Somit wird sichergestellt, dass nur noch exakt die durch die Zertifikate festgelegte Menge emittiert – und entsprechend exakt die Menge V vermieden – wird. Dabei ist es aber unerheblich, welcher Akteur CO_2 einspart. Daher erlaubt es der Handel mit diesen Zertifikaten Firma 2 mehr zu emittieren, weil es für diese aufwändiger ist, CO_2 einzusparen. Für Firma 1 ist es wiederum möglich, gewisse Mengen an CO_2 zu Kosten einzusparen, die geringer sind als der Zertifikatspreis. Firma 1 verkauft daher eine entsprechende Menge an Zertifikaten und spart stattdessen CO_2 ein. Der Handel führt dazu, dass ein Zertifikat letztlich genau den zusätzlichen Kosten der Vermeidung einer weiteren Einheit von CO_2 entspricht. Betrachtet man die Gesamtkostenfunktion, so ist zu sehen, dass sich langfristig ein Preis σ einstellen wird, der die Gesamtkosten zur Vermeidung von CO_2 in der Volkswirtschaft minimiert.

5.3.3 Ausgestaltung

Es gibt diverse Aspekte der möglichen Ausgestaltung eines Handelssystems. Im Folgenden sollen einige davon näher betrachtet werden.

Zunächst muss der **relevante Markt** des Handels abgegrenzt werden. Ziel des EU-EHS sollte es sein, möglichst viele Emissionen mit möglichst wenig zu regulierenden Emissionsquellen abzudecken. Das heißt, dass kleine Emittenten (z. B. ab einem bestimmten Schwellenwert) ausgeschlossen werden, da dort der Emissionshandel vielleicht nicht die beste Option ist und der Aufwand sie mit in das EU-EHS einzubeziehen zu groß ist (Transaktionskosten). Insgesamt werden mit dem EU-EHS circa 45 % der Emissionen in der EU und knapp die Hälfte der Treibhausgasemissionen in Deutschland abgedeckt.

Bei dem EU-EHS handelt es sich um ein sog. **„Cap and Trade"-System**. Es gibt eine absolute Obergrenze an Emissionen, die mit der Zeit gesenkt wird, d. h. die Grenze wird jedes Jahr um einen festen Betrag reduziert. Damit sollen die Emissionen der Sektoren, die Teil des EU-EHS sind, gesenkt werden, sodass diese bis 2020 (Ende der dritten Handelsperiode) um 21 % geringer sind im Vergleich zu 2005. In den Emissionen enthalten sind hauptsächlich CO_2-Emissionen von energieintensiven Sektoren. Seit 2012 beinhaltet das EU-EHS auch die kommerzielle Luftfahrt sowie seit 2013 fluorierte Treibhausgase und Stickstoffoxid (N_2O). Methan sowie die Sektoren Landwirtschaft und Forstwirtschaft sind aufgrund von starken Messproblematiken hingegen nicht Teil des Handelssystems.

Besonders wichtig für den effektiven Betrieb des EU-EHS ist eine robuste, transparente, genaue und konsistente **Überwachung und Berichterstattung**. Die Mitgliedsstaaten sind dazu verpflichtet, einen Überwachungsplan zu erarbeiten. Nach der Genehmigung werden jährlich Emissionsreports erstellt, die durch einen unabhängigen, anerkannten Prüfer verifiziert werden. Anschließend wird dieser Report bis zum 28. Februar an die zuständige Behörde übertragen. Bis zum 30. April müssen Zertifikate gemäß Emissionsbericht des vorhergegangenen Jahres abgegeben werden. Ebenso bedeutend wie die Überwachung und Berichterstattung ist die glaubwürdige Umsetzung und Bestrafung bei Regelverstößen. Verstößt ein Unternehmen gegen die Regeln, dann wird der Name des Unternehmens veröffentlicht und das Unternehmen muss eine Geldstrafe für jede überschüssige Tonne CO_2 bezahlen. Diese lag 2013 bei 100 € je Tonne und steigt gemäß der Inflationsrate an.

Ursprünglich wurde der Zertifikatshandel über nationale Register abgewickelt. Seit 2012 gibt es ein EU-weites Register, über das der Handel und die Erfassung der Daten online erfolgt. Dort werden die genauen Werte ebenso wie die Übergabe, Abgabe und Auflösung der Zertifikate erfasst. Gespeichert werden dabei die Konten von Firmen und Personen, die Zertifikate besitzen, der Transfer von Zertifikaten, die jährlich verifizierten CO_2-Emissionen je Anlage sowie der jährliche Abgleich von Zertifikaten und verifizierten CO_2-Emissionen.

Zuteilungsverfahren

Ein zentrales Thema beim EU-EHS ist das Zuteilungsverfahren. Jedes Zertifikat erlaubt es dem Besitzer, eine bestimmte Menge Treibhausgase auszustoßen. [Alle Zertifikate addieren sich zur Obergrenze auf.] Es gibt hierbei unterschiedliche Möglichkeiten für die Zuweisung der Primärausstattung: Sie kann entweder nach Grandfathering, d. h. nach historischen Werten, durch ein Benchmarking-System oder durch eine Auktion der Rechte erfolgen. Nur Letzteres führt aufgrund der Auktionserlöse zu hohen fiskalischen Einnahmen des Staates (siehe Tabelle 5.3).

Auch die Ausgestaltung eines **Benchmarking-Systems** kann sehr unterschiedlich erfolgen: Die spezifischen Emissionen einer Anlage (Treibhausgase pro Tonne Zement, pro Tonne Stahl, pro kWh Stromerzeugung) hängen zum einen vom verwendeten Energieträger (Kohle, Mineralölprodukt, Erdgas, elektrischer Strom) und zum anderen vom Erzeugungsverfahren ab (Stahlerzeugung als Elektrostahl, Oxygenstahl, Stromerzeugung als reine Kondensationsanlagen bzw. mit Kraft-Wärme-Kopplung). Es muss somit festgelegt werden, ob die generelle Energieeffizienz als Maßstab benutzt wird, oder ob die jeweilige spezifische Emission von CO_2 und anderen Treibhausgasen zugrunde gelegt wird. Für die Energieeffizienz als Kriterium spricht, dass dann die Energiepolitik noch den Freiheitsspielraum behält, den aus Sicht der Versorgungssicherheit angestrebten breiten Energie-Mix zu steuern.

Als nächstes ist zu klären, wie mit vorgelagerten Emissionen etwa in der Stromerzeugung umzugehen ist. Auch wenn dies kein spezifisches Problem eines Benchmarking-Systems ist, sondern jedes auf Anlagen bezogene Konzept betrifft, so ist ein Benchmarking-System nur operationalisierbar, wenn die Anrechnung der Emissionen auf den vorgelagerten Stufen geklärt ist. Andernfalls gäbe es Anreize, verstärkt veredelte Endenergieträger einzusetzen, was wiederum die Emissionsmengen auf den Umwandlungsstufen erhöht. Ein Benchmarking benötigt eine Vergleichsgröße, d. h. etwa die Energieeinsätze oder die Emissionen einer Maßstabstechnik, die als Referenz benutzt wird. Diese Referenztechnik könnte zum einen aus dem Mix der innerhalb der EU verwendeten Anlagen abgeleitet werden, zum anderen aus einem Bündel der beobachteten „weltbesten" Anlagen vergleichbarer Größe und Konzeption.

Tab. 5.3: Vor- und Nachteile verschiedener Zuteilungsverfahren für Zertifikate

Kriterium	Auktion	Klassisches Grandfathering	Grandfathering mit Benchmarking
Eingriff in Eigentums-rechte	maximal	gering, je nach Ausgestaltung	mittel, da die schlechten Anlagen bestraft werden
Leakage-Risiko	maximale Leakage	für Zuwächse: hoch	gering
Bürokratie-Kosten für technische Umsetzbarkeit	mittel	hoch	Punkt-Konzept: sehr hoch bis unlösbar Korridor-Konzept: hoch bis sehr hoch
Vorgabe Reduktionspfad nötig	entfällt	Basisjahr und Abschreibungsrate	entfällt
Early Actions	unproblematisch	tendenziell bestraft	unproblematisch
Zementierung von Marktanteilen	unproblematisch	hohes Risiko	unproblematisch
Newcomer- Problem	unproblematisch	nur mit Ersatzkonstruktionen lösbar	unproblematisch
Anreize für Verfahrensinnovationen	wegen Abwanderungsoption: gering	in wachsenden Branchen: hoch; ansonsten gering	hoch, da nur dadurch Verbleib im Gratis-Korridor gesichert ist
Anreize für Produktinnovationen	unproblematisch	gering, da Sanktionen „bei Erfolg"	unproblematisch
Einhalten absoluter Emissionsgrenzen für den Staat	unproblematisch	Aufteilung auf Unternehmen und Branchen unklar	Staat als Gesamtschuldner muss Limits sicherstellen

Ein zentrales Problem von Benchmarking-Konzepten sind die Kosten für die Definition und Umsetzung technischer Standards. Diese dürften bei einfachen Ein-Produkt-Anlagen noch handhabbar sein, d. h. die Definitionen können für die Produktion von Gütern wie Elektrizität in Kondensationskraftwerken, Zement oder Flachglas bestimmter Qualität angewendet werden. Sehr viel schwieriger wird die Definition des Benchmarks bereits im Falle von Anlagen, die bis zu 10 verschiedene Produkte mit unterschiedlichen Verfahren herstellen: Raffinerien komplexer Bauart oder bereits einfache Chemieanlagen werden einen sehr viel höheren bürokratischen Aufwand erfordern, um zu unstrittigen Standards zu kommen. Bei hochintegrierten Anlagen-Komplexen mit intelligenter Nutzung von Energieumwandlungsstufen (z. B. Dampf, Abwärme, usw.) zur Produktion von zahlreichen Gütern dürften Benchmarking-Konzepte fast unlösbar schwierig werden. Dieser gewichtige Kritikpunkt schließt zumindest einfache Punkt-Benchmarks aus – diese führten zu kaum lösbaren Rechtsstreitigkeiten. Derzeit hat sich die EU auf eine weitestgehende Auktionierung der Zertifikate, vor allem für die Kraftwerke, festgelegt.

Der nationale Allokationsplan

Um den Anforderungen des EU-EHS gerecht zu werden, müssen die Mitgliedsstaaten der EU einen sog. nationalen Allokationsplan für jede Handelsperiode aufstellen. Der nationale Allokationsplan (NAP) ist ein gesamtwirtschaftlicher Zuteilungsplan für Emissionsberechtigungen. Er wird in einen Mikroplan und einen Makroplan unterteilt. Ziel des Makroplans ist es, die Erfüllung der jeweiligen nationalen Verpflichtungen im Rahmen des Europäischen Lastenverteilungsabkommens[50] (Burden Sharing) nachzuweisen. Es werden Ziele für private Haushalte, Dienstleistungen/Gewerbe, Energiewirtschaft, Industrie und Verkehr festgelegt. Im Mikroplan wird für Neuemitten-ten eine Reserve an Emissionsberechtigungen ausgewiesen. Außerdem erfolgt im Mikroplan die konkrete Zuteilung der Emissionsberechtigungen auf einzelne Anlagen und er enthält den Erfüllungsfaktor, der die erforderliche Minderungsquote vorgibt. Nach Abschluss des NAPs jedes einzelnen Landes erfolgt die Prüfung der NAPs aller Mitgliedsstaaten durch die EU-Kommission. Dabei ist es wichtig, dass sie einheitliche Maßstäbe verwendet und Wettbewerbsverzerrungen zu vermeiden versucht.

Der Nationale Allokationsplan I galt von 2005 bis 2007 und regelte die Zuteilung der Zertifikate. Von 2008 bis 2012 galt der Nationale Allokationsplan II, der in Deutschland auch die nicht emissionshandelspflichtigen Sektoren (z. B. Haushalte, Verkehr, usw.) berücksichtigte. Er spiegelte viele Erfahrungen aus Deutschland und anderen Mitgliedsländern mit der Einführung des EU-EHS wider. Dabei verfolgte die Bundesregierung nicht nur das Ziel des Klimaschutzes mit dem NAP II, sondern beachtete auch ausreichende Impulse für Investitionen und Innovationen sowie genügende Transparenz. Berücksichtigt wurde außerdem die Wettbewerbsfähigkeit der stromintensiven Wirtschaft, wobei die meisten dieser Betriebe bereits dem EU-EHS zugeordnet waren.

In der dritten Handelsperiode des EU-EHS von 2013 bis 2020 wurden einige grundlegende Richtlinien und Strukturen geändert. Die Kommission legte ab 2013 zentral eine Mengenbegrenzung und einheitliche Zuteilungsregeln fest und schaffte die nationalen Allokationspläne damit ab.

5.3.4 Auswirkungen und Probleme

Merit-Order

Mit der Einführung des knappen Gutes „Deponiekapazität" für CO_2 erfolgte trotz der größtenteils kostenlosen, wenn auch deutlich gegenüber Ist-Emissionswerten der Ver-

---

50 Dort werden unterschiedlich hohe Emissionsreduktionsziele für die EU-Länder festgelegt, sodass die EU in der Summe den Ansprüchen des Kyoto-Protokolls genügt und ihr Ziel erfüllt.

gangenheit gekürzten Zuteilung der Anfangsemissionsrechte eine Einbeziehung der Opportunitätskosten der CO_2-Rechte in die Kostenkalkulation. Dies entspricht gerade der Logik eines Emissionshandelssystems.

In einem liberalisierten Strommarkt bilden sich die Strompreise jeweils an den kurzfristigen Kosten des letzten noch benötigten Kraftwerks. Je nach Brennstoff und Wirkungsgrad des eingesetzten Kraftwerks ergeben sich kalkulatorisch verschiedene Aufschläge auf die variablen Kosten des jeweiligen Kraftwerks. Bei hinreichend niedrigen Erdgaspreisen, die aber immer noch pro MWh über den Steinkohlepreisen liegen, machen sich der bessere Wirkungsgrad eines GuD-Kraftwerks und der günstigere spezifische Emissionsfaktor für Erdgas gegenüber Kohle derart bemerkbar, dass in Normalsituationen, wo bisher ein Steinkohlekraftwerk Preis bestimmend war, jetzt das GuD-Kraftwerk bestimmend wird (siehe Abb. 5.3).

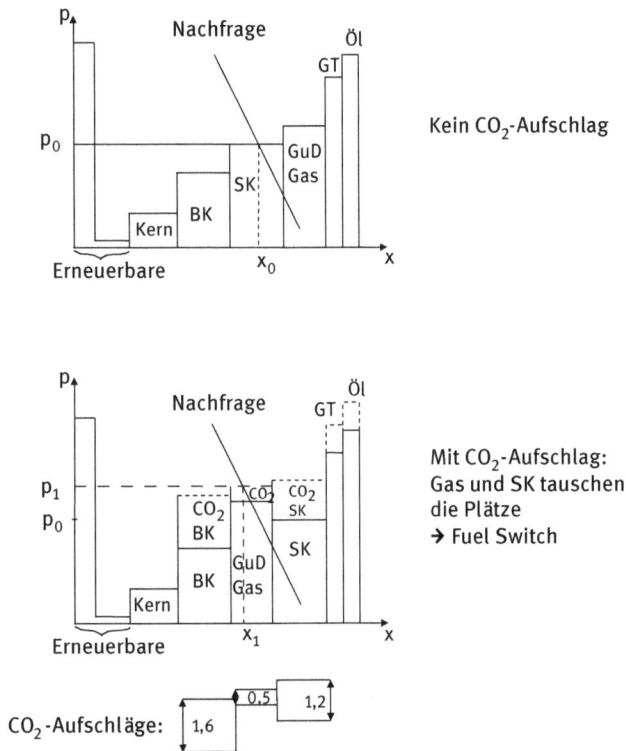

Abb. 5.3: Merit-Order mit CO_2-Aufschlägen und Strommarktgleichgewicht Fall A: Niedrige Erdgaspreise und Fuel Switch

Die nach oben verschobene Merit-Order-Kurve führte zu einem Strompreisanstieg. Der CO_2-Effekt muss sich je nach Brennstoff und Wirkungsgrad des jeweils den marginalen Preis bestimmenden Kraftwerks [eventuell in der Reihenfolge der relevanten Brennstoffe geänderten Merit-Order] als Zuschlag auf die variablen Kosten kalkulatorisch zeigen.

Kurz gesagt, kann sich die Merit-Order unter **Einbeziehung der CO_2-Kosten** ändern. Erdgas ist bei der Stromerzeugung an sich zwar teurer als Steinkohle, hat aber deutliche Vorteile bei den Emissionen und technische Vorteile in der GuD-Anlage. Während bei Steinkohle hohe zusätzliche Kosten aufgrund des CO_2-Ausstoßes einbezogen werden, so sind diese bei Erdgas geringer. Dieser Effekt kann im Fall A so stark sein, dass die Kosten der Stromerzeugung durch Erdgas geringer ausfallen als bei Steinkohle. Im Fall A tauschen die beiden Energieträger bei der Merit-Order die Plätze und der Erdgas- und CO_2-Preis ist ab jetzt ausschlaggebend.

Im Fall B (Abb. 5.4) reichen die Vorteile des GuD-Kraftwerks nicht mehr aus, da der Erdgaspreis so hoch ist, dass trotz eines CO_2-Preises von 25 €/t CO_2 kein Brennstoffwechsel des preisbestimmenden Kraftwerks mehr erfolgt: Das GuD-Kraftwerk bleibt rechts in der Merit-Order.

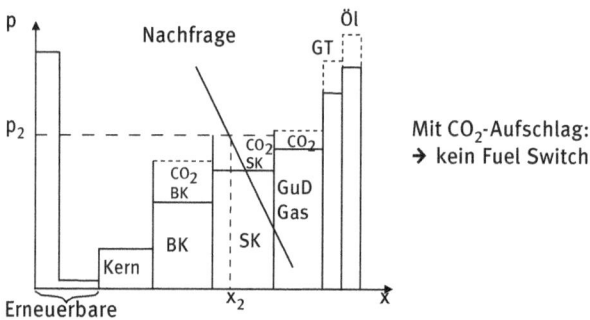

Abb. 5.4: Merit-Order mit CO_2-Aufschlägen und Strommarktgleichgewicht Fall B: Hohe Erdgaspreise und kein Fuel Switch

In beiden Fällen erfolgt aber ein Strompreisanstieg.

Weitere Wirkungen

Energieträger werden in industriellen Prozessen nicht um ihrer selbst willen eingesetzt, sondern um ein Produkt wie Stahl, Zement oder Keramik zu erzeugen, das auf einem eigenen Markt Produzentenrenten erzielen soll. Alle Unternehmen, die bei einer Planung befürchten müssen, in Zukunft mit CO_2-Zertifkaten eventuell „short" zu sein, hatten asymmetrische Ergebnisse zu kalkulieren: Auf der einen Seite stand das Risiko, mit zu vielen Zertifikaten ausgestattet zu sein. Dabei entsteht im schlimmsten Fall ein Preisverfall der Zertifikate auf nahe Null. Umgekehrt implizierte das Risiko, zu wenige Zertifikate zu haben, im Extremfall Produktionsdrosselung, Marktanteilsverluste, Verlust an Produzentenrenten und damit Verzicht auf möglichen Gewinn für Stahl- oder Zementproduktion in beträchtlicher Höhe. Der Zertifikatemarkt war deswegen angesichts der anfangs begrenzten Zahl von Teilnehmern mit nennenswerten potenziellen freien Mengen ein höchst unvollkommener Markt mit zunächst hohen Preisen.

Probleme

Bei der Betrachtung des EU-EHS und seinem Verlauf wird bereits deutlich, dass mit einem Emissionshandelssystem auch diverse Probleme bei der Umsetzung einhergehen. Die richtige Einstellung der **Obergrenze** gehört auch dazu. Es gibt keine zuverlässigen Informationen über die Emissionen der einzelnen Firmen und der Firmen insgesamt. Daher ist es schwierig, eine passende Obergrenze zu setzen. Die für mehrere Jahre im Voraus festgelegte Obergrenze kann beispielsweise harte oder milde Winter, Konjunkturkrisen oder Wachstumsbooms nicht vorhersehen. Das Setzen einer „falschen" Obergrenze kann wiederum weitere Probleme für die jeweilige Volkswirtschaft haben. Wenn die Obergrenze zu hoch angesetzt wird (wie bei der EU in den ersten beiden Phasen des EU-EHS), entsteht ein Überangebot auf dem Markt und die Firmen haben keinen Anreiz, ihre Emissionen zu reduzieren, da genügend Zertifikate für den CO_2-Ausstoß vorhanden sind. Umgekehrt kann die Obergrenze aber auch zu niedrig angesetzt werden. Die Anpassung erfolgt dann nur schwierig: Es entstehen für die Unternehmen möglicherweise sehr hohe Kosten, die dazu führen können, dass Unternehmen schließen oder viele Mitarbeiter entlassen müssen. In der Bevölkerung sinkt üblicherweise mit derartigen negativen Auswirkungen die Unterstützung für das Handelssystem.

Bei der Konstruktion eines Handelssystems für Zertifikate muss außerdem eine Übereinkunft vereinbart werden, was passiert, wenn ein **neuer Marktteilnehmer** in den Markt kommt oder wenn ein Marktteilnehmer den Markt verlässt. Wie wird der neue Marktteilnehmer mit Zertifikaten versorgt? Gibt es z. B. Reserven dafür? Und was passiert mit Zertifikaten von ausscheidenden Marktteilnehmern? Werden sie vernichtet oder einfach verkauft?

Durch einen einheitlichen CO_2-Preis sollten sich die jeweiligen Grenzvermeidungskosten europaweit angleichen. Das Problem bei langlebigen Investitionen liegt im Zeithorizont: Bei Energieanlagen amortisieren sich derartige Maßnahmen oftmals erst nach 10–15 Jahren. Größere Investitionen amortisieren sich über Zeithorizonte von mindestens 10 Jahren. Wenn aber Politikinstrumente nur über fünf Jahre greifen, sind Erwartungen und langfristige Strategien auch für die Zeit danach von größerer Bedeutung. Faktisch wurden durch das EU-EHS diejenigen Länder bzw. diejenigen Industrien, welche bereits rechtzeitig und erfolgreich THG-Reduktionen eingeleitet hatten, nachträglich für die weniger engagierten und weniger erfolgreichen EU-Partner „mitverhaftet".

Die eher kurzfristigen Anpassungsmöglichkeiten der Industrie reichen von Produktionsdrosselung über Brennstoffwechsel hin zu CO_2-ärmeren Brennstoffen bis hin zur Abwanderung und Verlagerung der Produktion in nicht gleichermaßen beschränkte Standorte außerhalb der EU. Bei weltweit operierenden Konzernen in der Grundstoff- und Produktionsgüterindustrie sind alle derartigen Reaktionen denkbar, bei mittelständischen Industrien eher nur Brennstoffwechsel oder Produktionsrückgang. Letzteres hat eine Grenze bei 40 %, weil andernfalls die zugeteilten Zertifikate in Deutschland anteilig verfallen.

Koordinierung mit anderen Instrumenten
Ein anderes Problem der europäischen Klimaschutzpolitik ist die Überlagerung verschiedener Instrumente, die gleichzeitig jeweils in guten Absichten eingesetzt werden. So wird beispielsweise das auf eine EU-Richtlinie zum maximalen Stromverbrauch von Lampen bestimmter Helligkeit zurückgehende „Glühbirnenverbot" zwar den Stromverbrauch etwas reduzieren; allerdings befinden sich die Kraftwerke im EU-CO_2-Emissionshandelssystem, wo die gesamte maximal zulässige CO_2-Menge aller Emittenten bereits vorgegeben ist. Das heißt: Jede MWh eingesparte Stromerzeugung und damit jede Gewichtseinheit CO_2 führt unmittelbar zu einem Preisrückgang für CO_2-Zertifikate. Damit kann jetzt etwa ein Stahlwerk oder eine Zementfabrik in einem EU-Land noch mit der bisherigen Technik weiter produzieren. An der Gesamtsumme der CO_2-Emissionen hat sich nichts geändert. Trotzdem wird der Öffentlichkeit weisgemacht, die „Glühbirnen-Maßnahme" spare sofort CO_2-Emissionen ein. Letzteres wäre nur dann richtig, wenn in einem neuen Klimaabkommen die zulässige Gesamtmenge an THG-Emissionen im Zertifikate-Handelssystem vorab entsprechend für den „Glühlampeneffekt" gekürzt würde.

Ähnliche Argumente gelten für die Förderung regenerativer Energiequellen in der Stromerzeugung. Dazu sind zwei Fälle zu unterscheiden:
– Wenn etwa durch besonders niederschlagsreiche Perioden die Wasserkraftstromerzeugung gegenüber dem langjährigen Durchschnitt deutlich ansteigen würde, benötigte wiederum die Stromwirtschaft weniger CO_2-Zertifikate, was wegen des gleichen Arguments der fixierten Gesamtemissionsmenge nur einen CO_2-Preiseffekt hat, nicht aber in dieser Periode tatsächlich CO_2 einspart. Dieses Geschenk der Natur kommt somit den CO_2-intensiven Industrien und Kraftwerken in Form niedrigerer CO_2-Preise zugute.
– Im zweiten Fall entsteht der geringere Bedarf an CO_2-Zertifikaten bei den Kraftwerken durch geförderten Solarstrom, dessen Mehrkosten als Umlage auf alle Stromkunden aufgebracht werden. Hier werden wieder die CO_2-intensive Industrie oder Kraftwerke begünstigt, was aber nicht der Natur als Geschenk zu verdanken ist, sondern als Zusatzlast von den Stromkunden getragen wird.

Der zuvor beschriebene Effekt in einem Emissionshandelssystem entsteht durch das vorab politisch festgelegte Gesamtemissionsziel. Dementsprechend wirken reale Einflussgrößen immer auf den Gleichgewichtszertifikatspreis:

– Besonders günstige Konjunkturentwicklung, besonders kalte Winter oder Sommer mit geringer Wasserführung der Flüsse bewirken höhere CO_2-Preise.
– Wirtschaftsflaute oder Rezession, milde Winter und überdurchschnittliche Wasserführung der Flüsse sorgen für niedrige CO_2-Preise.

Resümee: Ein Nebeneinander verschiedener Politikinstrumente kann zu Überlagerungen und nicht beabsichtigten Ineffizienzen oder Umverteilungen führen. Gerade in der bisher praktizierten Klimaschutzpolitik sind derartige Merkwürdigkeiten anzutreffen. Dies wäre hinnehmbar, wenn sich die Kosten dafür nicht dramatisch nach oben entwickelten.

5.3.5 Aktuelle Entwicklungen

Derzeit befindet sich das EU-EHS in seiner dritten Phase, welche von 2013–2020 geht und mit der zweiten Verpflichtungsperiode des Kyoto-Protokolls übereinstimmt. Es ist die **Phase der Konsolidierung und Harmonisierung**, in der auch mit anderen Emissionshandelssystemen kooperiert wird. Sie unterscheidet sich stark von den zwei bisherigen Phasen des EU-EHS: Anstelle der nationalen Obergrenzen gilt jetzt eine einzige EU-weite Obergrenze. In 2013 betrug sie 2.084 Mio. Tonnen CO_2 und sinkt seitdem linear mit 38 Mio. Tonnen pro Jahr. Außerdem tritt die Versteigerung der Zertifikate anstelle der kostenlosen Zuteilung. Die Zertifikate im Stromsektor werden vollständig versteigert, während die Zertifikate im Industrie- und Wärmesektor kostenlos zugeteilt werden. Insgesamt wird ein Anteil von 50 % der Zertifikate ab 2013 versteigert. Während der dritten Phase des EU-EHS soll sich dieser Wert weiter erhöhen. Eine Reserve von 300 Mio. Zertifikaten für neue Marktteilnehmer soll die Einführung innovativer Technologien für erneuerbare Energieträger sowie die Kohlenstoffabscheidung und -Speicherung (im Rahmen des Programms NER 300) fördern. Zudem werden insgesamt mehr Industriezweige und Gase erfasst. Darunter fallen Kohlenstoffdioxid aus der Strom- und Wärmeerzeugung, energieintensiven Industriezweigen (z. B. Ölraffinerien, Stahlwerke, usw.) und gewerblicher Luftfahrt sowie Stickoxid aus der Herstellung von Salpetersäure, Adipinsäure, Glyoxylsäure und Glyoxal und zuletzt perfluorierte Kohlenwasserstoffe aus der Aluminiumherstellung. Die Teilnahme am EU-EHS ist für die Unternehmen bestimmter Industriezweige verpflichtend, allerdings werden in manchen Sektoren nur Anlagen mit einer gewissen Mindestkapazität einbezogen. Bestimmte Kleinanlagen können ausgenommen werden, wenn steuerliche oder sonstige Maßnahmen getroffen werden, die eine gleichwertige Senkung der Emissionen bewirken. Eine weitere Ausnahme gilt im Luftverkehr: Es werden bisher nur Flüge zwischen Flughäfen im Europäischen Wirtschaftsraum in das EU-EHS integriert.

Das EU-EHS umfasst derzeit **31 Länder:** alle 28 EU-Länder sowie Island, Liechtenstein und Norwegen. Es werden die Emissionen von mehr als 11.000 energieintensiven Anlagen erfasst. Dadurch werden circa 45 % der Treibhausgasemissionen der EU abgedeckt. Im Falle des EU-EHS kann von einem Erfolg gesprochen werden. Die Emissionen der erfassten Anlagen gehen planmäßig zurück. Die Emissionen der erfassten Sektoren werden bis 2020 21 % unter dem Niveau von 2005 liegen.

Das EU-EHS hat **kein Enddatum** und wird auch nach dem Ende der zweiten Verpflichtungsphase des Kyoto-Protokolls 2020 weitergehen. Dann startet die vierte Phase des EU-EHS, um das Ziel, die Treibhausgasemissionen um 40 % bis 2030 zu senken, aus dem Pariser Abkommen zu erfüllen. Um das zu erreichen, muss die Gesamtzahl der Emissionszertifikate ab 2021 allerdings um 2,2 % pro Jahr sinken (bisher: 1,74 %). Die erfassten Industriezweige müssen ihre Emissionen insgesamt um 43 % im Vergleich zu 2005 senken. Die zusätzliche Verringerung der Emissionen beträgt somit 556 Mio. Tonnen, was ungefähr den Emissionen des Vereinigten Königreichs entspricht.

In der **vierten Phase** wird das Regelwerk des EU-EHS weiter überarbeitet. Die Kommission schlägt berechenbare, stabile und faire Regeln für den Umgang mit dem Risiko der Verlagerung der Emissionen vor. Eine kostenlose Zuteilung soll sich auf die 50 Industriezweige konzentrieren, bei denen das Risiko der Auslagerung ihrer Produktion aus der EU am höchsten ist. Insgesamt entspricht das einer kostenlosen Zuteilung von rund 6,3 Mrd. Zertifikaten zwischen 2021 und 2030. Eine bestimmte Anzahl an kostenlosen Zertifikaten wird für neue oder expandierende Anlagen reserviert und das Regelwerk wird insgesamt flexibilisiert, um eine bessere Anpassung an die Produktionszahlen zu gewährleisten. Um die Innovationen zur Reduzierung des CO_2-Ausstoßes zu fördern und den Energiesektor zu modernisieren, werden zudem verschiedene Unterstützungsmechanismen eingerichtet, wie z. B. Fonds, die die Innovationen und Investitionen unterstützen.

5.4 Verhaltensökonomische Ansätze zur Internationalen Klimaschutzpolitik

Die Folgen des Klimawandels sind ein globales Problem. Es liegt daher in der Natur der Sache, dass eine internationale Strategie entwickelt werden muss, um die negativen Auswirkungen des Klimawandels in Grenzen zu halten. Aufgrund diverser unterschiedlicher nationaler Interessen kann sich die Findung einer gemeinsamen Strategie jedoch schwierig gestalten. Es gibt schlichtweg keine internationale Behörde, die einfach ein für alle Staaten verbindliches Abkommen ausgestalten und durchsetzen kann. Die Reduktion von schädlichen Emissionen kann somit als globales **öffentliches Gut** dargestellt werden. Dabei kann es auch für einzelne Nationen individuell sinnvoll sein, das Gut nicht bereitzustellen, obwohl eine gemeinschaftliche Emissionsreduktion aller Staaten auch allen letztlich zugutekommen würde. Diese in Kapitel 4 bereits eingeführte öffentliche-Gut-Problematik soll im Folgenden anhand eines einfachen 2-Länder-Beispiels aus spieltheoretischer Sicht dargestellt werden.

5.4.1 Internationale Klimaschutzpolitik aus spieltheoretischer Sicht

Ein gesundes Klima ist ein öffentliches Gut, das für alle beteiligten Nationen (im folgenden vereinfachten Fall wird lediglich von *zwei* Nationen ausgegangen) einen Nutzen generiert, beispielsweise in Form von sauberer Luft. Um eine saubere Luft zu erhalten, müssen jedoch Anstrengungen zum Schutz des Klimas unternommen werden, wie etwa den Einbau von Katalysatoren in Autos oder das Pflanzen von Bäumen in innerstädtischen Bereichen. Die Kosten dafür betragen in diesem Modell für beide Nationen 7 Geldeinheiten. Der Nutzen aus diesen Anstrengungen beträgt pro Nation in der folgenden spieltheoretischen Analyse 5 Geldeinheiten. Da es sich bei einem gesunden Klima um ein öffentliches Gut handelt und demzufolge keine Nation von dem Nutzen von sauberer Luft ausgeschlossen werden kann, ist es für den individuellen Nutzen irrelevant, welche der Nationen die Klimaschutzmaßnahmen durchführt. Durch dieses Modell ergibt sich das in Abb. 5.5 dargestellte Spiel.

Nation 2

Nation 1		Umweltschutz		Kein Umweltschutz	
	Umweltschutz	3	3	−2	5
	Kein Umweltschutz	5	−2	0	0

Abb. 5.5: Auszahlungsmatrix von Klimaschutzpolitik im 2-Länder-Fall

Unabhängig davon, ob Nation 1 zum Klimaschutz beiträgt oder nicht, Nation 2 generiert stets einen höheren Nutzen daraus, keine Maßnahmen zum Erhalt des Klimas durchzuführen. Dasselbe gilt für die Anreizstruktur von Nation 1, sodass sich hier ein klassisches „**Gefangenendilemma**" im spieltheoretischen Sinne ergibt. Zum Klimaschutz beizutragen wird demzufolge strikt von der Strategie „Kein Klimaschutz" dominiert. Es kommt somit dazu, dass beide Nationen untätig bleiben und einen Nutzen von „0" generieren, obwohl eine koordinierte Bereitstellung des Klimaschutzes förderlich für alle Beteiligten wäre. Es wird also beim unkoordinierten Verhalten der Nationen eine aus sozialer Sicht ungenügende Menge vom öffentlichen Gut bereitgestellt. In diesem Punkt setzt effektive Klimaschutzpolitik an, welche durch internationale Abkommen und Verträge stabile Institutionen einzusetzen versucht, um die gemeinschaftliche Bereitstellung des öffentlichen Gutes „Klimaschutz" zu erreichen und somit eine aus gesamtwirtschaftlicher Sicht effiziente Lösung sicherzustellen.

Beispiele für diese Art von sozialem Dilemma gibt es in der realen Klimapolitik unzählige, wobei dieser Mechanismus auch auf mehr als zwei Länder angewendet werden kann. Wenn etwa die USA sich nicht zu den international festgelegten Zielen bekennen und somit keinen Beitrag zum Schutz des Klimas leisten möchte, so entscheidet sich das Land im spieltheoretischen Sinne für eine Defektionsstrategie. Auf der anderen Seite stehen wiederum oftmals Nationen, die im Grunde hinter den internationalen Klimazielen stehen, um ein kollektiv effizientes Ergebnis – also ein gesundes Weltklima – zu erreichen. Insofern diese Nationen weiterhin mit aller Kraft versuchen würden, die international festgelegten Ziele zu erreichen, so ginge die Freifahrer-Strategie auf. Die USA würde demnach von den erreichten Zielen profitieren, ohne selbst einen Beitrag geleistet zu haben. Diese Strategie scheint verlockend, sodass so viele Nationen dem amerikanischen Beispiel folgen würden, dass die Klimaziele nicht mehr erreicht werden können. Es kommt somit zur ineffizienten Gleichgewichtssituation, in der keine Nation mehr einen Anreiz hat, zum Klimaschutz beizutragen, obwohl kollektiver Klimaschutz alle Nationen besserstellen würde. Im Kern basieren daher alle internationalen Verhandlungen und Klimakonferenzen darauf, in diesem sozialen Dilemma die kooperative Lösung zu erhalten, von welcher letztlich alle Beteiligten profitieren würden.

In der Realität wird diese aus sozialer Sicht wünschenswerte Koordination auf die kooperative Strategie dadurch erschwert, dass die beteiligten Nationen nicht so homogen sind wie in dem dargestellten Beispiel, sondern sich bezüglich der Auszahlungen substanziell voneinander unterscheiden. Sowohl die Folgen einer umweltschädlichen Politik als auch die Möglichkeit, überhaupt einen erwähnenswerten Beitrag zum Klimaschutz leisten zu können, sind grundlegend abhängig von verschiedenen nationalen Charakteristika. Während die Politik der Fidschi-Inseln nur einen marginalen Beitrag zur Änderung des Klimas ausübt, sind die Folgen der Erderwärmung für diese Inselstaaten lebensbedrohlich. Auf der anderen Seite stehen Industrienationen wie die USA oder Deutschland, für welche die notwendigen Anstrengungen zum Schutze des Klimas in einem vergleichsweise geringen Verhältnis zu den potenziellen negativen Auswirkungen einer phlegmatischen Umweltpolitik stehen. Die Möglichkeit zur Findung der kooperativen Lösung wird durch diese asymmetrische Struktur zusätzlich behindert.

In der Spieltheorie werden solche Entscheidungssituationen normalerweise durch Institutionen gelöst, die eine Koordination auf die kooperativen Strategien bewerkstelligen sollen. Dadurch, dass es keine „übernationale" Aufsichtsbehörde gibt, die klimafreundliches Verhalten einfach durchsetzen kann, legen viele ihre Hoffnungen in internationale Klimaverträge. Auch wenn sich bereits in den bisherigen Klimaabkommen ein Großteil aller Nationen auf die Begrenzung von Treibhausgasemissionen einigen konnte, so bleiben diese Verträge dennoch zumeist auf freiwilliger Basis ohne echte Sanktionsmöglichkeiten. Der Anreiz dazu, von der kooperativen Strategie abzuweichen, bleibt daher trotz gemeinsamer Verträge und wiederholter Interaktionen aus dieser spieltheoretischen Sicht bestehen.

Auch wenn die Aussichten aus theoretischer Sicht daher eher pessimistisch sind, so zeigt sich dennoch in experimenteller und empirischer Evidenz, dass kooperatives

Verhalten häufiger auftritt als die Theorie voraussagen würde. Ob eine Kooperation in Hinsicht auf nachhaltige Klimapolitik erreicht werden kann, hängt daher letztlich von verschiedenen entscheidenden Einflussgrößen ab. Es müssen vor allem **glaubwürdige** Selbstverpflichtungen und „Bestrafungen" für abweichendes Verhalten festgelegt werden. Kooperation wird außerdem erleichtert, wenn die Interaktion zwischen den verschiedenen Ländern möglichst langfristig angelegt ist und wenn verschiedene Themen miteinander verknüpft werden (z. B. Entwicklungshilfe und Klimaschutzaktivitäten).

Alternative Modellierung: Das „chicken-game"

Neben dem Gefangenendilemma stellt auch das sog. „chicken-game" eine gebräuchliche Art dar, um Klimaschutzpolitik zwischen verschiedenen Nationen modellieren und erklären zu können. Der Name dieses Spiels ist auf eine Situation zurückzuführen, in welcher sich die Teilnehmer einer Mutprobe unterziehen: Zwei Spieler stehen sich als Fahrer zweier Autos gegenüber und fahren aufeinander zu. Sie haben die Möglichkeit, weiter geradeaus zu fahren und die Kollision zu riskieren, oder aber mit ihrem Wagen auszuweichen. Kommt es zum Crash, sterben beide Beteiligten der Mutprobe. Weicht einer aus, so wird dieser „chicken" („Angsthase") genannt. Bei spieltheoretischer Modellierung dieser Entscheidungssituation gibt es zwei Gleichgewichte, in denen keine der beteiligten Parteien einen Anreiz hat, von ihrer gewählten Strategie abzuweichen: Eine Person wird den Unfall riskieren und weiter geradeaus fahren, während der Gegenspieler ausweicht und somit fortan als „chicken" bezeichnet wird.

Diese Entscheidungs- und Gleichgewichtssituation mutet zunächst etwas ungewöhnlich an, ist jedoch auf zahlreiche Verhandlungssituationen in der Klimaschutzpolitik übertragbar. Angenommen sei die folgende Situation: Es existieren lediglich zwei Nationen als Emittenten von schädlichen Treibhausgasemissionen. Insofern beide Nationen weiter THG ausstoßen, tritt eine Katastrophe ein, welche das Weltklima unwiderruflich schädigt. Um diese Katastrophe zu vermeiden, müssen Investitionen in den Klimaschutz getätigt werden, wobei es zur Abwendung der Katastrophe ausreicht, wenn eine der beiden Nationen investiert. Insofern beide Nationen das Klima schützen, wird aufgrund der saubereren Luft zusätzlicher Nutzen generiert. Diese Situation sei numerisch in Abb. 5.6 ausgedrückt.

Die modellierte Situation unterscheidet sich gegenüber dem zuvor dargestellten Gefangenendilemma lediglich an dem Auftreten der Klimakatastrophe, falls keine Nation in den Klimaschutz investiert. Im Katastrophenfall reduziert sich der Nutzen beider Nationen um 4 Geldeinheiten. Dies führt dazu, dass in diesem Spiel nun keine dominante Strategie mehr existiert. Die beiden Gleichgewichte sind die Strategiekombinationen (Klimaschutz, kein Klimaschutz) und (kein Klimaschutz, Klimaschutz), es wird also stets lediglich unilateral in den Klimaschutz investiert.

In dem vorliegenden Beispiel ist bei simultaner Entscheidung über die gewählten Strategien nicht klar, welche der beiden Nationen in den Klimaschutz investieren

Region 2

	Klimaschutz		Kein Klimaschutz	
Region 1 Klimaschutz	3	3	−2	5
Kein Klimaschutz	5	−2	−4	−4

Abb. 5.6: Auszahlungsmatrix Klimaschutzpolitik im „chicken-game"

wird. In einem realen Umfeld sind gleichzeitige Entscheidungen jedoch selten, vielmehr werden Entscheidungen *sequenziell* getroffen. In dem Wissen, dass eine Nation in den Klimaschutz investieren muss, um die Klimakatastrophe abzuwenden, würde bei sequenzieller Entscheidung stets die Nation, die zuerst entscheidet, *keine* Klimaschutzinvestitionen tätigen. Der zweiten Nation bliebe dementsprechend nichts Anderes übrig, als die Investitionskosten für klimaschützende Maßnahmen zu tragen, wenn die Katastrophe verhindert werden soll. Die zuerst entscheidende Nation erzielt das bessere Ergebnis und hat demzufolge einen sog. „**first mover advantage**".

Wird diese Art von Modellierung auf tatsächliche Klimaschutzverhandlungen und Verträge angewendet, ergibt sich eine in der Realität wohlbekannte Problematik. Wenn beispielsweise die USA glaubwürdig versichert, einen internationalen Vertrag zum Klimaschutz nicht zu unterzeichnen, so liegt es im Interesse anderer Regionen [beispielsweise der EU], letztlich diese Untätigkeit zu kompensieren und selbst Klimaschutzmaßnahmen voranzutreiben. Die USA nutzt in diesem Fall das glaubwürdige Signal als Vorteil der zuerst entscheidenden Region und maximiert – ungeachtet von einer etwaigen Problematik bezüglich Fairnessüberlegungen – den eigenen Nutzen.

In welcher Form reale klimapolitische Entscheidungssituationen modelliert werden könnten und sollten, hängt letztlich von verschiedenen Determinanten ab, über die jedoch zumindest teilweise Unsicherheit herrscht. Ob es beispielsweise genügt, wenn lediglich eine Nation in den Klimaschutz investiert, um schwerwiegende Katastrophen abzuwenden, ist ebenso unklar, wie das tatsächliche Ausmaß und der Zeitpunkt des Eintritts von Klimakatastrophen.

5.4.2 „Fairness" in der Klimaschutzpolitik

Der Klimawandel stellt unter anderem aufgrund der folgenden Besonderheiten eine schwierig anzugehende Herausforderung dar:
- Die Erwärmung der Erde vollzieht sich nur sehr langsam. Die daraus möglicherweise folgenden Katastrophen werden zwar wahrscheinlicher, treten aber dennoch nur selten auf.

- Die Anstrengungen zur THG-Reduktion einzelner Staaten haben kaum Auswirkungen auf das Weltklima. Nur eine aggregierte Reduktion der THG kann einen tatsächlichen Einfluss ausüben.
- Eine Abmilderung der menschgemachten Erderwärmung ist sehr kostspielig. Größere Investitionen in andere globale Herausforderungen, wie beispielsweise Hungersnöte, könnten dadurch verdrängt werden.
- Der Klimawandel betrifft die verschiedenen Staaten in unterschiedlicher Härte. Die am wenigsten entwickelten Länder haben voraussichtlich die meisten Schäden zu tragen und sind gleichzeitig am wenigsten dazu fähig, den Klimawandel zu beeinflussen und sich an die Veränderungen anzupassen.[51]

Jegliche Vereinbarungen und Abkommen zum Klimaschutz müssen für alle beteiligten Staaten gleichermaßen akzeptabel sein. Es ist daher entscheidend, dass die Verteilung der Kosten und „Nutzen" [zumeist gleichzusetzen mit „nicht eingetretenen Schadensfällen"] zwischen allen Staaten allgemein als **fair** angesehen wird. Die Wahrnehmung darüber, was ein fairer Anteil an THG-Reduktion eines Landes darstellt, variiert jedoch üblicherweise erheblich zwischen verschiedenen Staaten und Kulturen. Nicht überraschend gehen die Argumentationen über eine faire Verteilung in der Regel mit den Eigeninteressen der Staaten einher: Die Unterstützung der „Verursacher zahlt"-Regel findet beispielsweise in Entwicklungsländern höhere Zustimmung als in den Industrienationen, die eben üblicherweise die THG-Emissionen verursachen. In den höher entwickelten Staaten wird hingegen oftmals eine Regelung proklariert, welche eine einheitliche „Verschmutzung pro Bruttoinlandsprodukt" anstrebt, welche wiederum die Industrienationen im Vergleich weniger stark in die Pflicht nehmen würde.

In der Klimarahmenkonvention der Vereinten Nationen ist dieser Aspekt über eine faire Lastenverteilung sehr vage gehalten. Dort heißt es: „Die Vertragsparteien sollen auf der Grundlage der Gerechtigkeit und entsprechend ihren **gemeinsamen, aber unterschiedlichen Verantwortlichkeiten und ihren jeweiligen Fähigkeiten** das Klimasystem zum Wohl heutiger und künftiger Generationen schützen."[52] Von elementarer Wichtigkeit für den Erfolg von Klimaverhandlungen ist es daher, dass die Regeln zur Lastenverteilung der Klimaschutzinvestitionen so festgelegt werden, dass die Vereinbarungen von allen Schlüsselakteuren der Umweltpolitik akzeptiert und ratifiziert werden.

Wie schwierig es ist, dieses Ziel zu erreichen, wird durch den Umsetzungsprozess des Kyoto-Protokolls schonungslos offengelegt. Die sechs größten THG-Emittenten haben sich zu keinem verbindlichen Einsparungsziel verpflichtet: China, Indonesien, Brasilien und Indien wurden als Nicht-Annex-I-Staaten geführt, Russlands Ziele waren nicht bindend aufgrund von „heißer Luft". Russland ließ sich bei der COP in

---

51 Vgl. Barrett (2010).
52 UNFCCC (1992), Article 3.

Marrakesch erhebliche CO_2-Gutschriften für seine Waldgebiete anrechnen und hatte [ähnlich wie Deutschland und die DDR-Industrie] durch die Sowjetunion im Basisjahr 1990 noch sehr hohe CO_2-Werte, welche nach deren Zusammenbruch und der Pleite vieler Betriebe der Schwerindustrie viel CO_2-Spielraum verschafften. In den USA wurde das Protokoll nicht ratifiziert.

Ein entscheidendes Ziel wurde dagegen im Pariser Abkommen zumindest vorläufig erreicht: Es haben sich **alle** Staaten darauf geeinigt, die THG-Emissionen zu reduzieren, um die Erderwärmung auf maximal 2 °C gegenüber dem vorindustriellen Niveau zu beschränken. Die Verteilung der Lasten zur Reduktion des Gesamtausstoßes an Treibhausgasen ist jedoch auch im Pariser Abkommen nicht abschließend geklärt. Grundsätzlich wurde in dem Klimaabkommen festgelegt, dass die sog. Industrieländer weiterhin die Führung bei den Anstrengungen zur Reduktion der THG übernehmen sollen. Weniger entwickelten Staaten wird zugestanden, dass sie den Zeitpunkt des maximalen THG-Ausstoßes noch nicht erreicht haben. Sie werden jedoch dazu angehalten, ihre Anstrengungen für eine „saubere" Produktion zu verstärken und individuelle, nationalen Umständen geschuldete Emissionsziele zu erreichen. Die Unterstützung von Entwicklungsländern durch weiter entwickelte Staaten, beispielsweise in Form von finanziellen Hilfen zur Implementierung von energieeffizienten Technologien, soll nach dem Pariser Abkommen ausdrücklich gefördert werden.

Die bisherigen Vereinbarungen orientieren sich demnach vor allem an den Prinzipien „**Verursacher zahlt**" und „**Fähigkeit zu zahlen**". Dementsprechend werden vor allem die Industrieländer in die Pflicht genommen, die zu einem großen Teil zu den akkumulierten THG in der Erdatmosphäre beigetragen haben und zugleich die finanziellen Möglichkeiten dazu haben, die Reduktion der THG-Emissionen voran zu treiben. Ebendiese Prinzipien zur Lastenverteilung werden von den meisten Verhandlungsführern der Weltklimakonferenzen als **faire Verteilung** der Rechte und Pflichten angesehen.[53] Die Vereinbarungen des Pariser Klimaabkommens könnten demzufolge als fruchtbarer Startpunkt agieren, um sich von einer rein egoistischen Betrachtungsweise zu entfernen und letztlich zu einer als „fair" angesehenen Lastenverteilung der Anstrengungen zum Klimaschutz zu gelangen.

---

53 Vgl. Kesternich et al. (2014).

6 Grundlagen der Regulierungstheorie

Im Folgenden werden wir uns mit Aspekten der Regulierungstheorie im Rahmen der Energiewirtschaft auseinandersetzen. Den größten Teil nimmt hierbei die Beschäftigung mit natürlichen Monopolen ein, welche gerade in Sektoren der Energiewirtschaft eine große Bedeutung besitzen. Weiterhin begegnet einem hier aber auch das Problem der sog. doppelten Marginalisierung, wobei mehrere Teile einer Wertschöpfungskette durch monopolistisch agierende Firmen besetzt sind, wodurch ein signifikant höherer Preisaufschlag resultiert als in einem einfachen Monopol-Fall. Beide Fälle sorgen für besondere Herausforderungen einer Regulierungsbehörde, welche nun im weiteren Verlauf des Kapitels erörtert werden.

6.1 Natürliches Monopol

Das so genannte **„natürliche Monopol"** verdankt seine Existenz nicht staatlichen Rahmenbedingungen, beispielsweise durch Patentschutz oder staatlicher Schutzpolitik wie früher für die Post oder „Versorgungsunternehmen" für Gas und Wasser, sondern hat im relevanten Bereich eines Marktes eine **technisch begründete Ausnahmestellung**. Diese resultiert aus gesellschaftlicher Perspektive in Kostenersparnissen, wenn der Markt anstelle von mehreren Unternehmen durch ein Monopol beliefert wird. Allerdings würden diese potenziellen Wohlfahrtsgewinne durch das Ausnutzen der Monopolmacht zunichte gemacht, wenn dem Unternehmen freie Hand gelassen würde. Deswegen werden i. d. R. derartige Monopolstellungen entweder direkt durch den Staat selbst betrieben oder durch eine staatliche Regulierung in der Preisbildung kontrolliert.

Vereinfacht beschrieben, erkennt man ein natürliches Monopol daran, dass in einem relevanten Teil des betrachteten Marktes die **Durchschnittskostenkurve** (DK) eines Unternehmens über seiner **Grenzkostenkurve** (GK) liegt [siehe Abb. 6.1(a)]. Die einfachsten Fälle, wo dies erfüllt ist, resultieren aus hohen Fixkosten der Produktion [welche sich auf die DK auswirken] oder aus schwach bis konstant ansteigenden Grenzkosten in Kombination mit Fixkosten. Beispiele sind in der Energiewirtschaft vor allem in Bereichen gegeben, die mit der Errichtung von Leitungssystemen verbunden sind, wie zum Beispiel den Übertragungsnetzen in der Stromwirtschaft (Kapitel 12) und den Transport-Pipelines in der Gaswirtschaft (Kapitel 9).

Wenn ein natürliches Monopol staatlich reguliert wird, stellt sich die Frage nach einer geeigneten Wahl des Preises. Aus der Mikroökonomischen Theorie wissen wir, dass die soziale Wohlfahrt bei einem Preis maximiert ist, der den Grenzkosten des Unternehmens entspricht. Gilt in der gegebenen Größe des Marktes, dass $DK > GK$, so würde allerdings bei einer Preisbildung nach der Regel Preis = Grenzkosten für das Unternehmen ein Verlust erzielt, womit es aus dem Markt ausscheiden und das be-

https://doi.org/10.1515/9783110556339-006

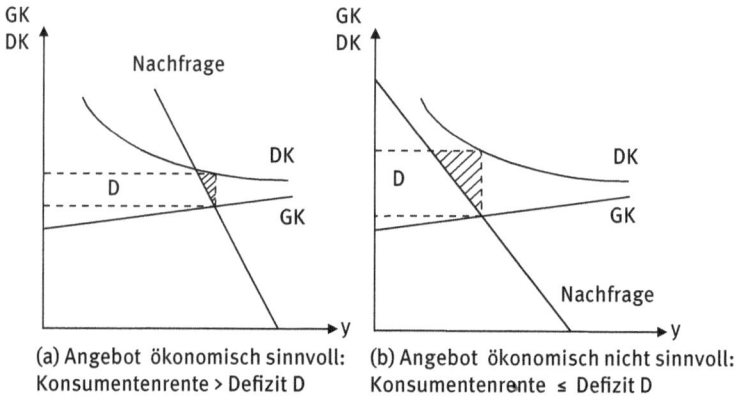

(a) Angebot ökonomisch sinnvoll:
Konsumentenrente > Defizit D

(b) Angebot ökonomisch nicht sinnvoll:
Konsumentenrente ≤ Defizit D

Abb. 6.1: $DK > GK$ im relevanten Bereich bei hohen Fixkosten

trachtete Gut nicht angeboten würde. Um somit ein Angebot des Gutes in einer möglichst effizienten Weise zu erreichen, gibt es zwei Möglichkeiten, die man an dieser Stelle diskutieren kann:

- Aufgeben der Preis = GK-Regel zugunsten einer Kalkulation Preis = DK. Zu diesem Preis entsteht der Firma kein Defizit, allerdings zum Preis eines Wohlfahrtsverlustes.
- Beibehalten der Preis = GK-Regel und Subventionierung der entstehenden Defizite durch so genannte lump-sum taxes [d. h. solche Steuern, die möglichst keine allokativen Effekte haben].

Letzteres Vorgehen könnte jedoch neue Probleme schaffen:

- Eine positive Nachfrage bei $p = GK$ könnte u. U. nicht ausreichend Konsumentenrente generieren, um wenigstens die Fixkosten zu decken, rechtfertigt also nicht unbedingt die Produktion „um jeden Preis". Dies ist zum Beispiel in Abb. 6.1(b) zu sehen.
- In der Praxis könnte eine vermeintlich neutrale Steuer dennoch allokative Verzerrungen zur Folge haben.
- Die Zusage einer Defizitabdeckung durch den Staat könnte Anreize zur langfristigen Kostensenkung beseitigen.

Für ein **Ein-Produkt-Unternehmen** ist somit die allgemeine Definition eines natürlichen Monopols relativ einfach. Die Definition erfolgt über den **Kostenverlauf im relevanten Bereich der Nachfrage**, ist also eine lokale Eigenschaft in Abhängigkeit der Marktgröße.[54] Der Zusammenhang zwischen einem bestimmten Kostenverlauf und der zugehörigen Produktionstechnik ist zwar theoretisch eindeutig bestimmt; den-

---

54 Man denke an die Elektrizitätswirtschaft in den zwanziger und dreißiger Jahren in Relation zu heutigen Größenordnungen.

noch kann bereits hier eine Vielzahl denkbarer Techniken die [kosten- und an der Marktgröße orientierte] Definition eines natürlichen Monopols erfüllen. Formal definiert man ein natürliches Monopol über die Subadditivität einer Kostenfunktion, gegeben in Definition 6.1.[55]

Definition 6.1. a) Eine Kostenfunktion $K(y)$ heißt **global subadditiv**, wenn für alle Output-Kombinationen y, z gilt: $K(y + z) < K(y) + K(z)$.

b) Eine Kostenfunktion heißt auf dem Intervall $[0, A]$ **intervall-subadditiv**, wenn für alle Output-Kombinationen y, z mit $y + z \leq A$ gilt: $K(y + z) < K(y) + K(z)$.

Offensichtlich ist für eine Produktionsfunktion mit durchgehend steigenden Skalenerträgen die Bedingung (a) erfüllt: Ihre Kostenfunktion ist streng konkav. Im Ein-Produkt-Fall wird deshalb auch oft das „natürliche Monopol" mit Skalenerträgen (Economies of Scale) begründet. Es reicht aber auch der zuvor als Einstieg angesprochene Fall hoher Fixkosten und etwa konstanter oder nur schwach steigender Grenzkosten, um Subadditivität über einen großen ökonomisch relevanten Bereich zu begründen. Deshalb ist die Erfüllung von Bedingung (b) für die relevante Marktgröße heute die übliche Definition eines natürlichen Monopols.

Hinweis: Gemäß dieser Definition ist ein natürliches Monopol nicht ausschließlich über die Kostenfunktion, d. h. letztlich über technische Besonderheiten, begründet, sondern eventuell auch über die jeweils herrschende Marktgröße. Insbesondere kann sich durch technischen Fortschritt und/oder Wachstum eines Marktes ein bisher natürliches Monopol von selbst aufheben.

Wie ein solcher Fall zustande kommen kann, zeigt die Abb. 6.2.

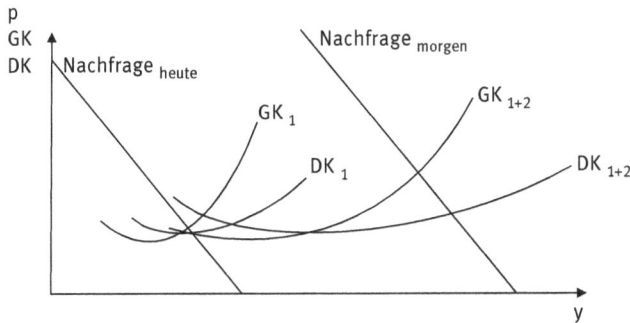

Abb. 6.2: Wechsel von einem natürlichen Monopol zu einem Wettbewerbsmarkt

Für ein **Mehr-Produkt-Unternehmen** stellt sich die Situation komplizierter dar. Hat ein Unternehmen m Inputfaktoren und n gleichzeitig produzierte Güter [z. B. Lieferung elektrischer Arbeit in kWh und Bereitstellung einer konstanten Spannung von

---

55 Nach Baumol (1977).

230 V], so bezeichne $x = (x_1, \ldots, x_m)$ die Inputs, $y = (y_1, \ldots, y_n)$ die Outputs, $K(y)$ sei eine positive reellwertige (Kosten-)Funktion. Die obige Definition überträgt sich wie folgt:

Definition 6.2. Die Kostenfunktion $K(.)$ ist **(global) subadditiv**, wenn für beliebige y, z gilt:

$$K (y + z) < K (y) + K (z) .$$

Diese Bedingung ist die **heute allgemein akzeptierte Bedingung für ein natürliches Monopol im Mehr-Produkt-Fall**: Eine beliebige Outputkombination im Bereich der relevanten Marktgröße kann günstiger **in einem Unternehmen** hergestellt werden als in zwei kleineren Einheiten.[56]

Die für **Mehrproduktunternehmen** spannende, nicht triviale Frage ist die nach den zugrunde liegenden technischen Bedingungen, d. h. welche Anforderungen müssen an eine Produktionsfunktion gestellt werden, um die Subadditivität der Kostenfunktion zu erreichen. Neben den Economies of Scale [die im Mehrprodukt-Fall alleine weder notwendig noch hinreichend sind für die subadditive Kostenfunktion] kommen hier auch **Economies of Scope** als Verursacher infrage.

Letztere treten auf, wenn durch gemeinsame Nutzung von Produktionseinrichtungen für die Produktion verschiedener Güter Kosten gespart werden: der Gleiskörper der Eisenbahngesellschaft kann sowohl für Personen-, als auch für Gütertransporte genutzt werden, das Leitungsnetz liefert die elektrische Arbeit und gleichzeitig die elektrische Spannung. Diese Beispiele zeigen, dass hierbei häufig „Netze", die durch eine einzelne Produktion eines Gutes nicht ausgelastet werden, eine bedeutende Rolle spielen können.[57] Die technischen Grundlagen sind im Mehr-Produkt-Fall leider nicht mehr so einfach zu beschreiben wie im Ein-Produkt-Fall.[58] Dies kommt dadurch zustande, dass es nicht mehr ausreicht, nur ein Gut isoliert zu variieren: Die Kosteneinsparungen kommen eventuell gerade durch die Mitproduktion der anderen Güter zustande.

Im Folgenden werden wir uns mit der optimalen Preissetzung im Mehrprodukt-Fall beschäftigen, benötigen dafür allerdings noch zum besseren Verständnis einen Exkurs zur Preissetzung eines unregulierten Monopolisten.

Exkurs: Die Cournot-Lösung im Monopol-Fall

Wir unterstellen eine [im relevanten Bereich] lineare Gesamtnachfragefunktion (Preisabsatzfunktion) des Marktes, d. h. $p(y) = a - b \cdot y$. Die zugehörigen Erlöse ergeben sich

---

56 Dies lässt sich leicht auf eine Unterteilung in eine größere Anzahl von Unternehmen übertragen.

57 Wie man sich leicht überlegt, ist die Kapazitätsgrenze des Netzes von entscheidender Bedeutung für dieses Argument: In der Londoner U-Bahn finden tagsüber keine Gütertransporte statt, da die Produktionseinrichtung Schienennetz mit dem Personenverkehr voll ausgelastet ist.

58 Gerade Mehrproduktunternehmen gelten oft als Kandidaten für „natürliche Monopole".

zu $E = p(y) \cdot y = a \cdot y - b \cdot y^2$. Die Grenzkostenfunktion sei durch $GK(y) = c + d \cdot y$ gegeben.

Da Gewinn = Erlös(y) – Kosten(y), ergibt sich durch Ableiten nach y als notwendige Bedingung für ein Gewinnmaximum ohne Regulierungsauflagen:

$GE(y) = GK(y)$, was hier wiederum heißt:

$GE = a - 2b \cdot y = GK = c + d \cdot y$, was ergibt: $y^* = \frac{a-c}{2b+d}$ und $p^* = \frac{(a+c)\cdot b + a \cdot d}{2b+d}$

Ökonomisch heißt das: Wenn der Monopolist seine Produktionsmenge um eine kleine Einheit Δy ausdehnt, erhöht er seine Erlöse [für dieses Δy] um $p \cdot \Delta y$. Gleichzeitig tritt aber ein zweiter Effekt auf: Um Δy überhaupt verkaufen zu können, muss der Preis [für die gesamte bisherige Produktion y] um Δp gesenkt werden, was seine Erlöse für diesen Teil verringert.

Der Gesamteffekt von Δy auf die Änderung der Erlöse $E(y) = p(y) \cdot y$ wird dann gemessen durch $\Delta E = \Delta p \cdot y + p \cdot \Delta y$. Im mathematisch korrekten Grenzübergang gilt somit (Produktregel):

$$GE(y) = \frac{dE}{dy} = \frac{dp}{dy} \cdot y + p = p \cdot 1 + \frac{dp}{dy} \cdot \frac{y}{p} = p \cdot 1 + \frac{1}{\eta_{yp}}$$

Da mit diesen Überlegungen die gewinnmaximierende Menge y_{mon} bestimmt wird, ergibt sich der Preis p_{mon} im Cournot-Punkt auf der Nachfragekurve des Marktes.

Offensichtlich kann ein Gewinnmaximum nur im Bereich positiver Grenzerlöse liegen (siehe Abb. 6.3): Wenn eine kleine Produktionsausweitung den zusätzlich erzielbaren Erlös (Grenzerlös) negativ machte, wäre dies alleine schon negativ für die Gewinnsituation; zusätzlich werden auch nicht die Grenzkosten dieser kleinen zusätzlichen Einheit gedeckt. Das Monopolunternehmen operiert also immer im Bereich der elastischen Nachfrage, d. h.

$$p \cdot 1 + \frac{1}{\eta_{yp}} > 0 \Leftrightarrow -1 < \frac{1}{\eta_{yp}} < 0 \Leftrightarrow \eta_{yp} < -1$$

6.1.1 Wohlfahrtsoptimale Preissetzung eines Mehrprodukt-Monopols

Ein monopolistisches Versorgungsunternehmen produziere mehrere Güter mithilfe einer subadditiven Kostenfunktion. Gesucht ist jetzt eine aus gesamtwirtschaftlicher Sicht optimale Preissetzungs-Regel, die natürlich nicht „first-best" sein kann, denn die Regel Preis = Grenzkosten führt nicht zu einer Kostendeckung. „Second-best"-Preise müssen somit um einen optimalen Aufschlagssatz über den Grenzkosten liegen, um wenigstens Kostendeckung zu erreichen. Im Folgenden betrachten wir den einfachsten Fall von $n = 2$ Gütern, die auf zwei getrennten Märkten nachgefragt werden.

Einige einfache analytische Umformungen eines Maximierungskalküls der Wohlfahrt unter der Nebenbedingung „Gewinn $\pi = 0$" ergeben:

$$\frac{[p_1 - GK_1]/p_1}{[p_2 - GK_2]/p_2} = \frac{\eta_2}{\eta_1}$$

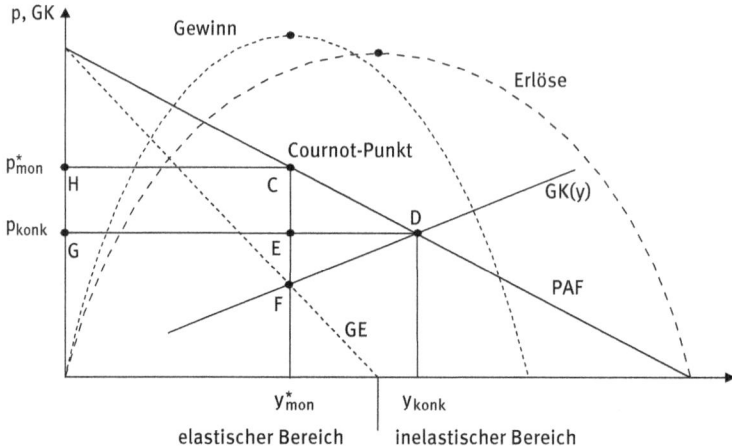

Abb. 6.3: Cournot-Lösung für Monopol mit einheitlichem Preis (lineare GK)

Dies ist die **Ramsey-Preis-Regel** für ein öffentliches Unternehmen, das als natürliches Monopol reguliert werden soll.[59]

Wenn das öffentliche Unternehmen U die Null-Gewinn-Bedingung erfüllen will und danach strebt, die Wohlfahrt zu maximieren, müssen die Preise p_i derart gesetzt werden, dass der relative Aufschlag auf die Grenzkosten (GK_i) proportional zur inversen Preiselastizität der Nachfrage ist.

Die Abweichung der optimal zu setzenden Preise von den Grenzkosten wird gegeben durch

$$\frac{p_i - GK_i}{p_i} = \frac{1}{\eta_i} \cdot \frac{1 - \mu}{\mu} = \text{Ramsey-Zahl } R \text{ mit } -1 < R < 0 \quad \text{für} \quad i = 1, 2 . \qquad (6.1)$$

Das Konzept lässt sich natürlich auch anwenden, wenn aufgrund politischer Wertungen der Regulierer nicht „$\pi = 0$" verlangt. Dies kann beispielsweise der Fall sein, wenn aus regional-politischen Gründen für Postdienste in entfernten dünn besiedelten Gebieten oder für das Angebot bestimmter kultureller Leistungen wie Opernhäuser ein gewisses Defizit $\underline{\pi}$ in Kauf genommen wird. Dann kann die analoge Kalkulation wie oben durchgeführt werden mit der neuen Nebenbedingung $\pi - \underline{\pi} = 0$: Die Regel für das optimale Preisverhältnis bleibt erhalten, sie wird aber an einer anderen Stelle des Produktionsprogramms bzw. der beiden Nachfragekurven angewendet.

Die ökonomische Interpretation der Ramsey-Regel ist sehr intuitiv: Gut 1 sei sehr wichtig für die Konsumenten [$|\eta_1|$ ist „niedrig"], Gut 2 wird nicht so dringend nachgefragt [$|\eta_2|$ ist hoch]. Gemäß der Ramsey-Regel muss dann der relative Aufschlag auf die Grenzkosten für Gut 1 sehr hoch sein, für Gut 2 kann er moderater ausfallen. Diejenigen Konsumenten mit einer [betragsmäßig] niedrigen Preiselastizität der Nachfrage

---

59 Basierend auf Ramsey (1927) und einer Anwendung von Boiteux (1971) auf natürliche Monopole.

müssen mehr zur Abdeckung der fixen Kosten beitragen als diejenigen mit einer betragsmäßig höheren Preiselastizität. Dies kann von besonderer Bedeutung sein, wenn die Konsumenten des Gutes 2 [aber nicht diejenigen von Gut 1] eine Substitutionsmöglichkeit oberhalb eines geeigneten Preises p_2^* haben. Erreicht der Preis p_2 diese Obergrenze, dann würde $\eta_2 \approx -\infty$, sodass der Regulierer p_2^* als Maximalwert akzeptieren muss.

Sei die Ramsey-Zahl durch $R = -0,9$ gegeben. Dann verdeutlicht folgendes Zahlenbeispiel, dass bereits allein eine unterschiedliche „Dringlichkeit" für die Nachfrager zu einer volkswirtschaftlich sinnvollen Preisdifferenzierung führen kann.

Angenommen, dass $GK_1 = GK_2 = 4$ und es gebe zwei Nachfragegruppen mit $\eta_1 = -1,8$ und $\eta_2 = -1,2$ im Optimum.

Dann ergeben sich die Ramsey-Preise durch Anwendung der Formel 6.1:

$$\frac{p_1 - 4}{p_1} = \frac{1}{1,8} \cdot 0,9 = 0,5 \qquad \text{mit} \quad p_1 = 8$$

$$\frac{p_2 - 4}{p_2} = \frac{1}{1,2} \cdot 0,9 = 0,75 \qquad \text{mit} \quad p_2 = 16 \,.$$

Offensichtlich führt die betragsmäßig geringere Preiselastizität der Nachfrage der Gruppe 2 dazu, dass sie den doppelten Preis gegenüber der Gruppe 1 bezahlen muss: Sie kann einfach weniger flexibel auf Preiserhöhungen reagieren. Dieser Befund gilt hier nicht wegen unterschiedlicher Grenzkosten; diese wurden als gleich für beiden Gruppen unterstellt. Sollte zusätzlich gelten $GK_2 = 10$, d. h. die Nutzer der Gruppe 2 verursachen auch höhere Grenzkosten der Produktion, dann gilt sogar ceteris paribus: $p_2 = 40$.

Botschaft dieser Analyse ist aber: Es kann für den Regulierer durchaus ökonomisch sinnvoll sein, für Nachfragergruppen **unterschiedliche Tarife** festzusetzen. In der Praxis geschieht dies auch: So bezahlen Pkw eine andere Maut auf der Brenner-Autobahn als Wohnwagengespanne und diese wiederum eine andere Maut als Kleinlastwagen. Dies beruht nur zu einem geringen Teil auf unterschiedlichen (Grenz-)Kosten, die ihre Straßennutzung verursacht, sondern auch auf der unterschiedlichen relativen Leichtigkeit, auf die Landstraße ausweichen zu können, d. h. einer anderen Preiselastizität der Nachfrage.[60]

Das Hauptproblem der Ramsey-Preise ist die empirische Umsetzung: Die Ermittlung der jeweiligen Preiselastizitäten kann oftmals schlichtweg nicht zu vernünftigen Kosten erreicht werden.

---

60 Ähnliche Argumente gelten für die sog. Spitzenlast-Tarifierung (Peak-Load-Pricing): Danach bezahlen die Verursacher von Netzengpässen im Kern den Hauptteil der Netzkosten. Zu einer solchen Lösung kann man durch Versteigerung von Netzengpässen kommen, wie sie in der englischen Gaswirtschaft bei knappen Einspeisekapazitäten praktiziert werden. Da aber insbesondere in Stromnetzen (und i. d. R. auch in Gasnetzen) Engpässe zumindest innerhalb eines Landes vermieden werden sollen, kann diese Logik nicht für die Regulierung einer normalen Netzsituation herangezogen werden.

6.1.2 Angewandte Regulierungstheorie –
Das unregulierte Monopol als Referenzsystem

Das Monopol produziert den Output y mithilfe der Inputs Kapital K und Arbeit L. Die normale Rendite auf Kapital ist r, der (Real-)Lohn ist w; beide Preise sind exogen gegeben. Alle **effizienten Punkte** für die Produktion eines variablen y liegen auf dem Expansionspfad, d. h. dem geometrischen Ort aller Input-Kombinationen, welche die Kosten für ein gegebenes y minimieren. Eigenschaften:

–   Jeder Gewinn maximierende Output y muss auf dem Expansionspfad, d. h. den Punkten effizienter Produktion, realisiert werden. Andernfalls könnte der Monopolist durch Umstrukturieren seines Produktionsprozesses bei gleicher Produktion Kosten senken und damit seinen Gewinn erhöhen.
–   Der Expansionspfad ist die Menge aller Input-Kombinationen $[K, L]$, für welche die Grenzrate der technischen Substitution (GRTS) zwischen K und L = Quotient r/w beträgt. Dies kennzeichnet die Minimalkostenkombination einer beliebig gegebenen Produktionsmenge.
–   Im unregulierten Fall wählt das Monopol die Menge y_{mon} im Cournot-Punkt. Übersetzt in den $[K, L, \pi]$-Orthanten gibt dies den Gipfel des Gewinn-Gebirges, dargestellt in Abb. 6.4 durch den Punkt M.
–   In einem Punkt A nahe des Ursprungs, d. h. bei sehr geringer Produktion zu „sehr hohem Preis", sind die Gewinne negativ, da das Monopol seine hohen Fixkosten nicht deckt.
–   In einem Punkt C nordöstlich von Punkt M ist die Produktion „zu hoch" in Gewinneinheiten bewertet: Der Grenzertrag ist hier niedriger als die Grenzkosten.

Das Unternehmen wählt K^* und L^* als die optimalen Inputs. In der (K, L)-Ebene [auf welche die Isogewinnkurven projiziert wurden], ergibt sich Punkt M, welcher natürlich für ein Gewinnmaximum auf dem Expansionspfad liegen muss. Die Produktionsmenge in M entspricht y_{mon}.

6.1.3 Rate-of-Return-Regulierung (ROR) und der Averch-Johnson-Effekt

Eine Regulierungsbehörde folgt einer einfachen Regel: Dem natürlichen Monopol wird eine **feste Kapitalverzinsung** erlaubt. Falls diese Verzinsung unterhalb der normalen Profitrate in der Volkswirtschaft liegt, verschwindet das Unternehmen aus dem Markt – d. h. die Regel ist nicht durchzuhalten. Falls jedoch die Kapitalverzinsung oberhalb der Normalprofitrate liegt, wird es eine ineffiziente Wahl der Technik geben: Wenn das Unternehmen eine substitutionale Produktionstechnik mit Kapital und einem Bündel anderer Faktoren (hier abgekürzt als Arbeit) benutzt, dann wird das Monopol-Unternehmen ein höheres Kapital-Arbeit-Einsatzverhältnis wählen als

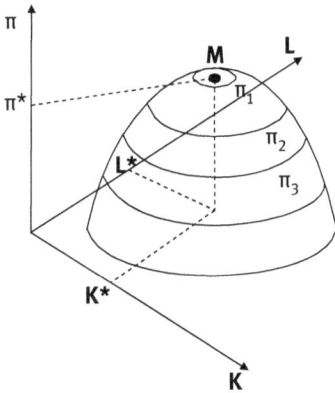

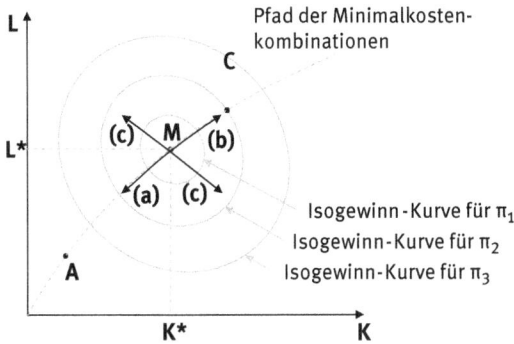

(a) Menge zu gering für Gewinnmaximum
(b) Menge zu hoch für Gewinnmaximum
(c) Menge zwar richtig gewählt, aber mit zu
hohen Kosten wegen Ineffizienz

Abb. 6.4: Gewinngebirge und die optimale Wahl von Kapital und Arbeit

im unregulierten Fall. Dies bezeichnet man als den **Averch-Johnson-Effekt.**[61] Damit wird eine ineffiziente Faktorallokation induziert.

Der Regulierer setzt die Bedingung: $\pi \leq (f - r) \cdot K$ (wobei $f > r$), d. h. die „faire Extra-Rendite", die mit offiziellem Segen erzielt werden darf, beträgt $f - r$.

Dies impliziert, dass das Unternehmen einen absolut höheren Gewinn erzielt, wenn es K erhöht. Die gesetzte Restriktion ergibt eine Ebene der zulässigen (K, L)-Kombinationen, auf der das Unternehmen operieren darf. Da Parameter f unabhängig von L ist, ist diese Ebene an der L-Achse verankert. Gewinn-Maximierung unter dieser neuen Nebenbedingung führt in den Punkt R in Abb. 6.5.

---

61 Nach Averch und Johnson (1962).

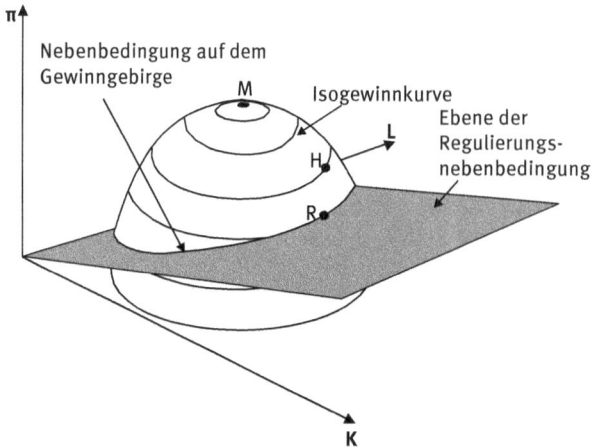

Abb. 6.5: Gewinn-Gebirge, Ebene der Nebenbedingung und G_{max} in R

Resultate:
- Das regulierte Unternehmen setzt mehr Kapital ein als das nicht regulierte.
- Das Kapital-Arbeits-Einsatzverhältnis des regulierten Unternehmens ist **ineffizient hoch**; der gleiche Output hätte zu niedrigeren Kosten mit einer anderen Kombination der Inputs (K, L) produziert werden können → **Averch-Johnson-Effekt**.

Beweis: Annahme des Gegenteils, d. h. Punkt R sei gleichzeitig auf der Ebene der Nebenbedingung und auf dem Expansionspfad. Dieser Fall ist in Abb. 6.6 gezeigt. Die Isoquante durch R hat eine negative Steigung [allerdings nicht $-\infty$]. Eine derartige Isoquante ist in Abb. 6.6 eingezeichnet. Dann gibt es einen Punkt H auf der Isoquante, für den gilt: $\pi_H > \pi_R$ [für einen Punkt H links der Tangente mit der Nebenbedingungskurve]. Aber H läge dann nicht auf dem Expansionspfad, repräsentiert also eine ineffiziente Produktion. Da die Produktion in H und R gleich ist, muss also auch gelten: $\pi_H < \pi_R$, denn R ist ineffizient. Dies erzeugt einen Widerspruch. Der Punkt R kann demzufolge nicht gleichzeitig auf der Ebene der Nebenbedingung und auf dem Expansionspfad liegen.

Hinweis: Die Produktionsniveaus des Unternehmens sind ohne Regulierung und mit Regulierung unterschiedlich. Wir vergleichen somit die Kapital-Arbeits-Einsatzverhältnisse für zwei verschiedene Outputs. Je nach Produktionstechnik kann dabei sehr viel möglich sein. Für „schöne" Produktionstechniken, z. B. homothetische Produktionsfunktionen, einer Verallgemeinerung der homogenen Produktionsfunktionen, für die der Expansionspfad eine Gerade durch den Ursprung ist, gilt auch die **schärfere Version des Averch-Johnson-Effekts**: $[K/L]_M < [K/L]_R$.

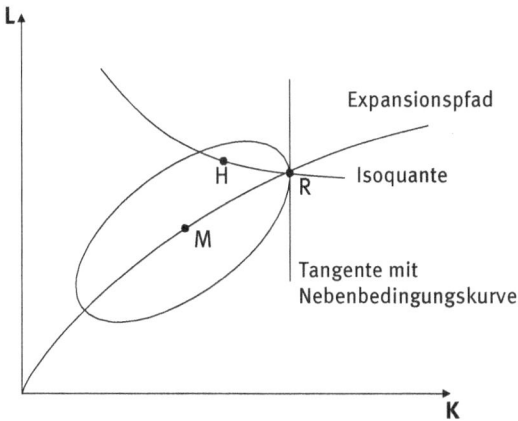

Abb. 6.6: Beispielhafte Darstellung des Widerspruchs in der Lage von *R*

Die Wirkung auf den Output kann auch unterschiedlich sein. Da im unregulierten Fall das Monopol gegenüber dem sozialen Optimum (= Wettbewerbsfall) zu wenig produziert, wäre eine Erhöhung des Outputs sozial wünschenswert. Aber selbst das ist bei hinreichend „ungeschickter" Regulierung nicht gesichert. Alle drei Fälle sind denkbar:

$$y_{mon} > y_{\text{reguliert}} \quad \text{oder} \quad y_{mon} = y_{\text{reguliert}} \quad \text{oder} \quad y_{mon} < y_{\text{reguliert}} \, .$$

Immer gilt jedoch: Auch das regulierte Unternehmen operiert im **elastischen Bereich der Nachfragefunktion**, d. h. dort, wo die Grenzerlöse positiv sind.

Exkurs: Averch-Johnson-Effekt mit stochastischer Nachfrage

In vielen Problemen des realen Lebens kann man die Nachfragefunktion nicht mit Sicherheit einschätzen. Stattdessen gibt es Zufallseinflüsse, die im Falle von Energieunternehmen beispielsweise auf Konjunkturschwankungen, Wetterbedingungen, lokale Sonderkonjunkturen wichtiger Industriekunden (Stahlwerke, Aluminium-Hütte, Chemiefabrik, usw.), Streiks o. ä. zurückzuführen sein können.

In dieser Konstellation kommt es auf die Vorgehensweise des Regulierers an, wie das Unternehmen nachträglich behandelt wird, wenn sich Entscheidungen als „falsch" herausgestellt haben, sodass das Unternehmen zu viel oder zu wenig Gewinne erzielt. Falls der Regulierer hierbei asymmetrische Regeln setzt, z. B. aus politischer Feigheit, dass er „zu hohe" Gewinne toleriert hat, entsteht ein dubioses Anreizsystem. Das Unternehmen kann dann gezwungen sein, die Kosten für ein [ex post] eigentlich nicht benötigtes Kraftwerk, eine Netzerweiterung o. ä. selbst zu tragen, d. h. es erzielt Verluste. Umgekehrt muss es damit rechnen, im Falle unverhofft hoher Gewinne diese abführen zu müssen – falls es etwa einen langfristigen Gasliefervertrag zu günstigen Konditionen abgeschlossen hat, bevor die Gaspreise plötzlich stiegen. Derartige Asymmetrien können ein Unternehmensverhalten herbeiführen, das im Ergebnis gegen die Ziele des Regulierers wirkt und der Konsumentenwohlfahrt schadet.

Unter diesen Annahmen erhält man folgende Modifikationen der obigen Analyse:

- Außer in seltenen Fällen erzielt das Unternehmen nur unterdurchschnittlich hohe Gewinne.
- Das Unternehmen kann eventuell weniger Kapital einsetzen als im unregulierten Fall. Dies bedeutet, dass die Tendenz des Averch–Johnson-Anreizes überkompensiert wird durch das Risiko, erzielte besonders hohe Gewinne nicht behalten zu dürfen.
- Absenken der zulässigen Kapitalrendite senkt den Kapitaleinsatz.
- Das gewählte Kapital-Arbeits-Einsatzverhältnis ist nach wie vor ineffizient hoch.

Diese genannten Ergebnisse führen dazu, dass unter Unsicherheit [und der Gefahr asymmetrischer Regulierung] das Unternehmen weniger produziert als im nicht regulierten Falle. Dies ist im Fall von Infrastrukturnetzen ein unerwünschtes Ergebnis.

6.1.4 Andere Formen der Regulierung

a) Return-on-Output-Regulierung (ROO)

Das Unternehmen kann das Produktionsniveau und die Inputs frei wählen, darf aber durch regulatorischen Eingriff höchstens einen als „fair" angesehenen Satz pro Einheit Produktion als Gewinn erzielen: $\pi \leq k \cdot y$. Im (K, L, π)-Diagramm kann diese Restriktion aus der Produktionsfunktion (y, K, L) abgelesen werden. Anstelle des Outputs y verwendet man $\pi = k \cdot y$. Anstelle normaler Isoquanten (y) bekommt man (K, L)-Kombinationen, die den gleichen Gewinn π erzeugen, d. h. wir beobachten die Isogewinnkurven $\pi = k \cdot y$.

Die Konsequenzen dieses Typs von Regulierung lassen sich wie folgt zusammenfassen (siehe Abb. 6.7):

- Falls das Unternehmen seinen Output nicht effizient herstellt, könnte es seinen Gewinn einfach dadurch erhöhen, dass es die Input-Faktoren neu wählt und damit Kostensenkungen realisiert. Deshalb produziert das Unternehmen auf dem Expansionspfad, d. h. die effiziente Produktion ist gewährleistet.
- Da das Unternehmen seinen Gewinn mit höherem Output vergrößern kann, wird es denjenigen Punkt wählen, wo die Nebenbedingungs-Ebene $k \cdot f(K, L)$ das Gewinn-Gebirge am höchsten Punkt durchschneidet.
- Unter ROO produziert das Unternehmen einen höheren Output als ohne eine derartige regulatorische Nebenbedingung.
- Falls der Gewinnsatz k [pro Einheit Output] gesenkt wird, sodass das Unternehmen nach wie vor positive (Extra-)Gewinne erwirtschaftet, steigt die Produktionsmenge.

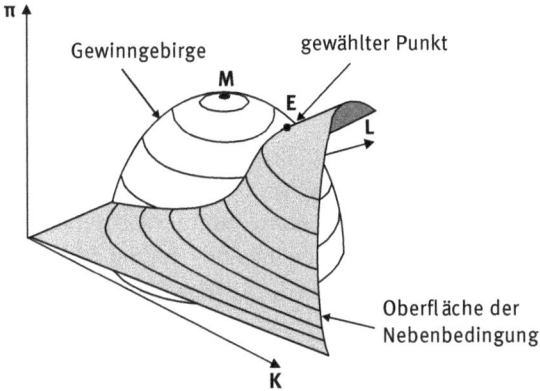

Abb. 6.7: ROO-Regulierung

- Wenn der zulässige Gewinnsatz k auf Null gesetzt wird, ist das Unternehmen indifferent zwischen Produktion und Stilllegung. Falls es sich für eine positive Produktionsmenge entscheidet, können in der kurzen Frist nur schwer substituierbare Inputfaktoren darüber entscheiden, dass es an einer bestimmten [historisch gegebenen] Kombination (K, L) weiter produziert. Wenn beispielsweise der Regulierer schrittweise k absenkt, bis er Null erreicht [was faktisch eine Kapitalverzinsung zum „normalen" Satz beinhaltet], kann ein Output „weit draußen" erreicht werden.

Entgegen dem ROR-Schema ist man hier nicht auf den elastischen Teil der Nachfragefunktion beschränkt. Außerdem ist positiv, dass immerhin effizient produziert wird. Bisher wurde die Nachfragefunktion als gegeben angenommen. Unter diesem Regulierungsregime bestehen allerdings hohe Anreize, die Nachfragefunktion nach außen zu verschieben. Im Falle von Energienetzen heißt das: Es liegt nicht im Interesse des Unternehmens, dass seine (Transport-)Kunden bzw. deren Kunden Energieträger sparen, was im Widerspruch zum allgemeinen Ziel der Energieeinsparung auch bei den Konsumenten stünde.

b) Return-on-Sales-Regulierung (ROS) = Erlösregulierung

In diesem Fall kann die gelieferte Menge nicht so exakt beobachtet werden wie die Verkäufe in Geldeinheiten (z. B. €). Die Regulierungs-Nebenbedingung lautet nun: $\pi \leq k \cdot p \cdot y$. Hier bezeichnet k den Gewinn-Aufschlagssatz auf die Erlöse, welcher dem Unternehmen zugestanden wird.

Da Kosten im Regulierungs-Konzept nicht auftauchen, wird das Unternehmen Grenzerlöse von Null anstreben [sofern dort die Grenzkosten geringer sind als der erzielbare Preis]. Deswegen produziert das Unternehmen einen höheren Output y_0

als im unregulierten Fall y_{mon}. Unter den gemachten Annahmen ist allerdings immer noch $y_0 < y_S$ (y_S = Wettbewerbsergebnis).

Zum anderen gilt: In y_0 erzielt das Unternehmen den höchsten zugestandenen Gewinn π_1. Diesen darf es in den Büchern ausweisen. Faktisch wird bei y_0 aber π_2 erreicht. Falls $\pi_2 > \pi_1$ dank eines „großzügigen" Aufschlagssatzes k auf den Umsatz, dann lohnt sich aus der Sicht des Managements die Verschwendung von Input-Faktoren: Es leistet sich extra teure Dienstfahrzeuge, Privat-Jets etc. und zudem dehnt das Unternehmen die Personaldecke aus Reputationsgründen über das Optimum hinaus. Wenn der Gewinn-Aufschlagssatz k gesenkt wird, steigen die Anreize für derartige ineffiziente Produktion (siehe Abb. 6.8).

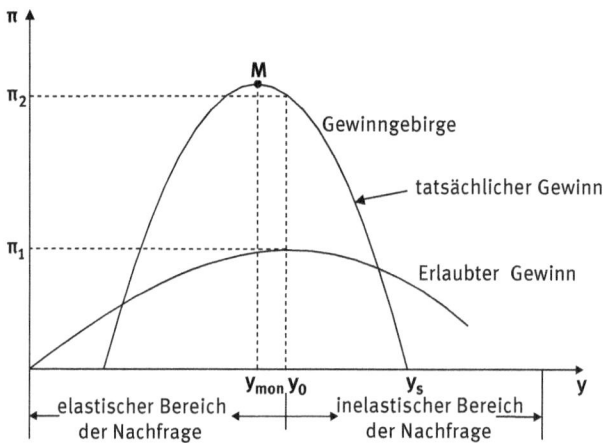

Abb. 6.8: Anreize zur internen Verschwendung durch ROS-Regulierung

c) Return-on-Cost-Regulierung (ROC) = Kostenorientierte Regulierung

In diesem Ansatz verfolgt der Regulierer eine Gewinn-Beschränkung mit Bezug auf die Produktionskosten: $\pi \le k \cdot (wL + rK)$. Diese Nebenbedingung definiert eine Ebene in dem (K, L, π)-Diagramm, wobei die Steigung in der K-Richtung durch $k \cdot r$ (und $k \cdot w$ in der L-Richtung) gegeben ist. Jede Isokosten-Kurve [und damit eine Iso-Gewinn-Kurve] im (K, L)-Diagramm ist somit eine Gerade mit der Steigung:

$$\frac{dL}{dK} = -\frac{r}{w} \tag{6.2}$$

Zunächst wird angenommen, dass das bestmögliche Unternehmensergebnis im **inelastischen Bereich der Nachfrage** vorliegt. Durchschneidet man das Gewinn-Gebirge unter der ROC-Regulierung, so findet man den bestmöglichen Punkt E in Abb. 6.9.

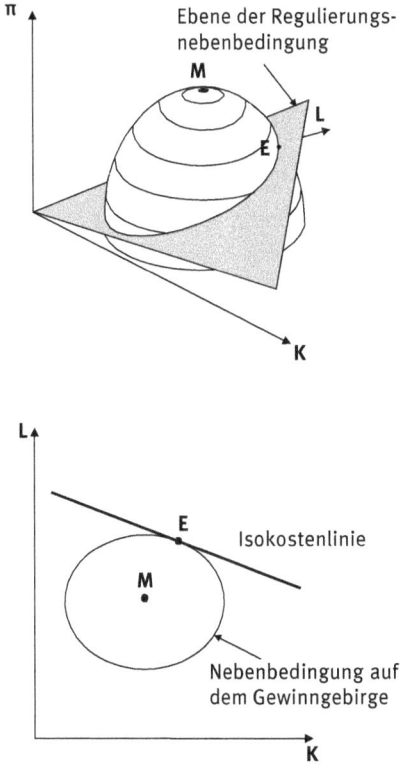

Abb. 6.9: Anreize zur Verschwendung durch ROC-Regulierung

Die Konsequenzen dieses Typs von Regulierung sind wie folgt:
- Das Unternehmen produziert auf dem Expansionspfad, d. h. effizient. Dies ergibt sich aus Gleichung (6.2), die auch die Orte für effiziente Produktion charakterisiert. Da die Isokosten-Kurve tangential zum Gewinn-Gebirge ist, sind alle Gewinne auf dieser Kurve außerhalb von E kleiner als der Gewinn in Punkt E. Es wird somit eine effiziente Produktionstechnik gewählt.
- Unter ROC-Regulierung produziert das Unternehmen einen größeren Output als ohne Regulierung.
- Wenn der zulässige Gewinnaufschlagssatz auf die Kosten k gesenkt wird, sodass das Unternehmen immer noch positive Gewinne erzielt, dann steigt die Produktion und es wird immer noch effizient produziert.

Falls jedoch die Grenzerlöse im relevanten Bereich des Outputs negativ werden sollten, dann gibt es eine Diskrepanz zwischen kostenorientierten Anreizen und Output-Orientierung: Das Unternehmen verliert Erlöse, wenn es seine Produktion ausweitet. Es lässt sich sogar feststellen, dass das Unternehmen in diesem Fall verschwenderische Input-Beschaffung (große Dienstwagen, Manager-Jets, o. ä.) vornimmt, um „Kosten" zu generieren, ohne die Produktion zu vergrößern. Es kann sogar zu „unheiligen" Allianzen zwischen Vorstand und Betriebsrat kommen, um gemeinsam Extra-Kosten zu generieren: Luxuskantine und ein exzellenter Kindergarten sind beispielsweise aus Sicht der Arbeitnehmer angenehme Nebenleistungen, die geldwerten Vorteil bieten.

Der Grund ist einfach: Das Unternehmen wird in keinem Fall seine Produktion erhöhen, wenn die Grenzerlöse Null oder negativ sind. Wenn es dennoch seinen zugestandenen Gewinn durch zusätzliche „Kosten" erhöhen kann, ist es zur „Verschwendung" angereizt. Dies zeigt Abb. 6.9.

d) Die Price-Cap-Regulierung

Eine einfache Daumenregel der [kosten-orientierten] Regulierung ergibt sich mit der **RPI – x-Formel**. Dieser Ansatz wird auf den „Erfinder" und langjährigen Vorsitzenden der englischen Regulierungsbehörde für Strom und Gas (ofgem), Stephen Littlechild, zurückgeführt. Hierbei unterstellt der Regulierer, dass das Unternehmen „Fett" angesetzt hat, d. h. ineffiziente Organisation, zu hoher Personalbestand, zu aufwändige Gebäude etc. Der Regulierer kennt aber nicht die tatsächliche Kostenfunktion des Unternehmens [bei effizienter Produktion]. Deshalb wird eine kostenorientierte Formel angewendet, um im Zeitablauf Druck auf Kosteneinsparungen mit einer Jahresrate x einerseits und Akzeptanz der Einflüsse der allgemeinen Inflationsrate andererseits herzustellen. Für die Inflationsrate wird dabei oft $\hat{p}$ = Konsumentenpreisindex *CPI* [Englisch: **C**onsumer **p**rice **i**ndex] oder Einzelhandelspreisindex *RPI* [Englisch: **R**etail **p**rice **i**ndex] angesetzt.[62]

Entweder für ein einzelnes Gut oder für ein Bündel von Gütern [Preisindex eines Unternehmens] wird eine Obergrenze für die tolerierte Preiserhöhung [bzw. verlangte Preissenkung] durch den Regulierer gesetzt. Der Preis oder der Preisindex für das Bündel wird mit der allgemeinen Inflationsrate (*RPI*) und einer verlangten Effizienzsteigerung mit einer Rate x im Unternehmen verknüpft. Die zulässige Preiserhöhung des regulierten Monopolunternehmens ergibt sich als Steigerungsrate

$$\hat{p}_{mon} = RPI - x \, .$$

Offensichtlich begünstigt diese Art der Regulierung diejenigen Firmen, die in der Vergangenheit ineffizient produziert haben (diese haben reichlich „Fett") und bestraft diejenigen, die bisher bereits nahe der Effizienz gearbeitet haben. In einer statischen Argumentation könnte man meinen, dass die Unternehmen hohe Anreize haben, ihr

---

62 Der Verbraucherpreisindex (Abkürzung in Deutsch: VPI) dient als Indikator zur Geldwertstabilität. Grundlage bildet ein fester Warenkorb, der rund 700 Güter und Dienstleistungen des Konsums enthält. Die Veränderungsrate der Preise für diesen Warenkorb wird gelegentlich als Inflationsrate bezeichnet. Auch der Index der Einzelhandelspreise (Abkürzung in Deutsch EHPI) dient als Indikator für die Beurteilung der Inflation. Es werden allerdings lediglich Güter berücksichtigt, die von Unternehmen des Einzelhandels an private Haushalte verkauft werden, Dienstleistungen sind nicht eingeschlossen.

„Fett" möglichst schnell abzubauen, da sie die erzielbaren Gewinne [zumindest für die Dauer der Regulierungsperiode] behalten können.

In einem dynamischen Kontext kann etwas anderes herauskommen: Wenn das Unternehmen wie in der sozialistischen Planwirtschaft davon ausgeht, dass auch im nächsten Jahr eine Form der $RPI-x$-Regulierung gilt, muss es die [wegen fehlender Rationalisierung] heute anfallenden geringeren Gewinne verrechnen gegen eine etwas komfortablere Situation in den kommenden Jahren (weniger Stress für die Manager, Spielräume für spätere Kostensenkungen). Analoge Anreizwirkungen ergeben sich, wenn der Preis-Cap regelmäßig alle N Jahre (z. B. $N = 5$) neu gesetzt wird.

Eine Modifikation dieses Ansatzes wird in der **deutschen Anreizregulierung für Strom- und Erdgasnetze** praktiziert:

- Hier wird eine Erlösobergrenze vorgegeben. Da das Mengengerüst bisher weitestgehend stabil war, ist dies einer Preisobergrenzenregulierung faktisch sehr ähnlich.
- Neben der allgemeinen Inflationsrate RPI und einer gesamtwirtschaftlichen Produktivitätssteigerung x ist die explizite Berücksichtigung von sektoralen Sondereinflüssen möglich: Die für die jeweiligen Netzindustrien spezifischen Komponenten und deren [reale] Preisentwicklung gegenüber der durch RPI gemessenen Inflationsrate kann durch einen zweiten Effizienzfaktor x_i korrigiert werden.

Die zulässige Entwicklung der Erlöse ergibt sich dann als:

$$\hat{E} = RPI - x - x_i$$

Sollten sich beispielsweise in der Volkswirtschaft eine Inflationsrate von durchschnittlich 1,75 % und ein durchschnittlicher gesamtwirtschaftlicher Produktivitätsfortschritt von 2 % ergeben, dann würde nach der einfachen Price-Cap-Formel folgen, dass die Netzindustrien ihre Entgelte **nominal um 0,25 %**, d. h. jährlich **real um 2 %** (= x-Wert) senken müssten.

Verteuern sich jedoch etwa Aluminium oder bestimmte Komponenten, die für Stromnetze besonders wichtig sind – wie etwa Transformatoren oder Tiefbauarbeiten – deutlich mehr als die 1,75 % der durchschnittlichen Inflationsrate, d. h. beispielsweise $x_i = -3 \%$ = sektorspezifische reale Verteuerung der wichtigen Inputgrößen, dann gilt für die zulässige Entwicklung der Erlöse:

$$\hat{E} = RPI - x - x_i = 1,75\,\% - 2,0\,\% + 3\,\% = 2,75\,\% \, .$$

Der erste Summand beschreibt die nominale Höherskalierung aller Größen durch die allgemeine Inflationsrate, der zweite den allgemeinen Produktivitätsfortschritt durch etwa Computereinsatz oder bessere Arbeitsorganisation. Der dritte Summand fasst die besonderen Kostenimpulse zusammen, denen der Sektor speziell ausgesetzt ist. Die zulässigen Erlöse dürften dann sogar um 2,75 % jährlich steigen, d. h. um einen Prozentpunkt mehr als die allgemeine Inflationsrate. Dank dieser Formel bleiben die Investitionsanreize und die reale Substanzerhaltung der Netze gesichert.

Auf längere Sicht hat diese Form der Entgeltregulierung ein Umsetzungsproblem: Sollten etwa dank besonders hoher deutscher Strompreise wichtige stromintensive Betriebe abwandern, dann könnten dadurch die durchgeleiteten Mengen deutlich zurückgehen, sodass das regionale Verteilerunternehmen die Erlöse aus einer geschrumpften Menge erzielen darf. Dann tragen die übrigen Betriebe, Haushalte und sonstigen Stromkunden eine Zusatzlast in Form höherer Netzentgelte nach dem Motto „who stays, pays", wie dieser Befund in der US-amerikanischen Regulierungspraxis genannt wird.

e) Preisdifferenzierung und nicht lineare Preise
Auf dem Wege der Preisdifferenzierung [z. B. durch Ramsey-Preise] kann ein Monopolist Extra-Erlöse einsammeln. Dies kann sich auch die Regulierungsbehörde zu Nutze machen. Kann der Regulierer
- sicherstellen, dass kein Sekundärmarkt entsteht (nachträgliches Unterlaufen der durch den Regulierer gesetzten Preisdifferenzierung durch Arbitrage),
- die individuelle Zahlungsbereitschaft von Konsumentengruppen abschätzen oder abfragen,
- die entstehende Einkommensumverteilung zugunsten des Monopolunternehmens entweder akzeptieren, weil dadurch Kostendeckung entsteht, oder durch Steuern nachträglich korrigieren,
- politisch und sozial vermitteln, dass verschiedene Kunden verschiedene Preise bezahlen,

dann kann es im Sinne einer Approximation an volkswirtschaftlich optimale Preise effizient sein, Preisdifferenzierung nicht nur zuzulassen, sondern sogar herbei zu führen.

In der Praxis werden dazu nicht individuelle Preise gebildet, sondern für Gruppen von Konsumenten jeweils einheitliche: Block-Tarife oder Spitzenlastpreise.

6.1.5 Regulierung des Zugangs zu Strom- und Erdgasnetzen

Im deutschen Wettbewerbsrecht (GWB) wird seit 1998 nicht mehr ein Unternehmen als Ganzes als ein „natürliches Monopol" angesehen, sondern lediglich Abschnitte in der Wertschöpfungskette eines [bisher] teilweise vertikal integrierten Unternehmens, die als „Engpass-Faktor" für den Wettbewerb auf den übrigen Stufen anzusehen sind. Als Beispiele hierfür lassen sich lokale Verteilungsnetze für Strom, Gas oder Wasser, gegenüber liegende Fährhäfen ohne ökonomisch relevante Ausweichmöglichkeit oder Reservierungs-Systeme für Fluggesellschaften nennen. Derartige Engpassfaktoren werden als „wesentliche Einrichtung" angesehen und müssen unter bestimmten Bedingungen für Dritte geöffnet werden, um den Wettbewerb auf den übrigen Stufen zu ermöglichen, mit dem Ziel einer Herbeiführung von Wettbewerb auf vor- und nach-gelagerten Stufen durch staatliche Intervention.

Die Kriterien für eine „wesentliche Einrichtung" müssen aus ökonomischer Sicht jedoch streng gefasst sein: Ansonsten würde jeder einmalig gute Standort für ein Ho-tel oder eine günstige Naturausstattung für einen Ressourcenbesitzer Grundlage für staatliche Eingriffe. Zudem müssen derartige Kriterien im Lichte technischer Entwick-lungen (Funk- statt Leitungsnetze in der Telekommunikation) und der Marktgröße (Parallelleitungen plötzlich wirtschaftlich) regelmäßig überprüft werden. Als Beispiel für einen Katalog solcher Anwendungsvoraussetzungen lässt sich die „Essential faci-lities"-Doktrin aus den USA nennen, welche die vier folgenden Punkte umfasst: Kon-trolle einer Einrichtung durch einen Monopolisten, technisch-ökonomische Unmög-lichkeit der Duplizierung der Einrichtung, Zugangsverweigerung und Praktikabilität, sowie Zumutbarkeit einer Benutzung durch Dritte.

Die „Essential facilities"-Doktrin hat inzwischen in der Europäischen Wettbe-werbspolitik eine hohe Bedeutung erlangt.[63] Zur Anwendung der Doktrin wurde dort geprüft, wie der relevante Markt abzugrenzen ist, ob eine Tätigkeit des Inhabers der Einrichtung [eventuell mit marktbeherrschender Stellung] auf dem nachgelagerten Markt vorliegt, ob fehlende Ausweichmöglichkeiten für die Nutzung der Einrichtung durch andere rechtlich und tatsächlich mögliche Varianten gegeben sind, ob ökono-mische Unzumutbarkeit der Errichtung einer eigenen Einrichtung vorliegt, inwieweit die Möglichkeit der Mitbenutzung der Einrichtung für Dritte und die Zumutbarkeit der Mitbenutzung für den bisherigen Betreiber zutreffen. Offensichtlich treffen für Strom-netze diese Kriterien zu. Bei Erdgastransportnetzen ist diese Einschätzung nicht so eindeutig, da es große Bereiche in Deutschland gibt, die von Gaspipelines mehrerer Gesellschaften erreicht werden. In Deutschland wurde nach ersten Anwendungen durch das Bundeskartellamt nach obigem Schema[64] die „Essential facilites"-Doktrin im Gesetz gegen Wettbewerbsbeschränkungen (GWB) verankert.[65]

In einer Umsetzung von zwei EU-Richtlinien [zu Strom und Erdgas] haben sich in Deutschland seit 1998 verschiedene Schritte zur Neuordnung der Märkte erge-ben. Wichtiger Bestandteil dieser Neuordnung ist die Erzwingung des Netzzugangs für „jedermann" [sofern er bestimmte technische Zuverlässigkeitskriterien und öko-nomische Bonität aufweist] zu regulierten Bedingungen. Dies ist genauer im Ener-giewirtschaftsgesetz von 2005 geregelt. Seitdem kann ein Stromkunde in Münster beispielsweise Strom von EnBW (Yello) beziehen, obwohl rein technisch die Versor-

---

63 Bekannte Entscheidungen des EuGH, in denen nach der „Essential facilities"-Doktrin argumen-tiert wurde, sind die Urteile im Magill-Fall (EuGH Slg. 1995 I 743 – Magill, Rn. 52) und Microsoft-Fall (EuGH Slg. 2007, II-3601 – Microsoft/Kommission).
64 Vgl. etwa Bundeskartellamt, 9. Beschlussabteilung, B 9–63220–199/97 und B 9–63220–T–16/98. In dieser Entscheidung ging es um die Öffnung der Häfen in Rödby und Puttgarden für neu eintretende Fährunternehmen auf der „Vogelfluglinie".
65 Vgl. GWB, § 19, Abs. 2, Nr. 4.

gung nach wie vor aus dem Netz der Stadtwerke Münster und den dort einspeisenden Kraftwerken (Münster, RWE) erfolgt. Der Ausgleich erfolgt eher im Grenzbereich Baden-Württemberg zu Hessen.

Die Zielsetzung lautet dabei: Durch erzwungene Öffnung und Regulierung der monopolistischen Bottlenecks in der Wertschöpfungskette soll **mehr Wettbewerb auf den vor- und nachgelagerten Stufen** entstehen können. Dies wird auch als Paradoxon der Erhöhung des Wettbewerbs durch verstärkte Regulierung an einer Stelle bezeichnet.

6.1.6 Netznutzung für Erdgas vs. Strom

Tabelle 6.1 gibt einen vergleichenden Überblick über verschiedene Kriterien der Netznutzung von Erdgas und Strom. Aus der Tabelle 6.1 folgt für ein funktionierendes System:

Netzzugangsbedingungen und Entgeltsysteme müssen die **Besonderheiten der Netze berücksichtigen**, um tatsächlich die angestrebte Erhöhung der Wettbewerbsintensität im Markt zu erreichen und dennoch keine Störungen oder höhere Wahrscheinlichkeiten für Blackouts o. ä. zu induzieren.

Für die Durchleitung durch Netze sind somit mehrere Fragen zu lösen. Dabei lassen sich bei gegebenem Netz bestimmte Problembereiche beschreiben:

–   **Teilnehmerkreis** auf der Anbieter- und Nachfrageseite, d. h. zur Vermeidung von Diskriminierung sind einheitliche technische Standards, die aus Betriebsnotwendigkeiten und Sicherheitsanforderungen abgeleitet werden, anzulegen. Zur Vermeidung von Hit-and-Run-Strategien[66] sind auch ökonomische Sicherheitsstandards denkbar.

–   **Rechte und Pflichten des Netzbetreibers** zur Gewährleistung bestmöglicher Sicherheit (Abstimmung mit anderen angrenzenden Netzbetreibern, technische Standards, Abwurfregeln, usw.).

–   Wie groß ist der **optimale „Club der Netzbetreiber"**? Dabei stehen Vorteilen durch mehr potenziellen Wettbewerb bei größerer Netzreichweite auch Gefahren durch Free-Rider-Verhalten bei Netzstörungen bzw. Versuche, „eigentlich" notwendige Abschaltungen zu vermeiden, gegenüber. Beispielhaft seien die großflächigen Blackouts in den USA (14.08.) und Italien (28.09.) im Spätsommer 2003 genannt. Im UCTE-System versucht man dies durch einheitliche Standards zu ordnen.

–   **Zuteilungsverfahren knapper Netzkapazitäten:** Grundsätzliches Problem aller Verfahren wird sein, dass Netznutzer sehr unterschiedliche Zeitspannen für ihre jeweilige Netznutzung einplanen werden. Die Absicherung eines langfristi-

---

66 Als Beispiel kann hier die ENRON-Krise in den USA herangezogen werden, mit einem zunächst scheinbar starken Newcomer, der sich aber als Pleitier entpuppte.

Tab. 6.1: Netznutzung für Erdgas vs. Strom

Kriterium	Strom	Erdgas
Produktionsstätten	viele Standorte für Kraftwerke möglich, allerdings Einschränkungen durch Kühlwasserverfügbarkeit bzw. Transportkosten der Energieträger (Erdgas, Kohle, usw.)	durch natürliche Vorkommen vorgegeben
Angebotsstruktur	enges Oligopol auf der Kraftwerksbetreiberseite; GuD-Kraftwerke auf Erdgasbasis stärkstes Instrument für Newcomer (bspw. in Großbritannien 2003)	enges Oligopol auf der Anbieterseite; Chancen für Newcomer als Gashändler durch Kontrakte aus der Nordsee oder LNG aus entfernten Erdgasvorkommen?
Importquote	Größenordnung max. 10 %; bisher international begrenzte Übertragungskapazitäten in Europa; Anreize für Netzausbau in EU?	rund 80 %, d. h. wie werden die vorgelagerten Netzteile durch eine deutsche bzw. EU-Regulierung behandelt?
Substitutionsmöglichkeit	i. d. R. kurz- bis mittelfristig extrem gering; Marktpreisbildung bei Angebotsengpässen führt zu hohen Preisausschlägen	kurzfristig gering, mittelfristig hoch (Spaltung des Marktes nach „anlegbarem Preis" Öl – Kohle?
Produkthomogenität	Strom auf jeder Spannungsstufe	unterschiedliche Brennwerte und Qualitätsunterschiede
Tag-Nacht- und saisonale Schwankungen	ausgeprägte Tagesspitzen, Winterspitzen; Kraftwerkspark muss jederzeit Nachfrage decken können, ebenso Netzkapazitäten	Sommertal und Winterspitzen machen Speichernutzung nötig; auch lokale Speicher möglich
Speicherfähigkeit	fast nicht gegeben; stattdessen jederzeit Zeitgleichheit von Verbrauch und Erzeugung	sowohl in separaten Speichern als auch in begrenztem Umfang in der Pipeline, LNG als neue flexiblere Option
Transport	Spannungshaltung durch Zuschaltung entsprechender Kraftwerke	physischer Transport der Gasmoleküle
Richtungstransport	in D. selten, eher in regionalen Sonderfällen wie Schottland oder Norwegen – Mitteleuropa	Regelfall auf Ferngasstufe, bei vermaschten Regional- und Lokalnetzen eher selten
Verluste durch "Transport"	auf Hochspannungsebene gering bei Entfernungen innerhalb Deutschlands	Druckabfall und Gasverbrauch für Kompressoren
konkurrierende Leitungen in einem Gebiet	bisher nicht gegeben; technisch wenig sinnvoll	durch Markteintritt vor allem von WINGAS oftmals gegeben
Anfahrzeit nach Störung bzw. Unterbrechung	wenige Stunden bis maximal Tage	mehrere Tage (bspw. Interconnector Bacton-Zeebrugge 2002)
Politischer Prozess auf EU-Ebene	Florenz-Forum (regelmäßige Arbeitstreffen EU + Elektrizitätswirtschaft + nationale Regierungen)	Madrid-Forum (regelmäßige Arbeitstreffen EU + Erdgaswirtschaft + nationale Regierungen)

gen Liefervertrags erfordert einen Netzzugang über beispielsweise 10–15 Jahre, ein kurzfristiges Arbitragegeschäft mit Einsatz von Speichern benötigt eine Gasleitung hin zum Speicher in den Sommermonaten und weg vom Speicher zu den Großkunden im Winterhalbjahr.

– Bevorzugte Bedienung der **alteingesessenen Unternehmen** ist rechtlich und wettbewerbspolitisch nicht haltbar.

– **„First-come-first-served"** ist mit der Gefahr verbunden, dass die Langfristkunden wichtige Pipelines blockieren, dürfte aber wegen der Take-or-pay-Klauseln in bestehenden Verträgen oftmals rechtlich unverzichtbar sein. Hier muss dann eine Regelung „Use-it-or-lose-it" greifen, um ungenutzte Kapazitäten zu vermeiden.

– **Auktionen** müssen eine Periodenlänge und/oder Teilkapazitäten definieren, die jeweils zur Versteigerung kommen. Daraus ergeben sich unterschiedliche Häufigkeiten und Reichweiten der Auktionen. Die Erfahrungen mit Auktionen im grenzüberschreitenden Stromaustausch, etwa zwischen Deutschland und den Niederlanden, sind durchaus positiv zu sehen, haben aber auch oft ineffiziente Ergebnisse gebracht. Die Versteigerungen der Transco (heute Lattice) für die Gaseinspeisepunkte an der Nordseeküste Großbritanniens haben sehr viele Probleme mit der übrigen Regulierung gebracht: Die Einnahmen der Auktionen waren deutlich über den Erwartungen und kollidierten mit den übrigen Regulierungskonzepten.

– Eine **Pro-rata-Rationierung** hat den großen Nachteil der erheblichen Planungsunsicherheit. Wenn etwa ein GuD-Newcomer-Kraftwerk nur Erfolg bei 7000 h p. a. hat und wenn es dann im Jahr 2015 durch eine Pro-rata-Rationierung auf 5500 h p. a. gezwungen wird, ist das Projekt unwirtschaftlich. Alleine die Sorge davor kann das Projekt scheitern lassen.

– Schaffung **virtueller Zonen** [unterschiedliche untereinander verbundene, aber separat betriebene Pools] mit jeweils einheitlichen Netzpreisen innerhalb eines Gebietes hat einen ähnlichen Effekt: Je nachdem, wie die Zonen liegen, könnte dies einzelne Nutzer bevorzugen und andere benachteiligen. Da ein potenzieller Neueinsteiger u. U. nicht weiß, wie die Zonen liegen werden [oder ob man diese in der Zukunft noch anpasst], erhöht das ebenfalls die Unsicherheit und kann zu weniger Wettbewerb führen.

Als zweites Kriterium sind Anreize für mittelfristig erforderliche Netzverstärkung bzw. Ausbau zu sehen, um drohenden Engpässen rechtzeitig vorzubeugen. Dies ist aktuell besonders wichtig im Strombereich, weil sich wegen des Kernenergieausstiegs einerseits und der geplanten Offshore-Windkapazitäten andererseits erhebliche Netzprobleme in Nord-Süd-Richtung ergeben können.

Die **Netzentgelte** müssen somit mehrere Funktionen gleichzeitig erfüllen:

a) Einerseits dem Netzbetreiber eine ökonomisch solide Basis gewährleisten [Kostendeckung bei angemessener Verzinsung des Kapitals],

b) zweitens das zuvor genannte Problem des rechtzeitigen Netzzubaus durch geeignete Anreize behandeln,

c) keine Wettbewerbsbarrieren für die vor- und nachgelagerten Stufen aufrichten und

d) eine möglichst effiziente Aufteilung der Gesamtkosten auf die einzelnen Nutzer [mit unterschiedlichen Lastprofilen, unterschiedlichen Mengen, usw.] leisten.

Zur Ermittlung der „**Kostenbasis**" für die einem Netzbetreiber zugestandenen **Gesamterlöse** aus den Netzentgelten hat die Betriebswirtschaftslehre ausreichend fundierte Überlegungen angestellt. Um Inflationssicherung, d. h. Substanzerhaltung zu erreichen, gibt es mehrere bei richtiger Anwendung äquivalente Verfahren der sachgerechten Kombination von **Kapitalwert** [Anschaffungs- vs. Tageneuwertprinzip] und dem zugehörigen **kalkulatorischen Zinssatz.**

Damit hat man aber nur den ersten Schritt getan: Die **Aufteilung einer vorgegebenen Gesamtsumme auf eine Vielzahl von Transaktionen** mit unterschiedlicher ökonomischer Bedeutung [verschiedene Laufzeiten von Durchleitungsbegehren, unterschiedliche Lastprofile, Unterbrechbarkeit oder ständig gesicherte Durchleitung, Behandlung stochastischer Störungen, usw.] wirft einen großen Fragenkatalog auf. Erfahrungen beispielsweise aus der Erdgastransportregulierung in UK zeigen, dass hier schnell eine sehr große Komplexität erreicht wird.

Die ökonomische Theorie hat mit der Idee von Ramsey-Preisen eine Begründung für effiziente Bepreisung mit zugehöriger Preisdifferenzierung nach ökonomisch vernünftigen Kriterien geliefert, d. h. es muss nicht zwingend missbräuchliche Ausnutzung von Marktmacht eines Netzbetreibers sein, wenn für 1 cbm Erdgas unterschiedliche Transportentgelte erhoben werden, wie beispielsweise in Großbritannien zu beobachten ist.

Beim **Ferntransport von Strom** auf Höchst- und Hochspannungsebene gibt es in Deutschland eine „Briefmarkenlösung" für jeden Übertragungsnetzbetreiber (ÜNB). Allerdings wird dabei nicht nach Standort des Kraftwerks differenziert (G-Komponente), was bei Knappheiten und Netzengpässen wegen zu starker Konzentration neuer Kraftwerke auf bevorzugten Standorten zu Fehlanreizen führen kann: Der einzelne Investor plant lediglich seine individuellen Kraftwerkskosten ein, nicht jedoch die erforderliche Netzverstärkungs- oder sogar Ausbaunotwendigkeit. Letztere wird „sozialisiert" und durch erhöhte Netzentgelte auf alle Stromverbraucher umgelegt. Auf der Verteilungsebene gibt es nach Spannungsstufen differenzierte „Briefmarkentarife".

Beim **Ferntransport für Erdgas** gibt es zurzeit drei „Marktgebiete", zwei für H-Gas und eines für L-Gas. Die Anzahl ist einerseits technisch durch die unterschiedlichen Erdgasqualitäten (H-Gas und L-Gas), andererseits durch den Verknüpfungsgrad der Pipelines gegeben. Mit jeweils einem Einspeise- und einem Ausspeisvertrag haben die Gashändler die Verantwortung für den effizienten Transport an den Marktgebietsbetreiber abgegeben.

Bei **Erdgastransporten** sind die international üblichen Entgeltsysteme in größeren Ländern immer aus drei Komponenten aufgebaut:
- Kapazitätsentgelt (i. d. R. deutlich über 50 %),
- Arbeitsentgelt und
- Entgelt für zusätzliche Dienstleistungen im Transport (Flexibilität zwischen Ein- und Ausspeisung, Systemdienstleistungen, usw.).

Ob das derzeitige deutsche System alle Anreizfragen befriedigend löst, muss die Erfahrung zeigen.

6.1.7 Methoden der Effizienzschätzung

In Deutschland ist die Bundesnetzagentur seit 2005 für die Regulierung der Strom- und Erdgasnetze zuständig. Seit 2009 wendet sie die Methode der Anreizregulierung an: Jedem Unternehmen werden über einen überschaubaren Zeitraum Vorgaben für Effizienzverbesserungen gemacht. Werden diese übertroffen, kann das Unternehmen die entstehenden Extra-Überschüsse behalten. Gleichzeitig werden damit für die anschließende Regulierungsperiode Informationen gewonnen, wie weit Effizienzsteigerungen möglich waren.

Die Ermittlung eines individuellen X-Faktors setzt den Vergleich des jeweiligen Unternehmens i mit einem möglichst effizienten [vergleichbaren] voraus. Nun wird man angesichts der unterschiedlichen Größen von Unternehmen (Stadtwerke Hannover oder Bremen vs. Stadtwerke einer Mittel- oder Kleinstadt) kaum von einfachen Vergleichen ausgehen können. Zusätzlich ist bei der dominierenden unterirdischen Leitungsverlegung auf der Verteilebene auch davon auszugehen, dass etwa Geländebedingungen (felsig, Steigungen, usw.), Salzgehalt im Grundwasser (Korrosionsschutz) oder andere natürliche Einflussgrößen die Kosten der Verteilungsnetze beeinflussen ebenso wie Anschlusswerte pro km Kabel oder die Dichte von Industriekunden mit bestimmter Stromabnahme in wenigen leicht erschließbaren Gewerbegebieten.

Da eine wichtige Begründungsmöglichkeit für ein „natürliches Monopol" auch in Skaleneffekten – eventuell kombiniert mit guten Economies of Scope, d. h. Bündelungseffekten – besteht, kommt es bei der empirischen Abschätzung vor allem darauf an, die Effizienzvergleiche möglichst sachgerecht vorzunehmen.

In der Praxis gibt es mehrere Verfahren, die aber häufig den Nachteil haben, der einfachen mathematischen Methode zuliebe wichtige Bedingungen eines natürlichen Monopols entweder zu ignorieren [etwa durch Annahme einer linear-homogenen Produktionsfunktion in den Input-Variablen] oder recht „robust" damit umzugehen [etwa durch Bildung einiger weniger Größenklassen, womit ansatzweise dem Effekt steigender Skalenerträge Rechnung getragen werden soll].

a) Dateneinhüllungsanalyse (DEA)

Im Grundmodell der DEA werden konstante Skalenerträge in als wichtig erachteten Input-Faktoren unterstellt. Es werden verschiedene Kombinationen von Inputmengen mit den jeweils erzeugten Outputmengen betrachtet. Gemäß der Annahme linear-homogener Funktionen kommt es dabei nicht darauf an, ob 1 Mrd. kWh oder nur 50 Mio. kWh jährlich verteilt werden. Durch proportionales Herunterskalieren wird beispielsweise betrachtet, welche Inputbündel jeweils 1 Mio. kWh ermöglicht haben. In Abb. 6.10 werden diejenigen Unternehmen als die effizienten identifiziert, die im Sinne einer stückweise linear-limitationalen Produktionsfunktion – die aber beliebige Zwischenlösungen durch geeignete Linearkombinationen zulässt – am günstigsten produzieren.

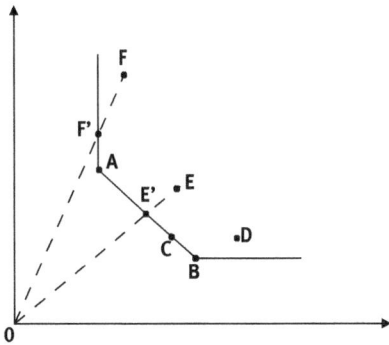

Abb. 6.10: Einfache DEA

Die Unternehmen A, B und C gelten als effizient: Sie benutzen zwar alle unterschiedliche Inputkombinationen; diese werden aber nicht durch bessere unterboten. Aber auch ein fiktives Unternehmen E', das zu 50 % die Technik von A und zu 50 % die Technik von B nutzt, gilt als effizient. Damit lässt sich das real existierende Unternehmen E in seiner Ineffizienz messen. Das „nötige" Inputbündel OE' wird angesichts des tatsächlichen Einsatzes von OE um (OE/OE' – 1) · 100 % übertroffen. Die untere Grenze der Peer-Unternehmen wird somit durch Methoden der Linearen Programmierung gefunden. Das Unternehmen F' ist ein Sonderfall: Obwohl es offensichtlich [gegenüber A] unnötig viel von Inputfaktor x_1 einsetzt, wird es für das real existierende Unternehmen F als Vergleichsmaßstab benutzt. Dieses Phänomen wird in der Literatur als Slack-Problem bezeichnet und muss gesondert behandelt werden.

Wenn bei einer DEA auch die Preise der Input-Faktoren als einheitlich gegeben und bekannt vorausgesetzt werden können, dann lässt sich die Minimalkostenkombination [beispielsweise nur im Punkt A] ermitteln. Dann könnte auch der Input in Punkt C verringert werden, sodass auch Unternehmen C als ineffizient eingestuft wird.

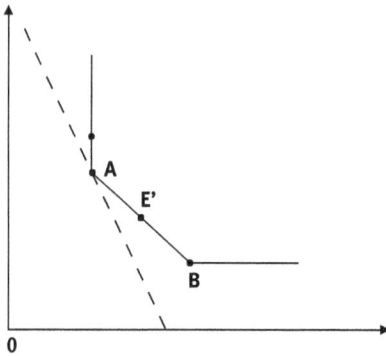

Abb. 6.11: DEA mit allokativer Effizienz (Minimalkostenkombination)

Um dem nahe liegenden Einwand zu begegnen, die DEA basiere faktisch auf konstanten Skalenerträgen, was mit der Annahme eines „natürlichen Monopols" kollidieren kann,[67] gibt es auch eine Variante der DEA VRS (variable returns to scale). Hier wird explizit berücksichtigt, dass es eine optimale Betriebsgröße geben kann, die etwa bei kleineren Verteilerunternehmen nicht erreicht wird, sodass diese gemessen an der klassischen DEA mit constant returns to scale ungünstig aussehen müssen.

Deswegen werden jeweils innerhalb einer Gruppe vergleichbar „große" Netzbetreiber verglichen. Die kritische Frage hierzu ist jedoch, ob die suboptimale Unternehmensgröße als gegeben angenommen werden muss [etwa, weil rund um die betreffende Stadt keine weiteren Kooperationspartner zu finden wären] oder ob durch Kooperation bzw. sogar Fusion noch Skalenvorteile genutzt werden könnten, die bislang unbeachtet geblieben sind. Durch rechtliche Vorgaben muss die Bundesnetzagentur die DEA in einer Form, die nicht fallende [also entweder konstante oder steigende] Skalenerträge unterstellt, anwenden.

Vorteile der DEA liegen darin, dass der DEA keine spezifizierte komplizierte Produktionsfunktion unterliegt, dass die Peer-Unternehmen ausgewiesen werden [und damit ein Vergleich grundsätzlich möglich ist] und sie deshalb eher akzeptiert wird als scheinbar komplexere Verfahren. Der größte Nachteil der DEA liegt darin, dass „Ausreißer" [und wenn sie auf Datenfehlern oder unklaren Abgrenzungsfragen, etwa bei ausgelagerten Aktivitäten oder Festlegung von Personalstärke, beruhen] das Ergebnis entscheidend bestimmen können. Zudem ist natürlich die Frage der relevanten Inputs offen für strategisches Verhalten vor Durchführung der DEA: Jedes Unternehmen weiß um seine Schwächen und wird versuchen, die für seine Zwecke günstige Variablenwahl zu beeinflussen.

---

67 Nur wenn ein zusätzlicher fixer Faktor mit hohen Fixkosten ins Spiel kommt und die DEA nur für die variablen Faktoren durchgeführt würde, entkäme man dem Problem.

b) Parametrische Verfahren

Bei den parametrischen Verfahren muss eine Annahme über den funktionellen Zusammenhang zwischen Inputgrößen und Output, d. h. de facto eine spezielle Annahme über den grundsätzlichen Verlauf der Kostenfunktion, getroffen werden.

Dann wird durch eine ökonometrische Schätzung der Beitrag der einzelnen Kostenbestandteile geschätzt. Wenn man entsprechende mathematische Annahmen über die [zufällige] Streuung der Abweichungen der mittleren Schätzung trifft, kann man sogar Aussagen über die relative Zuverlässigkeit des ermittelten Zusammenhangs treffen. Als „bewährte" Typen von Kostenfunktionen werden oft die Cobb-Douglas- und die so genannte Translog-Kostenfunktion verwendet.

Aus schätztechnischen Gründen verwendet man bei ersterer die logarithmierte Form für die Kosten C in Abhängigkeit der beiden Inputs x_1 und x_2:

$$\ln C = \ln A + b_1 \cdot \ln x_1 + b_2 \cdot \ln x_2$$

Darauf wendet man das übliche Verfahren der Regressionsschätzung für lineare Funktionen an, um den unbekannten Parameter aus der kleinsten Quadrate-Abweichung in einer Punktwolke zu schätzen.

Auch hier wird oft eine linear-homogene Funktion unterstellt, sodass der eigentliche Grund für das „natürliche Monopol" unklar bleibt.

Mit der Translog-Funktion steht eine größere Klasse möglicher Kostenfunktionen zur Verfügung, was allerdings durch die größere Zahl der zu schätzenden Parameter dann nachteilig wird, wenn keine allzu große Stichprobe verfügbar ist. Wegen der fast automatisch in Kauf zu nehmenden Kollinearität der Variablen ist die Translog deshalb nur bei großen Stichproben einigermaßen zuverlässig anwendbar.

Das Vorgehen wird im Folgenden schrittweise anhand der Methode der kleinsten Quadrate (ordinary least squares = OLS) erklärt, welche besser als Methode der „Minimierung der quadratischen Abweichung zwischen IST-Daten und geschätzten Werten" zu bezeichnen wäre.

Die folgende einfache Skizze verdeutlicht das Vorgehen für den Fall eines Inputfaktors. Für mehrere Inputfaktoren gibt es zahlreiche Softwarepakete, mit denen die entsprechenden Schätzungen vorgenommen werden können. Regressionsschätzungen können z. B. mit Microsoft Excel vorgenommen werden. Für anspruchsvolle Fragen und große Datenmengen sollte jedoch Spezialsoftware benutzt werden.

Heuristisch sucht der OLS-Schätzer für die [bisher] unbekannten A und b (im Zwei-Variablen-Fall gibt es nur einen Ordinatenabschnitt $\ln A$ und als Steigungsmaß der linearen log-Funktion den Faktor b) diejenigen Werte, durch welche die quadratische Abweichung von den IST-Werten insgesamt minimiert wird. Damit verläuft die geschätzte Gerade in einem gewissen Sinne durch die Mitte der Punktwolke. Es wird somit eher ein Durchschnitt geschätzt als der bestmögliche Grenzwert (siehe Abb. 6.12).

Je nachdem, welche Annahme über die stochastische Verteilung der Störungen unterstellt wird, erhält man

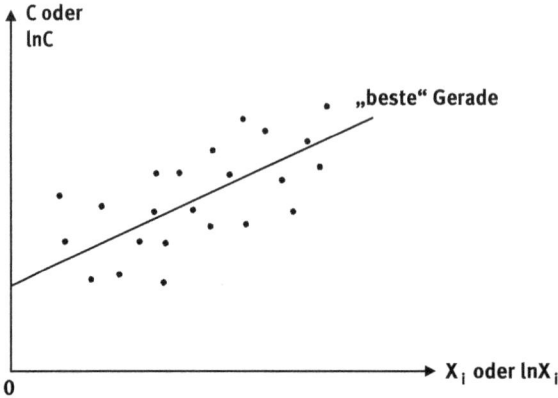

Abb. 6.12: Verdeutlichung der Methode der kleinsten Quadrate (OLS-Schätzung)

– verschiedene Ergebnisse und
– Schätzungen für die Güte der Regression.

Im Standardfall der häufig unterstellten Normalverteilung für die Störterme entspricht dies der klassischen OLS-Methode, es gibt aber auch Varianten mit anderer Verteilungsannahme (Halbnormal- oder Exponentialverteilung), die als modifizierte OLS (=MOLS) bezeichnet werden.

Auf der Basis dieser Durchschnittsschätzung lässt sich jedoch eine „effiziente Grenze" ermitteln: Wenn man die Gerade [bei Annahme gleicher Steigung] durch die niedrigsten Punkte der Wolke legt [womit die neuen Peer-Unternehmen ausgewählt sind], dann erhält man die „Kostenfunktion der effizientesten" Unternehmen nach dem COLS-Verfahren. Wenn man die Schätzung mit anderen Verteilungen vornimmt, ergibt sich direkt eine Schätzung der „guten Unternehmen", welche nicht mehr durch Verschieben korrigiert wird.

Abbildung 6.13 zeigt die Grundidee: OLS wird als Schätzung einer mittleren (In-)Effizienz genommen – dann auf COLS für „das effiziente" Unternehmen korrigiert.

c) Stochastische Effizienzgrenzen-Analyse (SFA = stochastic frontier analysis)

Hier ist die Vorgehensweise gegenüber der obigen Idee modifiziert: Die Ineffizienz gegenüber dem [oder den] besten Unternehmen wird durch einen Störterm modelliert, der immer nur ein positives Vorzeichen haben kann, was durch eine geeignete Verteilungsfunktion gesichert ist. Mithilfe eines anderen [allgemeineren] Schätzverfahrens, der so genannten Maximum-Likelihood-Methode, wird dann simultan die Kostenfunktion der als effizient bewerteten Unternehmen ermittelt und die Schar derjenigen, die wegen Ineffizienzen nach oben abweichen.

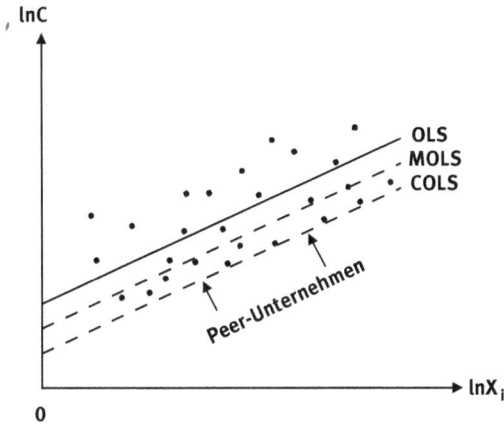

Abb. 6.13: Verschiedene OLS-Verfahren

d) Bewertung

Die Verfahren (b) und (c) benötigen große Stichprobenumfänge, sodass unter ungünstigen Umständen nur die DEA sinnvoll ist. Bei der Abgrenzung der „wichtigen" Variablen entscheiden oftmals einige Variablen über vermeintliche Effizienz bzw. Ineffizienz desselben Unternehmens.

Das größte Problem ist jedoch, dass bei einem identischen Datensatz die verschiedenen Ansätze durchaus zu unterschiedlichen Bewertungen/Reihenfolgen der effizienten bzw. ineffizienten Unternehmen kommen, was die praktische Anwendung wegen mangelnder Akzeptanz stark erschwert. Deswegen hat sich die Bundesnetzagentur für ein Auswahlrecht „best of four" entschieden, d. h. beispielsweise für ein Unternehmen, das in Verfahren A als 98 % effizient eingestuft wurde, aber mit Verfahren B–D nur als 80–85 % effizient gilt: Es kann sich damit als 98 % effizient bewerten lassen.

6.2 Doppelte Marginalisierung

Eine besondere Problematik ergibt sich in der Regulierung von Energiemärkten, wenn sich verschiedene nachgelagerte Stufen der Wertschöpfungskette in der Hand unterschiedlicher Monopolisten befinden. Diese berechnen für ihre gegebenen Nachfragefunktionen jeweils ihren eigenen Cournotpunkt, was im Endeffekt für die gesamtwirtschaftliche Wohlfahrt problematischer ist, als wenn nur ein einzelner Monopolist die Verbraucher beliefert. Dies bezeichnet man in der Industrieökonomik als das Problem der doppelten Marginalisierung,[68] welche wir nun weiter am Beispiel eines monopo-

---

[68] Nach Sprengler (1950) und Motta (2004).

listischen Ferngasunternehmens A, welches ein monopolistisches Stadtwerk B beliefert, vertiefend diskutieren werden.

Die Logik der doppelten Marginalisierung ist in Abb. 6.14 dargestellt. Wenn ein monopolistisches Ferngasunternehmen A nicht selbst direkt an die Endnachfrage verkauft, sondern seinerseits an ein monopolistisches Stadtwerk B liefert, das sich einer linearen Nachfragefunktion der Endnachfrager $p_B = a - b \cdot x$ gegenüber sieht, dann entsteht eine vertikale Struktur mit zwei hintereinander agierenden Monopolisten. Ferngasunternehmen A produziert die Menge x_B zu konstanten Stückkosten von c.

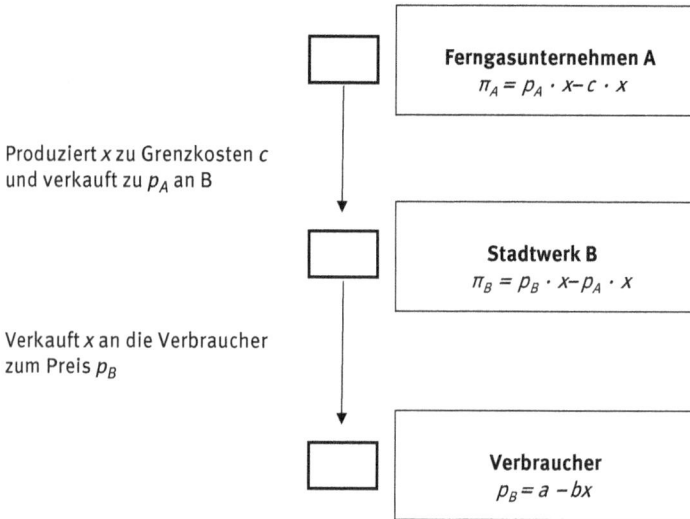

Produziert x zu Grenzkosten c
und verkauft zu p_A an B

Ferngasunternehmen A
$\pi_A = p_A \cdot x - c \cdot x$

Verkauft x an die Verbraucher
zum Preis p_B

Stadtwerk B
$\pi_B = p_B \cdot x - p_A \cdot x$

Verbraucher
$p_B = a - bx$

Abb. 6.14: Doppelte Marginalisierung

Wenn Unternehmen A den Preis p_A setzt, dann entspricht dies den Grenzkosten für den zweiten Monopolisten B. Angesichts der gegebenen Nachfragefunktion am Markt maximiert B seinen Gewinn π_B und erhält:

$$p_B = \frac{a + p_A}{2}$$

und

$$x = \frac{a - p_A}{2b} \qquad bzw. \qquad p_A = a - 2b \cdot x$$

was gleichzeitig der Nachfrage für A entspricht. Da Anbieter A diese Mechanismen durchschaut, setzt er in seine eigene Gewinnfunktion die Menge auf

$$x^* = \frac{a - c}{4b}$$

und den Preis

$$p_A^* = \frac{a + c}{2}$$

was zum Konsumentenpreis

$$p_B = 3/4a + 1/4c$$

führt. Dieser Preis liegt oberhalb des Preises in einem einfachen Monopol. Die letzt-endlich angebotene Menge x_B ergibt immerhin nur die Hälfte der Menge des einfachen Monopols. Der Monopolgewinn der beiden Monopolisten zusammen ist kleiner als bei einem einfachen Monopol. Einfache Rechnungen zeigen, dass gilt:

$$G_A = \frac{(a-c)^2}{8b} < G_{\text{Monopolist}} = \frac{(a-c)^2}{4b}$$

Der Gewinn des Unternehmens A ist also nur halb so hoch wie der Gewinn eines in-tegrierten Monopolisten. Im Fall der doppelten Marginalisierung ist jedoch auch der kombinierte Gewinn der beiden Monopolisten geringer als der Gewinn eines vollstän-dig integrierten Unternehmens. So führt die Einbeziehung des Gewinns des Unterneh-mens B

$$G_B = \frac{(a-c)^2}{16b}$$

nicht zu einer Veränderung des suboptimalen Ergebnisses für die Monopolisten:

$$G_A + G_B < G_{\text{Monopolist}}$$

Somit hat Anbieter A gewichtige Gründe, auf der nachgelagerten Stufe andere Bedin-gungen als einen monopolistischen Abnehmer zu wünschen – und dies ist auch im Interesse der Konsumenten, die bei einem einfachen einstufigen Monopol eine höhere Wohlfahrt erreichen würden als bei einem zweistufigen. Denn obwohl auch die Unter-nehmen schlechter gestellt werden, führt die doppelte Marginalisierung zu besonders großen Wohlfahrtsverlusten seitens der Konsumenten.

Aus der doppelten Marginalisierung entsteht grundsätzlich eine zu teure und we-der für die Unternehmen als Ganzes, noch für die Konsumenten und anderen Erdgas-nachfrager vorteilhafte Situation. Es werden in der Literatur verschiedene Lösungs-möglichkeiten für dieses Problem diskutiert. Eine Möglichkeit läge in einer vertikalen Integration der Firmen A und B, von einer Beteiligung [und somit einer möglichen Beeinflussung der Preissetzung] bis zu einer kompletten Übernahme, sodass im End-effekt wieder ein einzelner Monopolist den Markt beliefert.[69] Eine andere Möglichkeit bestände darin, einen höheren Wettbewerb auf einer der Stufen [oder wenn möglich, auf beiden] zu ermöglichen, womit sich die Situation für die Konsumenten verbessern würde. Dies kann auch dadurch erreicht werden, dass beispielsweise die Möglichkeit der Konsumenten, auf Substitute auszuweichen, verbessert wird.

---

69 Dabei ist es aus theoretischer Sicht unerheblich, welche Firma die andere übernimmt.

7 Stein- und Braunkohle

Dieses Kapitel befasst sich mit den Energieträgern Stein- und Braunkohle. Dabei werden zunächst die besonderen Eigenschaften dieser Energieträger beleuchtet, anschließend wird auf die Entwicklung der Kohlemärkte eingegangen. Danach wird der Kohlemarkt im Hinblick auf Nachfrage, Angebot, Determinanten der Preisbildung und Besonderheiten beim Handel genauer beschrieben.

7.1 Merkmale des Energieträgers

In diesem Unterkapitel werden die Merkmale des Energieträgers Kohle thematisiert. Dabei wird zunächst auf den Brennwert der verschiedenen Kohlearten eingegangen und schließlich auf die Verteilung der weltweiten Reservevorkommen.

7.1.1 Eigenschaften

Bei dem fossilen Energieträger Kohle handelt es sich um ein brennbares Sedimentgestein, das anhand unterschiedlicher Brennwerte klassifiziert wird. Als **Steinkohle** bezeichnet man geologisch „reife" Kohle und Anthrazit-Sorten mit einem hohen Brennwert. Deutsche Steinkohle hat einen Brennwert von ca. 29.700 kJ/kg, der Brennwert anderer Steinkohlen, also Importkohlen aus verschiedenen Fördergebieten, kann deutlich darunter liegen. Des Weiteren unterscheiden sich die verschiedenen Steinkohlesorten in Bezug auf ihren Schwefel-, Feuchtigkeits- und Aschegehalt sowie den Anteil flüchtiger Bestandteile und weitere Kennzahlen. Die beiden wichtigsten Einsatzgebiete der Steinkohle liegen als **Kesselkohle** in der Erzeugung von Dampf- oder Prozesswärme in großen Kesselanlagen (Kraftwerke, Heizkraftwerke, Industrieanlagen) einerseits und als so genannte **Kokskohle** in der Eisenverhüttung und Stahlproduktion andererseits. Die qualitativen Anforderungen der Eisen- und Stahlindustrie sind vor allem bezüglich des Verkokungsverhaltens höher als die im Kontext der reinen Kesselverbrennung, sodass Kokskohle als qualitativ höherwertige Kohle auf dem Weltmarkt i. d. R. einen deutlich höheren Preis erzielt als Kesselkohle. So genannte **PCI** (pulverized coal injection) stellt schwefel- und aschearme Steinkohle mit einem hochflüchtigen Anteil, aber ungünstigem Verkokungsverhalten dar, die in Hochöfen eingeblasen werden kann, um die teurere Kokskohle teilweise zu ersetzen.

Braunkohle und subbituminöse Kohle haben demgegenüber einen deutlich geringeren Brennwert und häufig auch einen sehr hohen Wasseranteil.[70] Um dennoch

---

[70] Bei der deutschen Braunkohle betragen je nach Fördergebiet die Brennwerte 8.600 kJ/kg (Rheinland, Lausitz) bzw. über 10.000 kJ/kg (Helmstedt, Mitteldeutsches Revier).

https://doi.org/10.1515/9783110556339-007

genügend Brennstoff beispielsweise für ein Kraftwerk zu bekommen, sind große Mengen an Braunkohle zu bewegen, was die Transportkosten pro Energieeinheit gegenüber Steinkohle stark erhöht. Deswegen wird Braunkohle fast ausschließlich in der Nähe von Tagebauen in Kraftwerken oder Brikettfabriken weiterverarbeitet. Die deutsche Abgrenzung von Braunkohle weicht von der international üblichen etwas ab, sodass nicht alle Kohlesorten, welche international als „Lignite" bezeichnet werden, in Deutschland zur Braunkohle gerechnet werden.

Wie bereits in Abschnitt 2.3 angedeutet, muss der Energiegehalt von Primärenergieträgern für einen Vergleich in eine einheitliche Maßeinheit umgerechnet und ausgegeben werden. In deutschen Publikationen ist die Steinkohleeinheit (**SKE**) eine gebräuchliche Maßeinheit (siehe Tabelle 2.2). International hat sich auch die Umrechnung in die Maßeinheit **oil equivalent** bzw. Öleinheit (**ÖE**) durchgesetzt. Diese lässt sich wie folgt berechnen: 1 kg ÖE = 10.000 kcal = 41,868 MJ = 11,63 kWh = 1,428 kg SKE.

7.1.2 Reserven

Zwei große Steinkohlevorkommen, eines auf der nördlichen, das andere auf der südlichen Hemisphäre, umspannen den Globus und sorgen so für eine breite Streuung der Steinkohlereserven. Die bei den derzeitigen Energiepreisen wirtschaftlich gewinnbaren absoluten Mengen an Kohlereserven auf der Welt belaufen sich auf rund 723 Mrd. Tonnen Steinkohle zuzüglich rund 278 Mrd. Tonnen Braunkohle. Umgerechnet in Steinkohleeinheiten ergibt sich eine Menge von rund 735 Mrd. Tonnen SKE Steinkohle und 81 Mrd. Tonnen SKE Braunkohle. Andere Berechnungen gehen von einem Gesamtkohlevorrat mit rund 891 Mrd. Tonnen aus[71]. Für eine langfristige Betrachtung sollte die Ressourcenbasis[72] berücksichtigt werden. Je nach Quelle wird die Ressourcenbasis mit einer Höhe von rund 4.000 Mrd. Tonnen SKE bis hin zu 20.000 Mrd. Tonnen SKE angegeben.

Stellt man diese reichliche Ressourcenausstattung in Relation zur Weltkohleförderung von rund 5–6 Mrd. Tonnen SKE jährlich, so lässt sich die in sehr langfristiger Perspektive hohe Bedeutung der Kohlevorkommen ermessen. Die statische Reichweite der Ressourcenbasis läge immerhin in einer Größenordnung von 1.000 bis 4.000 Jahren, die der sicheren Reserven beträgt noch rund 150 Jahre. Eine mittel- bis langfristige Knappheitsfrage, wie sie z. B. bei Mineralöl diskutiert wird, stellt sich bei Kohle nicht. Vielmehr gilt Kohle aufgrund des massenhaften Vorkommens als wichtiges Element der Versorgungssicherheit mit Energierohstoffen. Die Grenzen des Kohleeinsatzes liegen auf der **Emissionsseite**, da mit der Verbrennung von Stein- und Braun-

---

[71] Vgl. BP (2015).
[72] Die Ressourcenbasis umfasst die nachgewiesenen, aber derzeit technisch und/oder wirtschaftlich nicht gewinnbaren sowie die nicht nachgewiesenen, aber geologisch möglichen, künftig gewinnbaren Mengen an Kohle. Siehe hierzu auch Abb. 3.1.

kohle am meisten CO_2 pro Energieeinheit von allen fossilen Energieträgern emittiert wird.

Abbildung 7.1 verdeutlicht die Aufteilung der Reserven nach Ländern. Im Vergleich zu Erdöl und Erdgas ist Kohle regional recht gleichmäßig auf den Kontinenten verteilt. Über 90 % der Kohlereserven konzentrieren sich auf Australien, Asien, Nordamerika und die GUS-Staaten.

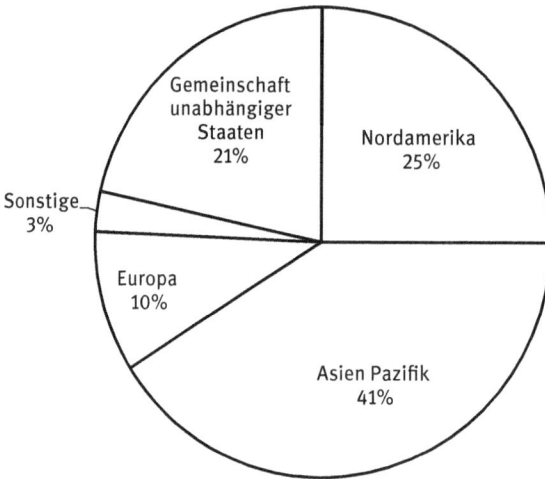

Abb. 7.1: Regionale Aufschlüsselung der nachgewiesenen Kohle-Reserven (Quelle: BP (2018))

7.2 Entwicklung der Kohlemärkte

Dieses Unterkapitel befasst sich mit der Entwicklung der deutschen Steinkohlemärkte. Dabei wird zunächst auf die Entwicklung des deutschen Steinkohlehandels eingegangen und schließlich auf die Entwicklung internationaler Steinkohlemärkte Bezug genommen.

7.2.1 Deutsche Steinkohle

Auf die historische Bedeutung der Kohle wurde bereits an anderer Stelle hingewiesen (Abschnitt 1.3): Erst das Zusammenwirken von Steinkohle, Eisen- und Stahltechniken und der Dampfmaschine ermöglichte die Industrialisierung des 18. und 19. Jahrhunderts. Noch bis in die 1950er Jahre hinein war die Kohle auch in Westeuropa der bedeutendste Energieträger, bis sie von dieser Position in relativ kurzer Zeit vom Mineralöl verdrängt wurde. Kohle ist auch heute noch der zweitwichtigste Energierohstoff der Welt: Mit einem Anteil von rund 30 % am weltweiten Primärenergieverbrauch steht Kohle an zweiter Stelle hinter Erdöl (36 %).

Die deutsche Steinkohle hatte in den letzten Jahrzehnten einen erheblichen **Kostennachteil** gegenüber der auf dem Weltmarkt verfügbaren Importkohle. Der Hauptgrund lag in den **geologischen Bedingungen**. In Deutschland wurde die Steinkohle in großer Tiefe bei vergleichsweise geringer Mächtigkeit der Flöze gewonnen, während die großen Kohlenexportländer über wesentlich bessere Förderbedingungen verfügen, z. B. der Tagebergbau in Australien, dessen Kostenvorteil auch nicht durch die Transportkosten über das Meer zunichtegemacht werden kann. Die deutschen Flöze wiesen zudem häufiger Verwerfungen auf, sodass die Fördermaschinen immer wieder in der Höhe versetzt werden müssen: Unterbrechung der Kohleförderung und zusätzlicher Abraum sind die Folge.

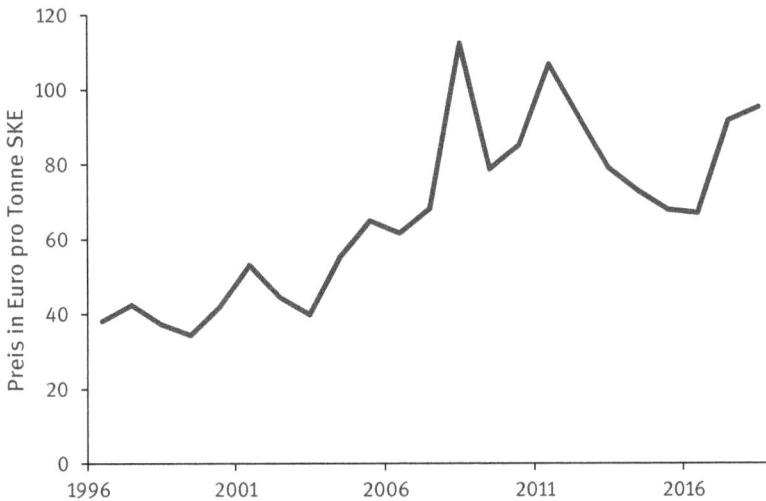

Abb. 7.2: Durchschnittliche Preise frei deutsche Grenze für Kraftwerkssteinkohle[73] (Quelle: BAFA (2019))

Dieses Manko der deutschen Steinkohle zeigte sich in einem immer deutlicheren Auseinanderfallen von Import- und nationalen Preisen im Zeitablauf, wobei diese Entwicklung zu Beginn der 60er Jahre einsetzte und zu einem immer größeren Abstand zwischen dem Preis für nationale Steinkohle und dem Preis für internationale Steinkohle führte. Der dadurch ausgelöste Druck hat zu erheblichen Anpassungen geführt (siehe Tabelle 7.1). Reaktionen waren u. a. eine Reduzierung von Förderung und Belegschaft sowie eine Erhöhung der Mechanisierung (höhere Schichtleistung). Waren 1976 noch 43 Schachtanlagen in Betrieb, so sank diese Zahl auf 19 im Jahr 1995. Mit

---

[73] Die nationalen Kohlepreise sind zwischen 1980 und 1995 von ungefähr 200 Euro pro Tonne SKE auf ca. 350 Euro pro Tonne SKE gestiegen.

der Aufgabe des Aachener Reviers und weiterer Zechenschließungen im Ruhrgebiet und im Saarland reduzierte sich diese Zahl auf sieben im Jahr 2009. Im Jahr 2018 ist die deutsche Steinkohleförderung schließlich ausgelaufen.

Diese Entwicklung setzte schon Ende der 50er Jahre ein. Die deutsche Politik, die aus verschiedenen Gründen (Versorgungssicherheit, regionale Strukturen) die deutsche Steinkohle schützen wollte, reagierte mit der so genannten **„Kohlevorrangpolitik"**, um einen „Sicherheitssockel" des heimischen Steinkohlebergbaus in den Absatzsegmenten Elektrizitätserzeugung und Stahlindustrie durch Beihilfen und Ausgleichzahlungen abzusichern. Auch die Zusammenfassung der Förderunternehmen des Ruhrgebietes in der **Ruhrkohle AG** 1969 war eine Reaktion auf den sich verschärfenden Kostendruck.

Bis Mitte der 90er Jahre basierte der Schutz der heimischen Steinkohle auf einer Beschränkung der zulässigen Importe und den folgenden Elementen: Der **„Hüttenvertrag"** subventionierte den Einsatz deutscher Kokskohle bei der Stahlindustrie, während der Absatz von Kesselkohle in den Kraftwerken im **„Jahrhundertvertrag"** von 1980 geregelt wurde. Dieser bestand aus zwei Verbändevereinbarungen, die die Steinkohlenwirtschaft mit den öffentlichen Kraftwerken (Energieversorgungsunternehmen) und der industriellen Kraftwirtschaft abschloss. Finanziert wurde die Verstromung der teureren deutschen Steinkohle über eine Ausgleichsabgabe (**„Kohlepfennig"**). Gespeist wurde dieser Fonds aus dem Endverbraucherpreis für Strom, um damit jene Kraftwerksbetreiber zu finanzieren, die deutsche Steinkohle einsetzen. Bei Kokskohle erfolgte die Subventionierung über die „Kokskohlenbeihilfe" als Differenz zwischen dem durchschnittlichen Einfuhrpreis und dem Binnenpreis, die von Bund und Ländern aus öffentlichen Mitteln finanziert wurde.

Im Dezember 1994 erklärte das Bundesverfassungsgericht den Kohlepfennig für verfassungswidrig. Es begründete sein Urteil damit, dass der Kohlepfennig alle inländischen Verbraucher betrifft, die lediglich ein gemeinsames Interesse an der Stromversorgung haben. Jedoch sei die Sicherstellung der Strom- oder Energieversorgung ein Interesse der Allgemeinheit, das nicht durch eine Sonderabgabe finanziert werden dürfe. Seit 1996 stellt daher der Bund aus seinem Haushalt Gelder für die Steinkohle zur Verfügung. Die Summe der jährlich vom Bund gezahlten Steinkohlesubventionen nahm jedoch über die Jahre ab.[74] Ab 2020 können die Bergbauunternehmen keine Subventionszahlungen mehr abrufen (Steinkohlefinanzierungsgesetz[75]).

Während also im alten System mit Ausgleichsabgabe und Verbändevereinbarungen der deutschen Steinkohle eine Fördermenge garantiert war, gab es bei der Haushaltsfinanzierung einen festzulegenden Subventionsbetrag, auf den die Steinkohlewirtschaft ihre Planungen und Förderung auszurichten hatte. Damit setzte die Haushaltsfinanzierung starke Anreize zu einer Kostenreduzierung einschließlich der Schließung der jeweils kostenungünstigsten Zechen.

---

74 Vgl. Deutscher Bundestag (2017).
75 Vgl. Bundesamt für Justiz (o. J.).

7.2.2 Internationaler Steinkohlehandel

Der Steinkohlehandel war bis in die 70er Jahre überwiegend ein **Kokskohlehandel**. Diese ist deutlich wertvoller und damit teurer als Kesselkohle. Man konnte also die Transportkosten in Kauf nehmen. Noch Anfang der 70er Jahre machte die Kokskohle 2/3 des Weltkohlehandels und 4/5 des überseeischen Kohlehandels aus. Dann änderte sich das Bild rasch. Die erste Ölpreiskrise 1973 war die Geburtsstunde eines schnell wachsenden internationalen **Kesselkohlehandels**. Der starke Aufschwung des Weltkohlehandels in den 70er und 80er Jahren war von der Kesselkohle getragen. Der Überseehandel mit Kesselkohle, der in den 60er Jahren auf niedrigem Niveau stagnierte (etwas über 20 Mio. Tonnen p. a.), verdreifachte sich in den 70er Jahren (+50 Mio. Tonnen) und wuchs in den 80er Jahren nochmals um das 2,5-fache (+112 Mio. Tonnen). 1973 gingen insgesamt 8 % der Weltsteinkohleförderung in den internationalen Handel, 1990 waren es 10,1 % und 2007 rund 16 %. Verglichen mit den anderen fossilen Energieträgern ist dieser Anteil aber trotz der steigenden Tendenz immer noch gering. Dies zeigt die Querverbundenheit der Energiemärkte, falls Substitutionsmöglichkeiten (hier: Strom- und Prozesswärme statt Öl mit Kohle) bestehen.

Die zweite grundlegende Veränderung im Weltkohlehandel war das Vordringen des Überseehandels: 1973 machte der Überseehandel 61 % des Weltkohlehandels aus, 2007 betrug der Anteil des Überseehandels rund 90 %. Von den weltweit etwa 5.500 Mio. Tonnen geförderter Steinkohle im Jahr 2007 wurden über 900 Mio. Tonnen Steinkohle international gehandelt, wovon etwa 820 Mio. Tonnen auf den internationalen Überseehandel und nur 86 Mio. Tonnen auf den interkontinentalen Binnenhandel entfielen. Der internationale Kohlehandel auf dem Landweg wuchs insgesamt nur sehr langsam (innerhalb Nordamerikas und des früheren Ostblocks) oder ging zurück (EU).

Die Zahl der Exportnationen auf dem Weltmarkt hat sich seit 1960 stark erhöht. In den 60er Jahren waren die USA und Polen die größten Anbieter. In den 70er Jahren kamen Südafrika und Australien hinzu. In den 80er Jahren sind weitere Nationen wie Kolumbien und Indonesien in den Markt eingetreten, in denen die Steinkohle im kostengünstigen Tagebau gefördert wird. Während es zu Beginn der 2000er Jahre neben dem dominierenden Exporteur Australien eine Reihe weiterer Länder mit vergleichbaren Marktanteilen gab, ist das Angebot am Weltkohlemarkt heute auf eine mittelgroße Zahl von Exportstaaten sowie Bergwerksgesellschaften verteilt. Bei der Betrachtung auf der Ebene der Exportländer dominiert weiterhin Australien, aber auch Indonesien, die Russische Föderation und die Vereinigten Staaten haben großen Einfluss auf den weltweiten Kohlehandel.[76]

Für die Angebotskonzentration sind jedoch Angaben auf der Ebene der exportierenden, international operierenden Bergwerksgesellschaften ebenfalls bedeutsam. Hier gelten unter den exportorientierten Gesellschaften die „Big Four", nämlich BHP

---

[76] Vgl. VdKi (2019).

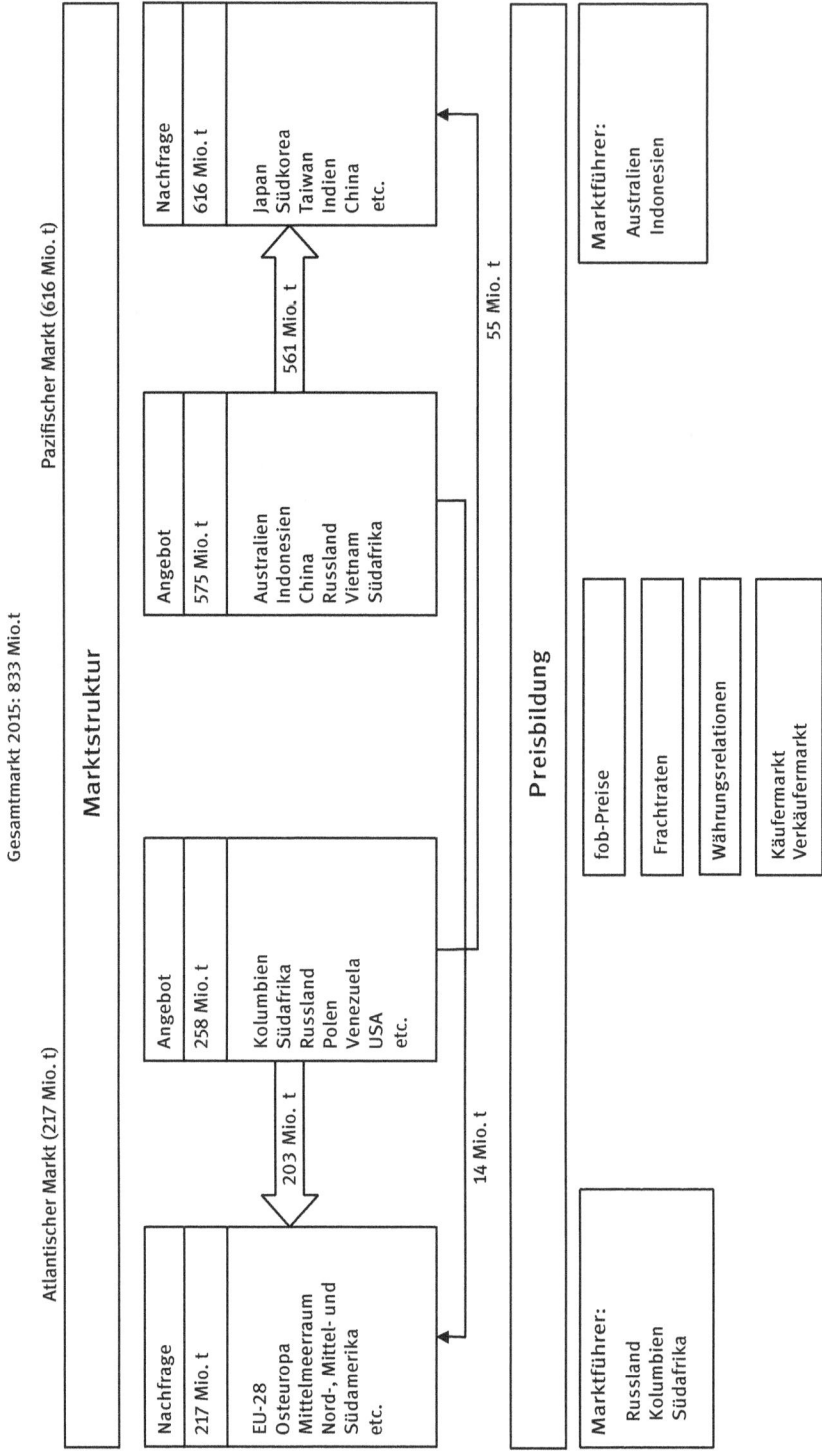

Abb. 7.3: Mechanismen der Preisbildung für Kraftwerkskohle (Quelle: Ritschel und Schiffer (2007) aktualisiert auf Basis vom VdKi-Jahresbericht (2016))

Billiton, Glencore International, Rio Tinto und Anglo American Coal, als eine starke Gruppe, die zusammen über mehr als ein Drittel der Exportkapazitäten verfügt.[77] Die China Energy Investment Corporation Limited ist mittlerweile global gesehen das Unternehmen mit der größten installierten Kapazität (225 GW) und am Umsatz gemessen, das zweitgrößte Energieunternehmen.[78] Die in China produzierte Kohle wird jedoch größtenteils im Land selbst konsumiert.[79]

Ein großer Teil der international gehandelten Kohle findet ihren Weg nach Europa, China und in Industrieländer Ostasiens wie Japan und Südkorea. Diese Länder sind auf Energieeinfuhren angewiesen, wofür sie unter anderem die relativ preisgünstige Kohle nutzen. Aufgrund ihrer Seehäfen können sie die kostengünstigen Transportwege mit Kohleschiffen benutzen.

7.3 Nachfrage

Es gibt verschiedene Absatzmöglichkeiten für Kohle. Kesselkohle wird in Kraftwerken zu Elektrizität umgewandelt, Steinkohle wird primär im Wärmemarkt genutzt. Hierzu zählen z. B. Heizkraftwerke und, in den westlichen Industriestaaten nur noch wenig verbreitet, Kohleöfen. Braunkohle wird aufgrund der hohen Transportkosten überwiegend in Kraftwerken umgewandelt, die in der Nähe der Tagebaue errichtet sind. Kokskohle wird von der Eisen- und Stahlindustrie eingesetzt. Dazu wird ein bestimmtes „Blähverhalten" hochwertiger Kohle benötigt.

Da der überwiegende Teil der geförderten Kohle für den jeweils heimischen Gebrauch bestimmt ist, sind die drei größten Förderländer zugleich auch die größten Verbraucher. Insgesamt wurden im Jahr 2016 rund 5.357 Mt SKE nachgefragt. Etwa 65,5 % der weltweit verbrauchten Kohle wird für die Erzeugung von Elektrizität und gewerblicher Wärme eingesetzt. Jahrelang stieg die weltweite Nachfrage nach Kohle drastisch an. Im ersten Jahrzehnt dieses Jahrhunderts stand einer stark wachsenden Nachfrage in Australien, Asien, Nord- und Lateinamerika, dem Nahen Osten und Afrika eine leicht sinkende Nachfrage in Europa sowie der GUS-Region gegenüber. Abbildung 7.4 zeigt die Anteile am weltweiten Kohleverbrauch ausgewählter Länder. Der gesamte Steinkohlenverbrauch beispielsweise hatte sich zwischen 1980 und 2010 nahezu verdoppelt. Nach einem leichten Rückgang, der ab 2014 einsetzte, zeigt sich seit 2016 wieder ein leicht steigender Trend im Steinkohleverbrauch.[80] Ein solches Absinken war auch im Zeitraum 1990–92 zu beobachten.

In Deutschland wird **Steinkohle** überwiegend von Kraftwerken nachgefragt (ca. 62 % des Gesamtaufkommens)[81]. Sie trägt zu 25 % der gesamten Stromerzeugung

---

77 Vgl. Forbes (2018).

78 Vgl. Reuters (2017).

79 Vgl. Umweltbundesamt (2017).

80 Vgl. BP (2019).

81 Vgl. AG Energiebilanzen e. V. (2018b).

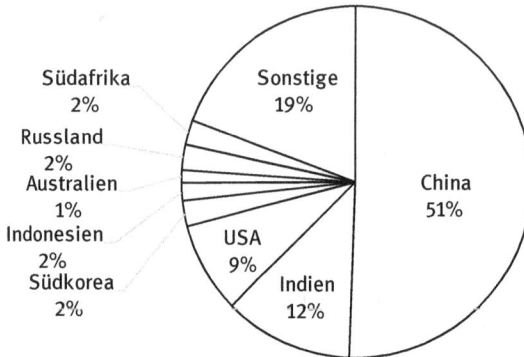

Abb. 7.4: Anteile ausgewählter Länder am weltweiten Kohleverbrauch 2018 (Quelle: BP (2019))

bei. Die Stahlindustrie hat einen Anteil von rund 36 %, während im Wärmemarkt in Deutschland fast gar keine Steinkohle eingesetzt wird.

Braunkohle wird in Deutschland hauptsächlich zur Stromerzeugung in Kraftwerken eingesetzt. In einem sehr geringen Umfang von deutlich unter 3 % findet auch eine Veredelung zu Braunkohlenprodukten wie Koks (Filter), Staub und Briketts statt. Der Einsatz von Braunkohle in Kraftwerken in Deutschland trägt zu 27 % der gesamten Stromerzeugung bei.

Darüber hinaus kann auch das Kohlendioxid, welches im Rahmen der Kohleverstromung entsteht, ein nutzbares Produkt sein: Beim Carbon Capture and Utilization (CCU) wird Kohlendioxid abgeschieden und anschließend wiederverwendet.[82] Das CO_2 kann dabei direkt und indirekt genutzt werden. Bei der direkten Nutzung wird das Kohlendioxid als Nahrung für spezielle Mikroorganismen genutzt, mit deren Hilfe Biokraftstoffe oder Kunststoffe erzeugt werden. Jedoch kann hier nur reines CO_2 und keine Industrieemissionen genutzt werden, da letztere Begleitstoffe enthalten. Bei der indirekten Nutzung wird das CO_2 zur Herstellung von Kraftstoffen, Basischemikalien und Kunststoffen verwendet. Derzeit ist ein breiter Einsatz von CCU aufgrund hoher Kosten und eines begrenzten Marktes noch schwierig. Die Forschungsförderung in diesem Bereich soll jedoch die Technologieeffizienz vorantreiben. Die Nutzung von Solarstrom zur Umwandlung von Kohlendioxid in Kraft- und Kunststoffe sowie Basischemikalien könnte langfristig eine große Rolle spielen.

7.4 Angebot

In diesem Unterkapitel wird die Angebotsseite für Kohle beschrieben. Dabei wird zunächst auf die Kohleförderung in Deutschland eingegangen und zwischen Steinkohle und Braunkohle unterschieden. Im Folgenden wird auf das weltweite Kohleangebot

---

82 Vgl. Freudendahl (2016).

eingegangen. Auch hier wird wieder zwischen Stein- und Braunkohleförderung unterschieden.

a) Steinkohle

2010 wurde Steinkohle in drei Revieren gefördert: Ruhrrevier, Saarrevier und Ibbenbürener Revier. Im Aachener Revier wurde Anfang 1997 die Förderung eingestellt. Bei der Förderung dominierte das Ruhrgebiet (Tabelle 7.1). Da die Flöze nach Norden hin abfallen, wird in Ibbenbüren (bei Osnabrück) aus über 1.400 Metern Tiefe gefördert. Die dortige Anthrazitkohle ist qualitativ besonders hochwertig.

Tab. 7.1: Kennzahlen des deutschen Steinkohlebergbaus 1950–2017. Angaben in Mio. Tonnen (Quelle: Statistik der Kohlenwirtschaft e. V., 2017)

	1950	1960	1970	1980	1990	2000	2005	2010	2017
Ruhr	103	115	91	69	55	26	18	10	11
Saar	15	16	11	10	10	6	5	1	–
Aachen	5	2	3	5	3	0	0	0	–
Ibbenbüren	2	8	7	2	2	2	2	2	4
Deutsche Förderung	126	142	111	87	70	33	25	13	15
Importe	k. A.	7	9	10	12	34	40	45	k. A.
Exporte	k. A.	28	26	20	8	0	0	0	k. A.
Beschäftigte (Tausend)	538	490	252	187	130	58	39	24	6

Im allgemeinen Verständnis galt das Ruhrgebiet als das „Herz des deutschen Steinkohlebergbaus". Gegen Ende der Steinkohleförderung zeigte ein Blick auf die Landkarte allerdings, dass der Ruhrbergbau eher ein „Emscher-Lippe-Bergbau" war. Der Bergbau ist den abfallenden Flözen nach Norden gefolgt. Um unnötige Eingriffe in die Umwelt zu vermeiden, wurde auf neue Bergwerke verzichtet. Stattdessen wurden die bestehenden Anlagen erweitert („Anschlussbergbau"). Dieses Vorgehen erforderte eine erhebliche Logistik unter Tage (z. B. Transport der abgebauten Kohle zu den „alten" Transportschächten) und erhöhte die Gewinnungskosten.

Seit Ende 2018 wird Steinkohle ausschließlich importiert. Der Anteil an Importkohle ist seit 1973 (10 %) kontinuierlich gewachsen. Im Jahr 2010 betrug die Menge an importierter Steinkohle rund 45 Mio. Tonnen. Bei einem Verbrauch von etwa 71 Mio. Tonnen entspricht dies einem Anteil von über 60 %, wovon fast 75 % auf Kesselkohle und der Rest auf Koks und Kokskohle entfallen. Mit dem Rückgang der deutschen Steinkohleförderung nahm der Importanteil immer weiter zu. Im Jahr 2016 entstammten lediglich 7 % der genutzten Steinkohlen heimischen Fördergebieten. Mit dem Ende der Subventionierung der Steinkohleförderung im Jahr 2019 steigt die Importquote auf 100 % an. Wichtigste Einfuhrländer sind Russland und andere GUS-Staaten mit rund 18 %, gefolgt von Kolumbien und Australien mit jeweils rund 14 % und Südafrika und Polen mit jeweils 13 %. Die Exporte Deutschlands waren zum Schluss i. d. R. Steinkohlenprodukte wie z. B. Briketts.[83]

b) Braunkohle

In Deutschland wurden 2017 knapp 170 Mio. Tonnen Braunkohle abgebaut. Das entspricht etwa 18 % der weltweiten Förderung und macht Deutschland zum größten Braunkohleförderer.[84] Der Abbau erfolgt in drei großen Braunkohle-Revieren: das Rheinische Revier [zwischen Köln und Aachen] mit einer Jahreskapazität von rund 90 Mio. Tonnen, Mitteldeutschland mit einer Kapazität von 18–22 Mio. Tonnen sowie das Lausitzer Revier mit 55–60 Mio. Tonnen p. a.

Da die wirtschaftlich gewinnbaren Vorräte alleine in den drei größten Revieren auf über 40 Mrd. Tonnen geschätzt werden, die allesamt in kostengünstigem Tagebau abgebaut werden können, besteht auf absehbare Zeit in Deutschland seitens der Verfügbarkeit der Braunkohlereserven eine sehr entspannte Situation.

Da im Tagebau auch erhebliche Massen von Deckschichten und anderen nicht für die energetische Nutzung geeigneten Materialien bewegt werden müssen, unterscheidet man die Qualität der Fördergebiete zum einen nach dem Energiegehalt der Braunkohle, zum anderen nach dem Verhältnis des Abraums zu nutzbarer Kohle. Die Flözmächtigkeiten (Dicken der Gesteinspakete) nutzbarer Braunkohle belaufen sich in Deutschland von minimal 10 m bis hin zu Größenordnungen von 60 m und darüber. Für das Jahr 2016 sind einige wichtige Kennzahlen in der Tabelle 7.2 gegeben.

Tab. 7.2: Leistungszahlen der deutschen Braunkohlereviere 2016 (Quelle: DEBRIV, 2017)

	Abraum in Mio. m³ (A)	Braunkohle-gewinnung (K) in Mio. t	Förder-verhältnis A : K m³/t	Heizwert kJ/kg	SKE-Faktor je kg	Braunkohle-gewinnung in Mio. t SKE
Rheinland	428,2	90,4	4,7 : 1	9.005	0,307	27.915
Lausitz	372,7	62,3	6,0 : 1	8.528	0,291	17.945
Mittel-D	50,9	17,7	2,9 : 1	10.669	0,364	6.414
Helmstedt	37	1,1		10.878	0,371	423
Summe	851,8	171,5	5,0 : 1	9.030	0,308	52.698

Ein System von Förderbändern transportiert über 95 % der geförderten Braunkohle direkt zu den nahegelegenen Kraftwerken. Durch ihren Einsatz zur Stromgewinnung und ihren Abbau durch Tochterunternehmen (z. B. RWE-Tochter Rheinbraun) wird üblicherweise davon ausgegangen, dass zur Verrechnung ein anlegbarer Preis gebildet

---

83 Vgl. Umweltbundesamt (2017).
84 Vgl. BGR (2018).

wird. Durch den Wettbewerb mit billiger Importsteinkohle herrscht ein Kostendruck auf die Förderung der Braunkohle. Dennoch ist die deutsche Braunkohleförderung ohne jegliche Subvention wettbewerbsfähig. Die weiteren Einsatzbereiche von Braunkohle sind als Briketts etwa für Hausbrand oder gewerblichen Einsatz (rund 0,8 Mio. Tonnen), Koks (0,2 Mio. Tonnen) und Staub- und Wirbelschichtkohle (unter 4 Mio. Tonnen).

Während der Einsatz der Primärenergieträger in den westlichen Bundesländern mit den „Ölpreisschocks" stärker diversifiziert wurde, basierte das Energiesystem der ehemaligen DDR fast vollständig [mit etwas Kernenergie] auf dem Einsatz von Braunkohle (Strom, Hausbrand). Noch 1994 basierte die ostdeutsche Stromerzeugung zu 90,8 % auf Braunkohle (Westdeutschland: 20,3 %). Gefördert wurde in den Revieren **Lausitz** und **Mitteldeutschland**, wobei dort die geologischen Bedingungen (z. B. Abraum pro geförderter Tonne) deutlich ungünstiger als im Rheinland sind (siehe Tabelle 7.3). In den ostdeutschen Revieren fand seit der Wiedervereinigung ein erheblicher Anpassungsprozess statt. Der Energieeinsatz in der ehemaligen DDR war stark ineffizient und mit dem wirtschaftlichen Zusammenbruch von großen Teilen insbesondere der ostdeutschen Schwerindustrie ging die Nachfrage nach Elektrizität und damit nach Braunkohle stark zurück. Als Nachfolgegesellschaft eines ostdeutschen Konsortiums für die Stromerzeugung hat Vattenfall Europe, Tochter eines schwedischen Mutterkonzerns, die Modernisierung und den Betrieb der Stromerzeugung auf Braunkohlebasis übernommen.

Tab. 7.3: Kennzahlen des deutschen Braunkohlebergbaus 1950–2017. Angaben in Mio. Tonnen (Quelle: Statistik der Kohlenwirtschaft e. V., 2017)

	1950	1960	1970	1980	1990	2000	2005	2010	2017
Rheinland	64	81	93	118	102	92	97	91	91
Lausitz	36	84	134	162	168	55	59	57	61
Mitteldeutschland	101	142	127	96	81	16	19	20	19
Helmstedt	8	7	5	4	4	4	2	2	0
Hessen	3	4	4	3	1	0	0	0	0
Bayern	2	4	5	5	0	0	0	0	0
Deutsche Förderung	213	322	369	388	357	168	178	169	171
Beschäftigte (Tausend)	106	150	122	152	130	21	17	17	k. A.

7.4.1 Weltweite Anbieter

a) Steinkohle

Ist man von der deutschen Diskussion um die Subventionierung der inländischen Steinkohleproduktion bei permanentem Kapazitätsabbau geprägt, drängt sich der Eindruck auf, Steinkohle als „Energieträger der Vergangenheit" werde zunehmend an Bedeutung verlieren. Ein kurzer Blick auf die internationalen Fördermengen widerlegt allerdings dieses Urteil. Seit 1990 stieg die Förderung an Steinkohlen weltweit von 3,18 Mrd. Tonnen auf 3,24 Mrd. Tonnen im Jahr 2000 und auf 5,57 Mrd. Tonnen im Jahr 2016.[85] Mit rund 27 % Anteil an der Weltprimärenergieversorgung lagen Stein- und Braunkohle an zweiter Stelle hinter Erdöl (32 %), jedoch vor dem Energieträger Erdgas (22 %)[86].

Tabelle 7.4 verdeutlicht die Förderentwicklung nach Regionen von 1990 bis 2016. Im Gegensatz zum weltweiten Trend ist die Steinkohleförderung in Europa und OECD-Amerika in den vergangen 30 Jahren stark gesunken. Während 1990 noch rund 11 % der weltweiten Steinkohleförderung aus OECD-Europa kam, war es im Jahr 2016 nur noch rund 1 %. Das entspricht einer Reduktion der Förderung um 76 %. Die Förderung in OCED-Amerika ist von 1990 bis 2016 um knapp 30 % gesunken. Diesen sinkenden Förderungsraten steht jedoch ein starkes Wachstum der Steinkohleförderung im Rest der Welt gegenüber. Insbesondere in Asien ohne China ist die Förderung von 1990 (271,1 Mio. Tonnen) bis zum Jahr 2016 (1.236,8 Mio. Tonnen) um 365 % angestiegen. Auch in Russland (+23 %), Afrika (+46 %), dem Nahen Osten (+38 %), China (+207 %), Australien (+177 %) und Amerika (nicht OECD) (+261 %) kann ein starker Anstieg der Förderung festgestellt werden, sodass insgesamt die weltweite Förderung in den Jahren zwischen 1990 und 2016 von 3.472,7 Mio. Tonnen auf 6.279,1 Mio. Tonnen um 80 % angestiegen ist.

Tab. 7.4: Förderentwicklung Steinkohle von 1990 bis 2016. Angaben in Mio. Tonnen (Quelle: iea, 2019a)

	1990	2000	2010	2016	Δ 1990–2016
OECD-Europa	372,3	206,2	133,7	90,8	−76 %
Russland	237,5	152,5	222,5	292,8	23 %
Afrika	182,4	230,4	259,0	265,7	46 %
Naher Osten	0,8	1,1	1,1	1,1	38 %
Asien ohne China	271,1	430,4	953,4	1.236,8	356 %
China	995,1	1.299,5	3.160,9	3.057,7	207 %
Australien	158,6	239,4	363,3	438,9	177 %
OECD-Amerika	921,7	963,7	983,9	659,7	−28 %
Amerika (Nicht OECD)	26,3	50,5	80,6	95,06	261 %
Welt	3.472,7	3.732,6	6.331,1	6.279,1	80 %

Das starke Wachstum der Steinkohleförderung ist vor allem durch einen starken Anstieg der Kraftwerkskohleförderung zu erklären, welcher durch einen stark gestiegenen weltweiten Strombedarf bedingt ist. Trotz hohen Wachstums bei der Roheisen-

---

85 Vgl. International Energy Agency (2019a).
86 Vgl. International Energy Agency (2019b).

produktion in Hochöfen ist die Förderung von Kokskohle nur stark unterproportional angestiegen. Der Grund hierfür ist, dass Koks für die Eisenproduktion heute vorwiegend als Stützmittel dient. PCI-Kohle und Schweröle werden hingegen vermehrt als Energielieferanten eingesetzt.

Im Ländervergleich ist China mit über 50 % der jährlichen Weltförderung im Jahr 2016 der dominierende Produzent von Steinkohle[87], gefolgt von Indien, Australien, Afrika, Russland und Amerika (nicht OECD). Abbildung 7.5 veranschaulicht die Anteile verschiedener Länder an der weltweiten Steinkohleproduktion.

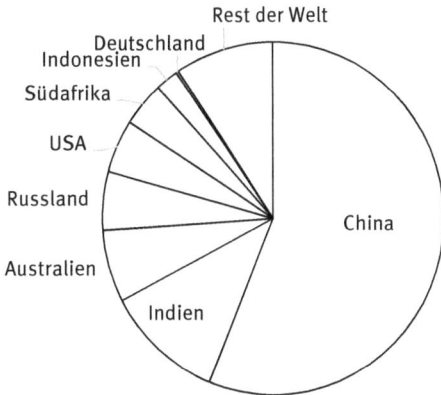

Abb. 7.5: Anteile an der weltweiten Steinkohleproduktion in 2016 (Quelle: iea (2019a))

Der Anstieg der Kohleproduktion lässt sich vor allem mit der aus dem hohen Wirtschaftswachstum resultierenden Energienachfrage verbinden.[88] Dies wird mit einem Blick auf zwei der größten Kohleproduzenten aus der Gruppe der Schwellenländer deutlich: Im Vergleich zum Jahr 1981 stieg die Kohleproduktion in China um 488 % und in Indien um 383 %. Zusätzlich steigerte im gleichen Zeitraum das Steinkohleexportland Australien die Förderung um 344 %[89]. Ursache für den Anstieg der Produktion in den Exportländern ist die rasche Entwicklung eines Welthandels mit Kesselkohle nach der ersten Ölpreiskrise 1973–74. Kesselkohle substituierte Ölprodukte vor allem in Kraftwerken und in der Zementindustrie.

Die Förderung der **Steinkohle** in den Nachfolgestaaten der ehemaligen UdSSR ist nicht zuletzt durch den politisch-wirtschaftlichen Umbruch nach 1990 stark zurückgegangen, hat sich aber seit 1995 wieder erholt. In Westeuropa ist ein noch deutlicherer Förderrückgang nur durch ein umfassendes System von Protektionsmaßnahmen verhindert worden, die inzwischen aber in Großbritannien stark und in Deutschland schrittweise abgebaut worden sind.

---

87 China verfügt über etwa 18 % der gesamten Steinkohlevorkommen weltweit (BGR 2018).
88 Vgl. Shen et al. (2012).
89 Vgl. BP (2019).

b) Braunkohle

Braunkohle kann an vielen geeigneten Stellen kostengünstig im Tagebau abgebaut werden, sodass dieser Energieträger an den geeigneten Vorkommen durchaus ohne Subventionen wettbewerbsfähig ist.

Tab. 7.5: Förderung von Weichbraunkohle 2016. Angaben in Mio. Tonnen (Quelle: iea, 2019a)

Rang	Land	Förderung	Rang	Land	Förderung
1	Deutschland	171,5	11	Bulgarien	31,2
2	Russland	73,5	12	Rumänien	23,0
3	Türkei	70,2	13	Thailand	17,0
4	USA	66,3	14	Bosnien/Hzg.	13,6
5	Australien	61,5	15	Kanada	10,0
6	Polen	60,2	16	Ungarn	9,2
7	Indien	34,1	17	Kosovo	8,8
8	Tschechien	38,5	18	VR China	0
9	Serbien	38,4	19	Nordkorea	0
10	Griechenland	32,6	20	Indonesien	0

Weltweit wurden im Jahr 2009 rund 821 Mio. Tonnen Braunkohle gefördert, wovon ein Großteil in (OECD-)Europa (388 Mio. Tonnen) und (OECD-)Amerika (331 Mio. Tonnen) gefördert wurde. Deutschland ist in Europa und in der Welt das wichtigste Braunkohleförderland mit einem weltweiten Anteil von rund 21 % (siehe Tabelle 7.5). Weitere wichtige Braunkohleländer in der EU sind Tschechien, Polen und Griechenland. Insbesondere in Europa hat Braunkohle eine große Bedeutung für die Energieversorgung und stellt in vielen Ländern, auch in Deutschland, den wichtigsten heimischen Energierohstoff dar. Bedingt durch die hohen Transportkosten und den nur sehr geringen Energiegehalt der Braunkohle findet ein grenzüberschreitender Handel nur in Grenznähe und in einem sehr geringen Ausmaß statt. Vielmehr ist die Situation beim Verbrauch mit der Situation bei der Förderung identisch. Der weltweite Braunkohleverbrauch ist zwischen 1980 und 2016 relativ konstant geblieben. Ein deutlicher Anstieg wie bei der Steinkohle ist nicht beobachtbar. Dies liegt vor allem daran, dass die bei Steinkohle erzielten hohen Zuwächse in Ländern ohne erhebliche eigene Braunkohlevorkommen stattfanden.

7.4.2 Umwelteffekte durch Kohleabbau

Sowohl Stein- als auch Braunkohle bringen bei der Förderung und Umwandlung **Umwelt- und Landschaftseffekte** mit sich, wobei diese beim Tagebergbau offenkundiger sind als unter Tage. Durch den großen Landschaftsverbrauch im Tagebau werden Umsiedlungen erforderlich und für die bis zu 400–500 Meter tiefen Löcher sind umfangreiche wasserwirtschaftliche Eingriffe (z. B. Grundwasserabsenkungen) nötig. Trotz der Rekultivierungen kann die Landschaft nicht wieder in ihren ursprünglichen Zustand zurückversetzt werden. Daher stößt der Braunkohlebergbau bei den notwendigen Erweiterungen auf erhebliche soziale und politische Widerstände. Insbesondere die Braunkohletagebaue der früheren DDR hinterließen wegen unterlassener Umweltschutzmaßnahmen eine große Altlast, die in den Jahren nach der Wiedervereinigung 1990 abzuarbeiten war und teils noch weiterhin eine Aufgabe ist.

Folgeprobleme des (Stein-)Kohlebergbaus im Schachtbetrieb entstehen teils noch sehr viele Jahre nach Aufgabe der Förderung durch diese zwei Probleme:
- Das Wasser in den Stollen muss ständig abgepumpt werden, weil ansonsten durch Volllaufen mit Grundwasser zusätzliche Schäden ausgelöst werden können.
- Darüber hinaus kann sich in früheren Steinkohle-Bergbaugebieten das Problem von Grubenbeben und schleichenden Senkungsmulden ergeben. Im Februar 2008 führte beispielsweise ein Stolleneinsturz in einem saarländischen Bergwerk zu einem Erdbeben mit schweren Schäden an Gebäuden.

Umweltprobleme besonderer Art hat die Steinkohle dort, wo durch die Sauerstoffzufuhr durch Schächte eigenständig Feuer entstehen, die dann nicht mehr kontrollierbar weiter brennen. Dadurch werden die abbaubaren Vorräte drastisch dezimiert und ohne energetische Nutzung große Mengen CO_2 freigesetzt.

Ein Folgeproblem des Braunkohletagebaus zeigte sich im Juli 2009 deutlich. In Nachterstedt in Sachsen-Anhalt kam es zum Abbruch eines etwa 350 Meter breiten Landstreifens in den Concordiasee, einen gefluteten Braunkohletagebau, welcher durch Renaturierungsmaßnahmen entstanden ist. Mögliche Ursache für einen solchen Erdrutsch kann ein so genanntes Setzungsfließen sein. Dieses Ereignis ist erst mehrere Jahrzehnte nach Abschluss der Förderung eingetreten und zeigt, dass Probleme durch Abbauarbeiten nicht mit der Beendigung ebendieser aufgehoben sind.

Darüber hinaus trägt das durch die Kohleverstromung freiwerdende Kohlendioxid zum anthropogenen Klimawandel bei. Die negativen Auswirkungen der Energiegewinnung aus Kohle auf das Klima können durch Carbon Capture and Storage (CCS) sowie durch Carbon Capture and Utilization (CCU) gemindert werden. Beim CCS wird das Kohlendioxid, welches aus der Kohleverstromung resultiert, im Boden gespeichert.[90] Die Speicherung erfolgt in ausgebeuteten Gas- oder Öllagerstätten, salinen Aquiferen oder im Meeresuntergrund. Problematisch ist beim CCS, dass für die Abscheidung, den Transport und die Speicherung des CO_2 viel Energie benötigt wird. Wird die Energie aus fossilen Rohstoffen gewonnen, so erhöht sich der Rohstoff-Einsatz durch CCS um 40 %. Ein effektiver Beitrag gegen den Klimawandel ergibt sich nur dann, wenn das eingelagerte Kohlenstoffdioxid dauerhaft in den Speichern verbleibt und nicht entweicht.

Darüber hinaus birgt CCS bestimmte Risiken. So kann es im Rahmen des Speichervorgangs zu Unfällen kommen und im Falle einer Entweichung des CO_2 aus den

---

90 Vgl. Umweltbundesamt (2013).

Speichern zu Gesundheitsrisiken für den Menschen und zur Schädigung der Umwelt. Bei der Einlagerung in Aquiferen kann es im Falle von Leckagen zu einer Verdrängung von salzigem Grundwasser durch das Kohlendioxid kommen. Das verdrängte salzige Wasser kann wiederum ansteigen und das erdoberflächennahe süße Grundwasser versalzen. Bei der oberirdischen Lagerung sind negative Folgen für Flora und Fauna und auch Nutzungskonflikte mit anderen Technologien wie Geothermie, Lagerung von Erdgas oder regenerativem Methan zu erwarten. Umweltpolitisch ist CCS aufgrund seiner Risiken als Übergangslösung zu bewerten.

7.5 Determinanten der Preisbildung

Bei den **Steinkohlepreisen** ist zu unterscheiden zwischen einer nationalen und einer internationalen Preisbildung. In der Vergangenheit dominierten in vielen Ländern aufgrund des Schutzes der eigenen Förderung (Steinkohle als strategisches Gut) politische Aspekte bei der Preisgestaltung. Bezogen auf die [freiere] internationale Preisbildung ist Steinkohle der einzige bedeutende Energieträger, bei dem die reine Knappheitsrente relativ unbedeutend für die Preisgestaltung ist. Selbst dort, wo eventuell Renten durch besonders günstige Förderbedingungen vermutet werden können [z. B. australische Steinkohle, die im Tagebau gefördert wird], gleichen die Transportkosten derartige Vorteile teilweise wieder aus. Aus ressourcenökonomischer Sicht ist dies auch deshalb plausibel, weil die reine Größe der Kohlereserven in Relation zur Nachfrage einen hohen *Royalty*-Anteil [noch] ausschließt. Neuerschließungen von Kohlerevieren, verbesserte Fördertechniken u. ä. sind derzeit auf der Produzentenseite viel bedeutender. Zudem gibt es zahlreiche im Wettbewerb stehende Anbieter. Steinkohle hat deshalb eine Preisbildung, die am ehesten mit dem traditionellen mikroökonomischen Konzept der **langfristigen Grenzkosten** erklärbar ist. Der Transportkostenanteil, der für Überseekohle beispielsweise in Deutschland bis zu 50 % des Endabnehmerpreises frei Kraftwerk ausmachen kann, ist eingerechnet.

Die reinen Förderkosten sind im Tagebau am niedrigsten, wie er etwa in Australien, Indonesien, Kolumbien oder auch in einigen Gebieten Russlands betrieben wird. Der Tiefbau in Schachtanlagen ist wegen des deutlich höheren Aufwandes für den Schachtbetrieb nur dann kostengünstig, wenn die Flöze hinreichend mächtig sind und ohne häufige oder starke Verwerfungen liegen. Beide Bedingungen sind für viele Fördergebiete in Deutschland nicht hinreichend gut erfüllt, sodass trotz starker Rationalisierungsanstrengungen und erheblichem technischen Fortschritt die Förderkosten für Steinkohle in Deutschland seit mehreren Jahrzehnten international nicht wettbewerbsfähig sind. Dank der sehr niedrigen Förderkosten in Australien oder Indonesien können die teils erheblichen Transportkosten in Kauf genommen und dennoch in Europa oder in ostasiatischen Ländern wettbewerbsfähige Preise erzielt werden.

Im Weltkohlemarkt dominierten zunächst die mittelgroßen Frachtschiffe, d. h. Bulk-Carrier der Panamax-Klasse (60.000–80.000 Tonnen), die den Panama-Kanal passieren können. Verladehäfen und die übrige Infrastruktur für einen umfangreichen Seetransport mussten sich erst entwickeln.

Sollte das derzeitige Wachstum des internationalen Überseehandels von Steinkohle anhalten, könnte durch noch stärkere Nutzung heute bereits eingesetzter Kohletransportschiffe mit größerer Kapazität (Cape-size mit über 100.000 Tonnen Tragfähigkeit) und Entwicklung optimierter Entladeeinrichtungen eine **Senkung der** heute noch relativ hohen **Transportkosten** erreicht werden. Der Preis für Steinkohle auf den internationalen Märkten ist damit anders als der Ölpreis zu interpretieren, obwohl er diesem aus zwei Gründen in gewisser Weise folgt: Erstens sind die Transportkosten der Schiffe durch den Preis für Heizöl als Treibstoff maßgeblich bestimmt und zweitens eröffnen höhere Ölpreise den Kohleexporteuren aufgrund des Substitutionswettbewerbs im Kraftwerksbereich einen größeren Spielraum für Preisfestsetzungen. Dieser Mechanismus wirkt ebenfalls in die andere Richtung.

Die **Transportkosten innerhalb eines Landes** können je nach Transporttechnik (Eisenbahn, Binnenschiff, Lkw, usw.) sehr unterschiedlich sein. Dabei ist zu berücksichtigen, dass jeder Umschlagsvorgang (Seeschiff auf anderes Transportmedium, Ausladen am Anlieferort) Kosten in einer Größenordnung von 2–2,50 €/t verursacht. Je nach Entfernung kommen dann in Deutschland noch Kosten von bis zu 10 €/t für den Binnenschiff- oder Eisenbahntransport hinzu, sodass je nach Energiegehalt der Steinkohle dieser Energieträger für einen Standort weit im Inland leicht um bis zu 10–12 €/t teurer werden kann als an einem Seehafen.

Bei **Braunkohle** gibt es, abgesehen von einigen Veredelungsprodukten in geringen Mengen, keinen internationalen Handel, sodass die Preisbildung intransparenter als bei der Steinkohle erscheint. Wird Braunkohle kraftwerksnah verstromt, konkurriert sie mit anderen Energieträgern (z. B. importierter Steinkohle). Hieraus folgt die **wertorientierte Preisbildung** in Form eines **anlegbaren (Verrechnungs-)Preises**. Dies gilt insbesondere dann, wenn Förderung und Kraftwerke von Gesellschaften des gleichen Unternehmens betrieben werden (z. B. Rheinbraun und RWE Power im Rheinland).

7.6 Handel

In diesem Unterkapitel werden die Besonderheiten des Kohlehandels beschrieben. Dabei wird zunächst erläutert, welche Handelsplätze es für Kohle gibt und anschließend die Bedeutung von Transportkosten für Handelsplätze beschrieben.

7.6.1 Handelsplätze

Der Kohlemarkt ist dominiert vom physischen OTC-Handel (over-the-counter), während die finanziellen Börsenhandelsplätze ein Nischendasein führen. Dies hat zwei

Gründe: Erstens existieren viele verschiedene Qualitäten von Kohle, was die für einen Börsenhandel notwendige Standardisierung des Handelsguts erschwert. Zweitens weist Kohle sehr hohe Transportkosten auf, wodurch der Lieferort eine herausragende Bedeutung besitzt. Im Börsenhandel müsste der Lieferort jedoch vereinheitlicht werden, was aus logistischen Gründen für viele Marktteilnehmer, die an einer physischen Kohlelieferung interessiert sind, nicht sinnvoll ist.

Die Frage nach dem Preis für Kohle ist dementsprechend nicht trivial, denn je nach Qualität und Lieferort können die Preise stark variieren. Aus diesem Grund hat sich im Kohlemarkt die Verwendung von Indizes etabliert.

Es existieren vier wichtige Indexpreise für Kohle:

– Der **API 2-Index** (All Published Index number 2) basiert auf Geschäften CIF ARA, d. h. in dem Kohlepreis sind die Versicherungs- und Frachtkosten für die Lieferung in den Bereich Antwerpen-Rotterdam-Amsterdam bereits enthalten. Der Index basiert auf Kohle mit einem Brennwert von 6.000 Kilokalorien pro Kilogramm und einem Schwefelgehalt von nicht mehr als einem Prozent. Der API 2-Index ist eine Schätzung von Preisagenturen wie Argus/McCloskey und Platts bezüglich des Kohlepreises der nächsten 90 Tage, die auf OTC-Transaktionen basiert. Der Großteil der gehandelten Swaps legt den API 2-Index zu Grunde.

– Die gleichen Qualitätsrestriktionen wie beim API 2 gelten für den **API 4-Index**, der FOB Richards Bay in Südafrika notiert wird, d. h. Versicherung, Frachtkosten und eventuelle Kosten aus Havarien müssen vom Käufer getragen werden. Der Verkäufer trägt nur die Liegegebühren im Hafen.

– Ein weiterer wichtiger Kohlemarkt in Puerto Bolivar in Kolumbien wird durch den **API 7-Index** erfasst, der Transaktionen FOB Puerto Bolivar zusammenfasst. Die gehandelte Kohle muss einen Brennwert von 5.695 Kilokalorien pro Kilogramm und einen Schwefelgehalt von nicht mehr als einem Prozent aufweisen.

– Der **globalCOAL-Index** basiert wie der API 4-Index auf Transaktionen FOB Richards Bay, allerdings werden hierbei nicht die von den Preisagenturen geschätzten Preise verwendet, sondern die Gebote, die vor Ort in Richard Bay abgegeben werden.

– Obwohl der asiatische Raum einer der wichtigsten Handelsmärkte für Kohle ist, existiert bis dato kein entsprechender Index. Gründe hierfür könnten die hohe politische Einflussnahme sowie die Tendenz zu sehr großen einmaligen Transaktionen sein.

Allen Indizes ist gemeinsam, dass neben dem Käufer und Verkäufer eine externe Agentur (beispielsweise Argus/McCloskey) an dem Geschäft beteiligt ist und das Geschäft aufnimmt. Dies geschieht beispielsweise über Telefonanfragen oder andere Befragungen. Anschließend werden die ermittelten Preise aufbereitet und in der Index-Kennzahl zusammengefasst. Obwohl das methodische Vorgehen der externen Agenturen in der Regel veröffentlicht wird, ist die Preisbildung hierdurch nicht vollständig transparent.

Der Indexpreis besitzt in mehrfacher Hinsicht eine große Bedeutung. Erstens erlaubt er Marktteilnehmern eine Einschätzung über die aktuellen Angebots- und Nachfragesituationen. Auf Basis des Indexpreises können Marktteilnehmer auch andere Qualitäten und Lieferorte bepreisen. Der Indexpreis erfüllt damit eine **Referenzfunktion**. Durch diese Referenzfunktion ergibt sich ein weltweiter Preisbildungsprozess, denn obwohl aufgrund der Transportkosten nur selten niedrig kalorische indonesische Kohle nach Rotterdam verschifft wird, wird ein drastisches Ansteigen des API 2-Index die Knappheitswahrnehmung aller Marktteilnehmer verändern und auch den Preis der indonesischen Kohle steigen lassen. Umgekehrt haben Geschäfte im asiatischen Raum eine Rückwirkung auf den europäischen API 2-Index. Die Stärke dieses Rückkopplungseffekts kann jedoch je nach den aktuell vorherrschenden Rahmenbedingungen zum Teil drastisch schwanken.

Zweitens gehen die Kohleindizes in diverse **komplexe Energielieferverträge** mit Kohlepreisbindung ein. So war beispielsweise früher in Gaslieferverträgen eine preisliche Bindung an einen Kohleindex üblich.

Drittens bilden die Indizes die **Grundlage für den Derivatehandel**. Die Kohle-Forwardmärkte sind verglichen mit dem Börsenhandel oder anderen Kohletransaktionen relativ liquide. So ist der API 2-Kontrakt auf das Frontjahr das mit Abstand liquideste Handelsprodukt im europäischen Kohlemarkt. Der OTC-Terminhandel basiert dabei auf zum größten Teil standardisierten Verträgen, die über Broker gehandelt werden. Neben den OTC-Märkten existieren die relativ illiquiden finanziellen Futuresmärkte für Kohle, die in Tabelle 7.6 aufgeführt sind. Der Handel konzentriert sich auf Kesselkohle für die Verstromung in Kraftwerken und mit Ausnahme des *Central Appalachian Coal Futures* basiert der Futureshandel ausschließlich auf Indexwerten.

Tab. 7.6: An Börsen gehandelte Kohle-Futures

Kontrakt	Börse	Erfüllungsort	Erfüllungsart
Central Appalachian Coal Futures	NYMEX	FOB Ohio River (USA)	physisch
Richards Bay Coal Futures	ICE	Richards Bay (Südafrika)	API 4-Index
ICE Rotterdam Coal Futures	ICE	Rotterdam (Niederlande)	API 2-Index
EEX Coal Futures	EEX	ARA (Niederlande)	API 2-Index
Richards Newcastle Coal Futures	ICE	Newcastle (Australien)	globalCOAL-Index

Die an Börsen am meisten gehandelten Derivate sind **Swaps auf einen Indexpreis**. Bei dem Swap wird der schwankende Indexpreis gegen eine feste Zahlung getauscht. Dies ermöglicht eine rudimentäre Absicherung gegen das Preisrisiko an den Spotmärkten für Kohle.

7.6.2 Bedeutung von Transportkosten für Handelsplätze

Die Anzahl und die Liquidität von Handelsplätzen werden stark von den Transportkosten des gehandelten Gutes beeinflusst. Dies soll im Folgenden durch ein einfaches fiktives Beispiel illustriert werden.

Angenommen, es gäbe in einem Land zehn gleich große Städte, die jeweils 100 km voneinander entfernt sind. Wie in Abb. 7.6 dargestellt, seien die Städte wie auf einer Schnur aufgespannt, d. h. der Abstand von Stadt 1 zur Stadt 2 beträgt 100 km, der Abstand von Stadt 1 zu Stadt 3 beträgt 200 km usw. Die Transportkosten betragen 1 €, um eine Tonne Kohle 100 km zu transportieren.

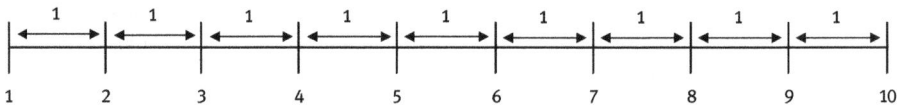

Abb. 7.6: Geografische Aufteilung der Städte

In jeder einzelnen Stadt werden jeweils 1 Tonne Kohle produziert und eine Tonne Kohle nachgefragt. Die maximale Zahlungsbereitschaft Z in jeder Stadt beträgt 10 €/t und die langfristigen Produktionskosten betragen 1 €/t. Um die triviale Lösung auszuschließen, in der jede Stadt einfach ihre produzierte Kohle verbraucht, können sich Anbieter und Nachfrager nur auf einem Marktplatz sehen. Weiterhin sei angenommen, dass es nur einen Marktplatz gibt, der in einer Stadt angesiedelt sein muss. Das physische Vorhandensein der Kohle für einen Verkauf bzw. Kauf an dem Marktplatz ist ebenfalls Bedingung.

Das Angebots- und Nachfrageverhalten wird in diesem einfachen Beispiel ausschließlich durch die Transportkosten bestimmt. Wenn beispielsweise der Anbieter aus Stadt 1 seine Produktion in der Stadt 5 anbietet, wird er dafür mindestens 6 €, also seine Produktionskosten plus die Transportkosten verlangen. Umgekehrt wird ein Nachfrager aus Stadt 9 höchstens 6 € auf dem Marktplatz in Stadt 5 für eine Tonne Kohle bieten, da er die Kohle ja noch in seine Stadt transportieren muss, die 400 km von dem Marktplatz in Stadt 5 entfernt ist. Es lassen sich also für alle Anbieter und Nachfrager die maximale Zahlungsbereitschaft Z und die Angebotskosten K für jeden Marktplatz bestimmen. Tabelle 7.7 stellt beispielhaft die Zahlungsbereitschaften und die Kosten für die ersten drei Städte dar.

Aus den Zahlungsbereitschaften und den Kosten kann für jede Stadt ein Marktpreis und die auf dem entsprechenden Markt gehandelte Menge ermittelt werden. Da sich die Zahlungsbereitschaften und die Produktionskosten in den verschiedenen Städten nicht unterscheiden, stellt sich für alle möglichen Handelsplätze ein Preis von 5 €/t Kohle ein, d. h. alle Märkte geben die Knappheit der Ware Kohle korrekt an und sind somit effizient. Einzig die gehandelten Mengen unterscheiden sich, da die Städ-

Tab. 7.7: Die maximale Zahlungsbereitschaft Z und die Kosten K für die ersten drei Städte, wobei in den Zeilen die Startstadt und in den Spalten der Lieferort des Transports steht

Stadt	1		2		3		...	10	
	Z	K	Z	K	Z	K	...	Z	K
1	10	1	9	2	8	3	.	1	10
2	9	2	10	1	9	2	.	2	9
3	8	3	9	2	10	1		3	8
.	.	.	.	.	.	.	.	.	.
.	.	.	.	.	.	.	.	.	.
.	.	.	.	.	.	.	.	.	.
10	1	10	2	9	3	8	.	10	1

te in der Mitte weniger Transportkosten für die Handelsteilnehmer aufweisen als die Städte, die am Rand liegen. Die gehandelten Mengen sind in Abb. 7.7 für alle Städte dargestellt. Demnach wäre die Einrichtung eines Marktplatzes in den Städten 5 oder 6 wohlfahrtsmaximierend, da hierdurch die meisten Handelstransaktionen ausgeführt werden.

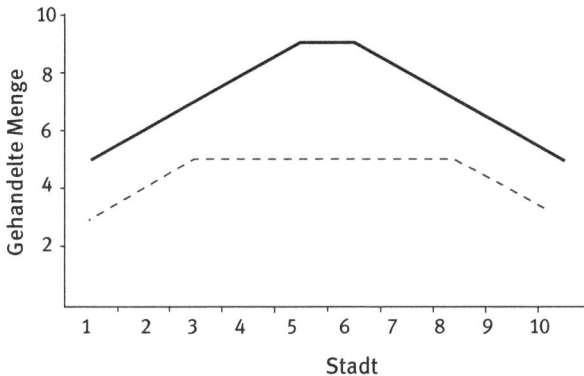

Abb. 7.7: Gehandelte Mengen im Fall von Transportkosten von eins (durchgezogene Linie) und im Fall von Transportkosten in Höhe von zwei (gestrichelte Linie)

Bei einer Erhöhung der Transportkosten auf 2 € pro 100 km transportierter Tonne Kohle können zwei Effekte bezüglich der gehandelten Menge beobachtet werden. Erstens reduzieren sich erwartungsgemäß die gehandelten Mengen auf allen möglichen Marktplätzen (Liquiditätseffekt). Zweitens erhöht sich die Anzahl an Märkten, auf denen eine wohlfahrtsmaximale Menge gehandelt werden kann (Marktsegmentierungseffekt).

Sowohl der Marktsegmentierungseffekt als auch der Liquiditätseffekt können auf dem Steinkohlemarkt beobachtet werden.

Der Preis für eine Tonne Kohle verändert sich aufgrund der erhöhten Transport-kosten im Übrigen nicht, d. h. er beträgt weiterhin in allen Städten 5 € pro Tonne Koh-le. Dies ist in der symmetrischen Belastung der Anbieter und Nachfrager durch eine Erhöhung der Transportkosten zu erklären: Die Anbieter bieten also in genau dem gleichen Ausmaß weniger auf einem Marktplatz an wie die Nachfrager weniger nach-fragen. Die Knappheitssituation auf den Marktplätzen bleibt also unverändert, alle Märkte bleiben effizient. Die Unabhängigkeit der Preise von den Transportkosten wur-de bewusst auf diese Weise modelliert und ist kein verallgemeinerbares Ergebnis. So-bald von dem symmetrischen Modellaufbau abgewichen wird, verändern sich auch die Preise, da sich dann die Knappheitssituation in den verschiedenen Städten unter-scheidet.

7.7 Perspektive der Stein- und Braunkohleverstromung

Obwohl die Kohleressourcen im Vergleich zu denen anderer fossiler Energieträger noch wenig erschöpft sind, wird die Wichtigkeit von Kohle für die Stromerzeugung in Zukunft zurückgehen. Ursache hierfür ist, dass zur Erreichung des 2 °C-Ziels aus den Pariser Klimaschutz-Verträgen eine erhebliche Verringerung der Treibhausgas-Emis-sionen in nahezu allen Sektoren benötigt wird. Dazu wäre das schrittweise Reduzieren des Kohleeinsatzes ein wichtiger Baustein. Dennoch werden derzeit in Südostasien zahlreiche neue Kohlekraftwerke gebaut. Die internationale Kooperation muss des-halb möglichst alle Länder erreichen. In Bezug auf die zukünftige Bedeutung von Stein- und Braunkohle ist es sinnvoll, sich auf die Entwicklung der Bedeutung von Kohle in der Energiewirtschaft zu konzentrieren, da ein Großteil der in Deutschland konsumierten Steinkohle (61 %) und nahezu die gesamte in Deutschland produzierte Braunkohle in diesem Sektor verwendet wird.[91] Derzeit ist außerdem ein langfristig durchaus mögliches Ersetzen von Kokskohle in der Eisen- und Stahlindustrie tech-nisch sehr schwierig.

Ziel der Bundesregierung ist es, bis zum Jahr 2030 die Treibhausgas-Emissio-nen aus der Stromerzeugung um 61 % bis 62 % im Vergleich zu 1990 zu reduzieren.[92] Auch innerhalb des Energiesektors ist die Verbrennung von Stein- und Braunkohle zur Stromerzeugung für einen großen Anteil der Treibhausgas-Emissionen verant-wortlich: Der Anteil von Braunkohle an den Kohlendioxid-Emissionen aus fossiler Stromerzeugung lag im Jahr 2017 bei 53 %, der von Steinkohle bei 24 %.[93] Um den Entschluss der Bundesregierung umzusetzen, muss die Nutzung von Kohle zur Ener-gieerzeugung in Zukunft erheblich reduziert werden.

---

91 Vgl. Clean Energy Wire (2019).
92 Vgl. BMWi (2018).
93 Vgl. Umweltbundesamt (2019b).

Im Hinblick auf dieses Ziel sind bereits erste Erfolge erreicht: Der Anteil von Kohle an der Stromerzeugung in Deutschland ist bereits auf 35 % des Niveaus von 1990 verringert. Dennoch müssen die Treibhausgas-Emissionen im Vergleich zum Jahr 2017 um weitere 44–46 % reduziert werden, um das angestrebte Ziel für 2050 zu erreichen.[94] Eine zusätzliche Herausforderung ergibt sich durch den geplanten Ausstieg aus der (emissionsfreien) Kernenergie bis zum Jahr 2022. Neben der Reduzierung der Treibhausgas-Emissionen soll zusätzlich bis 2022 gänzlich auf die Verwendung (emissionsfreier) Kernenergie verzichtet werden.[95]

Auch der Ausstieg aus der Kohleverstromung bis 2038 wird von der Bundesregierung anvisiert.[96] Anfang 2019 hat die Kommission für „Wachstum, Strukturwandel und Beschäftigung" einen Fahrplan für den Kohleausstieg vorgelegt.[97] Dieser Plan wird nun von der Bundesregierung aufgegriffen und bis Ende 2019 soll ein entsprechendes Kohleausstiegsgesetz vorgelegt werden. Der Kohleausstieg ist jedoch auch problematisch, da er eine erhebliche Strukturschwächung für einige Kohleregionen bedeutet. Um den Strukturwandel zu erleichtern, wird die Bundesregierung die entsprechenden Regionen durch ein Gesetzespaket unterstützen, welches u. a. Investitionen bis zu 14 Milliarden Euro in den Bereichen Innovation, Digitalisierung und Mobilität vorsieht.[98]

Aus den oben beschriebenen Veränderungen im Energiesystem ergibt sich die Notwendigkeit eines starken Ausbaus der Nutzung Erneuerbarer Energien: Ziel der Bundesregierung ist die Erhöhung des Anteils Erneuerbarer Energien an der Stromerzeugung auf mindestens 65 % bis 2040. Wird dieses Ziel bei konstantem Bruttostromverbrauch und einem unveränderten Einsatz der übrigen konventionellen Energieträger (außer Kernenergie) erreicht, so kann die Stromproduktion aus Kohle um etwa die Hälfte reduziert werden.[99] Da die deutsche Kohleverstromung vollständig im EU-CO_2-Emissionshandelssystem ist, müsste dies bei der Zielformulierung jeweils im Voraus angemessen berücksichtigt werden. Sonst könnten stattdessen andere EU-Länder mehr CO_2 emittieren. Eine Reduzierung der Stromgewinnung aus Kohle bietet sich im Vergleich zu anderen fossilen Energieträgern besonders an, da bei der Verbrennung von Kohle besonders viele Treibhausgase freigesetzt werden.[100]

Kritisch zu diskutieren ist der Kohleausstieg vor dem Hintergrund, dass man einen wichtigen „Optionswert" aufgibt. Im Falle eines drohenden Blackouts bieten Kohlekraftwerke eine Möglichkeit diesen zu verhindern. Ein Blackout würde sehr hohe

---

94 Vgl. BMWi (2018).

95 Vgl. BPA (o. J.). Dies beruht auf der statistischen Konvention, dass der CO_2-Ausstoß etwa bei Uran-Anreicherung oder Brennelemente-Herstellung nicht gezählt wird.

96 Vgl. BMWi (2019a).

97 Vgl. BMWi (2019b).

98 Vgl. BMWi (2019c).

99 Vgl. BMWi (2018).

100 Vgl. Wissenschaftliche Dienste des deutschen Bundestags (2007).

volkswirtschaftliche Kosten nach sich ziehen. Als Analogie kann das folgende Autobeispiel dienen: Statt mit dem Auto fährt eine Familie dank eines unterstellten besseren ÖPNV häufiger mit dem Bus. Dadurch sinken Benzinverbrauch und Emissionen des Autos im tatsächlichen Fahrbetrieb erheblich. Wenn die Familie jedoch abends um 21 Uhr einen als Notfall eingelieferten Familienangehörigen in einem 25 Kilometer entfernten Krankenhaus besuchen muss, freut sie sich, dass das Auto noch nicht stillgelegt und verschrottet worden ist. Dafür wird gerne eine „Bereitschaftsprämie" in Form der Kfz-Steuer und Versicherung bezahlt. Ökonomen bezeichnen dies als „Optionswert".

Gegeben der bestehenden üppigen Kraftwerkskapazitäten werden Fragen der Versorgungssicherheit erst mit einem fortgeschrittenen Ausstieg aus der Kohleverstromung stärker in den Vordergrund treten. Dies gilt auch für die Frage der Bezahlbarkeit der Stromversorgung.

8 Erdöl

Aufgrund unterschiedlicher Entstehungsmöglichkeiten ist Erdöl ein sehr heterogenes Gut und je nach chemischer Zusammensetzung kann zwischen verschiedenen Ölsorten unterschieden werden. Darüber hinaus muss zwischen konventionellen und nicht konventionellen Lagerstätten unterschieden werden. Kapitel 8 beschäftigt sich mit dem Energieträger Erdöl. Neben den technischen Merkmalen, die sich aus der chemischen Heterogenität des Energieträgers ergeben, wird auch auf Besonderheiten des Erdölmarkts eingegangen.

8.1 Merkmale des Energieträgers

Abschnitt 8.1 gewährt einen Überblick über die Merkmale des Energieträgers Erdöl und geht dabei auf die Entstehung von Erdöl, die globale Verteilung bekannter Erdölreserven und die chemischen Eigenschaften von Erdöl ein.

8.1.1 Entstehung und Zusammensetzung

Nach der biogenetischen Theorie bestehen Öl und Gas aus den Überbleibseln prähistorischer Land- und Meerestiere, die über Millionen von Jahren durch das Gewicht der Gesteinsschichten über ihnen zusammengepresst wurden. Aus dieser Entstehungsgeschichte ergeben sich zwei zentrale ökonomische Eigenschaften von Erdöl. Erstens ist es aufgrund des aus menschlicher Sicht extrem langen Entstehungszeitraums eine nicht erneuerbare bzw. erschöpfbare Ressource. Zweitens besitzt Rohöl je nach seiner spezifischen Entstehungsgeschichte unterschiedliche chemische Eigenschaften, d. h. Erdöl ist ein heterogenes Gut.

Es wird zwischen konventionellen und nicht konventionellen Erdöllagerstätten unterschieden. Als konventionelles **Mineralöl** werden **Kohlenwasserstoffverbindungen** bezeichnet, die bei Umgebungstemperatur in flüssiger oder halbflüssiger, d. h. zäher Form in porösen Gesteinsschichten oder ähnlichen Formationen lagern.

So genannte nicht konventionelle Erdölsorten umfassen besonders schwere, d. h. auch sehr zähflüssige Rohöle, Ölsande, Ölschiefer oder Bitumenvorkommen. In der Regel ist die Gewinnung dieser Vorkommen mit sehr hohen Kosten verbunden, die u. a. aus dem notwendigen hohen Energieaufwand (etwa zur Dampferzeugung) und einem hohen Wasserverbrauch resultieren. Bei den hohen Ölpreisen, wie sie etwa ab 2005 und insbesondere im Jahr 2008 beobachtet wurden, sind sie dennoch im McKelvey-Diagramm in die Kategorie „wirtschaftlich gewinnbar" aufgestiegen. Insbesondere Kanada verdankt derartigen Vorkommen eine erhebliche Vergrößerung seiner Reserven.

https://doi.org/10.1515/9783110556339-008

In der natürlichen Form ist Mineralöl nicht in Produktions- bzw. Konsumprozessen einsetzbar. In Raffinerien muss das Rohöl in komplexen chemischen Prozessen in Erdölprodukte umgewandelt werden. Eine Endnachfrage existiert ausschließlich für die Erdölprodukte Benzin, Kerosin, Diesel usw.

8.1.2 Reserven und die Erschöpfbarkeit von Erdöl

Fast die Hälfte der derzeitig nachgewiesenen Reserven liegen in den Ländern des **Nahen Ostens**; allein Saudi-Arabien, Iran, Irak, Kuwait und die Vereinigten Arabischen Emirate verfügen zusammen über 46 % der Weltvorräte. Da weitere fast 9 % in den Staaten der ehemaligen Sowjetunion liegen, konzentrieren sich die Reserven auf Regionen, die in der Vergangenheit mehrfach durch Kriege, Lieferembargos und andere Risiken gekennzeichnet waren (siehe Abb. 8.1).[101]

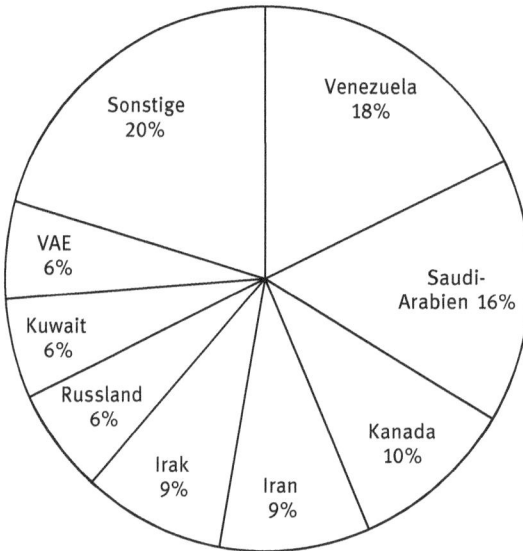

Abb. 8.1: Öl-Reserven im Vergleich (Ende 2016) (Quelle: BP (2017))[102]

Während 1996 die Weltölreserven bei 1.148,8 Mrd. Barrel lagen, sind sie seither stetig angestiegen – auf 1.388,3 Mrd. Barrel 2006 und 1.706,7 Mrd. Barrel im Jahre 2016. Die statische Reichweite der heutigen Reserven beträgt bei einer Jahresförderung von

---

101 Vgl. BP (2017).
102 In diesem Buch werden die Angaben des **BP Statistical Review of World Energy** verwendet, allerdings gibt es auch andere, abweichende Reservenschätzungen, wie beispielsweise der **Annual Statistical Bulletin** der **OPEC** oder die **BGR Energiestudie**.

4,38 Mrd. t/a (2016) 50,6 Jahre.[103] Der Tiefpunkt der statischen Reichweite der Weltöl-reserven lag um 1930 bei deutlich unter 20 Jahren. Da die Exploration weiter anhält und auch verbesserte Fördertechniken für bereits erschlossene Gebiete bei den heutigen Preisen immer höhere Ausbeuten erlauben, ist für die kommenden Jahrzehnte nur dann mit einer physisch bedingten Ölverknappung zu rechnen, wenn ein weiter-hin starkes Nachfragewachstum nicht durch gleichermaßen erfolgreiche Neuerschlie-ßung bedient werden kann.

Berücksichtigt man neben den bekannten Reserven auch Ölressourcen, insbeson-dere unkonventionelle Ölvorräte wie Ölschiefer und Ölsande, so ergibt sich für die längerfristige Angebotsseite ein noch günstigeres Bild. Allein für Ölschiefer belaufen sich die weltweiten Ressourcen laut Schätzungen auf 6.050 Mrd. Barrel.[104] Allerdings erfordert eine großtechnische Nutzung unkonventioneller Ölvorräte Investitionen in eine sehr aufwändige Fördertechnik mit großen Massenbewegungen und auch erheb-lichem Einsatz von Wasser. Die Erschließung benötigt zudem Zeit: Für kurz- und mit-telfristige Ölmarkteinflüsse sind diese Vorräte somit kaum stabilisierend wirksam. Zu-sätzlich sind als pessimistische Punkte zu berücksichtigen, dass

- seit vielen Jahrzehnten besonders riesige Felder (sog. „Elefanten") nicht mehr ent-deckt wurden,
- ein sehr großer Teil der Ölreserven neuerdings in der Kontrolle von Staaten bzw. staatlichen Unternehmen liegt, die eigene politisch-strategische Überlegungen anstellen und somit eine andere Reaktion auf Preisveränderungen zeigen können als Ökonomen normalerweise unterstellen.

Zudem kann eine maximale Fördergrenze existieren, d. h. ein Punkt, ab dem die För-derung aus technischen Gründen nicht weiter ausgedehnt werden kann. Eine solche maximale weltweite Förderrestriktion wird von der *„peak oil"*-Theorie angenommen. Ihr Kern ist die Prognose des Zeitpunkts der maximalen weltweiten Förderung aus konventionellen Lagerstätten. Ihren Anfang nahm die Diskussion durch die korrekte Prognose der US-amerikanischen Spitzenförderung Anfang der 70er Jahre durch Hub-bert und wurde insbesondere Ende der 90er Jahre wiederbelebt.

Die Brisanz der *„peak oil"*-Theorie ergibt sich aus der angenommenen unaus-weichlichen technischen Angebotsrestriktion. Konkret wird unterstellt, dass die ma-ximale Produktion von Erdöl erreicht wird, wenn etwa die Hälfte der vorhandenen Vorkommen ausgebeutet wurde. Das Angebot von Erdöl könne also nicht weiter aus-geweitet werden. Da kurz- bis mittelfristig kein Substitut zu Erdöl existiert, würde das Erreichen der Fördergrenze zu extremen negativen wirtschaftlichen und sozialen Konsequenzen führen.

Bei der **„peak oil"**-Theorie wird ausschließlich auf die technische Restriktion ein-gegangen. Wirtschaftliche und soziale Verhaltensveränderungen werden bei der Er-

---

103 Vgl. BP (2017).
104 Vgl. World Energy Council (2017).

stellung der Prognose nicht berücksichtigt, obwohl diese bei der Interpretation der Ergebnisse (Kriege, soziale Verteilungskämpfe, usw.) wieder aufgegriffen werden. Weiterhin ist die Existenz einer technischen Restriktion der Fördermenge bei der Hälfte der Ressourcen im globalen Maßstab nicht belegt. Die „peak oil"-Hypothese basiert auf weitestgehend bekannter Technik. Da die USA in den letzten 10 Jahren vor allem mit neueren so genannten Fracking-Techniken (siehe Abschnitt 9.4.2) sowohl bei der Öl- als auch der Erdgas-Förderung sehr erfolgreich waren, neue Reserven in sehr großer Tiefe zu erschließen, haben damit die USA ihre Förderung ausdehnen können. Die Größe dieser Vorkommen war im Jahr 2000 noch unbekannt.

Unabhängig von einer Grenze bei der Fördermenge ist Erdöl eine erschöpfbare Ressource. Der volkswirtschaftlich „richtige" Preis enthält deswegen zwei Komponenten:

Die **Förderkosten** inklusive einer Prämie für die eventuell erfolglose Suche und Erschließung von Ölfeldern. Diese reinen Förderkosten liegen im arabischen Golf auch heute ziemlich stabil bei unter 2 $/b, in der mittleren Nordsee bei rund 8–10 $/b, einzelne *offshore*-Förderanlagen gehen bis zu 40 $/b.

Eine **Knappheitsrente** für die Nutzenverluste morgen, die durch die Förderung und den Verbrauch heute anzusetzen sind. Die Höhe dieser Knappheitsrente wird von verschiedenen Faktoren bestimmt, die z. T. von den Ressourcenanbietern geschätzt werden müssen: Reservegröße, mögliche Neuentdeckungen von Reserven, Diskontierungsrate zukünftiger Erträge gegenüber heutigen, [geschätzte] kurz- und längerfristige Preiselastizität der Nachfrage, Kosten für Substitute, die quasi-unerschöpflich sein können usw.

8.1.3 Chemische Eigenschaften von Erdöl

Die ökonomisch wichtigsten chemischen Eigenschaften einer Rohölsorte sind deren **Dichte und Schwefelgehalt**. Anhand der Dichte wird zwischen leichtem und schwerem Rohöl unterschieden. Als Maßeinheit für die Dichte von Erdöl wird in der Regel der Industriestandard Grad API[105] verwendet, der auf der Messung der relativen Dichte zu Wasser basiert. Wasser hat eine Dichte von 10° API, sodass Flüssigkeiten wie Bitumen, die schwerer als Wasser sind und im Wasser sinken würden, eine Dichte unter 10° API besitzen, während Flüssigkeiten mit einer geringeren relativen Dichte auf dem Wasser schwimmen würden. Leichte Rohölsorten weisen etwa 35–45° API auf, während mittelschwere und schwere Sorten unter 35° API liegen.

Weiterhin wird Rohöl nach seinem Schwefelgehalt in **süße und saure Sorten** unterteilt. Ein Rohöl wird als süß bezeichnet, wenn es einen Schwefelgehalt unterhalb von einem halben Prozent besitzt. Im Allgemeinen sind leichte Rohölsorten eher süß und schwere Sorten eher sauer.

---

105 API steht für American Petroleum Institute, welches Industriestandards in der Erdölbranche definiert.

Leichte und süße Rohölsorten werden in der Regel höher bewertet als schwere und saure Rohölsorten. Diese Bewertung folgt direkt aus den technischen Eigenschaften des Raffinationsprozesses. So sind leichte Rohölsorten einfacher zu höherwertigen Produkten wie Benzin zu verarbeiten. Süße Rohölsorten sind gegenüber sauren Rohölsorten vorteilhafter, da der Schwefel aufgrund von Umweltvorschriften aufwändig im Raffinationsprozess entfernt werden muss.

Die Beziehung zwischen der Dichte und dem Schwefelgehalt einer Rohölsorte einerseits und dem Preis andererseits ist aus Sicht einer einzelnen Raffinerie nicht linear. Aus den technischen Eigenschaften des Raffinationsprozesses ergeben sich nämlich optimale Eigenschaften einer Rohölsorte, mit denen der höchste Ertrag erreicht wird. Jede Abweichung von diesen Eigenschaften wird ökonomisch bestraft.

Weiterhin hat die Dichte einen Einfluss auf die Transportkosten von Rohöl per Pipeline, denn die Viskosität von Erdöl ist abhängig von dessen Dichte, d. h. schwere Rohöle sind zähflüssiger als leichte Rohöle. Da zähflüssige Rohöle vor dem Transport mit leichteren Rohölsorten vermischt werden müssen, ist der Pipelinetransport von zähflüssigen Rohölsorten entsprechend teurer. Für den Transport einer Rohölsorte ist auch der Säuregehalt einer Rohölsorte von Bedeutung, denn je säurehaltiger eine Sorte ist, desto höher ist auch die Korrosionsbeanspruchung der Pipeline.

8.2 Historische Entwicklung des Ölmarkts

Seit dem Altertum nutzte die Menschheit Mineralöl, das als „Steinöl" aus natürlichen Ritzen und kleinsten Quellen sickerte. Mitte des 19. Jahrhunderts gab es bereits lokal einen ersten Einsatz von Petroleum für Leuchtzwecke, so beispielsweise im heutigen Polen, damals dem österreich-ungarischen **Galizien**, oder nördlich von Hannover in **Wietze** bei Celle. Beginnend mit einer erfolgreichen „großen" Ölbohrung 1859 in **Pennsylvania** in den USA nahm die Ölbranche einen starken Aufschwung. Während zunächst vor allem Petroleum als Leuchtmittel und fürs Kochen produziert wurde, geriet Öl einige Jahrzehnte später auf diesem Marktsegment durch die Erfindung der elektrischen Glühlampe ins Hintertreffen. Hingegen kam mit dem Autoverkehr ab Ende des 19. Jahrhunderts das Benzin als zusätzlicher und viel wichtigerer Energieträger zum Einsatz, dessen Markt (Motoren für Flugzeuge und Schiffe) rasch wuchs.

8.2.1 Der Aufstieg des Mineralöls ab 1859 bis zum 1. Weltkrieg

Die ersten Jahre der Ölindustrie verliefen speziell in den **USA** sehr chaotisch. Einerseits gab es laufend Neufunde, anderseits auch ständig neue Anwendungen von Mineralölprodukten. Dies führte zu heftigen Preisschwankungen und erheblichen logistischen Problemen. So geschah der Abtransport des Mineralöls in den Anfangszeiten notgedrungen mit Whiskey-Fässern, daher die Maßeinheit *barrel* ($\approx$ 159 l). Durch das dominierende Wachstum der 1870 von John D. Rockefeller gegründeten Standard Oil entstanden mit der Zeit neue Strukturen. Rockefeller verfolgte das Ziel einer neuen Ordnung, die die hektischen Preisausschläge vermeiden konnte. Zu diesem Zweck baute er auf der Weiterverarbeitungsstufe (**Transport, Raffinerien**) eine Vormachtstellung auf und nutzte diese, um seine Macht gegenüber den vielen Ölförderern auszuspielen. Erst einige Zeit später erfolgten der Aufbau eines eigenen Vertriebsnetzes auf der Endverbraucherebene sowie dann wiederum später auch die Inbesitznahme einiger großer Ölfelder. Innerhalb weniger Jahrzehnte entstand auf diese Weise bis etwa 1925 ein vollständig vertikal integriertes Teilmonopol. Sein Interesse an stabilen Preisen hinderte aber Rockefeller nicht daran, unliebsame Konkurrenten [lokal] mit einem Preiskrieg zu bekämpfen.

Die etwas später entstehenden neuen amerikanischen Gesellschaften (**TEXACO** und **GULF**) stützten sich auf neue Ölfelder in Texas (Spindletop, 1901) in Küstenbereichen des Golfs von Mexiko und Oklahoma (1905).

Im Jahr 1911 wurde der Standard Oil Trust auf Grundlage der US-amerikanischen Kartellgesetzgebung (Anti-Trust) in 38 Aktiengesellschaften aufgeteilt. Drei von ihnen, nämlich die **Exxon** (Standard Oil of New Jersey)[106], die **SoCal** (Standard Oil of California,)[107] und die **Mobil** (Standard Oil of New York) sollten später als Mitglieder der „Seven Sisters" den Ölmarkt bis zu Beginn der 70er Jahre dominieren. Weitere bedeutende Standardableger waren die Sohio (Standard Oil of Ohio) und die Amoco (Standard Oil of Indiana).

In **Europa** begann die Entwicklung großtechnischer Ölgewinnung mit den zwei Brüdern Alfred und Ludvig Nobel und den Ölfeldern um Baku im russischen Zarenreich (heute Aserbaidschan) am Kaspischen Meer gegen Ende des 19. Jahrhunderts. Mitte der 1870er Jahre wuchs die Erdölförderung so stark an, dass der Vertrieb zum Hauptproblem wurde.

Um Zugang zu westlichen Märkten zu bekommen, bauten zwei mittlere unabhängige Ölproduzenten eine Eisenbahnlinie an die Ostküste des Schwarzen Meeres (Batum). Dank einer dringend benötigten Finanzspritze des Hauses **Rothschild** gelang dies auch und ab 1883 wurde russisches Öl in Westeuropa verkauft. Der beschwerliche Eisenbahntransport ans Schwarze Meer wurde ab 1889 durch eine Pipeline per Tunnel durch einen hohen Berg ergänzt, sodass danach große Ölmengen von Baku in die Hafenstadt Batum im Osmanischen Reich geliefert werden konnten. Da jetzt der Vertrieb und der großflächige Transport zu organisieren waren, nahmen Rothschilds Kontakt mit einem englischen Vermittler (Lane) auf, der den Händler Marcus Samuel als geeigneten Organisator ansprach. Dieses Handelshaus war vor vielen Jahren aus einem viel kleineren Laden, der auch Muscheln (engl. Shell) verkauft hatte, hervorgegangen. Diese englische **Ölhandelsgesellschaft Shell** sollte mithilfe von neuartigen Tankern, die auch durch den Suezkanal fahren konnten, weltweit aktiv werden.

---

106 In Deutschland als ESSO bekannt.
107 Ab 1984 tritt die SoCal international als Chevron auf.

Gleichzeitig bohrten ab 1880 Abenteurer in der damals holländischen Kolonie Hinterindien (heute Indonesien) erfolgreich nach Öl, was den Grundstein für die 1890 gegründete **Royal Dutch** lieferte. Diese wurde 1907 mit der englischen Shell zur **Royal Dutch/Shell** (mit 60 % Anteil Royal Dutch, 40 % Shell) zusammengeschlossen: Grundlage eines ersten großen integrierten (vom Bohrloch bis zur Tankstelle) europäischen Ölkonzerns.

Ab dem Jahr 1903 begannen im Norden Persiens Ölbohrungen eines britischen sehr reichen Abenteurers d'Arcy, der nach ersten Erfolgen schnell an Geldknappheit litt. 1908 stand dessen Firma vor dem Bankrott, als endlich große Ölmengen entdeckt wurden. Dank einer Unterstützung der britischen Admiralität, die ihre Kriegsschiffe von Kohleantrieb längerfristig auf den überlegenen Dieselantrieb umstellen wollte, konnte die Ölsuche weitergeführt werden. Es gab finanzielle Beteiligungen der Briten und eine politische Unterstützung der kleinen Burmah Oil, sich an der neu entstehenden Anglo-Persian Oil Company trotz deren chronischen Geldmangels zu beteiligen.

Als Winston Churchill im Herbst 1911 Erster Lord (ziviler Chef) der Admiralität wurde, bekam die **Anglo-Persian** eine explizite Beteiligung des Staates, um die Flotteninteressen Englands abzusichern: 1912–1914 wurden erste größere Serien von mit Öl angetriebenen Kriegsschiffen gebaut. Aus dieser englischen Gesellschaft sollte später die sehr erfolgreiche, auf riesige Ölvorkommen gestützte, britische Ölfirma BP (British Petroleum) entstehen.

Im 1. Weltkrieg erwies sich zum ersten Mal die ausreichende **Verfügbarkeit von Treibstoffen** [für beispielsweise dringend benötigte Truppentransporte mit Pariser Taxis, Flugzeuge, erste Panzer, Schiffsantrieb und als Grundstoff für Sprengstoff] als strategisch sehr wichtig, ja sogar mit kriegsentscheidend.

8.2.2 Die Jahre 1918–1945: Erster Versuch eines internationalen Kartells

Bis in die 20er Jahre beschränkte sich die **internationale Dimension** des Ölhandels zunächst auf die Ölprodukte und weniger auf das Rohöl selbst. Zwei weitere längerfristige bedeutende Entwicklungen sollten die Ölmärkte bis in die heutige Zeit beeinflussen: Marktdynamik und strategische Punkte.

Zum ersten: Die rapide **Motorisierung** (Autos, Flugzeuge, Schiffe, usw.) schuf einen riesigen neuen rasch wachsenden Absatzmarkt. Nach dem Ersten Weltkrieg 1918 hatte man in den ersten Jahren große **Sorgen vor einer drohenden Ölknappheit**. Dann wurden jedoch in den USA neue große Ölfelder auch durch unabhängige neue Gesellschaften gefunden. Zusammen mit den neuen ausländischen Ölfeldern (Venezuela) stieg das Angebot rasch an. Die Standard Oil Company of New Jersey (Exxon) entwickelte sich unter Walter C. Teagle (von 1917 bis 1937 Präsident der Company) zum einen von einer Raffinerie- und Handelsgesellschaft zu einem integrierten Ölkonzern und zum anderen zum größten Ölunternehmen der Welt. Trotz der hohen Nachfrage erinnerten die internationalen Ölmärkte wegen der zahlreichen Ölfunde in gewisser

Hinsicht an die US-Verhältnisse vor der Neuordnung Rockefellers: Es herrschte vorübergehend wieder starker **Wettbewerb**. Eine **langfristige Sorge** um ausreichend Öl verflog für mehrere Jahrzehnte.

Zum zweiten: Große **Ölfunde** auch außerhalb der Heimatländer großer Fördergesellschaften (Mexiko ab 1912 bis zum vorläufigen Gipfel 1921, Venezuela ab 1918, Naher Osten einige Jahre später, besonders nach 1932) warfen die grundsätzliche Frage nach den **Eigentumsrechten am Rohöl** und einer **internationalen Marktordnung** auf. Gerade auch wegen der hohen Bedeutung des Öls im zurückliegenden Krieg entstand ein hohes **strategisches Interesse** an neuen Ölgebieten–vor allem in Nahost.

Da man auch in Mesopotamien (später: Irak) reichhaltige Ölvorkommen vermutete, stimmten sich zunächst die Sieger Frankreich und Großbritannien (bereits im Sykes-Picot-Abkommen 1916) über die Aufteilung der Gebiete südlich der heutigen „Türkei" ab. Diese Gebiete gehörten noch bis zum Kriegsende zum Osmanischen Reich und sie sollten jetzt unter den Siegern des 1. Weltkriegs „verteilt" werden: Deren recht willkürliche Grenzziehungen [unabhängig von Stammes- und Volkszugehörigkeiten] sowie die spätere „Kungelei" um Ölförderlizenzen offenbarten alte imperialistische Vorstellungen, letztlich getrieben von der Aussicht auf ausreichend große Ölfunde. Da Großbritannien bereits Einfluss auf BP hatte, wollte vor allem Frankreich mit einer eigenen vom Staat gegründeten Ölfirma (CFP)[108] ebenfalls in den sich abzeichnenden Ölboom in den ehemaligen Gebieten des Osmanischen Reichs mit einsteigen.

Die amerikanischen Ölgesellschaften wollten sich dieses isolierte Vorgehen der Westeuropäer nicht gefallen lassen. In langwierigen Verhandlungen kamen Royal Dutch/Shell, Anglo-Persian und eine amerikanische Dachgesellschaft (Near East Development) zusammen mit Calouste Gulbenkian (als örtlicher Experte und Vermittler: mit einem Anteil von 5 %) überein, eventuelle Vorkommen in dem neuen Gebiet gemeinsam auszubeuten. Mit einem roten Kugelschreiber wurde das relevante Gebiet (heutiger Naher Osten ohne Kuwait und Persien) markiert. Das **Red Line Agreement (1928)** sollte die ausschließlich gemeinsam zu erschließenden Gebiete markieren.

Doch die Wettbewerbsergebnisse durch neue Ölquellen wurden bald als sehr negativ empfunden. Zwar waren die großen internationalen Ölgesellschaften zunehmend vollständig vertikal integriert und stark; dennoch waren die Wettbewerbsergebnisse auch für sie „unbefriedigend". So trafen sich im September 1928 die Spitzen der **Exxon** inkl. deren Deutschland-Chef, der **GULF**, der niederländisch/britischen **Royal Dutch/Shell** und der British Petroleum (**BP**) sowie der Standard Oil of **Indiana** im schottischen Achnacarry und beschlossen eine Einschränkung des Wettbewerbs in Form einer Kartellabsprache, die allerdings nur außerhalb der USA gelten konnte. Dem sog. „**Achnacarry Agreement**" trat dann kurz darauf auch die US-amerikanische **Mobil** sowie die **SoCal** bei. Zusammen mit der ebenfalls in den USA ansässigen

---

108 Compagnie française des pétroles, heute als Total bekannt.

Texaco (Texas Oil Company) sollten sie später ein Kartell bilden, das unter der Kurz-bezeichnung „**Seven Sisters**" oder auch „Majors" die internationalen Ölmärkte bis 1974 dominierte. Nur die Indiana gehörte nicht zu den Schwestern.

Grundlage des Achnacarry-Abkommens war die Ausschaltung des – aus der Sicht der Branche – ruinösen Wettbewerbs. **Die Marktanteile** wurden auf ihre Werte zum Zeitpunkt der Vereinbarung festgeschrieben („as is"-Abkommen). Bei einem Steigen der Nachfrage sah das Abkommen eine proportionale Bedienung durch alle Unter-zeichner vor. Auch der Preis sollte übereinstimmend festgelegt werden. Man spricht in diesem Fall auch von einem „Posted Price". In der „Golf-Plus"-Formel setzten die Konzerne den fob-Preis am Golf von Mexiko als **Referenz** fest. Die Preise der anderen Sorten waren dann durch ihre Transportkosten zum Golf sowie zum Bestimmungsha-fen determiniert, wobei der Preis zwangsläufig mit der Entfernung vom Referenzort stieg.

Besonders die Entdeckung eines „Schwarzen Riesen" (später nannte man das „ein Elefantenfeld") durch drei verschiedene Wildcatter (arme Abenteurer, die mit gelie-henem Geld auf Verdacht bohrten) in Ost-Texas ab 1930 sorgte dennoch für ein Fluten des Ölmarkts. Allein die erste Quelle des 70-jährigen Dad Joiner förderte über 0,3 mb/d (Millionen Barrel **pro Tag**, d. h. etwa 45.000 Tonnen Öl). Das sind etwa 3 % der **heu-tigen** Förderung von Saudi-Arabien. Im August 1931 betrug die Ölförderung alleine in Ost-Texas schon 1 mb/d, d. h. etwa 50 % der damaligen amerikanischen Ölnachfrage. Da jetzt auch noch venezolanisches Öl und sehr viel aus älteren US-Quellen verfüg-bar war, brach der Ölmarkt wegen des Überangebots praktisch zusammen. Der erste Kartell-Versuch scheiterte durch zu starke Newcomer.

In den USA wurde zur Stabilisierung mit Tolerierung durch die Politik angesichts des dramatischen Ölpreisverfalls in den dreißiger Jahren ebenfalls eine kartellähn-liche Struktur geschaffen: das **Texas Railroad Agreement** und ein „Ölkodex", der faktisch eine Einführung von Quoten erlaubte. 1932 wurde zudem ein amerikanischer Zoll auf Ölimporte erfunden.

Größere **Ölvorkommen im Nahen Osten**, d. h. 1928 im Irak, 1932 in Bahrain (So-Cal), 1938 in Kuwait (Konsortium BP und GULF) und 1938 in Saudi-Arabien wurden schrittweise entdeckt (Konzessionär SoCal seit 1933). So lief der erste Tanker 1939 aus den erschlossenen Feldern Saudi-Arabiens aus dem neuen Ölhafen Ras Tunura aus. Mit dem Ausbruch des 2. Weltkrieges wurden die Felder erst einmal verschlossen.

Die Zugriffsmöglichkeit auf Ölquellen erwies sich im **2. Weltkrieg** in zweierlei Hin-sicht als bedeutend, wenn nicht sogar als kriegsentscheidend:

Zum einen war das **Kriegsziel** der deutschen Armee im Russland-Feldzug ab 1942 vor allem das kaukasische Ölgebiet und Baku, also die dortigen Ölquellen und Raffi-nerien. Ebenso zielte die japanische Eroberungsstrategie auf den Zugriff der ostindi-schen Ölvorkommen [des späteren **Indonesiens**].

Zum anderen erlaubte die **Versorgung** mit qualitativ hochwertigem Kraftstoff mi-litärische Überlegenheit (englische Spitfire-Jagdflugzeuge mit 100 Oktan-Benzin vs. deutsche Messerschmidt mit 95 Oktan Kohlebenzin oder Rommels wegen Spritmangel gescheiterter Afrika-Feldzug). Die englische Versorgung mit ausreichenden Mengen US-Öl trotz des U-Boot-Kriegs war genauso kriegswichtig wie das erfolgreiche Abschneiden der japanischen Ölversorgung im Pazifikkrieg durch die US-amerikanische Flotte. Danach waren große Teile der japanischen Flotte zunehmend bewegungsunfähig.

8.2.3 Nach dem 2. Weltkrieg bis 1973 (1. Ölpreiskrise): Dominanz der Sieben Schwestern

Im 2. Weltkrieg mussten die amerikanischen und britischen Ölfirmen aus militärisch-strategischen Gesichtspunkten (Abstimmung von Förderung, Transportsystemen, Raffinerien, Tankern) eng zusammenarbeiten, um die Bereitstellung von genügend Treibstoffen [für Flugzeuge, Panzer, Schiffe, usw.] zu ermöglichen. Nach dem Krieg sollte diese „bewährte" Kooperation als Grundlage zur Eindämmung des Wettbewerbs Früchte tragen.

Für die Förderung des Öls **im Nahen Osten** organisierten die großen Gesellschaften nach dem Zweiten Weltkrieg so genannte Rohöl-**Konsortien**, die die Anreize derart setzten, dass die **interne Kartellstabilität** gesichert war: Eine eventuell erfolgreiche Absatzkampagne an der Tankstelle oder im Heizölhandel führte beispielsweise bei ESSO (Benzinmarke von Exxon in Europa) zu einem erhöhten Rohölbedarf. Dieser Zusatzbedarf ließ sich aber für ESSO gemäß den festen Quoten bei der Ölförderung nur zu einem deutlich erhöhten Einstandspreis für das Konsortienrohöl decken. Damit wurde der Zusatzgewinn aus dem besseren ESSO-Absatz teilweise an die Kartellpartner transferiert, sodass jeglicher Anreiz entfiel, die Quoten anhaltend zu verletzen. Diese für jedes Land zuständigen Konsortien wurden unter **Bruch des Red Line Agreements** auf mehrere US-Gesellschaften ausgedehnt, die 1928 noch nicht Unterzeichner gewesen waren. Beteiligt waren ausschließlich die „Sieben Schwestern": So wurde die Aramco von Exxon, TEXACO, MOBIL (je 30 % Anteil) und SoCal (10 %) gegründet, um das Öl von Saudi-Arabien auszubeuten. SoCal war mit GULF gleichberechtigter Partner in Kuwait, wobei GULF kein Vertriebsnetz in Europa und östlich davon hatte und deshalb dafür die dort starke Royal Dutch/Shell als Verkaufspartner mit langfristigen Verträgen mit 50:50-Gewinnaufteilung gewann: Indirekt war damit noch eine europäische Gesellschaft in Kuwait. Diese Vertragsform einer Gewinnaufteilung nannte man „net-back".

Geografisch waren die meisten Ölvorkommen in einer länglichen Ellipse [von Nordost nach Südwest] von Syrien über den östlichen Irak, westlichen Iran bis zu den Emiraten und dem Raum östlich von Riad gelegen.

Wegen der großen Ölproduktion in Nahost und des nötigen Wiederaufbaus Europas, was dank Öl gelingen sollte, wurde die „as is"-Preisbildung von Achnacarry außer Kraft gesetzt: Europa bekam danach billigeres Öl und konnte den Wiederaufbau zügiger angehen.

Zwischen 1945 und 1950 setzten die Ölländer eine **50:50-Gewinnteilung** generell durch. Die Ölunternehmen mussten explizit akzeptieren, dass die Ölreserven den souveränen Staaten gehörten; zunächst erschien das noch harmlos.

Zudem sorgte die **politische Rückendeckung** durch die Großmächte Großbritannien und USA bis in die fünfziger Jahre für eine Vorherrschaft der großen Ölkonzerne. Die politische Rückendeckung bestätigte sich erneut Anfang der fünfziger Jahre in der **Persien-Krise**, als eine populistische Reform-Regierung von Mossadeq die damalige Anglo-Iranian (heute: BP) verstaatlichte. Als dieser mit der Sowjetunion „flirtete", stürzten ihn Generäle mit Unterstützung der CIA. BP musste 1954 als Dank für die amerikanische Unterstützung und das Zusammenstehen der übrigen Kartellmitglieder 60 % seiner Ölanteile an Partnerkonzerne in einem neuen Konsortium abgeben: Exxon, MOBIL, TEXACO, SoCal, GULF, Shell und die französische CFP kamen neu nach Iran.

Diese seither latent drohenden Gefahren einer Enteignung führten zu einer systematisch stärkeren Diskontierung zukünftiger Öleinnahmen durch die Ölgesellschaften: Sie konnten nicht sicher sein, dass Einnahmen des Jahres 1985 noch ihnen gehörten.

1956 kam es zur Suez-Krise: Der ägyptische Präsident Nasser, ein lautstarker Gegner Israels, enteignete den französisch-britisch kontrollierten **Suezkanal**, eine der wichtigsten Ölrouten nach Europa. Da gleichzeitig die Sowjetunion in Ungarn einen Volksaufstand niederschlug und die USA Rücksicht auf arabische Gefühle nehmen wollten, mussten Großbritannien und Frankreich [sowie Israel] sich vom Suezkanal (Sinai) zurückziehen.

Erst ab Ende der fünfziger Jahre und in den sechziger Jahren wurde das Problem der potenziellen **externen Kartellinstabilität** für die „**Sieben Schwestern**" wieder real. Newcomer-Firmen in neuen Ölgebieten wie die amerikanische Oriental (Libyen, Algerien, usw.), Getty's Pacific Western (neutrale Zone zwischen Kuwait und Saudi-Arabien), Indiana oder die italienische ENI (Enrico Mattei) oder die belgische Petrofina oder die japanische Ölgesellschaft (vor der Küste Saudi-Arabiens) eroberten Marktanteile in einem noch weiter wachsenden Ölmarkt.

Dementsprechend beherrschten die großen Sieben zwar immer noch den Markt, mussten ihn aber in stärkerem Maße mit den **Newcomern** teilen: Das Kartell der „Sieben" bekam einen größeren Wettbewerbsrand durch Unabhängige. Die deutsche DEA oder ARAL waren dabei eher kleinere lokale Spieler ohne bedeutende große Reserven. Dem konstant fließenden und wachsenden Welt-Ölzufluss und natürlich dem Übergang auf eine funktionierende demokratische Zivilgesellschaft verdanken Japan und Deutschland auch ihren ökonomischen Wiederaufstieg nach 1945.

Die 1960 in Bagdad gegen den Preisverfall zunächst von Irak, Iran, Kuwait, Saudi-Arabien und Venezuela gegründete **OPEC** (Organisation of Petroleum Exporting Countries), die 1965 ihren Sitz im neutralen Österreich in Wien nahm, wurde damals noch nicht als ernsthafte Gegenmacht eingeschätzt. Aber während die USA jahrzehntelang große Mengen Öl exportiert hatten, wurden sie zu Beginn der siebziger Jahre

zum Nettoimporteur, was die ökonomische Macht der OPEC längerfristig stärken sollte. Zudem spielten die Staaten des Nahen Ostens, Persien (Iran) und Indonesien eine
wichtige Rolle in der OPEC: alles überwiegend islamische Staaten mit in Bezug auf
Israel ähnlichen Einstellungen.

Zwischen 1948 und 1972 stieg die **Weltölförderung** von 8,7 mb/d auf 42 mb/d –
fast eine Verfünffachung. Der amerikanische **Förderanteil** sank von über 60 auf
22,5 %. Noch stärker stiegen die Reserven an, was vor allem auf einem riesigen Re-
servenzuwachs im Nahen Osten beruhte (davon mehrere „Elefantenfelder"). Zudem
kam die **Sowjetunion** mit einem großen Ölangebot aus Wolga-Ural-Feldern, später
mit sibirischen Vorkommen als „Außenseiter" auf den Markt: Ihr Ölexport war eine
wichtige Möglichkeit, Deviseneinnahmen zu erzielen.

Im **Juni 1967** kam es zu einem [von arabischer Seite provozierten] Präventivkrieg
Israels gegen arabische Nachbarn (**6-Tage-Krieg**). Im folgenden sogenannten **Jom-
Kippur-Krieg im Herbst 1973** griff Ägypten militärisch mit einem Überraschungsan-
griff die von Israel seit dem Krieg 1967 besetzte Sinai-Halbinsel an, geriet aber trotz
Anfangserfolgen an den Rand einer erneuten Niederlage. In diesem Konflikt zwischen
Israel und seinen arabischen Nachbarn setzten die Ölstaaten die Verfügung über Roh-
öl als „Waffe" ein: Die Niederlande und die USA wurden wochenlang nicht mehr mit
Öl beliefert.

8.2.4 Rohölenteignungen nach dem Jom-Kippur-Krieg: hin zum Börsenhandel

1971 wurde in **Teheran** die bisherige 50:50-Teilung durch 55:45 zugunsten der Golf-
staaten ersetzt. 1973/74 änderte sich das Bild auf der Angebotsseite: Die [politisch mo-
tivierte] faktische **Enteignung** [die innerhalb weniger Jahre auch juristisch vollzogen
wurde] durch die OPEC-Staaten im Nahen Osten nach 1973/74 schnitt die großen Ölunternehmen vom direkten Zugriff auf ihren wertvollen Rohstoff ab. Sie zerstörte mit der
Zerschlagung der (Ölförder-)Konsortien auch die bis dahin funktionierende Kar-
tellbasis für die sieben großen vertikal integrierten Unternehmen: Die „Anreizbasis"
des effektiven Kartells hatten nur die festen Rohölquoten gegeben.

Andererseits hatten die neu gegründeten staatlichen Öl-Gesellschaften der neuen
Ölländer keine oder nur geringe Raffineriekapazitäten für ihre jetzt reichlichen Rohöl-
vorräte, geschweige denn ein ausgebautes Downstream-Netz: Auch sie mussten nach
neuen Strategien suchen. Zumindest kurz- und mittelfristig waren sie auch auf die großen Ölgesellschaften als Abnehmer angewiesen. Erst längerfristig konnten sie selbst
Raffinerien und Vertrieb betreiben.

Gegenüber dem vorherigen **vertikal integrierten Zustand** mit konzerninternen
Lieferungen entstand jetzt ein neuer **Handel** mit Rohöl und Zwischenprodukten, die
Fristigkeiten von Lieferverträgen wurden kürzer, die Flexibilitäten des Marktes wur-
den auch dank neuer Raffinerietechniken (Cracker, Steamer, usw.) immer höher. Eini-

ge Ölländer gingen vollständig downstream (wie Kuwait, Benzinmarke Q8 in Europa), andere nur bis zur Verarbeitungsebene (Raffinerien und Petrochemie) wie Saudi-Arabien und die Emirate, wobei gerade in der Petrochemie modernste Anlagen errichtet wurden.

Anfang des Jahres 1979 kam es im Zuge der **Iran-Krise** und politisch-religiösen Zuspitzungen zu einer **politisch** motivierten vorübergehenden Förderdrosselung durch Saudi-Arabien, was den Ölpreis erneut stark ansteigen ließ (auf fast das Dreifache). Der scheinbare Sieg der OPEC zeigte jedoch bald seine andere Seite. Der saudi-arabische Ölminister Yamani bezeichnete den dafür zu tragenden **ökonomischen** Preis später als „sehr hoch".

Durch die Reaktion der Ölmarktteilnehmer hatte sich bereits ab 1974 bis 1979/80 zusätzlich die **Marktkonstellation** verändert: Zum einen begannen die ab 1974 eingeleiteten Bemühungen der Verbraucherländer zur Reduzierung ihres Ölverbrauchs, auch dank besserer Techniken, immer mehr zu greifen: Als Folge der jeweils massiven Preiserhöhungen 1973 und 1979 ging beispielsweise die Weltöl**nachfrage** innerhalb von wenigen Jahren um 10 % zurück. Umgekehrt wuchs zum anderen das **Angebot** der Nicht-OPEC-Ölstaaten. Insbesondere die ständig auf Devisen angewiesene Sowjetunion erwies sich ab den siebziger Jahren als Profiteur der durch die OPEC durchgesetzten höheren Ölpreise und expandierte mit neu in Sibirien gefundenen Vorkommen. Auch wurden jetzt neue Erdölreserven – insbesondere in **Alaska** (Prudhoe Bay mit Elefantenfeld, 50 % größer als der Riese in Ost-Oklahoma) und in der **Nordsee** – erschlossen. Die Ölpreise gerieten zunehmend unter Druck.

Im Jahr 1980 sank der Ölpreis aufgrund schwacher Nachfrage und dadurch relativ hoher Lagerbestände auf 32 US-$. In den 80er Jahren wuchs der Druck auf die OPEC weiter. Der **OPEC-Förderanteil** sank insgesamt von 31,5 mb/d im Jahr 1979 um fast 45 % in 1985, was nur noch einem **Marktanteil von 32 %** entsprach. Erst in der Mitte der neunziger Jahre hatte die OPEC [mit rund 27 mb/d] wieder einen aus ihrer Sicht „angemessenen" Marktanteil von gut 40 % und im Jahr 2008 mit rund 37 mb/d einen Marktanteil von knapp 45 %.

Saudi-Arabien versuchte in dieser Zeit, die OPEC zu einem echten Kartell mit klar definierten Produktionsquoten und einem angestrebten Preisniveau von 34 US-$ zu machen. Das **Kartell** war jedoch **intern instabil**. Aufgrund interner Anreize der Mitglieder (Trittbrettfahrerverhalten) wurden weder Preisabsprachen noch Produktionsquoten eingehalten: Jedes Land erwartete vom anderen Produktionsdrosselung, glaubte aber selbst, dass es dann inoffiziell einige Millionen Tonnen zusätzlich verkaufen könnte. **Saudi-Arabien** war als sog. *swing producer* das einzige Land, das durch Produktionskürzungen faktisch den beschlossenen Preis verteidigte, spielte also fast sieben Jahre lang eine strategisch wichtige Rolle. Die OPEC handelte in ihrer Gesamtheit nicht als Kartell. So wurde Saudi-Arabien für seine Produktionskürzungen nicht von den anderen OPEC-Staaten entschädigt, obwohl die Handlungen von Saudi-Arabien für sie zu kartellähnlichen Marktergebnissen führten.

Ende des Jahres 1985 stützte **Saudi-Arabien** aufgrund eines hohen Haushaltsdefizits nicht länger den Ölpreis, sondern schloss so genannte netback-Verträge mit Exxon, Mobil, Texaco und Chevron (SoCal) ab, die den Ölgesellschaften eine sichere Raffineriemarge garantierten. Dadurch konnte Saudi-Arabien seinen Marktanteil schnell steigern. Im gleichen Zeitraum beschloss die OPEC, ihre Produktion mäßig auszuweiten, um auf Kosten der Nicht-OPEC-Produzenten einen höheren OPEC-Marktanteil zu erhalten. Diese reduzierten ihre Produktion jedoch nicht, da der Großteil ihrer Kosten versunken war und ihre laufenden variablen Produktionskosten noch weit unter dem damaligen Preis lagen. Im Dezember 1985 hob auch Saudi-Arabien seine Produktion etwas an. Der Markt brach kurzfristig zusammen. Durch die [geringen] zusätzlichen Mengen sank der Preis für Brent-Erdöl von 27 US-$ im Dezember 1985 auf 13,30 US-$ im März 1986: im Ergebnis praktisch eine Halbierung.

Der Preisverfall des Rohöls nach dem ersten Halbjahr 1986 führte die damals im Ölexport starke **Sowjetunion** rasch in große wirtschaftliche Schwierigkeiten: Ab 1988 [unter dem damaligen Generalsekretär der KPdSU Gorbatschow] war sie praktisch pleite. Die Sowjetunion hatte bis dahin den Löwenanteil ihrer Deviseneinnahmen fast nur mit Öl- und Gasexport verdient: Es kam zu dramatischen Einbrüchen notwendiger Importe von Lebensmitteln, Elektronik und Maschinen. Die sowjetische Führung war am Ende und konnte auch der DDR nicht mehr mit „verbilligten" Rohöllieferungen helfen, welche von der DDR zu Treibstoffen und Heizöl verarbeitet worden waren und ihr zu Deviseneinnahmen verhalfen. Die Versorgungsprobleme in der DDR wuchsen: Der wirtschaftliche Kollaps stand bevor. Durch „die Wende" brach die DDR endgültig auch politisch als Staat zusammen.

Die Ambitionen der OPEC, den Preis zu setzen, waren gescheitert. In der Folge entwickelte sich ein **marktbasiertes Preisregime** mit mehreren Referenzsorten. Die Rohölsorten West Texas Intermediate (**WTI**) und **Brent** sowie in neuerer Zeit Dubai/ Oman (auch Fateh genannt) wurden über das so genannte *formula pricing* preisbestimmend. Dabei erfolgte der Großteil des Rohölhandels über eine Anzahl liquider Referenzsorten, während die restlichen Rohölsorten mit Prämien/Abschlägen, die abhängig von der Lage (Transportkosten zu den Verbraucherzentren) und Qualität (Mehr- oder Minderkosten für die Raffinerien) waren, bepreist wurden. Das Aufkommen unabhängiger Raffinerien oder reiner Ölhändler wurde in den neuen Strukturen erst möglich.

Als heute noch dominierende Börsenplätze gelten die **New York** Mercantile Exchange (NY-MEX) mit physischem Handelsplatz für WTI in Cushing (in Oklahoma) und die International Petroleum Exchange (IPE, später „Commodity Exchange" ICE) in **London** mit physischer Erfüllung von Ölkontrakten für Brent in der Nordsee. Jahrzehntelang liefen diese beiden Preisreihen etwa parallel.

Seit Ende März 2018 hat die VR China einen Marktplatz für Rohöl mit den üblichen Futures in Shanghai eingerichtet. Dort wird Öl zum ersten Mal nicht in US-Dollar, sondern in der chinesischen Währung **Yuan** abgerechnet. Das im zweiten Quartal

2018 gehandelte Volumen lag bereits in einer ähnlichen Größenordnung wie für die Nordseeölsorte Brent.[109]

Die **Rolle der OPEC** im Erdölmarkt wandelte sich drastisch in den 90er Jahren. Obwohl nach dem Einmarsch von Saddam Hussein in Kuwait die Erdölmärkte für einige Monate stark angespannt waren, beruhigten sie sich nach dem ersten Irakkrieg 1990–1991. Der Ölpreis schwankte das restliche Jahrzehnt zwischen 15 und 20 US-$.

Dieser relativ niedrige und stabile Ölpreis war hauptsächlich eine Folge aus den in den 80er Jahren aufgebauten großen Produktions- und Raffineriekapazitäten. Der niedrige Ölpreis übte einen hohen Druck auf die Staatshaushalte derjenigen OPEC-Länder aus, die stark von den Einnahmen aus ihren Ölexporten abhängig waren. Trotz ihres großen Einflusses auf den Ölpreis konnten OPEC-Länder sich jedoch nicht auf eine gemeinsame Strategie einigen. Der letzte Versuch, eine direkte Kontrolle über den Ölpreis zu erreichen, erfolgte auf der OPEC-Konferenz im März 2000 mit dem Beschluss, ein Preisband zwischen 22 und 28 US-$ einzuhalten, bei dessen Über- oder Unterschreitung über einen Zeitraum von 20 Tagen automatisch Produktionsanpassungen vorgenommen werden sollten. Als Markt-Indikator veröffentlichte die OPEC einen Index aus elf Rohölsorten.

Als Folge des verstärkten Wettbewerbs fusionierten Exxon mit Mobil Oil sowie Chevron (früher SoCal) mit Gulf zu „Chevron". Aus den ehemals „Seven Sisters" wurden nur noch fünf, dafür größere Unternehmen.

Obwohl nur einmal eine informelle Produktionsanpassung vorgenommen wurde, hielt das Preisband bis zum Jahr 2003, wobei ein Einfluss der OPEC in dieser Phase in der Literatur ebenfalls angezweifelt wird. Der Markt war zu diesem Zeitpunkt durch geringe Produktions- und Raffineriekapazitäten, eine ungünstige Produktions- bzw. **Raffineriestruktur** und eine sehr hohe Nachfrage nach Erdöl gekennzeichnet. Kurzfristig konnte nur die Produktion von schwerem Erdöl in größerem Maße erhöht werden, aber dieses konnte von den Raffinerien nicht weiterverarbeitet werden, insbesondere da aus Umweltschutzgründen die Spezifikationen für Erdölprodukte in dieser Zeit verschärft worden waren. Der zweite Irakkrieg im Jahr 2003 hatte nur geringe Auswirkungen auf den Ölpreis, da die Produktion des Irak zu dieser Zeit vergleichsweise gering war.

Ab etwa 2000 wurden **neue Techniken der Ölgewinnung** immer bedeutsamer:
- Aufbereitung von Ölsänden (beispielsweise im Westen Kanadas)
- oder „Fracking" sehr tief liegender und „eingesperrter" Ölvorkommen (USA) sowie
- intensivere Nutzung klassischer Ölquellen durch Injektion von Dampf oder Chemikalien in die Felder

erhöhten das Angebot, wobei diese Aktivitäten je nach Ölpreis unterschiedlich betrieben wurden.

---

109 Vgl. Salameh (2018).

Im Jahr 2004 wurde das Preisband fast durchgängig überschritten, worauf die OPEC ihre Produktionsquote von 23,5 im März 2004 auf 28–28,5 mb/d im Juni 2005 erhöhte. Trotzdem stiegen die Preise auf über 70 $ pro Barrel. Auf ihrer Konferenz im Juni 2005 setzte die OPEC das Preisband aus und ließ ihre Produktionsquoten bis zum Herbst 2006 unverändert. Dann reduzierte die OPEC die Produktionsquoten auf insgesamt 25,7 mb/d. Dies führte zu einem Preisverfall, da hierdurch gleichzeitig Produktionskapazitäten freigesetzt wurden. Hätte die OPEC nämlich ihre maximale Förderkapazität erreicht, hätte sie in der Folge nicht mehr auf Preissteigerungen reagieren können. Der Preisindex stieg erst durch eine erneute Produktionskürzung im Dezember 2006 wieder an. Auf der Konferenz im Oktober 2006 gab die OPEC ihren Preissetzungs-Anspruch de facto vorläufig auf.

Vom Markt getrieben, erreichte Mitte 2008 der Erdölpreis mit kurzfristig 150 US-$ pro Barrel seinen **bisherigen Höhepunkt**. Aufgrund der beginnenden massiven Abschwächung der Realwirtschaft in Folge der Finanzkrise [ausgelöst durch das Platzen einer Immobilien-Spekulationsblase in den USA] ab 2008 kam es zu einem Rückgang der Nachfrage nach Öl. Dies führte zu einem krassen Preisverfall, gefolgt von einem langsameren kontinuierlichen Anstieg ab 2010. Im Jahr 2011 wurden vorübergehend wieder Preise um 100 $/b erreicht. Ab 2015 bröckelte der Preis erneut auf rund 50–60 $/b ab, wo er bis 2017 verharrte.

Über mehrere Jahrzehnte war **WTI-Öl** im Preis parallel zu **Brent-Öl** gehandelt worden [korrigiert um einige Qualitätsunterschiede und Transportkosten war WTI ca. 1–1,50 $/b teurer]. Diese Preise entwickelten sich etwa ab 2008 massiv unterschiedlich: Der Handelsplatz für WTI in Oklahoma wurde durch Rohöl aus Teersänden in Kanada und neu (wieder-)aufgemachten Ölquellen im mittleren Westen der USA förmlich geflutet: WTI wurde bis zu 10 $ billiger als Brent gehandelt, weil es nicht genügend Transportmöglichkeiten zur Küste im Golf von Mexiko gab. Ein derart weites Auseinandergehen dieser Preise (Spread) hatte man noch nicht erlebt, was einige amerikanische Banken zu „unglücklichen Wetten" auf baldiges Schließen des Spreads verleitete. Ein Preisausgleich (Arbitrage) konnte jedoch mangels günstiger Transportmöglichkeiten jahrelang nicht mehr stattfinden.

Mit der sukzessiven Erschließung riesiger und tiefliegender Ölfelder in West-Texas bis in das östliche New Mexiko (Permian Basin) durch Fracking-Techniken konnten die USA ab dem Jahr 2017 ihre Ölförderung derart ausweiten, dass sie heute etwa gleichauf mit Saudi-Arabien und Russland liegen. Dieser US-Förderanstieg führte zu einem spürbaren Preisrückgang im Winter 2018.

8.3 Nachfrage

Die Welt kann in die drei Verbrauchsregionen Nordamerika, Europa und Asien sowie die vier Exportregionen Südamerika, Russland, Afrika und den Nahen Osten unterteilt werden. Nordamerika besitzt eine hohe Eigenproduktion und bezieht seine Importe hauptsächlich aus Südamerika und teilweise aus Afrika. Europa wird sowohl von Russland als auch von Afrika und dem Nahen Osten versorgt. Asien importiert die fehlenden Rohölmengen fast ausschließlich aus dem Nahen Osten. Etwa zwei Drittel des Weltölverbrauchs werden importiert bzw. exportiert. Damit ist Öl ein sehr bedeutendes Handelsgut.

Mineralöl wird in zwei Formen gehandelt: einmal als Rohöl und einmal als Öl-produkt. Die **Nachfrage nach Rohöl** ist eine abgeleitete **Nachfrage nach Ölpro-dukten**. Nordamerika und Europa zusammen waren bisher die Regionen mit dem höchsten absoluten Verbrauch, während Afrika, Asien (exklusive Japan) und der Nahe Osten die höchsten Wachstumsraten im Ölverbrauch aufwiesen und noch immer aufweisen. Dadurch verändert sich die Nachfrageverteilung zunehmend und zeigt bereits jetzt die Dominanz Asiens mit über 35 %, während Europa nur noch ca. 15 % und Nordamerika rund 24 % des weltweiten Verbrauchs im Jahr 2016 ausmachten.[110]

Die Determinanten der Nachfrage eines Importlandes nach Ölprodukten sind die wirtschaftliche Entwicklung des Landes, die Energieeffizienz der verwendeten Technologien, die Energiepolitik des Landes und Preis und Verfügbarkeit von Substitutionsprodukten. Wirtschaftliches Wachstum ist häufig mit einem steigenden Energiebedarf verbunden, der umso höher ist, je geringer die Energieeffizienz und je höher der Anteil an Ölprodukten am Energiemix ist.

Die Beziehung zwischen Wirtschaftswachstum und Energienachfrage kann durch die Energie- und Umweltpolitik eines Landes stark beeinflusst werden. So führt beispielsweise eine Steueranhebung auf Ölprodukte zu Anreizen für eine bessere Energieeffizienz und zu einer Steigerung der Wettbewerbsfähigkeit anderer Energieträger. Gleichzeitig führt eine Steueranhebung zu einer Entkopplung der Ölproduktpreise vom Rohölpreis, denn je höher die Steuern auf Ölprodukte sind, desto mehr sinkt der relative Einfluss des Rohölmarktes auf die Ölproduktpreise.

Neben Steuern und Umweltauflagen werden die Ölmärkte von staatlicher Seite durch strategische Ölreserven, die Aufsicht von Wettbewerbsbehörden, die Vergabe öffentlicher Mittel für die Entwicklung und Förderung erneuerbarer Energien und durch direkte politische Interventionen beeinflusst.

8.3.1 Bedeutung von Erdöl

Erdöl ist ein **essenzielles Gut**, d. h. es kann kurz- bis mittelfristig in vielen Bereichen nicht oder nur mit sehr hohen Kosten ersetzt werden. Insbesondere als Treibstoff im Transport- und Verkehrssektor besitzen Ölprodukte eine herausragende Stellung. Dies ergibt sich zum einen aus dem hohen Energiegehalt von Benzin und Diesel, wodurch

---

110 Vgl. BP (2017).

die mitgeführte Treibstoffmenge verringert bzw. die Zeit zwischen zwei Tankfüllungen erhöht wird; zum anderen erlaubt die Lagerung in Flüssigtanks eine effiziente Ausnutzung von Hohlräumen im Fahrzeug. So werden keine speziellen Tanks wie beispielsweise beim Erdgas benötigt.

Weiterhin wäre für den großflächigen Einsatz alternativer Treibstoffe ein Umbau der bestehenden Infrastruktur (Förderung, Raffination, Tankstellennetz) erforderlich. Bei einer kurz- oder mittelfristigen angebotsseitigen Umstellung auf einen anderen Energieträger wären prohibitiv hohe Investitionen notwendig, um die erforderlichen Mengen in vergleichbarer Qualität bereitstellen zu können. Ein Wechsel wird zudem durch die Effizienzgewinne aus der jahrzehntelangen Forschung erschwert, die sich speziell auf Ölprodukte als Treibstoff konzentriert hat. Jeder alternative Treibstoff, auf den diese Forschungsergebnisse nicht übertragbar sind, startet dementsprechend mit einem Wettbewerbsnachteil gegenüber Ölprodukten.

Die meisten Konsumenten von Erdölprodukten können zudem nur mittelfristig auf alternative Treibstoffe umsteigen. So hat sich ein Fahrzeugbesitzer bereits bei dessen Kauf auf einen Treibstoff festgelegt und könnte dies nur mit hohen Umrüstkosten verändern. Analog gilt dies auch für die chemische Industrie, die ihre jeweiligen Prozesse auf Ölprodukte optimiert hat.

Zudem hat die jahrzehntelange Überlegenheit von Benzin und Diesel betriebenen Pkw gegenüber alternativen Verkehrsmitteln den Straßenbau und die Stadtplanung maßgeblich beeinflusst. Beispielsweise ist die Entstehung der sog. Speckgürtel um die Städte eine direkte Folge eines vergleichsweise geringen Erdölpreises.

Eine Konsequenz der Abhängigkeit von Erdölprodukten im Transportsektor ist die **geringe kurzfristige Preiselastizität der Nachfrage**, d. h. Verbraucher schränken bei einer Preissteigerung ihren Verbrauch nur geringfügig ein. Die langfristige Preiselastizität kann aber durchaus zu großen Veränderungen im Nachfrageverhalten führen, denn Maßnahmen zur Verringerung des Erdölkonsums wie eine bessere Hausisolierung oder der Kauf kraftstoffeffizienterer Pkw sind langlebig.

Die Nachfragereaktion ist zudem asymmetrisch: Sie reagiert stärker auf steigende als auf fallende Ölpreise und schneller auf Veränderungen im Einkommen als auf Preisveränderungen. Eine Anpassung der Nachfrage erfolgt also insbesondere dann, wenn die Ölpreise in einem allgemeinen schlechten wirtschaftlichen Umfeld steigen. Auch in diesem Fall hat die Nachfragereaktion erst mit einer zeitlichen Verzögerung einen Einfluss auf den Preis.

Einkommensveränderungen haben insgesamt einen wesentlich stärkeren Einfluss auf die Nachfrage als Preisveränderungen. Bei steigendem Einkommen entscheiden sich die Endverbraucher für energieintensivere Produkte wie einen größeren Wagen oder eine größere Wohnung. Dementsprechend muss der Einkommenseffekt durch eine Preissteigerung sehr groß sein, damit von einer einmal gefällten Entscheidung für einen höheren Lebensstil mit dem entsprechenden höheren sozialen Status abgelassen wird.

8.3.2 Situation in Deutschland

Deutschland ist auf der Nachfrageseite mit rund 110–130 Mio. Tonnen p. a., d. h. mit fast 3 % des Weltmarktes in den vergangenen fünfzehn Jahren der größte Markt Europas.[111] Der hohen Nachfrage steht nur eine geringe Eigenförderung gegenüber, die von 3 auf 2 % des Erdölbedarfs von 2005 bis 2015 gesunken ist.[112] Bedingt durch die vernachlässigbar kleine Eigenförderung ist Deutschland eingebunden in die internationalen Mineralölmärkte. Dabei tritt Deutschland weder mit der im weltweiten Vergleich geringen Nachfrage, noch mit der geringen Eigenförderung als ein bedeutender Spieler auf dem Markt auf, sondern muss die Ölpreise als vom Markt gegeben ansehen und sich anpassen. Es wird primär von den Töchtern internationaler Ölkonzerne versorgt. Wintershall und DEA zählen dabei zu den wichtigsten Erdöl-Fördergesellschaften. Die regionale Lieferstruktur hat mit Russland, Norwegen, Großbritannien, Nigeria, Kasachstan und Aserbaidschan sowie zahlreichen anderen Ölländern eine gute Ausgewogenheit erreicht, die früher bestehende regionale Versorgungsrisiken verringert hat. Libyen, noch vor wenigen Jahren einer der wichtigsten Erdöllieferanten, hat aufgrund von Unruhen seinen Stellenwert für Deutschland verloren. Nur 3,1 % des Erdöls wurden 2015 von dort importiert.[113]

Die **Produktenversorgung** erfolgt teils über Importe [beispielsweise aus Rotterdam], teils aus Eigenerzeugung in Raffinerien, die sich fünf verschiedenen regionalen Schwerpunkten zuordnen lassen (siehe Abb. 8.2):

In Norddeutschland gibt es eine Raffinerie in Heide sowie zwei in Hamburg. Der einzige Seehafen für Großtanker, Wilhelmshaven, ist über Pipelines mit Hamburg und dem Ruhrgebiet mit Anbindung von Lingen verbunden. Im Osten werden in Schwedt an der Oder und in Spergau/Leuna Raffinerien betrieben, die vor allem über Pipelines aus den GUS-Staaten Rohöl beziehen. In Bayern gibt es ein Raffineriezentrum bei Ingolstadt und eine weitere Raffinerie in Burghausen, welche über eine Pipeline mit dem Adriahafen Triest sowie mit Genua verbunden sind. Das zweite süddeutsche Zentrum befindet sich im Raum Karlsruhe mit einer Raffinerie, die aus Marseille über Pipeline versorgt wird. An der sog. Rheinschiene zwischen Karlsruhe und der niederländischen Grenze befinden sich zwei Raffinerien im Raum Köln. Eine weitere Raffinerie befindet sich in Gelsenkirchen. Der Rhein selbst ist wegen seiner Anbindung an die ARA-Häfen[114] eine direkte Transportschiene für die verschiedensten Mineralölprodukte.[115]

Der deutsche Markt ist zu trennen nach der Großhandels- und der Endverbraucherstufe. Auf der **Großhandelsstufe** konkurrieren die in Deutschland erzeugten Mi-

---

111 Vgl. BP (2017).
112 Vgl. BGR (2016).
113 Vgl. BGR (2016).
114 Die Abkürzung ARA steht für die drei niederländischen Städte Antwerpen, Rotterdam und Amsterdam.
115 Vgl. MWV (2015).

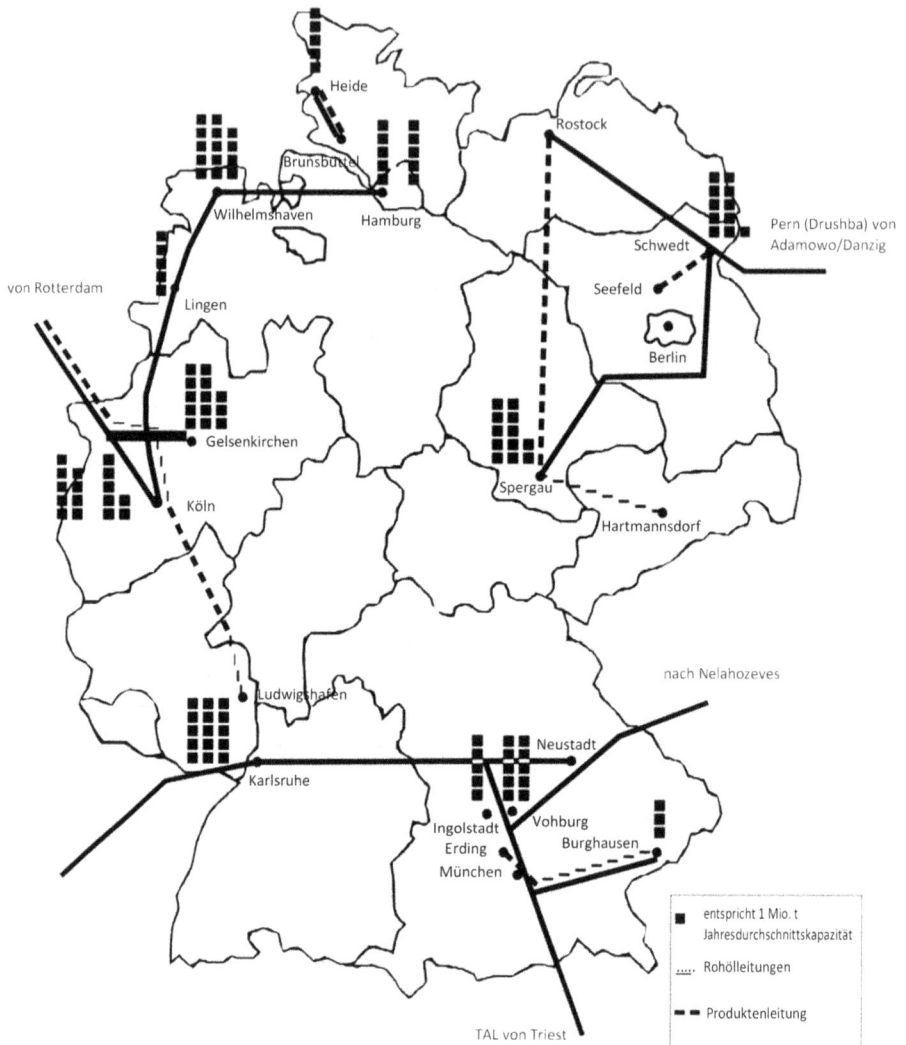

Abb. 8.2: Raffineriestandorte und Pipelines in Deutschland (Stand: 2008)[116] (Quelle: MWV (2009))

neralölprodukte mit den Importen. Die Großhandelspreise folgen dem internationalen Preisniveau zuzüglich Transportkosten und Gewinnmarge. Liegen also die Großhandelspreise über der Importparität, fließen Importe nach Deutschland und drücken so den Preis, bis die Importparität als Arbitragebedingung wieder erfüllt ist. Dagegen dominieren bei den Preisen auf der **Endverbraucherstufe** nationale Einflüsse (z. B. Steuern bei Benzin).

---

116 Die Jahresdurchschnittskapazitäten und Verläufe der Leitungen sind seit 2008 nahezu konstant. Bis zum Jahr 2017 lassen sich keine bedeutenden Änderungen feststellen.

Die Prognosen für die deutsche Nachfrage nach Mineralölprodukten gehen von einer tendenziell rückläufigen Nachfrage in den kommenden Jahren aus. Bis zum Jahr 2025 wird mit einem Rückgang der Nachfrage auf deutlich unter 100 Mio. Tonnen p. a. gerechnet. Härterer Wettbewerb von Erdgas im Wärmemarkt, verbesserte Motorentechnik bei den Kraftfahrzeugen, bessere Wärmedämmung von Gebäuden usw. lassen den Absatz zurückgehen.

8.4 Angebot

Der Ölmarkt ist in drei Ebenen gegliedert (siehe Abb. 8.3): Die so genannte **Upstream-Ebene** umfasst die Exploration und Förderung von Rohöl. Da die Förderorte nicht mit den Verbrauchszentren übereinstimmen und da Rohöl in der natürlichen Form praktisch nicht verwendbar ist, ist eine Ebene des Transports und der Verarbeitung in Raffinerien dazwischen zu schalten. Die unterste Ebene nahe am Verbraucher (**Downstream**) weist den Vertrieb in Tankstellen, Heizölhandel usw. auf.

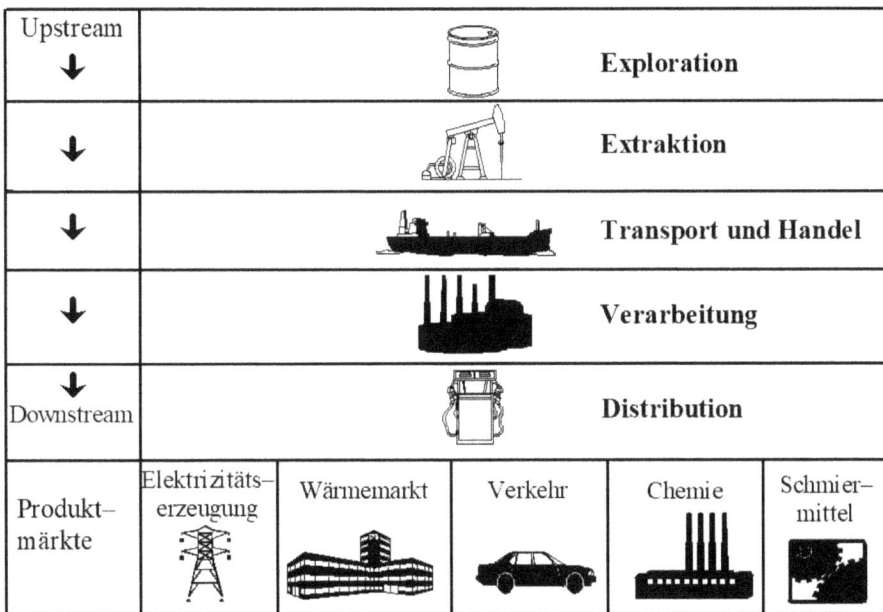

Abb. 8.3: Prozesskette und Märkte des Erdöls

Wie viele andere Märkte für Rohstoffe hat auch der Ölmarkt eine Tendenz zu kurzfristigen Schwankungen der Preise. Die jeweils kurzfristigen Preiselastizitäten des Angebots und der Nachfrage sind wegen der kurzfristig technischen Starrheiten niedrig (installierte Heizungsanlage, funktionierendes Auto mit relativ festem Verbrauch, Fördereinrichtungen mit nur gering variabler Kapazität), sodass geringfügige Marktschwankungen ausreichen, um heftige Preisausschläge nach oben und unten zu erzeugen. Die „klassische" Antwort von Rohstoffunternehmen auf diese für langfristige Planungen und angesichts der spezifischen Kapitalbindung unerwünschte Situation hieß auch hier im Falle der Ölindustrie **vertikale Integration**[117] vom Bohrloch bis zur Tankstelle.

Je starrer dabei die Rolle der Raffinerien als Verbindungsscharnier zwischen Rohölangebot und Produktennachfrage war, desto leichter konnten relativ ähnliche Unternehmen entstehen, die die jeweiligen gegenseitigen Produktionsbedingungen gut kannten. Im Erdölmarkt existiert also bereits aufgrund der Marktbeschaffenheit eine Tendenz für oligopolistische Marktstrukturen.

8.4.1 Förderung

Technische Förderbedingungen

Die Förderung von Erdöl ist durch **hohe versunkene Kosten** und eine **geringe Produktionsflexibilität** gekennzeichnet, da sie stark von geologischen und technischen Gegebenheiten abhängig ist. Konventionelles Erdöl befindet sich unter Druck im Erdölmuttergestein (*source rock*), in dem das Erdöl ähnlich wie in einem Schwamm in kleinen Poren enthalten ist. Unkonventionelle Erdölvorkommen können durch neuartige Fördermethoden (vgl. hierzu auch Abschnitte 8.1.2 und 8.2.4) erschlossen werden. Neben Erdöl befinden sich in einer konventionellen Erdöllagerstätte Erdgas und Wasser, die als Kuppelprodukte bei der Förderung resultieren. Das geförderte Wasser ist mit Öl kontaminiert und wird entweder direkt entsorgt oder zur Erhöhung des Drucks wieder in das Bohrloch injiziert. Das Erdgas wird entweder per Pipeline abtransportiert und verkauft oder vor Ort abgefackelt. Die World Bank schätzt, dass weltweit jährlich etwa 140 Mrd. Kubikmeter Gas abgefackelt werden,[118] was mehr als der eineinhalbfache Jahresverbrauch Deutschlands ist.[119]

Bei der Förderung verringert sich der Druck in der Lagerstätte, wodurch die Förderrate mit der Zeit abnimmt. Das Sinken der Förderrate ist neben dem Druck in der Lagerstätte auch von der Viskosität des Erdöls, der Durchlässigkeit des Gesteins und dem Eintritt von Grundwasser in das Reservoir abhängig. Beispielsweise kann bei einer zu schnellen anfänglichen Förderung der Druck zu schnell absinken, wodurch die gesamte aus dem Feld produzierte Menge zurückgeht. Aus diesem Grund wird bei größeren Projekten mithilfe vierdimensionaler seismischer Untersuchungen das Ver-

---

117 Unter der vertikalen Integration wird ein System verstanden, in dem ein Anbieter über alle Stufen der Produktionskette verfügt.
118 Stand 2017, vgl. GGFR (2017).
119 Stand 2015, vgl. BGR (2016).

halten einer Lagerstätte in Echtzeit beobachtet, um auf veränderte geologische Gegebenheiten reagieren zu können und somit das Ölfeld optimal auszubeuten. Ein häufig
genannter Entölungsgrad (Grad der Ausschöpfung einer Lagerstätte), der insbesondere auf nordamerikanischen Ölfeldern beruht, ist 35 %. Der Entölungsgrad kann durch
die Zuführung von Gas, Wasser, Chemikalien oder durch die Verwendung von Richt-
bohrungen (*horizontal drilling*) erhöht werden. Diese Maßnahmen werden als *Enhan-
ced Oil Recovery* bezeichnet.

Neben der Förderung auf dem Festland (*onshore*) können auch Lagerstätten unterhalb der Wasseroberfläche (*offshore*) ausgebeutet werden. In diesem Fall erhöhen
sich die Erschließungskosten, da der Bohrkopf entweder unter Wasser installiert oder
eine Ölförderplattform gebaut werden muss. Der Abtransport von gefördertem Erdöl
erfolgt über Unterwasserpipelines oder mithilfe von großen Öltankern.

Die **Erschließungskosten** machen etwa 60 % der gesamten Produktionskosten
aus: Bevor ein Bohrloch Öl oder Gas produzieren kann, muss es mit einzementier-
ten Rohren verschalt werden. Anschließend wird ein Stahlrohr mit einem kleineren
Durchmesser eingesetzt und mit einem Bohrkopf versehen. Da sich Lagerstätten typischerweise unter Druck befinden, müssen zudem am Bohrlochkopf Ventile installiert
werden, um Ölfontänen zu verhindern.

Da die durchschnittliche Amortisationsdauer eines Projektes bei etwa zehn Jahren liegt, betragen die in einem Jahr beeinflussbaren Kosten einer laufenden Produktion etwa 4 % der gesamten Investition.[120] Zudem existiert für jedes Feld ein optimales
Produktionsprofil, weshalb eine einmal in Betrieb genommene Förderung ihre Produktion nur bei stark veränderten wirtschaftlichen Rahmenbedingungen verändert.
Die Förderung von Rohöl ist demnach vorrangig von technischen und geologischen
Restriktionen abhängig mit dem Ziel, die gesamte Förderung aus dem Feld zu maximieren. Eine preisorientierte Produktion, wie dies beispielsweise bei Kraftwerken der
Fall ist, die ihre Produktion nach dem Spotmarkt ausrichten, erfolgt bei der Rohölför-
derung nur nachrangig.

Für einen Investor hat die zukünftige Preisentwicklung vor dem Bau der Anlage
also eine größere Bedeutung als nach dem Bau der Anlage. Da die zukünftige Preisentwicklung jedoch unsicher ist, hat ein Investor einen Anreiz, die Investition in Pro-
duktionskapazität hinauszuschieben, denn wenn er wartet, erhält er weitere Informationen über den Preis. Würde er bereits dann investieren, wenn sich die Investition gerade rentieren würde, könnte der Ölpreis am Tag nach der Fertigstellung des Projektes
fallen und so das Projekt unrentabel werden. Ein Investor wird also erst dann investieren, wenn der Preis einen kritischen Wert erreicht hat, der gleich den abgezinsten
Gewinnen zuzüglich des Wertes vom Warten ist.

---

120 Die beeinflussbaren Kosten liegen bei 40 % der gesamten Produktionskosten. Geht man von einer
Laufzeit von 10 Jahren aus, liegen die jährlichen beeinflussbaren Kosten entsprechend bei 4 %.

Marktstruktur

Die zehn größten Förderländer sind in absteigender Reihenfolge USA, Saudi-Arabien, Russland, Kanada, Irak, Iran, China, die Vereinigten Arabischen Emirate, Kuwait und Brasilien: Zusammen produzieren sie fast 70 % der gesamten Weltölproduktion.[121]

Die Produzenten von Erdöl können in internationale, nationale und unabhängige Ölgesellschaften eingeteilt werden. Die internationalen Gesellschaften wie Exxon-Mobil, Chevron Corp., British Petroleum, Royal Dutch Shell, ConocoPhilips und Total sind vollständig vertikal integriert. Ihre Produktion reicht jedoch nicht aus, um den Rohölbedarf auf ihren nachgelagerten Stufen vollständig zu decken. Zudem existiert für sie nur eine begrenzte Anzahl von möglichen Investitionsmöglichkeiten, da ihnen der Zugang zu Ländern mit hohen Erdölreserven wie Saudi-Arabien, Iran oder Venezuela von den dortigen Regierungen verwehrt wird. Als Ölproduzenten versuchen die internationalen Gesellschaften daher ihre Produktionsmenge zu maximieren, da die Förderkosten in den meisten Gebieten unterhalb des Ölpreises liegen.

Im Gegensatz dazu ist die Produktion der nationalen Ölgesellschaften wie Saudi Arabian Oil Co., National Iranian Oil Co. und Petroleos de Venezuela SA wesentlich höher als ihr Weiterverarbeitungs- und Absatzpotenzial. Langfristig dürfte der weltweite Produktionsanteil der nationalen Gesellschaften steigen, da sie im Besitz von etwa 90 % aller weltweiten Erdölreserven sind. Die dritte Gruppe, die unabhängigen Erdölproduzenten, sind häufig regional oder technisch spezialisierte Gesellschaften wie beispielsweise Hess Corporation, Anadarko Petroleum und Occidental Petroleum Corporation.

Neben den fünf Gründungsstaaten der OPEC sind im Laufe der Zeit weitere Mitgliedsstaaten hinzugetreten: Katar (1961), Libyen (1962), die Vereinigten Arabischen Emirate (1967), Algerien (1969), Nigeria (1971), Angola (2007) und Äquatorialguinea (2017). Ecuador (1973–1992, 2007) und Gabun (1975–1994, 2016) sind nach einer mehrjährigen Pause wieder in die Organisation zurückgekehrt. Weiterer Mitgliedsstaat war Indonesien (1962–2009, 2015–2016). Im November 2018 kündigte Katar an, sich von der OPEC loszulösen. Nach offiziellen Angaben hänge dies mit dem Ziel Katars zusammen, sich stärker auf die Gasförderung zu fokussieren. Der Ausstieg Katars könnte jedoch ebenfalls als Reaktion auf politische Spannungen zwischen Katar und anderen Mitgliedstaaten der OPEC [vor allem Saudi-Arabien und die Vereinigten Arabischen Emirate] verstanden werden.[122]

Die OPEC kontrolliert über 40 % der weltweiten Erdölproduktion. Die OPEC-Mitgliedsstaaten besitzen mehr als 70 % der weltweiten Erdölreserven, wobei Saudi-Arabien, Iran, Irak, Kuwait und die Vereinigten Arabischen Emirate zusammen über fast 50 % der Weltvorräte verfügen.[123]

---

121 Vgl. BP (2017).
122 Die politischen Spannungen beruhen hauptsächlich auf dem Vorwurf Saudi-Arabiens, dass Katar terroristische Organisationen unterstütze.
123 Vgl. BP (2017).

Das offizielle Ziel der OPEC ist die Stabilisierung des Erdölmarktes durch die Setzung von Produktionsquoten. Ist beispielsweise der derzeitige Ölpreis aus der Sicht der Mitgliedsstaaten zu niedrig, werden die Produktionsquoten gesenkt. Die Verringerung des Erdölangebots führt zu einer Steigerung des Preises. Während sich die Definition von zu niedrigen Ölpreisen aus den Produktionskosten zuzüglich einer marktmachtbedingten Kartellrendite ableiten lässt, sind zu hohe Ölpreise aus der Sicht der OPEC so charakterisiert, dass sich zu diesen Preisen mittelfristig ein Umstieg auf alternative Energieträger lohnt.

Entwicklung der Förderung

Die Weltölförderung Mitte der neunziger Jahre lag bei rund 68,1 mb/d, d. h. rund 3.280 Mio. Tonnen jährlich [inklusive Kondensate, Flüssiggas und Öl aus Teersänden]. Im Jahr 2008 lag die Ölförderung auf der gesamten Welt bei durchschnittlich 82,9 mb/d, was rund 3.989,6 Mio. Jahrestonnen entspricht, während sie 2016 sogar auf 92,15 mb/d bzw. 4.382,4 Mio. Jahrestonnen anstieg.[124]

Abbildung 8.4 zeigt die größten Förderländer im Jahr 2016. Die europäische Ölförderung wird von Großbritannien (47,5 Mio. Tonnen im Jahr 2016) und Norwegen

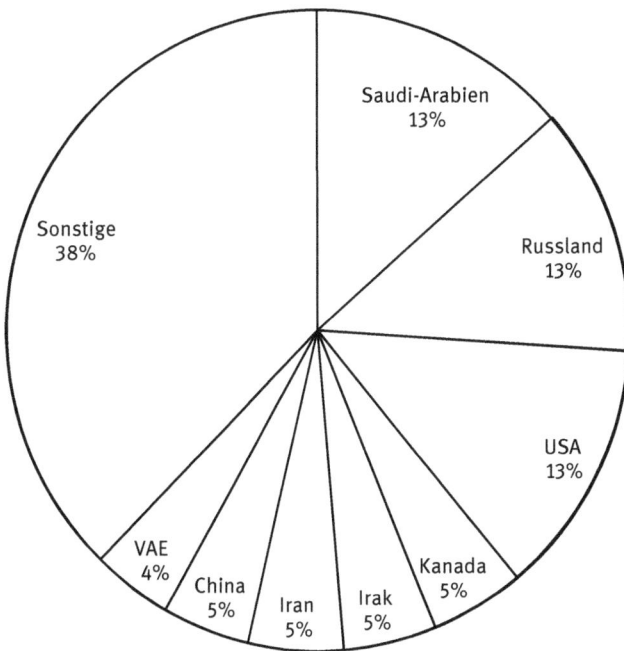

Abb. 8.4: Öl-Förderung im Vergleich (Stand: 2016) (Quelle: BP (2017))

---

124 Vgl. BP (2017).

(90,4 Mio. Tonnen) (aus Ölfeldern in der Nordsee) dominiert. Der Marktanteil der OPEC-Staaten liegt seit Jahren bei über 40 %; im Jahr 2016 waren es 42,5 %.

Tabelle 8.1 verdeutlicht die Entwicklung der Mineralölwirtschaft durch einen Vergleich der Jahre 1995, 2005 und 2015. Dargestellt sind jeweils Werte für Förderung, Raffineriekapazität und Verbrauch für verschiedene Ländergruppen. Im Jahr 1995 bestand ein Überhang an Raffineriekapazität [in Relation zum Verbrauch], der vor allem in den Ölstaaten mit ihrer neu geschaffenen Verarbeitungskapazität und in den GUS-Staaten gravierend war. Diese Situation hatte sich 2005 und ebenso 2015 nicht vollständig umgekehrt, jedoch hat sich der Überhang an Raffineriekapazität insgesamt, sowie in wichtigen Regionen, verkleinert, insbesondere aufgrund des überproportionalen Anstiegs vom Verbrauch im Vergleich zur Ausweitung der Raffineriekapazität. US-amerikanische Ölhändler kaufen regelmäßig im Ausland Treibstoffe und Heizöl ein, weil die eigene Raffineriekapazität der USA für den eigenen Bedarf nicht ausreicht. An dieser Tendenz hat sich auch 2015 nichts geändert. Bemerkenswert ist die Region Asien/Pazifik: während sie noch 1995 nicht ausreichende Raffineriekapazitäten aufwies, schaffte man es trotz drastischer Zunahme des Verbrauchs die Raffineriekapazitäten so auszuweiten, dass der Eigenbedarf gedeckt werden konnte.

8.4.2 Transport

Der Handel von Rohöl und Ölprodukten ist stark von den bestehenden Transportmöglichkeiten abhängig. Eine gut ausgebaute Infrastruktur ist eine notwendige Bedingung für einen Weltölmarkt, d. h. für die Angleichung von Preisen in unterschiedlichen Regionen. Bei geringen Transportkosten und hohen ungenutzten Transportkapazitäten unterscheiden sich die Preise insbesondere aufgrund der verschiedenen Qualität der Rohölsorten. Je stärker die Transportkosten steigen, desto mehr Bedeutung erlangt die geografische Lage der jeweiligen Rohölsorte.

Rohöl wird wegen der geringeren Kosten vorzugsweise mit Tankern auf internationalen Wasserstraßen oder – falls dies nicht möglich ist – per Pipeline zu einem Lager oder einer Raffinerie transportiert. Von dort werden die Ölprodukte in wesentlich geringeren Transportgrößen per Schiff, Lkw oder Eisenbahn an den jeweiligen Verbrauchsort transportiert.

Tanker
Öltanker können nach ihrer Größe in verschiedene Tankerklassen eingeteilt werden, die in Tabelle 8.2 aufgeführt sind. Da die Transportkosten pro Barrel mit steigender Tankergröße sinken, werden für weite Strecken VLCC- und ULCC-Tanker bevorzugt. Allerdings können diese Tankerklassen nur wenige Häfen anfahren, sodass ihre Ladung teilweise auf See auf kleinere Tanker umgeladen wird.

Tab. 8.1: Förderung, Raffineriekapazität und Verbrauch in den Jahren 1995, 2005 und 2015 (Quellen: ExxonMobil, 2007, MWV, 2011 und MWV, 2017)

1995	Förderung Mio. t p. a.	Raffineriekapazität Mio. t p. a.	Verbrauch Mio. t p. a.
Naher Osten	977	265	181
Nordamerika	496	860	883
Mittel-/Südamerika	443	371	279
Afrika	340	142	103
GUS	358	495	211
Asien/Pazifik	353	740	845
Europa	311	841	731
Welt	3.278	3.714	3.234
2005			
Naher Osten	1.210	352	281
Nordamerika	458	957	1.052
Mittel-/Südamerika	534	415	338
Afrika	472	162	136
GUS	577	396	171
Asien/Pazifik	380	1.141	1.121
Europa	268	859	782
Welt	3.899	4.282	3.881
2015			
Naher Osten	1.216	452	414
Nordamerika	531	994	1.079
Mittel-/Südamerika	482	424	456
Afrika	351	173	198
GUS	628	516	295
Asien/Pazifik	375	1.545	1.524
Europa	144	691	640
Welt	3.727	4.795	4.606

Tab. 8.2: Übersicht über verschiedene Tankerklassen (Quelle: ABS, 2002)

Tankerklasse		Tonnen
GP	General Purpose	16.500– 24.999
MR	Medium Range	25.000– 44.999
LR	Large/Long Range	45.000–159.999
Aframax	Average Freight Rate Assessment	75.000–110.000
VLCC	Very Large Crude Carrier	160.000–319.999
ULCC	Ultra Large Crude Carrier	320.000–549.000

Weiterhin werden Tanker anhand ihrer Sicherheit unterschieden. Als Reaktion auf das Tankerunglück der Exxon Valdez 1989 wurden von der USA mit dem Oil Pollution Act von 1990 und Europa mit der EG-Verordnung 417/2002 die Richtlinien für den Bau von Öltankern verschärft, sodass Einhüllen-Öltankschiffe durch Doppelhüllenkonstruktionen oder äquivalente Einhüllenkonstruktionen ersetzt werden mussten. Tanker, die diese Vorschriften erfüllen, werden als saubere Tanker bezeichnet und dürfen die Häfen in den USA und Europa anfahren. Die älteren Tankermodelle werden als schmutzige Tanker bezeichnet und verkehren insbesondere zwischen dem Nahen Osten und Asien.

Ein limitierender Faktor des Transports über Schiffe ist die begrenzte Kapazität von wichtigen Wasserstraßen wie der Straße von Hormus, der Straße von Malakka und dem Suezkanal. So werden durch die an der engsten Stelle nur 34 km breite Straße von Hormus zwischen Oman und Iran täglich bis zu 17 Mio. Barrel transportiert, was etwa einem Fünftel der weltweiten Rohölproduktion und 40 % des auf Seewegen transportierten Rohöls entspricht. Über die wichtigste Wasserstraße im asiatischen Raum, die Straße von Malakka, die den Indischen Ozean mit dem Südchinesischen Meer und dem Pazifischen Ozean verbindet, werden etwa 15 Millionen Barrel am Tag transportiert. Der Suezkanal, der das Mittelmeer mit dem Roten Meer verbindet, kann seit seiner Erweiterung 2015 von den meisten Tankern befahren werden; ehemals bestand eine Größenbeschränkung, die der Tankerklasse „Suezmax" ihren Namen gibt. Allerdings wird meist das geladene Rohöl in einer zum Kanal parallel verlaufenden Pipeline transportiert und nach der Durchquerung des Kanals wieder auf den Tanker verladen. Eine Schließung einer dieser Wasserstraßen könnte nur teilweise über andere Transportwege ausgeglichen werden.

Eine Erhöhung der Tankerfrachtraten führt zu einer Veränderung des Preisgefüges zwischen den Rohölsorten, denn die Bepreisung der Rohölsorten erfolgt neben ihren jeweiligen chemischen Eigenschaften auch nach ihrer geografischen Lage. Wenn sich die Transportkosten erhöhen, erhält die geografische Lage relativ mehr Gewicht in der Bepreisung. Zudem verringern sich die Möglichkeiten für räumliche Arbitragegeschäfte, was zu einer Regionalisierung des Weltölmarkts führen kann.

Pipelines
Häufig unterstützen Pipelines den Transport mit Schiffen, indem sie beispielsweise Produktionsstätten mit Anlegestellen oder Anlegestellen mit Raffinerien verbinden. Der Öltransport von Russland nach Europa erfolgt durchgehend mittels Pipelines. Auch Asien (insbesondere China, Japan und Korea) wird zunehmend über Pipeline mit russischem Öl versorgt. So liefert die Ostsibirien-Pazifik-Pipeline (ESPO) seit 2011 Öl, Erweiterungen dieser sind in Planung. Bedeutsame Pipelines sind u. a. die 1.760 Kilometer lange Baku-Tiflis-Ceyhan-Pipeline (BTC), die Rohöl aus Aserbaidschan und

Kasachstan am Kaspischen Meer zum Verladehafen Ceyhan am Mittelmeer transportiert und die 1.285 Kilometer lange Trans-Alaska-Pipeline, die Prudhoe Bay im Norden Alaskas mit dem eisfreien Hafen Valdez am Prince William Sound verbindet.

8.4.3 Lager

Obwohl allein für die Lagerbestände der USA ausreichende Daten existieren, gehen Schätzungen davon aus, dass weltweit etwa 7–8 Mrd. Barrel eingelagert sind, von denen allerdings nur ca. 10 % bei Bedarf genutzt werden können, während der Rest insbesondere aus technischen, aber auch aus strategischen Gründen nicht zur Verfügung steht. Der Großteil der Lagerkapazität ist Eigentum von Ölfirmen, die diese Lager für eigene Zwecke benötigen und die daher für andere Firmen nicht zur Verfügung stehen. Deshalb haben die unabhängigen Lagerbestände, obwohl sie nur einen geringen Anteil der gesamten Lagerkapazität ausmachen, einen vergleichsweise großen Einfluss auf den Markt.

Ein unabhängiger Lagerbetreiber kann zeitliche bzw. saisonale Preisschwankungen ausnutzen, indem er sein Lager mit relativ preiswertem Erdöl füllt und es in Phasen höherer Preise wieder verkauft. Die kommerziellen Lager bilden dabei den Puffer zwischen dem preisunelastischen Angebot und der preisunelastischen Nachfrage. Entsprechend ist die Nachfrage nach Lagerbeständen, die von den erwarteten saisonalen Schwankungen abweicht, invers mit dem Preis korreliert.

Bemerkenswert ist, dass die kommerziellen Lagerbestände zwischen 1982 bis 2008 in etwa konstant geblieben sind, obwohl im gleichen Zeitraum der Verbrauch um etwa ein Drittel gestiegen ist. Eine mögliche Erklärung ist, dass die kommerziellen Lager von den strategischen Lagern zum Teil verdrängt wurden.

Sowohl die USA als auch verschiedene europäische Staaten unterhalten strategische Erdölreserven, die für den Fall einer Versorgungslücke aufgebaut wurden. Die „United States Strategic Petroleum Reserve" ist die größte strategische Reserve der Welt. In Deutschland wird die strategische Ölreserve gesetzlich im Erdölbevorratungsgesetz (ErdölBevG) von 2012 geregelt.

Nicht unerheblich ist auch die Lagerhaltung insbesondere von Heizöl bei den Endverbrauchern. In der Regel versuchen Gewerbetreibende oder private Haushalte durch geschicktes zeitliches Platzieren ihrer Betankung von Heizöltanks Preisvorteile zu realisieren. Dieser Effekt kann dazu führen, dass in bestimmten Hochpreisphasen nur „halb voll" getankt wird und später bei niedrigeren Preisen die Tanks gefüllt werden. Statistisch kann das über die Jahre zu scheinbar schwankendem Heizölverbrauch führen, weil in der Energiebilanz der Zeitpunkt des Heizölkaufs als „Verbrauch" gebucht wird.

8.4.4 Mineralölverarbeitung

Raffinerien sind notwendig, um aus Rohöl Mineralölprodukte zu gewinnen, die dem Verbraucher Nutzen stiften. Die Nachfrage richtet sich auf Produkte wie Heizöl oder Benzin. Dabei sind die so genannten „leichten Produkte" wie Benzin oder Kerosin am Markt in der Regel ökonomisch höher bewertet als die schweren Produkte wie schweres Heizöl, das zudem wegen seiner hohen Konzentration von Schadstoffen in vielen Bereichen in Deutschland gar nicht mehr eingesetzt werden darf. Häufig wird deshalb derartig „schlechtes Heizöl" als Treibstoff für große Schiffe eingesetzt – nationale strenge Umweltgesetze gelten auf den Weltmeeren nicht.

Bei der einfachen Mineralölverarbeitung handelt es sich um einen **Kuppelproduktionsprozess**, bei dem die verschiedenen Mineralölprodukte in einem bestimmten Ausbeuteverhältnis anfallen. Dieses Verhältnis ergibt sich innerhalb gewisser Bandbreiten aus der Qualität des eingesetzten Rohöls und der technischen Ausstattung der Raffinerie. Zum ökonomischen Verständnis ist es wichtig, zwei Hauptelemente der Raffinerietätigkeit zu unterscheiden.

Als erstes erfolgt die **Rohöldestillation** (Primärdestillation, atmosphärische Destillation); die entsprechende Prozesseinheit ist die Primärdestillationsanlage. Hier werden die im Rohöl enthaltenen Kohlenwasserstoffe entsprechend ihres Siedeverhaltens in die Hauptproduktgruppen Flüssiggas, Rohbenzin, Mitteldestillat und atmosphärischer Rückstand getrennt. Meist sind diese Prozesseinheiten gemeint, wenn von „Raffineriekapazitäten" die Rede ist.

An die Rohöldestillation schließt sich die **Weiterverarbeitung** an, zu der neben der **Konversion** auch die Nachbehandlung und Veredelung zählen. Zu den verschiedenen Konversionsarten zählen das katalytische Cracken, das thermische Cracken und das Hydrocracken, bei denen die langen Kohlenstoffketten in kürzere gespalten werden. Bei der Konversion werden das Rohöldestillat oder andere brennfähige Zwischenprodukte des Raffinierungsprozesses je nach dem am Markt verlangten [und i. d. R. höher bezahlten] Endprodukt in mittlere und leichte Fraktionen überführt. Neben dem katalytischen Cracken als dem geläufigsten Veredelungsverfahren (auch: Hochkonversion) gibt es das Hydrocracken, thermisches Cracken, Kombinationscracken, Visbreaking, die Verkokung und die Alkylation.

Der Betreiber einer Raffinerie hat also zwei Optimierungsaufgaben zu lösen:
- Die Kapazität der Raffinerie hat insgesamt möglichst der Nachfrage zu entsprechen und
- die Zusammensetzung der Produkte hat der Produktennachfrage mit jeweils verschiedenen Nachfragefunktionen möglichst nahe zu kommen.

Das ökonomische Ziel einer Raffinerie ist die Erwirtschaftung einer **Raffineriemarge**. Allgemein wird diese als Differenz zwischen dem Marktwert der Fertigprodukte und den Kosten für den Einsatz des Rohöl-Ausgangsmaterials (entspricht dem Rohölpreis) zuzüglich der variablen Betriebskosten verstanden.

Eine Raffinerie ist mit hohen anfänglichen Investitionskosten (= Fixkosten) verbunden, die in hohem Maße spezifisch sind. Hieraus resultieren u. a. erhebliche Marktaustrittsbarrieren, die zusätzlich durch Umweltauflagen für den Fall einer Stilllegung verschärft werden. Selbst in Phasen von Überkapazitäten, wo also die obige Raffineriemarge nicht ausreicht, die Abschreibungen voll zu decken, werden somit Raffinerien betrieben, solange sie positive Deckungsbeiträge erwirtschaften.

Bezogen auf den **Standort der Raffinerien** gibt es zwei Möglichkeiten: Sie werden **beschaffungsorientiert** in der Nähe eines Rohölvorkommens errichtet, wodurch sich der Weg des Rohöls verkürzt, dafür aber ein längerer Transportweg für die Produkte zu den Verbrauchszentren in Kauf genommen wird. Hierzu zählen neben den beschaffungsorientierten Exportraffinerien in den Förderländern auch die Verarbeitungsanlagen in den Einfuhrhäfen der Verbraucherländer (z. B. Rotterdam aus deutscher Sicht).

Die Raffinerien werden alternativ **verbrauchsorientiert** in den Nachfrageschwerpunkten errichtet. Der längere Weg des mengenmäßig umfangreichen, aber homogenen Rohöltransports wird durch den verkürzten Produktenweg kompensiert. Dies gilt insbesondere für die deutschen Raffinerien im Binnenland (Rheinschiene, Süddeutschland mit den beiden Schwerpunkten Ingolstadt und Karlsruhe).

Der verbrauchsorientierte Bau von Raffinerien dominierte in der Vergangenheit die beschaffungsorientierten Raffinerien. Ein Hauptgrund hierfür sind die höheren Transportkosten von Ölprodukten gegenüber den Transportkosten von Rohöl.

Von Mitte der siebziger Jahre bis in die neunziger Jahre war der Raffineriemarkt durch Überkapazitäten bzw. unbefriedigende Margen gekennzeichnet. Normalerweise werden Raffineriekapazitäten über die Primärdestillation ausgewiesen. Allerdings ist diese Darstellungsform wenig geeignet, da sie die Tendenz hat, die Raffineriekapazitäten systematisch zu unterschätzen. Neue flexible Techniken lassen faktisch einen höheren Erzeugungsanteil der höherwertigen leichteren Produkte zu, als bei der Primärdestillation anfallen. Nicht berücksichtigt werden bei der ermittelten Auslastungsquote schleichende Kapazitätsveränderungen und vorläufig stillgelegte Teilkapazitäten. Die damalige unbefriedigende Situation bei den Margen hatte verschiedene Ursachen wie beispielsweise Prognosefehler in den siebziger Jahren bezüglich der künftigen Nachfrage, höhere Umweltstandards in Deutschland als bei Mitwettbewerbern oder Nachfrageverschiebungen zum „leichten Ende", die verstärkt teure Nachrüstungen der Raffinerien erforderten.

Seit dem Jahr 2000 sind die Raffinerien weltweit besser ausgelastet. Insbesondere in den USA ist die Kapazität nicht rasch genug mit dem Verbrauch gewachsen, sodass zu bestimmten Saisonzeiten wie zu Beginn der Reisezeit im Sommer die amerikanischen Händler sich in Europa eindecken, vor allem am Handelsplatz Rotterdam, was dort Auswirkungen auf die Benzin- oder Heizölpreise hat.

Die Abbildung 8.5 zeigt die regionale Aufteilung des weltweiten Ölverbrauchs. Man erkennt die nach wie vor absolut hohe Nachfrage der USA, aber auch die hohe Nachfrage in China. Im Vergleich zu den letzten Jahren ist ein starker Anstieg des Öl-

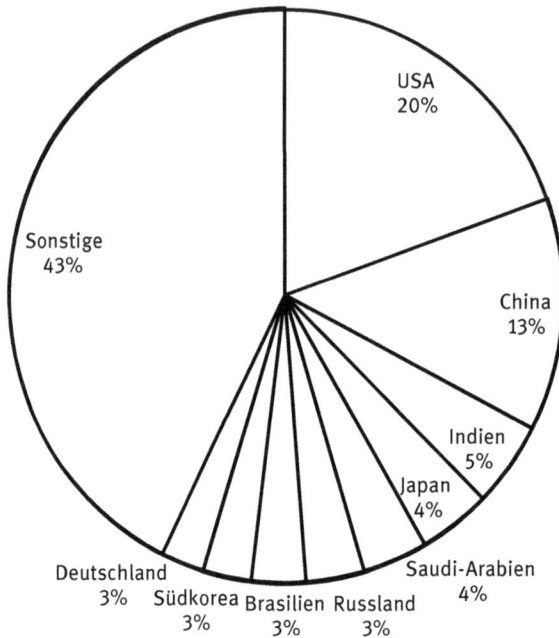

Abb. 8.5: Ölverbrauch im Vergleich (Stand: 2016) (Quelle: BP (2017))

verbrauchs in China, Indien, Brasilien und Südkorea zu verzeichnen, während die Bedeutung von Ländern wie den USA und Deutschland langsam nachlässt.

In der Zukunft werden Raffinerie-Neubauten in Nordwesteuropa und Amerika weiterhin sehr selten auftreten, während der Bau in asiatischen Ländern und Russland sowie in Osteuropa zunehmen wird. Langfristig werden kleinere und technisch einfache Anlagen aus dem Markt ausscheiden, da sie nicht in der Lage sind, eine gute Marge aus den schweren Rohölsorten zu erlangen, die zunehmend als Input verwendet werden. Zudem wird die Dieselnachfrage relativ gegenüber derjenigen von Benzin ansteigen, sodass die fehlenden Mengen entweder importiert werden müssen, was zu einer höheren Integration der Produktmärkte führt, oder durch flexible Raffinerien gedeckt werden.

8.5 Bestimmungsfaktoren der Ölpreise

Der Ölmarkt erlebte in der Vergangenheit drastische Schwankungen. In den folgenden Abschnitten werden einige dieser Preissprünge dargelegt und Erklärungsansätze der Ölpreisbildung diskutiert. Im Anschluss werden die Erkenntnisse über lang- und kurzfristige Konzepte zur Erklärung von Ölpreisen mit den historischen Preissprüngen verknüpft.

8.5.1 Historische Ölpreissprünge

Der Ölmarkt hat, anders als z. B. der Fahrrad- oder Brötchenmarkt, in den letzten 45 Jahren drastische Preissprünge nach oben und unten erlebt (siehe Abb. 8.6):

–   Im Herbst 1973/74 verdreifachte sich der Ölpreis innerhalb weniger Monate auf rund 12 \$/b.
–   Von Januar bis in das Frühjahr 1979 sprang der Ölpreis von etwa 13 \$/b auf zeitweilig bis zu 40 \$/b.
–   Nach dem Dezember 1985 fiel der Ölpreis vom damaligen Wert 28 \$/b auf unter 15 \$/b. Zeitweise wurden 1986 sogar Preise unter 10 \$/b erreicht.
–   Die Besetzung Kuwaits am 2.8.1990 durch den Irak ließ die Ölpreise von einem Ausgangsniveau von 16–18 \$/b kurzfristig auf über 30 \$/b ansteigen. Nach dem Waffenstillstand Anfang März 1991 sanken die Ölpreise wieder deutlich unter 20 \$/b etwa auf das Vorkriegsniveau und blieben danach je nach kurzfristiger Marktstörung bis zu Ende der neunziger Jahre in einem Korridor mit einer Bandbreite von wenigen Dollar um die 20 \$/b, wobei in 1998 ein Tiefpunkt wegen der Asienkrise und der dadurch verursachten Nachfrageschwäche erreicht wurde.
–   Ab 2002 stiegen die Ölpreise gleichmäßig an und erreichten vorübergehend Werte über 70 \$/b. Mitte 2008 stiegen die Ölpreise sogar bis an die magische Grenze von 150 \$/b. Auslöser waren einerseits eine steigende Nachfrage auf dem Weltmarkt und Angebotsstörungen beispielsweise durch schwere Stürme, die Schäden an Fördereinrichtungen und Raffinerien hervorriefen, andererseits politisch bedingte Spekulationseffekte, da nach dem Irak-Krieg der Nahe Osten sehr labil wurde und bereits geringe Angebotsrückgänge als Folge von Naturereignissen oder politischen Unruhen die Märkte sehr eng werden ließen.
–   In Folge der Wirtschaftskrise ab 2008 kam es zu einem Rückgang der Nachfrage nach Öl. Dies führte zu einem drastischen Preisverfall, gefolgt von einem langsameren kontinuierlichen Anstieg ab 2010.
–   Im Jahr 2011 wurden vorübergehend wieder Preise um 100 \$/b erreicht.
–   Ab 2015 bröckelte der Preis erneut auf rund 50–60 \$/b ab, wo er bis 2017 verharrte.

Diese sehr starken Sprünge zeigen an, dass die Ölpreisbildung anderen Gesetzen unterliegen muss als die Preisbildung für immer wieder reproduzierbare Güter. Entweder haben sich die Marktbedingungen kurzfristig verändert, was nur teilweise zutreffend ist, oder es gab jeweils einmalige fundamentale Neuordnungen auf den Märkten mit entsprechenden Konsequenzen für die Preise. Die Bewegungen beruhen auch darauf, dass Öl eine nicht-erneuerbare erschöpfbare Ressource ist.

Eine Analyse der historischen Preissprünge kann ein erstes Verständnis für die sich ändernden Einflussgrößen auf die Ölpreise herstellen.

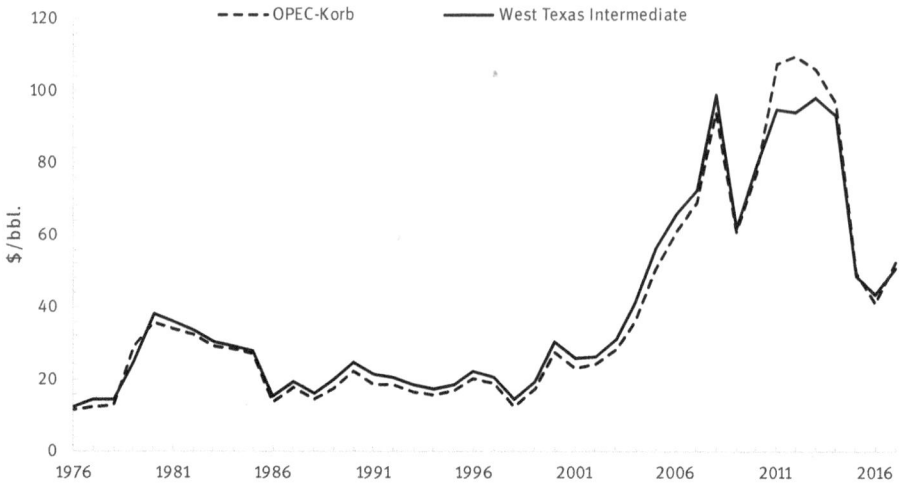

Abb. 8.6: Nominale Rohölpreise ausgewählter Ölsorten (Jahresdurchschnitt) (Quelle: MWV (o. J.))

8.5.2 Erklärungsansätze der Ölpreisentwicklung

Die theoretischen Erklärungsansätze für die heftigen Preisbewegungen in den vergangenen 45 Jahren lassen sich am besten nach den eher langfristigen und den eher kurzfristigen Konzepten unterscheiden (siehe Abb. 8.7).

Bei allen **langfristigen** Erklärungsansätzen muss die Erschöpfbarkeit berücksichtigt werden. Ölanbieter behandeln eine Einheit Öl als Vermögensbestandteil [wie beispielsweise ein Wertpapier]. Dessen „Verzinsung" erfolgt über Höherbewertung in der Zeit (**Hotelling-Regel**). Maximierung des Gegenwartswertes eines Ölbestandes ergibt bei gegebenen Randbedingungen und perfekten Zukunftsmärkten einen eindeutig bestimmten Preis- und Ölförderpfad in Abhängigkeit von **Diskontierungsrate, Ressourcenvorrat, Marktmacht** der Anbieter, **Preiselastizität** der Nachfrage und evtl. **Backstopkosten.** Der Ölpreis wird daher **nicht** entscheidend durch die **Förderkosten** bestimmt, sondern vielmehr durch die so genannte Knappheitsrente für die natürliche Begrenztheit.

Der erste langfristige Erklärungsansatz sieht den Ölmarkt als größtenteils wettbewerblich organisiert an. Allerdings unterscheiden sich die Kalküle von verschiedenen Produzentengruppen, d. h. es ist relevant, wer die Ressourcen besitzt. So hat eine nationale Fördergesellschaft andere Ziele als eine privatwirtschaftliche Aktiengesellschaft.

Der zweite langfristige Erklärungsansatz basiert auf einer Kartellerklärung über die OPEC. Die OPEC als **Kartell** agiert als Monopolanbieter und setzt die Ölpreise nach Kartellkalkül. Restliche Anbieter wie Mexiko, Norwegen und UK folgen diesem Preis als Wettbewerbsrand. Der Ölmarkt wäre demnach ein Teilmonopol. Es existieren zwei

Langfristige Erklärungsansätze		Kurzfristige Erklärungsansätze	
A. Wettbewerbsmodell mit Betonung der Eigentumsrechte	B. Kartellerklärung	I. Änderungen der Marktstruktur	II. Politische Faktoren
	a. Naive Kartellerklärung	a. Änderungen in der Nachfrage	a. Konflikt Naher Osten mit nicht arabischen Staaten
	b. Kartell mit dominanter Anbietergruppe	b. Änderungen im Angebot	b. Innerarabische Konflikte

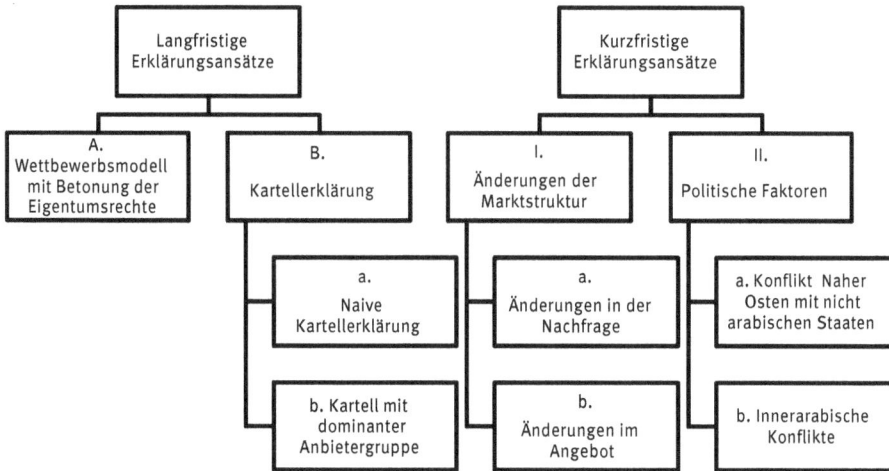

Abb. 8.7: Erklärungsansätze für Ölpreisentwicklungen

Varianten dieses Erklärungsansatzes. Erstens könnte die OPEC durch abgestimmte Verhaltensweisen ihre Förderung mit einem internen Quotensystem reduzieren und sorgt dadurch für höhere als Wettbewerbspreise. Zweitens kann die Kartellerklärung mit einer dominierenden Produzentengruppe erläutert werden, in der die Förderstrategien von bestimmten einzelnen Staaten wie Saudi-Arabien und Kuwait Einfluss auf den gesamten Markt haben.

In **kurzfristiger** Hinsicht ist der Ölmarkt in der Realität [ohne perfekte Zukunftsmärkte: Reservenunsicherheit, Nachfrageschätzungen, imperfekte Kapitalmärkte usw.] wegen der kurzfristig geringen Preiselastizität der Nachfrage durch eine **hohe Bandbreite möglicher kurzfristiger Gleichgewichtspreise** gekennzeichnet (siehe Tabelle 8.4). Ohne zusätzliche stabilisierende Mechanismen muss mit starken Preisschwankungen nach unten und oben gerechnet werden. Nachfrage- oder angebotsseitige Störungen in einem oder mehreren Teilen der Wertschöpfungskette können zu hohen Preisschwankungen führen. Außerdem können politische Faktoren wie Kriege zwischen Förderstaaten sowie Androhung oder Ausführung von Ölboykotten gegen bestimmte Verbraucherländer kurzfristig zu starken Preisschwankungen führen. Kurzfristig bedeutet in diesem Zusammenhang, dass Ungleichgewichte über mehrere Monate oder sogar ein bis zwei Jahre bestehen können, bis sich schließlich die fundamentalen Marktgegebenheiten wieder durchsetzen.

Ölpreissprung 1973/74

Die gängige Erklärung in der Medienöffentlichkeit sieht etwa Ansatz B in Abb. 8.7 sowie Tabelle 8.3, d. h. die naive Kartellerklärung, als wichtigstes Muster. Ein **Kartell** mit respektierten Quoten und Sanktionsregeln ist die OPEC jedoch nie gewesen. Die OPEC bestand im Kern seit 1970 aus den elf Mitgliedern Algerien, Indonesien, Iran,

Tab. 8.3: Langfristige Erklärungsansätze für Ölpreisentwicklung

Das allgemeine Konzept	Ölanbieter behandeln eine Einheit Öl als Vermögensbestandteil (wie Wertpapier). Dessen „Verzinsung" erfolgt über Höherbewertung in der Zeit (**Hotelling-Regel**). Maximierung des Gegenwartswertes eines Öl- bestandes ergibt bei gegebenen Randbedingungen und perfekten Zu- kunftsmärkten einen eindeutig bestimmten Preis- und Ölförderpfad in Abhängigkeit von **Diskontierungsrate, Ressourcenvorrat, Marktmacht** der Anbieter, **Preiselastizität** der Nachfrage und evtl. **Backstopkosten**. Der Ölpreis wird daher nicht entscheidend durch die **Förderkosten** be- stimmt, sondern vielmehr durch die so genannte Knappheitsrente für die natürliche Begrenztheit.
Ansatz A: Wettbewerbsmodell mit Betonung der **Eigentumsrechte**	Diskontierungsrate der **großen Ölfirmen** 1950–1973 = $r + a$ r = (normaler realer) Weltkapitalzinssatz a = Wahrscheinlichkeit, enteignet zu werden Diskontierungsrate der **Ölstaaten** nach Übernahme der Eigentumsrechte 1973/75 = $r^* < r$ r^* = Kapitalrendite aus der Sicht der Ölstaaten, wobei interne Absorpti- onsfähigkeit, Wechselkursrisiko, Inflationssorge und der Zugang zu den internationalen Kapitalmärkten eine Rolle spielen.
Ansatz B: Monopolmacht bzw. **OPEC = Kartell**	OPEC als **Kartell** agiert als Monopolanbieter und setzt die Ölpreise nach Kartellkalkül. Restliche Anbieter wie Mexiko, Norwegen und UK folgen diesem Preis als Wettbewerbsrand. Der Ölmarkt wäre demnach ein Teilmonopol. 2 Varianten: a) Naive Kartellinterpretation: Durch abgestimmte Verhaltensweisen reduziert die OPEC ihre Förderung mit einem internen Quotensystem und sorgt dadurch für höhere als Wettbewerbspreise. b) Kartellerklärung mit **dominierender Produzentengruppe** (Saudi-Ara- bien und Kuwait als „swing-producer").

Irak, Katar, Kuwait, Libyen, Nigeria, Saudi-Arabien, Venezuela und Vereinigte Arabi- sche Emirate.

Dagegen setzt eine ökonomisch differenzierte Erklärung nicht auf diese Sichtwei- se. Der **Ölpreissprung 1973/74** kann aus der Sicht einer **ökonomischen Theorie** am besten durch den **Wechsel der Eigentumsrechte** erklärt werden. Die Ölförderpolitik der großen Gesellschaften wurde durch ein neues Regime mit anderen Anbieterkalkü- len abgelöst. Für die großen Kartellgesellschaften hatte sich angesichts einer ständig latenten Enteignungsgefahr eine nur mittelfristig orientierte Politik für die Förderung gelohnt. Heute gefördertes Öl brachte einen sicher kalkulierbaren Gewinn, während die Verfügbarkeit über das Konzessionsöl in 50 oder 100 Jahren höchst ungewiss war. Die Konzerne benutzten faktisch eine hohe Diskontierungsrate für zukünftige Erlöse.

Für die Ölstaaten stellte sich die Situation nach der Enteignung der Ölkonzerne anders dar. Sie mussten langfristig orientiert planen und auch an Ölerlöse in einigen

Tab. 8.4: Kurzfristige Erklärungsansätze für die Ölpreisentwicklung

Das allgemeine Konzept	Der Ölmarkt ist in der Realität (ohne perfekte Zukunftsmärkte: Reservenunsicherheit, Nachfrageschätzungen, imperfekte Kapitalmärkte, usw.) wegen der kurzfristig geringen Preiselastizität der Nachfrage durch eine hohe Bandbreite möglicher kurzfristiger Gleichgewichtspreise gekennzeichnet: Ohne zusätzliche stabilisierende Mechanismen muss mit starken Preisschwankungen gerechnet werden.
Ansatz I: Änderungen der Marktstruktur: Vom Kartell der Sieben Schwestern zu den Spotmärkten und Ölbörsen von heute	1950–1973: a) Stabilität des Marktes durch Ausschaltung des Wettbewerbs auf der Rohölebene durch die Konsortien der „Sieben Schwestern" (interne Kartellstabilität durch Vereinbarungen bei Quotenabweichungen). b) Sukzessive Erosion der Stärke der „Sieben Schwestern" durch Newcomer (externe Stabilität). ab 1974: a) **Spotmärkte** anstelle von Langfristverträgen (neue flexiblere Raffinerietechniken, Wettbewerb auf allen drei Ebenen des Marktes, usw.). Ölbörsen kommen auf. b) Ungleichgewichte verstärkende Schwankungen in der **Lagerhaltung**. c) Durch **Änderungen in der vertikalen Integration neues Spiel** mit neuen Rollen: OPEC's push into refining einerseits, Ölgesellschaften erschließen neues Öl (Alaska, Nordsee, usw.) andererseits. Dabei Begrenzungen der Flexibilität der „swing-producer" wie Saudi-Arabien nach unten. d) Prognoseunsicherheit hinsichtlich der **Preiselastizität der Nachfrage ab 1986 bis 2000**: ruhige Marktentwicklung mit Preisen zwischen 15 und 25 $/b ab 2000: sehr starkes Nachfragewachstum und unzureichender Zubau von Raffineriekapazitäten lassen die Ölmärkte enger werden. Verstärkt wird dieser Effekt durch politisch instabile Verhältnisse in wichtigen Ölförderländern (Nigeria, Irak, usw.).
Ansatz II: Politische Faktoren entweder als Auslöser oder eigener Einfluss	Dominierende Anbieter: **arabische Golfstaaten** a) Die **arabischen Staaten** dominieren OPEC und setzen politische Ziele (israelisch-arabischer Konflikt) durch. b) **Innerarabische** Probleme: Saudi-Arabien und Kuwait als eher westlich orientierte, Libyen als „revolutionär", Irak mit Führungsanspruch und Iran als religiös-fundamentalistische Mächte. Politische Rahmenbedingungen der Ölnachfrager: c) geänderte amerikanische **Ölimportpolitik** (Nixon 1973).

Jahrzehnten denken. Ölländer mit sehr großen Vorräten wie Saudi-Arabien, Emirate oder Kuwait konnten kaum den realen Weltmarktzinssatz r als Diskontierungsrate ansetzen: Als so genannte Low Absorber mit niedriger Bevölkerungszahl hatten sie nur begrenzte Anlagemöglichkeiten im eigenen Land. Wertpapiere in den USA oder Europa unterlagen dem Wechselkurs- und Inflationsrisiko, sodass letztlich Öl in situ (d. h. im Boden) auch als langfristig vorteilhafte Kapitalanlage eingeschätzt wurde: „Oil in the ground is like money at the bank".

Bei einer niedrigeren Diskontierungsrate ist dann aber eine Politik eines heute im Niveau höheren und künftig [real] langsamer steigenden Ölpreises optimal. Der Wechsel der Eigentumsrechte 1973/74 erzeugte somit einen anderen Gleichgewichts-preispfad als im Regime der „Sieben Schwestern".

Dieser Wechsel der Eigentumsrechte wurde durch eine gemeinsame politische Aktion der wichtigsten OPEC-Staaten eingeleitet. Dies gibt dem politischen Faktor den Stellenwert des auslösenden Impulses und OPEC die Bedeutung einer damals funktionierenden Koordinierungsinstanz. (Erklärung gemäß A–IIa).

Ölpreissprung 1979

Der **Ölpreissprung 1979** ist anders zu erklären: Für die **Angebotsseite** sind die Iran-Krise im Januar 1979 und die Reaktion von Saudi-Arabien bedeutend. Saudi-Arabien stand unter dem Druck politisch-religiöser Kräfte und musste demonstrativ seine harte Linie zeigen. Dabei schätzte seine Führung den **politischen Grenznutzen** einer kurzfristigen Förderkürzung im Januar 1979 höher ein als den **erwarteten ökonomischen Nachteil** dieser Maßnahme für die OPEC. (Erklärung gemäß A–IIb).

Ölpreisverfall nach 1980

Auf der **Nachfrageseite** schlugen die neuen Marktstrukturen destabilisierend durch: Newcomer im Raffinerie- und Downstream-Bereich ohne sichere Rohölverträge und Lageraufstockungen bei steigenden Preisen verschoben die kurzfristige Nachfrage-funktion sogar nach außen: Ölbeschaffung um jeden Preis und spekulative Lageraufstockungen lösten eine hektische Nachfragereaktion aus. (Erklärung gemäß A–I).

Der bald anschließende langsame **Ölpreisverfall** auf $-Basis zeigt, dass dieses Überschießen des Ölpreises vom Markt korrigiert wurde. Da jedoch gleichzeitig in der ersten Hälfte der achtziger Jahre der US-$ aufgewertet wurde, spiegelte sich diese Preisentwicklung mehrere Jahre lang nicht in den DM-Notierungen wider, sodass Deutschland in der ersten Hälfte der achtziger Jahre hohe Ölpreise erfuhr.

Der **Ölpreisverfall in wenigen Monaten nach dem Dezember 1985** ist Ausdruck einer tiefgreifenden Strukturveränderung im Ölmarkt, die bereits in den siebziger Jahren eingeleitet wurde: (Erklärung gemäß A–I).

Der Aufbau **eigener Raffineriekapazitäten, Petrochemie** und damit verbundener Industrieanlagen in den OPEC-Staaten hat deren Preis- und Mengenspielräume im traditionellen Rohölgeschäft beschränkt. Sowohl Kuwait (inzwischen praktisch voll vertikal integriert) als auch Saudi-Arabien und die Vereinigten Emirate (Integration bisher nur bis zur Verarbeitung; seit einigen Jahren auch stärker downstream) konnten nicht mehr wie früher alleine auf der Rohölebene flexibel agieren.

Die in den siebziger Jahren faktisch enteigneten Ölgesellschaften beantworteten die neue Situation mit verstärkter **Exploration** in anderen Nicht-OPEC-Gebieten (mit deutlich höheren Gewinnungskosten als im Nahen Osten).

Als Folge der gestiegenen Ölpreise war der **Ölverbrauch** zwischen 1979 und 1985 in den Ländern außerhalb des Ostblocks um rund 13 % zurückgegangen.

Da die meisten der „Kartellbrüder" in der OPEC jegliche Quotenvereinbarung unterliefen, wobei besonders Länder wie Nigeria oder auch zeitweise Kuwait wenig Kartelldisziplin zeigten, sah sich Saudi-Arabien für einige Jahre gezwungen, als Swing-Producer zu agieren. Die schrittweise Rücknahme seiner Förderung als Beitrag zur Marktstabilisierung konnte einige Jahre wirken, bis im Herbst 1985 die kritische Untergrenze der saudischen Förderung erreicht wurde. Bei einer Förderkapazitätsauslastung von rund 30 % waren nicht nur die eigenen industriepolitischen Ziele in Mineralölverarbeitung und Petrochemie tangiert, und die Haushaltslage des Staates wurde kritisch, es fehlten auch Energiemengen zur Meerwasserentsalzung u. ä., die mit der Ölförderung gekoppelt waren. Im Dezember 1985 reichte eine geringe Erhöhung der saudi-arabischen Ölförderung auf 5 mb/d, um die Marktpreise abstürzen zu lassen. Die Förderung der Saudis lag dann auch Mitte der neunziger Jahre mit 9 mb/d wieder nahe an ihrer Normalkapazität.

Ölpreisanstieg 1990

Die **Ölpreisausschläge nach Mitte Juli 1990** mit teilweise heftigen **täglichen** Auf- und Abwärtsbewegungen bis zu 20 % (Mitte Januar 1991 sogar noch stärker) reflektieren die Risikoprämien, die an den Ölbörsen in London (IPE), New York (NYMEX) und Singapur je nach Einschätzung der militärischen und politischen Konstellation akzeptiert wurden. Die in den achtziger und neunziger Jahren noch erfolgreiche Börse in Singapur hat inzwischen faktisch keine Bedeutung mehr. Stattdessen hat sich nach dem Jahr 2000 der Börsenhandel immer mehr in die Emirate verlagert, wo heute an der Börse Dubai Mercantile Exchange Ölsorten der arabischen Halbinsel gehandelt werden.

An den Ölbörsen sind heute längst nicht mehr nur die traditionellen Ölfirmen und -händler aktiv. Dementsprechend ist auch der Anteil der „wet barrels", also der tatsächlich physisch in Form von abgelieferten Rohöl- oder Produktenmengen erfüllten Verträge, in Relation zum gesamten Handelsvolumen der Börsen in Kontrakten sehr gering. Solche Börsen benötigen für ihr Funktionieren die „Spekulanten"; in politisch instabilen Zeiten kann dies jedoch die Märkte extrem empfindlich reagieren lassen, sodass längerfristige „fundamentale Einflussgrößen" dann nicht mehr alleine ausschlaggebend sind.

Preisanstieg 2000–2008

Nach dem Jahr 2000 trug die weiterhin stark wachsende Nachfrage nach Öl und Ölprodukten auf dem Weltmarkt zu einem starken Preisanstieg bei. Allein zwischen 1995 und 2005 stieg die Ölnachfrage weltweit um über 600 Mio. Tonnen p. a., d. h. rund 12 mb/d, was mehr als der maximal möglichen Produktion von Saudi-Arabien entspricht. Mehr als 2/3 dieses Nachfragezuwachses entfielen auf Nordamerika, China und die Staaten des Nahen Ostens. Dadurch stießen viele Produzenten an ihre Förderkapazitätsgrenzen. Selbst Saudi-Arabien hatte 2005 bei einer Förderung von rund 10 mb/d nur noch geringe freie Kapazitäten.

Da eine hinreichend schnelle kurzfristige Ausweitung der Förderung nicht möglich war und zudem Raffineriekapazitäten beispielsweise in den USA stark unzureichend waren, stiegen die Rohöl- und Produktenpreise bei der geringsten Marktanspannung (Hurrikane, Ausfall eines wichtigen Lieferlandes durch Streiks oder Unruhen, Ausfall einer wichtigen Pipeline, usw.) stark an.

Aus theoretischer Sicht ist mit Blick auf die absehbar weiter steigende Ölnachfrage die Strategie der Ölstaaten im Nahen Osten entscheidend für die Preisentwicklung: Welche guten Gründe sollte etwa Saudi-Arabien haben, seine Ölförderkapazität anhaltend auf deutlich über 12 mb/d zu steigern? Wie schnell lassen sich stabilere politische Verhältnisse und stärker an ökonomischen Kalkülen orientierte Ölstrategien für Irak und Iran erreichen? Bis aus anderen Regionen wie etwa Südostasien oder neuen offshore-Feldern von Brasilien zusätzliche Ölmengen angeboten werden, ist mit weiter angespannten Märkten zu rechnen.

Ölpreisverfall ab 2014

2014 kam es abermals zu einem Preisverfall von Rohöl. Hauptgrund war ein Überangebot von Erdöl auf dem Weltmarkt. Dies wurde durch die Ankündigung der OPEC ihre Förderquoten nicht zu senken weiter verschärft. Die Folgen waren für manche Länder verheerend. Beispielsweise erlitt Russland, welches wirtschaftlich durch Ölexporte und für Staatseinnahmen stark von Erdöl abhängt, einen extremen Wertverfall der Währung. Gründe für das Überangebot waren die durch Fracking stark angestiegene Ölproduktion in den USA, sowie die nachlassende Nachfrage nach Öl in entscheidenden Schwellenländern.

8.6 Handel

Damit ein Gut gehandelt werden kann, muss es eindeutig definiert sein. Wie Kohle und Gas ist auch Erdöl ein **heterogenes Gut**. Weltweit existieren knapp 190 unterschiedliche international gehandelte Rohölsorten. Diese Rohölsorten unterscheiden sich in ihren Preisen anhand der relativen Dichte und ihres Schwefelgehaltes, da aus leichten Rohölsorten mit einem geringen Schwefelgehalt sich relativ einfach große Anteile der teuren Ölprodukte wie Leicht- und Schwerbenzine herstellen lassen, während schwere Rohölsorten einen größeren Anteil an preiswerten dickflüssigeren Produkten wie Schmierstoffe hervorbringen. Zudem ist für den Transport mit Pipelines die Total Acid Number (TAN) einer Rohölsorte relevant, die den Säuregehalt erfasst, da es bei einem hohen Säuregehalt zu Korrosionsproblemen in der Pipeline kommen kann.

Die Heterogenität von Erdöl wäre ökonomisch unproblematisch, wenn es für jede Rohölsorte einen gut funktionierenden, effizienten Markt geben würde, dessen Preis zu jedem Zeitpunkt die Knappheit korrekt anzeigen würde. Bei den meisten der gehandelten Rohölsorten ist dies jedoch nicht gegeben. Wie aus Tabelle 8.5 zu erkennen ist, entfällt bereits etwa ein Drittel der Weltproduktion auf die zehn Rohölsorten mit dem höchsten Fördervolumen. Im Umkehrschluss bedeutet dies, dass sich die verbliebenen zwei Drittel der Weltproduktion teilweise in kleinsten Mengen auf die restlichen Rohölsorten aufteilen. Für einen liquiden physischen Handel wird jedoch ein tägliches Fördervolumen von mehreren hunderttausend Barrel benötigt, da Erdöl physisch in sehr großen Mengen gehandelt wird. So fasst der größte Supertanker etwa 2 Mio. Barrel Erdöl, d. h. fast die gesamte tägliche Produktion von Kuwait.

Tab. 8.5: Rohölsorten nach Fördervolumen (Stand: 2011) (* in 1000 Barrel pro Tag) (Quelle: Energy Intelligence)

Rohölsorte	API	% Schwefel	Tägliche Förderung*	Anteil an Weltförderung	Land
Urals	31–32	0,8–1,8	8.500	10,43 %	Russland
Arab Light	32,7	1,8	5.000	6,13 %	Saudi-Arabien
Maya	21,8	3,33	2.390	2,93 %	Mexiko
Kuwait	30,5	2,55	2.370	2,91 %	Kuwait
Iran Heavy	30,2	1,77	1.500	1,84 %	Iran
Arab Extra Light	38,4	1,4	1.400	1,72 %	Saudi-Arabien
Basrah Blend	34,4	2,1	1.400	1,72 %	Irak
Saharan Blend	45,7	0,1	1.350	1,66 %	Algerien
Arab Heavy	27,7	1,92	1.200	1,47 %	Saudi-Arabien
Arab Medium	31,8	2,45	1.200	1,47 %	Saudi-Arabien
WTI	38,7	0,45	340	0,42 %	US
Brent Blend	37,9	0,45	236	0,29 %	UK

Die meisten Rohölsorten besitzen somit kein ausreichendes Fördervolumen für einen liquiden physischen Handel. Die Preisbildung von Erdöl erfolgt für die meisten Rohölsorten über die Referenzpreise, die sich an besonders liquiden Märkten ergeben. Die Verwendung von Referenzpreisen ist eine logische Vorgehensweise, wenn einige Märkte eine hohe und andere Märkte eine geringe Liquidität aufweisen. Die Logik eines Referenzpreises gilt auch für viele andere Märkte. Beispielsweise ist auch der Gebrauchtwagenmarkt extrem heterogen, da kaum zwei angebotene Wagen in Kilometerstand, Zustand und Ausstattung identisch sind. Wenn aber der Preis für einen VW Passat ohne Klimaanlage bekannt ist, kann relativ einfach eine Preisvorstellung für einen vergleichbaren Wagen mit Klimaanlage gebildet werden.

Im Gegensatz zum Markt für Kohle haben sich im Erdölmarkt jedoch nicht diejenigen Standorte mit dem höchsten physischen Volumen als Referenzsorten durchgesetzt. Stattdessen konzentriert sich der Handel auf zwei Futureskontrakte: den Brent Future an der ICE in London (mit physischer Erfüllung an den Nordseehäfen) und den NYMEX Light Sweet Crude Oil Future auf WTI, der in New York gehandelt wird (mit physischer Erfüllung in Cushing Oklahoma). Diese beiden Terminkontrakte bilden die Preisreferenz für viele andere Rohölsorten, die mittels Prämien bzw. Abschlägen je nach ihrer geografischen Lage und ihren chemischen Eigenschaften auf die Referenzsorten bepreist werden. Die Referenzpreise haben somit eine weltweite Bedeutung, obwohl die physisch gehandelten Mengen von WTI und Brent zusammen nicht einmal 1 % der weltweiten Produktion ausmachen. Ein weiterer zukünftiger Referenzpreis könnte der Oman Crude Oil Futures werden, der auf die physisch liquide Rohölsorte Oman an der Dubai Mercantile Exchange gehandelt wird.

Es gibt drei Gründe, weshalb der finanzielle Handel nicht auf den Rohölsorten mit dem höchsten Fördervolumen basiert. Erstens existieren **teilweise starke Qualitätsunterschiede** innerhalb einer Rohölsorte. Dies ist insbesondere bei dem russischen Ural ausgeprägt, das ein Sammelsurium von verschiedenen Sorten darstellt. Zweitens gibt es bei vielen Rohölsorten **einen einzigen Produzenten.** Ein solcher Produzent könnte seine überlegenen Informationen bezüglich seiner zukünftigen Produktion am Terminmarkt ausnutzen. Wenn zudem die Produktion staatlich kontrolliert wird, gibt es noch die zusätzliche Problematik, dass der Handel aus politischen Motiven beschränkt wird. Drittens sind **Aufbau und Betrieb eines Börsenhandels selbst nicht trivial.** Traditionell große Finanzplätze wie New York und London haben entsprechend einen Vorteil bei der erfolgreichen Einrichtung eines neuen Handelsplatzes.

Die Verwendung von Futures als **Referenzpreise** scheint auf den ersten Blick merkwürdig, da Futures Finanzderivate auf physisch gehandelte Mengen sind. Allerdings hat die Verwendung von Futures zwei Vorteile. Erstens ist das Handelsvolumen auf Terminmärkten tendenziell höher als auf Spotmärkten, da ein Kontrakt auf Terminmärkten häufiger gehandelt wird. Zweitens gibt es im Erdölhandel aufgrund von logistischen Problemen keine echten Spotmärkte, d. h. es existiert immer ein zeitliches Auseinanderfallen zwischen dem Vertragsschluss und der Warenlieferung von mehreren Tagen.

Damit ein Referenzpreis tatsächlich eine gute Annäherung an den Preis eines Gutes ist, muss der Referenzpreis drei Funktionen erfüllen: die Preisfindungsfunktion, die Absicherungsfunktion und die Referenzfunktion. Die Preisfindungsfunktion bezieht sich auf den physischen Erdölhandel. Der Preis für das physische Gut muss jederzeit korrekt die Marktsituation abbilden, d. h. Störungen in der Infrastruktur, Schwankungen in der Qualität und Veränderungen von Frachtraten müssen in den Preis eingehen.

Die Absicherungsfunktion entspringt aus dem Auseinanderfallen von finanziellen Zahlungsströmen und physischen Warenströmen. Beispielsweise könnte sich ein Produzent der leichten nigerianischen Rohölsorte Amenam Blend mittels Brent Futures gegen das Preisrisiko absichern. Der Halter eines solchen Absicherungsgeschäfts ist jedoch weniger an der korrekten Abbildung der Marktgegebenheiten des physischen Gutes interessiert. Eine Produktionsstörung der Referenzsorte hat keine Auswirkung auf den Preis der nigerianischen Rohölsorte. Die Störung führt also zu einem Basisrisiko. Für den Produzenten ist stattdessen wichtig, dass der Referenzpreis den allgemeinen Preisverlauf für Erdöl korrekt abbildet.

Die dritte Funktion ist schließlich die Referenzfunktion für die Bepreisung derjenigen Rohölsorten, die über Prämien und Abschläge auf die Referenzsorte gehandelt werden. Da im Fall von illiquiden Märkten der Preisfindungsprozess nicht hinreichend funktioniert und dementsprechend den Marktteilnehmern der Preis ihres Gutes unbekannt ist, basiert die Preisbildung auf dem Referenzpreis. Wie bei der Absicherungsfunktion sollte der Referenzpreis möglichst gut die allgemeine Preisentwicklung abbilden.

Ein Referenzpreis hat also zwei zum Teil entgegengesetzte Aufgaben: einerseits soll er die allgemeine Preisentwicklung von Erdöl anzeigen, zum anderen soll er die Knappheit einer genau definierten Rohölsorte möglichst genau darstellen.

9 Erdgas

Im folgenden Kapitel werden zunächst die Merkmale des Energieträgers **Erdgas** beschrieben und daraufhin die Entwicklung des Marktes für Erdgas, sowie Angebot, Nachfrage und die aktuelle Handelssituation dargestellt.

9.1 Merkmale des Energieträgers

Unter **Erdgas** wird ein vorrangig aus Methan (ca. 70–95 % CH_4) sowie Kohlen- und Schwefelwasserstoffen bestehendes Gemisch verstanden, das aus separaten Lagerstätten gewonnen wird. Trockene Erdgase (dry gas) weisen im Gegensatz zu nassen Erdgasen (hochkalorisches H-Gas) einen geringen Anteil an höheren Kohlenwasserstoffen auf (niedrigkalorisches L-Gas). Bezüglich des Anteils an Schwefelwasserstoffen wird zwischen Süßgas (ohne Schwefelwasserstoffe), lean gas (0–1 % Schwefelwasserstoffe) und Sauergas (>1 %) unterschieden. Diese natürlich vorkommenden Erdgassorten mit einem sehr hohen Methananteil werden als „konventionelles Erdgas" bezeichnet. Wegen des je nach Lagerstätte unterschiedlichen Energiegehaltes werden in Deutschland zwei standardisierte Erdgasqualitäten in verschiedenen Regionen angeboten: Hochkalorisches Erdgas (H-Gas) aus der norwegischen Nordsee oder Russland hat einen sehr hohen Methananteil (89–98 %) und damit einen um 20–25 % höheren Energiegehalt als das L-Gas mit einem Methananteil von maximal 85 % aus den Fördergebieten der Niederlande und Norddeutschlands.

Es gibt zwei Messverfahren für den Energiegehalt von Erdgas, sodass die amtliche Statistik in Deutschland so genannte Ho-Werte (Brennwert) und die Energiebilanzen Hu-Werte (Heizwert) ausweisen: Die Differenz ergibt sich durch die für die Verdunstung des bei der Verbrennung freiwerdenden Wassers notwendigen Energie. Für L-Gas gilt dann: $1\,m^3$ Hu entspricht 31,736 MJ = 7.580 kcal = 8,815 kWh. $1\,m^3$ Ho entspricht hingegen 35,169 MJ = 8.400 kcal = 9,77 kWh. Offensichtlich ist der Hu-Wert um rund 9,8 % niedriger als der Ho-Wert. Hinzu kommt, dass es auch in Deutschland Erdgasqualitäten in der Förderung gibt, deren Energiegehalt niedriger liegt als der angegebene Normwert für Hu. Dementsprechend muss auch im Gashandel auf die damit verbundenen Umrechnungsprobleme sorgfältig geachtet werden.

Gas kann zum besseren Transport verflüssigt werden. In diesem Fall spricht man von **LNG (liquified natural gas)**. Verflüssigtes Erdgas wird seit 1964 bei Temperaturen von −162 °C in Tankern als LNG über große Seestrecken transportiert. Dabei sind auch heute noch die Transportkosten – bezogen auf die Energieeinheit je km Transportleistung – bei Erdgas je nach naturräumlichen Bedingungen bis um den Faktor 10 höher als bei Erdöl.

Neben dem Erdgas gibt es noch weitere gasförmige Energieträger. **Stadtgas** (Kokereigas) ist ein Nebenprodukt der Koksherstellung und besteht vor allem aus Was-

https://doi.org/10.1515/9783110556339-009

serstoff und Methan. Es wurde lange Zeit genutzt, ist aber mittlerweile vom Erdgas verdrängt.

Erdölgas (Raffineriegas, Flüssiggas, liquified petroleum gas, LPG) ist ein Nebenprodukt der Mineralölverarbeitung. Es besitzt hohe Anteile an Propan und Butan. Dagegen ist **Synthesegas** (synthetic natural gas, SNG) ein erdgasähnlicher [d. h. vor allem aus Methan bestehender] Energieträger, der durch Spaltung flüssiger Kohlenwasserstoffe entsteht. SNG kann man technisch auch aus Steinkohle herstellen.

Eine zunehmende Rolle spielt **Biogas**. Biogas wird durch Vergärungsprozesse von Biomasse oder Gülle in Biogasanlagen erzeugt. Zunächst wurde Biogas nur zur Strom- und Wärmeerzeugung in Blockheizkraftwerken eingesetzt, zunehmend wird in großen Biogasanlagen erzeugtes Biogas auch nach Veredelung in die örtlichen Gasnetze eingespeist und den Endverbrauchern zugeführt.

So genannte **unkonventionelle** Gasvorkommen bestehen entweder aus Gesteinsgas (shale gas) oder Flözgas (nahe Kohlevorkommen). Diese bis 2008/09 eher vernachlässigten Gasvorkommen stellen inzwischen eine durchaus beträchtliche Ressourcenbasis dar. Vor allem in den USA ist dadurch die Gasförderung nach 2007 stark angestiegen.

Wasserstoff ist ein Energieträger, der durch die thermische oder elektrolytische Spaltung von Wasser erzeugt werden kann. In Verbindung mit der Gewinnung von Elektrizität aus Sonnenenergie (Photovoltaik, thermische Solar-Kraftwerke) wird Wasserstoff häufig als „(End-)Energieträger der Zukunft" betrachtet, da er grundsätzlich lagerfähig ist. Im reinen Zustand ist Wasserstoff extrem flüchtig und muss deshalb entweder unter hohem Druck, tiefgekühlt oder an andere Substanzen wie Metallpulver oder Salzlake gebunden werden, um stabil über längere Zeit gelagert werden zu können. Welche Methode am besten geeignet ist, Wasserstoff in großen Mengen ökonomisch sinnvoll zu lagern, ist Gegenstand aktueller Forschung. Dann könnte er auch in Pipelines gut transportiert werden.

Für seine Gewinnung ist allerdings eine andere Primärenergiequelle nötig. Das Gas fällt als Kuppelprodukt bei der Erdölförderung (associated gas) an. Dieses wird allerdings heute zu einem großen Teil in die Felder zurück injiziert, um den Druck im Erdölfeld zu erhöhen und damit die Ölausbeute zu stabilisieren. In den Staaten des Nahen Ostens werden damit angesichts der großen verfügbaren Mengen auch Meerwasserentsalzungsanlagen, Kraftwerke oder Chemieanlagen der so genannten Petrochemie betrieben.

Weitere Vorkommen von Erdgas finden sich als so genannte **Gashydrate**, d. h. Methan- und andere Kohlenwasserstoffgemische, die vor allem an den äußeren Kontinentalschelfbereichen als gefrorene Lagerstätten vorkommen. Bisher waren derartige als unkonventionelle Erdgasvorkommen bezeichnete Gashydratlager eher lästig, wenn sie bei einer Ölbohrung aus Versehen angebohrt wurden und zu kleineren Explosionen mit großen Schäden für den Bohrmeißel führten. Eine wirtschaftlich einsetzbare Gewinnungstechnik für diese grundsätzlich sehr großen Vorkommen ist zurzeit noch nicht gegeben. Die folgenden Betrachtungen konzentrieren sich auf das konventionelle Erdgas im obigen Sinne.

9.1.1 Reserven

Die Vorräte von Erdgas sind nicht ganz so einseitig auf eine Region konzentriert wie bei Erdöl, aber auch nicht so gleichmäßig verteilt wie im Falle der Kohle. Immerhin vereinen die drei größten Erdgasbesitzer Russland, Iran und Katar knapp 50 % der Reserven auf sich. Einen Überblick über die Reservenverteilung im Jahr 2016 gibt Abb. 9.1.

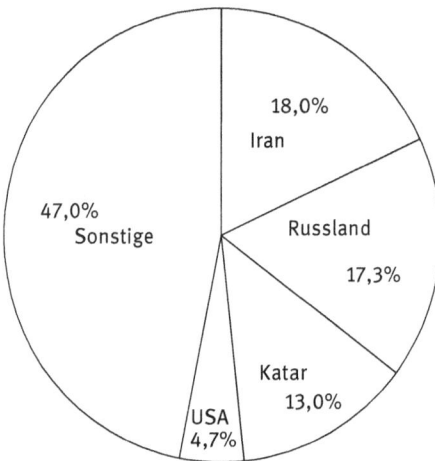

Abb. 9.1: Gas-Reserven nach Ländern 2016 (Quelle: BP Statistical Review of World Energy (2018))

Die wirtschaftlich gewinnbaren Reserven liegen zu einem großen Teil im Gebiet der früheren GUS-Staaten Russland, Turkmenistan, Kasachstan sowie im Nahen Osten. Diese Vorkommen werden auch als strategische Ellipse bezeichnet. Die derzeit noch großen Reserven in den USA/Kanada sind angesichts der hohen Förderung nur von begrenzter Reichweite. Es deuten aber mehrere Befunde darauf hin, dass die Vorkommen unkonventioneller Gasreserven in diesen beiden Ländern sehr bedeutend sind. Die Weltreserven beliefen sich im Jahr 2016 auf rund 187.000 Mrd. cbm. Die statische Reichweite betrug im Jahr 2016 etwa 53 Jahre.

Die **Ressourcensituation** für Erdgas kann sich zudem in mittlerer Zukunft bereits deutlich günstiger darstellen. Zum einen ist mit weiterer Neuexploration konventioneller Lagerstätten zu rechnen. Die unkonventionellen Gasvorkommen erweisen sich zum anderen als bedeutend. Und schließlich gibt es die **Gashydratlagerstätten**, die als Methan-Wasser-Gemisch in großer Tiefe der Kontinentalhänge der Ozeane oder auch in Permafrost-Gebieten liegen. Umgangssprachlich oft auch als Clathrate bezeichnet, sind diese Vorkommen heute in Bezug auf ihre Förderkosten nur schwer abschätzbar. Sie stellen aber immerhin ein riesiges Potenzial an Kohlenwasserstoffvorkommen dar, das in etwa in der Größenordnung von 10 über den derzeitigen Erdgasreserven liegt. Es gibt allerdings noch keine technisch realisierte Abbaumethode.

9.1.2 Vergleich von Erdgas und Mineralöl

Sowohl bei Erdgas als auch bei Mineralöl müssen Felder exploriert und erschlossen werden. Allerdings gibt es fast überall auf der Welt entwickelte Ölproduktmärkte, die mit Rohöl bzw. Mineralölprodukten als fungible Güter auf verschiedenen Transportwegen wie Schiff, Pipeline, Bahn oder Straße bedient werden können. Dagegen ist Erdgas erstens durch seine **netzgebundene Transportlogistik** spätestens in der regionalen und lokalen Verteilung stärker limitiert, und zweitens befindet es sich auf praktisch all seinen Märkten in Konkurrenz zu anderen Energieträgern, während Mineralöl im Transportbereich durch die Ölprodukte Dieselkraftstoff, Benzin und Flugbenzin auf absehbare Zeit einen sicheren Absatz hat.

Aus den Besonderheiten von Erdgas folgt die Notwendigkeit, die Entwicklung im Rahmen eines synchronisierten Pakets bestehend aus Feldentwicklung, Transport und Markterschließung voranzutreiben. Dabei betrugen die Vorlaufzeiten in der Vergangenheit bis zu 10 Jahre und die Vertragslaufzeiten 15–25 Jahre. Gasfelder wurden nur dann erschlossen, wenn zuvor ein genügend großer Markt auf der Abnehmerseite aufgetan war, um Feld und Infrastruktur auszulasten und zu amortisieren.

Neben den für Mineralöl flexibleren Transportmedien hat die Infrastruktur der Transportlogistik mit den Wegen Ölfeld-Raffinerie und Raffinerie-Verbraucher zwei Ebenen, während es bei Erdgas – abgesehen von unterschiedlichen Vermarktungsebenen – nur die direkte Verbindung zwischen Feld und Verbraucher über Pipelines oder als LNG gibt. Durch die Umwandlung in den Raffinerien und die leichte Transport- und Speichermöglichkeit hat Mineralöl zusätzliche Freiheitsgrade, die Erdgas fehlen (siehe Tabelle 9.1).

Tab. 9.1: Charakteristika von Mineralöl und Erdgas

	Mineralöl	Erdgas
Felderschließung	schrittweise möglich	auf einmal
Transport/Logistik	flexibel möglich: Pipeline, Tanker, Bahn, Lkw	Pipeline (günstig), LNG (teuer); Verteilung nur mit Rohrleitungen
Weiterverarbeitung in Produkte, Absatz	flexibel möglich	außer für Chemie nur als Erdgas nutzbar, gas to liquids (GTL) für entlegene Felder
Speicherfähigkeit	Tanks unterschiedlicher Größe	Kavernen, Gasbehälter, in Grenzen auch in der Pipeline

9.2 Entwicklung des Erdgasmarkts

Bereits im Altertum gibt es Berichte über „ewige Flammen" zu kultischen Zwecken, die auf Erdgaslagerstätten hindeuten. Ende des 3. nachchristlichen Jahrhunderts nutzten die Chinesen so genannte „Feuerbrunnen" zum Salzsieden. Ab dem 16. Jahrhundert wurde Erdgas in China systematisch gewonnen. Mit Bambusstangen verrohrte Bohrungen hatten um 1750 bereits Teufen von 500 m, und 1835 ist in einem Fall sogar eine Teufe von etwas über 1000 m bekannt.

Obwohl in den USA bereits die erste Erdgasquelle 1825 in der Nähe New Yorks erschlossen wurde, setzte dort die wirtschaftliche Nutzung von Erdgas im größeren Stile erst mit dem Beginn des 20. Jahrhunderts ein. In den 1930er Jahren wurden Teile Polens, Rumäniens und der Südwesten der damaligen Sowjetunion mit Erdgas versorgt. Lange Zeit war es üblich, auf das Erdölbegleitgas (associated gas) zurückzugreifen. Westeuropa trat erst nach dem Zweiten Weltkrieg als Erdgasförderer und -verbraucher auf.

In West- und Mitteleuropa begann der Aufschwung der Erdgasnutzung mit den bedeutenden Erdgasfunden in den Niederlanden (Groningen), die erst den kapitalintensiven Aufbau einer westeuropäischen Erdgas-Infrastruktur in den 1960er und 1970er Jahren rechtfertigten. Mit der Entdeckung großer Erdgasfelder in der Nordsee, d. h. zunächst im Bereich der Niederlande und Englands, dann auch im norwegischen Teil der Nordsee, begann eine große Expansion des Erdgases in Mitteleuropa.

Die Expansion der Erdgaswirtschaft war erst nach der technischen Lösung von Transport- und Logistikproblemen wie dem Bau von Speichern für den jahreszeitlichen Ausgleich von möglichst gleichmäßiger Förderung und besonders hohem Gasverbrauch im Winterhalbjahr möglich. So betrug etwa im Jahr 1965 der Welterdgasverbrauch rund 700 Mrd. m^3, wovon die USA über 2/3 verbrauchten und die damalige UdSSR mehr als 1/6, zusammen also rund 85 % des Gesamtwertes. In den folgenden vier Jahrzehnten hat sich demgegenüber der Erdgasverbrauch weltweit vervierfacht und Erdgas wird zurzeit in vielen Ländern intensiv genutzt.

9.2.1 Entwicklung in Deutschland

Die Erdgaswirtschaft Deutschlands hat sich historisch aus der Versorgung mit Kokereibzw. Stadtgas auf der Basis von Steinkohle entwickelt. Dabei stand zunächst die Straßen- und Gebäudebeleuchtung im Vordergrund. In Hannover und Berlin wurden 1826 die ersten Gaswerke zur Straßenbeleuchtung in Betrieb genommen. Es folgten als größere Städte Dresden (1828), Frankfurt/Main (1828), Leipzig (1838), Aachen (1838) und Hamburg (1844), sodass es 1855 ca. 200 Gasanstalten in Deutschland gab. Die ersten Gaswerke wurden von britischen Investoren errichtet, ihr Betrieb wurde jedoch später von den Kommunen in Eigenregie organisiert. Dresden übernahm 1830/31 die Gasbeleuchtung und gründete die ersten deutschen kommunalen Gaswerke. Berlin folgte mit einem kommunalen Gaswerk parallel zum britischen 1844. Andere Städte gründeten direkt eigene Gaswerke. Schon in den Anfängen wurden also die Weichen für die noch heute vorherrschende Eigentumsstruktur mit kommunalen **Ortsversorgern** (Stadtwerken) gestellt. Dieses Stadtgas war giftig, wovon beispielsweise naturalistische Theaterstücke mit dramatischem Ausgang zeugen.

Ursprünglich wurde die Gaserzeugung ausschließlich in den Verbrauchszentren durchgeführt. Mit dem Beginn des 20. Jahrhunderts entwickelte sich auch die **Ferngasversorgung**. Besonders im Ruhrgebiet versorgten die Zechen nahegelegene Stadtwerke mit Kokereigas. Angesichts zunehmender Fortschritte bei der Transporttechnik gründeten die Bergwerksgesellschaften des Ruhrgebietes 1926 die Aktiengesellschaft für Kohleverwertung, die 1928 zur **Ruhrgas AG** umbenannt wurde. Eine vergleichbare Entwicklung vollzog die Thyssengas, die 1921 als Thyssensche Gas- und Wasserwerke gegründet worden war. Auch wenn das Ruhrgebiet das wichtigste Zentrum einer Ferngasversorgung war, kam es auch in anderen Gebieten zu Aufbau und Ausdehnung der Gasversorgung über größere Entfernungen, gefördert u. a. durch Verbesserungen im Rohrleitungsbau, die eine zentrale Versorgung durch größere Gaswerke begünstigten. Im Gegensatz zu den vorwiegend städtischen Gaswerken etablierten sich die Ferngasgesellschaften vorwiegend in privatwirtschaftlicher Hand.

Einen wesentlichen Aufschwung nahm die Ferngasversorgung und die deutsche Gaswirtschaft insgesamt in den 1960er Jahren nach der Entdeckung von Erdgasvorkommen in der norddeutschen Tiefebene und vor allem des Slochteren-Feldes bei Groningen/Niederlande 1959. Bereits 1963 wurde von der **Thyssengas** ein erster langfristiger Liefervertrag über niederländisches Erdgas abgeschlossen, kurze Zeit später folgte eine entsprechende Vereinbarung auch von der **Ruhrgas AG**. Aufgrund der gegenüber dem Kokerei- und Stadtgas sehr viel günstigeren Produktionskosten konnte von jetzt an Erdgas auf dem **Wärmemarkt**, insbesondere im Haushaltsbereich, ernsthaft mit Kohle und vor allem Öl konkurrieren. Da Erdgas anders als Kokereigas nicht giftig ist, war auch eine höhere Akzeptanz der Verbraucher gegeben. Die Folge war eine starke Absatzsteigerung von Erdgas.

Da die Liefermengen aus den Niederlanden bald nicht mehr ausreichten, mussten schon frühzeitig weitere Erdgasquellen für den deutschen Markt erschlossen werden. Erste Verträge über den Bezug russischen Erdgases wurden schon 1970 abgeschlossen, und die Lieferungen wurden 1973 aufgenommen. Seit Ende der 1970er Jahre wird zusätzlich Erdgas aus der Nordsee mit dem Hauptlieferanten Norwegen bezogen und seit 1994 auch kleinere Mengen aus Dänemark. Parallel dazu wurden das deutsche Gas-Pipeline-System sowie mehrere unterirdische Gasspeicher ausgebaut. Nach der Wiedervereinigung Deutschlands im Oktober 1990 wurde das ostdeutsche Erdgasnetz modernisiert und der bis dahin auf Braunkohlebasis betriebene Wärmemarkt auch zu einem großen Teil auf Erdgas umgestellt.

In Deutschland ergab sich ab 1993/94 mit dem Markteintritt eines Newcomers (**WINGAS**[125]) eine neue Konkurrenzsituation, weil danach zum ersten Mal größere Gebiete durch zwei Pipelinegesellschaften bedient wurden, deren zugehörige Handelsorganisationen in Konkurrenz standen. Die erste WINGAS-Pipeline MIDAL reichte vom Dollart-Anlandepunkt Bünde nördlich von Emden über Kassel nach Ludwigshafen, diente somit zuerst der direkten Versorgung der BASF selbst. In der Folge baute WINGAS mit einem Abzweig von Bielefeld nach Aachen (WEDAL) und den Ost-West-Pipelines STEGAL und JAGAL sowie anderen Projekten ein umfassendes Ferngastransportsystem. Gegen die Beteiligung an einem sehr großen russischen Erdgasfeld war die Konzernmutter BASF im Sommer 2007 bereit, die Gazprom-Beteiligung auf 50 % minus eine Aktie zu erhöhen.

Ein neuer Trend im Erdgasmarkt ist die Gewinnung von unkonventionellen Gasbeständen durch die **Hydraulic Fracturing Technologie**, umgangssprachlich „**Fracking**". Der Begriff „unkonventioneller Bestand" meint dabei Rohstoffvorkommen, die nur unter erheblichem Aufwand gefördert werden können. Im Zuge des technischen Fortschrittes verschiebt sich die Grenze der technisch und wirtschaftlich möglichen Förderung, sodass heutzutage Bestände abgebaut werden, die vor 20 Jahren noch nicht abgebaut werden konnten.

Beim Fracking wird unter Hochdruck eine Flüssigkeit in tiefere Gesteinsschichten geleitet, um die Erd- und Gesteinsschichten durchlässiger zu machen, sodass Gasbestände (und teilweise Ölbestände) abgebaut werden können. Der Einsatz der Fracking-Technologie ist eine Erscheinungsform des weltweiten Trends zunehmend unkonventionelle Ressourcenbestände zu fördern. Weitere Beispiele dieses Trends sind die Gewinnung von Öl aus Ölsanden sowie Öl- und Gasbohrungen in der Tiefsee und in arktischen Gewässern.

In Deutschland unterliegt die Förderung von unkonventionellen Gasbeständen durch die Fracking-Technologie einem weitreichenden **Verbot** [Stand 4/2019], über das allerdings 2021 politisch neu entschieden werden soll. Es ist nicht auszuschließen, dass die Förderung unkonventioneller Gasbestände durch Fracking in Deutschland in Zukunft eine größere Rolle spielen wird. Detaillierte Informationen zur Fracking-Technologie sind in Abschnitt 9.4.1 zu finden.

9.2.2 Traditionelle Marktstruktur in Deutschland

Die Gaswirtschaft der Bundesrepublik Deutschland gliederte sich bis etwa 2004 in die Teilbereiche der öffentlichen und der übrigen Gaswirtschaft. Der **öffentlichen Gaswirtschaft** wurden alle Unternehmen zugerechnet, die Dritte (Industrie, private Haushalte, Handel, Gewerbe und Dienstleistungssektor wie Kraftwerke) mit Gas

---

125 Die **Win**tershall **Gas**gesellschaft war zunächst eine Tochtergesellschaft der BASF. 2015 wurde WINGAS zu einer 100-prozentigen Tochter der russischen Gazprom.

belieferten. Hierzu zählten Orts- und Regionalgasversorgungsunternehmen, Ferngasgesellschaften, Erdgasfördergesellschaften und Kokereien. Zur **übrigen Gaswirtschaft** gehörten Steinkohlenbergbau, Eisenindustrie und Mineralölindustrie, wo Gas in Kuppelproduktion erzeugt wurde und überwiegend dem Eigenverbrauch diente.

In Deutschland waren die Handels- und Transportfunktionen in großen Gesellschaften integriert: Die Gesellschaft, die ein Netz betrieb, kaufte Erdgas ein und suchte sich in ihrem Gebiet Kunden, die nur bei ihr kaufen konnten, solange nur dieses eine Netz zur Verfügung stand. Die Abb. 9.2 stellt die Marktstruktur in Deutschland vor der Liberalisierung dar.

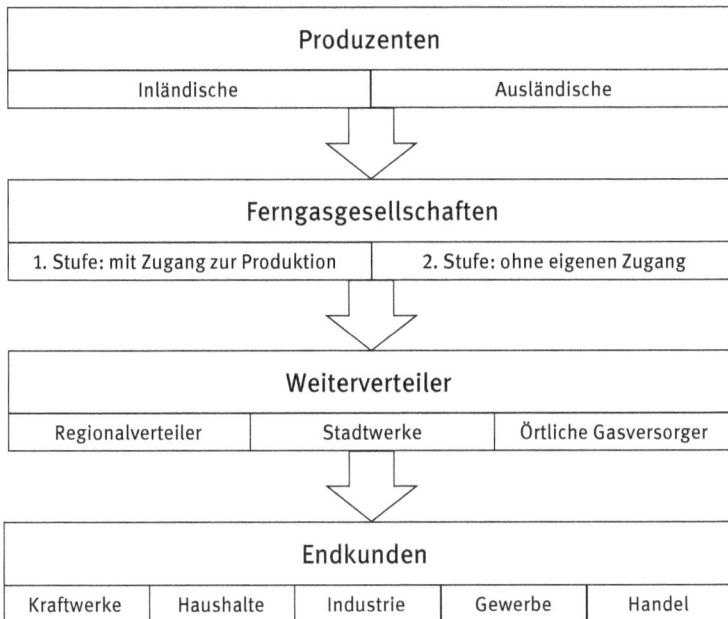

Produzenten	
Inländische	Ausländische

Ferngasgesellschaften	
1. Stufe: mit Zugang zur Produktion	2. Stufe: ohne eigenen Zugang

Weiterverteiler		
Regionalverteiler	Stadtwerke	Örtliche Gasversorger

Endkunden				
Kraftwerke	Haushalte	Industrie	Gewerbe	Handel

Abb. 9.2: Struktur des Erdgasmarktes vor der Liberalisierung

Die **Ferngasgesellschaften 1. Stufe** in Deutschland bezogen direkt von den in- und ausländischen Produzenten und gaben ihr Gas an nachgeordnete Ferngasunternehmen, Orts- und Regionalversorger oder direkt an Großkunden aus dem Industrie- und Kraftwerksbereich weiter. Die größte deutsche Ferngasgesellschaft mit integrierten Funktionen Gasimport und -einkauf sowie Ferntransport ist die Ruhrgas AG, die nach der Fusion mit E.ON ein Teil des E.ON-Konzerns wurde. Andere Ferngasgesellschaften sind Thyssengas, VNG in den neuen Bundesländern oder die WINGAS in Kassel. Je nach Abgrenzung von Kartellamt oder Bundesnetzagentur zählen noch weitere Gesellschaften dazu wie beispielsweise Statoil oder die eher regional tätige Erdgas Münster.

Die **Ferngasgesellschaften 2. Stufe** belieferten ihrerseits Orts- und Regionalversorger wie auch Industrie und Kraftwerke, verfügten aber zum Teil auch über eine eigene Ortsversorgung zur Belieferung von Kleinverbrauchern. Im Einzelfall verliefen die Grenzen fließend. Außerdem kann die Ausgestaltung der einzelnen Stufen von Land zu Land stark differieren. Die Frage, inwiefern auch Ferngasgesellschaften 2. Ordnung, Orts- und Regionalversorger sowie Endverbraucher direkt importieren konnten, hing maßgeblich von der Öffnung der Netze der jeweils vorgelagerten Stufen ab. Bis 2005/06 hatten die jeweiligen regionalen und lokalen Verteilergesellschaften monopolartige Stellungen inne.

Die Marktstruktur wurde rechtlich durch Demarkations- und Konzessionsverträge zementiert. **Demarkationsverträge** waren bilaterale Verträge zwischen zwei Versorgungsunternehmen. Sie beinhalteten die Verpflichtung, nicht die Kunden des Vertragspartners unmittelbar zu beliefern. Horizontale Demarkationsverträge galten zwischen Unternehmen der gleichen Stufen, während vertikale Demarkationsverträge zwischen Vorlieferanten und Kunden abgeschlossen wurden. Sie beinhalteten Grenzmengenabkommen und Höchstpreisbindungen. Die Freistellung dieser Verträge vom Gesetz gegen Wettbewerbsbeschränkung (GWB) nach § 103 basierte auf der Vorstellung, dass es sich bei der Gasversorgung als Ganzes um ein natürliches Monopol handelte.

Konzessionsverträge waren Verträge zwischen den Kommunen als privatrechtlichem Eigentümer der öffentlichen Wege und Versorgungsunternehmen leitungsgebundener Dienste (Gas, Strom, Wasser). Vertragsgegenstand war die befristete Überlassung des ausschließlichen Wegenutzungsrechtes (Ausschließlichkeits- und Verzichtsklausel) für das Versorgungsunternehmen. Als Gegenleistung zahlte das Versorgungsunternehmen z. B. als Teil des Umsatzes oder des Gewinns die Konzessionsabgabe an die Kommune. Die Konzessionsabgaben bildeten gemessen an den Haushalten der Gemeinden erhebliche Beträge. Andererseits wurde ihnen von Anbietern nicht leitungsgebundener Energieträger vorgeworfen, sie bildeten einen Anreiz für die Kommunen, aus finanziellen Interessen leitungsgebundene Energieträger zu bevorzugen.

9.2.3 Auswirkungen der klassischen Marktstruktur

Wenn Handels- und [monopolistische] Transportfunktionen in einem Unternehmen zusammengefasst sind, können Praktiken der Preisdifferenzierung ausgeübt werden, d. h. verschiedene Kundengruppen bezahlen unterschiedliche Gaspreise, je nach Preiselastizität der Nachfrage und Möglichkeiten zur Gassubstitution.

Normalerweise würden in funktionierenden Märkten Preisunterschiede aufgrund von Preisdifferenzierung eines Anbieters durch Arbitragegeschäfte eliminiert. Arbitragegeschäfte sind risikolose Geschäfte, bei denen ein günstig einkaufendes Unternehmen zu einem höheren Preis zeitgleich weiterverkauft. Deswegen sind beispielsweise die Aktienkurse an verschiedenen Börsenhandelsplätze i. d. R. bis auf Bruchteile eines Cents immer identisch: Die Transaktionen zur Ausnutzung derartiger geringer Preisunterschiede laufen im Informationszeitalter fast kostenlos.

Allerdings wurde im Gasmarkt für das Ausnutzen derartiger Preisunterschiede eine Transportleitung benötigt. Die Transportleitung lag jedoch komplett in der Hand eines preisdifferenzierenden Anbieters. Daher konnten Preisunterschiede nicht mehr für Arbitragegeschäfte genutzt werden: Das Gasunternehmen würde einfach den eventuell erforderlichen Transport verweigern.

Diese Situation nutzte die Erdgaswirtschaft, indem für den Wärmemarkt eine Preisorientierung am Konkurrenzenergieträger Heizöl und für den Kraftwerksmarkt am i. d. R. billigeren Energieträger Steinkohle umgesetzt wurde. Faktisch betrieb also die Erdgaswirtschaft unter den Marktbedingungen bis zur Liberalisierung eine Preisdifferenzierung für verschiedene Abnehmergruppen.

Auf dem Wärmemarkt konkurrierte Erdgas immer schon mit Heizöl. Nach dem **Prinzip des anlegbaren Preises** konnte eine Erdgasgesellschaft beispielsweise von einem Hausbesitzer den für den Heizenergiebedarf äquivalenten Ölpreis fordern, wobei Erdgas wegen seiner Handlingsvorteile (Wegfall von Speichertank beim Hausbesitzer, rußfreie Verbrennung mit entsprechend geringerem Wartungsaufwand für den Heizkessel usw.) sogar geringfügig teurer sein kann, bevor eine Brennstoffsubstitution erfolgte. Kostete der Liter Heizöl beispielsweise 50 Cent, was einem Preis von rund 50 €/MWh entspricht, konnte Erdgas für den Endnutzer bis zu 55 €/MWh kosten. Aus diesem Preis musste natürlich die lokale Gasverteilungsgesellschaft die Netzkosten für die Feinverteilung mit abdecken. Der Einstandspreis des Gaslieferanten musste also entsprechende Spielräume lassen.

Das Prinzip des anlegbaren Preises in Deutschland hat maßgeblich dazu beigetragen, dass Erdgas Absatzmärkte erschließen konnte. Bei einem Ordnungsrahmen mit räumlichen Versorgungsmonopolen war die Preisdifferenzierung aus der Perspektive der Marktversorgung zu akzeptieren. Der Preis hierfür war jedoch die teilweise Abschöpfung der Konsumentenrente durch die Erdgasunternehmen.

Auf dem Kraftwerksmarkt stand Erdgas vor allem in Konkurrenz zur preisgünstigen Importkohle. Wenn die Steinkohle frei Kraftwerk beispielsweise 50 €/t kostet, was rund 6 €/MWh entspricht, dann konnte Erdgas aus Wettbewerbsgründen in diesem Markt nicht den gleichen Preis wie im Wärmemarkt erzielen. Berücksichtigt man, dass das Kohlekraftwerk höhere spezifische Investitionskosten aufweist als das Gaskraftwerk und dass ein gleichmäßigerer Absatz an Kraftwerke über den Jahresrhythmus möglich ist als für Heizzwecke, dann wäre in diesem Beispiel ein Erdgaspreis für Kraftwerke von maximal 10 €/MWh möglich. Faktisch gab es bis etwa 2006 derart gespaltene Preise nach Absatzbereichen in Deutschland.

Aus der Mehrstufigkeit des Handels- und Transportsystems ergab sich auch das **Problem der „doppelten Marginalisierung"**. Solange jede Gesellschaft dank abgegrenzter Versorgungsgebiete und faktischer Monopolstellung durch ihr Netz innerhalb bestimmter Marktgrenzen Monopolist war, kalkulierte sie grundsätzlich nach der Regel für ihren individuellen Cournot-Punkt (siehe Abschnitt 6.2).

Aus der doppelten Marginalisierung entstand grundsätzlich eine zu teure und weder für die Unternehmen als Ganzes noch für die Konsumenten und anderen Erdgas-nachfrager vorteilhafte Situation. Eine Möglichkeit zur „Lösung" dieses Problems lag darin, dass sich der Lieferant an der regionalen Verteilergesellschaft beteiligte und dort Einfluss auf die Preispolitik nahm. Des Weiteren wurde das grundsätzliche Problem etwas entschärft durch die Konkurrenz zu anderen Energieträgern. Da jedoch für sehr viele Nachfrager in Abhängigkeit eines möglichen Substitutspreises eine Wahlmöglichkeit für andere Brennstoffe bestand, wie etwa leichtes Heizöl im Wärmemarkt oder Steinkohle im Kraftwerksmarkt, hatte die Nachfragefunktion nach Erdgas in jedem Gebiet einen Knick, der durch die Preise und Umstellungskosten auf die Substitute bestimmt war. Für Preise oberhalb dieses Substitutspreises verlief die Nachfragefunktion deutlich flacher.

Mit der Orientierung am anlegbaren Preis war also für viele realistische Marktkonstellationen der Marktpreis für Erdgas vorgegeben. Berücksichtigte man die Förderkosten des Produzenten und die unvermeidlichen Transport- und Verteilkosten der Ferntransport- und lokalen Verteilerebene, so verblieb das Problem, die erzielbare Differenz auf die Beteiligten aufzuteilen. Die „doppelte Marginalisierung" führte somit zu einem Problem der Rentenaufteilung auf die verschiedenen Stufen. Dieser Rentenverteilungskonflikt wurde durch die Produzentenmacht weniger Oligopolisten für das europäische Angebot und als Gegengewicht durch die Einkaufsmarktmacht weniger großer Ferngasgesellschaften wie Gaz de France oder Ruhrgas in Balance gehalten.

9.2.4 Regulierung des Netzzugangs und die Liberalisierung

Der bisher skizzierte Ordnungsrahmen der Gaswirtschaft mit geschlossenen Versorgungsgebieten und Transportmonopolen kam seit den 1980er Jahren zunehmend in die Kritik. In den USA wurde schon 1985 ein **Durchleitungssystem (open access)** eingeführt, das Dritten den Zugang zum Netz eröffnete. Damit wurde dort ein Umstrukturierungsprozess der Gaswirtschaft eingeleitet, der zu einem Wettbewerb im Gashandel führte, dessen Strukturen trotz der Komplikationen durch den Transport in einigen Bereichen stark an den Ölhandel erinnern.

Damit ein staatlicher Eingriff zur Öffnung der Netze gerechtfertigt ist, müssen so vermachtete Strukturen vorliegen, dass aus der normalen Entwicklung des Marktes kein Wettbewerb entstehen kann. Die meisten leitungsgebundenen Märkte fallen in diese Kategorie, da das Netz als natürliches Monopol angesehen wird. Ein natürliches Monopol besteht dann, wenn ein Unternehmen den Markt kostengünstiger versorgen kann als mehrere Unternehmen (siehe Abschnitt 6.1). Die These, dass die Fernhandelsnetze in Deutschland ein natürliches Monopol darstellen, muss durch den Markteintritt der WINGAS abgewiesen werden, denn offensichtlich gab es eine Möglichkeit für einen [erfolgreichen] Markteintritt, der bei einem natürlichen Monopol definitionsgemäß nicht möglich ist.

Allerdings ist das Vorhandensein eines natürlichen Monopols keine notwendige Voraussetzung dafür, dass der Netzzugang reguliert wird. Wenn nämlich die **An-**

greifbarkeit des Marktes so gering ist, dass ein Markteintritt nur unter extremen, unwahrscheinlichen Rahmenbedingungen erfolgen kann, dann ist auch in diesem Fall ein staatlicher Eingriff gerechtfertigt. Ein Markt ist umso weniger angreifbar, je höher die irreversiblen Kosten bei einem Markteintritt sind, d. h. diejenigen Kosten, die bei einem Marktaustritt für das Unternehmen verloren sind. Weiterhin wird ein Markteintritt durch Kostenunterschiede aufgrund von spezifischem Marktwissen erschwert, d. h. ein markteintretendes Unternehmen muss qualifizierte Mitarbeiter und eine sinnvolle Organisationsstruktur finden. Außerdem erschweren hohe bestehende Informationsasymmetrien über den Markt zwischen Markteintretendem und dem Altsassen und eine geringe Wechselbereitschaft der Nachfrager aufgrund von geografischer Anbindung, Markennamen oder langfristiger Verträge den Markteintritt.

An dieser Stelle kann eine ausführliche Prüfung der Marktangreifbarkeit der Ferngasnetze aufgrund der Komplexität des Themas nicht erfolgen. Allerdings spricht eine erste grobe Einschätzung für eine extrem schlechte Angreifbarkeit von Fernhandelsmärkten, da sie enorm hohe irreversible Kosten aufweisen und somit ein Markteintritt ausschließlich von sehr kapitalstarken Unternehmen möglich ist. Für die Entstehung wettbewerblicher Strukturen auf dem Gasmarkt müssten weitere Markteintritte in der Größenordnung der WINGAS erfolgen, denn zwei Anbieter sind ein Duopol und keine wettbewerbliche Struktur. Es ist unwahrscheinlich, dass solche Markteintritte in einem überschaubaren Zeitrahmen in Deutschland erfolgen können. Nach dieser etwas groben Einschätzung wird heute die Regulierung des Netzzugangs auf Ferngasebene volkswirtschaftlich gerechtfertigt.

Auf der lokalen und regionalen Verteilerebene, wo das Erdgas in deutlich kleineren Rohrleitungen zu den Endkunden geleitet wird, herrscht naheliegenderweise ein natürliches Monopol für diese Netze.

In Deutschland wurde die Öffnung des Gasmarktes für den Wettbewerb durch die EU-Richtlinie 98/30/EG angestoßen, in der gemeinsame Vorschriften für einen europäischen Erdgasbinnenmarkt festgeschrieben wurden. Das Hauptaugenmerk lag im Gasmarkt dabei auf der Öffnung der Netze für Dritte. Die Richtlinie wurde durch das EnWG 1998 in deutsches Recht umgesetzt. Wie im Strommarkt entschied man sich in Deutschland zunächst auch im Gasmarkt für einen verhandelten Netzzugang, der zwischen den großen Verbänden BDI und VIK für die Industrie und der BGW und VKU für die Gaswirtschaft ausgehandelt wurde. Im Jahr 2000 wurde die erste Verbändevereinbarung (VV Erdgas) beschlossen, die 2001 ergänzt und 2002 durch die zweite Verbändevereinbarung ersetzt wurde.

Der Netzzugang erfolgte in diesem System über das so genannte Kontraktpfadmodell. Im Kontraktpfadmodell musste der Transportkunde mit jedem Netzbetreiber, dessen Netz er benutzen wollte, einen eigenen Vertrag über die Transportkapazitäten abschließen. Es wurde also vertraglich exakt der physische Weg des Gases abgebildet. Die alteingesessenen Unternehmen hatten durch diese Ausgestaltung einen enormen Vorteil, da sie gegenläufige Gasflüsse saldieren konnten und Skalen- und Mischungseffekte nutzen konnten. Die Abbildung des physischen Gasflusses entsprach also nicht den tatsächlichen wirtschaftlichen Gegebenheiten und führte entsprechend zu einer volkswirtschaftlich und betriebswirtschaftlich falschen Berechnung der Netzdurchleitungskosten.

Entsprechend verlangten die Industrieverbände bei der dritten Verbändevereinbarung eine entfernungs- bzw. gasflussunabhängige Entgeltregelung, bei der ein Transportkunde nur noch einen Ein- und einen Ausspeisevertrag abschließen musste und die tatsächlichen Gasflüsse von den Netzbetreibern gesteuert wurden. Hierüber konnte jedoch mit den gaswirtschaftlichen Verbänden keine Einigung erzielt werden und die Verhandlungen scheiterten im April 2003.

Nur zwei Monate später wurde der Konflikt auf anderer Ebene entschieden. Im Juni 2003 wurde die EU-Beschleunigungsrichtlinie 2003/55/EG verabschiedet, in der die Möglichkeit eines verhandelten Netzzugangs nicht mehr bestand. Es musste also eine Regulierungsbehörde geschaffen werden, die die Netzentgelte regulierte.

Die EU-Vorgaben wurden durch das neue Energiewirtschaftsgesetzt EnWG 2005 in deutsches Recht umgesetzt. Neben der Schaffung der eigenständigen Regulierungsbehörde, der **Bundesnetzagentur**, wurde eine stärkere Entflechtung der bestehenden Verbundunternehmen gefordert und die Netzentgelte wurden durch eine kostenbasierte ex-ante-Regulierung reguliert. In diesem Zusammenhang wurden die Gasnetzzugangsverordnung (GasNZV) sowie die Gasnetzentgeltverordnung (GasNEV) erlassen. Ab Anfang 2009 wurde die Netzregulierung auf eine Anreizregulierung umgestellt (vgl. Abschnitt 9.5).

Seit dem Jahr 2006 veränderte sich die Wettbewerbssituation auf dem Gasmarkt drastisch. Die bis zu diesem Zeitpunkt vorherrschenden Marktstrukturen gerieten durch den erhöhten Gashandel, den Eintritt neuer Marktteilnehmer und die Forcierung der Marktöffnung durch die Bundesnetzagentur stark unter Druck. Überraschenderweise war E.ON Ruhrgas einer der Vorreiter bei der Entwicklung eines OTC-Gashandels. Wurde die E.ON Ruhrgas von vielen Marktteilnehmern zuvor als Inbegriff der Verschleppung der Liberalisierung im Gasmarkt angesehen, führte ab 2007 ihre Unterstützung des OTC Day-Ahead-Marktes zu einer Verbesserung der Handelsmöglichkeiten für neue Marktteilnehmer. In der Folge entwickelte sich ein leidlich liquider Terminhandel an dem virtuellen Handelspunkt der E.ON.

Durch die Entwicklung des Handels an den virtuellen Handelspunkten gab es fortan zwei Preise für Gas: Zum einen den Marktpreis, zum anderen den Preis aus den ölpreisgebundenen langfristigen Gaslieferverträgen der traditionellen Gaswirtschaft. Dabei lag der Marktpreis durchgehend unter demjenigen ölpreisgebundener Langfristverträge, weil die vertraglichen Bezugsrechte der Gasversorger weit über dem Gasverbrauch lagen und gleichzeitig zusätzliche Gasmengen in den Markt drückten (vertragliche Gasschwemme). Dieser Umstand vereinfachte den Markteinstieg alternativer Marktteilnehmer erheblich, da sie hierdurch gegenüber den alteingesessenen Energieversorgungsunternehmen, die an langfristige Lieferverträge gebunden waren, einen Kostenvorteil hatten.

Allein dieser Kostenvorteil wäre für den erfolgreichen Markteintritt der neuen Anbieter jedoch nicht hinreichend gewesen, da noch zahlreiche Markteintrittshemmnisse existierten. Das kontinuierliche Drängen der Bundesnetzagentur zur Behebung der noch bestehenden Marktzutrittsbeschränkungen ebnete der Liberalisierung im Gasmarkt den Weg. So bildeten die Einführung der Tagesbilanzierung in Bilanzkreisen (GaBi) in 2008 und die Neuordnung der Kapazitätsbuchungen (KARLA) in 2011 wichtige Marker auf dem Weg zu einer vollständigen Marktöffnung. Die Novellierung der Gasnetzzugangsverordnung im Jahr 2010 zusammen mit der darauf aufbauenden Kooperationsvereinbarung IV sowie die Novellierung des EnWG im Jahr 2011 legten den rechtlichen Rahmen für die Anpassungen im liberalisierten Marktdesign. Gleichzeitig wurde im Zeitraum 2006–2011 die Anzahl der Marktgebiete von vierzehn auf zwei reduziert.

9.3 Nachfrage

Erdgas wird häufig als **„premium product"** für den Endverbraucher bezeichnet. Diese Betrachtung zielt auf die besonderen physischen Vorzüge des Erdgases ab. Im Vergleich zu Mineralöl und Kohle wären generell die höhere Umweltfreundlichkeit durch eine vergleichsweise saubere Verbrennung (ca. 200 g CO_2/kWh gegenüber 240 g CO_2/kWh bei Erdöl und 400 g CO_2/kWh bei Braunkohle; keine Wasserverunreinigungen) oder der Wegfall einer Lagerung beim Verbraucher wie z. B. Heizöltanks zu nennen. Außerdem lässt sich eine Erdgasverbrennung sehr flexibel steuern, sodass jederzeit exakte Temperaturen erreicht werden. Dies wissen nicht nur Köche, sondern auch Hersteller von hochwertiger Keramik oder anderen Spezialprodukten zu schätzen. Allerdings lässt diese Betrachtung offen, ob die Märkte diese „Prämie" auch vergüten.

Gas hat vor allem einen wichtigen Einsatzbereich im **Wärmemarkt**, wobei sowohl die Niedertemperaturwärme für Heizung und Warmwasserbereitung als auch die Prozesswärme für industrielle Prozesse bedeutend sind.

In vielen Ländern wird zudem auch ein Teil der **Stromerzeugung** auf Erdgasbasis betrieben. Während der neunziger Jahre lagen die Erdgaspreise auf niedrigem Niveau und waren damit auch in der Stromerzeugung insbesondere in kombinierten Gas- und Dampfkraftwerken (GuD-Anlagen) konkurrenzfähig. In einem solchen Kraftwerk betreibt das Erdgas zuerst eine Gasturbine, deren heiße Abgase dann als Vorwärmstufe für die Dampferzeugung dienen. Mit der Zuführung von wenig zusätzlichem Erdgas kann dann eine Dampfturbine betrieben werden. Beide mechanischen Kraftquellen erzeugen in einem Generator Strom mit einem energetischen Wirkungsgrad von 55–60 %. Außerdem sind reine Gasturbinen in der Stromerzeugung für die Abdeckung von Spitzenlasten in vielen Ländern unverzichtbar. Des Weiteren wird Erdgas inzwischen auch direkt als Kraftstoff für den Antrieb von Fahrzeugen eingesetzt. Einen Überblick über die mögliche Verwendung von Gas gibt Tabelle 9.2.

Tab. 9.2: Einsatzbereiche für Erdgas

Einsatzbereich	(moderne) Technik	Vorteile	Nachteile
Niedertemperatur-erzeugung	Heiz- und Warmwasser-kessel (Brennwerttech-nik)	Guter Wirkungsgrad, keine Asche, kein Brennstofflager erforderlich	Bisher keine eigene Preisrisikostrategie auf Kundenseite möglich
Prozesswärme-erzeugung	Hochtemperaturöfen, Keramiköfen, Kochen (3-Sterne-Köche)	Sehr gut regelbar	Relativ hohe Brenn-stoffkosten
Stromerzeugung Grund- und Mittellast	GuD-Kraftwerk	Sehr hoher Wirkungs-grad, niedrige spezi-fische Kapitalkosten, auch gut für Kraft-Wärme-Kopplung ge-eignet	Brennstoff mit hohen Preisrisiken
Stromerzeugung	Blockheizkraftwerk	Ausgereifte Motoren-technik verfügbar, Nutzung der Motor-abwärme möglich, Einsatzbereiche in Wärmeinseln	i. d. R. hohe Schalliso-lierung nötig, Brenn-stoff mit hohen Preisri-siken
Stromerzeugung Spitzenlast	Gasturbine	Sehr geringe spezifi-sche Kapitalkosten, sehr kurze Anfahrzeit	Geringer Wirkungs-grad, nur für Spitzenlast wirtschaftlich geeignet
Kraftstoff	Erdgasmotor	Saubere Verbrennung	Tank größer als bei flüssigen Kraftstoffen
Chemischer Grundstoff	Verschiedene Chemie-anwendungen	Sehr gute Verarbei-tungsmöglichkeiten	Grundstoff mit hohen Preisrisiken

Die weltweite Entwicklung des Erdgasverbrauchs zeigt die Abb. 9.3. Der Weltver-brauch für Erdgas lag im Jahr 2016 schon bei 3.543 Mrd. m^3, aufgeteilt auf die großen Verbrauchsregionen Eurasien (29,1 %), Nordamerika (27,3 %), Süd-/Ostasien (20,4 %) und den Rest der Welt (23,2 %). Übereinstimmend mit dem Ölmarkt zeigt der Trend nach oben. Die USA spielen als größter Verbraucher eine wichtige Rolle im Erdgas-markt. Abweichend vom Ölmarkt ist Russland der zweitgrößte Verbraucher. Die chi-nesische Erdgaswirtschaft ist noch in der Entwicklung. Die größten Erdgasverbrau-cherländer in der Europäischen Union sind Großbritannien, Deutschland und Italien. Im Pro-Kopf-Verbrauch liegen die Niederlande in Europa vorne.

Durch den hohen Anteil des Wärmemarktes schwanken die Nachfragemengen sai-sonal und je nach Witterung und Abnehmergruppen auch im Tagesprofil sehr stark.

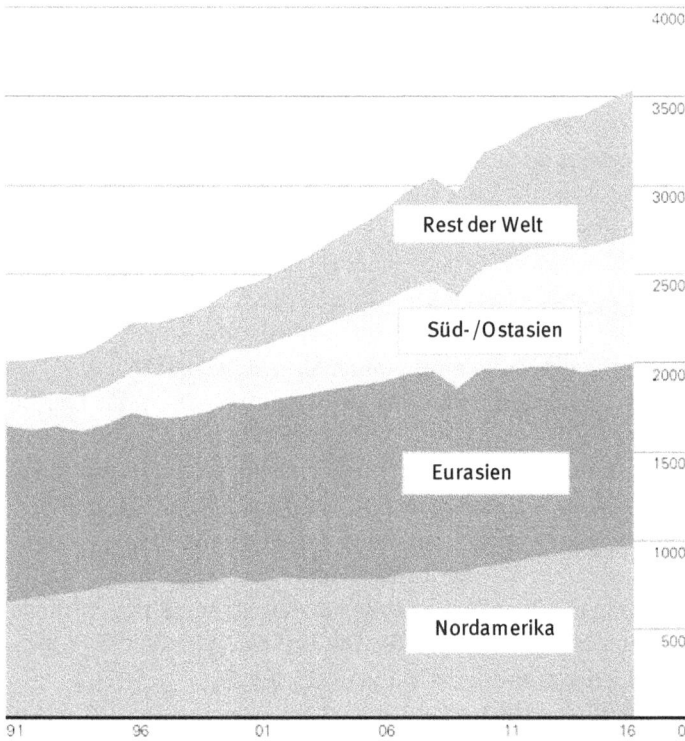

Abb. 9.3: Weltweite Entwicklung des Gasverbrauchs in Mrd. m³ 1991–2016 (Quelle: BP Statistical Review of World Energy (2018))

Um diese Schwankungen auffangen zu können, benötigt die Erdgaswirtschaft in den Verbrauchsregionen **Speicherkapazitäten**, die in eigens angelegten Kavernen etwa in ausgespülten Hohlräumen in Salzstöcken, porösen Gesteinsschichten oder anderen Medien wie Hochdruckstahltanks oder großen zylinderförmigen Behältern eingerichtet werden. Dabei sind Speicher in porösen Gesteinsschichten eher für den trägen Saisonausgleich zwischen Sommer- und Winterhalbjahr, die Kavernen- und Stahltanks eher für den Tages- und Wochenausgleich vorgesehen. Allerdings gibt es in Deutschland auch einige sehr große Kavernen und Tankspeicher, die durchaus für die saisonale Bewirtschaftung geeignet sind. In gewissen Grenzen lassen sich auch durch geringe Variationen des Drucks in einer großen Pipeline Funktionen wie ein „Speicher" darstellen.

Aus der Sicht eines Gaslieferanten kann eine schwankende Gesamtnachfrage in den Spitzenlastzeiten auch dadurch bedient werden, dass bestimmte große Kunden unterbrechbare Verträge haben, d. h. der Lieferant kann nach einer kurzen Vorankündigung die Erdgaslieferung stoppen, worauf der Kunde auf Heizöl, Müllverbrennung o. ä. umschaltet. Diese Flexibilität bekommen die Kunden natürlich in Form eines günstigeren Gasbezugspreises honoriert. Seit 2007 können Verbraucher ihren Gaslieferanten frei wählen. Allerdings ist der Anteil der alteingesessenen Versorger noch sehr hoch.

Auf der regionalen und kommunalen Verteilungsstufe kann aus Effizienzgründen i. d. R. nur ein einziges Netzunternehmen die jeweiligen Nachfrager bedienen. Dieses Netz hat somit alle Merkmale eines natürlichen Monopols. In derartigen Netzen treten wegen der Durchmischung zahlreicher Kunden auch gewisse Glättungen der Abnahmeschwankungen auf, weil etwa Lastspitzen zeitlich versetzt sind oder bestimmte Anlagen nicht jeweils gleichzeitig Volllast laufen. In der Vergangenheit war der Inhaber dieses Netzes (regionale Gasgesellschaft, Stadtwerke) auch der Lieferant, der als letzter Händler die Nachfrage belieferte. Durch die Liberalisierung kam es notwendigerweise zu einem Auseinanderfallen von Lieferanten und Verteilnetzbetreiber. Aus diesem Grund mussten neue und verbindliche Abrechnungsmodalitäten für Endverbraucher definiert werden.

Im deutschen Gasmarkt werden Endkunden traditionell in zwei Gruppen unterteilt: Kunden mit registrierender Lastgangmessung (rLM-Kunden) und Standardlastprofilkunden (SLP-Kunden). Die Gruppe der rLM-Kunden umfasst alle Großverbraucher wie beispielsweise Gaskraftwerke oder Industrieunternehmen, deren Verbrauch kontinuierlich gemessen und per Datenübertragung mindestens monatlich bis mehrmals täglich an den Lieferanten übermittelt wird. Die Abrechnung der rLM-Kunden erfolgt anschließend gemäß der gemessenen Verbrauchsstruktur.

In die Gruppe der SLP-Kunden fallen alle kleinen Verbraucher wie Privathaushalte oder kleine Gewerbebetriebe. Bei diesen Kunden wird nur der gesamte Verbrauch erfasst und zumeist auf jährlicher Basis ausgelesen.

Zur Abrechnung der Verbrauchsstruktur zwischen einem Gasversorgungsunternehmen und dem Verteilnetzbetreiber wird ein durchschnittliches Verbrauchsprofil, das Standardlastprofil, unterstellt. Je nach Art des Verbrauchers existieren unterschiedliche Standardlastprofile. So unterscheidet sich beispielsweise das Standardlastprofil eines Privathaushalts von demjenigen einer Bäckerei. Der tägliche Verbrauch von SLP-Kunden wird von dem Verteilnetzbetreiber nach einer festgelegten Methode geschätzt. Falls die vom Verteilnetzbetreiber geschätzten Mengen von den tatsächlich verbrauchten Gasmengen der Kunden eines Gasversorgungsunternehmens abweichen, wird dies in der so genannten Mehr-/Mindermengenabrechnung ausgeglichen.

9.4 Angebot

Auf den drei Marktstufen betätigen sich derzeit in Deutschland rund 650 Unternehmen. Insgesamt 80 % der gesamten deutschen Gasförderung bestreiten drei Unternehmen, die überwiegend internationalen Ölgesellschaften gehören. Das Unternehmen Erdgas Münster ist eine Verkaufsgesellschaft für die Erdgas-Förderung von mehreren Förderunternehmen wie MOBIL, Wintershall u. a. und sammelt Erdgas aus

Vorkommen in Norddeutschland und vertreibt diese schließlich im Auftrag der Produzenten.

Auf der **Großhandelsstufe** beziehen die Ferngasgesellschaften Erdgas von in- und ausländischen Produzenten. Die wichtigste Importgesellschaft ist die E.ON-Ruhrgas AG mit Sitz in Essen. Weitere Importeure sind beispielsweise Thyssengas sowie WINGAS. Die Eigentümerstruktur der Ferngasgesellschaften ist überwiegend privatwirtschaftlich.

Auf der **Zwischenhandelsstufe** sind insgesamt acht (Regional-)Gesellschaften aktiv. Sie beziehen von den Ferngasgesellschaften und haben nur einen geringen Handel untereinander. Ihre Eigentümerstruktur ist zu einem großen Teil gemischt-öffentlich-privatwirtschaftlich. Die Belieferung von Endverbrauchern wird von weit über 500 Unternehmen in der **Regional- und Ortsgasstufe** wahrgenommen. Davon sind deutlich weniger als 20 % reine Gasversorgungsunternehmen – etwa ein Viertel befindet sich im vollständigen Querverbund (z. B. Stadtwerke mit Wasser, Gas, Elektrizität, Verkehr oder Regionalversorger mit Gas, Elektrizität, Wasser). Die Ortsgasstufe befindet sich überwiegend im öffentlich-kommunalen Besitz.

9.4.1 Förderung

In Energieäquivalenten beträgt die Weltförderung von Erdgas derzeit ca. 73 % der Ölförderung, Tendenz steigend. Einen Überblick über die Förderung von Erdgas in den verschiedenen Weltregionen gibt Abb. 9.4.

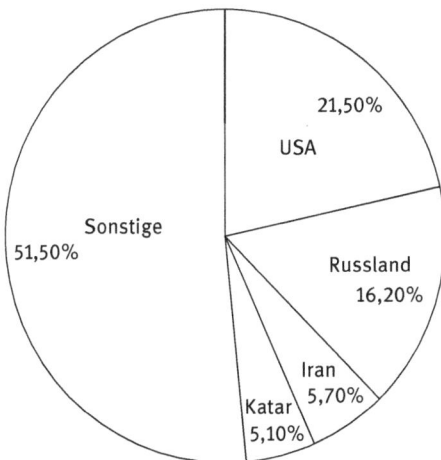

Abb. 9.4: Gasförderung nach Ländern 2016 (Quelle: BP Statstical Review of World Energy (2018))

Die USA und Russland sind nach wie vor die größten Förderer von Erdgas. Im Verhältnis zum Erdöl ergibt sich beim Erdgas jedoch ein deutlich ausgewogeneres Verhältnis der Förderung zwischen den Ländern weltweit. Der Iran und Katar fördern immerhin

5,7 bzw. 5,1 % der weltweiten Gesamtmenge an Gas. Alle anderen Staaten werden mit einem Fördervolumen von unter 5 % unter „Sonstige" zusammengefasst. Insgesamt teilt sich die Förderung von Erdgas wie folgt auf die verschiedenen Regionen auf:

- Europa im Verbund mit GUS-Staaten (28,2 %)
- Nordamerika (26,7 %)
- Mittlerer Osten (18 %)
- Der pazifische Raum, der neben eigenen Vorkommen wie z. B. Indonesien zusätzlich mit LNG aus dem Nahen Osten, Indonesien und Australien beliefert wird (16,3 %)
- Afrika (5,9 %)
- Mittel- und Südamerika ist bisher weitestgehend auf eigene Erdgasvorkommen angewiesen, liegt aber auch mit einem Anteil von etwa 5 % an Weltverbrauch und -förderung bisher deutlich hinter anderen Regionen zurück.

Während die USA in den 2000er Jahren zu einem wachsenden Anteil auf Importe angewiesen war, entspannte sich die Marktlage seit 2008 durch die verstärkte Förderung unkonventioneller Gaslagerstätten (shale gas, Kohleflözgas). Ähnliches gilt für die Europäische Union (EU), die zwar derzeit noch rund 50 % des Erdgasverbrauchs aus eigenen Quellen wie Großbritannien, Niederlande, Deutschland, Italien, Dänemark oder Rumänien deckt, die aber zukünftig zunehmend auf Importe aus außereuropäischen Quellen wie Russland und Algerien angewiesen sein wird. Norwegen, welches nicht der EU angehört, deckt mit seiner Förderung derzeit rund 15 % des europäischen Verbrauchs ab.

Die derzeitigen Verbrauchsmengen in den jeweiligen Regionen können durch die jeweiligen Gasvorkommen zu einem großen Teil bedient werden. Grenzüberschreitender Handel findet vor allem zwischen USA und Kanada, zwischen westeuropäischen Ländern (mit Großbritannien, Norwegen und den Niederlanden als den wichtigsten Lieferanten), in Form von LNG-Lieferungen nach Fernost, über transkontinentale Pipelines von Sibirien nach Westeuropa und Lieferungen von Nordafrika (Algerien als Hauptlieferant) nach Südeuropa (Italien und Spanien) statt.

Produzenten sind häufig staatseigene Monopole wie die russische Gazprom oder die algerische Sonatrach oder aber internationale Ölkonzerne, die über entsprechendes Knowhow verfügen. Beispielsweise wird niederländisches Erdgas nach Deutschland von der GasTerra geliefert.

Die norwegischen Gasproduzenten exportieren praktisch ihre gesamte Förderung, da aufgrund der reichlich vorhandenen Wasserkraft und der geringen Bevölkerungszahl bisher keine bedeutende inländische Nachfrage besteht. Erste Lieferverträge mit kontinentaleuropäischen Gasgesellschaften wurden von den Gasproduzenten direkt abgeschlossen. Bis Mitte der 80er Jahre hatte der staatliche Gasproduzent Statoil eine führende Position bei den Verhandlungen erlangt. Zu dieser Zeit wurden die Lieferverträge über die Ekofisk-, Frigg-, Stafjord-, Heimdal- und Gulfaks-Felder abgeschlossen. Diese Verträge waren so genannte **depletion contracts**, d. h. die

Verträge bezogen sich auf Lieferungen aus einem bestimmten Feld. Der 1986 unter Federführung der Statoil und Ruhrgas abgeschlossene Troll-Vertrag ist dagegen ein so genannter **supply contract**, d. h. die Lieferungen sind nicht an ein bestimmtes Feld gekoppelt, sondern können aus mehreren Feldern stammen. Diese Art der Verträge ist auch bei Bezügen aus Russland und den Niederlanden üblich. Für den Einkauf von norwegischem und russischem Gas hatten sich die west- und mitteleuropäischen Gasimporteure zu Einkaufskonsortien zusammengeschlossen.

1986/87 wurde die Organisation des norwegischen Gasexportes durch die Bildung eines Verhandlungskomitees für Gasexporte (GFU), bestehend aus Statoil, Norsk Hydro und Saga, neu geregelt. Die von der GFU ausgehandelten Vertragskonditionen galten als Referenz auch für die anderen in Norwegen fördernden Gasanbieter. Auf Druck der Europäischen Union wurde dieses norwegische Gasverkaufskartell vor einigen Jahren aufgegeben. Im Oktober 2007 fusionierten Statoil und Norsk Hydro. Auch zukünftig werden also die norwegischen Erdgasinteressen sehr stark durch ein Unternehmen vertreten.

9.4.2 Fracking

Ein technologischer Aspekt, der großen Einfluss auf Angebot und Förderung von Erdgas ausübt, ist die Hydraulic Fracturing Technologie, umgangssprachlich „Fracking". Beim Fracking wird unter Hochdruck eine Flüssigkeit, das sog. „Fracfluid", in tiefere Gesteins- und Erdschichten geleitet, um diese porös werden zu lassen. Auf diesem Weg kann Erdgas (und Öl) abgeschöpft werden. Dem Fracfluid werden in der Regel Stützmittel (z. B. Sand) beigegeben, um die Durchlässigkeit des Untergrundes zu erhöhen. Außerdem werden dem Fracfluid in einigen Anwendungen Chemikalien beigegeben (sog. Additive), um den Förderungsprozess zu verbessern.

Die Fracking-Technologie ist allerdings in der Öffentlichkeit umstritten. Im Folgenden werden die zwei wesentlichsten Kritikpunkte erläutert:

Auswirkungen auf den Klimawandel: Ein wesentlicher Kritikpunkt sind die klimapolitischen Auswirkungen der Fracking-Technologie. Die Weltgemeinschaft hat sich im Rahmen des Pariser Klimaabkommens im Jahre 2016 geeinigt, dass die globale Erwärmung der Erdoberfläche im Vergleich zum vorindustriellen Niveau unter 2 °C bleiben soll. Idealerweise sollen 1,5 °C nicht überschritten werden. Um die 2 °C-Grenze mit 66 % Wahrscheinlichkeit nicht zu überschreiten und zugleich mit 50 % Wahrscheinlichkeit die 1,5 °C-Grenze nicht zu überschreiten, dürfen im Zeitraum von 2017 bis zum Ende des Jahrhunderts maximal noch ca. 700 Gigatonnen CO_2 ausgestoßen werden. Im Jahr 2014 lagen die weltweiten Emissionen bei ca. 36 Gigatonnen energiebedingter CO_2 Emissionen. Im hypothetischen Fall konstanter jährlicher Emissionen dürfte die Menschheit also ab 2014 noch etwa 20 Jahre Treibhausgase emittieren, um das zuvor genannte Einsparungsziel zu erreichen. Falls alle bekannten fossilen Ressourcen verbrannt würden, dann wäre dieses Budget um ein Vielfaches überschritten.

Wenn also die Ziele der Weltgemeinschaft eingehalten werden sollen, muss ein Groß-teil der fossilen Rohstoffe in der Erde bleiben. Der Einsatz der Fracking-Technologie führt allerdings dazu, dass mehr fossile Ressourcen gefördert werden können. Diese Entwicklung steht im Widerspruch zu den Pariser Klimazielen. Auch die Entweichung des Treibhausgases Methan bei Fracking-Bohrungen ist ein Effekt, der aus klimapoli-tischer Sicht an der Fracking-Technologie kritisiert wird.

Lokale Umweltauswirkungen: Ein weiterer Kritikpunkt in der öffentlichen Diskussion sind die lokalen Auswirkungen auf die Umwelt, in erster Linie auf das Grundwasser. Vor allem, wenn dem Fracfluid Additive beigemischt werden, kann das Grundwasser kontaminiert werden. Auch die Entsorgung der Fracfluide wird in dieser Hinsicht kritisiert. Allerdings gibt es kaum Informationen über den genau-en Grad der Umweltauswirkungen. Vor allem über die ökologischen Langzeitfolgen herrscht Unklarheit. Die politische Regulierung von Fracking kann daher als Beispiel für Umweltpolitik unter Unsicherheit gesehen werden.

In Deutschland ist die Förderung von unkonventionellen Gasbeständen durch die Fracking-Technologie unter anderem wegen der noch nicht ausreichend exakt kalku-lierbaren Risiken bis zum Jahr 2021 weitestgehend verboten. In 2021 soll der Bundes-tag auf Grundlage der dann verfügbaren wissenschaftlichen Informationen über die weitere gesetzliche Handhabung entscheiden.

Der Einsatz der Fracking-Technologie zur Förderung unkonventioneller fossiler Ressourcen gewinnt weltweit an Bedeutung. Vor allem in den USA wird Fracking ver-mehrt eingesetzt. Neben ökonomischen Gesichtspunkten spielen auch geopolitische Aspekte dabei eine Rolle. So macht die erhöhte Förderung fossiler Ressourcen die USA unabhängiger von Importen. Politische Erpressbarkeit und Abhängigkeit wird so reduziert. Das verändert das geopolitische Machtgefüge, da Export-Länder und jene Länder, die einen starken politischen Einfluss auf Export-Länder haben, die Drohop-tion verlieren, den Rohstoffhandel zu drosseln. Außerdem wird das außenpolitische Motiv der Vereinigten Staaten und anderer Import-Länder, gute Bedingungen für den Import zu schaffen, schwächer. Dies wirkt sich politisch in erster Linie in Exportregio-nen, wie dem Nahen Osten, aus.

Für den Einsatz der Fracking-Technologie spielt natürlich auch die internationale Preisdynamik eine Rolle. Der jüngste Fracking-Boom in den Vereinigten Staaten wur-de unter anderem begünstigt durch einen ausreichend hohen Weltmarktpreis, der den Einstieg in die Fracking-Technologie lukrativ gemacht hat. Unter anderem durch den Fracking-Boom in den USA und einer zeitweise überdurchschnittlich hohen Förder-menge Saudi-Arabiens ist der später eintretende Preisverfall begünstigt worden.

9.4.3 Transport

In der Regel kommt Erdgas als natürliche Ressource nicht dort in ausreichenden Mengen vor, wo die größte Nachfrage nach Erdgas herrscht. Es muss also zu den

Verbrauchszentren transportiert werden. Gas lässt sich technisch in zwei Formen transportieren: Entweder wird es für den Ferntransport in **Pipelines** mit einem Durchmesser bis zu ca. 1,50 m unter sehr hohem Druck transportiert, wofür etwa alle 200–300 km so genannte Verdichterstationen benötigt werden, die durch leistungsstarke Gasmotoren, die ihren Brennstoff aus der Pipeline entnehmen, angetrieben werden. Über sehr große Entfernungen (z. B. von Sibirien nach Westeuropa oder von Algerien nach Frankreich) kann dabei ein Energieverbrauch für den reinen Transport von rund 10 % der eingespeisten Gasmenge resultieren. Die Kosten für den Pipeline-Transport lassen sich zukünftig durch bessere Materialien und höheren Betriebsdruck (z. B. 150 bar anstelle der derzeit üblichen 100 bar) deutlich senken. Pipelines werden heute bereits auch in größeren Tiefen auf dem Meeresboden gebaut, sodass beispielsweise Nordafrika oder die Gasfelder der Nordsee an Europas Festland angeschlossen sind. Das wohl prominenteste Beispiel für eine derartige Unterwasserpipeline ist die 2011/12 fertiggestellte Nordstream-Pipeline. Dieses länderübergreifende Infrastrukturprojekt transportiert seit 2012 zusätzliches Erdgas von Russland durch die Ostsee nach Zentral- und Westeuropa. Ein zweiter Vorteil dieser Pipeline ist das Umgehen von Weißrussland und Ukraine, sodass Transitstreitigkeiten vermieden werden können.

Die zweite Transport-Technik für Erdgas ergibt sich nach extremer Abkühlung des Gases auf rund −162 °C, sodass es flüssig wird. Für diesen Prozess wird allerdings nach wie vor ein erheblicher Teil der transportierten Energie benötigt. In speziell dafür gebauten **LNG-Tankern** kann dann ein Transport zu solchen Häfen erfolgen, die für eine Pipeline-Versorgung nicht geeignet sind oder wo die Pipeline-Mengen nicht mehr ausreichen. Dort wird der Prozess durch Wiederverdampfung rückgängig gemacht [wobei ein Teil der für die Abkühlung verbrauchten Energie wieder zurückgewonnen werden kann] und das Gas in Pipelines eingespeist. Inselstaaten wie beispielsweise Japan beziehen ihre Erdgas-Importe praktisch ausschließlich auf diesem Wege.

Bei kleineren und verstreut liegenden Erdgasfeldern lohnt sich ein Transportsystem für Gas nur dann, wenn kleine oder mittlere Entfernungen zu überbrücken sind. Wegen dieser Bedeutung der Transportkosten gibt es je nach Größe und Lage eines Erdgasvorkommens in Bezug auf mögliche Verbrauchs- und Absatzgebiete verschiedene Möglichkeiten der kommerziellen Nutzung:

– Liegen zahlreiche kleinere Felder nahe genug an Verbrauchsschwerpunkten, können sie durch Sammeln des Erdgases und Aufbereitung wirtschaftlich über kurze Pipelinedistanzen zu Abnehmern gebracht werden. Ein derartiges Modell verfolgt in Deutschland die Erdgas-Verkaufsgesellschaft Erdgas Münster, die aus zahlreichen norddeutschen Erdgasfeldern mit sehr unterschiedlicher Größe und unterschiedlichen Brennwerten ein homogenisiertes Gas herstellt und im Auftrag der Produzentenfirmen, die Anteilseigner des Unternehmens sind, verkauft.

– Liegen große und ergiebige Felder weit entfernt von über Land oder flache Meere erreichbaren Verbrauchsschwerpunkten – wie etwa die nordsibirischen Felder – so sind große Pipelines erforderlich und wirtschaftlich möglich, um die geförderten Mengen zu vermarkten. Allerdings können ungünstige geografische Bedingungen oder politische Hindernisse eine Pipeline-Versorgung unmöglich machen. Ersteres betrifft extrem tiefe Meeresgräben, eventuell sogar mit hohem Erdbeben-risiko. Letzteres gilt für Länder wie Südkorea, das zwar geografisch auf einer Halb-insel liegt, wegen des Konfliktes und einer nicht kooperativen Regierung in Nord-korea aber faktisch wie eine Insel zu betrachten ist.

– Liegen große und ergiebige Felder weit entfernt von Verbrauchszentren und sind diese aus naturgeografischen Gründen (tiefe Meeresgräben, sehr weite Entfernun-gen) oder wegen politischer Grenzen nicht über geeignete Pipelines wirtschaft-lich an Abnehmer anschließbar, so können große LNG-Tiefkühleinrichtungen, sog. „Züge", errichtet werden, um das LNG auf –162 °C abgekühlt durch Spezi-altankschiffe an Länder zu liefern, die eine geeignete Anlieferungsinfrastruktur aufgebaut haben. Auf diesem Wege werden beispielsweise Japan und Taiwan als Inselstaaten mit Erdgas versorgt. Aber auch die USA oder Westeuropa wol-len auf diesem Wege eine Diversifizierung ihrer Erdgasbezugsquellen erreichen. Als Produzentenländer kommen vor allem jene infrage, deren Erdgasvorkommen auf Inseln liegen oder weit ab von wirtschaftlich möglichen Pipeline-Lösungen. Deswegen sind beispielsweise Katar, Nigeria, Indonesien, Malaysia, Australien, Trinidad/Tobago wichtige LNG-Exportländer.

– Kleinere und verstreut liegende Erdgasfelder weit ab von geeigneten Abnehmer-zentren könnten eigentlich nicht wirtschaftlich genutzt werden. Hier hat sich seit einigen Jahrzehnten die Idee des gas to liquids (GTL) als interessante Lösung für eine wirtschaftliche Ausbeute derartiger Felder durchgesetzt: In unmittelbarer Nähe der Förderstelle wird eine Umwandlungsanlage errichtet, in der aus Erdgas flüssige Treibstoffe produziert werden. Diese können dann beispielsweise mit mittelgroßen Tankschiffen wirtschaftlich transportiert und vermarktet werden. Sind die Erdgasfelder ausgebeutet, werden die Förder- und Umwandlungsanla-gen an ähnliche Standorte umgesetzt. GTL-Nutzung wird auch von Ländern mit sehr großen Erdgasvorkommen, die weit entfernt von Verbrauchsschwerpunkten liegen, als eine Option angesehen, Erdgas zu vermarkten.

Daraus ergibt sich Tabelle 9.3 für die wirtschaftliche Verwertung von Erdgasvorkom-men.

9.4.4 Klassische Ausgestaltung internationaler Gasprojekte

Die vertragliche Ausgestaltung internationaler Gasprojekte mit Pipelinebau muss Risi-ken auf beiden Marktseiten berücksichtigen. Aufgrund der **Spezifität** der hohen Vor-ausleistungen in Investitionen, die dann als **sunk cost** angesehen werden müssen, werden vor Aufnahme des Projekts langfristige Verträge mit Schutz vor opportunisti-schem Verhalten einer Seite nach Realisierung des Projekts gefordert, um die Gefahr einer ex-post Enteignung von Quasi-Renten zu minimieren.

Tab. 9.3: Möglichkeiten zur Nutzung von Erdgasvorkommen

Größe der Felder/ Entfernung	Nah (bis einige hundert km)	Bis 5.000 km, Landpipelines technisch und politisch möglich	Über 3.000 km, günstige Pipelines nicht möglich, Insellagen, Offshorefeld
Große und ergiebige Felder	Pipelines (norwegische und britische Nordseefelder)	Pipelines (Sibirien – Mitteleuropa, Algerien – Frankreich)	LNG (Katar – USA, Indonesien – Japan), evtl. GTL
Zahlreiche kleine Felder	Sammelschiene zu zentraler Pipeline (Erdgas Münster in Norddeutschland)	Je nach Transportmöglichkeit	Gas to Liquids (GTL)

Bereits beim Vergleich von Erdgas und Mineralöl wurde auf die hohe Spezifität der Investitionen hingewiesen. Aufgrund der Lebensdauer der Anlagen in Exploration, Speicherung und Transport ist ein langer Zeithorizont von 20 bis 30 Jahren zugrunde zu legen. Zudem sind diese Anlagen hochspezifisch, da eine einmal gelegte Leitung Erdgas nur zwischen zwei festgelegten Punkten transportieren kann und die Gasproduktion auf die Bedürfnisse bestimmter Abnehmer, beispielsweise hinsichtlich der Bohrlochkapazität oder bestimmter Leitungsübergabepunkte ausgestaltet wird. Die Anlagengüter sind demnach als transaction specific investments oder sunk cost einzuordnen.

Schließlich unterliegen die Akteure aufgrund des langfristigen Horizontes in hohem Maße technologischen, politischen und vor allem wirtschaftlichen Risiken. Neben diesen unvermeidbaren Risiken ungewisser Marktentwicklungen kann die Rentabilität einer hochspezifischen Investition von Entscheidungen einzelner oder weniger anderer Akteure abhängen. So kann die getätigte Investition eines Erdgasproduzenten entwertet werden, wenn eine unabhängige Leitungsgesellschaft Durchleitungsgebühren für das bislang benutzte Transportnetz erhöht oder sich ein unerwartet besseres Angebot für die abnehmende Importgesellschaft ergeben hat. Ähnliche Risiken entstehen, wenn ein Transitland aus politischen oder wirtschaftlichen Gründen die unbehinderte Gasdurchleitung stoppt. Umgekehrt könnte ein Produzent vereinbarte Liefermengen zum Schaden des Importeurs unterschreiten. Damit besteht für beide Akteure das Risiko opportunistisch handelnder Geschäftspartner auf der anderen Marktseite.

Opportunistisches Verhalten zielt auf die Abschöpfung von Quasi-Renten. Zur Illustration folgendes schematisches Beispiel: Die Gesamtkosten eines Projektes betragen 100. Davon sind nach entsprechender Investition 80 versunken. Aus der Sicht eines Investors hat das Projekt ex-ante mindestens einen Barwert von 100 zu erbringen, nach Tätigung der Investition verringert sich dieser Wert ex-post auf 20. Er kann dann einer nachträglichen aggressiven Preispolitik des Lieferanten wenig entgegensetzen. Somit beträgt die maximal gefährdete Quasi-Rente 80. Allerdings sollte angemerkt werden, dass opportunistisches Verhalten i. d. R. nur einmal möglich ist, da danach Lerneffekte einsetzen. Aus der Sicht eines Investors, der mehrere Milliarden Euro für ein Projekt aufbringen soll, ist dies allerdings nur begrenzt hilfreich.

Vertikale Integration

Ein möglicher Schutz vor opportunistischem Verhalten besteht in der vertikalen Integration, wie sie bereits in der Darstellung der Mineralölwirtschaft mit dem System der Sieben Schwestern angesprochen wurde. Bei einer Rückwärtsintegration (backward integration) erwirbt der Käufer Besitzrechte an Abbau- und Produktionsstätten. Dagegen übernimmt bei der **Vorwärtsintegration** (forward integration) der Ressourcenanbieter den Downstream-Bereich. Daneben gibt es noch die **horizontale Integration**, bei der sich mehrere Unternehmen der gleichen Stufe zusammenschließen (z. B. Einkaufskonsortien für Nordseegas).

Bezüglich der ökonomischen Erklärung von vertikaler Integration gibt es mit der **Transaktionskostentheorie** und den oligopoltheoretischen Ansätzen zwei verschiedene Betrachtungsweisen. In der Transaktionskostentheorie wird die Frage der vertikalen Organisation von vollständiger Integration durch Eigentum über Verträge bis hin zu Märkten unter Kosteneffizienzgesichtspunkten aus der Sicht der integrierenden Unternehmen untersucht. Die zentrale Hypothese besagt, dass vertikale Integration dann stattfindet, wenn sie die Transaktionskosten verringert. Wenn Marktrisiken in Kombination mit der Gefahr opportunistischen Verhaltens zu vertretbaren und für beide Marktseiten annehmbaren Konditionen ex-ante vertraglich nicht auf beide Schultern aufteilbar sind, kommt das Projekt eventuell nur unter den Bedingungen eines vollständig integrierten Unternehmens zustande.

Im Mittelpunkt der **oligopoltheoretischen** Ansätze steht die Frage, wie sich die vertikale Integration auf die Marktstruktur und damit auf Wettbewerb und Gesamtwohlfahrt auswirkt, ohne dass die besondere Form der vertikalen Integration eine Rolle spielt. Mithilfe dieser Ansätze wird untersucht, ob und unter welchen Bedingungen vertikale Integration dazu benutzt werden kann, die Marktbeherrschung auszuweiten und Wettbewerber vom Markt auszuschließen (foreclosure).

Vertragsausgestaltung

Wenn vertikale Integration durch Eigentumserwerb nur begrenzt möglich ist, kann auch eine Quasi-Integration durch Langfristverträge angestrebt werden. Dieser Weg wird üblicherweise bei der internationalen Beschaffung von Erdgas beschritten. Obwohl Importverträge, die typischerweise eine Laufzeit zwischen 20 und 25 Jahren aufweisen, individuell verhandelt werden und unveröffentlicht sind, lassen sich einige Grundprinzipien festhalten.

Die Basis langfristiger Gasimportverträge ist eine Mengenvereinbarung, deren grundsätzliches Ziel die Sicherstellung großer, möglichst konstant fließender Vertragsvolumina ist, um für beide Vertragspartner eine sichere und planbare Amorti-

sation der getätigten spezifischen Investitionen zu gewährleisten. Die Mengenverein-
barungen werden üblicherweise mit einer **Take-or-Pay-Klausel (ToP)** ausgestaltet.
Zunächst besteht eine Lieferpflicht für den Anbieter, die sich aus den gelieferten Mengen und der maximal vorzuhaltenden Tages- oder Stundenleistung zusammensetzt.
Dem steht eine Abnahmepflicht des Käufers gegenüber, die bis zu einer bestimmten
Grenze reduziert werden kann. In Höhe dieser Abnahmepflicht muss der nachfra-
gende Importeur in jedem Fall bezahlen. Damit hat er einen hohen Anreiz, neben
der großen Transportpipeline auch größere Speicherkapazitäten aufzubauen, um die
schwankende Nachfrage im Jahresverlauf gut ausgleichen zu können.

Neben den Mengen müssen diese Verträge auch Vereinbarungen bezüglich der
Preise enthalten. Es ist aus ökonomischen Gründen nicht sinnvoll, über den vollen
Zeitraum konstante Preise festzulegen. Aufgrund des sich verändernden Umfelds können Preise variieren und die Partei, die sich im Nachteil befindet (z. B. Nachfrager
bei insgesamt sinkenden Preisen der übrigen Energieträger) wird dann den Vertrag
aufkündigen, wenn die Ausstiegskosten kleiner sind als ihr wirtschaftlicher Nachteil.
Dies ist kein opportunistisches Verhalten im Sinne einer Abschöpfung der Quasi-Renten, sondern rationale Anpassung an das ökonomische Umfeld. Daher beinhalten Verträge i. d. R. die Möglichkeit der Nachverhandlung oder Preisanpassungsklauseln an
Preise anderer Energieträger, mit denen die Gasunternehmen auf der Absatzseite konkurrieren.

In den Erdgasimportverträgen wurden die Preise auch oft nach dem Prinzip einer
net-back-Rechnung gebildet. Dabei bestimmt sich der Preis auf Basis des Substitutionswettbewerbs der Energieträger nach der Zahlungsbereitschaft der Verbraucher
(abnehmerindividuelle Preisdifferenzierung). Der Wert des Erdgases für den Produzenten wird dann über eine Rückwärtsrechnung (Preis für den Konsumenten abzüg-
lich Kosten für Verteilung, Speicherung, Transporte etc.) bestimmt. Ein derartiges System von ToP- und net-back-Rechnung weist das Mengenrisiko dem Importeur und das
Preisrisiko dem Produzenten zu.

Auswirkungen durch die Marktöffnung

Durch die geforderte Öffnung der Gasmärkte für Wettbewerb ergibt sich bei langfristigen Gasprojekten ein neues Problem, denn weiterhin sind bei der Erschließung von
Gaslagerstätten langfristige Verträge notwendig, um opportunistisches Verhalten einer der Vertragsparteien auszuschalten. Allerdings dürfen im deutschen Gasmarkt
keine langfristigen Verträge mit entsprechender Dauer auf den nachgelagerten Marktstufen abgeschlossen werden. Unternehmen, die langfristige Verträge mit Produzenten abschließen, sind der Gefahr ausgesetzt, dass die Gaspreise stark sinken und sie
über lange Sicht gezwungen sind, Gas teuer einzukaufen und preiswert im deutschen
Markt abzugeben. Diese Gefahr kann zwar durch eine intelligente Vertragsausgestaltung verringert werden, aber da der Projekthorizont teilweise über Jahrzehnte geht,
kann es in dieser Zeit zu massiven Veränderungen in der Marktstruktur kommen, so-

dass häufig Vertragsanpassungen erforderlich sind. Bei jeder Vertragsanpassung stellt sich jedoch das grundsätzliche Problem des opportunistischen Verhaltens bei der zu diesem Zeitpunkt stärkeren Partei.

Als Ansatz für eine stärkere Öffnung des Pipelinenetzes und gleichzeitiger Verteilung des Risikos wird das so genannte Open-Season-Verfahren diskutiert. Hierbei erhalten bei einem neuen Pipelinebau alle Marktteilnehmer die Möglichkeit, ihren langfristigen Gasbedarf anzumelden und entsprechende Kapazitäten zu erhalten. Das Risiko wird also auf mehrere Marktteilnehmer aufgeteilt und gleichzeitig erfolgt eine Öffnung des Marktes. Allerdings wird das grundsätzliche Problem nicht gelöst: weiterhin stehen kurzfristige Verträge mit Abnehmern langfristigen Abnahmeverträgen mit Produzenten gegenüber.

9.4.5 Gasspeicher

Es gibt neben kleineren Hochdruckspeichern zwei Arten von Untergrundgasspeichern: Kavernenspeicher (Salz- und Felskavernen) und Porenspeicher, die nochmals in Aquifere und ehemalige, ausgebeutete Gas- und Ölfelder unterteilt werden können. Bei einer Speicherung kann nicht das gesamte Volumen des Gasspeichers genutzt werden, da immer eine bestimmte Menge von Gas, das so genannte Kissengas, im Speicher verbleibt. Einzig das Arbeitsgas kann ausgespeist werden. Je flexibler die Ein- und Ausspeisung erfolgen kann, desto höher ist der ökonomische Wert eines Speichers.

Bei Porenspeichern werden natürliche oder künstliche Erdgaslagerstätten mit Gesteinsschichten, die ausreichend porös und durchlässig für Speicherzwecke sind, genutzt, während bei Aquiferen Wasser in den Gesteinsschichten durch eingepresstes Gas verdrängt wird. Die Ein- und Ausspeicherung unterliegt bei den verschiedenen Speichertypen unterschiedlichen technischen bzw. geologischen Restriktionen und ist zudem vom Füllstand des Speichers abhängig, denn je mehr der Speicher gefüllt ist, desto höher ist auch der Druck und desto einfacher kann eine Ausspeicherung vorgenommen werden.

Durch Gasspeicher können Gasproduktion und Gasverbrauch voneinander entkoppelt werden, was insbesondere für den saisonalen Ausgleich im Wärmemarkt von Bedeutung ist. Die Produktion von Gas ist in der Regel sehr unflexibel, was durch die teilweise sehr langen Transportwege von Gas verstärkt wird. Ein Gasspeicher schafft hier die nötige Flexibilität für die Bedienung der Endnachfrage. Die Flexibilität eines Speichers wird häufig anhand der Benutzungsstunden ausgedrückt. Die Benutzungsstunden sind als die Division des Arbeitsgasvolumens durch die Ausspeicherleistung definiert. Die Kenngröße gibt also an, wie schnell ein vollständig gefüllter Speicher entleert ist.

Weiterhin können Gasspeicher für die Strukturierung von Abnahmeprofilen verwendet werden, denn bei Gas ergeben sich auch tageszeitliche Schwankungen, die in der Regel nicht durch Veränderungen in der Produktion ausgeglichen werden können. Die Fähigkeit, die gleichmäßigen Bezugsmengen in bestimmte Abnahmeprofile zu konvertieren ist somit eine wichtige Funktion der Gasspeicher.

Der Großteil der Speicherkapazitäten befindet sich in großen Kavernenspeichern, die örtlichen Speicherkapazitäten sind hingegen eher gering. Üblicherweise geht man davon aus, dass in einem normalen Jahr etwa 50 % des Volumens, welches auf den Bedarf in Kaltjahren ausgelegt ist, benötigt werden. Deshalb werden zurzeit etwa 8 % des jährlichen Gasabsatzes zwischengespeichert, wobei aufgrund des kontinuierlichen Gasflusses von den Produzenten und den starken jahreszeitlichen Nachfrageschwankungen die Speicher im Sommer aufgefüllt und im Winter entleert werden. Darüber hinaus können die Pipelines in gewissem Umfang (z. B. durch Variation des Drucks) selbst als (Kurzfrist-)Speicher eingesetzt werden. Je komplizierter ein Versorgungsnetz ist, desto dringender benötigt es zeitliche und logistische Pufferkapazitäten, die ihm Lagerkapazitäten bieten.

Im Jahr 2013 belief sich die Kapazität des Arbeitsgases in Deutschland auf 23,8 Mrd. m^3 – aufgeteilt auf 30 Kavernenspeicher (13,2 Mrd. m^3) und 21 Aquifere (10,6 Mrd. m^3). Diese Menge kann den durchschnittlichen Gasbedarf für etwa 80 Tage decken. Im weltweiten Vergleich weist Deutschland somit die viertgrößten Speichermöglichkeiten auf. Innerhalb Europas gibt es kein Land mit größeren Gasspeichern.[126]

9.5 Handel

Der **internationale Handel von Erdgas** wird durch die Lage von Förder-, Nachfragezentren und Transportlogistik determiniert. Im Jahr 2016 entfielen rund 20 % des Welthandels auf den grenzüberschreitenden Handel mit Pipelines innerhalb von Nordamerika, 24 % auf Russland und die ehemaligen GUS-Staaten und 28 % auf Europa. Insgesamt wird deutlich mehr Erdgas als Steinkohle international gehandelt, aber die Bedeutung des internationalen Erdgashandels liegt noch deutlich unterhalb der des Mineralöls. Mit einem Handelsvolumen von etwa 20 % der Weltförderung ist der internationale Gashandel derzeit noch verhältnismäßig gering, hat aber wegen der absehbar stark wachsenden LNG-Exporte eine steigende Tendenz.

Der Handel und zugehörige Transport von Gas ist entweder netzgebunden oder erfolgt über LNG-Tanker. Der LNG-Markt ist regional segmentiert in einen pazifischen Bereich mit vier wichtigen Lieferanten (Australien, Brunei, Indonesien und Malaysia) und drei großen Importeuren (Japan, Südkorea und Taiwan) sowie den karibischen Bereich mit dem großen Lieferanten Trinidad/Tobago, der bisher 95 % seiner LNG-Exporte in den karibischen Raum und die USA tätigt. Im Nahen Osten sind es die Staaten Oman, Katar und Vereinigte Arabische Emirate, welche bisher sehr stark die

---

126 European Commission (2005).

Tab. 9.4: Ausgewählte LNG-Handelsströme (2017) in Mrd. m^3 (Quelle: BP Statistical Review of World Energy, 2018)

von nach	Algerien	Australien	Indonesien	Malaysia	Nigeria	Rest	Import gesamt
Japan	0,1	35,0	8,9	20,2	2,1	47,6	113,9
Südkorea	0,2	9,6	4,9	5,1	1,1	30,4	51,3
Spanien	2,4	0	0	0	4,4	9,8	16,6
Frankreich	4,1	0	0	0	3,3	3,4	10,8
Taiwan	0,1	1,4	2,9	4,1	0,7	13,3	22,5
Indien	0,3	2,5	0,2	0,3	3,6	18,8	25,7
USA	0	0	0	0	0,2	2,0	2,2
Rest	9,4	27,4	4,8	6,4	12,4	90,0	150,4
Export gesamt	16,6	75,9	21,7	36,1	27,8	215,3	393,4

ostasiatischen Importeure beliefern. Ausgewählte LNG-Handelsströme im Jahre 2010 sind in Tabelle 9.4 aufgeführt.

Der netzgebundene Handel von Gas erfolgt von der Produktion bis zur Endabnahme über Pipelines. Jeder gehandelte Kubikmeter Gas hat seinen Lieferort dementsprechend im Netz, das zumindest auf der Verteilerebene ein natürliches Monopol darstellt. Der diskriminierungsfreie Zugang zum Netz ist also eine notwendige Bedingung für einen funktionierenden Gashandel.

Neben dem Zugang zum Netz benötigt ein Händler jedoch auch einen klar definierten Marktplatz, auf dem er Gas kaufen und verkaufen kann. Im Fall eines Verteilungsknotens (Hub) in der Netztopologie, wie dies beispielsweise in den USA beim **Henry Hub** der Fall ist, kann ein Marktplatz auf Basis der physischen Lieferungen zu diesem Knoten aufgebaut werden. In einem dichten Netz wie in Deutschland, in dem keine vergleichbaren Verteilungsknoten existieren, muss auf ein anderes Marktdesign zurückgegriffen werden. Ein mögliches Marktdesign ist das in Deutschland eingeführte Zweivertragsmodell, das auch als Entry-Exit-System bezeichnet wird.

9.5.1 Gashandel an physischen Hubs

Bei einem Verteilungsknoten oder Hub treffen verschiedene Pipelines aufeinander und ermöglichen so einen Austausch von Gas zwischen verschiedenen Marktteilnehmern. Hubs sind eine notwendige Voraussetzung für einen physischen Handel, denn solange das Gas isoliert in einer Pipeline ist, gibt es nur einen Anbieter und es bestehen auch keine wohlfahrtserhöhenden Handelsmöglichkeiten, da eine Reallokation des Gases nicht möglich ist, solange sich dieses in einer Pipeline befindet.

Die Steuerung und Überwachung des technischen Ablaufs eines Hubs erfolgt durch einen Hubbetreiber, der hierfür Entgelte von den Nutzern des Hubs erhält.

Neben diesen technischen Funktionen besitzt der Hubbetreiber jedoch auch eine ökonomische Relevanz, da er die „Spielregeln" des Marktplatzes mitbestimmen kann.

Einer der weltweit größten Hubs ist der US-amerikanische Henry Hub in Louisiana, an dem insgesamt 14 Pipelines zusammentreffen. Weiterhin befinden sich große Lagerkapazitäten sowohl direkt am Hub als auch entlang der Pipelines. Der Hub wird von der regulierten Sabine Pipeline Co. betrieben, die dazu verpflichtet ist, allen Marktteilnehmern einen diskriminierungsfreien Zugang zum Hub zu ermöglichen. Die physisch gehandelten Mengen am Henry Hub sind hinreichend groß, sodass ein liquider Futuresmarkt an der **NYMEX** entstanden ist.

Die Ausgestaltung der Verträge hinsichtlich des Lieferzeitpunkts und des Lieferorts unterliegen insbesondere in einem Gasmarkt mit physischer Erfüllung einem grundsätzlichen Trade-off. Auf der einen Seite wollen die Marktteilnehmer möglichst die Mengen zu dem Zeitpunkt und an dem Lieferort kaufen, an dem diese benötigt werden, d. h. es werden flexible Verträge bevorzugt. Auf der anderen Seite wird die Preisbildung umso schwieriger, je mehr Flexibilität in den Lieferverträgen enthalten ist, denn jede vertragliche Flexibilität kann für den Lieferanten oder für den Abnehmer einen Vorteil bedeuten und hat somit einen ökonomischen Wert.

Im Gasmarkt wird das Problem verschärft, da die möglichen Lieferzeitpunkte, -mengen und -orte fast vollständig durch die Pipeline gegeben sind. Die gewünschte vertragliche Flexibilität im Gasmarkt kann deshalb nur über Gasspeicher erreicht werden, die auch die physische Flexibilität erhöhen.

9.5.2 Gashandel in Deutschland

Die Grundidee des Gashandels an einem virtuellen Handelspunkt ist die Nachbildung eines physischen Handelspunktes. Es soll also ein liquider Handelspunkt geschaffen werden, der den Marktteilnehmern einen Austausch von Gas erlaubt, ohne dass ein physischer Wechsel des Gases von einer Pipeline in eine andere erfolgt. Vereinfacht ausgedrückt werden nur die Eigentumsrechte am Gas gehandelt, das sich irgendwo in einem vorher definierten Pipelinenetz befindet. Käufer und Verkäufer von Gas wissen also nicht, wo sich das gehandelte Gas physisch befindet und kennen auch die mit ihrem Geschäft verbundenen Gasflüsse nicht.

Der Handel muss jedoch auch mit den tatsächlichen Gasflüssen verbunden werden, d. h. die physische Erfüllung der gehandelten Mengen muss sichergestellt sein. Um dies zu gewährleisten, werden zwei Arten von Verträgen abgeschlossen: Einspeiseverträge und Ausspeiseverträge. Ein Einspeisevertrag definiert den Transport von einem fest definierten Einspeisepunkt im Netz zum virtuellen Handelspunkt. Der Ausspeisevertrag regelt den Transport vom virtuellen Handelspunkt zum gewünschten Ausspeisepunkt. Wie bereits erläutert, ist der virtuelle Punkt hierbei kein geografischer Ort, sondern eine gedankliche Hilfskonstruktion. Der virtuelle Handelspunkt besitzt eine Platzhalterfunktion für die mit den Geschäften verbundenen notwendigen Gastransporte. Jegliche Gasflüsse laufen vertraglich über den virtuellen Handelspunkt, während die physischen Gasflüsse vom Gasnetzbetreiber verwaltet werden.

Mit den Ein- und Ausspeiseverträgen wird zunächst nur die Möglichkeit einer Nutzung von Transportkapazitäten geregelt, d. h. der Gasnetzbetreiber weiß hierdurch noch nicht, welche Gasflüsse notwendig sind. Das letzte fehlende Glied zwischen dem finanziellen und dem physischen System erfolgt durch eine Nominierung der Gasmengen für den Folgetag in einem Bilanzkreis durch den Händler. Für den Gasnetzbetreiber sind ausschließlich die nominierten Mengen relevant, sodass er sich nicht um die vorgelagerten Handelsaktivitäten kümmern muss. Durch die nominierten Mengen kann er [anhand zum Teil sehr komplexer Modelle] berechnen, wie viel Gas von welchem Einspeisepunkt zu welchem Ausspeisepunkt transportiert werden muss. Der Gasnetzbetreiber übernimmt die Optimierung des physischen Pipeline-Systems, die Händler haben hingegen die Rolle der wohlfahrtsoptimalen Allokation des Gutes (siehe Abb. 9.5).

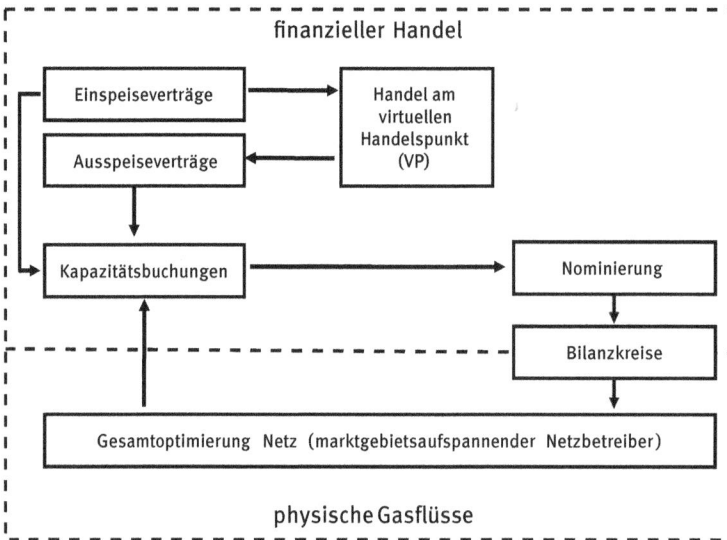

Abb. 9.5: Beziehung des Handelssystems mit den physischen Gasflüssen im Entry-Exit-System von Deutschland ohne Regelenergie

Im Folgenden soll das deutsche Zweivertragsmodell bzw. das Entry-Exit-System in seinen wichtigsten Grundzügen dargestellt werden. Da sich der deutsche Gasmarkt noch immer in einem starken Umbruch befindet, soll sich die Darstellung insbesondere auf strukturelle Merkmale beschränken.

Marktgebiete und Bilanzkreise

Der deutsche Gasmarkt ist in mehrere sich teilweise geografisch überlappende Markt-gebiete eingeteilt, die aufgrund rechtlicher und technischer Gründe sowie aufgrund unterschiedlicher Gasqualitäten voneinander abgegrenzt sind. Viele der ursprüngli-chen Marktgebiete wurden in den letzten Jahren zusammengelegt. Im Gaswirtschafts-jahr 2010/2011 existierten sechs Marktgebiete: Net Connect Germany (NCG), Gaspool, Thyssen-H-Gas, Thyssen-L-Gas, Aequamus und EGT-L. Im Sommer 2011 kam es dann zu einer Entscheidung für nur noch zwei Marktgebiete in Deutschland ab dem Gaswirt-schaftsjahr 2011/12. In diesen beiden Marktgebieten, nämlich **NetConnect Germany** unter der Führung der Netzgesellschaft der Ruhrgas und Einbeziehung von weiteren sechs vor allem regional bedeutenden Gastransportgesellschaften einerseits und an-dererseits **Gaspool** mit WINGAS, Gasunie, VNG Ontras und vier weiteren wiederum regional bedeutenden Transportgesellschaften, werden H- und L-Gas-Bereiche zwar weiterhin physikalisch getrennt, aber die Handelsfunktionen sollen jeweils auf dem gesamten Gebiet möglich sein.

In einem Marktgebiet sind mehrere Orts- und Verteilernetze sowie Teile des Fern-gasnetzes miteinander verbunden. Dies bedeutet, dass in einem Marktgebiet mehre-re Netzbetreiber existieren, die ihre Aktivitäten miteinander abstimmen müssen. Aus diesem Grund gibt es einen **Marktgebietsverantwortlichen**, der diese Organisati-onsfunktion übernimmt.

Die beiden Marktgebietsverantwortlichen im deutschen Gasmarkt sind die Net-Connect Germany GmbH und die Gaspool Balancing Services GmbH. Die Marktgebiete sind sowohl horizontal untereinander als auch in sich vertikal über Netzkopplungs-verträge integriert. Die zwischen den Netzbetreibern geschlossenen Netzkopplungs-verträge regeln die Durchleitung von Gas durch die verschiedenen Pipelines. Auf die-se Weise wird eine Lieferung innerhalb eines Marktgebiets möglich, ohne dass die Transportkunden mit allen Netzbetreibern einen Vertrag aushandeln müssen.

Die Abrechnung zwischen Netzbetreiber und Gasversorgungsunternehmen er-folgt über einen Bilanzkreis. Jeder größere Marktteilnehmer besitzt seinen eigenen Bilanzkreis. Kleinere Marktteilnehmer nutzen über Dienstleistungsverträge häufig die Bilanzkreise größerer Unternehmen. Der Bilanzkreis ist dabei ein reines Abrech-nungskonstrukt. In einem ersten Schritt müssen die Ein- und Ausspeisepunkte eines Gasversorgers eindeutig einem Bilanzkreis zugeordnet werden.

Der Bilanzkreis muss zu jedem Zeitpunkt ausgeglichen sein, d. h. die Produktion und die gekauften Mengen müssen den Verbrauch decken. Ein namentlich benannter Bilanzkreisverantwortlicher ist für die Einhaltung dieses Grundsatzes verantwortlich. Er muss einen Tag vor der physischen Lieferung die ein- und ausgespeisten Mengen für jeden Punkt sowie die benötigten Netzkapazitäten beim Netzbetreiber nominieren. Der Netzbetreiber kontrolliert, ob die Anmeldungen der Bilanzkreisverantwortlichen untereinander konsistent sind. Bei Inkonsistenzen in den Nominierungen werden die beteiligten Bilanzkreisverantwortlichen vom Netzbetreiber kontaktiert und der Fehler in den Anmeldungen gesucht. Weiterhin ist der Bilanzkreisverantwortliche auch für die Abweichungen zwischen nominierten und tatsächlich gemessenen Ein- und Aus- speisemengen (Ausgleichsenergie) verantwortlich. Bei einer Missachtung der Regeln zur Bilanzkreisführung kann der Bilanzkreis entzogen werden.

Der virtuelle Handelspunkt und das Zweivertragsmodell

Jedes Marktgebiet besitzt einen so genannten virtuellen Handelspunkt. Da der virtuel- le Handelspunkt der Bestimmungsort aller Einspeiseverträge und der Ursprungsort al- ler Ausspeiseverträge ist, können die Marktteilnehmer an ihm Gas handeln, ohne wei- tere Kapazitätsbuchungen vornehmen zu müssen. Die Transaktionskosten des Han- dels sinken, da die Marktteilnehmer sich nicht mehr um die Destination oder um die Herkunft des gekauften bzw. verkauften Gases kümmern müssen. Der virtuelle Han- delspunkt simuliert somit die Funktion eines physischen Hubs, indem er die gesamte Liquidität eines Marktgebietes auf einen Punkt konzentriert. Allerdings ist der virtu- elle Handelspunkt kein tatsächlicher Ort, sondern eine **vertragliche Konstruktion**.

Der Preis am virtuellen Handelspunkt enthält nicht alle Transportkosten des Ga- ses, d. h. auf den ausgewiesenen Preis müssen die Ausspeiseentgelte für den jeweili- gen Ausspeisepunkt aufgeschlagen werden.

Die Grundidee des **Zweivertragsmodells** ist, die Kapazitätsbuchung für den Transportkunden weitestgehend zu vereinfachen. Für eine physische Durchleitung von Gas in einem Marktgebiet müssen nur zwei Verträge geschlossen werden: ein Einspeisevertrag und ein Ausspeisevertrag. Wie bereits erläutert, wird im Einspeise- vertrag ein Einspeisepunkt und im Ausspeisevertrag ein Ausspeisepunkt festgelegt. Der genaue Weg, den das Gas im Netz nimmt, ist auf der Vertragsebene nicht relevant. Auch muss das ausgespeiste Gas nicht identisch mit dem eingespeisten Gas sein, son- dern es muss nur die gleiche Energiemenge aufweisen. Innerhalb eines Marktgebiets sind Ein- und Ausspeisungen somit entfernungs- und transaktionsunabhängig.

Bei der Buchung von Kapazitäten können technisch/physische und vertragliche Engpässe bestehen. Technische Engpässe ergeben sich aus den begrenzten Kapa- zitäten der Pipelines. Die maximalen buchbaren Transportkapazitäten der Ein- und Ausspeisepunkte werden nach ingenieurswissenschaftlichen Verfahren vom Marktge- bietsverantwortlichen festlegt. In der Praxis treten physische Engpässe relativ selten auf.

Die vertraglichen Engpässe ergeben sich durch den Umstand, dass die gebuchten Kapazitäten nur selten den tatsächlich nominierten Mengen entsprechen. Dies ist aus Sicht jedes einzelnen Marktteilnehmers sinnvoll, da jeder die Buchung der Kapazitä- ten nach der maximalen benötigten Leistung im gesamten Jahr ausrichtet. Durch diese einzelwirtschaftlich rationale Entscheidung wird die so genannte frei zuordenbare Ka- pazität, also diejenige Kapazität, die nominiert werden kann, ohne dass eine weitere Prüfung hierfür erforderlich ist, sehr gering. Stattdessen ist an vielen Einspeisepunk- ten nur unterbrechbare Kapazität oder beschränkt zuordenbare Kapazität buchbar.

Bei einer unterbrechbaren Kapazität hat der Netzbetreiber die Möglichkeit, eine Nominierung eines Transportkunden nicht oder nur teilweise auszuführen, wenn dies aus seiner Sicht für den Betrieb des Gasnetzes notwendig ist. Beschränkt zuordenbare Kapazität kann nur zwischen festgelegten Punkten genutzt werden.

Die Sachlage ist somit ähnlich wie die Reservierung von Liegestühlen in Hotelanlagen mit Handtüchern. Diejenigen Hotelgäste, welche die Liegen zuerst „reserviert" haben, verhindern eine Nutzung durch andere Hotelgäste – und zwar auch dann, wenn sie die Liegen nicht benutzen oder erst ab 11 Uhr in Anspruch nehmen. Dieser Zustand ist ökonomisch nicht notwendigerweise ineffizient. Wenn nämlich der Reservierungspreis so hoch ist, dass er exakt dem Grenzerlös für eine mögliche Nominierung der Kapazität entspricht, ist ein allokatives Optimum erreicht. Die vertraglichen Engpässe wären in diesem Fall ein effizientes Ergebnis. Allerdings bezahlen weder die Hotelgäste noch die Kapazitätsbucher einen Preis, sondern sind schlicht als erste vor Ort. Damit ist nicht gewährleistet, dass derjenige die Kapazität hält, für den sie den größten Wert besitzt.

Vertragliche Engpässe bei der Kapazitätsbuchung bestehen insbesondere an den Marktgebietsgrenzen. Zur Behebung der vertraglichen Kapazitätsengpässe erfolgte im Jahr 2011 von der Bundesnetzagentur die Festlegung in Sachen Kapazitätsregelungen und Auktionsverfahren im Gassektor (KARLA).

Durch die Festlegung wechselt das Verfahren von first-come-first-served zu einem Auktionsverfahren. KARLA reguliert in diesem Zusammenhang den Ablauf der Kapazitätsauktionen, die Kapazitätsprodukte und die Rückgabe bzw. den Verlust von gebuchter Kapazität. Zukünftig werden freie Tages-, Monats-, Quartals- und Jahreskapazitäten auf der Primärkapazitätsplattform von den Netzbetreibern an die Gasversorgungsunternehmen versteigert. Langfristig ist vorgesehen, die gesamte Kapazität zu versteigern. Aktuell ist ein Großteil der Kapazität noch durch langfristige Buchungsverträge gebunden.

Weiterhin regelt KARLA die Zusammenlegung der bisherigen Marktgebietsübergangspunkte, sodass virtuelle Netzübergangspunkte entstehen. Die Hoffnung der Bundesnetzagentur ist, dass die neuen Netzübergangspunkte eine höhere freie Kapazität aufweisen.

Schließlich schränkt KARLA die Renominierungsmöglichkeiten der Marktteilnehmer ein. So war es vorher für die Besitzer von Transportkapazität möglich, die Kapazitätsnominierungen sehr kurzfristig anzupassen. Diese kurzfristige Anpassung ist durch das neue Verfahren nur noch verringert möglich. Die nicht mehr renominierbaren Kapazitäten werden anschließend in einer Day-Ahead-Auktion versteigert. Hierdurch wird voraussichtlich ein liquider kurzfristiger Markt für Kapazitäten entstehen.

Netzentgelte

Das zu bezahlende Netzentgelt besteht aus einem Leistungs- und einem Arbeitspreis. Der Leistungspreis wird für die gebuchte Kapazität bezahlt, der Arbeitspreis für die

Nutzung bzw. Nominierung der Kapazität. Die Netzentgelte werden für jeden Ein- und Ausspeisepunkt festgelegt und sind von der Bundesnetzagentur in ihrer Höhe reguliert.

Da in einem Marktgebiet mehr als ein Netzbetreiber Netzdienstleistungen anbietet, die Transportkunden aber nur mit dem Marktgebietsverantwortlichen einen Vertrag abgeschlossen haben und auch nur an diesen die Netzentgelte abführen, bedarf es einer Kostenverrechnung zwischen den Netzbetreibern. Die genaue Verrechnung ergibt sich anhand der von der Bundesnetzagentur genehmigten Netzentgelte.

Bis 2009 erfolgte die Regulierung der Netzentgelte kostenbasiert, d. h. die Netzbetreiber erhielten auf ihre (anrechenbaren) Kosten eine feste Verzinsung. Die kostenbasierte Regulierung der Netzentgelte führt langfristig jedoch zu einem Anreiz zur Überinvestition, da für die Regulierungsbehörde nicht immer einsichtig ist, welche Investitionen sinnvoll und welche Investitionen vermeidbar wären. Aus diesem Grund wurde auf die Anreizregulierung umgestellt, in der eine Erlösobergrenze für die Netzbetreiber festgelegt wurde. Die Erlösobergrenze orientiert sich anfangs an den genehmigten Kosten und wird anschließend jährlich um einen bestimmten Prozentsatz, den so genannten X-Faktor, reduziert. Hierdurch wird ein Anreiz geschaffen, dass die Netzbetreiber ihre Kosten senken, um so mehr Gewinn zu erhalten.

Regel- und Ausgleichsenergie

Wie bereits erwähnt, kann es zu Abweichungen zwischen den nominierten und den tatsächlichen Gasflüssen kommen. Bei großen Abweichungen kann dies zu einem Druckabfall bzw. -anstieg in einer Pipeline führen, wodurch der Netzbetrieb behindert oder sogar gefährdet wird. In diesem Fall setzt der Bilanzkreisnetzbetreiber, der in der Regel identisch mit dem Marktgebietsverantwortlichen ist, Regelenergie ein, um das Gasnetz zu stabilisieren.

Im Gasmarkt wird zwischen interner und externer Regelenergie unterschieden. **Interne Regelenergie** ergibt sich aus der Möglichkeit, das Gasnetz auch bei kurzfristig schwankenden Ein- und Ausspeisungen fahren zu können, da die Netze selbst eine gewisse Speicherkapazität aufweisen. Wenn beispielsweise eine Pipeline im Idealfall mit 100 bar betrieben wird, hat es keine Auswirkungen auf den Netzbetrieb, wenn der Druck kurzfristig etwas ansteigt oder abfällt, da noch genügend Gas in der Pipeline ist, um einen normalen Netzbetrieb zu gewährleisten. Tatsächlich sind bisher keine größeren Ausfälle von Gasnetzen aufgrund zu hoher Differenzen zwischen Ein- und Ausspeisung aufgetreten. Diese Flexibilität im Bereich mehrerer Prozentpunkte stellt einen gravierenden Unterschied zu Stromnetzen dar – bei Letzteren ist sie faktisch Null.

Externe Regelenergie wird eingesetzt, wenn die Abweichungen nicht durch die netzinternen Speicherkapazitäten ausgeglichen werden können. Die Anbieter von externer Regelenergie sind Produzenten, Gasspeicher, die kurzfristig Gas aufnehmen bzw. abgeben können, oder große Verbraucher mit unterbrechbaren Verträgen.

Die **Ausgleichsenergie** ist im Grundmodell der Ausgleichsleistungen und Bilanzierungsregeln im Gassektor, dem so genannten „GaBi Gas", festgelegt. Im Falle einer Abweichung von nominierten und tatsächlichen Gasflüssen in einem Bilanzkreis ist der Bilanzkreisverantwortliche dazu verpflichtet, Ausgleichsenergie zu beziehen und zu bezahlen.

Die Bilanzierung der Abweichungen erfolgt ausschließlich auf Tagesbasis und orientiert sich preislich an einem Korb von Referenzpreisen für Gas, auf die ein Aufschlag bei Lieferung positiver Ausgleichsenergie durch den Bilanzkreisnetzbetreiber und ein Abschlag bei negativer Ausgleichsenergie angewendet wird. Die stundengenaue Strukturierung erfolgt durch den Netzbetreiber, wofür die Transportkunden eine Regelenergieumlage bezahlen. Ausgenommen von der Regelenergieumlage sind nur große Verbraucher, die die stundengenaue Strukturierung selbst übernehmen. Die Bilanzierung auf Tagesbasis wird durch ein stundengenaues Anreizsystem ergänzt. Hiernach erhält jeder Nutzer gewisse Toleranzen bezüglich der Differenz zwischen nominierten und tatsächlich verbrauchten Mengen. Werden diese Toleranzen über- bzw. unterschritten, dann muss der Nutzer zusätzlich einen Strukturierungsbeitrag bezahlen, der abhängig vom Ausgleichsenergiepreis und von der gesamten abgewichenen Menge außerhalb der Toleranzen ist.

10 Urannutzung und Kernenergie

Die Energiegewinnung durch Kernspaltung ist ein äußerst politisches Thema. Um an der kontroversen gesellschaftlichen Diskussion um Kernenergie teilnehmen zu können, ist häufig ein Verständnis der nuklearen Prozesse nötig. Im Zentrum steht hierbei Uran, das als einzig natürlich vorkommendes Schwermetall Kernspaltungs-Kettenreaktionen auslösen kann.

10.1 Merkmale des Energieträgers

Im Mittelpunkt der Energieumwandlung von Uran zu Elektrizität steht der Reaktor, in dem eine **kontrollierte Kernspaltung** in Form einer Kettenreaktion in Gang gesetzt, am Laufen gehalten und überwacht wird. Dabei wird Wärmeenergie freigesetzt, die dann über eine Dampfturbine und einen Generator in elektrische Energie umgewandelt wird. Für diesen Prozess benötigen Kernkraftwerke Brennstoff in Form von spaltbarem Material, das in Kombination mit geeigneten anderen Materialien wie Moderator, Kühlmittel etc. eine kontrollierte und nutzbare Kettenreaktion erlaubt.

10.1.1 Kernenergiegewinnung durch kontrollierte Kernspaltung

Für die Brennelemente sind spaltbare Materialien wie das **Uranisotop 235 (U_{235})**, **Thorium (Th)** oder **Plutonium (Pu_{239})** geeignet. Letzteres kommt in der Natur praktisch nicht vor, sondern entsteht erst während der Kernspaltung. Natürliches Uran kommt in zwei Isotopenformen vor; es setzt sich zu 99,29 % aus nicht spaltbarem U_{238} und nur zu 0,71 % aus spaltbarem U_{235} zusammen. Das spaltbare Uranisotop U_{235} ist in der Natur ähnlich wie die fossilen Brennstoffe nur begrenzt vorhanden. Thorium kommt drei- bis viermal häufiger in der Kruste der Erde vor als Uran.[127]

Uran ist im natürlich vorkommenden Zustand nicht besonders gefährlich. Es ist allerdings als Schwermetall ähnlich wie Blei giftig. Man sollte also den Hautkontakt mit Uranstaub meiden. Ein Zerfallsprodukt des Urans, das Radon, entweicht unsichtbar und geruchlos in der Nähe von Aufbereitungsanlagen, Halden und Mülldeponien. In schlecht gelüfteten Räumen kann eine langanhaltende Radonansammlung, die aus einem steinigen Untergrund stammt, zu einem erhöhten Lungenkrebsrisiko führen. Auch wegen des langsamen Zerfalls von Uran sollte man das Schwermetall nicht in den Organismus aufnehmen.

Für die Nutzung im Reaktor muss das spaltbare Material über diverse Schritte in eine Form gebracht werden, die einen Einsatz in der kontrollierten Kettenreaktion

---

127 Vgl. BGR (2017).

https://doi.org/10.1515/9783110556339-010

erlaubt. Die einzelnen Schritte hierzu bilden die Versorgungsseite des so genannten **Kernbrennstoffkreislaufes**[128].

Eine Erneuerung der Lagerstätten findet gemessen an menschlichen Zeithorizonten nicht statt. Andererseits kommt Uran in sehr geringen Mengen auch im Meerwasser vor, sodass es bei hinreichend hohen Preisen für Uran lohnend sein kann, diese insgesamt sehr großen Uranmengen zu nutzen.

10.1.2 Reserven

Die weltweiten Uranreserven, die zu Produktionskosten von weniger als 80 US-$/kg U zur Verfügung gestellt werden können, wurden 2016 auf rund 1,2 Mio. Tonnen U beziffert. Der Jahresverbrauch der sich in Betrieb befindenden Kernkraftwerke auf der Welt mit einer Gesamt-Nettoleistung von 391 GW belief sich 2016 auf 63.404 Tonnen Natururan und ist damit deutlich niedriger als in den Vorjahren. Grund dafür sind die politischen Folgen des Unglücks in Fukushima (siehe Abschnitt 10.2).[129]

Die jährliche Bergwerksförderung von Uran liegt seit Jahren deutlich unter dem Verbrauch. In den Jahren von 1985–2000 stammten zeitweilig bis zu 50 % der erforderlichen Uranmengen aus bereits existierenden Lagerbeständen, die damals als Folge zu optimistischer Ausbauplanungen aufgebaut worden waren, und zusätzlich aus militärischen, d. h. so genannten strategischen Lagerbeständen sowie aus bereits angereichertem Waffenmaterial ehemaliger Kernwaffen, die im Zuge der Abrüstung anderweitig verwendet werden mussten. Da Kernwaffenmaterial sehr viel höher als 3,5–5 % angereichert wird, konnte hier sogar eine Stufe der Abreicherung, d. h. der Mischung mit normalem Uran erfolgen. Die Differenz aus Förderung und Bedarf wird bis heute von militärischen Beständen, hauptsächlich aus Russland und den USA, gedeckt. Bis 2020 ist der Vertrag zum Abrüsten von Atomwaffen zwischen den USA und Russland gültig und garantiert eine stetige Quelle von Uran für Kernkraftwerke. Von steigender Bedeutung ist außerdem die Wiederaufbereitung von bereits genutzten Brennelementen, was insbesondere im Zusammenhang mit Ressourcenschonung gesehen wird.[130]

10.2 Geschichte der Kernenergienutzung

Der zivile Einsatz der Kernenergie ist eine vergleichsweise junge Energieform: Ihre Geschichte begann erst mit dem Ende des Zweiten Weltkrieges. Die **militärische** Nut-

---

128 Der Begriff „Kreislauf" ist streng genommen sachlich unzutreffend. Für Leichtwasserreaktoren, die derzeit dominieren, gibt es keine „kreislaufartige" Rückführung abgebrannter Brennelemente. Vgl. Abschnitt 10.4.5.
129 Vgl. BGR (2017).
130 Vgl. BGR (2017).

zung der Kernspaltung mit den Atombombenabwürfen auf Hiroshima und Nagasaki 1945 ging der **friedlichen Nutzung** voraus.

In den 1950er und 1960er Jahren wurden die Entwicklungspotenziale der zivilen Kernenergienutzung ausgesprochen positiv eingeschätzt. In dieser Phase der großen **„Atomeuphorie"** gab es die Hoffnung, für die Zukunft eine reichlich vorhandene und preiswerte Energiequelle zu besitzen. Noch 1958 bemerkte der damalige Vorsitzende der US-amerikanischen Atomic Energy Commission, diese Energieform sei „too cheap to meter". In der Rückschau waren die damaligen Vorstellungen offensichtlich überzogen optimistisch und beruhten auf Fehleinschätzungen der Technik. Aber auch unter nüchternen Fachleuten galt die Kernenergie zu dieser Zeit als Maßstab für das technische Niveau eines Industrielandes.

Deutschland und Japan begannen ihre Nuklearprogramme etwa zehn Jahre später, da sie Auflagen der Siegermächte des Zweiten Weltkrieges zu erfüllen hatten. Einen Auftrieb erhielt die Kernenergie nach dem „Ersten Ölpreisschock" im Winter 1973/74. Kernenergie, so die damaligen Hoffnungen in den westlichen Industrieländern, sollte ihre Abhängigkeit von der Versorgung mit OPEC-Rohöl verringern helfen. Da die Anwendung der Kernenergie auf Stromerzeugung [und theoretisch Wärmeversorgung] beschränkt ist, war ihr Substitutionspotenzial von Rohöl jedoch von vornherein auf diesen Bereich beschränkt, d. h. es ergaben sich z. B. keine Substitutionsmöglichkeiten für Treibstoffe im Individualverkehr und nicht energetischen Einsatz von Öl etwa in der Kohlenstoffchemie.

Auf der anderen Seite wurden jedoch schon sehr früh erste Grenzen sichtbar. Die erforderliche Erhöhung der Sicherheitsstandards bei den Reaktoren ließ die Investitionskosten der Kraftwerke stark ansteigen. Noch deutlicher waren die Kostensteigerungen bei der Wiederaufarbeitung zur Rückgewinnung spaltbaren Materials aus „abgebrannten" Brennelementen, während insbesondere die Kosten bei der Endlagerung (Deponierung) stark radioaktiver Abfälle mangels Erfahrung noch heute nicht im Detail bekannt sind.

Eine Zäsur im politisch-öffentlichen Raum bildeten die Reaktorunfälle von **Harrisburg (März 1979), Tschernobyl (April 1986)** und **Fukushima (März 2011)**. In der amerikanischen Stadt Harrisburg kam es am 28. März 1979 im Block *Three Mile Island* zu einem schwerwiegenden Störfall, der nach viertägiger Dauer glimpflich ausging. Dennoch offenbarte er bis dahin nicht für möglich gehaltene Probleme und Risiken. In Deutschland fanden zeitgleich Anhörungen zur geplanten Wiederaufarbeitungsanlage für abgebrannte Brennelemente im niedersächsischen Gorleben statt. Der politischen Akzeptanz dieses Projektes hat der Störfall in Harrisburg schwer geschadet. Der bisher schwerste Reaktorunfall ereignete sich am 26. April 1986 in Tschernobyl, etwa 100 km nördlich von Kiew in der Ukraine. Hierbei wurde ein großer Teil des radioaktiven Inventars durch eine Explosion in die Atmosphäre geschleudert, sodass es nicht nur im Nahbereich des Reaktors und im Gebäudewrack selbst zu schwersten Schäden und Opfern kam, sondern es erfolgte auch eine radioaktive Belastung großer Teile von

Europa. Obwohl die Bauart des Reaktors nicht derjenigen der deutschen und anderen westlichen Länder entsprach, hat dieses Unglück die Akzeptanz der Kernenergienutzung nachhaltig beschädigt.

Am 11. März 2011 ereignete sich im Meer östlich der Stadt Sendai auf der japanischen Hauptinsel ein Seebeben der Stärke 9,0, was nicht nur schwere mechanische Schäden in den betroffenen japanischen Küstenbereichen anrichtete, sondern auch einen Tsunami mit erheblicher Gewalt auslöste, der etwa eine Stunde nach dem Beben mit einer sehr hohen Welle die östliche Küste erreichte.

Das an der Ostküste gelegene Kernkraftwerk Fukushima Daiichi rund 60 km südlich von Sendai mit sechs Blöcken und insgesamt 4,7 GW Leistung wurde zuerst durch die Unterbrechung der allgemeinen Stromversorgung und das Erdbeben selbst in die Schnellabschaltung und den Notkühlbetrieb gebracht. Die nach einer knappen Stunde eintreffende sehr hohe Tsunamiwelle führte zum eigentlichen schweren Unglück: Sie überspülte die zu niedrige Schutzmauer und legte auch die Notstromsysteme lahm. Die anschließende Notkühlung auf Batteriebasis konnte eine dauerhafte Kühlung nicht mehr gewährleisten, sodass es zu einem nicht mehr beherrschbaren großen Unfall in vier Blöcken kam. Einer davon, Block 4, war schon länger für Revisionszwecke abgeschaltet, hatte aber noch über 1.000 zu kühlende Brennelemente in Abklingbecken. Vermutlich ist die in Block 4 ausgelöste Wasserstoffexplosion durch Zufuhr von Wasserstoff aus dem benachbarten Block 3 erfolgt, der über ein Verbindungsrohr wegen eines nicht vorhandenen Rückschlagventils den Innenbereich von Block 4 erreichte. Im Verlauf dieses Super-GAUs kam es nach über einem Tag zu einer Serie von Wasserstoffexplosionen, die die jeweiligen Kuppeln abrissen und die Gebäude schwer beschädigten.

Erhebliche Mengen an Radioaktivität wurden in die nähere Umgebung freigesetzt. Große Mengen Notkühlwasser, die erheblich radioaktiv belastet waren, wurden zudem ins Meer geleitet. Eine Zone in einem größeren (Halb-)Umkreis musste evakuiert werden. Wegen der zur Unglückszeit vorherrschenden Windrichtung wurde vor allem der nordwestlich liegende Bereich betroffen und viele Partikel in Richtung Meer emittiert. Auch die Betreiberfirma TEPCO (*Tokyo Electric Power Company*) überzeugte keineswegs durch ihr Schadensmanagement und wirkte teilweise völlig überfordert. 2012 stellte die Untersuchungskommission *Fukushima Nuclear Accident Independent Investigation Commission* (NAIIC) fest, dass die Katastrophe vermeidbar gewesen wäre, hätte TEPCO die Sicherheitsanforderungen eingehalten. Die weltweiten politischen Konsequenzen des Fukushima-Unglücks reichten von Hinweisen auf völlig andere Gegebenheiten in den Ländern bis hin zu einem Korrigieren der grundsätzlichen Einstellung zur Kernenergienutzung in Deutschland im Frühsommer 2011, wo ein vollständiger Ausstieg aus der Kernenergie beschlossen wurde.

Aufgrund ihrer militärischen Option und des Gefährdungspotenzials war die Nutzung der Kernenergie ohnehin grundsätzlich stärker Gegenstand gesellschaftlicher Auseinandersetzungen in den westlichen Demokratien als z. B. der lange Zeit wenig kritisierte Einsatz von Kohle oder Gas. Die spätestens ab 1986 sichtbare **„Akzeptanz-krise"** führte mit dazu, dass der Neubau von Kernkraftwerken weltweit für fast 20 Jahre bis auf wenige Ausnahmen zum Erliegen kam. Obwohl nach 2007/08 mehrere Kernkraftneubauten begonnen oder in Auftrag gegeben wurden, konnte die Gesamtkapazität weltweit kaum wachsen, da auch ältere Anlagen stillgelegt wurden.

Allerdings wäre es falsch, ähnlich wie die Öffentlichkeit den Blickwinkel einseitig auf Betriebssicherheit und Entsorgung zu beschränken. Auch **elementare ökonomische Faktoren** hatten sich Ende der achtziger Jahre gegen die Kernenergie gewandt:

- Die in den 1970er Jahren erwartete Energieknappheit trat nicht ein. Daher wurde die Kernenergie nicht wie erwartet ausgebaut. Als **„large scale economy"** konnten die Größenvorteile (*economies of scale*) der Kernenergie nicht realisiert werden: Als beispielsweise in Deutschland und Frankreich ein standardisierter Reaktortyp existierte, ging die Nachfrage nach Neubauten in Deutschland wegen der dann absehbaren Überkapazitäten in der Stromerzeugung bis in die neunziger Jahre dramatisch zurück.
- Natururan blieb billig, und daher wurde die zunächst politisch gewollte Wiederaufarbeitung abgebrannter Brennelemente immer unwirtschaftlicher (Erhöhung der Brennstoffkosten durch die Wiederaufarbeitung anstatt Senkung).
- Konzepte wie der „Schnelle Brüter", auf dem letztlich die Begründung für Wiederaufarbeitung beruhte, blieben aus wirtschaftlich-technischen Gründen weit hinter den Erwartungen zurück.
- Die Erhöhung der Sicherheitsstandards erhöhte die Investitionskosten bei dem Neubau von Reaktoren.
- Bei der Endlagerung radioaktiver Abfälle handelt es sich überwiegend um fixe Kosten, d. h. bei geringerem bzw. sehr viel später anfallendem Abfall als prognostiziert kommt eine negative Fixkostenproportionalisierung zum Tragen.
- Die Kernenergie hatte seit dem Ölpreisverfall 1985/86 bis Anfang der ersten Jahre des neuen Jahrhunderts gegen nominal und real billige fossile Energieträger zu konkurrieren.

Verglichen mit der Verbrennung fossiler Energieträger werden bei der Kernspaltung keine bzw. nur wenige Treibhausgase frei. Daher wurde mit dem Erkennen des Klimaproblems von verschiedenen Seiten ein massiver Ausbau der Kernenergie als eine mögliche Antwort in die Diskussion gebracht. Bei dieser Position ist erstens zu berücksichtigen, dass Kernenergie neben einem entsprechenden Knowhow und hinreichender Marktgröße auch politisch stabile Rahmenbedingungen verlangt, was ihre Nutzung insbesondere in vielen Entwicklungsländern verbietet. Eine **großtechnische Nutzung** mit z. B. täglichen Transporten von radioaktiven Abfällen, der jährlichen Verarbeitung großer Mengen von Plutonium, der wöchentlichen Stilllegung und Inbetriebnahme von Kernkraftwerken hat eng verbunden mit der Frage nach der Sicherheit des gesamten Systems auch die politische Realisierbarkeit eines solchen

Systems in einer Demokratie zu beantworten. Zum zweiten haben Krisen zwischen der internationalen Staatenwelt und den Staaten Nordkorea und Iran gezeigt, dass die Sorge vor **missbräuchlicher militärischer Nutzung** der „eigentlich" zivilen Technik erheblich sein kann.

Kernenergiespezifisch sind deshalb der staatliche und überstaatliche Einfluss zur Überwachung verschiedener sensibler Prozesse und die **Entsorgung** von radioaktiven Abfällen. Zu ersterem gehören auch Forschung und Entwicklung (F&E) speziell im Grundlagenbereich. Die Gründe für eine international koordinierte Überwachung sind der Schutz der Bevölkerung sowie die Kontrolle der Nichtverbreitung von waffenfähigem Material (Non-Proliferation), die in internationale Verträge (z. B. EURATOM, Atomwaffensperrvertrag) eingebettet sind.

Mit dem „Gesetz zur geordneten Beendigung der Kernenergienutzung zur gewerblichen Erzeugung von Elektrizität" (Ausstiegsgesetz) vom 27. April 2002 wurde die Laufzeit der vorhandenen deutschen Kernkraftwerke durch die Politik begrenzt. Trotz entgegengesetzter Stellungnahmen aus den Parteien hatte auch die große Koalition aus CDU/CSU und SPD am gesetzlich festgelegten Rahmen für den schrittweisen Kernenergieausstieg festgehalten und vor allem eine von verschiedenen Seiten vorgebrachte Variante der Laufzeitverlängerung für bestehende Kernkraftwerke nicht akzeptiert.

Die im Herbst 2009 neu gebildete Koalitionsregierung aus CDU/CSU und FDP führte dann ein Jahr später eine Verlängerung der Laufzeiten für die noch in Betrieb befindlichen Kernkraftwerke ein. Dies sollte einerseits die Erreichung der klimapolitischen Ziele erleichtern, andererseits sollte auch der Staat an den prognostizierten Extragewinnen durch eine neu kreierte „Brennelementesteuer" partizipieren. Nach dem schweren Unglück in Fukushima-Daiichi Mitte März 2011 bewertete die Regierung die Sicherheitsfragen neu und beschloss, einen Teil der deutschen Kernkraftwerke sofort auf Dauer vom Netz zu nehmen und neun Reaktoren jüngerer Bauart bis spätestens 2022 auslaufen zu lassen. Dadurch sank die Kernkraftkapazität im Sommer 2011 von $20,5\,\mathrm{GW_{netto}}$ auf $12\,\mathrm{GW_{netto}}$ und soll dann in vier Schritten bis 2022 auf null gefahren werden.

Trotz der zuerst erheblich scheinenden Folgen des Unfalls in Fukushima sind die Auswirkungen weltweit mit Ausnahme von Deutschland, Italien, der Schweiz und Belgien wohl eher gering. In den letzteren drei Ländern veranlasste der Unfall den Stopp von Ausbauplänen. Weltweit ist tatsächlich aber zukünftig mit einem Anstieg von Kernenergie im Energiemix zu rechnen. Auf der Welt befinden sich 54 Kernkraftwerke im Bau, weitere 120 sind in der Planungs- und Genehmigungsphase (Stand Nov. 2019).[131]

---

131 Vgl. Nuklearforum Schweiz (2019).

10.3 Nachfrage

Die zivile Nachfrage nach Uran leitet sich fast ausschließlich aus dessen Nutzung im Kernbrennstoffkreislauf ab. Dementsprechend konzentriert sich die Nachfrage nach Uran auf diejenigen Staaten, die Kernenergie nutzen. Eine weitere Anzahl von Staaten in der gleichen Größenordnung besitzen Forschungsreaktoren. Insgesamt sind weltweit 449 Reaktoren mit einer installierten (Netto-)Leistung von etwa 398 GW$_e$ in Betrieb.[132] Tabelle 10.1 zeigt den Uranverbrauch in Tonnen der Top-10-Länder bezüglich ihres Uranverbrauchs.

Tab. 10.1: Uranverbrauch in Tonnen der 10 größten Uranverbraucher im Jahr 2016 (Quelle: BGR, 2017)

Land	Uranverbrauch
USA	18.160
Frankreich	9.210
Russland	6.260
China	5.340
Südkorea	5.010
Ukraine	2.250
Großbritannien	1.730
Deutschland	1.690
Kanada	1.630
Schweden	1.470

Die jeweiligen Anteile der Kernenergie an der Stromerzeugung sind von Land zu Land unterschiedlich, wobei gerade die kleineren osteuropäischen Reformstaaten oft nur von einem einzigen KKW-Standort abhängig sind bzw. waren (z. B. Kosloduj/Bulgarien, Ignalina/Litauen (Ende 2009 stillgelegt)). Die Anteile der nuklearen Stromerzeugung an der gesamten Stromerzeugung werden in Abb. 10.1 für ausgewählte Länder dargestellt.

Insbesondere China (21 im Bau befindliche Reaktoren), Russland (7), Indien (5) und die USA (4) sorgen für einen Ausbau der Kernenergie. Insgesamt wurde (Stand Ende 2016) weltweit der Bau von 125 neuen Reaktoren geplant und beantragt. Allein 2016 gingen 10 neue Reaktoren ans Netz, während nur 3 stillgelegt wurden.[133] Die OECD erwartet dementsprechend einen Anstieg des Kernenergieanteils an der Gesamtstromerzeugung. Bis zum Jahr 2030 wird ein Anstieg der installierten nuklearen Kapazität auf insgesamt 500–660 GW$_e$ erwartet.

Allerdings sind die Investitionskosten neuer Kernkraftwerke bisher deutlich höher als erwartet ausgefallen, sodass diese Zubaugeschwindigkeit von einer Vielzahl anderer ökonomischer Größen abhängt.

---

132 Vgl. IAEA (2019a).
133 Vgl. IAEA (2017).

Frankreich	72,8
Slowakei	54,1
Ungarn	51,3
Belgien	51,2
Ukraine	50,2
Schweden	40,1
Slowenien	35,2
Bulgarien	35
Schweiz	34,4
Finnland	33,7
...	
Deutschland	13

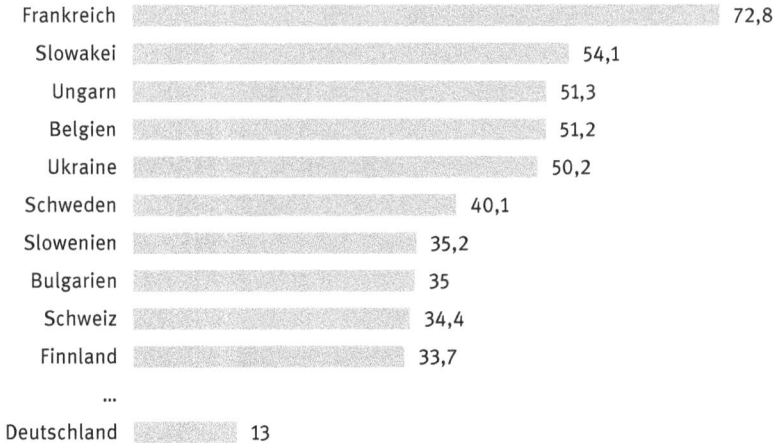

Abb. 10.1: Anteile (in %) der nuklearen Stromerzeugung ausgewählter Länder (Stand: 2016) (Quelle: IAEA (2017))

10.4 Angebot

Der Kernbrennstoffkreislauf, wie in Abb. 10.2 dargestellt, bildet den gesamten Weg des Kernbrennstoffes von der Gewinnung, der Umwandlung, dem Reaktoreinsatz bis zur Entsorgung ab. Der Kernbrennstoffkreislauf kann zwar mit den einzelnen Reaktortypen variieren, besteht aber immer aus drei Stufen. Die erste Stufe wird als **Versorgungsseite (front-end)** bezeichnet und umfasst Förderung, Konversion, Anreicherung und Brennelementfertigung. Die zweite Stufe umfasst die Erzeugung von Energie in einem Reaktor. Die dritte Stufe ist die Entsorgungsseite (**back-end**), in der die ausgebrannten Brennstäbe aus dem Reaktor entfernt und entweder wiederaufbereitet oder zwischen- bzw. endgelagert werden.

Im Kernbrennstoffkreislauf sind vom Uranabbau über die Konstruktion und den Betrieb von Kernreaktoren bis hin zur Endlagerung eine Vielzahl von hoch spezialisierten Unternehmen tätig. Viele dieser Unternehmen waren ursprünglich staatlich oder unterlagen einer hohen staatlichen Kontrolle, die sie im Gegenzug vor Wettbewerb schützte. Heute unterliegen fast alle Stufen des Kernbrennstoffkreislaufs einem Wettbewerb.

Tabelle 10.2 gibt eine Übersicht über die weltweite Anzahl der Anlagen in den Stufen des Kernbrennstoffkreislaufs.

10.4.1 Förderung

Auf der Beschaffungsseite ist Deutschland heute auf die internationalen Märkte angewiesen. In der ehemaligen DDR gab es einen intensiven Uranbergbau durch die SDAG

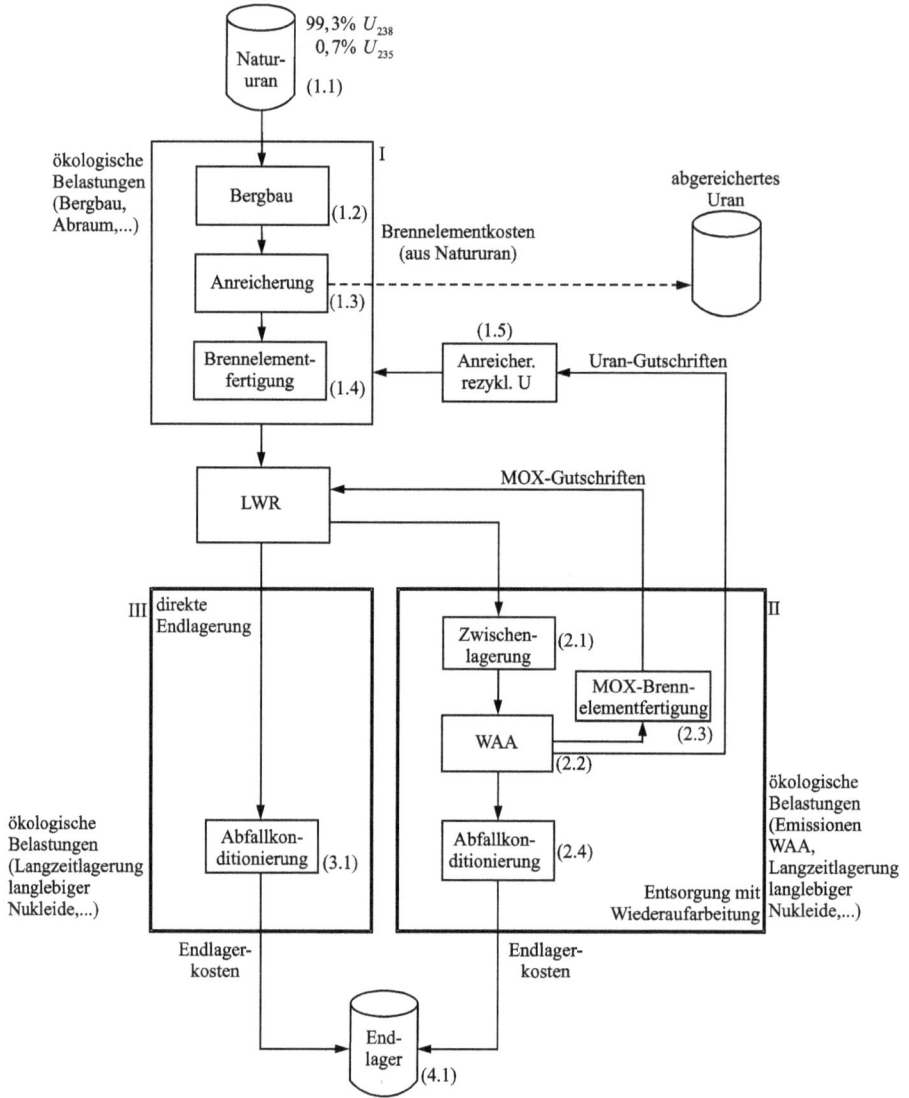

Abb. 10.2: Kernbrennstoffkreislauf

Wismut mit erheblichen Umweltbelastungen und Altlasten, die nach der Wiedervereinigung zu bewältigen waren. Die wichtigsten Lagerstätten befanden sich im Erzge-
birge und in Ronneburg (Ostthüringen). Im Zuge der Stilllegung, Sanierung und Re-
kultivierung von Urangewinnungs- und Uranaufbereitungsbetrieben der ehemaligen
SDAG Wismut wurden einige Jahre nach 1990 noch geringe Restmengen Uran produziert. Ansonsten hat Deutschland seit langem keine Eigenförderung, sondern importiert das für die Kernkraftwerke benötigte Uran.

Tab. 10.2: Weltweite Anzahl der Anlagen im Kernbrennstoffkreislauf (Quelle: IAEA, 2009)

Stufe	Anlagenanzahl
Uranförderung	40
Konversion	22
Anreicherung	13
Brennelemente	40
Wiederaufbereitung	5

Ebenso wie die Uranvorräte sind auch die Förderstätten relativ breit gestreut. Die größten Förderländer sind Kasachstan (39,4 %), Kanada (22,5 %) und Australien (10,1 %). Neben der geplanten Förderung fällt Uran auch als Beiprodukt der Förderung anderer Erze an, d. h. es wird etwa in Gold-, Nickel- oder Kupferminen oder beim Phosphatabbau mit gefördert. Tabelle 10.3 gibt einen Überblick über die Uranproduktion in den wichtigsten Förderländern.

Tab. 10.3: Uranproduktion in 1.000 Tonnen (Quelle: BGR Energiestudie 2005, 2009, 2017)

	2005	2010	2015	2016	Anteil an der Welt-förderung in %
Kasachstan	4,2	17,8	23,8	24,6	39,4
Kanada	11,8	9,8	13,3	14,0	22,5
Australien	9,0	5,9	5,7	6,3	10,1
Namibia	3,0	4,5	3,0	3,7	5,9
Niger	3,4	4,2	4,1	3,5	5,6
Russland	3,3	3,6	3,1	3,0	4,8
Usbekistan	2,3	2,4	2,4	2,4	3,9
China	0,7	0,8	1,6	1,6	2,6
Rest der Welt	3,6	4,7	3,5	3,3	5,2
Gesamt	41,3	53,7	60,5	62,4	100

Die weltweite Uranproduktion wird von wenigen großen Unternehmen dominiert; die neun größten haben einen Marktanteil von 83 %. KazAtomProm, Cameco und Areva sind dabei die drei größten mit 51 % der weltweiten Uranproduktion. Noch vor wenigen Jahren galt die kasachische Urangesellschaft KazAtomProm als Newcomer, ist aber innerhalb weniger Jahre zum Marktführer avanciert.

Die Welturanproduktion deckte in den vergangenen Jahren nur etwas mehr als 90 % des Uranbedarfs. Diese Lücke existiert seit Mitte der 80er Jahre. In Erwartung eines erheblichen Ausbaus der Kernenergie waren in der Vergangenheit große Lagerbestände aufgebaut worden, die dann schrittweise reduziert wurden. Weiterer Kernbrennstoff kommt aus der Wiederaufarbeitung und der Abrüstung. Infolgedessen lohnte sich es für eine längere Periode nicht, in die Exploration und Neuerschließung von Uranminen zu investieren. In den Jahren 2003–2008 kam es zu einem hohen Preisanstieg bei Uran, der insbesondere durch die Ankündigungen von neuen Kernkraftwerken getrieben wurde. Durch die Finanzkrise ab dem Herbst 2008 wurde die Finanzierung dieser Großprojekte jedoch wesentlich erschwert und der Uranpreis ist seitdem wieder stark gesunken, befindet sich allerdings noch immer über dem Niveau von vor 2003 (siehe Abb. 10.3).

Ab 2003 kam es zu Aktivitäten bezüglich der Eröffnung neuer Minen in einigen Ländern, mit mehreren Minen in Australien, den USA und Kanada, mit deren Eröffnung in den nächsten Jahren zu rechnen ist. Dieser Zuwachs an Uranbergwerken ist insbesondere in Anbetracht der stetig steigenden Nachfrage nach Uran notwendig. So stieg die Welturanförderung beständig, seit 2010 um fast 17 % von über 53.500 Tonnen auf 62.400 Tonnen.

10.4.2 Konversion

Nach der Förderung des Uranerzes findet eine Anreicherung des Urans statt, da die abgebauten Erze meist nur wenige Kilogramm Uran pro Tonne Erz enthalten. Wenn Mahlen, Auslaugen, Fällen, Waschen und Trocknen beendet sind, bleibt am Ende der so genannte „**yellow cake**" über, ein Konzentrat verschiedener Uranverbindungen mit über 60 Gewichtsprozent Uran. Innerhalb der notwendigen **Konversion** findet eine weitere Reinigung des Urans statt. Zur Vorbereitung der hiernach notwendigen Anreicherung ist die Transformation in das bei Temperaturen über 56 °C gasförmige Uranhexafluorid (UF_6) notwendig.

Die weitaus größten Kapazitäten von Uranhexafluorid-Konversion befinden sich in Russland mit drei Anlagen. Außerdem gibt es zwei große Konversionsanlagen in Nordamerika und zwei in Westeuropa sowie eine relativ große Anlage in China. Nur 10 Konversionsanlagen beherrschen weltweit den Markt mit nur wenigen Firmen als Eigentümer.[134] Ein möglicher Grund hierfür ist, dass die Konversionsanlagen wichtige Umschlagplätze für den Uranhandel darstellen. Da mit jedem neuen Anbieter die Liquidität an diesen Handelsplätzen sinken würde, können sich neu in den Markt eintretende Unternehmen daher nur schwer durchsetzen. Die Konversionsstufe ist mit 5 % der Gesamtkosten des Kernbrennstoffkreislaufs relativ unbedeutend, sodass die hohe Konzentration durchaus ein effizientes Marktergebnis darstellen könnte.

Für einige wenige Reaktoren wie CANDU wird anstelle von Uranhexafluorid Uran(IV)-oxid (UO_2) konvertiert.

---

134 Vgl. WISE Uranium Project (2017).

10.4.3 Anreicherung

Das spaltbare U_{235} kommt in der Natur zu etwa 0,71 % vor, die übrigen 99,29 % sind nicht nutzbares U_{238}. Je nach angestrebtem Abbrand benötigen Leichtwasserreaktoren das U_{235} in einer Konzentration zwischen derzeit 3,5 % und 4,5 %. Dieser Zustand wird über die **Anreicherung** erreicht. Die Anreicherung basiert auf einem mikroökonomischen Optimierungskalkül: Dabei wird das Natururan (*feed*) in angereichertes Uran (*product*) und abgereichertes Uran (*tails*) aufgeteilt. Bei vorgegebenem Anreicherungsgrad kann das Ergebnis entweder mit viel Feed – wenig abgereichert, da geringer Einsatz von Trennarbeit – und zwangsläufig viel Tails oder alternativ mit viel Trennarbeit und weniger, aber dafür stärker abgereichertem Feed erzielt werden. Diese „**Tails-Optimierung**" ist abhängig vom Preisverhältnis des Feed und den Kosten der Trennarbeit.

Verdeutlichend kann sie auch mit der Gewinnung von Apfelmost mit einer Saftpresse verglichen werden: Eine Flasche Apfelmost (*product*) kann entweder mit viel Äpfeln (*feed*) und geringer Nutzung der Presse (*Trennarbeit*) oder wenig Äpfeln und dementsprechend hoher Auslastung der Presse erreicht werden. Wenn Äpfel sehr billig sind, kann man den Einsatz der Presse geringhalten und erhält dennoch viel Most und umgekehrt.

Trotz der hohen Preissteigerungen lohnt sich eine noch intensivere Nutzung der ohnehin kostengünstigen Zentrifugenanreicherung, um den bisher abgereicherten Teil noch weiter auszunutzen.

Während bis Anfang der achtziger Jahre die Anreicherungstechnik durch US-amerikanische Firmen unter Aufsicht des Department of Energy (DOE) und der Atomic Energy Commission (AEC) mit der relativ teuren, da energieintensiven Trenndüsentechnik dominiert wurde, gelang es europäischen Firmen mithilfe der neu entwickelten Zentrifugentechnik, eine kostengünstigere Anreicherungstechnik zu entwickeln. Diese Technik ist heute Standard und hat die Kosten für die Trennarbeit, auf Englisch „separative work unit" (SWU), gegenüber der älteren Technik deutlich gesenkt. Dabei wird Uran auf der einen Seite angereichert, auf der anderen Seite bleibt eine große Menge abgereichertes Uran mit einem U_{235}-Anteil von beispielsweise 0,2–0,25 % übrig (*tails assay*).

Danach wird das angereicherte Uran in Tablettenform (Pellets) gepresst. Mehrere in ein Hüllrohr eingebrachte Pellets ergeben einen Brennstab und mehrere zueinander fest angeordnete Brennstäbe ein Brennelement. Danach kann das Uran als „Kernbrennstoff" eingesetzt werden. Natürlich findet dabei keine „Verbrennung" statt, sondern als Energiequelle dient die kontrollierte Kettenreaktion. Dennoch hat sich dieser Sprachgebrauch in Anlehnung an andere Energieträger in thermischen Kraftwerken durchgesetzt.

Die Anreicherung von Uran ist eine Technologie mit hoher strategischer Bedeutung, da ein Land mit einer Anreicherungsanlage prinzipiell in der Lage ist, atomare Waffen zu produzieren. Aus diesem Grund ist diese Stufe des Kernbrennstoffkreislaufs sehr hohen staatlichen Kontrollen unterworfen und die Wettbewerbsintensität ist sehr gering.

10.4.4 Verwendung

Der Brennstoffbedarf eines Reaktors ist technisch durch Leistung (Kapazität), Last-faktor und **Abbrandrate** (energetische Ausnutzung des Brennstoffs) in Quantität und Qualität (Anreicherung) festgelegt. Durch den Einsatz im Reaktor wird Kernbrennstoff „verbraucht", sodass jährlich – meist im Rahmen der Revision, in der das KKW ohne-hin abgeschaltet ist – ein bestimmter Anteil der Brennelemente (BE) durch neue aus-getauscht wird. Aus stromwirtschaftlichen Gründen finden diese Wechsel bevorzugt im Sommerhalbjahr statt. Es hat sich bisher bewährt, jeweils ein Drittel des Brennele-mentinventars auszutauschen. Ein neues Brennelement verbleibt somit durchschnitt-lich drei Jahre im Reaktor.

Grundsätzlich gibt es eine Vielzahl technischer Lösungen, um eine kontrollierte Kernspaltung für Energiegewinnungszwecke zu betreiben. Die dominierenden Kern-kraftwerke der heutigen Bauart sind die so genannten **Leichtwasserreaktoren** (un-terschieden in Siedewasser- und Druckwasserreaktoren), die angereichertes Uran ein-setzen. Thorium ist reichlich verfügbar, ist jedoch nur als Brennstoff für den derzeit nicht mehr weiter in Entwicklung befindlichen **Hochtemperaturreaktor** (HTR) zu verwenden. Daneben gibt es noch eine Vielzahl anderer Reaktorlinien wie die russi-schen Entwicklungen oder den Schwerwasserreaktor kanadischen Typs, welche teil-weise nicht angereichertes Natururan verwenden – dies allerdings auf Kosten der be-nötigten Menge, d. h. viel Uran mit geringer energetischer Ausbeutung. Tabelle 10.4 gibt eine Übersicht über die weltweit verwendeten Reaktortypen 2016.

Als Lösung für das Problem der begrenzten Verfügbarkeit von U_{235} galt der so ge-nannte **Brutreaktor** (Schneller Brüter)[135], der als „erwünschten Reststoff" Plutonium

Tab. 10.4: Anteile der Reaktortypen an der Weltproduktion 2016 (Quelle: IAEA, 2019b)

Reaktortyp	Anteil an weltweiter Kapazität in %
Druckwasserreaktor (PWR)	69,5
Siedewasserreaktor (BWR)	19,3
Schwerwasserreaktor (PHWR)	6,3
Leichtwasserreaktor (LWGR)	2,6
Gasgekühlter Reaktor (GCR)	2,0
Brutreaktor (FBR)	0,3

---

135 Da ein Brutreaktor anders als ein Leichtwasserreaktor mit ungebremsten Neutronen arbeitet, hat er das Beiwort „schnell" bekommen.

aus dem nicht spaltbaren U_{238} erzeugt. In der ersten Öl-Hochpreisphase ab 1973 wurden in die Bruttechnologie große Hoffnungen gesetzt, da sie die vorhandenen (damals als ausgesprochen knapp eingeschätzten) Uranreserven um den Faktor 60–100 strecken könnte. Angesichts der nach 1985 wieder gesunkenen realen Energiepreise, reichlich verfügbarem Natururan, immer höherer Kosten für den Brüter sowie der Schwierigkeiten seines Betriebs (flüssiges Natrium als Kühlmittel) halten nur noch wenige Länder (USA, Russland, Frankreich, Indien und Japan) an diesem Konzept fest. Selbst die inzwischen stark gestiegenen Uranpreise lassen noch andere Möglichkeiten zur kostengünstigen Ausstattung von Reaktoren mit Brennelementen auch ohne Nutzung der Brütertechnik zu.

Die noch im Betrieb befindlichen acht (Stand 2017) deutschen Reaktoren sind alle Leichtwasserreaktoren (Druckwasser- und Siedewasserreaktoren). Auch diese werden schrittweise mit festgelegten Stilllegungszeitpunkten bis 2022 im Zuge des Atomausstiegs stillgelegt. 2010 deckte Kernenergie noch rund 23 % des deutschen Strombedarfs, 2016 sind es nur noch 13 %. Vollständig rückgebaut („Grüne Wiese") ist der Reaktor Niederaichbach, der als Schwerwasserreaktor nur wenige Tage im Betrieb war.

Nach der Wiedervereinigung kamen Reaktoren (Greifswald, Rheinsberg) der ehemaligen DDR dazu. Mit ihrem russischen Design entsprachen sie nicht dem bundesdeutschen Atomgesetz und wurden daher stillgelegt und zurückgebaut. Daneben gibt es Versuchsreaktoren, die zum Teil ebenfalls schon geschlossen sind. Nicht alle sind zwangsläufig der Kernenergie zuzurechnen [z. B. dient ein Reaktor im bayrischen Garching physikalischen Versuchen]. Entwicklungen wie der Schnelle Brüter in Kalkar (SNR-300) und der Thorium-Hochtemperaturreaktor Hamm-Uentrop (THTR-300) wurden 1991 bzw. 1990 aufgegeben.

10.4.5 Entsorgung und Wiederaufbereitung

Nach der Entladung der abgebrannten Brennelemente (SNF = *spent nuclear fuel*) beginnt die **Entsorgungsseite** des Kernbrennstoffkreislaufs (***back-end***). Ein typischer Leichtwasserreaktor mit 1.000 MW_e produziert jährlich etwa 20–30 Tonnen gefährlichen Materials. Weltweit entstehen jährlich etwa 10.000 Tonnen Abfälle. Abgebrannte Brennstäbe produzieren noch immer ein sehr hohes Maß an Hitze, weshalb sie für die ersten Jahre unter Wasser gelagert werden. Anschließend gibt es die Wahl zwischen der **Direkten Endlagerung** (DE) und der **Wiederaufarbeitung** (WA). In Deutschland ist der Weg über die Wiederaufarbeitung in Frankreich und Großbritannien etwa zwei Jahrzehnte bis 2005 gegangen worden. Zurzeit werden abgebrannte Brennelemente nur in Zwischenlagern nahe der Kernkraftwerke gelagert.

Bei der direkten Endlagerung wird SNF nach einer Lagerung im KKW-eigenen Zwischenlager (Nasslagerung ca. 5–7 Jahre) extern gelagert und nach Ende der Zwischenlagerzeit (ca. 25–40 Jahre) sowie einer entsprechenden Präparierung (Konditionierung) endgelagert.

Bei der Wiederaufbereitung werden die abgebrannten Brennelemente mechanisch zerlegt, der Brennstoff aufgelöst und in Alturan (AU), Plutonium und Abfälle separiert. Das Plutonium wird zusammen mit (Natur-)Uran in so genannten Mischoxid-Brennelementen (MOX) dem Kernbrennstoffkreislauf wieder zugeführt, während das AU über Konversion, Anreicherung und BE-Fertigung in Form von WAU-Brennelementen (wiederangereichertes Alturan) wiedereingesetzt werden kann.

Bei der Wiederaufbereitung ist der Bedarf an Natururan gegenüber der direkten Endlagerung geringer, wobei über diese vermeintliche „Ressourcenschonung" noch keine Aussage über die **Wirtschaftlichkeit der Wiederaufarbeitung** ableitbar ist. Wiederaufgearbeitetes Uran enthält zusätzliche Uranisotope, die einerseits die Strahlung erhöhen, andererseits den Neutronenfluss der neuen Brennelemente beeinträchtigen. Letzteres bewirkt vor allem U_{236}, das sich wegen seines Gewichtes kaum von U_{235} trennen lässt.

Im Rahmen einer **Gesamtpfadbetrachtung** wäre die Wiederaufbereitung nur dann wirtschaftlich, wenn ihre Zusatzkosten über die Betriebsdauer geringer wären als die in Geld bewertete Ersparnis an Frischuran-Brennstoff. Umstritten ist, wie häufig Brennelemente wiederaufgearbeitet werden können. Die Tendenz zu einer höheren energetischen Ausnutzung (Abbrand) verändert den abgebrannten Brennstoff hinsichtlich seiner Zusammensetzung (z. B. geringere Menge Pu, höherer Anteil des „Neutronenfängers" U_{236}), was die Wiederaufbereitung zunehmend technisch schwieriger und teurer macht. Ist die direkte Endlagerung heute billiger, fordert die ökonomische Logik die direkte Endlagerung, die zunächst nur eine langfristige Zwischenlagerung ist. Ein späterer Übergang auf die Wiederaufbereitung wäre technisch immer noch möglich; während andererseits heute separiertes Pu zügig eingesetzt werden muss, weil es andernfalls durch die Bildung von Americium „verschmutzt" wird.

Bei der Wiederaufbereitung fallen, verglichen mit der direkten Endlagerung, erheblich höhere Volumina an **radioaktiven Abfällen** an, diese sind allerdings in der Mehrzahl lediglich schwach- oder mittelaktiv (LAW = *low active waste*; MAW = *medium active waste*). Dagegen wird bei der direkten Endlagerung das abgebrannte Brennelement als hochaktiver Abfall (HAW = *high active waste*) endgelagert. Ist die Möglichkeit zur mehrmaligen WA begrenzt, kann die Wiederaufbereitung von ihrem Zeitpfad eher als eine „verzögerte" direkte Endlagerung interpretiert werden. Die gängige Klassifikation der Wiederaufbereitung als **„geschlossener Kernbrennstoffkreislauf"** gegenüber der direkten Endlagerung als **„offener Kreislauf"** ist wegen der Einschränkung der Mehrfachrezyklierung von MOX-BE in dieser Form irreführend.

Die Frage, ob die Wirtschaftlichkeit von Wiederaufbereitung gegeben ist oder nicht, ist anhand eines brennstoff-äquivalenten Brennelements zu diskutieren (siehe Tabelle 10.5). Wiederaufgearbeitetes Material verursacht Einstandskosten (Kapital-, Energie-, Lohnkosten) aus dem Mehraufwand gegenüber der direkten Endlagerung, stellt aber ein Substitut für frisch beschafftes Uran dar. Je billiger Uran wird und je günstiger durch niedrige Trennarbeitskosten die Anreicherung erfolgen kann, umso

Tab. 10.5: Zur Wirtschaftlichkeit der Wiederaufarbeitung abgebrannter Brennelemente

Brennelemente aus Natururan 100 Brennelemente	BE aus WAU 17–20 Brennelemente	BE aus MOX (U und Pu) 23–25 Brennelemente
N.1. Preis **Frischuran** – Förderung von Erz – Auflösung militärischer und ziviler Bestände	W.1. Kapital- und Personalkosten der **WAA**	M.1. Kapital- und Personalkosten der **WAA**
N.2. **Trennarbeitskosten** (= Anreicherungskosten) – Kapitalkosten (2 verschiedene Verfahren) – Energiekosten für Anreicherung sehr hoch bei Trenndüse, mittelhoch für Zentrifugentechnik	W.2. Urananreicherungs- bzw. **Trennarbeitskosten**	M.2. Anreicherungs- bzw. **Trennarbeitskosten**
N.3. **Brennelemente-Fertigung**: niedrige Kosten	W.3. **Brennelemente-Fertigung**: sehr hohe Kosten wegen Strahlung	M.3. **Brennelemente-Fertigung**: sehr hohe Kosten wegen Strahlung und Giftigkeit von Pu
N.4. Konditionierungs- und **Endlagerkosten**	W.4. Konditionierungs- und **Endlagerkosten**	M.4. Konditionierungs- und **Endlagerkosten**

billiger wird ein Brennelement aus Primärmaterial in Relation zu wieder aufgearbeitetem Brennstoff. Die potenzielle Marge für WAU- bzw. MOX-Brennelemente wird vor allem durch die gegenüber einfachen Brennelementen aus Natururan deutlich höheren Brennelement-Fertigungskosten (wegen der ungünstigen Vermischung mit strahlendem oder giftigem Material) stark beeinträchtigt.

Während hochradioaktive Abfälle ausschließlich aus der Nutzung der Kernenergie stammen, fallen leicht- und mittelradioaktive Abfälle in erheblichem Umfang auch aus anderen Quellen (z. B. Medizin, Forschung, Industrie, Landwirtschaft, Militär) an.

Neben den Abfällen aus dem Kernbrennstoffkreislauf sind weiterhin Abfälle aus dem Kernkraftwerksbetrieb (Betriebsabfälle wie Anzüge, Handschuhe usw.) und nach der Stilllegung von KKW aus deren Rückbau zu entsorgen. Diese unterscheiden sich nach ihrer Aktivität. Radioaktive Abfälle mit vernachlässigbarer Wärmeentwicklung, sog. leicht radioaktive oder mittelradioaktive Abfälle, machen vom Volumen den größten Teil aus. Ihre Endlagerung wird in mehreren Ländern wie Großbritannien, Frankreich, Finnland, Schweden, Südafrika und Deutschland (Morsleben) bereits teilweise als oberflächennahe Lagerung praktiziert.

Noch nicht realisiert ist die Endlagerung von hochradioaktiven Abfällen aus der Wiederaufbereitung oder der direkten Endlagerung. Für hochradioaktive Abfälle wird weltweit die Endlagerung in tiefen geologischen Formationen angestrebt.

Innerhalb Deutschlands waren 1995 lediglich eine Anreicherungsanlage in Gronau und eine Brennelement-Fabrik in Lingen im Einsatz. Weitere Anlagen (z. B. MOX-Fertigung in Hanau) sind mittlerweile stillgelegt bzw. gingen gar nicht in Betrieb.

Pläne zum Bau einer kommerziellen Wiederaufarbeitungsanlage (in Karlsruhe war eine kleine Anlage zu Versuchszwecken in Betrieb) scheiterten 1979 (Gorleben) und 1989 (Wackersdorf). Da bis 1994 das Atomgesetz den Betreibern die Wiederaufarbeitung vorschrieb, wurden Verträge mit den ausländischen Anbietern der französischen Cogema (Aufarbeitungsanlage La Hague) und der britischen BNFL (Sellafield) geschlossen. Diese Verträge sind langfristig. Seit 1994 erlaubt das Atomgesetz die Wahl zwischen Wiederaufarbeitung und direkter Endlagerung.

Das **deutsche Entsorgungskonzept** sah ursprünglich mehrere mögliche Endlager vor. Das Endlager Morsleben (ERAM) in Sachsen-Anhalt wurde von der ehemaligen DDR übernommen. Es ist nur für bestimmte Arten von Abfällen mit vernachlässigbarer Wärmeentwicklung geeignet und seine Betriebsgenehmigung lief 2000 aus. Das ehemalige Erzbergwerk Schacht Konrad (Niedersachsen) erhielt 2002 die Genehmigung als Endlagerprojekt für alle Arten nicht Wärme entwickelnder Abfälle; die letzten Klagen gegen das Verfahren wurden 2006 abgewiesen. Schacht Konrad wird somit derzeit zum Endlager ausgebaut und soll 2022 fertiggestellt sein. Als Endlagerprojekt für Wärme entwickelnde Abfälle bzw. abgebrannte Brennelemente befindet sich der Salzstock in Gorleben (Niedersachsen) noch immer in der Diskussion, obwohl die Erkundungsphase 2000 mit negativem Ergebnis abgeschlossen wurde. Im Zuge des Atomausstiegs von Deutschland kam es 2013 zur Erlassung eines Standortauswahlgesetzes, welches die Suche nach einem Endlager für hochradioaktive Abfälle regelt. Ein solches Endlager soll bis 2031 gefunden werden. Die von 2014 bis 2016 aktive Endlagerkommission geht davon aus, dass der Endlagerungsprozess bis ins 22. Jahrhundert andauern wird. Vieldiskutiert und umstritten ist auch der Vorschlag, alle Arten radioaktiver Abfälle in nur einem Endlager unterzubringen.

Externe Zwischenlager für HAW/abgebrannte Brennelemente gibt es derzeit in Gorleben und Ahaus (Nordrhein-Westfalen). Daneben gibt es weitere Zwischenlager für LAW/MAW (z. B. Gorleben, Mitterteich) und ein ostdeutsches Zwischenlager in Greifswald. Abfälle, die nicht aus der Kernenergie stammen, werden meist in Landessammelstellen zwischengelagert.

Für die Kosten der Entsorgung galt das Verursacherprinzip. Für zukünftige Kosten [einschließlich Rückbau] bildeten die Kernkraftwerksbetreiber Rückstellungen. Kosten bei den heutigen Projekten werden nach der Endlagervorausleistungsverordnung ebenfalls von den Betreibern entrichtet. Anteilsmäßig sind dann noch weitere Verursacher von Abfällen (z. B. Bund/Länder bei Forschungsanlagen) beteiligt. Die Entsorgung ist ein erheblicher Kostenfaktor bei der Kernenergie. Man schätzt, dass die Rückbaukosten eines Reaktors mindestens 15–20 % seiner Baukosten betragen. Bei den **Kernbrennstoffkreislaufkosten** hat die Back-End-Seite einen Anteil von ca. 60 % gegenüber ca. 40 % bei der Beschaffung: die Entsorgung ist also teurer als der „Brennstoff".

Für die Endlagerung überwiesen die Kernkraftwerksbetreiber im Sommer 2017 mehr als 23 Milliarden € und befreiten sich somit jeglicher Verantwortung diesbezüglich. Mögliche weitere Kosten müssten demzufolge vom Staat getragen werden.

10.5 Bestimmungsfaktoren der Uranpreise

Bei Natururan wird zwischen Lieferungen auf Basis von Langfristverträgen und einem Spotmarkt unterschieden, wobei Überschussangebotsmengen in den Spotmarkt abgedrängt werden und somit dessen Preis wiederholt unterhalb dem der Langfristverträge lag. Der Uranpreis wird entweder in \$/lb U_3O_8 (englisches Pfund à 453 g) oder in \$/kg U ausgedrückt. Dabei gilt die Formel: 1 \$/lb U_3O_8 ≈ 2,6 \$/kg U. Ein weiterer wichtiger Einflussfaktor sind **politische Restriktionen**. So müssen z. B. in Europa Uranlieferverträge der EURATOM vorgelegt werden, die aus Gründen der Versorgungssicherheit versucht, den Anteil der Spotlieferungen nicht über ein bestimmtes Niveau steigen zu lassen. Aufgrund der hohen Energiedichte hat Uran eine sehr hohe Lagerfähigkeit. Dies erlaubt zumindest vorübergehend ein erhebliches Auseinanderfallen von Angebot und Nachfrage ohne Auswirkungen auf die Preise.

Die **Tails-Optimierung**, d. h. ökonomisch begründete Veränderungen der An- bzw. Abreicherung von Natururan, erlaubt interessante Überlegungen zu möglichen Alternativen zur Wiederaufarbeitung. Es wird inzwischen immer deutlicher, dass hohe Abbrände die Wiederaufarbeitung technisch und ökonomisch zunehmend erschweren. Höhere Abbrände als solche sparen jedoch Natururan. Soll darüber hinaus weiterhin der Verbrauch von Natururan gesenkt werden, so könnte dies z. B. über eine Erhöhung der Trennarbeit geschehen.

Mit Beginn des intensiven Kernenergieausbaus ab Anfang der siebziger Jahre stieg der Uranpreis zunächst sehr stark an, um dann ab 1980 wieder sehr deutlich zurückzugehen. Dies löste nur geringe Investitionen in die Erschließung von neuen Uranlagerstätten von 1980–2000 aus.

Da in den achtziger Jahren die ursprünglich hoch gesteckten Prognosen über einen weltweiten Kernkraftzubau revidiert wurden und die militärische Nachfrage eher rückläufig war, herrschte für fast 20 Jahre eine Marktsituation mit sehr niedrigen Uranpreisen und das bei zusätzlich [real] gesunkenen Trennarbeitskosten. Der Uranpreis hat sich seit Ende der siebziger Jahre von einem Maximalwert über 40 \$/lb U_3O_8 (engl. Pfund Uranoxid) auf deutlich unter 20 \$ mehr als halbiert und sank sogar unter 10 \$/lb U_3O_8. Damit einher ging ein kräftiger Rückgang in der Exploration neuer Uranvorkommen. Lediglich in Australien gingen noch neue Uranminen in Betrieb. Daneben gibt es wichtige Zulieferer mit relativ konstantem Angebot im Uranmarkt, die Uran als Beiprodukt aus ganz anderen Primärrohstofflagern gewinnen (beispielsweise Phosphate in Marokko). Seit 2003 stiegen die Uranpreise kräftig an, was aber die Erzeugungskosten für Kernenergiestrom nur geringfügig beeinflusste. Tabelle 10.6 zeigt beispielsweise, dass die Erzeugungskosten bei einer Verdoppelung des Uran-

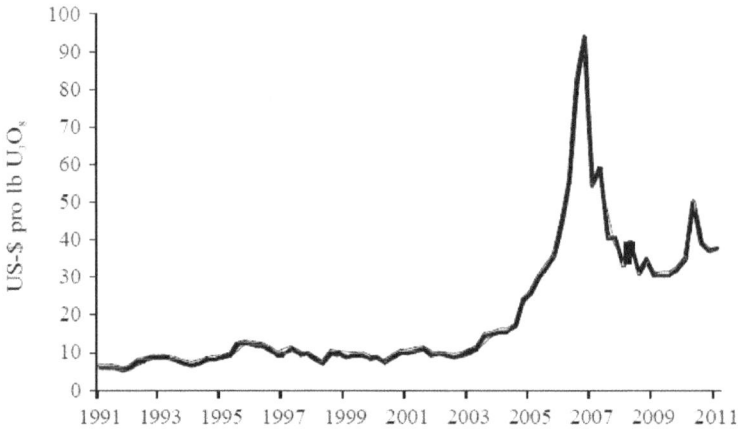

Abb. 10.3: Uranpreisentwicklung 1991–2011 in US-$/lb U_3O_8 (Quelle: ThomsonDatastream)

Tab. 10.6: Zusammensetzung der Erzeugungskosten pro 1 kg Uran[136] mit unterschiedlichen Uranpreisen (2007)

	Menge	Kosten pro 1 kg	Summe
Uranoxid	8,9 kg U_3O_8	53 $ [108 $]	472 $ [961 $]
Konversion	7,5 kg U	12 $	90 $
Anreicherung	7,3 SWU	135 $	985 $
Brennelemente-Herstellung	per 1 kg	240 $	240 $
Gesamtkosten			1.787 $ [2.286 $]
Brennstoffkosten bei Uranpreis von 53 $/kg			**0,50 $/kWh**
Brennstoffkosten bei Uranpreis von 108 $/kg			**0,635 $/kWh**

preises nur um ca. 28 Prozent steigen. Seit Anfang 2008 sind die Uranpreise wieder gesunken bei gleichzeitig stark steigendem Angebot aus Uranförderung.

Wie bereits dargestellt, sind fast alle Stufen des Kernbrennstoffkreislaufs als ein Oligopolmarkt mit wenigen Anbietern organisiert; die Preisbildung ist wenig transparent. Bei den Kernkraftwerken haben höhere Sicherheitsstandards zu einem ständigen Kostenanstieg geführt. National dominiert ist die Entsorgungsseite. Die Endlagerung ist bisher in einigen Ländern (z. B. USA, Spanien, Frankreich, Deutschland) nur bei schwach- und mittelradioaktiven Abfällen realisiert, während man bei hochradioaktiven Abfällen/abgebrannten Brennelementen auf Kostenschätzungen angewiesen

---

136 Bei einem Abbrandfaktor von 45.000 MWd/t ergibt dies 360.000 kWh Strom.

ist. Da die Endlagerung als nationale Aufgabe verstanden wird, gibt es hierfür ohnehin keine Marktpreisbildung.

In den meisten Kernenergiestaaten gilt bezüglich der **Finanzierung** das Verursacherprinzip, d. h. der Verursacher der Abfälle hat auch ihre Entsorgung zu finanzieren. Da deren Kostenanfall z. T. weit in die Zukunft reicht und mangels realisierter Projekte unsicher ist, gibt es zwei Finanzierungsansätze. Im **staatlichen Fondssystem** (z. B. USA, Spanien) wird ein bestimmter Beitrag des Strompreises auf ein Konto überwiesen. Die Zahlungen werden jährlich an die [erwartete] Kostenentwicklung angepasst, der Staat übernimmt neben der Verantwortung auch teilweise das finanzielle Risiko. Dagegen wird im **Rückstellungssystem** (z. B. wie bisher in Deutschland) von den Betreibern im Rahmen der jeweiligen Steuergesetzgebung sowie ihrer eigenen Einschätzung finanzielle Liquidität gebildet, die ihnen aber bis zum Kostenanfall weiter verfügbar ist. Dazwischen sind diverse Hybridmodelle möglich.

10.6 Umwelteffekte der Kernenergie

Bei den Umwelteffekten der Kernenergie geht es primär um die Bewertung von **Risiken** bzw. **Externalitäten**. Selbstverständlich fallen bei dem Bau von Kernkraftwerken sowie dem gesamten Kernbrennstoffkreislauf Rückstände z. B. in Form von CO_2 (u. a. aus Transporten) und weiteren Abfällen (z. B. Abraum bei Uranerzbergbau) an. Diese Punkte sind jedoch bei der Beurteilung der Kernenergie eher sekundär, sofern unter geeigneten Umweltstandards gearbeitet wird. Im Wesentlichen geht es um die Betriebsrisiken sowie die Risiken der Entsorgung.

Bei den Betriebsrisiken kann zwischen den **Risiken im Normalbetrieb** und im **Störfall** unterschieden werden. In Deutschland liegt die genehmigte austretende Radioaktivität deutlich unterhalb der natürlichen Werte und im Grenzbereich des Messbaren. Von daher ist dieser Bereich zumindest bei westlichen Standards prinzipiell als gefahrlos anzusehen. Anders verhält es sich bei Störfällen. Der schlimmste Störfall ist die in Tschernobyl geschehene Kernschmelze. Solange dieser GAU („Größter Anzunehmender Unfall") von der Anlage beherrschbar ist, tritt per definitionem keine Beeinträchtigung der Umwelt durch Freiwerden von Radioaktivität auf. Der Tschernobyl-Unfall mit seiner erheblichen Freisetzung von Radioaktivität nach einer Explosion wird daher auch als „Super-GAU" bezeichnet. Auch der Unfall in Fukushima 2011 erwies sich wegen des Ausfalls der Kühlung als nicht mehr beherrschbar und muss deshalb als „Super-GAU" bewertet werden.

In der Öffentlichkeit wird Risiko in der Regel mit Gefahr assoziiert; in der Ökonomie kann es über Ereignisse und ihre Eintrittswahrscheinlichkeit quantifiziert werden. Somit setzt sich das Restrisiko eines Kernkraftwerkes multiplikativ aus dem Risiko der Kernschmelze und dem einer Beeinträchtigung der Umwelt (Schadensrisiko) zusammen. Für den ersten Bereich gibt es technische Wahrscheinlichkeitsstudien (probabilistischer Ansatz); trotz höchster Sicherheitsstandards wird immer ein Risiko bestehen, das zwar durch erhebliche Anstrengungen gegen Null geht, aber jeweils größer Null ist. Ein Problem der bisherigen probabilistischen Abschätzungen der Unfallwahrscheinlichkeiten ist die häufig verwendete Annahme der jeweiligen stochastischen Unabhängigkeit des Ausfalls wichtiger Sicherheitskomponenten. Wenn mit einer Wahrscheinlichkeit von 0,005, d. h. 0,5 % pro Jahr eine Störung des Typs A eintritt, diese aber durch ein System B stabilisiert werden kann, das seinerseits zu 99,5 % sicher ist und bei dessen Ausfall wiederum ein System C anspringt, das wiederum zu 99,9 % sicher ist, dann ist ein katastrophales Ereignis statistisch „fast unmöglich". Ein simultaner Ausfall aller drei Systeme A, B und C, der zur Katastrophe führen würde, ist bei **Unabhängigkeit der jeweiligen Ereignisse** praktisch auszuschließen: Die Wahrscheinlichkeit dafür liegt bei 1 : 100.000.

Der Unfall im Kernkraftwerk Fukushima in Japan im März 2011 hat gezeigt, dass derartige Rechnungen einen Fall nicht ausreichend berücksichtigen, nämlich den eines **einzigen gemeinsamen auslösenden Ereignisses**, das alle drei Systeme systematisch betrifft. In Fukushima war es das Seebeben, das zunächst wegen des Erdbebens an Land die allgemeine Stromversorgung abschnitt, dann der folgende Tsunami, der durch das Seebeben ausgelöst wurde und dessen Welle die Anlage überspülte und dabei die Notstromsysteme zerstörte. Da es derartige Ereignisse in Deutschland in dieser Form nicht geben kann, konzentrierte sich die Diskussion nach dem Fukushima-Unfall auf das Risiko eines Flugzeugabsturzes oder einer Flutwelle bzw. Hochwasser beispielsweise an der Nordseeküste.

Bei dem Schadensrisiko wird es noch schwieriger (z. B. Monetarisierung von Menschenleben). Dieses Risiko der Kernenergie ist eine Externalität für alle potenziell Betroffenen, da es hierfür ab einer bestimmten Schadenssumme keine privaten Versicherungsmärkte gibt. Das Schadensrisiko der Kernenergie wird daher letztlich von der Gesellschaft getragen. Es kann daher nicht verwundern, wenn die Schätzungen weit auseinandergehen. Sie reichen von vernachlässigbaren 0,03 Cent/kWh bis zu 40 Cent/kWh. Im Endeffekt läuft diese gesamte Debatte auf ein **unlösbares Problem des „Null mal Unendlich"** hinaus. Ihre Abwägung hat letztlich eine politische Dimension.

In dieselbe Richtung zielt auch die Entsorgungsfrage. Hier sollte allerdings zwischen den verschiedenen Abfallkategorien unterschieden werden. Ein weiterer Umwelteffekt der Kernenergie besteht in dem notwendigen Abriss (Rückbau = *decommissioning*) der Kraftwerke.

10.7 Effekte des Klimawandels auf Kraftwerke

Ebenso wie beispielsweise Wasserkraftwerke, sind auch Kernkraftwerke von einem stetigen Strom an Wasser abhängig. Ohne Kühlwasser, welches von den Kraftwerken aufgenommen und anschließend an die Umwelt abgegeben wird, ist ein Betreiben solcher Kraftwerke nicht möglich. Dies zeigte sich beispielsweise im Jahre 2009,[137] als eine Hitzewelle im Sommer zu Wasserknappheit in zahlreichen europäischen Flüssen führte. In Frankreich musste die Tätigkeit der Kernkraftwerke gedrosselt werden und Frankreich wurde in dieser Phase zu einem Importeur von Strom aus Großbritannien (in Großbritannien befinden sich die meisten Kernkraftwerke in Meeresküstennähe, sodass hier das Kühlwasserproblem nicht auftrat). Simulationen täglicher Flussströme und Wassertemperaturen unter zukünftigen Klimabedingungen (2031–2060) in Elektrizitätsmarktmodellen sagen ein Sinken zukünftiger Stromproduktionspotenziale für weite Teile Europas voraus.[138] Lediglich nordeuropäische Staaten bilden hier eine Ausnahme. Auswirkungen von Klimawandel auf europäische und US-amerikanische Kraftwerke werden beispielsweise von van Vliet et al. (2012) untersucht. Die Beeinträchtigung der Aktivität der Kraftwerke kann durch eine Anpassung von Kühlsystemen, beispielsweise durch die Nutzung von Umlaufkühlung mit Kühlturm, vermindert werden.[139] Pechan und Eisenack (2014) untersuchen die Folgen von Hitzewellen auf Spotmärkte für Strom. Eine Analyse der Verteilungswirkungen der Auswirkungen des Klimawandels auf die Stromproduktion findet sich zum Beispiel bei Rübbelke und Vögele (2013). Rübbelke und Vögele (2011) betrachten in diesem Kontext die sich für die europäischen Bemühungen zum Schutz kritischer Infrastrukturen ergebenden Herausforderungen.

---

137 Bereits im Sommer 2003 mussten mehr als 30 Kernkraftwerksblöcke in Europa ihre Stromproduktion wegen Kühlwasserknappheit reduzieren.
138 Vgl. van Vliet et al. (2013).
139 Vgl. Koch und Vögele (2009).

11 Erneuerbare Energieträger

Erneuerbare Energieträger liegen in verschiedenen Formen vor. Ihre Nutzung reicht meist schon viele Jahrhunderte in die Menschheitsgeschichte zurück. In den folgenden Kapiteln wird auf unterschiedliche regenerative Energieträger und deren Nutzungsmöglichkeiten eingegangen. Dabei wird auch die Rolle von erneuerbaren Energien in der heutigen Energiewirtschaft Deutschlands beleuchtet. Neben spezifischen angebots- und nachfrageseitigen Besonderheiten wird über die Sinnhaftigkeit von Fördersystemen diskutiert und verschiedene Fördermechanismen werden vorgestellt.

11.1 Merkmale und Potenziale

Die energetische Nutzung von erneuerbaren Potenzialen unterliegt oft energieträgerspezifischen Einschränkungen. Diese ergeben sich unter anderem aus der geografischen Lage der nutzbaren Potenziale, der temporalen Inkongruenz von Energienachfrage und Angebot aus regenerativen Quellen und dem festen Tag-und-Nacht-Wechsel. Die folgenden Kapitel werden diese Aspekte eingehender darlegen.

11.1.1 Merkmale erneuerbarer Energieträger

Erneuerbare Energieträger gibt es im strengen Sinne nicht, da auch der Energievorrat der Sonne oder die Hitze im Erdinneren irgendwann (in Mrd. Jahren) erschöpft sein werden. Nach menschlichen Maßstäben werden aber pragmatisch als „regenerativ" solche Energieträger bezeichnet, die durch ihre Nutzung nicht einen grundsätzlich beschränkten Ressourcenvorrat aufbrauchen.

Dazu gehören
- Sonnenenergie,
- Wasserkraft,
- Windenergie,
- Biomasse (inklusive Biotreibstoffe),
- Geothermie und
- Gezeitenenergie.

Die primären erneuerbaren Energieträger sind auf der Erde in einem **ständigen Energiefluss**: die Sonneneinstrahlung erreicht kontinuierlich die Erde, die Erdwärme wird ständig nach außen abgegeben und Ebbe und Flut laufen auch ohne menschliche Nutzung ab.

https://doi.org/10.1515/9783110556339-011

Aus ökonomischer Sicht ist zu klären, unter welchen Bedingungen und zu welchen Kosten derartige Energieflüsse nutzbar gemacht werden können. Probleme entstehen vor allem dadurch, dass

- die nutzbaren Potenziale eventuell sehr weit weg von den wichtigen Verbrauchsschwerpunkten liegen,
- eine Übereinstimmung des zeitlichen Bedarfsprofils mit dem natürlichen Angebot nicht immer gegeben ist, d. h. die Speicherfähigkeit geeigneter Energieträger wäre aus Nutzersicht sehr wünschenswert,
- der feste Tag-und-Nacht-Wechsel und die Jahreszeiten, die direkte Nutzung von Sonnenenergie (Photovoltaik, Solarthermie) an einem Ort unwirtschaftlich werden lassen können.

Die nutzbaren und die tatsächlich genutzten Potenziale unterscheiden sich geografisch weltweit stark. Die Ausnutzung der Potenziale hängt insbesondere stark von der Förderung von erneuerbaren Energieträgern in den jeweiligen Ländern ab. Eine Ausnahme hiervon bilden Wasserkraftsysteme an aufgestauten Flüssen (oder Fjorden oder Talsperren in Mittelgebirgen) zur Stromerzeugung, die zu jeder Zeit sehr wirtschaftlich waren. So erreichen Länder wie Norwegen oder Österreich hohe Anteile erneuerbarer Energienutzung wegen ihrer günstigen natürlichen geografischen Ausstattung.
Der älteste genutzte Energieträger ist Biomasse, die in Form von Holz, Stroh oder Kameldung (in heißen Steppengebieten) seit Jahrtausenden verwendet wurde. Im Mittelalter wurden Wind- und Wasserkraft beim Betrieb von Mühlen und Sägewerken sowie in der Schifffahrt eingesetzt. Sie bildeten neben Biomasse die wichtigsten Energieträger.

Der Einsatz erneuerbarer Energieträger führte zu mehreren Beinahe-Katastrophen: Immer wieder kam es zu bedrohlichen Holzkrisen in Europa, die sich mit zunehmender Energiegewinnung aus dem Holz der Wälder zumindest regional gravierend auswirkten. So entstand die Lüneburger Heide als Abholzungslandschaft wegen der Lüneburger Salzgewinnung. Auch die englischen Wälder wurden im 17. Jahrhundert massiv abgeholzt und zu Holzkohle verarbeitet, um der steigenden Eisenproduktion die energetische Basis zu geben.

Auch der Silberbergbau in der Region des Erzgebirges war in erheblichem Maße auf den Einsatz von Holz als Energieträger und als Baustoff angewiesen. Daher waren die Regionen der Bergbaustädte häufig entwaldet und das benötigte Holz musste über große Entfernungen transportiert werden. In diesem Zusammenhang prägte Hans Carl von Carlowitz den Begriff der Nachhaltigkeit. In seinem Werk „Sylvicultura oeconomica" aus dem Jahr 1713 erarbeitet Carlowitz Ansätze für die nachhaltige Nutzung des Waldbestandes, um den Silberabbau in der Region langfristig sicherstellen zu können.[140] Er gilt damit als der Schöpfer des forstwirtschaftlichen Nachhaltigkeitsbegriffs.

---

[140] Als Oberberghauptmann des Erzgebirges und Leiter des Oberbergamtes Freiberg war er unter anderem für die Versorgung des Bergwesens mit Holz zuständig.

In der Mitte des 19. Jahrhunderts wurden die großen Walarten deutlich übernutzt, weil sie wegen ihres Fleisches und vor allem wegen ihres Fettes, das die Grundlage für billige Tranlampen lieferte, intensiv gejagt wurden.

Die Lüneburger Heide ist inzwischen eine von Menschen geschaffene Kulturlandschaft, die Touristen anzieht. Die Walkrise wurde vermieden, als das Erdöl entdeckt wurde, das billiges Petroleum als gutes Leuchtmittel bereitstellen konnte. Diese Beispiele zeigen, dass die Nutzung regenerierbarer Energieträger wegen des damaligen Technikstandes dramatische ökologische Konsequenzen hatte.

Ab Mitte des 18. Jahrhunderts wurden erneuerbare Energieträger jedoch zunehmend durch Kohle und ab dem 20. Jahrhundert durch Erdöl weitestgehend verdrängt. Einzige Ausnahme bildeten Wasserkraftwerke zur Stromerzeugung.

Nach den Ölpreiskrisen in den 70er Jahren veränderte sich die Sicht auf fossile Energieträger, da die Erkenntnis ihrer Erschöpfbarkeit durch Publikationen wie „Grenzen des Wachstums" vom Club of Rome zunehmend in das gesellschaftliche Bewusstsein gelangte. Allerdings hatte diese Veränderung im Bewusstsein zunächst keine Auswirkungen auf die fast ausschließliche Verwendung der fossilen Energieträger.

11.1.2 Potenziale erneuerbarer Energien

Bei erneuerbaren Energieträgern müssen das theoretische, technische und wirtschaftliche Potenzial unterschieden werden, die in Abb. 11.1 dargestellt werden. Das theoretische Potenzial ergibt sich aus der von der Natur bereitgestellten Energie.

Im Fall von Sonnenenergie entspricht das theoretische Potenzial beispielsweise aller auf die Erde einfallenden Sonnenenergie. Das technische Potenzial beschränkt die Energiemenge des theoretischen Potenzials durch die Möglichkeit einer technischen Gewinnung der vorhandenen Energie. So kann nicht überall ein Sonnenkollektor aufgestellt werden und es wird auch nicht die gesamte vorhandene Energie genutzt. Wäre dies der Fall, so würden Sonnenkollektoren das gesamte Licht absorbieren und erschienen unserem Auge schwarz; ebenso würde hinter einer Windenergieanlage kein Wind mehr wehen oder aus einem reißenden Fluss würde hinter einer Laufwasseranlage ein stehendes Gewässer. Das wirtschaftliche Potenzial ist derjenige Teil des technischen Potenzials, der unter aktuellen Bedingungen wirtschaftlich nutzbar ist.

Die tatsächliche Nutzung von erneuerbaren Energien ist insbesondere abhängig von der Konkurrenzfähigkeit der erneuerbaren Energien gegenüber anderen Energieträgern sowie von der bestehenden Verbrauchsinfrastruktur. Das wirtschaftliche Potenzial gibt keinen Hinweis darauf, in welchem Maß erneuerbare Energien gesellschaftlich sinnvoll eingesetzt werden sollen.

Wenn es beispielsweise einen anderen dominierenden Energieträger mit wesentlich geringeren Kosten und gleichen Einsatzmöglichkeiten gibt, dann sollte aus-

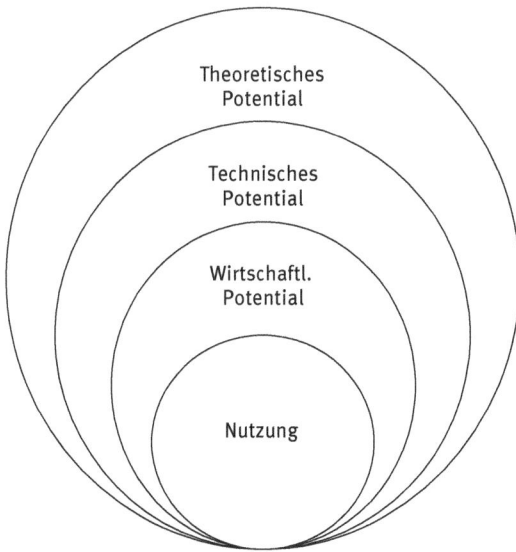

Abb. 11.1: Potenziale erneuerbarer Energien

schließlich dieser eingesetzt werden. Weiterhin kann nicht jeder Energieträger in jedem Bereich eingesetzt werden. So ist beispielsweise die Stromerzeugung für das Funktionieren des Verkehrssektors von geringer Bedeutung, solange die Fahrzeuge nicht mit Strom betrieben werden.[141] Die in der Vergangenheit aufgebaute (Verkehrs-) Infrastruktur beschränkt somit den Einsatz alternativer Energieträger mit Ausnahme von Biotreibstoffen. Weitere Beschränkungen ergeben sich aufgrund gesetzlicher Bestimmungen wie Bauordnungen etc.

11.2 Entwicklung der erneuerbaren Energien in Deutschland

In den 80er und 90er Jahren des 20. Jahrhunderts entstand durch die Diskussion der von der Menschheit verursachten globalen Erderwärmung ein erhöhter politischer Druck für den Einsatz von erneuerbaren Energieträgern.

Die Förderung der erneuerbaren Energien in Deutschland begann 1991 mit dem fünf Paragrafen umfassenden **Stromeinspeisegesetz**. Das Gesetz beinhaltete keine Ausbauziele, sondern es sollte die Möglichkeit für kleinere Energieerzeuger ge-

---

[141] In einigen Ländern, wie beispielsweise Norwegen, gewann die Elektromobilität innerhalb der letzten Jahre stark an Bedeutung. Ein umfangreicher struktureller Wandel des Verkehrssektors hin zur Elektromobilität hätte zur Folge, dass die Stromerzeugung von entscheidender Relevanz für den Verkehrssektor wäre.

schaffen werden, überhaupt in das Stromnetz einzuspeisen. Einspeiser erhielten von den Elektrizitätsversorgungsunternehmen eine Mindestvergütung, die sich nach den Durchschnittserlösen des Versorgungsgebiets orientierte und hoch genug war, um Windkraftanlagen an guten Standorten wirtschaftlich zu betreiben. Obwohl das Stromeinspeisegesetz durchaus Investitionen in erneuerbare Energien anregte, hatte es zunächst keine größeren Auswirkungen auf den deutschen Energiemarkt. Es war jedoch der Startschuss für eine lange Reihe von Gesetzen und Verordnungen zur Förderung der erneuerbaren Energien. Die Abb. 11.2 gibt einen zeitlichen Überblick über die im Folgenden beschriebenen Gesetze und Verordnungen.

Die Liberalisierung der Strommärkte durch das EnWG 1998 erforderte eine Neufassung des Stromeinspeisegesetzes, das im Jahr 2000 durch das **Erneuerbare-Energien-Gesetz (EEG)** ersetzt wurde, das bereits dreizehn Paragrafen umfasste.

Wichtigster Grund für die Neufassung war, dass die bisherigen EVUs in einem liberalisierten Markt nicht mehr gezwungen werden konnten, den Strom abzunehmen. Diese Rolle übernahmen fortan die Netzbetreiber. Wie das Stromeinspeisegesetz konzentrierte sich das EEG 2000 auf die Förderung kleinerer Anlagen. Die Mindestvergütung wurde grundsätzlich beibehalten, orientierte sich nun jedoch an der Technologie, der Größe und dem Standort differenzierten Fördersätzen pro eingespeister kWh. Die Fördersätze galten für 20 Jahre und unterlagen einer Degression. Somit hatte ein Investor in wirtschaftlicher Hinsicht die vollständige Sicherheit bei seiner Bauentscheidung.

Die Umlage der Kosten erfolgte über die so genannte physische Wälzung auf alle Energieverbraucher. Hierbei belieferte der Netzbetreiber die Endkunden mit einer Bandlieferung, die von den Endverbrauchern abgenommen werden musste. Der Preis dieser Lieferung wurde so gewählt, dass alle Kosten aus der Förderung umgelegt wurden. Dies erforderte zunächst einen Horizontalausgleich, in dem die Kosten auf alle Netzbetreiber umgelegt wurden. Anschließend wurden die Kosten durch die gesamte EEG-Menge dividiert, um den Preis für die Bandlieferung zu erhalten. Durch diese Regelung zahlten alle Endkunden den gleichen Preis für die EEG-Mengen, wodurch regionale Strompreisunterschiede vermieden wurden.

Die Förderung von erneuerbaren Energien war nicht auf Deutschland beschränkt. So wurden auf europäischer Ebene in der **Richtlinie 2001/77/EG** erstmals europaweite Ausbauziele genannt. Hiernach sollten 12 % des europäischen Bruttoinlandsenergieverbrauchs und 22,1 % des europäischen Stromverbrauchs bis 2010 aus erneuerbaren Energien stammen. Die europäische Richtlinie 2003/30/EG setzte einen Anteil von 5,75 % für Biokraftstoffe im Verkehrsbereich bis Ende 2010 als Ziel. In Deutschland wurde das Ziel im **Biokraftstoffquotengesetz** von 2006 umgesetzt, das eine Quote von 8 % bis 2015 vorschreibt. Eine Betrachtung des zeitlichen Verlaufes der Biokraftstoffanteile im deutschen Verkehrssektor zeigt, dass sich die Umsetzung dieser formulierten Ziele als schwierig gestaltete. Während die Quote in den Jahren 2008 und 2009 noch eingehalten werden konnte, wurden die Ziele in den folgenden Jahren 2010 bis

Deutschland

EEWärmeG 2008

Biokraftstoffquotengestz 2006

BioSt- NachV
Biokraft- NachV

EEG 2016/17

AusglMechV 2015

EEAV

EEG 2014

EEG 2012

AusglMechV 2009

AusglMechAV

SDLWindV 2009

EEG 2009

EEG 2004

EEG 2000

Stromeinspeisegesetz

EU

2009/28/EG

2001/77/EG

2003/30/EG

1991 1994 1997 2000 2003 2006 2009 2012 2015 2018

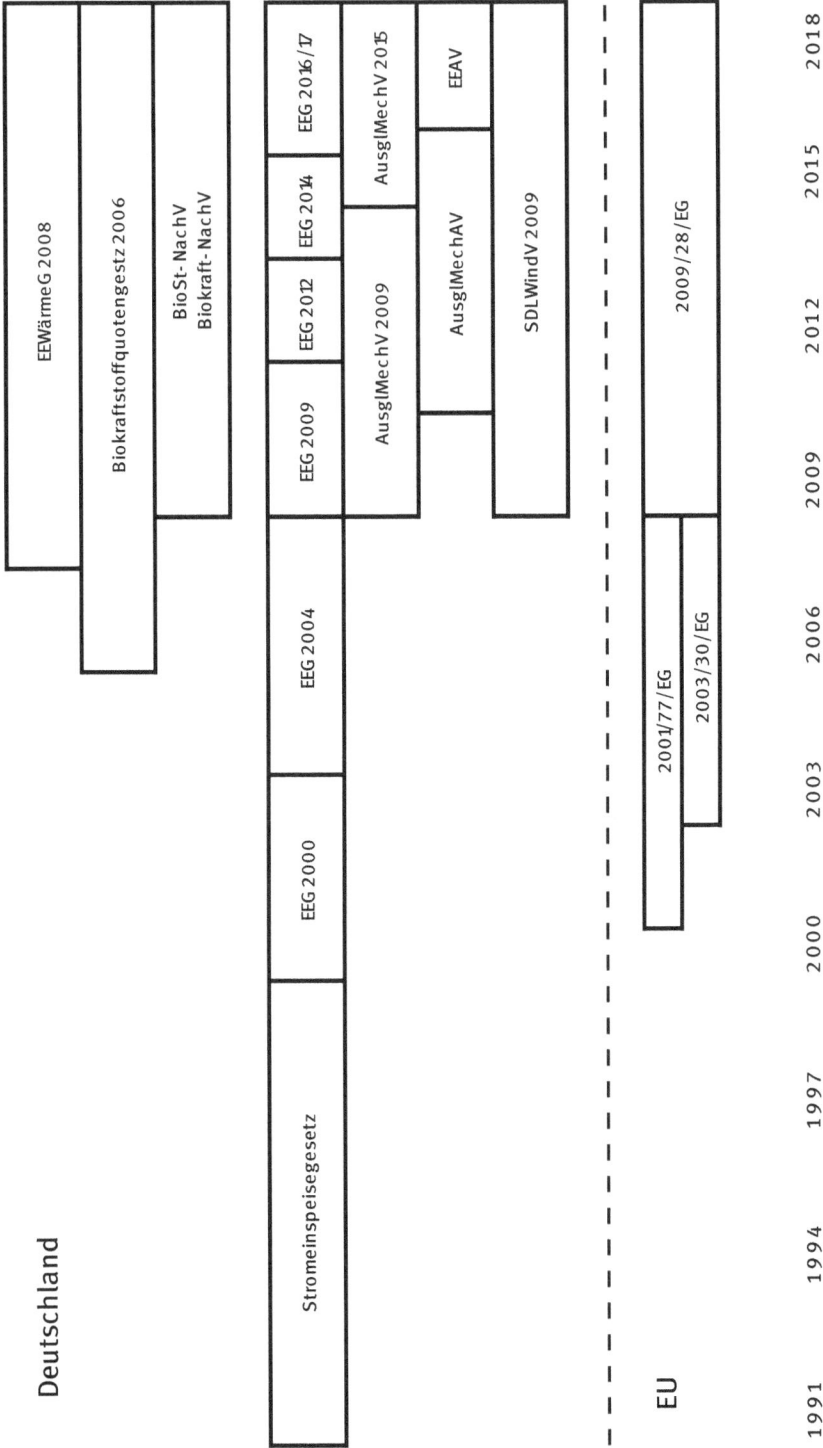

Abb. 11.2: Historische Entwicklung wichtiger Gesetze und Verordnungen zur Förderung von erneuerbaren Energien

2014 nicht erreicht.[142] Durch die Erlassung des Gesetzes zur Änderung der Förderung von Biokraftstoffen am 15. Juli 2009 wurden weite Teile des Biokraftstoffquotengesetzes geändert. Ein Großteil der festgelegten Mindestquoten wurde nach unten korrigiert. Des Weiteren schreibt das Gesetz ab dem Jahr 2015 keine Mindestanteile mehr vor, sondern setzt auf eine Treibhausgasverminderungspflicht. Die Emissionsreduktion des gesamten Kraftstoffmarktes muss demnach 3 % ab 2015, 4,5 % ab 2017 und 7 % ab 2020 betragen. Obwohl die Ziele unverbindlich waren, orientierten sich viele EU-Länder in den folgenden Jahren an ihnen.

Die Novellierung des Erneuerbare-Energien-Gesetz (EEG) von 2004 nahm – nun 22 Paragrafen lang – die EU-Ziele auf. Es formulierte einen Erneuerbaren-Energien-Anteil an der Stromversorgung bis 2010 von mindestens 12,5 % und bis 2020 von mindestens 20 %. Im Jahr 2010 lag der Anteil der Strombereitstellung aus erneuerbaren Energien bereits bei 16,6 % und bis zum Jahr 2016 wuchs dieser auf 29,2 % an.[143] Weiterhin wurden die Netzbetreiber verpflichtet erneuerbare Energieerzeugungsanlagen vorrangig anzuschließen sowie den durch diese Anlagen erzeugten Strom vorrangig abzunehmen und zu vergüten. Die Regelungen zur physischen Kostenwälzung wurden ausgeweitet, um eine höhere Transparenz zu schaffen. Die Netzbetreiber standen vor dem Problem, dass die Einspeisung aus den EEG-Anlagen stark fluktuierte, sie an die Endverbraucher aber ein Bandprodukt liefern mussten. Die Transformation der fluktuierenden Einspeisung in das Bandprodukt wurde als „Veredelung" bezeichnet. Da die Netzbetreiber sämtliche Kosten, die bei der Veredelung auftraten, abwälzen konnten, hatten sie keinen Anreiz die Bandbildung effizient zu gestalten.

Das Gesetz zur Förderung Erneuerbarer Energien im Wärmebereich **(EEWärmeG)** von 2008 flankierte das EEG zur Erreichung der europäischen Ziele. Das gesetzte Ziel war ein Anteil von 14 % der erneuerbaren Energien an der Wärmeerzeugung bis 2020. Dies sollte zum einen durch eine wesentliche Erhöhung der Auflagen beim Bau neuer Gebäude, zum anderen durch ein Förderprogramm erreicht werden. So musste der Kälte- und Wärmebedarf neuer Gebäude je nach Technologie zu 15–50 % aus erneuerbaren Energien stammen. Das Förderprogramm hatte bis einschließlich 2012 einen Förderumfang von 500 Mio. € pro Jahr, aus dem die Gelder des so genannten Marktanreizprogramms stammten. Im Jahr 2016 wurden ca. 13 % des Endenergieverbrauches für die Wärmebereitstellung durch erneuerbare Energieträger gedeckt.[144]

Die Weiterentwicklung des politischen Willens zur Förderung der erneuerbaren Energien auf internationaler Ebene äußerte sich in der **EU-Richtlinie 2009/28/EG**. Diese ersetzte die beiden vorhergehenden Richtlinien 2001/77/EG und 2003/30/EG. Sie legte ein verbindliches Ausbauziel der erneuerbaren Energien am Bruttoendenergie-

---

142 Vgl. BMWi (2016).
143 Das für das Jahr 2020 formulierte Ziel, 20 % der Strombereitstellung aus erneuerbaren Energien zu realisieren, wurde bereits deutlich früher verwirklicht.
144 Vgl. AG Energiebilanzen e. V. (2015).

verbrauch von 18 % und einen Anteil von erneuerbaren Energien im Verkehrssektor von 10 % bis 2020 für Deutschland fest. Im Verkehrssektor lag der Anteil der erneuerbaren Energien im Jahr 2015 bei 6,8 % und der gesamte Bruttoendenergieverbrauch konnte in diesem Jahr zu 14,6 % über erneuerbare Energieträger gedeckt werden.[145] Die Richtlinie war Teil des 20-20-20 Ziels der EU. Danach soll bis 2020 die Treibhausgasemissionen um 20 % reduziert, der Gesamtanteil an erneuerbaren Energien auf 20 % steigen und die Energieeffizienz um 20 % erhöht werden.

Mit der Veröffentlichung der EU-Richtlinie verbreitete sich zunehmend die Erkenntnis, dass die erneuerbaren Energien mittelfristig eine so hohe Bedeutung für die gesamte Energieversorgung bekommen würden, dass eine isolierte Betrachtung nicht mehr angemessen war. Dies galt sowohl auf europäischer Ebene als auch bezogen auf Deutschland. Die Förderung der erneuerbaren Energien in Deutschland hatte zur Entstehung von zwei parallelen Welten geführt: Auf der einen Seite die EEG-Welt mit einer festen Einspeisevergütung und einem regulierten Kostenwälzungsmechanismus, auf der anderen Seite ein liberalisierter, den Gesetzen von Angebot und Nachfrage folgender Elektrizitätsmarkt. Die fehlende Verbindung der beiden Systeme wurde von Politik und Wirtschaft zunehmend als Herausforderung angesehen.

So wurden in der 66 Paragrafen umfassenden **Novellierung des EEG im Jahr 2009** neben der Erhöhung des Ausbauziels für 2020 auf einen 30 %-Anteil der erneuerbaren Energien an der Stromversorgung auch Regelungen verabschiedet, die das Zusammenspiel des liberalisierten Strommarkts und der subventionierten EEG-Anlagen verbessern sollten. An erster Stelle ist die Umstellung der physischen Kostenwälzung auf einen finanziellen Wälzungsmechanismus zu nennen. Wurden bislang die EEG-Mengen komplett am Markt vorbeigeschleust, sollten die ÜNB nun die EEG-Mengen an den kurzfristigen Elektrizitätsmärkten vermarkten. Statt einer kontinuierlichen Stromlieferung mussten die Endabnehmer einen festen Betrag pro gelieferter MWh an den Netzbetreiber zahlen, der die Differenz der Netzbetreiber zwischen der gezahlten Einspeisevergütung und den Erlösen an den Märkten ausglich. Zur Umsetzung dieser Änderung wurde 2009 die **AusglMechV** (Verordnung zur Weiterentwicklung des bundesweiten Ausgleichsmechanismus) erlassen. Die umstrittene AusglMechV wurde 2010 durch die **AusglMechAV** (Verordnung zur Ausführung der Verordnung zur Weiterentwicklung des bundesweiten Ausgleichsmechanismus) ergänzt, um eine höhere Transparenz für die Marktteilnehmer bei der Vermarktung der EEG-Mengen zu gewährleisten. Im Jahr 2016 wurde die AusglMechAV in „Verordnung über die Ausführung der Erneuerbaren-Energien-Verordnung" (**EEAV**) umbenannt.

Eine zweite wichtige Neuerung war die Einführung eines **Einspeisemanagements** für EEG-Mengen. Unter Einspeisemanagement wird das zeitweise Herunterfahren bzw. Abschalten von Erneuerbare-Energien-Anlagen verstanden, um Netzengpässe zu beseitigen. Hierfür erhalten die abgeschalteten Anlagen eine Entschädigung. Die

---

145 Vgl. AG Energiebilanzen e. V. (2015).

Regelung war im Gesetz jedoch nicht umfassend genug, um alle praktischen Fragen zu beantworten. Ein Leitfaden der BnetzA versuchte 2011 diese Lücke zu schließen.

Andere Gesetze, in denen die bessere Systemintegration der Erneuerbaren berücksichtigt wurde, waren die **Systemdienstleistungsverordnung** (Verordnung zu Systemdienstleistungen durch Windenergieanlagen) sowie die **Biomassestrom- und Biokraftstoff-Nachhaltigkeitsverordnungen** von 2009. Die Systemdienstleistungsverordnung führte einen zusätzlichen Bonus für Windenergieanlagen ein, sofern sie bestimmte Anforderungen zur Unterstützung der Systemsicherheit, wie beispielsweise zur Frequenzhaltung und zur Bereitstellung von Blindleistung erfüllten. Die Nachhaltigkeitsverordnungen regelten die Beziehung zwischen der energetischen Biomassenutzung und den Agrarmärkten. Sie legten fest, dass die Biomasse die CO_2-Emissionen um mindestens 35 % reduziert und keine Biomasse aus Gebieten mit einem hohen Naturschutzwert verwendet wird. Außerdem musste die energetisch genutzte Biomasse fortan bestimmten EU-Agrar-Anforderungen genügen.

Die Herausforderungen der Systemintegration von erneuerbaren Energien wurden durch die zuvor beschriebenen Gesetze zwar kurzfristig aufgefangen, aber nicht grundsätzlich gelöst. Somit war eine der bestimmenden Überlegungen der **EEG-Novellierung für 2012** die Integration der EEG-Mengen in das Marktsystem über eine so genannte Marktprämie. Die Integration war auch deshalb umso dringlicher, da die Ziele im EEG 2012 auf 35 % Anteil der erneuerbaren Energien an der Stromproduktion bis 2020, 50 % bis 2030, 65 % bis 2040 und 80 % bis 2050 erhöht wurden. Durch die **Novellierung im Jahr 2014** wurden weitere Anpassungsmaßnahmen vorgenommen. Neben einer Neuausrichtung der Vergütungen und einer Anpassung der Ausbaukorridore für erneuerbare Energien führte das EEG 2014 zusätzlich ein Ausschreibungsverfahren für Photovoltaik-Freiflächenanlagen ein. Eine erneute Änderung des **EEG im Jahr 2017** brachte einen Paradigmenwechsel mit sich. Der gesetzliche Anspruch auf eine festgelegte Förderung wird in diesem System für bestimmte Anlagentypen und -größen durch ein Ausschreibungsverfahren abgelöst. Innerhalb der Ausschreibungsverfahren wird die Höhe der Zahlungsansprüche ermittelt. Damit stellt das EEG 2017 eine wichtige Änderung des bisherigen Fördersystems dar. Trotzdem existiert die Regelung der festen Einspeisevergütung für kleinere Anlagen weiterhin und das System der „gleitenden Marktprämie" setzt erneuerbare Energien nicht den vollen Marktrisiken aus. So wird beispielsweise die Einspeisung durch Photovoltaik-Anlagen mit einer Kapazität von bis zu 750 kWp[146] weiterhin mit einem festgelegten Satz vergütet.

11.3 Nachfrage

Abbildung 11.3 stellt die Verteilung der Energiebereitstellung aus erneuerbaren Energieträgern auf die verschiedenen Nutzungsmöglichkeiten dar. Erneuerbare Ener-

---

[146] Watt Peak (Wp) bzw. Vielfache dieser Einheit (Kilowatt Peak, Megawatt Peak) bezeichnet die abgegebene (Spitzen-)Leistung einer Anlage unter Standard-Testbedingungen.

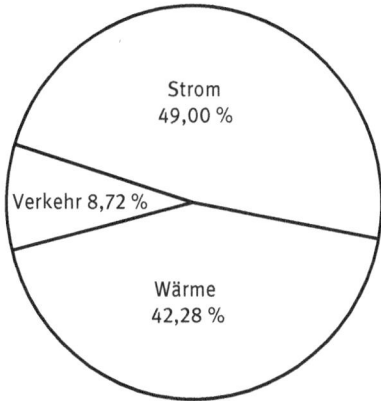

Abb. 11.3: Verteilung der Verwendung von erneuerbaren Energien im Jahr 2016 (Quelle: Eigene Berechnung unter Verwendung von Daten von BMWi (2018))

gieträger werden im Strom- und im Wärmemarkt sowie im Verkehrssektor eingesetzt.[147]

Der Anteil der erneuerbaren Energien am Bruttostromverbrauch betrug im Jahr
2016 etwa 31,7 %. Auf den Einsatz erneuerbarer Energien im Strommarkt wird ausführlich im Abschnitt 11.4.2 eingegangen und soll daher an dieser Stelle nicht weiter
ausgeführt werden. Im deutschen Wärmemarkt wurde von den erneuerbaren Energieträgern insbesondere Biomasse eingesetzt, deren Anteil an der erneuerbaren Wärmeerzeugung 2016 bei ca. 87 % lag. Dies ist hauptsächlich durch den Einsatz von Holz in
Öfen etc. zu erklären.

Wie aus Abb. 11.4 ersehen werden kann, ist die Wärmeerzeugung durch den Einsatz von solar- und geothermischen Anlagen im letzten Jahrzehnt stark gestiegen.
Künftig könnten diese Anlagen im Wärmesektor weiter an Relevanz gewinnen und zusammen mit der Wärmebereitstellung aus Biomasse einen bedeutenden Teil der Wär-
menachfrage bereitstellen.

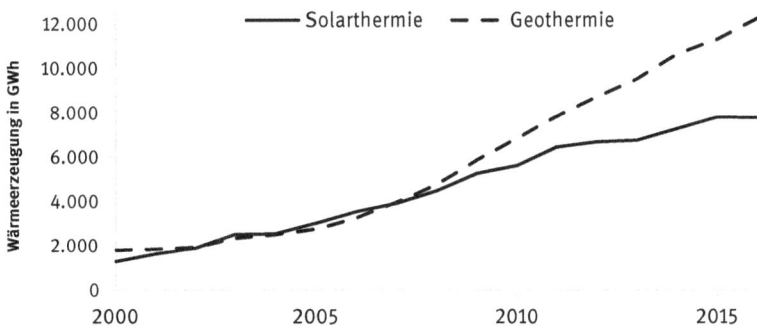

Abb. 11.4: Wärmeerzeugung der Solarthermie und Geothermie in Deutschland 2000–2016 (Quelle:
BMWi (2018))

---

147 Nachfolgende Angaben in Anlehnung an BMWi (2018).

Im deutschen Verkehrssektor machten Biotreibstoffe 2016 rund 5,2% des Endenergieverbrauchs aus, welche größtenteils in Beimischungen für konventionelle Benzine und Diesel verwendet wurden. Trotz dieses relativ geringen Anteils im Verkehrsmarkt machen die Biotreibstoffe rund 9% der gesamten eingesetzten erneuerbaren Energien aus.

11.4 Angebot

Insgesamt wurden in Deutschland im Jahr 2016 etwa 1700 PJ durch erneuerbare Energieträger bereitgestellt.[148] Abb. 11.5 zeigt die Aufteilung der Erzeugung nach den verschiedenen erneuerbaren Energieträgern. Damit stammten im Jahr 2016 etwa 12,6% des deutschen Primärenergieverbrauchs aus erneuerbaren Energien. Im Folgenden sollen die einzelnen Primärenergieträger aus einer angebotsseitigen Sicht vorgestellt und verglichen werden sowie auf bestimmte Auswirkungen beim Angebot von erneuerbaren Energien eingegangen werden.

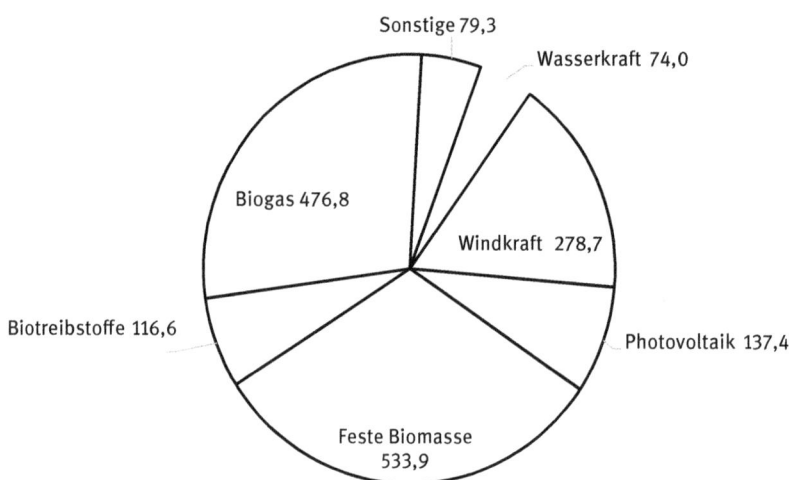

Abb. 11.5: Beiträge erneuerbarer Energien zum Primärenergieverbrauch in Deutschland 2016 (in PJ) (Quelle: BMWi (2018))

11.4.1 Vergleich erneuerbarer Energieträger

Erneuerbare Energieträger unterscheiden sich zum Teil erheblich in Bezug auf Verfügbarkeit, Wirtschaftlichkeit und Nutzbarkeit voneinander. Im Folgenden sollen die Vor- und Nachteile der verschiedenen erneuerbaren Energieträger erläutert werden.

---

148 Nachfolgende Angaben in Anlehnung an BMWi (2018).

Tabelle 11.1 zeigt die Verwendungsmöglichkeiten verschiedener erneuerbarer Energieträger. Dargestellt wird die Energiequelle in Verbindung mit den möglichen Umwandlungsprozessen sowie den resultierenden Energieformen bzw. Energieträgern.

Tab. 11.1: Umwandlungssysteme erneuerbarer Energiequellen

Energiequelle	Umwandlung	Erzeugte Energieform/ Energieträger
Solarstrahlung	Photovoltaikanlage	
Wasserkraft	Laufwasser, Stauwasser, Pumpspeicher, Wellen-, Meeresströmungs- und Gezeitenkraftwerke	Strom
Windkraft	Rotoren, Druckluftspeicher	
Biomasse	Biogasanlage mit Verstromung	
Erdwärme	Geothermisches Heizkraftwerk	
Solarstrahlung	Solarthermische Nutzung, Solarwärmekraftwerke, passive Nutzung	Strom und/oder Wärme
Biomasse	Biomasseheizkraftwerk, Holzpelletsheizung, Heizkessel, Kamin	
Biomasse	Biogasanlage, Refomierungsanlagen	Treibstoff

Solarenergie kann direkt durch Photovoltaikanlagen und durch Solarthermie genutzt werden. Die Investitionskosten für Solarkraftanlagen sind gegenüber anderen erneuerbaren Energieträgern relativ hoch, die Erzeugungskosten sind jedoch vernachlässigbar gering. Bei der Solarthermie ist abhängig vom Standort und der verwendeten Technologie zwischen 15–40 % der im Jahresverlauf eingestrahlten Energie nutzbar.[149] Allerdings unterliegt der Einstrahlungsverbrauch starken tages- und jahreszeitlichen sowie regionalen Schwankungen. Solarenergie ist also überall einsetzbar, die Umwandlungseffizienz ist jedoch standortabhängig. Durch manuelle bzw. automatische Nachführung zur Sonne kann die Auslastung von Photovoltaikanlagen verbessert werden.

Obwohl Sonnenenergie in Deutschland ein hohes technisches Potenzial besitzt, ist die Wirtschaftlichkeit dieser Anlagen derzeit noch stark von der Förderhöhe abhängig. In anderen Regionen der Erde ist das wirtschaftliche Potenzial wesentlich größer. So wurde im Rahmen des so genannten Desertec-Projekts überlegt, große solarthermische Kraftwerke in Nordafrika und im Nahen Osten zu bauen. Ein Teil des dort erzeugten Stroms könnte dann über Gleichspannungsleitungen nach Europa exportiert werden.

---

149 Vgl. z. B. Quaschning (2013).

Im Wärmemarkt ist die Nutzung von Solarthermie aufgrund einer hohen Förderung und wegen gesetzlicher Vorgaben beim Hausbau in den letzten Jahren stark gewachsen und wird voraussichtlich auch zukünftig eine Ergänzung zu anderen Wärmesystemen wie dezentralen fossilen Verfeuerungsanlagen und Fernwärme sein.

Biomasse, die durch Fotosynthese entsteht, „speichert" Sonnenenergie. Biomasse fällt entweder als „Abfall" an oder sie wird gezielt angebaut (beispielsweise für die Erzeugung von Biokraftstoffen). Biomasse aus „Abfallprodukten" wie Restholz aus Auslichtungseinschlägen oder Baumpflegearbeiten oder Stroh nach der Getreideernte weist i. d. R. hohe Sammel- und Transportkosten auf. Energieträger aus Biomasse können sowohl in fester als auch in flüssiger und gasförmiger Form vorliegen. In der Regel sind Energieanlagen, welche auf den Einsatz solcher Energieträger zurückgreifen, sehr gut steuerbar. Die Kosten für eine energetische Nutzung von Biomasse hängen stark von dem gewünschten Einsatzbereich, den regionalen Gegebenheiten und dem gewählten Substrat ab. So kann in einer stark agrarisch geprägten Region die Produktion von Biogas ein leicht umzusetzendes Nebenprodukt sein, während eine solche Anlage in kargen Landschaften sehr kostenintensiv wäre. Die energetische Nutzung von Biomasse kann in Konkurrenz zur Verwendung als Nahrung oder Futter stehen (vgl. Abschnitt 11.4.2).

Wasserkraft wird unterschieden in Stauwasser, Laufwasser, Pumpspeicher sowie in Wellen- und Gezeitenkraftwerke. Insgesamt zeichnet sich Wasserkraft mit Ausnahme von Gezeitenkraftwerken durch geringe Erzeugungskosten aus. Weiterhin sind Stauwasser- und Pumpspeicheranlagen gut steuerbar, weshalb Pumpspeicherkraftwerke im Strommarkt als Stromspeicher angesehen werden.

Die Nutzung von Wasserkraft ist stark abhängig von den regionalen geografischen Gegebenheiten, weshalb auch die regionale Verteilung von Wasserkraft sehr unterschiedlich ist. Für die Nutzung von Wasserkraft in einem großen Maßstab ist unter Umständen eine Verlegung von Flussläufen notwendig. So wurde beispielsweise bei dem Bau des größten Wasserkraftwerks der Welt, dem Drei-Schluchten-Damm in China, ein Stausee mit etwa der doppelten Größe des Bodensees geschaffen.

In Deutschland gibt es nur begrenztes Potenzial für den weiteren Ausbau von Wasserkraft. Zum einen wurde ein Großteil der wirtschaftlichen Standorte bereits besetzt, zum anderen beschränken Umweltauflagen den weiteren Ausbau und die Nutzung von Wasserkraftanlagen. Gezeitenkraftwerke haben zwar ein höheres Potenzial, allerdings existieren bei ihrem Bau und Betrieb noch hohe technische Herausforderungen.

Windenergie ist eine weitere Flussgröße mit sehr stark schwankender Darbietung an einem festen Ort. Es wird zwischen *onshore* (an Land) und *offshore* (auf See) Anlagen unterschieden. Wie Wasserkraft weisen auch Windenergieanlagen sehr geringe Grenzkosten auf; die Installation von Windkraftanlagen, besonders im Offshore-Bereich, ist jedoch im Vergleich zu anderen Energieerzeugungsanlagen teuer. Da Windenergie aufgrund der Abhängigkeit von meteorologischen Gegebenheiten kaum steuerbar ist, werden für eine gesicherte Strombereitstellung weitere steuerbare Kraftwerke wie fossile Kraftwerke oder Biomasseanlagen benötigt.

Windenergie wurde in Deutschland in der Vergangenheit stark unterschätzt und wies innerhalb der letzten Jahre bedeutende Zuwächse auf. Sowohl im Onshore- als auch im Offshore-Bereich gibt es in Deutschland noch große technische Potenziale, wobei die tatsächliche Nutzung stark von gesetzlichen Rahmenbedingungen abhängig sein wird.

Im **Vergleich der erneuerbaren Energieträger** ist Wasserkraft die wirtschaftlichste und neben Biomasse die am besten steuerbare Energieerzeugungsmöglichkeit. Allerdings sind die Potenziale von Wasserkraft im Vergleich zu den anderen Energieträgern in Deutschland sehr gering. Windkraft hat sowohl ein hohes technisches als auch wirtschaftliches Potenzial. Der Ausbau der Windkraft wird jedoch auch zukünftig von der Förderung abhängen. Biomasse ist je nach den örtlichen Gegebenheiten ein Energieträger mit einem hohen wirtschaftlichen Potenzial. Allerdings kann sie in direkter Konkurrenz zur Nahrungsmittelproduktion stehen und die Förderung für eine energetische Nutzung kann zu einer ineffizienten Allokation führen. Solarkraft verfügt zwar über ein riesiges technisches Potenzial, das wirtschaftliche Potenzial ist jedoch noch stärker als bei der Windkraft von der Ausgestaltung der staatlichen Rahmenbedingungen abhängig.

11.4.2 Auswirkungen der Förderung von erneuerbaren Energieträgern

Energetische Nutzung von Biomasse

Die Verwendung von Biomasse für eine energetische Nutzung hat zwar ein hohes Potenzial im Wärme- und Verkehrsmarkt, aber es besteht eine Konkurrenzbeziehung zur Nahrungsmittelproduktion. Dies ist insbesondere bei der Produktion von Biotreibstoffen aus Raps, Getreide oder Mais von Bedeutung. Unter Biotreibstoffe fallen Biodiesel, welcher aus ölhaltigen Pflanzenbestandteilen, wie Rapssaat oder Sonnenblumensamen gewonnen wird, und Bioethanol, welches aus stärke- bzw. zuckerhaltigen Feldfrüchten, wie Zuckerrüben, Mais oder Weizen hergestellt werden kann.

Ein einfaches Beispiel soll das Verteilungsproblem verdeutlichen. Angenommen, ein Bauer wird durch einen Schneesturm in seinem Hof vom Rest der Welt abgeschnitten. Er hat in seiner Scheune seine Getreideernte gelagert, kann aber aufgrund des Schneegestöbers kein Feuerholz schlagen. Er kann das Getreide entweder als Nahrung oder als Brennstoff verwenden. Wenn er das gesamte Getreide verbrennt, dann wird er verhungern und wenn er das gesamte Getreide verspeist, wird er erfrieren. Ökonomisch wird der Bauer das Getreide so aufteilen, dass der Grenznutzen der energetischen Nutzung dem Grenznutzen bei der Verwendung als Nahrung entspricht.

Diese optimale Bedingung gilt auch für die gesamte Gesellschaft. Wenn jedoch die energetische Nutzung gefördert wird, die Verwendung als Nahrung aber nicht, wird die energetische Nutzung zunehmen und die optimale Verteilung nicht erreicht. Wenn jedoch die Rahmenbedingungen der energetischen Nutzung von Biomasse die Wettbewerbsfähigkeit gegenüber anderen Energieträgern erhöhen soll, ergibt sich ein

Zielkonflikt. Eine Ausdehnung der Förderung für die Nahrungsmittelproduktion würde das Problem nur verschieben. Denn in diesem Fall wäre der gesamte Nahrungsmittelsektor subventioniert, würde also mehr produzieren und es käme zu einer falschen Allokation zwischen dem Nahrungsmittelsektor und anderen Sektoren. Natürlich ist diese Darstellung stark vereinfacht: Die Berücksichtigung von potenziellen Ursachen für Marktversagen wie Externalitäten oder öffentliche Güter müssen bei einer differenzierten Betrachtung dieser Problematik mitberücksichtigt werden (vgl. Abschnitt 11.5.1).

Einbindung von Wind- und Photovoltaikanlagen in den Strommarkt

Mit der Integration von Windkraft- und Photovoltaikanlagen in den deutschen Kraftwerkspark ergeben sich zwei notwendige Anpassungen. Erstens müssen die Anlagen **mit dem bestehenden Stromnetz verbunden** werden. Da viele Anlagen, wie beispielsweise Offshore-Windkraftanlagen, weit von den Verbrauchsorten entfernt liegen, ist die Netzanbindung teilweise mit hohem Aufwand verbunden. Weiterhin sind die Möglichkeiten für die Erzeugung von Strom aus Windenergie im Norden Deutschlands günstiger als im Süden. Daher müssen bei einem weiteren Ausbau der Stromerzeugung aus erneuerbaren Energien auch die Nord-Süd-Trassen verstärkt werden. Der notwendige Netzausbau könnte sich als einer der wichtigsten Engpässe für einen Ausbau der Windenergie in der deutschen Stromerzeugung erweisen, denn aufgrund von hohen Auflagen sowie komplizierten und langwierigen Genehmigungsverfahren muss bei der Projektierung von Maßnahmen zum Netzausbau mit langen Zeiträumen gerechnet werden.

Zweitens ist die Stromproduktion von Windkraft- und Photovoltaikanlagen **von meteorologischen Bedingungen abhängig,** die nur kurzfristig eingeplant werden können. Die Anlagen bedürfen daher einer zusätzlichen Absicherung durch Kapazitäten am Regelenergiemarkt (vgl. Abschnitt 12.6.1). Die aktuelle Größenordnung möglicher Schwankungen etwa durch zufällig ausgewählte 40 Tage der folgenden Monate gezeigt (siehe Tabelle 11.2):

Tab. 11.2: Mögliche Kapazitätsdefizite erneuerbarer Energiequellen (Quelle: BnetzA, o. J.)

¼ stündl. Leistung	Min	Max	Für Max ursächlich
12/17	11,5 %	73,7 %	Windunterschiede
02/18	11,8 %	38,7 %	
09/18	14,5 %	64,7 %	PV tagsüber

Es ist zu erkennen, dass die Größenordnung der kurzfristig nicht verfügbaren Kapazitäten enorm sein kann. Daraus ergibt sich die Frage, ob die Volatilität der Bereitstellungsstruktur durch erneuerbare Energieträger als negative Externalität verstanden werden muss (vgl. hierzu Abschnitt 4.4).

In der Abb. 11.6 wird die Folge von schlecht planbaren Einspeisungen aus Wind- und Solarkraftwerken auf den Regelenergiemarkt dargestellt. Die Abbildung zeigt nur die strukturellen Kostenbestandteile und nicht die relativen Größen der verschiedenen Kosten. Da die Auslastung dieser Anlage nicht planmäßig gewählt werden kann, sondern von den Naturbedingungen des Standortes vorgegeben ist und da auf der anderen Seite die variablen Kosten als Null angesehen werden können, werden die Kosten als Parallele zur Zeitachse eingezeichnet. Die Kosten der zusätzlichen Regelenergiekapazitäten sind in der Abb. 11.6 darübergelegt. Während der durch die gestrichelte Linie symbolisierten Zeit kann die erneuerbare Anlage Energie produzieren. Während dieser Zeit wird also keine Regelenergie abgerufen. Trotzdem muss der Leistungspreis für die Vorhaltung von Regelenergie gezahlt werden.

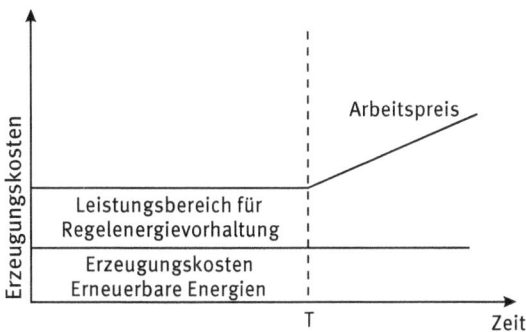

Abb. 11.6: Auswirkungen der Integration von Windkraft- und Photovoltaikanlagen auf den Regelenergiemarkt

Wenn nun zum Zeitpunkt T die prognostizierte Einspeisung von der tatsächlichen Einspeisung abweicht, muss die vorgehaltene Regelenergie abgerufen werden. In diesem Fall muss zusätzlich zum Leistungspreis ein Arbeitspreis für Regelenergie gezahlt werden. Dies gilt sowohl für positive als auch für negative Abweichungen.

Tatsächlich ist aufgrund der vorrangigen Einspeisung von Strom aus erneuerbaren Energieträgern der Fall einer zu hohen Einspeisung von größerer Bedeutung für den Regelenergiemarkt als der Fall einer zu geringen Einspeisung, denn eine zu geringe Einspeisung kann durch flexible Gas- oder Wasserkraftwerke zur Verfügung gestellt werden, während bei einer zu hohen Einspeisung ein laufendes Kraftwerk heruntergefahren werden muss. Da die meisten laufenden Kraftwerke bereits an ihrem technischen optimalen Punkt gefahren werden, führen auch die zu hohen Einspeisungen zu zusätzlichen Kosten im System.

In der Vergangenheit orientierte sich die Höhe der benötigten Regelenergie ausschließlich an last- (Lastprognosefehler und Lastrauschen) und kraftwerksbedingten Effekten (Kraftwerksausfälle). Die zunehmende stochastische Einspeisung von nur eingeschränkt prognostizierbaren Strommengen aus EEG-Anlagen ist ein weiterer beeinflussender Faktor für die zukünftige Vorhaltung von Regelleistung.

Außerhalb des Regelenergiemarkts verändert sich durch erneuerbare Energien im Strommarkt die Verteilung der Marktgleichgewichte auf der *Merit-Order* (Strom-Angebotsfunktion). Hauptsächlich wird die Auslastung von bisherigen Grundlastkraftwerken sinken, da diese preislich nicht mit den Grenzkosten von Windanlagen konkurrieren können. Weiterhin werden Kapazitäten für die typischen Mittellastkraftwerke wie Steinkohle- und effiziente Gaskraftwerke zunehmen, da diese Kapazitäten zu windarmen Zeiten abgerufen werden. Diese Umstrukturierung des Kraftwerkparks wird bei anhaltender Förderung der erneuerbaren Energien dann eintreten, wenn für diese Mittellastkraftwerke ausreichend Deckungsbeiträge für die Kapitalkosten erwirtschaftet werden können.

11.5 Förderung von erneuerbaren Energien

Aus ökonomischer Sicht kann die Förderung von erneuerbaren Energien durchaus Sinn ergeben. Sie vermeiden viele negative Auswirkungen auf die menschliche Gesundheit und Ökosysteme, die bei dem Betrieb von konventionellen Kraftwerken entstehen können. Hierzu zählen neben Treibhausgasen auch Feinstaubemissionen und andere Luftverschmutzungen. Werden diese negativen Folgen nicht ausreichend über den Marktprozess abgebildet, handelt es sich um negative Externalitäten. In den folgenden Kapiteln wird über die Sinnhaftigkeit von Fördersystemen von erneuerbaren Energien diskutiert und verschiedene Mechanismen zur Förderung werden dargelegt.

11.5.1 Legitimierung der Förderung erneuerbarer Energien

Eine Förderung von erneuerbaren Energien ist aus ökonomischer Sicht nur dann sinnvoll, wenn ein Marktversagen vorliegt, d. h. wichtige nutzenstiftende Faktoren oder Kosten für unbeteiligte Dritte werden vom Markt nicht oder nicht vollständig gewürdigt und eingepreist.

Im Fall von erneuerbaren Energien können umweltpolitische Argumente, die **Erhöhung der Versorgungssicherheit** und der **Nachhaltigkeit** sowie industriepolitische Überlegungen für die **Legitimität der Förderung** vorgebracht werden.

Umweltpolitisch kann argumentiert werden, dass die Nutzung von erneuerbaren Energien **CO_2-Emissionen verringert** gegenüber der Verwendung von fossilen Energieträgern. Die Emission von CO_2 stellt einen externen Effekt dar und die Förderung von erneuerbaren Energien ist eine Möglichkeit, diesen externen Effekt zu internalisieren. Implizite Annahme hierbei ist, dass keine alternativen Mechanismen zur Internalisierung des externen Effekts bereits existieren. Genau dies ist jedoch in Europa der Fall.

Mit der Implementierung des CO_2-Zertifikatehandels wurden die maximalen CO_2-Emissionen für Europa festgelegt. Die Förderung von erneuerbaren Energien kann zu ungewollten Wechselwirkungen mit dem Zertifikatehandel führen. Wenn die festgesetzte Grenze schwierig zu erfüllen ist, wird der Preis für die CO_2-Zertifikate steigen; ist die Grenze hingegen mit vergleichsweise wenig Aufwand zu erreichen, werden sich in dem CO_2-Zertifikatehandel geringe Preise einstellen. Durch eine zusätzliche Förderung von erneuerbaren Energien, die keine CO_2-Emissionen ausstoßen, wird das Erreichen der Grenze einfacher. Der Preis für CO_2-Zertifikate wird sinken. Andere Emittenten von CO_2 müssen entsprechend ihren Ausstoß nicht drosseln. Ein duales System aus Anreizsystem für erneuerbare Energien und Emissionshandel kann daher zu einem ineffizienten Ergebnis führen. Das Argument einer Senkung der CO_2-Emissionen durch die Förderung von erneuerbaren Energien ist für Europa daher fragwürdig.

Das zweite Argument zur Legitimierung von erneuerbaren Energien ist die **Erhöhung der Versorgungssicherheit**. Die Versorgungssicherheit wird durch eine Reduktion der Importabhängigkeit von fossilen Energieträgern erhöht. Sowohl Deutschland als auch die meisten anderen OECD-Länder sind stark geprägt von einer hohen Importabhängigkeit fossiler Energieträger. Bei einer Störung der Importe, beispielsweise durch eine Veränderung der geopolitischen Weltlage, ist eine geringere Abhängigkeit von fossilen Energieträgern vorteilhaft. Außerdem könnte die Erschöpfbarkeit von fossilen Primärenergieträgern vom Markt falsch eingeschätzt werden. Wenn beispielsweise die „peak oil"-Theorie (vgl. Abschnitt 8.1.2) korrekt wäre, dann würde die tatsächliche Knappheit von Erdöl nicht korrekt durch den Preis angezeigt. Die Förderung von erneuerbaren Energien wäre in diesem Kontext eine Maßnahme zur Erhöhung der Versorgungssicherheit gegenüber vollständig ungewissen zukünftigen Ereignissen.

Erneuerbare Energien wirken jedoch nicht ausschließlich positiv auf die Versorgungssicherheit, da sie dargebotsabhängig sind. Wie in Abschnitt 12.8.2 noch beispielhaft dargelegt wird, sind dargebotsabhängige Energieträger insbesondere für Elektrizitätsversorgungssysteme eine große Herausforderung.

Der Gesamteffekt von erneuerbaren Energien auf die Versorgungssicherheit ist nur schwierig zu ermitteln, da er sowohl von den allgemeinen Rahmenbedingungen abhängt als auch von der politischen Grundhaltung. Das Argument zur Erhöhung der Versorgungssicherheit trägt also nur bedingt zur Legitimierung der Förderung von erneuerbaren Energien bei.

Ein dritter Argumentationsfaden für die Förderung von erneuerbaren Energien ist die Verbesserung der **Nachhaltigkeit der Energieversorgung** für zukünftige Generationen. Das Marktversagen aufgrund einer zu geringen Berücksichtigung zukünftiger Generationen in den Märkten hat die schlichte Ursache, dass die zukünftigen Generationen nicht an den aktuellen Märkten teilnehmen und entsprechend keine Zahlungsbereitschaft offenbaren können. So können sich an Märkten Ergebnisse einstellen, die intergenerationelle Konflikte generieren. Das heißt, früher geborene Generationen könnten einen Großteil der zur Verfügung stehenden erschöpfbaren Ressourcen verbrauchen, ohne den nachfolgenden Generationen die Mittel zurückzulassen, um einen ähnlichen Wohlstand zu erlangen. Die ersten Generationen würden auf Kosten der nachfolgenden Generationen leben.

Die Förderung erneuerbarer Energien kann langfristig zu einer nachhaltigen Energieversorgung beitragen, die zumindest in diesem Bereich die nachfolgenden Generationen besserstellt. Es stellt sich jedoch die Frage, was den nachfolgenden Generationen hinterlassen werden sollte: ein (Wissens-)Kapitalstock oder eine komplette Energieversorgungsinfrastruktur. Im ersten Fall könnten die nachfolgenden Generationen selbst entscheiden, ob sie die Technologie, die von vorherigen Generationen entwickelt wurde, einsetzen wollen oder ob sie alternative Technologien einsetzen wollen. Diese Entscheidungen können nachfolgende Generationen natürlich nur dann treffen, wenn ihnen die Mittel hinterlassen wurden, um die Technologie einzusetzen. So werden ihnen bloße Baupläne und technische Beschreibungen wenig helfen. Für den großflächigen Einsatz einer Technologie werden erhebliche Kapitalmittel, Rohstoffe und gut ausgebildete Arbeitskräfte benötigt. Die „Vorhaltung" dieser Ressourcen für nachfolgende Generationen könnte so teuer sein, dass es lohnenswert sein könnte, den schrittweisen Umbau des Energieversorgungssystems bereits in einer vorhergehenden Generation zu beginnen.

Erneuerbare Energien können somit zu einer nachhaltigen Entwicklung beitragen. Um dieses Ziel messbar zu machen, sollte definiert werden, welches Kapital und welche Infrastruktureinrichtungen den nachfolgenden Generationen hinterlassen werden sollen.

In einem vierten Argumentationsstrang kann die Förderung von erneuerbaren Energieträgern **industriepolitisch** begründet werden. Die Industrieförderung behebt ebenfalls ein Marktversagen: Volkswirtschaftlich optimale Investitionsaktivitäten unterbleiben teilweise, da sie ein zu hohes Risiko für ein einzelnes Unternehmen [oder eine Kooperation von Unternehmen] darstellen.[150] Wenn eine neue Technologie zwar prinzipiell realisierbar ist, aber die Marktreife der Produkte noch nicht gewährleistet ist, kann der Staat durch industriepolitische Förderungen einen Teil des Marktrisikos von den Unternehmen übernehmen. Dies ist dann volkswirtschaftlich sinnvoll, wenn die sich daraus ergebenden Technologien zur Marktreife geführt werden können und so ein neuer Industriezweig mit neuen Produkten entsteht.

Eine Förderung aufgrund von industriepolitischen Erwägungen ist vor allem bei sehr kapitalintensiven Industrien wie etwa dem Flugzeugbau sinnvoll. Allerdings ist dies keine notwendige Voraussetzung, da durch eine Industriepolitik auch die Standortwahl der Unternehmen beeinflusst werden kann. So können beispielsweise bei einer hohen Konzentration von gleichartigen Firmen in einer Region positive Effekte für die gesamte Branche entstehen, wie dies im Silicon Valley für die Computerindustrie

---

150 Ein eingängiges Beispiel hierfür sind Investitionen in die Fusionstechnologie. Obwohl viele Experten der Auffassung sind, dass Energie aus Kernfusion ein enormes Potential bietet, sind die Investitionskosten so hoch und zukünftige Auszahlungen so unsicher, dass ein privates Unternehmen kaum bereit ist, in die Fusionstechnologie zu investieren.

in Nordamerika geschehen ist. Die Faktoren einer erfolgreichen Industrieförderung hängen stark von den besonderen Eigenschaften der geförderten Technologie ab. Im besten Fall entwickelt sich in Deutschland ein effizienter Industriezweig mit weltweit nachgefragten Produkten, im schlechtesten Fall kommt es nach einer Pionierphase zu einem Technologieexport, wodurch die Förderung nur für einzelne Unternehmen und nicht für die Volkswirtschaft insgesamt gewinnbringend war.

Ob die Förderung der erneuerbaren Energien in Deutschland ein volkswirtschaftlicher Gewinn sein wird, ist derzeit noch nicht abzusehen. Festzuhalten ist, dass in Deutschland Unternehmen gegründet wurden, die weltweite Technologieführer sind. Gleichzeitig sind viele dieser Unternehmen noch immer von einer staatlichen Förderung der erneuerbaren Energien abhängig. Besonders in der Solarbranche konnten deutsche Unternehmen nicht zuletzt aufgrund der umfangreichen Förderungen einen internationalen Technologievorsprung aufbauen.

Ein weiteres Argument für eine industriepolitische Förderung ist die **Schaffung und Erhaltung von Arbeitsplätzen**. Aus ökonomischer Sicht müsste nachgewiesen werden, dass die Förderung höhere (Grenz-)Nutzengewinne stiftet als alternative Mittelverwendungen. Dieser Nachweis wird aufgrund der hohen Unsicherheit von Technologieförderungen nur selten eindeutig ausfallen können. Entsprechend entscheidet der übergeordnete politische Wille, ob eine bestimmte Technologie gefördert werden sollte. Hierbei werden Politiker tendenziell der Erhaltung von bestehenden Arbeitsplätzen den Vorzug bei Förderungen geben.

Zusammenfassend kann die Förderung von erneuerbaren Energien in Deutschland aus volkswirtschaftlicher Sicht durchaus als legitimiert angesehen werden – obwohl einige wichtige Einschränkungen gemacht werden müssen. So werden in der öffentlichen Debatte die umweltpolitischen Zielsetzungen gerne in den Vordergrund gestellt, während die Argumente zur Versorgungssicherheit, Nachhaltigkeit und Industrieförderung häufig nur sekundär genannt werden. Dies ist bedauerlich, da gerade die umweltpolitischen Argumente unter den aktuellen Rahmenbedingungen in Deutschland einer kritischen Analyse unter Umständen nicht standhielten.

11.5.2 Fördersysteme erneuerbarer Energien

In der akademischen und politischen Diskussion existieren sehr viele **verschiedene Fördermodelle**. Angesichts des beschränkten Rahmens dieses einführenden Buches werden wir uns auf vier Modelle beschränken: die Förderung der Grundlagenforschung und von Pilotanlagen, die direkte Investitionsförderung, die Förderung über eine feste Einspeisevergütung, die mit einem Marktprämienmodell verbunden werden kann, sowie ein Zertifikatehandelssystem.

Die Förderung über die **Grundlagenforschung und die Finanzierung von Pilotanlagen** ist von jeher eine wichtige staatliche Aufgabe. Privatwirtschaftliche Forschung ist in der Regel auf die möglichst schnelle Umsetzung von marktreifen Produkten fokussiert. Daher werden grundsätzlichere Fragestellungen häufig zurückgestellt. Forschungsgeschichtlich zeigt sich jedoch, dass die großen wissenschaftlichen Fortschritte häufig von sehr abstrakten und grundsätzlichen Überlegungen ausgelöst wurden. In diesem Zusammenhang sei auf die Gravitationstheorie von Newton oder die Relativitätstheorie von Einstein verwiesen. Die Grundlagenforschung ist volkswirtschaftlich betrachtet ein öffentliches Gut, d. h. es kann niemand von der Nutzung der großen Denkmodelle ausgeschlossen werden und Gedanken „nutzen sich nicht ab".

Eine staatliche Forschungsförderung muss jedoch nicht notwendigerweise auf reine Grundlagenforschung begrenzt sein. Grundsätzlich kann die gesamte Erforschung bis hin zur Marktreife in staatlichen Forschungseinrichtungen erfolgen. Zum Beweis der technischen Umsetzbarkeit können darüber hinaus Pilotanlagen mit Fördergeldern errichtet werden. Dies verringert das Risiko für privatwirtschaftliche Unternehmen, wodurch sie eher geneigt sind, in die neuen Technologien zu investieren.

Ein großer Vorteil der Forschungsförderung ist die Offenheit für neue, alternative Forschungsansätze – insbesondere im Vergleich zu anderen Fördermodellen. Diese Offenheit führt jedoch auch zu einer gewissen „Verästelung" der Forschung, die einer Fokussierung auf die möglichst schnelle Herstellung der Marktreife einer Technologie zuwiderläuft. Zusammenfassend kann die Forschungsförderung als ein zwar langsames, aber dafür unaufdringliches, den Markt nur geringfügig verzerrendes Fördermodell beschrieben werden.

Die **direkte Investitionsförderung** ist ein sehr direkter Weg die erneuerbaren Energien zu fördern. Kernelement ist die Schaffung eines Fördertopfes wie beispielsweise eines Fonds, aus dem Investoren bezuschusst werden. Um die Förderung zu erhalten, stellen die potenziellen Investoren einen Förderantrag, der von einer neutralen, staatlichen Stelle geprüft und beschieden wird. Die Höhe der Förderung kann sich beispielsweise an einer fiktiven Investitionsrechnung von unabhängigen Gutachtern definierter Referenzanlagen ergeben. Wenn beispielsweise das Ergebnis einer solchen fiktiven Investitionsrechnung ist, dass ein Investor X % der Anlagesumme bei der Durchführung der Investition verlieren würde, würden ihm diese X % aus dem Fördertopf erstattet. Wenn die Investitionsaktivität erhöht werden soll, kann ein höherer Betrag aus dem Fördertopf ausgeschüttet werden. Der Investor erhält in diesem Fall hohe, aber unsichere Einnahmen aus seiner Investition, da die Erlöse von schwankenden Marktpreisen abhängen.

Die direkte Investitionsförderung kann als eine sehr einfache und schnelle Möglichkeit zur Förderung der erneuerbaren Energien beschrieben werden. Es besteht jedoch die große Gefahr, dass sich die einfache Idee in ein hoch komplexes, bürokratisches und von lobbyistischen Aktivitäten bestimmtes System verwandelt.

Die **feste Einspeisevergütung** hat die gleiche Grundidee wie eine direkte Investitionsförderung und kann als eine Variation derselben beschrieben werden. Im Unterschied zur direkten Investitionsförderung wird jedoch nicht die Investition direkt gefördert, sondern der Preis für die Einspeisung in das Netz für eine bestimmte Anzahl von Jahren festgelegt. Die Höhe der Förderung ergibt sich analog zur direkten Investitionsförderung über die Definition von Referenzanlagen.

Der größte Vorteil der festen Einspeisevergütung gegenüber der Investitionsförderung ist, dass ein Investor hohe und sichere Erlöse beim Bau der Anlage erhält. War der Investor bei der Investitionsförderung nach dem Bau der Anlage noch den Marktschwankungen ausgesetzt, weiß er im Fall der festen Einspeisevergütung, welchen Preis er für seine Produktion erhalten wird. Seine Investitionsrechnung beschränkt sich darauf, dass er mit seiner Anlage die Investitionsrechnung der Referenzanlage schlagen muss. Ist dies der Fall, muss er sich um die wirtschaftliche Seite seiner Anlage nicht mehr kümmern, sondern kann sich auf die technische Gestaltung der Anlage konzentrieren. Dementsprechend können auch relativ kleine Unternehmen als Investoren auftreten. Obwohl dies aus wettbewerblicher Perspektive sicherlich vorteilhaft ist, ergibt sich hieraus auch das Problem einer eingeschränkten Expertise dieser Unternehmen. Da für sie wesentliche Probleme wirtschaftlicher Investitionsentscheidungen nicht relevant sind, werden sie auch keine entsprechenden Strukturen entwickeln. Dies vermindert die Potenziale bei der Industrieförderung. Auch kann bei einer Förderung über eine feste Einspeisevergütung die regionale Industrieentwicklung weniger stark beeinflusst werden. Die Ziele der Verringerung der CO_2-Emissionen und die Importabhängigkeit von fossilen Energieträgern sind analog der direkten Investitionsförderung erfüllt. Ebenso gelten die gleichen Einschränkungen hinsichtlich der Offenheit des Systems für neue Technologieansätze.

Die feste Einspeisevergütung verzerrt nicht nur die Investitionsentscheidung, sondern führt auch zu einer Verzerrung der Einsatzentscheidung. Denn aufgrund des festen Preises pro eingespeister Energieeinheit wird der Betreiber einer erneuerbaren Erzeugungsanlage immer einspeisen. Dies mag im Fall von Wasser, Wind und Solar auf den ersten Blick als nur geringfügige Marktverzerrung angesehen werden, da ihre Grenzkosten nahe Null liegen. Allerdings können an Elektrizitätsmärkten auch negative Preise entstehen (vgl. Abschnitt 11.5.3). Durch die feste Einspeisevergütung wird dieses wichtige Marktsignal jedoch nicht an die Betreiber der erneuerbaren Energien weitergeleitet. Es entsteht eine volkswirtschaftliche Ineffizienz, da Kraftwerke teilweise unter hohen Kosten heruntergefahren werden müssen. Bei einem hohen Anteil von erneuerbaren Energien an der gesamten Stromversorgung kann unter Umständen sogar das System zusammenbrechen – wenn nämlich nicht genügend alternative Kraftwerke zur Verfügung stehen, die heruntergefahren werden können.

Im Ergebnis ist die feste Einspeisevergütung das bestmögliche Modell für Investoren, da sie hohe und sichere Gewinne erhalten. Die fehlende Marktintegration und der hohe bürokratische Aufwand sind die großen Nachteile der festen Einspeisevergütung.

Eine vom ZEW – Leibniz-Zentrum für Europäische Wirtschaftsforschung veröffentlichte Studie präsentiert einen Lösungsansatz zur Abschwächung der Nachteile, welche sich durch eine feste Einspeisevergütung ergeben.[151] Die Grundidee ist hierbei, dass die Vermarktung von erneuerbaren Energien in einer neuen Marktordnung über eine **Marktprämie** gefördert wird, um den zuvor genannten Ineffizienzen zu begegnen. Die Marktprämie entspricht einer Zahlung, die Erzeuger von erneuerbarem Strom zusätzlich zum Börsenpreis erhalten. Dieser Ansatz bringt zwei Vorteile mit sich. Zum einen müssen sich die Betreiber von erneuerbaren Energieanlagen am Marktpreis orientieren. Dies beeinflusst sowohl deren Investitions- als auch deren Produktionsentscheidungen. Zum anderen erhalten sie durch die Marktprämie eine gesicherte Zahlung pro eingespeiste Kilowattstunde, wodurch das Investitionsrisiko in erneuerbare Energien kalkulierbar bleibt.

Die Förderung der Erneuerbaren Energien über ein **Zertifikatehandelssystem** verfolgt den gleichen Ansatz wie das CO_2-Zertifikatehandelssystem. Es wird eine Quote der erneuerbaren Energien an der Gesamtproduktion festgelegt. Im nächsten Schritt wird jeder Verbraucher dazu verpflichtet, nachzuweisen, dass er die entsprechende Quote eingehalten hat. Wäre die Quote beispielsweise 35 %, so müsste der Verbraucher nachweisen, dass er seine verbrauchte Energie zu 35 % aus erneuerbaren Quellen bezogen hat. Um diesen Nachweis zu führen, muss er eine entsprechende Menge von Zertifikaten besitzen, die im Folgenden als „grüne Zertifikate" bezeichnet werden sollen.[152] Wenn ein Verbraucher nicht genügend grüne Zertifikate nachweisen kann, wird er mit einer sehr hohen Strafzahlung belegt. Die Höhe dieser Strafzahlung stellt eine Obergrenze für den Zertifikatepreis dar.

Der Verbraucher kann die grünen Zertifikate nur von einem Produzenten von erneuerbaren Energien erhalten. Der Produzent erhält eine bestimmte Anzahl Zertifikate für jede Einspeisung von Strom aus erneuerbaren Energien. Die Anzahl der Zertifikate kann hierbei von verschiedenen Faktoren abhängig sein, die wichtigste ist jedoch die genutzte Technologie. So könnte eine Einspeisung aus Wasserkraftwerken beispielsweise weniger Zertifikate generieren als die Einspeisung aus einer Windanlage, wenn die Erzeugung durch Wasserkraft wirtschaftlicher wäre als durch Wind. Würde keine technologieabhängige Zuteilung der Zertifikate erfolgen, würde jeweils nur die aktuell wirtschaftlichste Technologie hinzugebaut. Der Produzent erhält also Erlöse einerseits aus der Vermarktung der erneuerbaren Energien, andererseits aus dem Verkauf der Zertifikate.

Die Verbraucher und Produzenten treffen sich auf dem Zertifikatemarkt und aus dem Zusammenspiel von Angebot und Nachfrage ergibt sich ein Preis für die Zertifikate. Der Zertifikatepreis zeigt somit direkt die Knappheit von Strom aus erneuerbaren Energien für die Gesellschaft an. Dieser Preis wird hoch sein, wenn insgesamt zu

---

151 Vgl. Löschel et al. (2013).

152 Es existiert eine verwirrend große Anzahl von verschiedenen Bezeichnungen in diesem Zusammenhang. Der Begriff „grüne Zertifikate" wird in der Diskussion nicht durchgängig in der hier beschriebenen Weise verwendet.

wenige Erzeugungsanlagen existieren. Durch die hohen Preise werden Investitionen angeregt, bis die Verbraucher ihre Quote erfüllen können. Ist der Preis gering, werden keine weiteren Investitionen in erneuerbare Energien vorgenommen. Die Zertifikatepreise können weiterhin aufgrund meteorologischer Gegebenheiten stark schwanken. So können sie in einem windschwachen Jahr mit hoher Bewölkung sehr hoch sein, während sie im folgenden Jahr mit viel Wind und Sonne sehr niedrig sind. Investitionsentscheidungen im ersten Jahr könnten im zweiten Jahr nicht mehr wirtschaftlich sein. Aus diesem Grund ist die Möglichkeit der Übertragung von Zertifikaten zwischen den Jahren ein sinnvolles Instrument.

Das Zertifikatesystem kann als das theoretisch beste System bezeichnet werden, da es einen fehlenden Markt einführt. Über die Festlegung der Quote ist das System sehr gut steuerbar und es benötigt einen wesentlich geringeren administrativen Aufwand als die anderen Fördermodelle. Trotzdem ist die Ausgestaltung des Zertifikatehandelsystems nicht trivial. Eine schlechte Ausgestaltung kann die grundsätzlichen Vorteile dieses Fördermodells leicht kompensieren.

11.5.3 Das Fördersystem in Deutschland

I) Die Einspeisevergütung und die finanzielle Wälzung

Wie bereits in Abschnitt 11.2 diskutiert, fand mit der Einführung des EEG 2017 ein grundsätzlicher Paradigmenwechsel statt, da neben einer festen Einspeisevergütung (FEV) für kleinere Anlagen simultan ein Ausschreibungsverfahren eingeführt wurde. Um die Wirkungsweise von FEV und der finanziellen Wälzung zu erläutern, wird in diesem Abschnitt der Aspekt des Ausschreibungsverfahrens nicht berücksichtigt. Wie bereits erläutert, bietet die FEV eine hohe Investitionssicherheit, was den Ausbau der erneuerbaren Energien in Deutschland stark beschleunigte.

Erneuerbare-Energien-Anlagen speisen vorrangig in das Stromnetz ein, d. h. der Stromverbrauch in Deutschland muss zunächst durch die erneuerbaren Energien gedeckt werden. Der restliche Verbrauch, die Residuallast, wird von konventionellen Anlagen befriedigt. Problematiken hinsichtlich der **Vorrangregel** ergeben sich, wenn die durch erneuerbare Energien eingespeisten Strommengen über dem aktuellen Verbrauch liegen oder wenn aufgrund von Netzengpässen die Einspeisung in einer Region verringert werden muss. In diesem Fall müssen EEG-Anlagen nach den Regeln zum Einspeisemanagement abgeschaltet werden. Es gilt der Grundsatz, dass zuerst konventionelle Anlagen und erst, wenn dies nicht mehr ausreicht, EEG-Anlagen heruntergefahren werden.

Die **Höhe der Einspeisevergütung** ist abhängig von der verwendeten Technologie. Zudem existieren insbesondere bei der Biomasse und Photovoltaik diverse Boni- und Maliregelungen, die die Wirtschaftlichkeit einer Anlage stark beeinflussen.

Anlagen werden über 20 Jahre gefördert, wobei die gesetzlich gesicherte Einspeisevergütung einer jährlichen Degression unterliegt. Für kleinere Photovoltaikanlagen und Windkraftanlagen gibt es zudem eine Abhängigkeit der Einspeisevergütung von der gesamten Fördermenge, was als „atmender Deckel" bezeichnet wird.

Das Verrechnungssystem der Kosten von EEG-Anlagen wird als **finanzielle Kostenwälzung** bezeichnet. Die Einspeisevergütung wird vom Verteilnetzbetreiber an den EE-Anlagen-Besitzer gezahlt. Für den Verteilnetzbetreiber ist die Einspeisevergütung nur ein durchgehender Posten. Er erhält die Einspeisevergütung aus einem Umlageverfahren mit dem Übertragungsnetzbetreiber (ÜNB) zurück und übergibt diesem die Verantwortung über die eingespeisten Energiemengen. Der ÜNB seinerseits ist verpflichtet, die Energiemengen nach den Regeln der AusglMechAV an den Energiemärkten zu vermarkten. Praktisch bedeutet dies, dass der ÜNB die gesamten eingespeisten EE-Strommengen an den Day-Ahead-Markt ohne Limit einstellt. Falls sich im Tagesverlauf die prognostizierten Einspeisemengen verändern, wird er versuchen, die Differenz zur ursprünglichen Prognose am Intraday-Markt zu handeln.

Die an den Energiemärkten erzielten Erlöse decken jedoch nicht die gezahlten Einspeisevergütungen. Die Differenz wird auf alle Endverbraucher über die EEG-Umlage umgelegt. Tabelle 11.3 zeigt die Entwicklung der **EEG-Umlage** seit 2008.

Tab. 11.3: Entwicklung der EEG-Umlage 2008–2017 (Quelle: BnetzA, 2019)

Jahr	EEG-Umlage [ct/kWh]
2008	1,12
2009	1,13
2010	2,05
2011	3,53
2012	3,59
2013	5,28
2014	6,24
2015	6,17
2016	6,35
2017	6,88

Hinsichtlich des Ausbaus Erneuerbarer-Energien-Anlagen stellte sich der beschriebene Fördermechanismus als sehr effektiv heraus; während die Stromerzeugung aus erneuerbaren Energien im Jahr 2000 noch bei 36,0 TWh lag, wurden im Jahr 2016 bereits 188,2 TWh Elektrizität aus erneuerbaren Energien bereitgestellt. Um einigen der bereits erläuterten Problemstellungen, die sich aus dem Einsatz eines Systems von FEV ergeben, entgegen zu wirken, wurde 2017 ein neues Konzept zur Förderung von erneuerbaren Energien eingeführt. Wie bereits in Abschnitt 11.2 beschrieben, fand durch die neue Ausrichtung des EEG im Jahr 2017 ein Paradigmenwechsel statt. Die FEV für bestimmte Anlagenarten bzw. -größen wurden durch einen wettbewerblichen Ausschreibungsmechanismus ersetzt. Dies soll eine Überförderung von erneuerbaren

Energien verhindern und gleichzeitig einen Ausbau zu wettbewerblichen Preisen gewährleisten.

II) Auswirkungen der Integration der erneuerbaren Energien auf das Netz

Aus der Netzsicht ergeben sich aufgrund der Integration von Windkraft- und Photovoltaikanlagen in den deutschen Kraftwerkspark mehrere wichtige Anpassungen. Erstens ergibt sich ein erhöhter **Netzausbaubedarf.** Da viele Anlagen wie beispielsweise Offshore-Windkraftanlagen weit von den Verbrauchsorten entfernt liegen, ist die
Netzanbindung teilweise mit hohen Kosten verbunden. Weiterhin sind die Möglichkeiten für die Erzeugung von Strom aus erneuerbaren Energien im Norden Deutschlands günstiger als im Süden. Daher müssen bei einem weiteren Ausbau der Stromerzeugung aus erneuerbaren Energien auch die Nord-Süd-Trassen verstärkt werden.
Der schleppende Netzausbau könnte sich als einer der wichtigsten Hürden für den
weiteren Ausbau der erneuerbaren Energien in der deutschen Stromerzeugung erweisen, denn aufgrund hoher Auflagen sowie komplizierter und langwieriger Genehmigungsverfahren liegt der Zeithorizont von der Planung bis zur Fertigstellung von Netz-
erweiterungen zwischen 8 und 15 Jahren.

Zweitens ist die Stromproduktion von Windkraft- und Photovoltaikanlagen von
meteorologischen Bedingungen abhängig, die nur kurzfristig geplant werden können.
Die Anlagen bedürfen daher einer **zusätzlichen Absicherung durch Kapazitäten
am Regelenergiemarkt**.

Die Bereitstellung von Regelenergie erfolgt bisher überwiegend über den Einsatz
fossiler Kraftwerke. Allerdings sind auch Batteriesysteme und regelbare erneuerbare Energieanlagen (insbes. Biogasanlagen und Wasserkraftwerke) in der Lage einen
Teil der benötigten Regelenergie zur Verfügung zu stellen. Dennoch werden bei einem
weiter anwachsenden Anteil volatiler erneuerbarer Energien zusätzliche Maßnahmen
notwendig, um die Versorgungssicherheit im deutschen Strommarkt gewährleisten zu
können: Dieser Problematik wurde durch die Einführung einer Kapazitätsreserve begegnet. Gemäß § 13e EnWG werden ab Winter 2020/21 zusätzliche Kapazitäten in Höhe
von 2 GW außerhalb des Strommarktes als Reserve gehalten. Die vorgehaltene Leistung kann dabei von Erzeugungs- und Speicheranlagen sowie von regelbaren Lasten
bereitgestellt werden. Diese Reserve soll *„einen sicheren Systembetrieb im Falle unvor-
hersehbarer Extremereignisse auf dem Strommarkt"* sicherstellen.[153]

Drittens führt ein höherer Anteil an EE-Anlagen an der Stromerzeugung zu Herausforderungen bei **Sicherstellung der Frequenzhaltung und der Bereitstellung
von Blindarbeit**. So ist die Steuerung der Frequenz bei großen zentralen Stromerzeu-
gungseinheiten wesentlich einfacher zu bewerkstelligen als bei dezentralen Anlagen.
Dies gilt insbesondere für die Primärregelung, die derzeit in Deutschland von großen
Braunkohle- und Kernkraftwerken übernommen wird. Weiterhin ist die Bereitstellung

---

153 BMWi (2019, S. 38).

von Blindarbeit durch heute marktgängige EE-Anlagen nicht im erforderlichen Maß-stab möglich.

Diese Aufgaben müssen zukünftig von EE-Anlagen zumindest teilweise übernom-men werden. Dies ist in der Konstruktion von vielen Anlagen jedoch noch nicht be-rücksichtigt. So schalten sich viele ältere Photovoltaikanlagen bei einer Überfrequenz von 50,2 Hz automatisch ab, um die Anlage zu schützen. Dies war unproblematisch, solange nur wenige solcher Anlagen am Netz hingen. Wenn sich jedoch die aktuell in-stallierten 40,8 GW[154] alle automatisch bei exakt 50,2 Hz abschalteten, so würde dies mit hoher Wahrscheinlichkeit zu einem kompletten Netzzusammenbruch führen. Um ein solches Szenario zu vermeiden, werden die bereits installierten Anlagen in den kommenden Jahren umgebaut.

Schließlich sind viele dezentrale Anlagen nicht schwarzstartfähig. Mit Schwarz-startfähigkeit wird die Fähigkeit einer Anlage beschrieben, nach einem Zusammen-bruch des Stromnetzes dieses wieder aufbauen zu können. Für diese und die anderen Herausforderungen müssen neue technologische Lösungen gesucht bzw. bestehende Technologien großflächig eingesetzt werden, damit die zukünftigen netztechnischen Anforderungen erfüllt werden können.

---

154 Vgl. BMWi (2018).

12 Elektrizitätswirtschaft

In diesem Kapitel wird die Elektrizitätswirtschaft näher beleuchtet. Dazu wird zunächst auf die Besonderheiten des Stromsektors eingegangen. Um diesen besser zu verstehen, wird danach beschrieben, wie sich der Strommarkt historisch entwickelt hat. Darüber hinaus wird ein eigenes Unterkapitel den technischen Merkmalen von Verbund- und Verteilnetzen und den sich daraus ergebenen wirtschaftlichen Implikationen gewidmet. Im Weiteren wird die Angebots- und Nachfrageseite des Elektrizitätsmarktes und das sich daraus ergebende Marktdesign beschrieben. Schließlich wird noch auf spezielle Probleme im Elektrizitätsmarkt eingegangen.

12.1 Merkmale des Stromsektors

Elektrizität wird durch Energieumwandlung erzeugt. Grundlage für die Elektrizitätserzeugung können fossile Brennstoffe, aber auch Uran oder erneuerbare Energieträger sein. Elektrizität kann von Verbrauchern für unterschiedlichste Zwecke verwendet werden. Die Verfügbarkeit von Elektrizität setzt ein Verteilungsnetz voraus, aus dem die Verbraucher die von ihnen gewünschte Energiemenge beziehen können. In einem entwickelten Stromsystem ist dieses Netz so eng geknüpft, dass praktisch überall Strom für Produktions- und Konsumzwecke verfügbar ist. Die Netze werden nach **Spannungsstufen** voneinander abgegrenzt. Dabei unterscheidet man das Verbundnetz auf hoher Spannungsstufe, das den Ausgleich der Generatorleistung in Bezug auf die Nachfrage herbeiführen soll und die Verteilungsnetze, die zu den einzelnen Endverbrauchern führen.

Das Produkt Elektrizität kann sowohl als Misch- als auch als Kuppelprodukt eingestuft werden. Begründet werden kann diese Klassifizierung wie folgt:

a) **Mischprodukt**: Physikalisch gesehen fließt der Strom in einem Netz immer automatisch von Generatoren zu den Punkten im Netz, wo Strom entnommen wird (Lastsenken). Soweit sich der Netzzustand über die Zeit ändert, kann daher auch der Generator laufend wechseln, mit dem ein bestimmter Verbraucher bedient wird. Es ist daher unmöglich, einem Verbraucher einen bestimmten Generator zuzuordnen. Verbraucher beziehen also ein Mischprodukt aus der Generatoraktivität aller verschiedenen Generatoren, die ein Netz beliefern.

b) Strom ist ein **Kuppelprodukt**. Kuppelproduktion ist die „gemeinsame Herstellung von zwei oder mehr Produkten, die durch das Ausgangsmaterial oder das angewandte Verfahren bedingt ist"[155]. Zur Herstellung des Gutes Strom werden zum einen Kraftwerke zum anderen Netze benötigt. Aufgrund des Herstellungsverfahrens für Strom, der Produktion im Kraftwerk und dem anschließenden Transport

---

155 Duden: Kuppelproduktion.

https://doi.org/10.1515/9783110556339-012

über Netze zum Kunden werden immer zwei Produkte gleichzeitig erstellt. Jeder Stromkonsument muss gleichzeitig Strom und die Infrastruktur, die ihm ermöglicht jeder Zeit Strom zu konsumieren, kaufen. In anderen Worten beziehen Endverbraucher gleichzeitig das Produkt Energie und das Produkt der permanenten Verfügbarkeit dieser Energie. Weder die Energieumwandlung noch das Transportnetz haben voneinander isoliert einen wirtschaftlichen Wert.

Bei der Betrachtung des Stromsystems ist es wichtig, seine Teilsysteme zu kennen. Zum einen kann man die physische Komponente des Stromsystems betrachten, zum anderen die wirtschaftliche Komponente. Physisch betrachtet kann das Stromsystem durch die unterschiedlichen Schritte der Strombereitstellung beschrieben werden. Diese sind Stromerzeugung sowie Stromverteilung über Transport-, Verbund- und schließlich über die Verteilungsnetze.

Wenn man das Stromsystem im wirtschaftlichen Sinne betrachtet, dann geht es um den Handel mit Strom. Unter Stromhandel versteht man den Handel mit Strom an der Börse, aber auch den Vertrieb von Strom an den Endkunden (siehe Abb. 12.1).

Aus der technischen Struktur des Stromsystems ergeben sich Besonderheiten, die auch für die wirtschaftliche Organisation dieses Sektors von Bedeutung sind:

a) Die Ware Strom ist **netzgebunden**. Die Verfügbarkeit von Strom für den Verbraucher setzt ein spezifisches Transport- und Verteilungsnetz voraus. Dies erschwert

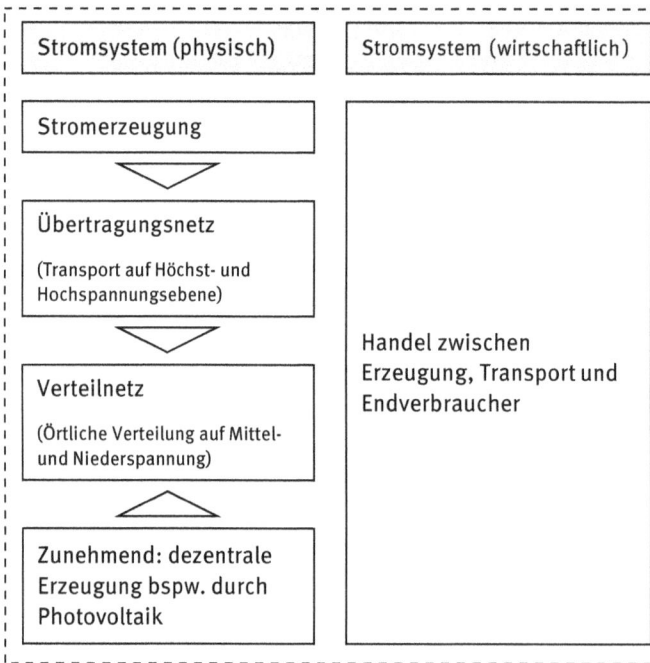

Abb. 12.1: Stromwirtschaftliches System

die Preisangleichung zwischen verschiedenen Netzen oder macht sie unmöglich. Wenn nämlich ein Transport nur über das Netz erfolgen kann, wird eine Preisdifferenz kein zusätzliches Angebot hervorrufen, wie dies auf Märkten ohne spezifische Transportsysteme der Fall ist.

b)   Verteilungs- und Transportnetze unterliegen weitgehend den Bedingungen eines **natürlichen Monopols**[156]: Ein einzelnes integriertes Netz kann technisch kostengünstiger betrieben werden als mehrere konkurrierende Netze. Der Netzmonopolist kann den Zugang zum Markt für andere Anbieter abschotten. Es besteht kein Anreiz für den Monopolisten, sein Netz zu öffnen, sodass eine Netzöffnung durch politische Regulierung geschaffen werden muss.

c)   Strom ist **nicht großtechnisch speicherbar.**[157] Produktion und Verbrauch von Strom müssen gleichzeitig stattfinden, da eine Entkoppelung von Erzeugung und Verbrauch praktisch kaum möglich ist. Traditionell wurde aus der **Zeitgleichheit von Angebot und Nachfrage** und der technischen Notwendigkeit, Netzzusammenbrüche durch Übernutzung zu verhindern, gefolgert, dass die Angebotskapazitäten von Netzen und Kraftwerken so großzügig zu bemessen sind, dass Engpässe sehr unwahrscheinlich werden.

d)   Die Verfügbarkeit von Strom ist die Voraussetzung für die Nutzung einer Reihe von darauf basierenden Gütern und Leistungen grundlegender Art (z. B. elektrisches Licht oder Computer). Im Kernbereich des Strommarktes besteht nur eine **geringe oder gar keine Substitutionsmöglichkeit**.

Diese Merkmale bilden die Grundlage für die Besonderheiten in der Entwicklung der Stromwirtschaft.

Die geringen Substitutionsmöglichkeiten im Zusammenhang mit dem durch die Ware Strom ermöglichten Systemzugang zu vielen Verbrauchersystemen erklären den hohen Grad von politischer Interventionsbereitschaft in das elektrizitätswirtschaftliche System, die in vielen Ländern zu beobachten ist.

12.2 Historische Entwicklung des Strommarktes

Bei einer privatwirtschaftlichen und unregulierten Entwicklung des Stromsektors ist es wahrscheinlich, dass bestimmte Gebiete von den Unternehmen nicht erschlossen werden, wenn diese eine geringe Nachfragedichte aufweisen, weil die hohen Anfangs-

---

156 Das natürliche Monopol wird ausführlich in Abschnitt 6.1 behandelt.
157 Eine Ausnahme von der Nichtspeicherbarkeit von Strom bilden Pumpspeicherkraftwerke, in denen jedoch nicht Strom selbst, sondern begrenzte Mengen schnell verfügbarer Erzeugungsmöglichkeiten durch den Wasservorrat gespeichert werden. Sofern diese rechtzeitig „aufgeladen" worden sind, können sie in Deutschland rund 2,5–3 % eines Tagesbedarfs ($\approx$ 40 Mio. kWh bei einem Bedarf von bis zu 1,6 Mrd. kWh) decken.

investitionen in das Verteilungsnetz als zu riskant betrachtet werden. Dieser Zustand ist für die betroffene Bevölkerung ebenso unbefriedigend wie für die Anbieter von elektrizitätsanwendenden Produkten. In der Entwicklung der Stromwirtschaft kam es daher oft zur Herausbildung von geschlossenen Versorgungsgebieten, die für den privaten Investor das Investitionsrisiko verminderten und häufig mit der Erschließungspflicht für bisher nicht erschlossene Gebiete verbunden wurden. Historisch kam es auch oft zu einer direkten Übernahme von Versorgungsgebieten durch Gemeinden, weil Unternehmen die Erschließung nicht vornehmen wollten oder nicht befriedigend durchführten.

In gewisser Weise wurde also in dieser Entwicklungsphase Elektrizität als „meritorisches" Gut[158] aufgefasst, dessen allgemeine Verfügbarkeit über eine besondere staatliche Einflussnahme gesichert werden sollte. In der weiteren Entwicklung führte die Möglichkeit, mittels größerer Erzeugungseinheiten und eines Netzverbundes die Nachfrage zusammenzufassen, zu einer starken Zentralisierung der Funktionen des Systems.

Dementsprechend wurde die Organisationsform von der Integration der physischen Einheiten des Systems bestimmt. Im integrierten Monopol, dessen Struktur in Abb. 12.2 skizziert wird, wurden alle verschiedenen Systemfunktionen innerhalb eines Unternehmens wahrgenommen, das Kraftwerke betrieb, über ein Hochspannungsnetz verfügte, das Verteilungsnetze zu den Endverbrauchern besaß und schließlich auch den Verkauf an die Endverbraucher durchführte.

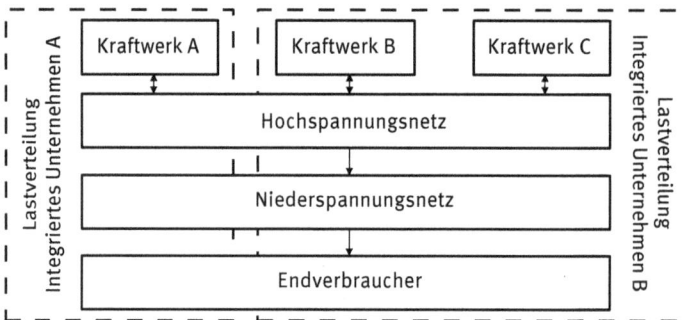

Abb. 12.2: Marktstruktur vor der Liberalisierung

---

158 Das Gut Elektrizität wurde als so wichtig erachtet, dass der Zugang dazu für alle Bürger staatlich sichergestellt werden sollte. Dabei sind meritorische Güter solche Güter, die vom privaten Markt hergestellt werden könnten, bei denen die private Nachfrage bzw. das private Angebot jedoch hinter den Erwartungen der Regierenden zurückbleibt. Ein Grund, warum Güter zu meritorischen Gütern werden, ist in vielen Fällen ein Zusatznutzen, der durch den Konsum des meritorischen Gutes entsteht. Dieser Zusatznutzen entsteht dadurch, dass der Konsum des Gutes nicht nur für den Konsumenten selber von Vorteil ist, sondern auch positive Effekte auf andere Bürger des Staates hat, die dieses Gut nicht konsumieren. Quelle: Wildmann, L. (2007).

Im integrierten Monopol hat der Lastverteiler stets die Kraftwerke mit den günstigsten Grenzkosten zugeschaltet. Es war jedoch nicht sichergestellt, dass sich eine gesamtwirtschaftlich optimale Lösung ergab, wenn mehrere integrierte Monopolunternehmen nebeneinander – jeweils zuständig für ein bestimmtes Gebiet – Elektrizität produzierten und verteilten. Die unterschiedliche Ausstattung mit Kraftwerken und der unterschiedliche Verlauf der Nachfrage bei verschiedenen Unternehmen hätten nur dann zu der kostengünstigen Lösung geführt, wenn die Entscheidung über den Kraftwerkseinsatz für das gesamte Gebiet vorgenommen worden wäre.

Abbildung 12.3 zeigt eine Situation, bei der der zweite Anbieter den Einsatz eines kostengünstigeren Kraftwerks ausweiten könnte, wenn dafür der erste Anbieter den Einsatz des teureren Kraftwerks entsprechend zurückgefahren hätte. Diese Situation wäre zwar für beide Seiten vorteilhaft (Handelsvorteil in der Abbildung), könnte jedoch nur realisiert werden, wenn über den Netzverbund hinaus Koordinierungsmechanismen existierten, durch die laufend eine entsprechende Abstimmung herbeigeführt würde und die damit verbundenen wirtschaftlichen Abrechnungen vorgenommen würden. Dies setzte voraus, dass der Vorteil aus dem Handel über die Grenzen des eigenen Versorgungsgebietes hinaus für beide Seiten fühlbar wird, da sonst kein Anreiz bestand, in diesen Handel einzutreten.

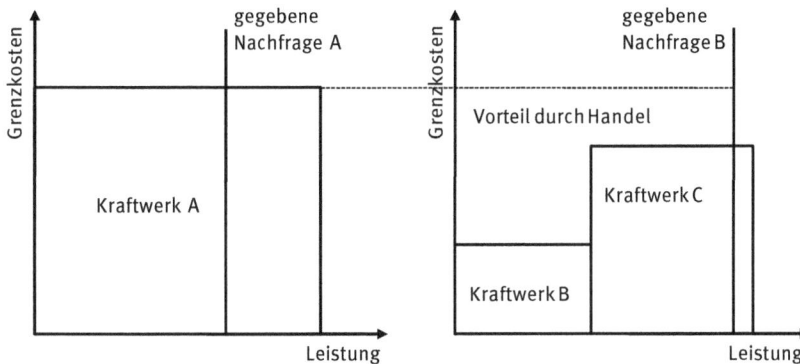

Abb. 12.3: Handelsvorteil zwischen zwei Anbietern

Eine mögliche Lösung dieses Problems bestand darin, ein integriertes Monopol für ein gesamtes großes Gebiet zu schaffen und innerhalb dieses Gebiets die Koordination der Anlagen nach Kostengesichtspunkten zu betreiben. Aus diesem Gedanken erklärt sich die zentralistische Struktur, die früher in vielen Ländern die normale Form der Elektrizitätsversorgung gewesen ist.

In dieser Zeit erfolgte in Deutschland die Stromerzeugung durch

a)   Verbundunternehmen und deren Tochtergesellschaften, die das gesamte System dominierten,

b) selbständige Stadtwerke, die zumindest einen Teil ihres Strombedarfs in eigenen Kraftwerken erzeugten. Da die Städte gleichzeitig oft gute Bedingungen für Fernwärmeversorgung aufwiesen, betrieben diese Stadtwerke oft auch ihre Kraftwerke mit nachgeschalteter Wärmenutzung, so genannte Kraft-Wärme-Kopplung, wodurch sich bei hohen Wärmepreisen eine günstige Mischkalkulation für die Stromerzeugung ergibt, die dann sogar mit den Kosten aus Fremdbezug aus Großkraftwerken der Verbundunternehmen konkurrieren konnten,

c) die Deutsche Bahn AG, die über ihren Fahrdraht ein eigenes Netz mit Drehstrom betrieb,

d) industrielle Eigenerzeuger, die eigene kleine und mittlere Kraftwerke oftmals mit kostengünstiger Kraft-Wärme-Kopplung betrieben und sogar größere Mengen Überschussstrom in das öffentliche Netz einspeisten,

e) kleinere Eigenerzeuger, die Überschussmengen in das öffentliche Stromnetz einspeisen und dieses umgekehrt oft als Reserve für eigene Lastspitzen benötigten.

Angesichts der geringen Substitutionskonkurrenz des Strommarktes bestand für die integrierten Monopolisten nur ein geringer Anreiz, sich um Kostensenkung zu bemühen. Auch eine staatliche Regulierung solcher integrierten Monopole, wie sie allgemein üblich ist, bildete nur einen unvollkommenen Ersatz für einen echten Wettbewerbsprozess, weil die mit der Regulierung verbundenen Informationsprobleme, die Regulierungskosten und auch die Begrenztheit der möglichen Regulierungsmethoden in der Realität nur unvollkommen zu dem gewünschten Ergebnis führen können.

Ein integriertes Monopol mit der Zuständigkeit für ein bestimmtes abgegrenztes Gebiet konnte in der Regel nur entstehen, wenn die Wettbewerbsgesetzgebung des entsprechenden Landes dies ausdrücklich zuließ. Allerdings weist nur das Netz die Eigenschaft eines natürlichen Monopols auf. Ein Wettbewerb in den übrigen Teilbereichen des Sektors war also grundsätzlich möglich.

Bei freiem Netzzugang können Verbraucher Strom von einem Erzeuger außerhalb des Versorgungsgebietes beziehen, in dem sie ansässig sind. Die Eröffnung des Netzzugangs war also ein Teilmoment einer vertikalen Desintegration. Da der nicht mehr von dem gebietszuständigen Unternehmen versorgte Abnehmer dennoch dessen Netzdienstleistungen in Anspruch nehmen musste, weil nur dessen Netz in dem jeweiligen Gebiet existiert, setzte der Netzzugang voraus, dass eine Einigung über die Bedingungen der Netznutzung herbeigeführt wurde bzw. diese direkt reguliert wurden. Die Erhöhung des Wettbewerbs im Strommarkt insgesamt sollte also durch die stärkere Regulierung der Stromnetze erreicht werden.

Der Beginn der Liberalisierung war die EU-Binnenmarktrichtlinie 96/92/EG für Elektrizität, die die Schaffung eines europäischen Strombinnenmarktes und die Erhöhung des Wettbewerbs im Strommarkt zum Ziel hatte. Die Binnenmarktrichtlinie wurde 1998 im Energiewirtschaftsgesetz (EnWG 1998) in deutsches Recht umgesetzt. Als Netzzugangsmodell wurde in Deutschland als einzigem Land in der EU der verhandelte Netzzugang zwischen den Verbänden der Stromproduzenten und Stromabnehmer BDI, VIK und VDEW implementiert. Die Verhandlungen wurden ex post vom Bundeskartellamt auf wettbewerbsrechtliche Verletzungen überwacht.

Die Verbändevereinbarung (VV I) wurde 1998 verabschiedet und gab Empfehlungen und Rahmenbedingungen, um individuelle Netzentgeltverhandlungen zu erleichtern. Die Netzentgeltberechnung war entfernungsabhängig und erforderte einen sehr hohen bürokratischen Aufwand. Um die aus der Komplexität der ersten Verbändevereinbarung ausgelösten Rechtsstreitigkeiten zu lösen, wurde 1999 eine zweite Verbändevereinbarung (VV II) beschlossen. Hierin erfolgte die Netzentgeltberechnung nicht mehr entfernungsabhängig, sondern der Anschluss an die Spannungsebene (Höchstspannungs-, Mittelspannungs- und Niedrigspannungsnetz) war ausschlaggebend für das zu zahlende Netzentgelt. Weiterhin wurden so genannte Bilanzkreise eingeführt, in denen die Ein- und Ausspeisungen organisatorisch zusammengefasst wurden. Die Bilanzkreise wurden weiterhin in vier deutsche Regelzonen zusammengefasst, die für den jederzeitigen Ausgleich zwischen eingespeisten und ausgespeisten Mengen verantwortlich waren. Die VV II wurde im Jahr 2002 durch die VV II+ abgelöst, die jedoch nur geringfügige Änderungen aufwies.

Im Jahr 2003 wurde auf EU-Ebene die so genannte Beschleunigungsrichtlinie 2003/54/EG beschlossen, die den bisher nur zaghaft aufkommenden Wettbewerb in netzgebundenen Energiesystemen verstärken sollte. Hiernach sollten bis Mitte 2004 sämtliche Endverbraucher die Möglichkeit eines Wechsels haben und es entfiel die Möglichkeit eines verhandelten Netzzugangs, wodurch in Deutschland eine Regulierungsbehörde für die Regulierung des Netzzugangs geschaffen werden musste. Weiterhin wurde die Desintegration (*unbundling*) der vertikal integrierten Verbundunternehmen stärker vorangetrieben. Die Netzgesellschaften mussten nun rechtlich eigenständige Unternehmen sein.

In Deutschland wurden die durch die Beschleunigungsrichtlinie notwendigen Veränderungen im EnWG 2005 umgesetzt, wodurch die Regulierungsbehörde für Telekommunikation und Post RegTP kurzfristig in REGTP und anschließend 2005 in die **Bundesnetzagentur** umbenannt wurde. Neben der Bundesnetzagentur wurden zudem Landesregulierungsbehörden eingerichtet. Das Bundeskartellamt behielt weiterhin die ex post Aufsicht gegen wettbewerbsrechtliche Beschränkungen der nicht regulierten Marktteilnehmer.

In der Folge wurde eine kostenbasierte Netzentgeltregulierung eingerichtet, die einer Netzgesellschaft auf Basis der berichteten Kosten eine festgelegte Ertragsrate auf diese Kosten zugestand. Hierdurch ergab sich jedoch ein Anreiz zur Überkapitalisierung (Averch-Johnson-Effekt), da ein Unternehmen umso höhere Erträge bewilligt bekam, je höher seine Kosten waren. Die kostenbasierte Regulierung wurde daher 2009 durch die Anreizregulierung ersetzt.

Im Jahr 2009 hat die EU das dritte Binnenmarktpaket verabschiedet. Danach muss eine Entflechtung der Übertragungsnetze von Erzeugung und Handel stattfinden. Ziel der Gesetzesvorgabe zur Entflechtung war die Senkung der Marktmacht der Energieversorger.

Im Jahr 2011 hat die EU-Kommission ihre Mitteilung „Fahrplan für den Übergang zu einer wettbewerbsfähigen CO_2-armen Wirtschaft bis 2050" (COM[2011] 112), die als „Energy Roadmap 2050" bekannt wird, veröffentlicht.[159] Unter anderem schlägt sie vor, die EU-internen CO_2-Emissionen bis 2050 um 80 % gegenüber dem Wert von 1990 zu verringern.

Im Juni 2011 beschließt Deutschland die „Energiewende". Sie umfasst unter anderem bis 2020 die Reduktion der CO_2-Emissionen um 40 % (2050: 80 bis 90 %) und die Steigerung des Anteils der erneuerbaren Energien am Bruttostromverbrauch auf mindestens 35 % (2050: mindestens 80 %).[160]

Im Oktober 2012 erlassen EU-Parlament und Rat die Richtlinie 2012/27/EU („zweite Energieeffizienzrichtlinie"). Am 17. April 2013 erlässt die EU-Kommission die Infrastrukturverordnung (Verordnung Nr. 347/2013), mit der der Bau von Strom- sowie Erdgasleitungen in gemeinsamem Interesse („Projects of Common Interest", PCI) erleichtert werden soll.

Im Januar 2014 veröffentlicht die EU-Kommission ihre Mitteilung COM (2014) 15 „Ein Rahmen für die Klima- und Energiepolitik im Zeitraum 2020–2030", die Vorschläge für ein neues Klima- und Energiepaket enthält. Laut Kommission soll die EU ihre CO_2-Emissionen bis 2030 gegenüber 1990 um 40 % verringern. Der Anteil der erneuerbaren Energien an der Deckung des Brutto-Endenergiebedarfs soll auf 27 % gesteigert werden.

12.3 Verbund- und Verteilungsnetz

In diesem Unterkapitel wird auf Verbund- und Verteilungsnetze eingegangen. Dazu werden zunächst die technischen Eigenschaften von Netzen erläutert und im zweiten Schritt wird auf die Problematik von Netzengpässen eingegangen.

12.3.1 Technische Grundlagen

Das Übertragungsnetz ist ein Stromkreis, bei dem die Kraftwerke die Spannungsquellen und die Verbraucher die Last darstellen. Die Einspeisungen müssen zu jedem Zeitpunkt den Ausspeisungen entsprechen, da ansonsten der Stromkreis zusammenbricht. Die Nachfrage wird durch die Zuschaltung von Kraftwerken bedient, deren Einsatzverhalten tages- und jahreszeitlichen Schwankungen unterliegt.

Es kann zwischen vier Spannungsebenen unterschieden werden: der Niedrigspannung mit 230 Volt, die aus der Steckdose eines Haushalts kommt, der Mittelspannung

---

159 Vgl. Europäische Kommission (2011).
160 Vgl. Bundesministerium für Wirtschaft und Energie: Unsere Energiewende: sicher, sauber, bezahlbar.

mit 6–30 kV, die für die Versorgung von großen Industriebetrieben oder ganzen Ortschaften ausgelegt ist, die Hochspannung mit 60 oder 110 kV, auf der Kraftwerke oder kleinere Städte angeschlossen sind und die Höchstspannung mit bis zu 1150 kV (in Europa in der Regel 220 kV oder 400 kV), die der Großraumversorgung und dem weiten Transport von Strom dient.

Deutschland ist Mitglied des UCTE-Netzes, wodurch die Netzfrequenz auf 50 Hz festgelegt ist.[161] Die Netzfrequenz ist direkt abhängig von Ungleichgewichten der Ein- und Ausspeisungen. Bei Schwankungen bis zu 150 mHz ist ein Netzbetrieb ohne größere Risiken möglich; bei größeren Schwankungen kann es jedoch zu einem Netzzusammenbruch kommen. Aus diesem Grund wird das Netz in den Regelzonen ausgeregelt. Hierbei ist es vorteilhaft, dass die Regelzone möglichst groß ist, da sich in diesem Fall Über- und Untereinspeisungen zum Teil ausgleichen (Diversifizierungseffekt). Allerdings darf innerhalb einer Regelzone kein Netzengpass bestehen, da hierdurch der Ausgleich innerhalb dieser Regelzone nicht mehr gewährleistet werden kann. So kann eine Übereinspeisung vor dem Engpass nicht durch eine Untereinspeisung hinter dem Engpass kompensiert werden.

Die Abb. 12.4 zeigt schematisch die Struktur eines Verbundsystems. Die Kraftwerke A, B und C sind durch Hochspannungsleitungen miteinander vernetzt. An bestimmten Stellen wird aus dem Netz Strom entnommen, durch Transformatoren auf eine niedrigere Spannung gebracht und in die Verteilungsnetze I, II und III eingespeist. Dort werden die Stromverbraucher dann mit dem Strom beliefert.

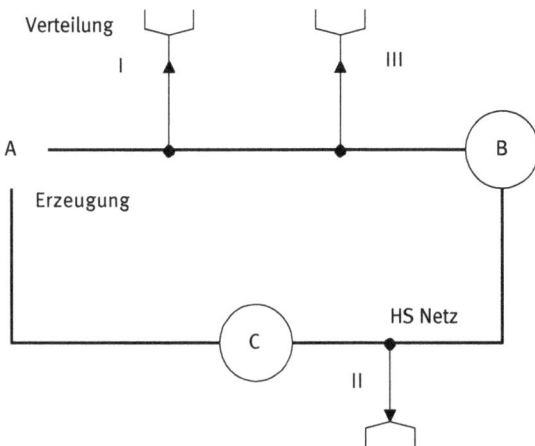

Abb. 12.4: Schema eines Verbundnetzes

---

[161] Die „Union for the Coordination of Transmission of Electricity", kurz UCTE, ist seit 2009 in einen größeren europäischen Verbund ENTSO-E eingeordnet worden.

Der Verbund der verschiedenen Kraftwerke sorgt dafür, dass
a) die Größendegressionsvorteile der Kraftwerke[162] ausgenutzt werden können,
b) Lastspitzen der jeweiligen örtlichen Verteilungssysteme, die die Kapazität des örtlichen Kraftwerks überschreiten würden, im Gesamtsystem abgefangen werden können (Pool-Funktion) und
c) mögliche Ausfälle einzelner Kraftwerke des Systems kompensiert werden können.

Je größer das Verbundsystem, desto kleiner wird die Rolle des einzelnen Generators in Bezug auf die Last des Gesamtsystems und desto sicherer kann das System betrieben werden. Der Verbundbetrieb mehrerer Anlagen senkt also einerseits die Erzeugungskosten und erhöht andererseits durch Pooling die Versorgungssicherheit.

Um eine hohe Versorgungssicherheit zu gewährleisten, gilt für das UCTE-Netz das so genannte $n-1$-Kriterium. Dies bedeutet, dass im Netz der Ausfall jeder einzelnen Leitung kompensiert werden muss. Der Ausfall der wichtigsten Stromtrasse führt also nicht zu einem Zusammenbruch des Netzes.

12.3.2 Netzengpässe

Bei der Stromübertragung kann es zwischen zwei verbundenen Netzen zu Engpässen in der verfügbaren Übertragungskapazität kommen. Im Fall eines Engpasses sind die Stromflüsse begrenzt. Dies hat zur Folge, dass der Ort der Einspeisung eine ökonomische Bedeutung erhält.

Ein Beispiel mag die Auswirkungen eines Engpasses verdeutlichen (siehe Tabelle 12.1). Angenommen, zwischen den beiden Regionen bzw. Stromnetzen A und B existiere ein Engpass. Die Stromproduktion in Region A koste 10 €/MWh und in Region B 20 €/MWh. Die Nachfrage in beiden Regionen sei gegeben und betrage jeweils 100 MWh. Es existieren keine Kapazitätsbeschränkungen bei der Stromproduktion, d. h. die beiden Kraftwerke können unbegrenzte Mengen Strom erzeugen. Die of-

Tab. 12.1: Beispiel für die Auswirkungen eines Engpasses zwischen zwei Stromnetzen

	Kosten A €/MWh	Produktion A MWh	Kosten B €/MWh	Produktion B MWh	Gesamtkosten €
Ohne Engpass	10	200	10	0	2.000
Engpass 10 MW	10	190	11	10	2.100
Engpass 50 MW	10	150	15	50	2.500
Keine Verbindung	10	100	20	100	3.000

---

162 Historisch sind die Kosten konventioneller Anlagen zur Stromerzeugung mit der Größenentwicklung des Strommarktes stark gesunken, da es möglich war, die spezifischen Kosten pro kW-Leistung mit dem Wachstum der Anlagen zu senken.

fensichtliche Lösung dieser Konstellation ohne einen Engpass ist, dass die gesamte Stromproduktion in der Region A zu 10 €/MWh erfolgt. Die Systemkosten für die Stromerzeugung betragen also 2.000 €.

Würde hingegen keine Verbindung zwischen den beiden Regionen bestehen, würde die Produktion ausschließlich in der Region erfolgen, in der sich die Nachfrage befindet, d. h. beide Kraftwerke produzieren 100 MWh, die Gesamtkosten betragen in diesem Fall 3.000 €.

Wenn nun ein Engpass zwischen den beiden Regionen besteht und die maximale Übertragungskapazität an der Engpassstelle 50 MW beträgt, muss auch das Kraftwerk in Region B Strom produzieren. Die Kosten für die Stromproduktion erhöhen sich im Fall eines Engpasses für Region B von 10 €/MWh auf 15 €/MWh. Der Nutznießer des Engpasses ist in diesem Fall der Produzent in Region B, der ohne den Engpass nicht hätte produzieren können. Die Leidtragenden des Engpasses sind zum einen die Verbraucher in Region B und zum anderen der Produzent in Region A. Bei dem Auftauchen eines Engpasses im Stromnetz handelt es sich um einen so genannten monetären externen Effekt, d. h. obwohl es Gewinner und Verlierer durch den Engpass gibt, erfolgt eine effiziente Allokation der knappen Ressourcen. Ein staatliches Eingreifen ist nicht notwendig.

Die Kosten des Engpasses betragen in diesem einfachen Beispiel 10 €/MWh, da für jede zusätzliche MWh die Gesamtkosten in Region B um 10 € sinken. Ein **Netzausbau** zwischen den Regionen ist also dann ökonomisch sinnvoll, wenn die Kosten hierfür unterhalb von 10 €/MWh liegen. Bei gegebenen Investitionskosten (Kapital- und Betriebskosten p. a.) entscheidet die regelmäßige Häufigkeit der Engpasskonstellation darüber, ob eine Netzerweiterung zur Behebung des Engpasses sinnvoll ist oder nicht. Angenommen, die Kosten für den Ausbau der Stromtrasse seien durch die in Abb. 12.5 dargestellte Kostenkurve gegeben.

In diesem Fall würde der Ausbau der Kapazität um weitere 40 MW auf 90 MW das effiziente Ergebnis darstellen. Wie in Tabelle 12.1 aufgeführt, könnten hierdurch die

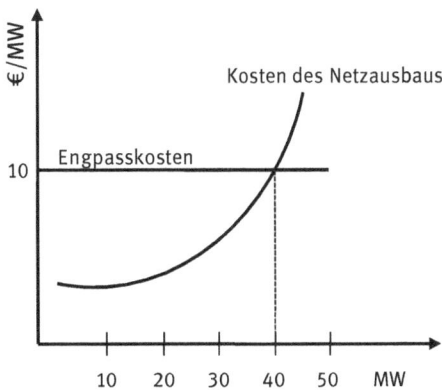

Abb. 12.5: Optimaler Netzausbau

Kosten für die Stromerzeugung auf 2.100 € reduziert werden, während die Kosten des Netzausbaus 400 € betragen. Die Gesamtkosten verändern sich also durch den Ausbau des Netzes nicht. Allerdings verändert sich die Aufteilung der Gewinne und Verluste. Der Produzent aus der Region B kann durch den Ausbau des Netzes nicht länger produzieren, während die Konsumenten in B und der Produzent in A vom Netzausbau profitieren.

Die Bewirtschaftung eines Engpasses ist in der Praxis nicht so einfach, wie das vorherige Beispiel vermuten lässt. Dies liegt insbesondere daran, dass unsicher ist, ob ein Engpass zu einem bestimmten Zeitpunkt tatsächlich auftreten wird und wenn ja, in welcher Richtung ein Engpass auftritt. In dem Beispiel war die Region A immer „vor" dem Engpass und Region B immer „hinter" dem Engpass. Da sich im Strommarkt die Angebots- und Nachfragekurven kontinuierlich ändern, kann sich auch die Richtung eines Engpasses jederzeit ändern.

Bisher wurde zudem nicht darauf eingegangen, welcher Marktteilnehmer das Recht zur Nutzung der knappen Engpasskapazität besitzt. Stattdessen wurde angenommen, dass der Produzent in Region A die Kapazität kostenlos in Anspruch nehmen kann. Angenommen, es gäbe einen Netzkuppelstellenbetreiber, der sämtliche Nutzungsrechte besitzt. Die ökonomische Frage ist nun, mit welchem Verfahren die Kapazität am besten verteilt wird. Grundsätzlich können administrative Verfahren von marktbasierten Verfahren unterschieden werden. Im Folgenden werden die verschiedenen Möglichkeiten zur Vergabe von knappen Netzkapazitäten vorgestellt und es wird auf die Bedeutung von Ringflüssen eingegangen.

Administrative Verfahren

Unter administrativen Verfahren wird ein festgelegter Rationierungsmechanismus verstanden. Bekannte administrative Verfahren sind beispielsweise das *first-come-first-served*-Prinzip oder das *pro-rata*-Verfahren. Im *first-come-first-served*-Prinzip wird die zur Verfügung stehende Kapazität einfach an denjenigen gegeben, der diese zuerst nachfragt. Beim *pro-rata*-Verfahren wird die Kapazität entweder gleichmäßig oder nach einem Schlüssel auf alle Nachfrager verteilt. Der Preis für die Kapazität wird dabei durch den Netzkuppelstellenbetreiber exogen festgelegt.

Administrative Verfahren gewährleisten keine effiziente Allokation der knappen Kapazitätsnutzungsrechte. Ihr Vorteil ist jedoch eine sehr einfache Durchführbarkeit.

Marktbasierte Verfahren

Bei den marktbasierten Verfahren wird zwischen expliziten und impliziten Auktionen sowie dem *Redispatching* unterschieden.

Bei einer **expliziten Auktion** wird die knappe Netzkapazität in einer offenen Auktion meistbietend versteigert. Der Name der Auktion ergibt sich daraus, dass im Gegensatz zur impliziten Auktion explizit ein Preis für eine Kapazitätseinheit ausgewiesen wird.

Die Grundidee dieses Verfahrens lässt sich wieder an dem obigen Beispiel verdeutlichen. Hierzu sei angenommen, dass alle Anbieter zu ihren variablen Kosten anbieten, in diesen ist jedoch noch ein kalkulatorischer Gewinnaufschlag von 1 €/MWh enthalten. Der Preis in Region A wäre also 10 €/MWh, wovon neun Euro tatsächliche Kosten und ein Euro der Gewinn des Produzenten A wären.

In diesem Fall wäre der Produzent A bereit, bis zu 10 €/MW Engpasskapazität zu bezahlen. Der Produzent B würde hingegen nur maximal 0,99 €/MW Engpasskapazität bieten. In einer effizienten Auktion mit den beiden Bietern A und B würde sich ein Preis von 1 €/MW einstellen, da Produzent B dieses Gebot von A nicht überbieten wird. Der Preis würde also in diesem Fall nicht die gesamte Höhe der Engpasskosten anzeigen. Effizienz ist gegeben, da derjenige Anbieter mit dem höchsten Nutzen die Kapazität erhalten hat. Es ändert sich nur die Aufteilung des Gewinns zwischen dem Netzkuppelstellenbetreiber, dem Produzenten A und den Konsumenten in B.

Wenn in den Regionen A und B wettbewerbliche Strommärkte existieren, dann wird sich bei der expliziten Auktion der knappen Netzkapazität immer der gesamte Wert der Netzkapazität als Preis einstellen. Denn in diesem Fall ist es für jeden Marktteilnehmer möglich, auf die Netzkapazität zu bieten und wenn man den Zuschlag erhalten hat, Strom im preiswerten Gebiet zu kaufen und anschließend im teuren Gebiet zu verkaufen.

Wenn jedoch nicht bekannt ist, ob in einer bestimmten Stunde ein Engpass auftreten wird oder nicht, verändert sich das Kalkül der Beteiligten. Es sei der obige Fall einer knappen Kapazität in Höhe von 50 MW betrachtet. Angenommen, es gäbe eine objektive Wahrscheinlichkeit von 50 %, dass die Nachfrage in der Region B nur 50 MWh betrüge. In diesem Fall würde kein Engpass vorliegen. Wenn angenommen wird, dass alle Marktteilnehmer risikoneutral sind, dann würden sie die möglichen Gewinne aus dem Arbitragegeschäft mit der Wahrscheinlichkeit einer hohen Nachfrage multiplizieren. Der Preis für die knappe Netzkapazität würde sich also auf

$$10 \, \frac{€}{MWh} \cdot 0,5 = 5 \, €/MWh$$

reduzieren. Wenn die Marktteilnehmer risikoavers sind, wird sich ein noch geringerer Preis einstellen.

Weiterhin kann die Richtung des Engpasses unklar sein. Hierzu sei in dem Beispiel angenommen, dass in Region B eine große Windkraftanlage steht, die mit einer Wahrscheinlichkeit von 25 % beliebige Strommengen produziert und in allen anderen Fällen nichts produziert. Die variablen Kosten der Windkraftanlage betragen einen Euro. Die Entscheidungssituation ist in Abb. 12.6 dargestellt.

In Abb. 12.6 sind rechts die jeweiligen Auszahlungen bei einer Buchung von Netzkapazität in die zwei möglichen Richtungen (A → B; B → A) abgetragen. Beispielswei-

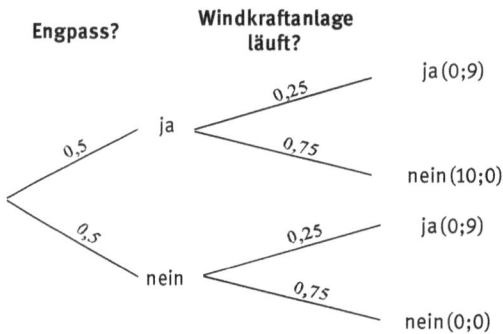

Abb. 12.6: Entscheidungssituation bei Unsicherheit bezüglich Auftretens und Richtung eines Netzengpasses

se würde im Falle eines Engpasses und dem Laufen der Windkraftanlage ein Marktteilnehmer mit Kapazität von A nach B leer ausgehen, während ein Marktteilnehmer, der Kapazität von B nach A gebucht hat, 9 €/MWh erhalten würde.

Zur Bestimmung des Preises müssen die Auszahlungen mit den jeweiligen Eintrittswahrscheinlichkeiten multipliziert werden. Es ergibt sich also ein Preis für eine Kapazitätsbuchung von A nach B in Höhe von $0,5 \cdot 0,75 = 3,75$ und ein Preis für Kapazitäten in Richtung B nach A in Höhe von $0,5 \cdot 0,25 \cdot 9 + 0,5 \cdot 0,25 \cdot 9 = 2,25$. Die Kapazitätsbuchung hat also in beiden Richtungen einen positiven Preis. Dies bedeutet jedoch nicht, dass das Marktergebnis ineffizient ist, sondern es folgt aus der Unsicherheit bezüglich des Auftretens und der Richtung des Netzengpasses.

Bei einer **impliziten Auktion** wird diese Unsicherheit aufgehoben, denn der Preis ergibt sich nicht mehr auf einem Markt mit Unsicherheit, sondern wird von einem zentralen Marktkoordinator berechnet. Aus diesem Grund kann eine implizite Auktion nur in einem Pool-Modell (vgl. Abschnitt 12.6.2) durchgeführt werden. In einem Pool müssen nämlich alle Marktteilnehmer ihre angebotenen und nachgefragten Mengen an den Poolmanager melden. Dieser kennt zudem den Zustand des Netzes. Aus diesen Informationen kann er mithilfe von Modellrechnungen die zukünftigen Stromflüsse berechnen. Die modellierten Stromflüsse werden dann verwendet, um die Preise für die Kapazitätsnutzung zu berechnen. Er veröffentlicht jedoch nur einen einzigen Preis für jede Region. Der Strompreis setzt sich also in einer impliziten Auktion aus einem Preis für Strom und einem Preis für die Kapazitätsrechte zusammen. Der Name der Auktion ergibt sich daher, da im Preis für Strom implizit der Preis für die Kapazitätsnutzung enthalten ist.

Der Umgang mit Netzengpässen ist insbesondere vor dem Hintergrund des europäischen Strommarktes relevant. Dieser besteht historisch bedingt aus vielen unterschiedlichen Stromnetzen. Im Zuge der Integration des europäischen Strommarktes wurden Grenzkuppelstellen geschaffen. Diese stellen jedoch Engpässe dar. Damit die

Strompreise innerhalb der europäischen Union jedoch möglichst gleich sind, findet eine implizite Auktion statt.[163]

Wenn die Engpässe in einem Netz nur sehr selten auftreten, kann es nicht sinnvoll sein, hierfür tägliche Auktionen auszuführen. Stattdessen kann der Übertragungsnetzbetreiber beauftragt werden, bei einem Auftreten eines Engpasses dafür zu sorgen, dass Kraftwerke vor dem Engpass heruntergefahren und Kraftwerke hinter dem Engpass heraufgefahren werden. Dies wird als **Redispatching** bezeichnet. Das größte Problem beim Redispatching ist die Frage nach der Auswahl und der Entlohnung der Kraftwerke, die herauf- bzw. heruntergefahren werden müssen. Da es keinen Markt für die Redispatching-Dienstleistungen gibt, könnte der Übertragungsnetzbetreiber bevorzugte Kraftwerksbetreiber für das Redispatching auswählen. Auch ist für Außenstehende unklar, welche Kosten tatsächlich bei den Kraftwerksbetreibern aus dem Redispatching entstehen.

Ringflüsse

Eine weitere Erhöhung der Komplexität ergibt sich dadurch, dass ein Engpass im Stromnetz zu so genannten **Ringflüssen** führt. Da Strom sich nach den Kirchhoffschen Gesetzen immer den „leichtesten" Weg sucht, werden durch einen Engpass an einer Stelle des Verbundnetzes auch die benachbarten Stromnetze beeinflusst. Dies ist ähnlich wie im Falle einer Staumeldung im Straßenverkehr. Wenn sich der Verkehr auf einer Autobahn staut und die Fahrer hierüber von einer Radiomeldung informiert werden, passen die Fahrer ihren Weg an und nehmen alternative Routen, wodurch es zu einer erhöhten Befahrung von umliegenden Landstraßen kommt. Hierdurch wird der Nutzen eines Anwohners an einer dieser Landstraßen negativ beeinflusst. Dies ist aus allokativer Sicht nicht problematisch, solange der negative Effekt auf einem Markt korrekt abgebildet wird. Im Fall des Landstraßenanwohners ist dies der Immobilienmarkt, da sein Haus durch die starke Belastung der Straße weniger gerne bewohnt wird und deshalb der Miet- bzw. Verkaufspreis sinkt.

Auch im Fall von Ringflüssen gibt es z. T. Märkte, in denen ihre Kosten berücksichtigt werden. Allerdings ist diese allokative Effizienz nicht gleichbedeutend mit einem gesellschaftlich wünschenswerten Ergebnis. Hiernach sollten die Verursacher der Störung auch die Kosten tragen.

12.4 Nachfrage

In diesem Unterkapitel wird auf die Elektrizitätsnachfrage eingegangen. Dabei wird zunächst beschrieben, welche Faktoren die Nachfrage beeinflussen, danach wird erläutert, wie man die Nachfragesituation anhand einer Jahresdauerlinie darstel-

---

163 Vgl. Tennet (o. J.).

len kann und schließlich wird der Fokus auf die Nachfragesituation in Deutschland gerichtet.

12.4.1 Bestimmungsfaktoren der Nachfrage

Die Nachfrage der Verbraucher ergibt sich aus den vorhandenen Geräten, deren Aufnahmekapazität und deren Betriebsweise. Die durch einen einzelnen Nachfrager verursachte Netzbelastung ergibt sich dann als Resultante aus der Gesamtzahl der bei ihm betriebenen Einrichtungen und deren Intensität. Typischerweise weist die von einem Verbraucher nachgefragte Leistung eine hohe Schwankungsbreite auf. Die Abb. 12.7 zeigt beispielhaft den typischen Tagesverlauf bei einem Haushaltsverbraucher. Die Verbrauchsintensität schwankt mit den durch den Lebensrhythmus bedingten tageszeitlichen Aktivitäten wie Beleuchtung, Kochen, Fernsehen etc. Besonders hohe Spitzen ergeben sich, wenn kurzzeitig alle Verbraucher eingeschaltet sind.

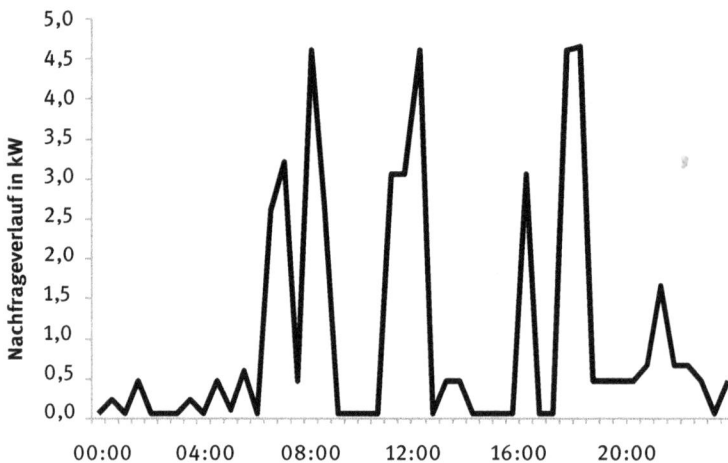

Abb. 12.7: Nachfrageverlauf eines Konsumenten

Stellt man sich vereinfachend vor, dass ein einzelner Verbraucher auch durch einen einzelnen Generator bedient wird, so müsste dieser Generator eine große Bandbreite unterschiedlicher Nachfragesituationen sehr flexibel bedienen können, und gleichzeitig wäre die Auslastung dieses Generators sehr niedrig, weil die Spitze des Verbrauchs im Verhältnis zum Durchschnitt sehr groß ist.

Mehrere Verbraucher können jedoch über ein Netz gemeinsam von einem Generator versorgt werden. Durch kleine zeitliche Verschiebungen bei ansonsten ähnlicher Nachfragecharakteristik kommt bereits ein sehr viel ausgewogeneres Nachfrageprofil zustande (siehe Abb. 12.8).

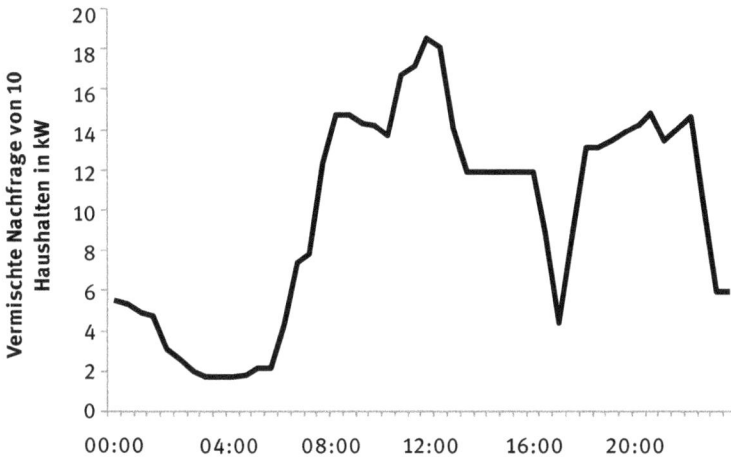

Abb. 12.8: Durchmischter Nachfrageverlauf von Haushalten

Auch dieses Nachfrageprofil weist noch Schwankungen auf. Durch die gemeinsame Versorgung werden jedoch die kurzfristigen Schwankungen der einzelnen Verbraucher bereits erheblich ausgeglichen. Werden nun weitere Verbraucher mit anderem Zeitprofil (Produktions- und Dienstleistungsbetriebe) über das gleiche Netz versorgt, so wird das Nachfrageprofil insgesamt noch ausgeglichener.

Dabei ergeben sich an Wochenenden und Feiertagen andere Lastverläufe als an
Werktagen montags bis freitags. Das typische „Sommerprofil" liegt in Deutschland mit
einer ausgeprägten Lastspitze um die Mittagszeit und einem deutlichen Lastrückgang
ab Nachmittag und einem Lasttal abends und in der Nacht, bis die Last ab frühem
Morgen wieder ansteigt. Das typische „Winterprofil" zeigt neben einer etwas höheren
als im Sommer liegenden Mittagspitze eine zweite sehr ausgeprägte Abendspitze zwischen 17:30 und etwa 21 Uhr, also bei Dunkelheit. Derartige Lastspitzen können sich
durch Einführung neuer elektrischer Systeme wie etwa E-Mobilität deutlich verstärken oder verlagern.

Aus der Möglichkeit der gemeinsamen Versorgung ergibt sich damit ein spezifisches Optimierungsproblem: Eine Zusammenfassung von Verbrauchern in einem
Netz erhöht die Netzkosten, verringert aber die Kosten der bereitzustellenden Kraftwerkskapazität und des Kraftwerksbetriebs. Die optimale Struktur ist diejenige, bei
der die Gesamtkosten aus Netz- und Erzeugungseinheiten am geringsten werden.

12.4.2 Die Jahresdauerlinie

Die Jahresdauerlinie gibt die Last über ein Jahr an. Wie in Abb. 12.9 dargestellt, zeigt sie
die Höhe der Last in absteigender Reihenfolge. Für die Analyse des Lastverlaufs wird
die zu einzelnen Zeitpunkten gemessene Nachfrage für ein Jahr zusammengefasst. Die

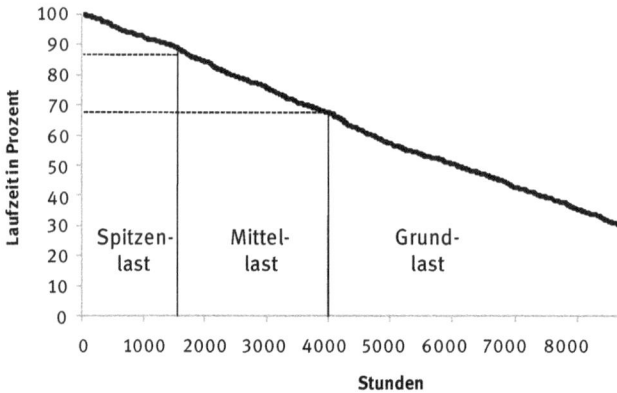

Abb. 12.9: Jahresdauerlinie und Lastbereiche

einzelnen Messpunkte werden nach der Höhe der Nachfrage sortiert und in einem Diagramm über der Zeit dargestellt.

An der Jahresdauerlinie lässt sich unmittelbar ablesen, welche Leistung für welche Dauer bereitgehalten werden muss. Die Höhe der Nachfrage wird Lastbereichen zugeordnet. Die höchste Nachfrage bis zu einer Dauer von 1500 h wird als Spitzenlast bezeichnet. Hierfür sind etwa 10 % der Kapazität erforderlich. Nachfrage im Bereich bis zu 4000 h wird als Mittellast bezeichnet. Hierfür sind weitere 23 % erforderlich. Der Rest bis zur Gesamtdauer des Jahres von 8.760 h wird als Grundlast bezeichnet und erfordert etwa zwei Drittel der Kapazität.

Je steiler die Jahresdauerlinie verläuft, umso ungleichmäßiger ist tendenziell die Auslastung der Kapazitäten, die für die Abdeckung der Nachfrage eingesetzt werden müssen. Die aus der Struktur der Stromverbraucher resultierende Jahresdauerlinie hat wegen der unterschiedlichen Auslastung der Kapazitäten wirtschaftliche Konsequenzen. Entweder kann die Kostenstruktur der Erzeugung in Bezug auf eine gegebene Nachfrage optimiert werden, oder es kann versucht werden, durch Beeinflussung der Verbraucher die Lastkurve besser an die Gegebenheiten der Erzeugung anzupassen (Lastmanagement). Aufgrund der kostenintensiven Umwandlung einerseits und der flexiblen Einsatzmöglichkeiten andererseits ist Elektrizität eine hochwertige Energieform. In Deutschland werden aktuell etwa 1870 PJ Elektrizität pro Jahr verbraucht. Tabelle 12.2 zeigt, wie der Stromverbrauch sich auf unterschiedliche Sektoren und Anwendungsbereiche aufteilt.

12.4.3 Nachfragesituation in Deutschland

Tabelle 12.2 zeigt, dass Strom ungefähr 21 % des gesamten Energieverbrauchs in Deutschland ausmacht. Den größten Stromverbrauch hat der Industriesektor gefolgt

Tab. 12.2: Struktur Endenergieverbrauch nach Sektoren und Anwendungsbereichen (2015) in Peta-joule (PJ) (Quelle: AG Energiebilanzen, 2017)

Sektor	Wärmean-wendungen	Kältean-wendungen	Mech. Energie	IKT	Beleuch-tung	Summe	Strom-anteil[1]
Industrie	144,1	34,8	571,6	33,5	36,8	820,8	31,90 %
Verkehr	2,1	0	35,7	2,1	2,1	42	1,60 %
Haushalte	266,3	110,9	17	81,3	39,7	515,2	20,80 %
GHD[2]	66,2	56	132,9	87,8	192,6	535,5	38,40 %
Summe	438,8	201,7	757,2	204,7	271,2	1873,6	21,10 %

[1] Anteil am gesamten Energieverbrauch des Sektors
[2] GHD = Gewerbe, Handel, Dienstleistungen

von dem GHD- und dem Haushaltssektor. Im Verkehrssektor ist der Stromverbrauch relativ gering.

Darüber hinaus zeigt Tabelle 12.2 den Stromeinsatz für unterschiedliche Zwecke. Insgesamt werden ca. 757 PJ Strom zur Erzeugung mechanischer Energie verwendet. Dies ist die Anwendungsform mit dem höchsten Verbrauch. Aber auch die anderen Anwendungsbereiche wie Wärme, Kälte, Informations- und Kommunikationstechno-logien (IKT) und Beleuchtung haben einen hohen Beitrag zur gesamten Stromnutzung in Deutschland.

Für welchen Anwendungszweck Strom intensiv genutzt wird, hängt zudem auch vom Sektor ab. Im Industriesektor wird Strom beispielsweise zu großen Teilen für die Erzeugung von mechanischer Energie verwendet, wohingegen ein Großteil des Strom-verbrauches des Haushaltssektors durch Wärme- bzw. Kälteerzeugung erklärt werden kann.

Bis in die Mitte der 80er Jahre ist der Stromverbrauch schneller gestiegen als das Bruttoinlandsprodukt. Im Zeitraum 1991–2016 hat sich der Trend umgekehrt, d. h. der für eine Einheit Bruttoinlandsprodukt aufzuwendende Stromeinsatz ist seit dieser Zeit gesunken. In Abb. 12.10 ist der Stromverbrauch je Einheit BIP für die Zeit nach der Wie-dervereinigung dargestellt. In diesem Befund drücken sich eine veränderte Struktur der volkswirtschaftlichen Nachfrage einerseits und ein effizienter Energieeinsatz an-dererseits aus.

Der Stromverbrauch nach Sektoren, wie in Abb. 12.11 dargestellt, unterliegt in den letzten Jahren nur geringen Veränderungen. Dies ergibt sich daraus, dass der Struk-turwandel sich bereits in den 70er und 80er Jahren des 20. Jahrhunderts vollzogen hat. So wurde der Stromverbrauch in den 50er und 60er Jahren von der Industrie do-miniert und seit Anfang der 70er Jahre nahm die Bedeutung der Haushalte sowie von Gewerbe, Handel, Dienstleistungen stark zu.

Aktuell ist der Stromverbrauch des Verkehrssektors (z. B. für elektrische Bah-nen) am Gesamtverbrauch unbedeutend. Allerdings könnte sich dies in den nächsten Jahrzehnten durch den Einsatz von strombetriebenen Kraftfahrzeugen verändern.

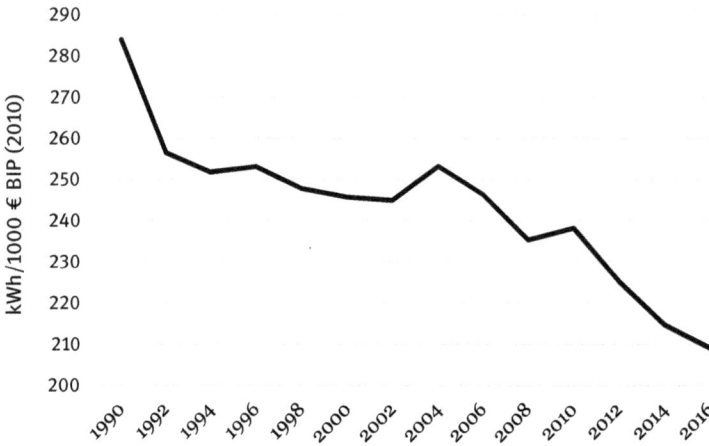

Abb. 12.10: Stromverbrauch je Einheit Bruttoinlandsprodukt 1991–2016 (Quelle: Bundesministerium für Wirtschaft und Energie (2018))

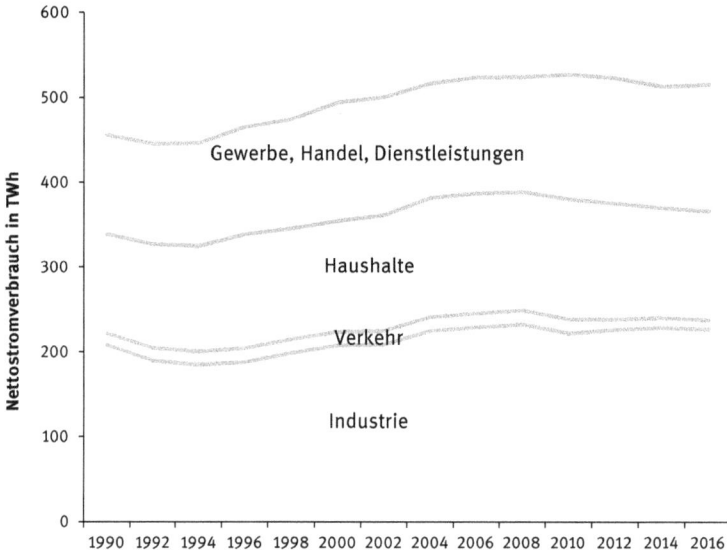

Abb. 12.11: Stromverbrauch nach Sektoren 1991–2016 (Quelle: Bundesministerium für Wirtschaft- und Energie: Datenübersicht zum sechsten Monitoring Bericht)

Seit 2008 wird die Entwicklung von Elektrofahrzeugen aktiv von der Bundesregierung gefördert. Zusätzlich hat die Bundesregierung im Mai 2016 weitere Impulse, wie Kaufanreize und Mittel zum Ausbau der Ladestruktur, für die Elektromobilität beschlossen[164]. Es ist das erklärte Ziel, bis zum Jahr 2020 eine Million am Stromnetz

---

164 Vgl. Bundesministerium für Wirtschaft- und Energie: Elektromobilität in Deutschland.

aufladbare Elektroautos im Transportsektor zu haben. Im Jahr 2018 lag dieser Wert aber erst bei knapp über 50.000 Elektrofahrzeugen, d. h. deutlich unter 1 % der Fahrzeuge. 2019 stieg die Zahl auf über 80.000 Elektrofahrzeuge, das entspricht einem Anteil von 0,176 % der Fahrzeuge.[165] Die weitere Entwicklung der Elektromobilität in Deutschland hängt stark von der Preisentwicklung auf den Erdölmärkten ab. Bei niedrigen Erdölpreisen werden sich Elektroautos nur schwer durchsetzen können. Des Weiteren müssen die Reichweiten verbessert und die Kosten der Batterien deutlich gesenkt werden.

12.5 Angebot

Erzeugungsalternativen

Für die Umwandlung von Primärenergie in Elektrizität stehen grundsätzlich thermische Kraftwerke, Gasturbinen, sowie Wind-, Wasser-, Geothermie- und Solarkraftwerke zur Verfügung. Heute werden überwiegend thermische Kraftwerke eingesetzt. Bei diesen wird mithilfe der Verbrennung fossiler oder erneuerbarer Energieträger oder der Kernspaltung Wärme erzeugt und damit Dampf hergestellt. Dieser treibt über eine Turbine einen Generator an. Das Verhältnis der eingesetzten Primärenergie zur erzeugten Elektrizität ist bei diesem Prozess relativ niedrig (maximal etwa 55 %, faktisch 35 % bei sehr alten Anlagen, bis 45 % bei modernen). Bei diesem Prozess entsteht als Kuppelprodukt für die Stromerzeugung Abwärme. Sofern diese für bestimmte Wärmezwecke eingesetzt werden kann (Kraft-Wärme-Kopplung), kann die Energieausnutzung insgesamt erheblich verbessert werden. Kraft-Wärme-Kopplungsanlagen werden für die Herstellung industrieller Prozesswärme und für die Erzeugung von Raumwärme eingesetzt. Wenn die Wärme nicht nur punktuell eingesetzt werden soll, ist ein Wärmeverteilungssystem erforderlich.

In Deutschland werden aktuell folgende Kraftwerkstypen eingesetzt:

- Ein **Steinkohlekraftwerk** ist ein klassisches Dampfkraftwerk, das Steinkohle als Brennstoff verwendet. Der Wirkungsgrad von Kohlekraftwerken liegt etwa bei ca. 45 %.[166] Die Anfahrzeiten von älteren Steinkohlekraftwerken sind mit 2–4 Stunden (Warmstart) im Vergleich zu Gaskraftwerken relativ lang. Die Steuerbarkeit von modernen Steinkohlekraftwerken ist nur wenig schlechter als diejenige von Gaskraftwerken.
- **Braunkohlekraftwerke** werden nah an Braunkohlevorkommen gebaut und verfeuern die dort geförderte Kohle direkt in Brennkesseln zur Betreibung von Dampfkraftturbinen. Die Anfahrtszeiten sind noch länger als diejenigen von Steinkohlekraftwerken. Zudem sind Braunkohlekraftwerke in der Regel schlechter steuerbar, d. h. relativ inflexibel in der Anpassung der Last.

---

165 Vgl. Kraftfahrtbundesamt (2019).
166 Vgl. Umweltbundesamt (2018b).

- **Gaskraftwerke** sind in klassische gasbefeuerte Dampfkraftwerke, Gasturbinenkraftwerke und Gas-und-Dampf-Kombinationskraftwerke (**GuD**) zu unterscheiden. Klassische Dampfkraftwerke funktionieren wie Steinkohlekraftwerke mit dem Unterschied, dass als Brennstoff Gas verwendet wird. Sie erreichen einen Wirkungsgrad von 40–50 %. Bei Gasturbinenkraftwerken wird dagegen das Gas in einer Turbine verbrannt, die wiederum den Generator antreibt. Während alte Anlagen unter 30 % Wirkungsgrad haben können, liegen moderne bei über 42 %. In GuD-Anlagen wird die Wärme aus dem Betreiben der Turbine in einen nachgeschalteten Abhitzekessel geleitet. Hierdurch wird ein Wirkungsgrad bis fast 60 % erreicht.[167] Gaskraftwerke zeichnen sich durch ihre sehr gute Steuerbarkeit und geringe Anfahrzeiten aus.
- **Kernkraftwerke** funktionieren nach demselben Prinzip wie klassische Kohlekraftwerke, nur wird als Brennstoff eine kontrollierte Kettenreaktion aus spaltbarem Uran verwendet. Kernkraftwerke haben sehr lange Anfahrtszeiten. Der Wirkungsgrad von Kernkraftwerken beträgt je nach Alter und zulässiger Dampftemperatur zwischen 30 und 35 %.
- **Solarthermische Kraftwerke** nutzen die Sonneneinstrahlung zur Erzeugung von Dampf, der wie bei anderen thermischen Kraftwerken über eine Turbine einen Generator antreibt. Durch Wärmespeicher kann die Erzeugung von Strom von der tagestypischen Variation der Einstrahlungsintensität abgekoppelt werden.
- **Photovoltaik-Anlagen** nutzen einen elektrochemischen Vorgang, bei dem Sonnenlicht einen Strom erzeugt. Da es hierbei auf die Ausrichtung zur Sonne ankommt, ist sie systematisch nur tagsüber (vor allem um die Mittagszeit) und im Sommerhalbjahr besser als im Winter faktisch verfügbar. Bewölkung oder Schneebedeckung kann sie auf Null bringen.
- **Wasserkraftwerke** verwenden zum Betrieb des Generators die kinetische Energie von Wasser, entweder als Laufwasser oder durch aufgestautes Wasser, das kontrolliert abgelassen wird. Im letzteren Fall besitzen Wasserkraftwerke eine sehr gute Steuerbarkeit. Eine besondere Unterart von Wasserkraftwerken sind **Pumpspeicherkraftwerke**, die in der Lage sind, Wasser in ein Reservoir zu pumpen. Diese Lageenergie kann dann bei Bedarf abgerufen werden, d. h. das nach oben gepumpte Wasser wird zur Stromerzeugung bei Bedarf wieder abgelassen.
- **Windkraftanlagen** funktionieren nach einem ähnlichen Prinzip wie Wasserkraftwerke, nur wird bei ihnen die kinetische Energie des Windes über ihre Rotorblätter aufgefangen und in einem Generator in Elektrizität umgewandelt. Moderne Windkraftanlagen haben einen physikalischen Wirkungsgrad von 40–50 %, obwohl auch sie wie alle Stromerzeugungssysteme auf der Basis erneuerbarer Energiequellen in der Statistik fiktiv mit 100 % Wirkungsgrad erscheinen. Ihre Steuerbarkeit beschränkt sich in der Regel auf die Möglichkeit ihrer Abschaltung. Ansonsten sind sie von den meteorologischen Gegebenheiten abhängig.

---

167 Vgl. Siemens (2012).

Die Kraftwerksalternativen unterscheiden sich nach der Höhe der spezifischen Investitionen, dem zu erreichenden Wirkungsgrad bei der Umwandlung der Energie und den für die eingesetzten Energieträger aufzuwendenden Kosten. Letztere sind vom Preis des jeweilig eingesetzten Energieträgers sowie Kosten für das Anfahren und die Steuerung von Kraftwerken abhängig. Darüber hinaus sind die Kosten der Entsorgung von Reststoffen und die Kosten für CO_2-Zertifikate bei fossilen Brennstoffen zu berücksichtigen.

In Tabelle 12.3 sind die variablen Kosten sowie die Kapital- und Betriebskosten von einigen Erzeugungstechnologien aufgeführt. Die Kraftwerke mit hohen Kapitalkosten und geringen variablen Kosten werden eher in der Grund- und Mittellast eingesetzt, während die Kraftwerke mit hohen variablen Kosten und relativ geringen Kapitalkosten in der Spitzenlast eingesetzt werden.

Tab. 12.3: Kostenvergleich verschiedener Erzeugungstechnologien (Quelle: RWE Power)

Grundmuster	Variable Kosten		Kapitalkosten	Betriebskosten	
	alt	neu		alt	neu
Steinkohle	hoch	mittel	mittel	mittel	gering
GuD	sehr hoch	hoch	mittel-gering	hoch	gering
Braunkohle	gering	gering	mittel	gering	gering
Nuklear	sehr gering	sehr gering	hoch	mittel	mittel
Wind Offshore	k. A.	Null	sehr hoch	k. A.	sehr hoch

Abbildung 12.12 zeigt die Bruttostromerzeugungskapazitäten und die Bruttostromerzeugung nach Energieträgern in Deutschland im Jahr 2010. Bis in die 70er Jahre war Kohle die dominante Energie für die Stromerzeugung. Es folgte dann ein Ausbau von Kraftwerken auf der Basis von Erdöl oder Erdgas und schließlich der Ausbau der Kernenergie. Aufgrund der steigenden Ölpreise in den 70er Jahren wurden die Öl- und Gaskraftwerke jedoch nur in geringem Umfang eingesetzt. Mit der Förderung der erneuerbaren Energieträger stieg deren Anteil in den letzten Jahren stark an.

Entsprechend den unterschiedlichen Einsatzmöglichkeiten der Kraftwerke (naturbedingt bei Sonne, Wind und Wasser, wirtschaftlich bedingt bei den anderen Kraftwerken) wird die installierte Kraftwerksleistung sehr unterschiedlich ausgenutzt, wie die Tabelle 12.4 zeigt.

Die Stromerzeugung in Deutschland beruhte jahrzehntelang insbesondere auf den beiden Säulen der Kohle- und Kernenergienutzung, welche durch Gaskraftwerke sowie in zunehmendem Maße durch die erneuerbaren Energien ergänzt werden.

Die in Abb. 12.12 dargestellten Kapazitäten allein sagen nicht sehr viel über die tatsächlichen Beiträge zur Stromerzeugung aus. Wenn etwa die jährliche Betriebszeit der Kernkraftwerke 6300 Stunden beträgt und die der Windanlagen hingegen nur 1500 Stunden, dann liefert die Kernenergie bei gleichem Kapazitätsanteil die 4,2-fache

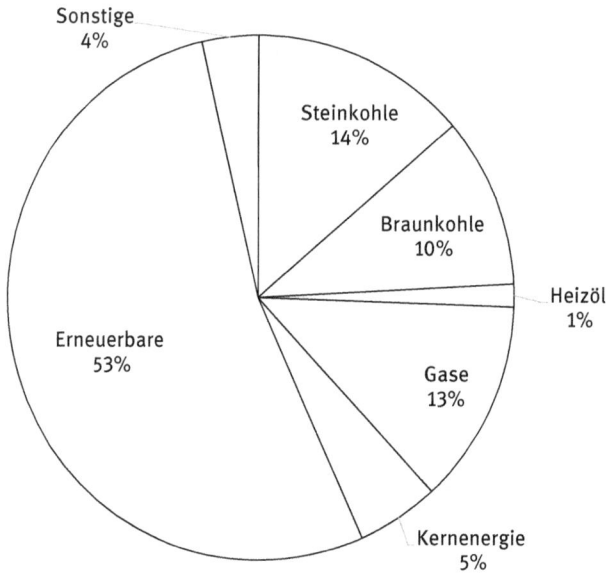

Abb. 12.12: Kapazität der Stromerzeugungsanlagen 2018 (Quelle: Bundesnetzagentur, 2019)

Tab. 12.4: Ausnutzungsdauer der Kraftwerksleistung 2017 in h (Quelle: eigene Berechnung auf Basis von BMWi Energiedaten, 2019)

Energieträger	h/Jahr
Traditionelle Energien	
Steinkohlen	3130
Braunkohlen	6438
Heizöl	1823
Gase	3137
Kernenergie	6720
Erneuerbare Energien	
Wasser	2546
Wind	1895
Photovoltaik	931
Biomasse	5622
Sonstige	3396
Insgesamt	**35 638**

Strommenge wie die Windenergie. Hinzu kommt als ökonomischer Vorteil, dass bei Kohle- oder Kernkraftwerken die Stromerzeugung nach Bedarf in einer großen Bandbreite steuerbar ist, während sie für Windanlagen je nach Dargebot hoch oder niedrig sein kann. Bei schwacher Stromnachfrage etwa an einem Montagmorgen um 3 Uhr

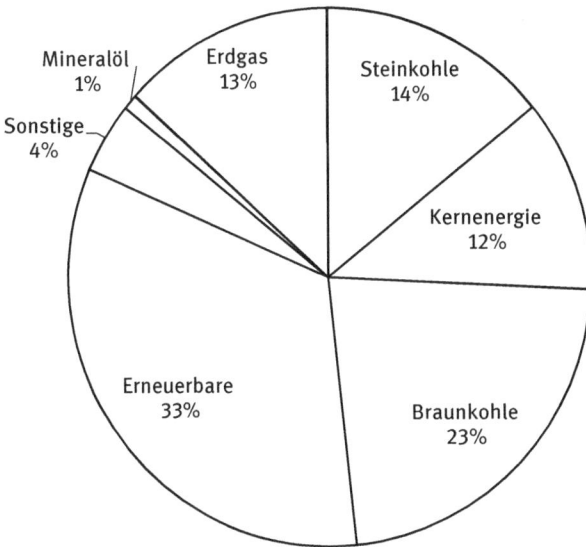

Abb. 12.13: Deutsche Bruttostromerzeugung 2017: 655 TWh (Quelle: BMWi[168])

kann ein großes Windangebot sogar Probleme für das Netz bereiten, während es an einem Werktag um die Mittagszeit sehr willkommen sein kann.

12.5.1 Investitionen in Kraftwerke

Im folgenden Abschnitt wird zuerst betrachtet, wie in einer marktwirtschaftlichen Lösung der „effiziente Kraftwerkspark" (d. h. der gesamtwirtschaftlich kostengünstigste zur Deckung einer gegebenen Nachfrage) gefunden wird. Diese Analyse gälte auch, wenn etwa zum Zwecke einer Klimapolitik ein CO_2-Preis, ob über eine Steuer oder wie in der EU als Ergebnis des seit vielen Jahren bestehenden CO_2-Emissionshandels, für die verschiedenen Brennstoffe anzusetzen wären.

Danach betrachten wir die derzeit praktizierte Lösung, welche zusätzlich zum bestehenden CO_2-Preis eine gesonderte Förderung der Stromerzeugung aus erneuerbaren Energien (EE-Erzeugung) über Extra-Regeln wie Vergütungssätze oder Ausschreibungen von Mengenkontingenten anstrebt, die dann einen eigenen Fördersatz für jede erzeugte kWh bekommen.

Dieses Nebeneinander verschiedener Systeme bedürfte einer wirtschaftspolitischen Begründung, nicht zuletzt, weil in dem entstehenden Regime für EE-Erzeugung bisher galt: „Deliver and forget!" Die Netzbetreiber sind gezwungen, bisher nicht notwendige Netzausbauten in größerem Stil vorzunehmen, gewisse für das Stromsystem

---

168 Vgl. Bundesministerium für Wirtschaft und Energie: Bruttostromerzeugung 2017 in TWh.

als Ganzes notwendige Systemdienstleistungen wie Bereitstellung von verschiedener Regelenergie oder Schwarzstartfähigkeit nach einem Netzzusammenbruch etc. von Betreibern fossil befeuerter Kraftwerken einzukaufen, welche ihrerseits Neubauten von technisch noch besseren Kraftwerken mit geringerem CO_2-Ausstoß pro kWh nicht mehr durchführen können. Die konventionellen Kraftwerke sollen bisher gemeinsam mit den Netzbetreibern die Verantwortung für Systemstabilität übernehmen, ohne dass sie noch frei über die dazu notwendigen Investitionen entscheiden können. Langfristig könnten dann die Zuständigkeiten für das Gesamtsystem ungeklärt bleiben.

a) Marktwirtschaftliche Lösung

Bei einer Investition in Kraftwerke können nur solche Kraftwerkstypen wirtschaftlich effizient sein, bei denen das Verhältnis der Kapitalkosten (I) umgekehrt zum Verhältnis der Brennstoffkosten (b) ist, also:

$$I_1 > I_2 > I_3$$

und

$$b_1 < b_2 < b_3$$

Ein Kraftwerk mit hohen Brennstoffkosten b muss also niedrige Investitionskosten I aufweisen, damit es gegenüber einem Kraftwerk mit hohen Investitionskosten und geringen Brennstoffkosten konkurrenzfähig bleibt. Ein ideales Kraftwerk mit niedrigen Investitions- und Brennstoffkosten würde alle anderen Kraftwerke dominieren und alle Marktteilnehmer würden nur dieses Kraftwerk bauen.

Auf der Grundlage der vorzunehmenden Investition I können die jährlichen Kapitalkosten mithilfe eines Annuitätsfaktors α berechnet werden. Vereinfachend können auch andere Fixkostenbestandteile wie z. B. Wartung, Reparatur und Personal in diesen Faktor aufgenommen werden. Die Gesamtkosten pro Jahr in Abhängigkeit von der Produktion können dann mit folgender Funktion beschrieben werden. Aus Gründen der Vergleichbarkeit werden die Kosten auf ein Kilowatt Leistung bezogen, sodass die Auslastung des Kraftwerks durch die Zeit dargestellt werden kann:

$$K = \alpha I_i + b_i x_i$$

mit K als Jahreskosten, b Brennstoffkosten pro Einsatzstunde x und α als die Annuitätenfaktoren für jedes Kraftwerk i.

Abbildung 12.14 stellt einen beispielhaften Verlauf von Kostenkurven dar. Das Diagramm zeigt die Kostenkurven von verschiedenen Kraftwerken anhand stilisierter Kostendaten. Das kapitalintensivste Kraftwerk ist das Kernkraftwerk, das nur deshalb eine Chance auf Wirtschaftlichkeit hat, weil es den flachsten Verlauf der Kostenkurve hat, d. h. die geringsten variablen Kosten. Kohlekraftwerke haben niedrigere fixe Kosten, sind aber wegen der höheren Brennstoffkosten nur für Jahresnutzungsdauern zwischen 2000 und knapp 6000 Stunden optimal.

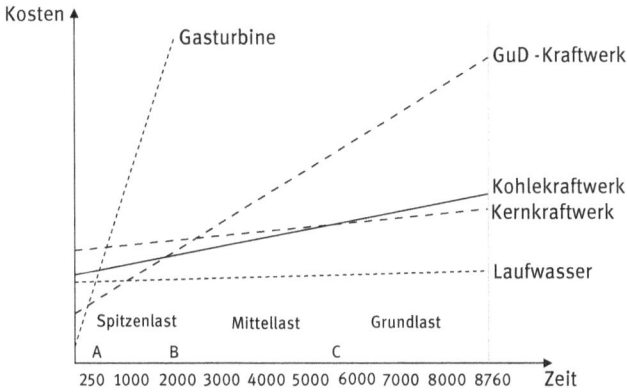

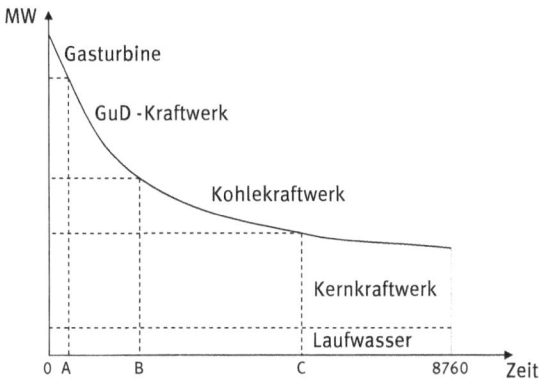

Abb. 12.14: Screening-Kurven verschiedener Kraftwerke

Abbildung 12.14 zeigt aber auch einen interessanten Spezialfall: Ab einer Jahres-nutzungsstundendauer von etwa 1200 Stunden ist das Wasserkraftwerk auf einem optimalen Standort das durchgehend kostengünstigste und sollte ausschließlich für Mittel- und Grundlast eingesetzt werden. Leider reichen in vielen Gebieten der Welt die natürlichen Gegebenheiten keineswegs aus, um die benötigte Kapazität zu einem großen Teil mit Wasserkraft bereitzustellen. Lediglich in Ländern wie Norwegen, das den Löwenanteil seiner Stromerzeugung mit Wasserkraft erzeugen kann, oder wie Ös-terreich oder die Schweiz, in denen die Wasserkraft zwar nicht alles, aber einen be-deutenden Teil der Stromerzeugung abdeckt, sind derart günstige Naturbedingungen gegeben. Daraus ergibt sich als Regel, dass bevorzugt diejenigen Wasserkraftwerke auf guten Standorten gebaut werden sollen und dann die verbleibende nachgefragte Menge Strom durch die übrigen Kraftwerke je nach Jahresnutzungsstunden optimal zu decken ist.

Im unteren Teil der Abb. 12.14 ist am Beispiel einer Jahresdauerlinie aufgezeigt, wie die verschiedenen Kraftwerkskapazitäten optimal gebaut werden sollten. Die reine Spitzenlast wird durch Gasturbinen gedeckt, die restliche Spitzenlast und die untere Mittellast durch GuD-Kraftwerke, dann die Mittellast durch Kohlekraftwerke und die Grundlast durch Kernenergie und Wasserkraft.

In der Realität kommen für einen optimalen Kraftwerkspark auch noch technische Flexibilität, d. h. unterschiedliche Lastwechselgeschwindigkeiten oder unterschiedliche Anfahrgeschwindigkeiten als Nebenbedingungen für einen sicheren Netzbetrieb hinzu, sodass das Kraftwerkoptimum aus den Screening-Kurven nur eine grobe Annäherung darstellen kann.

Des Weiteren gilt für eine solche Betrachtung, dass die Fiktion zugrunde gelegt wird, als müssten alle Kraftwerke zum gleichen Zeitpunkt neu gebaut werden. Aufgrund der langen Lebensdauer der Kraftwerke ist ein historisch gewachsener Kraftwerkspark niemals so zusammengesetzt. Bei der Planung müssen also zusätzlich Überlegungen über das Änderungsrisiko bestimmter für die Wirtschaftlichkeit relevanter Parameter angestellt werden. Solche Überlegungen können dazu führen, Varianten mit höheren Kosten, aber geringerem Änderungsrisiko den Vorzug zu geben.

Zur Ermittlung des optimalen Kraftwerksparks können Optimierungsmodelle herangezogen werden. Ein solches Modell wird im Anhang dargestellt. Vereinfacht gesprochen ergibt sich der optimale Kraftwerkspark aus der Kombination der Jahresdauerlinie (Nachfrageseite) mit den Screening-Kurven (Angebotsseite), ergänzt um Flexibilitätsanforderungen und andere Größen.

b) Politisch geförderte Erzeugungsanlagen

Seit den 1990er Jahren fördert die Politik insbesondere die EE-Stromerzeugung aus erneuerbaren Anlagen wie Windkraft-, Solar-, Geothermie- oder Biomasseanlagen. Während die beiden letzteren in einigen Grenzen durchaus planbar eingesetzt werden können, gelten für Solaranlagen die Tag-Nacht-Verfügbarkeit, die jahreszeitlich unterschiedliche Verfügbarkeit und dann zusätzlich überlagernd zufällige Einflüsse wie Bewölkung oder Schneebedeckung als wichtige Faktoren für deren Stromerzeugung.

Windanlagen hängen im Wesentlichen sowohl im „Guten" (überdurchschnittliche Stromerzeugung) als auch im „Schlechten" (fast keine oder sehr geringe Stromerzeugung) von bestimmten Wetterlagen ab, die mit der Jahreszeit unterschiedlich auftreten. Wenn derartige dann systematisch wirkende Wetterlagen gemäß einem zufälligen (z. B. Poisson-Prozess als Ankunftsprozess) Prozess in Mitteleuropa ankommen, dort etwa eine Zeit von 1–5 Tagen unterschiedlich lange bleiben (Verweilprozess) und zusätzlich noch durch kurzfristige zufällige Einflüsse (regionale Windstärken) überlagert werde, kann es stunden- oder gar tagelange Zeiten mit sehr geringer oder sehr großer Windverfügbarkeit (entweder bei Orkan oder Flaute) geben. Deren Verfügbarkeit ab dem beim Eintreffen der „ungünstigen" Bedingungen der Wetterlage folgt also keinem Prozess eines rein zufälligen weißen Rauschens, sondern ist teilweise systematisch. Anders modellierte Analysen zur „Mindestverfügbarkeit" von Windstrom wären methodisch falsch konzipiert. Es wären Methoden des Operations Research adäquat anzuwenden.

Die gefürchtetste Wetterlage ist deshalb eine Omega-Großwetterlage mit einem relativ stabilen Hochdruckgebiet über Mitteleuropa für mehrere Tage: Dabei herrscht fast Windstille und da bei Dunkelheit oder Schneebedeckung die PV-Stromerzeugung ebenfalls ausfällt, sind nur noch wenige Kapazitäten der EE-Erzeugung effektiv verfügbar, bei starker Kälte auch sehr wenig Wasserkraft und Biomasse (sogenannte „Dunkelflaute").

Da die Vergütungssätze überwiegend auf die erzeugte kWh bezogen sind, berührt den Investor für PV- oder Windanlagen nur das durchschnittliche Jahresergebnis: Den fast völligen Ausfall zu bestimmten Zeiten müssen andere decken. Damit hat das Fördersystem einen inhärenten gravierenden Defekt für die Systemsicherheit.

Dagegen kann beispielsweise die Auslastung eines Kohlekraftwerkes bereits Monate vorher geplant werden, während die effektive Verfügbarkeit der regenerativen Energien erst einige Tage oder gar wenige Stunden vorher feststeht.

12.5.2 Kurzfristige Angebotsplanung

Kurzfristig steht der Kraftwerkspark unabhängig davon zur Verfügung, ob seine Struktur kostenoptimal ist. Da sich die Preise der Energieträger und Kraftwerke und die technischen Möglichkeiten ständig ändern, ist es wahrscheinlich, dass ein Teil der vorhandenen Kraftwerke nicht mehr so gebaut werden würde, wie er realisiert ist. Die kurzfristige Angebotsplanung muss aber von diesem Kraftwerkspark ausgehen.

Die kurzfristige Angebotsfunktion des bestehenden Kraftwerkparks wird als **Merit-Order** bezeichnet. Die Kraftwerke werden hierbei aufsteigend nach ihren variablen Kosten angeordnet, da bei Einsatz in dieser Reihenfolge die Gesamtkosten am niedrigsten sind. Die Berücksichtigung von Kapitalkosten oder anderen Fixkosten ist für den kurzfristigen Einsatz eines Kraftwerks nicht relevant.

Abbildung 12.15 stellt die Struktur einer Merit-Order beispielhaft für Deutschland dar. Zuerst werden die so genannten **must run**-Kapazitäten eingesetzt. Diese Kapazitäten ergeben sich aus bereits laufenden Kraftwerken, die aufgrund hoher Anfahrkosten am Netz bleiben sollen. So können Kraftwerke nicht beliebig herauf- und heruntergefahren werden, es fallen zusätzliche Kosten für einen Kaltstart eines Kraftwerks an, das komplett heruntergefahren ist, es gibt minimale Auslastungsgrade und eine optimale Auslastung, bei der der Wirkungsgrad des Kraftwerks am höchsten ist. Zudem sind die meisten Kraftwerke temperaturabhängig, d. h. sie produzieren bei kühlen Temperaturen in der Regel mehr Strom, und sie sind abhängig vom Wasserstand in Flüssen, der entweder direkt zur Energiegewinnung oder als Kühlwasser benutzt wird.

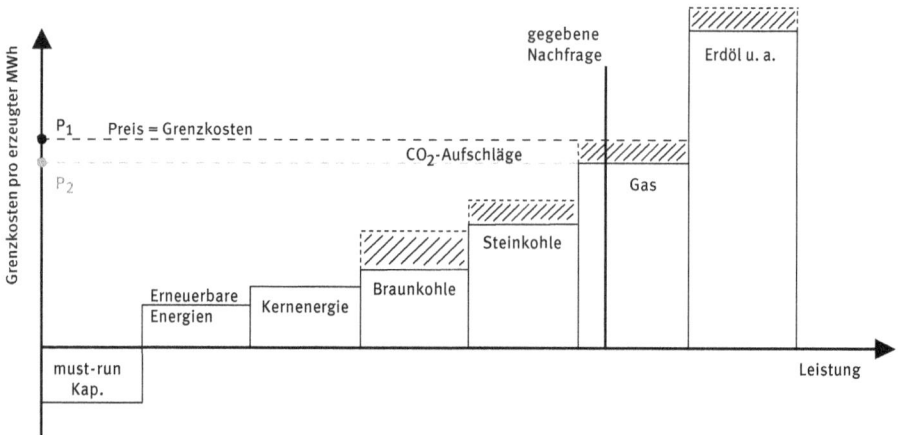

Abb. 12.15: Struktur der deutschen Merit-Order

Aufgrund der technischen und ökonomischen Beschränkungen kann es im Stromhandel zu **negativen Preisen** kommen. Dies ist insbesondere in Phasen mit einer sehr geringen Nachfrage wie Ostern oder Weihnachten der Fall, in der sämtliche Gewerbebetriebe und der überwiegende Anteil der Industrie den Betrieb einstellen oder auf minimalem Niveau fortführen. In dieser Situation sind nur unflexible Grundlastkraftwerke am Netz. Das Herunterfahren und das anschließende Anfahren von Grundlastkraftwerken wie Braunkohlekraftwerken oder bestimmten Atomkraftwerken ist so teuer, dass keiner der Anbieter sein Kraftwerk herunterfahren möchte. Dies kann beispielsweise an dem bereits zuvor genannten Montagmorgen von 1.00–4.00 Uhr der Fall sein. Ein Ausschalten von Kohlekraftwerken kann aus technischen Gründen nicht mehr vorgenommen werden, da sie ab Schichtbeginn in der Industrie ab 6.00 Uhr in steigendem Maße benötigt werden, um anschließend die Stromlieferungen für die übrigen Haushalte beim Frühstück und dann für Handel- und Gewerbebetriebe und Dienstleister ab 7.30 Uhr zu bedienen. Sollte das Kohlekraftwerk beispielsweise auf dem Regelenergiemarkt Leistungen verkauft haben, darf es unter Umständen gar nicht mehr heruntergefahren werden, weil sonst bei Abrufen seine Kapazität nicht verfügbar wäre. Es ist billiger, den Strom zu verschenken als das Kraftwerk herunterzufahren.

Bei Druckwasserreaktoren kann man relativ flexibel auf den erzeugbaren Dampf verzichten und die Turbine herunterfahren, ohne dass dazu die Brennelementsteuerung im Primärkreislauf vergleichbar schnell reagieren muss.

In bestimmten Situationen reicht es manchmal nicht aus, den Strom zu verschenken, sondern man muss zusätzlich Geld bezahlen, damit das Kraftwerk am Netz bleiben darf. Es ist nicht möglich, den Strom zu lagern oder einfach zu vernichten, d. h. es muss ein Anbieter dazu bewegt werden, sein Kraftwerk herunterzufahren. Negative Preise erfüllen die Funktion, denjenigen Anbieter zu ermitteln, bei dem die geringsten

Kosten des Herunterfahrens entstehen. Der Anbieter muss für die Kosten des Herunterfahrens komplett entschädigt werden. Aus diesen Gründen gibt es in vielen Stromhandelsplätzen negative Preise, was es bei keinem anderen börslich gehandelten Gut gibt.

So wurden beispielsweise am 3. Oktober 2009, einem gesetzlichen Feiertag, der auf einen Samstag fiel, für einige Stunden in der Nacht zum 4. Oktober Strompreise von bis zu −500 €/MWh erreicht: Sehr gute Windeinspeisung kombiniert mit geringer Stromnachfrage führte zu diesem Ergebnis.

Nach den **must run**-Kapazitäten werden die erneuerbaren Energien eingesetzt. Dies liegt zum einen an den sehr geringen Grenzkosten der Stromerzeugung aus Wind-, Wasser und Sonne, zum anderen an der gesetzlichen Pflicht zur vorrangigen Einspeisung der erneuerbaren Energien (vgl. Kapitel 10). Die mit den fossilen Energieträgern Braunkohle, Steinkohle, Gas und Erdöl betriebenen Kraftwerke werden anschließend nach ihren Grenzkosten eingesetzt. Hierbei kann die Abbildung nur die ungefähre Reihenfolge der Brennstoffe angeben, da beispielsweise ein modernes Gaskraftwerk in der *Merit-Order* vor einem alten Kohlekraftwerk eingesetzt wird. Auch die tatsächlich installierten Kapazitäten unterscheiden sich von den in der Abbildung eingezeichneten Größen.

In der Abb. 12.15 ist die Nachfrage so hoch, dass alle Kraftwerke bis zum Gaskraftwerk eingesetzt werden. Das Gaskraftwerk wird als Grenzkraftwerk bezeichnet und ist preisbestimmend. Zudem ergeben sich die Systemgrenzkosten ebenfalls aus den Zuwachskosten einer zusätzlichen MWh aus dem Gaskraftwerk. Die Grenzkosten aller Kraftwerke ergeben die Angebotsfunktion, die typischerweise treppenartig ansteigt.

Wenn sämtliche Kraftwerke entsprechend ihren kurzfristigen Grenzkosten in einer solchen **Merit-Order** dargestellt werden, ergibt sich je nach der Höhe der Nachfrage der Preis aus den Grenzkosten des letzten eingesetzten Kraftwerks. Damit eine solche kurzfristig optimale Lösung zustande kommt, muss aber die Einsatzplanung aller Kraftwerke abgestimmt werden. In einem System mit vielen unabhängigen Unternehmen kommt es nicht von alleine zu einer solchen Lösung, da jedes Unternehmen die Einsatzplanung für seine Kraftwerke selbständig betreibt. Eine Kostenminimierung im gesamten Markt erfolgt nur, wenn dafür die institutionellen Voraussetzungen geschaffen werden. Dies erfordert bei unabhängigen Unternehmen die Möglichkeit eines kurzfristigen Handels mit Strom. Jeder Anbieter kann dann vergleichen, ob die Erzeugung aus der eigenen Anlage oder der Kauf von einem anderen Anbieter kostengünstiger ist. Diese Koordination erfolgt entweder über eine zentrale Steuerstelle oder über den Markt (vgl. Abschnitt 12.6).

In der EU ist mit der Einführung eines CO_2-Emissionshandelssystems ein Zuschlag auf die variablen Kosten für fossil befeuerte Kraftwerke zu kalkulieren. Da die spezifischen Emissionsfaktoren in kg CO_2/MWh für Kohle höher sind als für Erdgas, ergeben sich unterschiedliche CO_2-Aufschläge pro MWh.

Kleine Veränderungen in der Angebotskurve (*Merit-Order*) des Strommarkts können große Preisveränderungen zur Folge haben. Wenn beispielsweise in der Abb. 12.15

aus unvorhersehbaren Gründen die Braunkohlekapazitäten nicht länger anbieten könnten, würden die im Regelfall weniger rentablen erdölbefeuerten Kraftwerke eingesetzt. Es käme zu einem Preissprung. Dementsprechend sind technische Einschränkungen in der Produktion von sehr hoher Bedeutung.

Ein Beispiel für die Vermarktung von Kraftwerkskapazität: Es seien eine moderne GuD-Anlage und ein modernes Steinkohlekraftwerk betrachtet. Die maximale Kapazität beider Anlagen sei jeweils 800 MW. Weiterhin unterscheiden sich die beiden Kraftwerke in ihrer Steuerbarkeit. Konkret kann die GuD-Anlage pro Minute 38 MW herauf- bzw. heruntergefahren werden, während das Steinkohlekraftwerk nur 26 MW in der Minute angepasst werden kann.

Neben den Brennstoffkosten der beiden Kraftwerke muss bei einer Angebotsabgabe auch der Kostenanteil berücksichtigt werden, der sich aus der nur unvollständigen Flexibilität des Kraftwerks ergibt, denn es können sich Kosten daraus ergeben, dass in einer Stunde eine Kraftwerksauslastung gewählt wird, die in der nachfolgenden Stunde zu zusätzlichen Kosten führt.

Wenn sich beispielsweise beide Kraftwerke in einer Minute im Volllastbetrieb befänden und in der nächsten Minute müssten sie nur noch eine Last von 770 MW erfüllen, dann könnte das Steinkohlekraftwerk diese Anpassung nicht vollziehen. Das Steinkohlekraftwerk könnte nur auf 774 MW reduzieren. Um die 770 MW in der zweiten Minute erfüllen zu können, dürfte es in der ersten Minute nur eine Leistung von 796 MW aufweisen oder es würde ein anderes Kraftwerk benötigt, welches die Anpassung der fehlenden 4 MW nach unten vornimmt. In dem Beispiel könnte die GuD-Anlage entsprechend gefahren werden. Der Besitzer des Steinkohlekraftwerks würde dem GuD-Anlagenbetreiber als Kompensation [maximal] den Gewinn geben, der sich durch die Vermarktung der 4 MW am Markt ergibt. Die Flexibilität von Kraftwerken hat also einen eindeutigen wirtschaftlichen Wert. Daraus ergibt sich für Kraftwerksbetreiber mit einem guten Anlagenmix ein Vorteil.

12.5.3 Exkurs: Kraft-Wärme-Kopplung

Bei der Erzeugung von Elektrizität in Dampfturbinen, Gasturbinen oder motorgetriebenen Generatoren fällt als Kuppelprodukt Abwärme an. Diese kann durch Kühlvorrichtungen beseitigt werden. Alternativ kann die Abwärme als Prozess- oder Heizwärme im Niedertemperaturbereich eingesetzt werden. Wird die Abwärme genutzt, so verbessert sich die Energiebilanz des Gesamtprozesses. Wirtschaftlich betrachtet entstehen zusätzliche Erlöse durch die Verwertung der Wärme.

Aufgrund der Dichte des Stromnetzes ist die Standortwahl für Erzeugungsanlagen von Elektrizität kleinräumig betrachtet unabhängig vom Standort der Stromverbraucher. Die Kosten des Baus und der Unterhaltung von Wärmenetzen sind dagegen im Verhältnis zum wirtschaftlichen Wert der Wärme relativ hoch. Aus diesem

Grunde müssen Anlagen für die gekoppelte Erzeugung von Wärme und Strom möglichst verbrauchsnah errichtet werden, da sonst die hohen Wärmenetzkosten den wirtschaftlichen Vorteil aus dem zusätzlichen Erlös für die Wärme übersteigen können.

Man unterscheidet zwischen Nahwärmesystemen, bei denen nur eine kleinräumige Wärmeverteilung stattfindet (z. B. industrielle Stromerzeugungsanlagen, Anlagen zur Versorgung größerer öffentlicher Gebäude wie Krankenhäuser, Schwimmbäder etc.) und Fernwärmesystemen, bei denen Stadtteile oder ganze Städte durch ein Wärmenetz insbesondere mit Heizenergie versorgt werden.

Wärme aus dem Wärmenetz steht in unmittelbarer wirtschaftlicher Konkurrenz mit der Eigenerzeugung von Wärme beim Verbraucher aus unterschiedlichen Energiequellen. Daraus ergibt sich der „anlegbare Preis" für die Energielieferung aus dem Vergleich alternativer Wärmebereitstellungskosten bei Eigenerzeugung der Wärme bzw. bei Bezug aus dem Netz. Unter Wettbewerbsbedingungen kann der Preis für den Bezug von Wärme aus dem Netz $P_{\text{Wärmenetz}}$ nicht höher liegen als die Eigenerzeugungskosten:

$$P_{\text{Wärmenetz}} + f_{\text{Netz}} < \frac{P_{\text{Brennstoff}}}{\eta} + f_{\text{Heizung}}$$

wobei f die jeweiligen anteiligen Fixkosten und η den Wirkungsgrad der Heizanlage angeben.

Der Preis für den Wärmebezug aus dem Netz ist abhängig von den Energiekosten der im Netz bereitgestellten Wärme, den Kapitalkosten für die Erzeugung der Wärme sowie den Kosten des Netzes. Aufgrund der Kraft-Wärme-Kopplung (KWK) sind die Energiekosten relativ niedrig – das gleiche gilt für die zusätzlichen Investitionsaufwendungen, um die Wärme auszukoppeln. Die Netzkosten sind sehr stark abhängig von der Energiedichte in dem jeweiligen Netz. Die Kosten pro Einheit fallen mit der Wärmemenge, die durch ein gegebenes Netz verteilt wird. Da es sich bei Wärmenetzen um langlebige Investitionen handelt, besteht unter Wettbewerbsbedingungen keine starke Neigung, in solche Netze zu investieren, wenn die Erschließung der entsprechenden Nachfragepotenziale lange Zeit in Anspruch nehmen wird, weil das Investitionsrisiko in dieser Aufbauphase sehr hoch ist.

Wärmenetze sind daher insbesondere in solchen Ländern verbreitet, in denen der institutionelle Rahmen dies begünstigt hat (Beispiel skandinavische Länder) oder von vornherein eine Anschlusspflicht vorgesehen wurde (osteuropäische Länder, Russland).

Die Erzeugung von Wärme in Kraft-Wärme-Kopplungsanlagen kann je nach Einsatzzweck sehr unterschiedlich erfolgen. Im Prinzip lässt sich für den Wärmebedarf eine ähnliche Analyse durchführen, wie sie für die Stromnachfrage zuvor dargestellt wurde. Im Allgemeinen wird die Jahresdauerlinie des Wärmebedarfs mit der des Strombedarfs nicht übereinstimmen. Daraus können unterschiedliche Strategien abgeleitet werden:

a) Die Stromerzeugung folgt der Wärmeerzeugung. Wenn mit der KWK-Anlage vorrangig die Wärme bedient werden soll und der Strom als Nebenprodukt in ein Netz eingespeist wird oder einen Teil des Eigenbedarfs abdecken soll, sind die Anlagen technisch anders auszulegen als wenn das vorrangige Ziel die Stromerzeugung ist und die Wärme als Nebenprodukt auftritt. Grundsätzlich werden Anlagen mit einer festen Koppelung von Strom und Wärme eingesetzt. Ein Wärmespeicher kann dazu verhelfen, Erzeugung und Verbrauch von Wärme kurzfristig zu entkoppeln und kann die Möglichkeit schaffen, kurzfristig den Betrieb am Strombedarf zu orientieren.

b) Die Wärmeerzeugung folgt der Stromerzeugung. In diesem Fall kommen eher Anlagen mit einem variablen Erzeugungsverhältnis von Strom und Wärme infrage.

Die Tabelle 12.5 zeigt den Anteil der Fernwärme an der Raumwärmeversorgung nach Einsatzbereichen. In Deutschland wird nur etwa 9 % des Raumwärmeverbrauchs der Haushalte über ein Wärmenetz versorgt. Typischerweise werden kleinere städtische Wohnungen und Mehrfamilienhäuser mit Fernwärme versorgt.

Tab. 12.5: Aufkommen und Verwendung von Fernwärme, Verbrauch nach Sektoren 2017 in Petajoule (PJ) (Quelle: BMWi, 2018a)

	Fernwärme	Anteil in %
Haushalte	183	45 %
Gewerbe & Handel	45,4	11 %
Industrie	182,1	44 %
Gesamt	410,5	

Wenn pro Quadratkilometer eine bestimmte Gebäudedichte anzutreffen ist, kann ein politisch unterstütztes Programm zur energetischen Modernisierung etwa durch bessere Dämmung, Dreifachverglasung und andere Maßnahmen die Wärmedichte so stark reduzieren, dass sich eine Neuerschließung für KWK nicht mehr lohnt: Das Netz wäre für die geringere Wärmemenge nicht mehr wirtschaftlich zu betreiben.

12.6 Marktdesign und Handel

Der Handel mit Elektrizität besitzt gegenüber dem Handel mit anderen Gütern mehrere Besonderheiten, die sich direkt aus den Eigenschaften von Strom ergeben. Die für den Handel wichtigste Eigenheit von Strom ist, dass er nicht in einem großtechnischen Maßstab gespeichert werden kann. Da also aufgrund der Nichtspeicherbarkeit von Strom eine Unterproduktion in einer Stunde nicht durch eine spätere höhere

Produktion ausgeglichen werden kann und die Endabnehmer nicht auf die aktuellen Marktbedingungen reagieren, ist der Handel stark abhängig von den jeweils vorherrschenden Produktionsbedingungen.

Wie bereits erläutert, kann Strom auf sehr unterschiedliche Weise erzeugt werden und ist ein homogenes Produkt, dessen Beschaffenheit bei Bedarf relativ einfach durch Transformatoren verändert werden kann. Wie bei Gas ist auch der Transport von Strom netzgebunden. Im Gegensatz zu Gas ist er jedoch nicht markierbar und sein Weg durch das Netz nur annäherungsweise bestimmbar. Diese Eigenschaften bilden zwar technische Herausforderungen, vereinfachen den Handel mit Strom aber erheblich, da der Lieferort aus technischen Gründen das gesamte Netz ist und „nur" noch die Ein- und Ausspeisungen erfasst werden müssen. Weltweit existiert eine Vielzahl an liquiden Stromhandelsplätzen, von denen einige der wichtigsten in Tabelle 12.6 aufgeführt sind.

Tab. 12.6: Ausgewählte Stromhandelsplätze

Strombörse	Sitz	Handelsmodell
EEX[169]	Deutschland	offen
GME	Italien	offen[170]
EPEX	Frankreich	offen
AEMO	Australien	Pool[171]
NordPool	Skandinavien	Pool[172]
Omie[173]	Spanien	Pool
PJM	USA	Pool[174]

Es müssen zwei grundlegende Marktdesigns von Strommärkten unterschieden werden: das offene Stromhandelsmodell und das Pool-Modell. Im Folgenden soll auf diese beiden Modelle näher eingegangen werden, wobei der Schwerpunkt auf dem deutschen offenen Handelsmodell liegt.

12.6.1 Offenes Handelsmodell

Bei einem offenen Handelsmodell erfolgt der Handel auf miteinander verbundenen, aber klar voneinander abgegrenzten Märkten. Die zeitliche Abfolge der Märkte wird in Abb. 12.16 dargestellt. Die einzelnen Märkte werden im Folgenden beschrieben.

169 EEX (2017).
170 Siehe GME (o. J.).
171 AEMO (2012).
172 Nord Pool (o. J.a).
173 OMIE (o. J.).
174 PJM (o. J.).

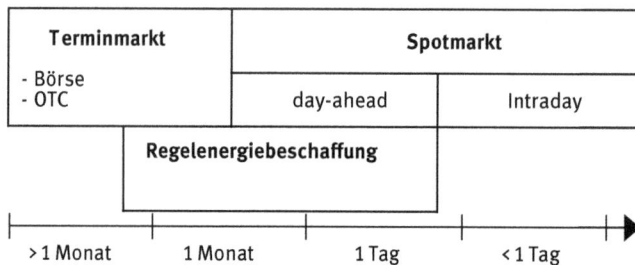

Abb. 12.16: Zeitlicher Ablauf der Strommärkte im deutschen Handelsmodell

Terminmärkte

Die Märkte mit der längsten Vorlaufzeit sind die börslichen und außerbörslichen Terminmärkte. Der Hauptteil des Terminhandels erfolgt außerbörslich über so genannte OTC-Märkte (*over the counter*) bilateral zwischen den Marktteilnehmern. Den meisten dieser Geschäfte liegt der **Rahmenvertrag der EFET** (*European Federation of Energy Traders*) zugrunde. Der Vorteil des OTC-Handels ist, dass spezifische Lastprofile abgesichert und verkauft werden können, die so über den börslichen Handel nicht gehandelt werden können.

Der Handel an der Stromhandelsbörse EEX ist als kontinuierlicher Handel mit offenen Auktionen organisiert. Es werden sowohl Futures mit physischer Erfüllung, die German-Power-Futures, als auch die PHELIX-Futures mit finanzieller Erfüllung gehandelt. Die PHELIX-Futures basieren auf dem **Physical Electricity Index**, d. h. auf dem Durchschnittspreis der täglichen Preise des Day-Ahead-Marktes. Die physische Lieferung der GermanPower-Futures erfolgt in einem für die EEX ausgewiesenen Bilanzkreis.

Die gehandelten Futures unterscheiden sich weiterhin zeitlich in Monats-, Quartals- und Jahresfutures und nach Base- und Peak-Futures. Der Verkauf eines Base-Futures verpflichtet zur kontinuierlichen Lieferung von einem MW über den gesamten spezifizierten Zeitraum, d. h. ein Base-Monatsfuture für den April hat ein Vertragsvolumen von 720 MWh (30 Tage á 24 Stunden). Ein Peak-Future umfasst hingegen nur die Hauptzeit des Verbrauchs, nämlich alle Werktage von 8 bis 20 Uhr.

Spotmärkte

Im deutschen Stromhandel existieren zwei Märkte, die als „Spotmarkt" bezeichnet werden können: der Day-Ahead-Markt und der Intraday-Markt.

Der **Day-Ahead-Markt** für Strom wird häufig als Spotmarkt bezeichnet, obwohl er sich auf Lieferungen für den nächsten Tag bezieht. Allerdings werden fast alle wichtigen kurzfristigen Entscheidungen der Kraftwerkseinsatzplanung einen Tag vor dem tatsächlichen Einsatz getroffen, sodass im Day-Ahead-Markt nahezu alle Informationen enthalten sind.

Anders als im Terminmarkt können im Day-Ahead-Markt einzelne Stunden gehandelt werden. Es ist also beispielsweise möglich, Strom für 8–11 Uhr zu kaufen. Zudem ist das Kontraktvolumen mit 0,1 MWh wesentlich geringer als im Terminmarkt. Daher ist der Day-Ahead-Markt deutlich flexibler als die Terminmärkte.

Die Abgabe der Gebote erfolgt durch Bietkurven, d. h. es werden die Kauf- und Verkaufspreise für jede Viertelstunde bzw. Stunde in Tabellenform an die Börse übertragen. Aus diesen Geboten ermittelt das Clearing House der EEX den markträumenden Preis für jede Stunde.

Neben den stündlichen Kontrakten gibt es auch sogenannte **Blockkontrakte**, in denen auf mehrere Stunden gleichzeitig geboten werden kann. Blockkontrakte sind besonders sinnvoll für Nachfrager und Anbieter mit Trägheiten, d. h. gleichmäßiger Stromnachfrage oder Kraftwerken, die nur langsam in der Leistung variiert werden können. Die Blockkontrakte sind in erster Linie eine Vereinfachung im Handelssystem, sodass Gebote bequemer und übersichtlicher abgegeben werden können.

Der **Intraday-Markt** läuft bis 5 Minuten vor der physischen Erfüllung, ist aber bei weitem nicht so liquide wie der Day-Ahead-Markt. Auf dem Intraday-Markt werden in der Regel nur die Mengen gehandelt, die aufgrund kurzfristiger Ereignisse zusätzlich nachgefragt oder angeboten werden können. Der Intraday-Markt ist der letzte Markt, auf dem Strom noch gehandelt werden kann. Anschließend geht die Kontrolle der Stromflüsse auf die Übertragungsnetzbetreiber über, die Überschuss- oder Fehlmengen durch den Einsatz von Regelenergie ausgleichen.

Regel- und Ausgleichsenergie

Wie bereits erläutert, dürfen die Marktteilnehmer auf den Termin- und Spotmärkten im offenen Handelsmodell beliebige Handelsaktivitäten miteinander ausüben. Anschließend melden sie die sich daraus ergebenden Ein- und Ausspeisungen in das Netz über Bilanzkreise an den Netzbetreiber. Der Übertragungsnetzbetreiber (ÜNB) übernimmt also im deutschen System erst nach Abschluss aller Handelsaktivitäten die Kontrolle über das Netz. Die Übertragungsnetzbetreiber sind ab diesem Zeitpunkt für den sicheren Netzbetrieb und somit auch für die Beschaffung und den Einsatz von Regelenergie zuständig.

Obwohl es im Strommarkt nur ein Marktgebiet gibt, existieren **vier Regelzonen**, d. h. es gibt vier Netzbetreiber in dem Marktgebiet, die jeweils für ein Teilnetz verantwortlich sind. Eine der Hauptaufgaben der Übertragungsnetzbetreiber ist der Ausgleich der permanenten Leistungsungleichgewichte zwischen Erzeugung und Verbrauch. Jeder Übertragungsnetzbetreiber nimmt diese Aufgabe für seine Regelzone in eigener Verantwortung wahr.

Die Regelzonen selbst sind in jeweils 100 bis 200 Bilanzkreise unterteilt, in denen Ein- und Ausspeisepunkte zusammengefasst werden. Jedes Unternehmen, das in Deutschland mit Strom handeln möchte, muss mindestens einen Bilanzkreis besitzen. Den Bilanzkreisen steht jeweils ein Bilanzkreisverantwortlicher (BKV) vor, der dem ÜNB Fahrpläne über prognostizierte Entnahmen und Einspeisungen abgeben muss.

Weichen Einspeisung und Entnahme voneinander ab, entsteht ein Leistungsungleichgewicht. Ursachen für das Auftreten von Leistungsungleichgewichten sind ungeplante Kraftwerksausfälle, Lastprognosefehler, nicht antizipierte EEG-Einspeiseschwankungen und Fahrplansprünge. Als Konsequenz von Ungleichgewichten ändert sich die Netzfrequenz. Bei einer zu hohen Stromeinspeisung spricht man von Überspeisung, was einen Anstieg der Netzfrequenz zur Folge hat, bei einer zu niedrigen Stromeinspeisung (Unterspeisung) sinkt die Frequenz. Bei einer zu hohen Frequenzabweichung kommt es zu einem Zusammenbruch des Netzes.

Um einen Netzzusammenbruch zu verhindern, muss der Übertragungsnetzbetreiber Regelenergie zur Stabilisierung des Netzbetriebes einsetzen. Da er als regulierter natürlicher Monopolist keine eigenen Erzeugungskapazitäten besitzen darf, erfolgt die Beschaffung von Regelenergie über Auktionen, auf denen die Besitzer von Kraftwerken dem Netzbetreiber Regelenergie anbieten können.

Die separate Ausregelung der vier Regelzonen konnte in der Vergangenheit zu einem entgegengerichteten Einsatz von Regelenergie führen, dem sog. Gegeneinanderregeln. Während in einer Regelzone zum Ausgleich einer Überspeisung negative Regelenergie zum Einsatz kam, wurde in einer anderen Regelzone zeitgleich positive Regelenergie zum Ausgleich einer Unterspeisung benötigt. Der Einsatz von Regelenergie ist teuer, weil hierfür z. B. jederzeit einsatzbereite Kraftwerkskapazitäten als Regelleistung vorgehalten werden müssen.

Im Jahr 2010 hat die Bundesnetzagentur die deutschlandweite Einführung eines sog. **Netzregelverbunds** angeordnet. Der Netzregelverbund soll das Gegeneinanderregeln vollständig verhindern und so Kosten senken. Die Leistungsungleichgewichte der einzelnen Regelzonen werden seitdem saldiert, sodass nur noch der verbleibende Saldo durch den Einsatz von Regelenergie ausgeglichen werden muss. Auch die Höhe der vorzuhaltenden Regelleistung kann durch den Netzregelverbund reduziert werden.[175]

Basierend auf den einheitlich festgelegten Anforderungen der UCTE sind die deutschen ÜNB verpflichtet, drei verschiedene Qualitäten an **Regelleistung** vorzuhalten und zu beschaffen. Diese werden mit Primärregelleistung, Sekundärregelleistung und Minutenreserve bezeichnet. Sie unterscheiden sich anhand der Aktivierungszeit und der Dauer der Verfügbarkeit. Die Primärregelleistung, deren Aufgabe die schnelle Stabilisierung der Netzfrequenz bei Leistungsungleichgewichten ist, wird automatisch eingesetzt und muss innerhalb von 30 Sekunden vollständig aktiviert sein und mindestens 15 Minuten zur Verfügung stehen. Die langsamere Sekundärregelleistung wird ebenfalls automatisch gesteuert und dient der Stabilisierung der Netzfrequenz sowie des Stromaustausches zwischen den Regelzonen. Die Sekundärregelleistung

---

175 Vgl. Bundesnetzagentur (2010).

muss von fünf bis 15 Minuten ab Auftreten der Störung vollständig verfügbar sein und löst die Primärregelleistung sukzessive ab. Die Sekundärregelleistung wird von der Minutenreserve abgelöst. Sie wird manuell zugeschaltet und bleibt eine Stunde ab dem Auftreten der Störung aktiv. Nach dieser Zeit geht die Verantwortung für die Netzstabilität auf den Bilanzkreisverantwortlichen über.

Jeder Kraftwerksbetreiber kann Regelenergie anbieten, dessen Kraftwerke technisch in der Lage sind, Regelenergie zu produzieren und für die Lieferung von Regelenergie in eine bestimmte Regelzone präqualifiziert sind.

Um trotz dieser Marktkonstellation zu wettbewerblichen Ergebnissen zu gelangen, sieht die Bundesnetzagentur ein anonymes, regelzonenübergreifendes **Ausschreibungsverfahren** vor, das alle potenziellen Anbieter von Regelenergie vor der Nachfragemacht der Übertragungsnetzbetreiber schützt.

Auktionen für Sekundärregelleistung und Minutenreserve sind mehrdimensionale Multi-Unit-Auktionen, denn es handelt sich um zwei verschiedene Produkte: Zum einen die vorgehaltene Kapazität, die nur bei Bedarf, also optional vom ÜNB abgerufen wird, und zum anderen der tatsächlich gelieferte Strom, für den eindeutig zurechenbare Grenzkosten bestimmt werden können. Demzufolge wird die Kapazitätsvorhaltung mit einem Leistungspreis in €/MW und jede tatsächlich produzierte Einheit Strom mit einem Arbeitspreis in €/MWh vergütet. Bei der Primärregelung kann die tatsächliche Arbeit aus technischen Gründen nicht gemessen werden, weshalb sie nur mit einem Leistungspreis vergütet wird.

Bei den Auktionen für Sekundär- und Tertiärregelung erhalten nach der in Deutschland gültigen *scoring rule* zunächst diejenigen Bieter den Zuschlag, die den geringsten Leistungspreis bieten. Damit werden die Anbieter in eine Reihenfolge gebracht, die die Kapazität am günstigsten vorhalten können. Die angenommenen Gebote werden anschließend gemäß der settlement rule aufsteigend nach ihren Arbeitspreisen geordnet und beim Abruf erhält ein Anbieter der vorgehaltenen Leistung sein Gebot. Diejenigen Anbieter mit dem niedrigsten Arbeitspreis werden als erste eingesetzt.

Wenn in einem Bilanzkreis eine Abweichung von den gemeldeten Mengen auftritt, muss dieser Bilanzkreis **Ausgleichsenergie** beziehen bzw. bereitstellen. Das System ist so ausgelegt, dass Bilanzkreise, die durch ihre Abweichung das System stabilisieren, tendenziell belohnt werden, während Bilanzkreise, die das Stromnetz destabilisieren, bestraft werden.

Die Beziehung von Regel- zu Ausgleichsenergie, wie sie auch in Abb. 12.17 dargestellt ist, ergibt sich wie folgt. Die von den Bilanzkreisen bezogene bzw. bereitgestellte Ausgleichsenergie wird auf der Ebene der Regelzone zum Regelzonensaldo saldiert. Der Regelzonensaldo entspricht demnach nicht der Summe der Ausgleichsenergie. Wird beispielsweise in einem Bilanzkreis A 30 MWh und im Bilanzkreis C 20 MWh zu viel eingespeist, aber im Bilanzkreis B 10 MWh zu wenig eingespeist, dann ergibt sich ein Regelzonensaldo von 40 MWh, der durch Regelenergie ausgeglichen werden muss.

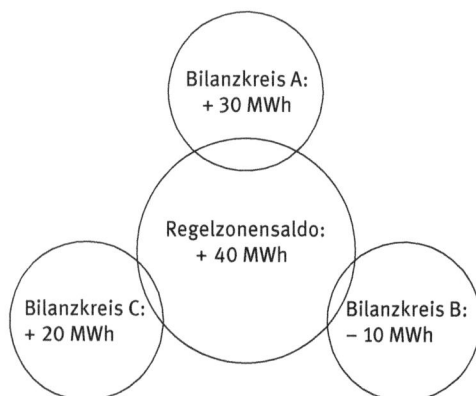

Abb. 12.17: Beziehung Bilanzkreissaldo und Regelzonensaldo

Der Preis für die Ausgleichsenergie ergibt sich aus dem mittleren gewichteten Arbeitspreis der eingesetzten Regelenergie. So muss der Übertragungsnetzbetreiber in dem Beispiel für 40 MWh negative Regelenergie einsetzen. Er wird diejenigen Gebote mit den geringsten Arbeitspreisen zuerst einsetzen. In diesem Fall seien dies der Einsatz von 30 MWh zum Preis von 1 €/MWh und 10 MWh zu 2,75 €/MWh. Der Preis für Ausgleichsenergie, den die Bilanzkreise an ihn zu zahlen haben, beträgt also etwa 1,44 €/MWh. Da die Bilanzkreise A und C mit ihrer Überspeisung die Ursache für den notwendigen Einsatz der Regelenergie sind, müssen sie anteilig die Kosten aufbringen. Die in der Ausschreibung im Arbeitspreis bis 40 MW günstigsten Kraftwerke werden eingesetzt und erhalten die gebotenen Arbeitspreise, d. h. 57,60 €. Die 57,60 € ergeben sich aus den 30 MWh zum Preis von 1 €/MWh plus den 10 MWh zum Preis von 2,75 €/MWh. Die Bilanzkreisbetreiber A und C bezahlen insgesamt für die 50 MW, d. h. insgesamt 72 €, von denen dann noch 14,40 € an B gehen. Die 14,40 € ergeben sich aus der Differenz zwischen den insgesamt zu zahlenden 72 € und den an den ÜNB zu zahlenden 57,60 €. Der Bilanzkreisbetreiber B erhält von A und C den durchschnittlichen Preis für eine MWh Regelenergie. Dieser durchnittliche Preis beträgt 1,44 €.

Per Saldo hat der ÜNB an den Arbeitspreisen für die eingesetzte Regelenergie weder Geld verdient, noch einen Verlust gemacht. Seine Kosten für die Leistungspreise, also die Preise, die der ÜNB dafür zahlt, dass Regelenergie vorgehalten wird,[176] kann er jedoch als Bestandteil der „Netzentgelte" im weiteren Sinne auf die Endkunden weiter wälzen.

In der Realität ist dieses „perfekte" Modell der Umlage der anfallenden Arbeitspreise wegen diverser technischer und institutioneller Unvollkommenheiten nur angenähert umgesetzt.

---

[176] Vgl. Next Kraftwerke (o. J.).

12.6.2 Das Pool-Modell

Beim Pool-Modell wird das Allokationsproblem, welche Kraftwerke zu welchem Zeitpunkt eingesetzt werden sollen, über einen zentralen Poolmanager gelöst. Der Beitritt zu einem Pool kann für die Marktteilnehmer entweder freiwillig oder verpflichtend sein. In jedem Fall müssen bei einem Pool-Modell alle Transaktionen zwischen den Handelspartnern dem Poolmanager mitgeteilt werden, der anschließend die Strompreise ermittelt. Die Preisfindung über einen Pool verläuft im Grundsatz ebenso wie in einem Börsenhandel, d. h. der Poolmanager bildet eine *Merit-Order* und eine Nachfragekurve aus den abgegebenen Geboten. Bei der Preisermittlung geht neben den gemeldeten Geboten auch die Netzoptimierung in das Kalkül des Poolmanagers ein. Wenn durch die abgegebenen Gebote ein Netzengpass auftreten würde, kann der Poolmanager die Kosten dieses Netzengpasses bei der Zuteilung der Gebote berücksichtigen, d. h. es werden nur solche Gebote berücksichtigt, die neben den Kosten für Strom auch die Kosten für den Netzengpass beinhalten. Auf diese Weise werden Netzengpässe direkt im Strompreis abgebildet. Es können sich dadurch in verschiedenen Teilzonen des Marktes unterschiedliche Strompreise ergeben.

Durch die Berücksichtigung des Netzes im Kalkül des Poolmanagers erhalten die Marktteilnehmer auch Anreize, neue Kraftwerke in Regionen mit hohen Strompreisen zu bauen, wodurch die Netzengpässe im System reduziert werden, da nur in den Regionen höhere Strompreise erzielt werden können, in die Strom schlecht transportiert werden kann.

Das Poolsystem ist also insbesondere im Fall von Netzengpässen innerhalb eines Marktgebiets eine sinnvolle Alternative zum offenen Handelssystem. Zudem kann durch ein Pool-Modell das gesamte System optimiert werden und es können mögliche Externalitäten internalisiert werden. Allerdings ist das Pool-Modell stark von der Qualität des verwendeten Optimierungsmodells abhängig. Fehler in dem Optimierungsmodell können von den Marktteilnehmern ausgenutzt werden und es ergeben sich ineffiziente Preise. Aufgrund der hohen Komplexität bei der Modellierung von Stromflüssen ist diese Gefahr stets zu beachten.

Ein weiterer Vorteil des Pool-Modells ist die erhöhte Liquidität der Handelsplätze. Dies gilt insbesondere für Pools, in denen eine Teilnahme am Handel verpflichtend ist.

Der größte europäische Pool ist der skandinavische **Nord Pool**, dem Finnland, Schweden, Dänemark und Norwegen angeschlossen sind. Nord Pool ist unterteilt in den finanziellen Handelsplatz Nord Pool ASA und den physischen Handel Nord Pool Spot AS. Nord Pool Spot AS gehört den ÜNB Norwegens, Schwedens, Finnlands, Dänemarks und der baltischen Staaten[177]. Die finanziellen Märkte basieren dabei auf den Preisen, die sich am physischen Spotmarkt ergeben haben. Der *Nord Pool Spot*-Markt umfasst sowohl den Day-Ahead-Markt Elspot als auch den Regelenergiemarkt Elbas.

---

[177] Vgl. Nord Pool (o. J.b).

12.7 Zukunft der Stromerzeugung in Deutschland

Während – wie zuvor dargelegt – die Energieerzeugung in Deutschland in den vergangenen Jahrzehnten wesentlich durch Stromgewinnung aus Kohle und Kernenergie getragen wurde, strebt die Bundesregierung aus Klimaschutzgründen und aufgrund des politischen Wunsches, komplett aus der Elektrizitätsgewinnung durch Kernkraft und Kohle auszusteigen, eine Veränderung des Energie-Mixes zu Gunsten der Erneuerbaren Energien an. Somit wird – trotz ausreichender Verfügbarkeit an Ressourcen – die Bedeutung dieser Energieträger stark abnehmen.[178] Dieser Transformationsprozess wird oft als Energiewende bezeichnet. Jedoch ist zu berücksichtigen, dass die Energiewende nicht nur den Stromsektor, sondern auch den Transport- und Wärmesektor umfasst. Diese Sektoren dürfen nicht vernachlässigt werden, da diese wesentliche Treiber einer CO_2-Reduktion sein können. Im Zusammenhang der Energiewende wird oft von Elektrifizierung gesprochen. Unter Elektrifizierung versteht man den vermehrten Einsatz von Strom im Transport- und Wärmesektor. Bei einem wachsenden Einsatz von Erneuerbaren im Stromsystem wird sich hiervon ein verminderter Treibhausgasausstoß auch in anderen Sektoren versprochen. Jedoch wird dieser Ansatz auch kritisch gesehen, weil für die Umsetzung der Elektrifizierung zunächst die entsprechende Infrastruktur zur Speicherung von Strom geschaffen werden muss. Hierbei ist immer zu prüfen, ob es nicht andere effizientere Wege der Vermeidung des Ausstoßes von Treibhausgasen gibt.

Der strategische Rahmen für die Energiewende findet sich dabei zum einen auf EU-Ebene, zum anderen auf Bundesebene.

Auf nationaler Ebene bildet das Energiekonzept der Bundesregierung einen Kompass für die Energiewende.[179] Die unterschiedlichen quantitativen Ziele des Energiekonzepts werden im Rahmen einer Zielarchitektur strukturiert und priorisiert. Die grundlegende Zielarchitektur ist wie folgt:

- **Ebene 1 (Politischer Rahmen):** Zunächst wird der Zweck der Energiewende beschrieben. Dieser ist die Senkung der Treibhausgasemissionen um 40 % bis 2020 gegenüber dem Jahr 1990, der Ausstieg aus der Kernenergie bis 2022 und die Sicherstellung von Versorgungssicherheit und Wettbewerbsfähigkeit.
- **Ebene 2 (Strategische Ebene):** Auf dieser Ebene wird spezifiziert, wie die zuvor definierten, politischen Ziele erreicht werden sollen. Dazu plant die Bundesregierung einerseits den vermehrten Einsatz von erneuerbaren Energieträgern für die Stromversorgung und zum anderen die Erhöhung der Energieeffizienz. Diese beiden strategischen Ziele werden auch Kernziele der Energiewende genannt.

---

[178] Insbesondere in Bezug auf Kohle werden die Hintergründe dieser Entwicklung in Abschnitt 7.7 näher beschrieben.

[179] Vgl. Bundesministerium für Wirtschaft und Energie: Eine Zielarchitektur für die Energiewende.

- **Ebene 3 (Steuerungsebene):** Auf der Steuerungsebene wird festgelegt, in welchen Bereichen an den Kernzielen gearbeitet werden soll. Hier fokussiert sich die Bundesregierung neben dem Elektrizitäts- auch auf den Wärme- und Verkehrssektor.
- **Ebene 4 (Maßnahmenebene):** Auf dieser Ebene wird geregelt, was konkret unternommen wird, z. B. in Form von Gesetzen, Verordnungen und Förderprogrammen. Hierunter fällt beispielsweise das Erneuerbare-Energien-Gesetz zur Förderung der Weiterentwicklung von Technologien zur Stromerzeugung aus Erneuerbaren.

Auf EU-Ebene hat man sich im Jahre 2008 auf ein Richtlinien- und Zielpaket für Klimaschutz und Energie geeinigt.[180] Die innerhalb dieses Paketes formulierten Ziele werden als 20/20/20-Ziele bezeichnet. Die zentralen Ziele lauten dabei wie folgt:
- Bis 2020 sollen 20 % weniger Treibhausgasemissionen als 1990 emittiert werden.
- Der Anteil der erneuerbaren Energien am Bruttoendenergieverbrauch soll 20 % betragen.
- Die Energieeffizienz soll um 20 % gegenüber 1990 gesteigert werden.
- Die EU ergreift Maßnahmen in verschiedenen Bereichen, um diese Ziele umzusetzen[181], z. B. ein Emissionshandelssystem: Das Emissionshandelssystem der EU umfasst Großkraftwerke, große Industrieanlangen und den Luftverkehr und soll bis 2020 den Emissionsausstoß der betreffenden Branchen um 21 % verringern.
- **Nationale Emissionsminderungsziele:** Diese Ziele gelten für die nicht vom Emissionshandelssystem abgedeckten Branchen. Im Rahmen einer Lastteilvereinbarung haben die EU-Länder verbindliche Jahresziele für die nationale Emissionsverringerung festgelegt. Im Rahmen von jährlichen Fortschrittserfassungen müssen alle Mitgliedsstaaten Rechenschaft ablegen.
- **Nationale Ziele für erneuerbare Energiequellen:** Die EU-Länder haben im Zusammenhang mit der Richtlinie über Energie aus erneuerbaren Quellen verbindliche Ziele für die Erhöhung des Anteils erneuerbarer Energiequellen an ihrem Energieverbrauch festgelegt.
- **Innovation und Finanzierung:** Die EU stellt Förderprogramme für die Entwicklung CO_2-armer Technologien bereit.
- **Energieeffizienz:** In einem Energieeffizienzplan und einer Energieeffizienzrichtlinie werden Maßnahmen zur Erhöhung der Energieeffizienz dargestellt.

Aufbauend auf dem Richtlinien- und Zielpaket für Klimaschutz und Energie, dessen Ziele bis 2020 reichen, hat sich die EU im Mittelpunkt eines 2014 verabschiedeten

---

180 Vgl. Bundesministerium für Wirtschaft und Energie (2017).
181 Vgl. Europäische Kommission (o. J.).

Klima- und Energierahmens drei zentrale Ziele für den Zeitraum zwischen 2020 und 2030 gesetzt.[182]

– Der EU-interne Treibhausgasausstoß soll bis 2030 um mindestens 40 % gegenüber dem Basisjahr 1990 gesenkt werden.

– Des Weiteren soll ein Anteil der erneuerbaren Energien am Endenergieverbrauch von 27 % erreicht werden

– und es sollen Energieeinsparungen in Höhe von mindestens 27 % [im Vergleich zu Vorhersagen] realisiert werden.

Zur Erreichung der Ziele bis 2030 schlägt die EU-Kommission vor, das EU-Emissionshandelssystem zu verbessern, neue Indikatoren zum Wettbewerb und zur Sicherheit im Energiesystem zu erheben und nationale Pläne für eine wettbewerbsorientierte, sichere und nachhaltige Energieversorgung aufzustellen. Im November 2016 hat die EU-Komission das Legislativpaket „Saubere Energie für alle Europäer" vorgeschlagen.[183] Hierbei wird die EU-Klima- und Energie-Zielarchitektur konkretisiert. Wesentlicher Bestandteil dieses Gesetzesvorschlags ist es, ein Energiewende-Monitoring in allen europäischen Staaten einzuführen. Die nationalen Energiewende-Monitoring-Berichte sollen anzeigen, inwieweit die jeweiligen EU-Länder ihren Beitrag zu den EU-Klimazielen leisten.

In Deutschland existiert bereits ein solches Energiewende-Monitoring. Darüber hinaus gibt es eine Expertenkommission, die den Fortschritt der Energiewende bewertet und die Bundesregierung berät, wie die Ziele der Energiewende erreicht werden können. Dazu verlässt die Expertenkommission eine jährliche Stellungnahme, die der Bundesregierung, dem Bundestag und dem Bundesrat mit dem Monitoringbericht der Bundesregierung zugeht.[184]

12.8 Spezielle Probleme

In diesem Unterkapitel wird auf spezielle Probleme des Elektrizitätsmarktes eingegangen. Dabei wird zunächst das Problem von Marktmacht auf der Erzeugerebene im Strommarkt beschrieben, danach wird auf die Auswirkungen des unbedingten Vorrangs für EEG-Strom eingegangen.

12.8.1 Auswirkungen von Marktmacht auf der Erzeugerebene im Strommarkt

Ein marktmächtiger Akteur im Strommarkt kann seine Marktmacht auf verschiedene Weise ausnutzen. Erstens kann er Kapazität in den Marktphasen zurückhalten, in

---

182 Vgl. Bundesministerium für Wirtschaft und Energie (2017).
183 Vgl. Löschel et al. (2018).
184 Vgl. Löschel et al. (2018).

denen es ohnehin nur noch wenige freie Kapazitäten gibt. Zweitens kann er seine Kapazitäten durchgängig für zu hohe Preise vermarkten, da es keine weiteren Anbieter gibt, die ihn disziplinieren könnten. Drittens kann er geschickt Positionen im Terminmarkt aufbauen, die zu höheren Preise auf dem Spotmarkt führen.

Das Zurückhalten von Kapazitäten ist umso gewinnbringender, je geringer die Preiselastizität der Nachfrage ist. Die Nachfrage im Stromhandel ist sehr preisunelastisch, da die Händler letztlich ein vorgegebenes Lastprofil der Endabnehmer erfüllen müssen. Daher können auch kleine Veränderung des Angebots relativ große Auswirkungen auf das Marktergebnis haben.

Wie in Abb. 12.18 dargestellt, führt eine Reduktion der angebotenen Kapazität zu einer Linksverschiebung der Merit-Order. Da bereits im ursprünglichen Marktgleichgewicht (durchgezogene Linien) fast an der Kapazitätsgrenze nachgefragt wurde, führt die Kapazitätsverringerung (gestrichelte Linie) durch Herausnahme von Kraftwerk A5 zu einem hohen Preisanstieg.

Durch das Zurückhalten von Kapazitäten ergeben sich für den zurückhaltenden A zwei gegenläufige Effekte: Erstens verringern sich seine Erlöse, da die zurückgehaltenen Kapazitäten keine Einnahmen erwirtschaften, zweitens erhöhen sich die Erlöse

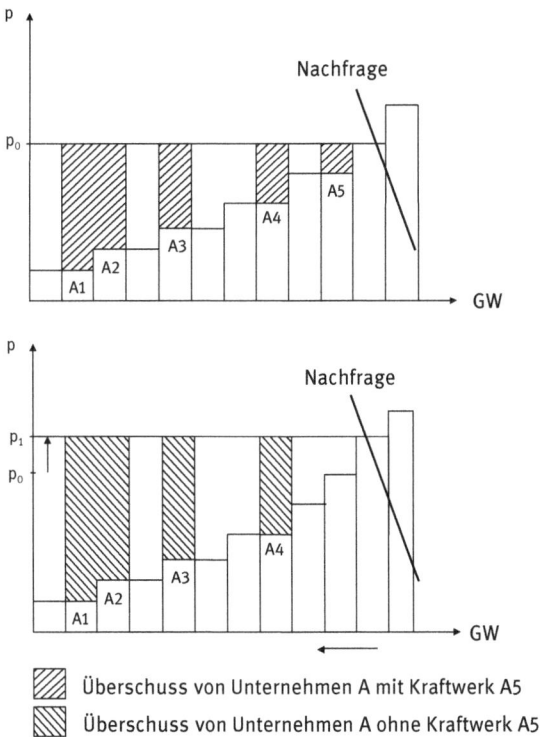

Abb. 12.18: Zurückhalten von Kapazitäten

von allen verbliebenen Kraftwerken A1–A4. Das Zurückhalten von Kapazitäten lohnt sich also umso mehr, je höher der Anteil des Unternehmens A an der Gesamtproduktion ist. Deshalb ist in einem wettbewerblichen Markt mit sehr vielen Anbietern ein Zurückhalten von Kapazitäten nicht sinnvoll.

Im Falle der Ausübung von Marktmacht durch die Abgabe von zu hohen Geboten bleibt die angebotene Kapazität gegenüber dem Fall eines vollkommenen Wettbewerbs hingegen gleich, aber die Preise für Strom entsprechen nicht den Grenzkosten der Produktion. In einem wettbewerblichen Markt wird jeder Marktteilnehmer zu seinen Grenzkosten anbieten, wie folgende Überlegung verdeutlicht: Im Strommarkt gilt das Einheitspreisverfahren, d. h. jeder Anbieter wird mit dem einheitlichen Strompreis entlohnt. In einem wettbewerblichen Markt ist jeder Anbieter Preisnehmer und kann den Strompreis nicht beeinflussen. Bietet ein Anbieter seine Kapazitäten nun zu einem Preis oberhalb seiner Grenzkosten an, so verzichtet er in dem Fall, in dem der Strompreis unterhalb seines Gebotes, aber oberhalb seiner Grenzkosten liegt, auf einen positiven Deckungsbeitrag, da sein Gebot nicht ausgewählt wird. Da er keinen Einfluss auf den Preis ausüben kann, ist für ihn also die optimale Strategie, immer genau in Höhe seiner Grenzkosten zu bieten.

Im Fall eines marktmächtigen Unternehmens ändert sich dieses Kalkül. Wie im wettbewerblichen Fall ist zwar auch das marktmächtige Unternehmen der Gefahr ausgesetzt, dass überhöhte Gebote nicht angenommen werden. Wenn es ihm allerdings gelingt durch überhöhte Gebote den gleichgewichtigen Marktpreis zu erhöhen, dann profitieren davon alle an dem Markt angebotenen Kraftwerkskapazitäten. Im Optimum gleichen die Grenzkosten, dass ein Kraftwerk nicht eingesetzt wird, den Grenzerlösen aus der Beeinflussung des Marktpreises. Wie in Abb. 12.19 dargestellt, müssen in dieser Strategie die Gebote für so genannte Grundlast nicht verändert werden, da diese in der Regel nicht preisbestimmend sind. Je besser sich ein Marktteilnehmer in dem Markt auskennt, desto bessere Kenntnis hat er über die möglicherweise preisbestimmenden Gebote, die er erhöhen muss.

Die dritte Möglichkeit, Marktmacht in Strommärkten auszunutzen, besteht in der Ausübung eines so genannten Squeeze. Bei einem Squeeze fragt ein großer Erzeuger

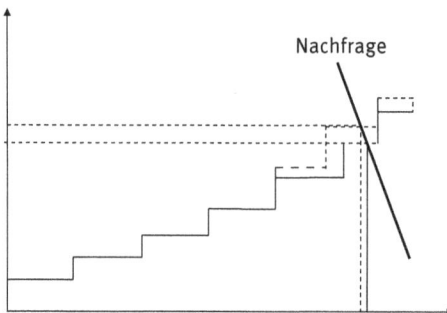

Abb. 12.19: Abgeben von überhöhten Geboten

große Mengen zu normalen oder sogar zu leicht überhöhten Preisen auf den Terminmärkten nach. Vorzugsweise tut er dies auf Futuresmärkten, da die Händler auf diesen Märkten anonym bleiben. Seine Handelspartner gehen also hohe Verkaufspositionen ein. Diesen Verkaufspositionen stehen nicht in jedem Fall Produktionskapazitäten gegenüber, sondern die Halter der Verkaufspositionen gehen von einem Preisverfall aus und beabsichtigen ihre Verkaufsposition dann später mit einer Kaufposition zu schließen.

Wenn keiner der anderen Marktteilnehmer einen **Squeeze** vermutet, werden sie ihren Handel zu normalen Preisen weiterführen. Allerdings existiert in dem Markt nun ein Nachfrageüberhang, der zu steigenden Preisen auf dem Markt führt. Der Erzeuger, der den Squeeze ausführt, weiß bereits im Vorfeld von dieser Preissteigerung und er weiß auch zu welchen Preisen er nachfragt. Er bietet seine Kapazitäten daher zu Preisen oberhalb der Preise seiner offenen Kaufpositionen an. Da er über einen hohen Anteil an der gesamten Erzeugungskapazität verfügt, gibt es nur wenige andere Anbieter, die fähig sind von der künstlichen Preiserhöhung zu profitieren. Mit einem Squeeze ist es also möglich, einen künstlichen Nachfrageüberhang zu erzeugen, den man selbst zu überhöhten Preisen befriedigt. Da ein großer Produzent zudem in der Regel über Reservekapazitäten verfügt, muss er nicht direkt auf dem Terminmarkt profitieren, denn irgendwann müssen die offenen Verkaufspositionen der anderen Marktteilnehmer geschlossen werden und es ist für einen großen Erzeuger nicht wichtig, wenn dies erst auf dem Day-Ahead-Markt geschieht.

Die Ausführung eines *Squeeze* basiert grundlegend auf dem Unwissen der anderen Marktteilnehmer. Wenn andere Marktteilnehmer befürchten, dass im Markt ein Squeeze ausgeführt wird, werden die Anbieter ihre Kapazitäten zu höheren Preisen verkaufen und Händler werden ungern offene Verkaufspositionen eingehen. Die größte Gefahr bei einem Squeeze ist, als „Squeezer" identifiziert zu werden. Die Auswirkungen auf die Reputation eines Unternehmens als Squeezer können katastrophal sein. Der in Händlerkreisen beliebte, englische Ausspruch „Fool me once, shame on you. Fool me twice, shame on me." („Wer zweimal auf den gleichen Trick reinfällt, ist selber schuld.") legt nahe, dass die Handelsbeziehungen zu einem solchen Unternehmen abgebrochen werden. Der langfristige Schaden durch einen identifizierten Squeeze dürften in aller Regel den kurzfristigen Gewinn im Markt übertreffen.

Die Frage, ob die großen Erzeuger in Strommärkten tatsächlich ihre Marktmacht ausnutzen, ist trotz einer großen Anzahl von Studien auf diesem Gebiet nur schwer zu beantworten, denn jede zurückgehaltene Kapazität und jedes überhöhte Gebot kann auch durch die technischen Beschränkungen erklärt werden. Es ist für Außenstehende kaum zu überprüfen, ob ein Gebot überhöht ist oder ob eine Pumpe im Kraftwerk ausgefallen ist und sich deshalb kurzfristig dessen Wirkungsgrad verschlechtert hat. Zudem erschweren die stark schwankenden Brennstoffkosten die Untersuchung von Marktmacht. Ein Gaskraftwerk, das gestern eingesetzt wurde, könnte heute nicht eingesetzt werden, obwohl sich weder die Last noch die Witterung verändert haben. Dies könnte eine Zurückhaltung von Kapazität sein. Aber es könnte auch sein, dass sich der Beschaffungspreis für die benötigte Gasmenge plötzlich stark erhöht hat. Um die Ausübung von Marktmacht zu belegen, benötigt man einen konstanten Untersuchungsrahmen und klar identifizierbare Auswirkungen von Marktmacht. Wenn es jedoch weitere Erklärungsmöglichkeiten für kurzfristige und langfristige Preissteigerungen gibt, dann müssen diese zunächst heraus gerechnet werden. Je komplexer hierbei der Markt ist, desto schwieriger gestaltet sich diese Aufgabe.

12.8.2 Auswirkungen des unbedingten Vorrangs für EEG-Strom

Seit vielen Jahren wird der deutsche Strommarkt zunehmend durch die politisch gewollte Vorrangregelung für Strom aus erneuerbaren Energien geprägt. Die erneuerbare Energieerzeugung hat außer bei der Wasserkraft aus aufgestauten Seen (hier wäre intertemporal zu überlegen, wann eine begrenzte Wassermenge zur Stromerzeugung eingesetzt wird, wenn eventuell jede heute erzeugte kWh am nächsten Tag bei begrenzt speicherbarem Wasservorrat nicht mehr erzeugt werden kann) keine nennenswerten positiven Grenzkosten der Erzeugung. Damit wären die erneuerbar erzeugten Strommengen ganz links in der Merit-Order mit eventuell stark schwankenden Beiträgen immer im Markt. Andererseits können deren Anbieter bisher „gesicherte Leistung" nicht tagelang vorher verkaufen, da sie trotz guter Prognosen sehr von der jeweils aktuellen Wetterlage abhängen. Konventionelle Kraftwerke werden dann jeweils für die restliche eventuell stark schwankende Last (Residuallast) eingesetzt, auch wenn sie ursprünglich anders geplant hatten.

Neben der Entscheidung im Sommer 2011, wieder aus der Nutzung der Kernenergie für die Stromerzeugung bis zum Jahr 2022 auszusteigen, ist das starke Anwachsen des so genannten EEG-Stroms bzw. der dafür ausgebauten Kapazitäten inzwischen zu einem bedeutenden Faktor geworden, der auch die Kraftwerksplanungen für die konventionelle Erzeugung wegen absehbar zurückgehender Einsatzstunden negativ beeinflusst. Mögliche heute technisch verfügbare bessere Kohlekraftwerke mit spezifisch geringeren CO_2-Emissionen pro kWh dank eines besseren Wirkungsgrads werden nicht gebaut, weil sie ihre Gesamtkosten bei absehbar rückläufigen Einsatzstunden niemals verdienen werden und weil mittlerweile ein Ende der Kohleverstromung bis 2038 politisch gewollt ist.

Ein weiteres Problem kommt mit dem wachsenden Gewicht der volatilen Stromerzeugung aus Wind und Photovoltaik (PV) hinzu. Auch wenn diese bei gutem Wetterbericht heute recht zuverlässig am Tag vorher prognostizierbar ist, so bleibt das offene Problem, wenn im Winter die Prognose der verfügbaren erneuerbaren Kapazitäten ab 17 Uhr insgesamt weniger als 11.000 MW (z. B. Wind + PV < 1.500 MW und Biomasse + Laufwasser + sonstige erneuerbare bei Extremkälte < 9.500 MW) lautet und es wird andererseits eine absehbare Lastspitze abends von 17–21 Uhr von über 75.000 MW erwartet. Im März 2018 lag die Höchstlast bei 87.700 MW, im Januar 2019 bei 83.000 MW und im Juli 2019 bei 76.700 MW. Die jeweiligen Minima der Last liegen i. d. R. nachts zwischen 23 Uhr und 4 Uhr bei 31.000 bis 46.000 MW. Es herrscht somit ohnehin eine große Bandbreite der Lastanforderungen. Diese wird durch „ungünstige" Wettereinflüsse in immer größerem Ausmaß verstärkt.

Im Zusammenhang mit der verstärkten Integration der Erneuerbaren ergibt sich folgende Problemstellung: In den ersten 6 Monaten 2019 waren von den 115.000 MW installierten erneuerbaren Kapazitäten in genau 10 % aller 4343 Stunden weniger als 13.500 MW tatsächlich verfügbar, beispielsweise im Januar 2019 genau 100 Stunden. Das geschah angesichts von Lasten teils deutlich über 80.000 MW. Nur die Mobilisierung aller verfügbarer konventionellen Kapazitäten und das Herunterfahren oder sogar vorübergehende Abschalten bestimmter Großverbraucher wie Aluminiumhütten oder Großkühlhäuser bewahrt derzeit in solchen Konstellationen das Stromsystem vor dem Netz-Zusammenbruch – auch Blackout genannt.

Die dargebotsabhängigen Stromquellen Wind und Photovoltaik haben inzwischen eine installierte Kapazität von über 95.600 MW Leistung; nach dem Willen der Bundesregierung wird diese Leistung bis 2025 weiter stark ansteigen. Die Gesamtkapazität der erneuerbaren Stromerzeuger betrug Anfang 2019 über 115.000 MW; davon also 88,7 % Wind- und Photovoltaik-Anlagen und 4,4 % schon seit vielen Jahrzehnten genutzte Wasserkraftwerke. Die übrigen 6,9 % der erneuerbaren Kapazität entfallen auf Biomassenutzung z. B. in rund 10.000 Biogasanlagen, biogene Müllverbrennung und Geothermie.

Ein weiteres Problem, das sich im Zusammenhang mit den Erneuerbaren auftut, ist, dass die tatsächlich installierte Kapazität an Photovoltaik schwierig einzuschätzen ist. Die PV-Leistung wird als „Peak-Leistung" für jede einzelne Anlage angegeben und aufaddiert. Diese Anlagen sind zu über 99 % auf Gebäuden oder festen Gestellen montiert, welche faktisch teils eher nach Süd-Ost, nach Süden oder Süd-West orientiert und unterschiedlich steil zur Sonne stehen. Es kommt dadurch in der Praxis niemals zu einer effektiven Verfügbarkeit von 100 % der installierten Leistung. Im westlichen Münsterland und süd-westlichen Niedersachsen ergab sich als Erfahrungswert als maximal verfügbare Photovoltaik bei bestem Sonnenschein eine Quote von knapp 90 %. Die tatsächlich erreichbare Quote hängt zudem von der Jahreszeit und geographischen Verteilung der PV-Anlagen ab. Dementsprechend ist der obige theoretische Kapazitätswert zu kürzen und liegt realistisch bei maximal 91.100 MW. Jetzt könnte im Sommer mittags bei gutem Sonnenschein und gleichzeitig gutem Wind eine Leistung von bis über 80.000 MW angeboten werden, nachts und bei wenig Wind etwa nur 750–1.000 MW.

Da sowohl insbesondere an Sonn- und Feiertagen die Höchstlast niedriger liegt als auch die regionalen Stromnetze noch nicht für einen vollständigen Abtransport sehr hoher potentiell erzeugbarer Strommengen ausgelegt sind, müssen derzeit insbesondere an diesen Tagen Windanlagen abgeregelt werden, d. h. auf mögliche Stromerzeugung verzichten, da andernfalls das Gesamtnetz zusammenbrechen würde. Hier macht sich bemerkbar, dass Stromerzeugung an sich noch keinen Wert hat: Sie muss auch zu den Abnehmern mit hoher Nachfrage über ein ausreichendes Netz fließen können, oder vor Ort in derzeit nicht verfügbare „Stromspeicher" aufgenommen werden können. Dieses Problem sorgte in Vergangenheit zu „unerwünschten" Stromflüssen etwa in die Niederlande oder Polen und Tschechien, deren Netze an sonnen- und windreichen Tagen dadurch empfindlich gestört wurden. Diese wehrten sich durch Einbau von technischen „Sperren" gegen die unerwünschte Flutung.

Diese Aspekte werden anhand von zwei Abbildungen verdeutlicht, welche den Lastgang der zur Deckung der gesamten Stromnachfrage erforderlichen Stromerzeugung für Deutschland in je einem typischen Sommer- und Wintermonat des Jahres 2019 dargestellt. Die Tages- und Nachtrhythmen und die fünf Werktage Montag bis Freitag sowie die Wochenenden heben sich gut hervor.

Im Sommerhalbjahr ist auch mit anderen Lastkurven zu rechnen als im Winterhalbjahr. Dann werden weder Heizungspumpen oder relativ frühe Beleuchtung am Abend oder morgens bis 8 Uhr benötigt. Auch während der Schulferien sowie der Betriebsferien vieler Industriebetriebe ist die einheimische Stromnachfrage geringer. Die gravierendste Lastspitze tritt im Sommer empirisch bisher regelmäßig um die Mittagszeit werktags bis knapp 77.000 MW auf.

Diese Lastspitze kann bei normalem oder sonnigen Wetter sehr gut von der Photovoltaik mit bedient werden. Diese Erzeugungspotentiale der PV machen dann im Sommer über viele Tage den bisherigen Einsatz der Pumpspeicherwerke zum Ausgleich der Mittagslastspitzen größtenteils unnötig. Deren Haupteinsatzzeit und damit Möglichkeit, bei hohen Preisen Geld zu verdienen, wird in die Frühjahrs-, Herbst- und Wintermonate verdrängt, so dass auch deren Neubauten unwirtschaftlich werden.

Umgekehrt ist die Windstromerzeugung im Sommerhalbjahr systematisch wetterbedingt im Durchschnitt niedriger als im Winterhalbjahr. So lag an 33,3 % aller Stunden im Juli die einsetzbare Windkraftkapazität unter 5.565 MW. Dies ist weniger als 10 % aller Windanlagen-Kapazität. Die Abb. 12.20 für die ersten 15 Tage des Juli 2019 dient als Beispiel: Ab dem 11. Juli fiel der Windstrom-Beitrag stark ab, so dass die gesamte erneuerbare Erzeugung deutlich unter 25–28.000 MW blieb.

Das **Winterhalbjahr** hat eigene Probleme: Die Tage sind kürzer und auch wegen des Wetters ist Photovoltaik im Winter deutlich geringer in der Erzeugung. Der Wind weht unregelmäßig, jedoch im Durchschnitt stärker als im Sommer. Nachfrageseitig ist die Spitzenlast um die Mittagszeit höher als im Sommer, und es kommt eine Abendspitze von etwa 17–21 Uhr hinzu. Diese ist besonders problematisch, da zu dieser Zeit systematisch kein Strom aus Photovoltaikanlagen zur Verfügung steht. Extrem lange Kälte kann die tatsächliche Verfügbarkeit von Wasserkraftanlagen und auch Biomasse reduzieren.

In der Abb. 12.21 ist der Lastgang für die letzten 16 Tage des Januars 2019 abgetragen. Man erkennt deutlich den sehr geringen Beitrag der Photovoltaik wegen der niedrig stehenden Sonne im Winter, der nur bei sehr gutem Wetter mittags über 10.000 MW kommt, an ungünstigen es nicht einmal über 2.200 MW für einige Stunden um die Mittagszeit schafft. Der Beitrag der Windenergie kann von zeitweise von

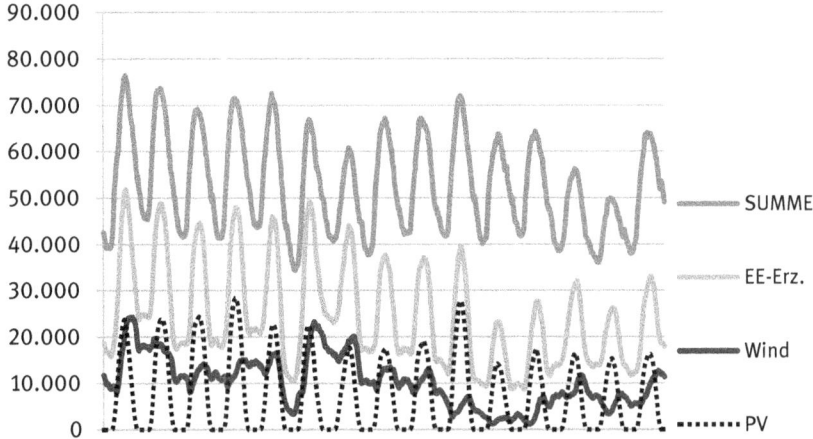

Abb. 12.20: Gesamterzeugung, EE-Erzeugung, Wind, PV von 16.–31. Juli 2019 (Quelle: Agora Energie-wende 2019)

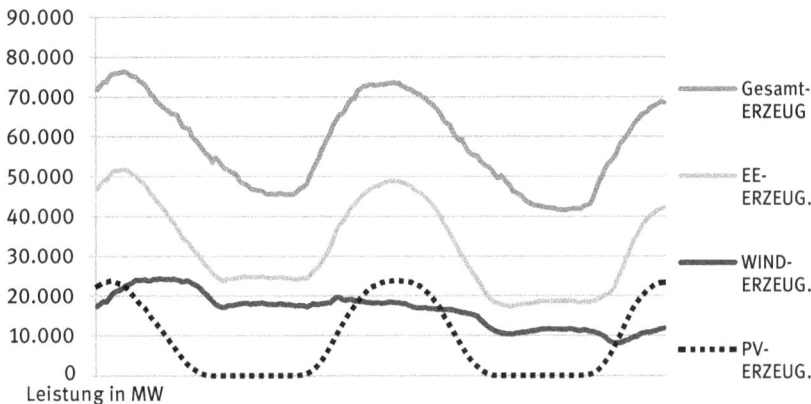

Abb. 12.21: Gesamtstromerzeugung, EE-Erzeugung, Wind, PV von 16.–31. Januar 2019 (Quelle: Agora Energiewende 2019)

über 25–30.000 MW bis auf teils weit unter 1.500 MW für mehrere zusammenhängende Stunden schwanken.

Innerhalb der sechs Tage vom 20. Bis 25.01.2019 (= 144 Stunden) lag an 61,5 Stunden (= 43 % der Zeit) die faktische Wind-Verfügbarkeit unter 4 % der installierten Kapazitäten, d. h. 2.353 MW von 58.809 MW, davon sogar 18,5 zusammenhängende Stunden mit Wind-Verfügbarkeit unter 1.600 MW. Von 72 Stunden vom 23. bis 25. Januar 2019 waren 36 ¾ Stunden (= 51 % der Zeit) mit einer EE-Verfügbarkeit < 13.000 MW.

Selbst wenn diese EE-Kapazitäten mit einem hohen Gewicht von Photovoltaik und Windenergie bis 2035 mehr als verdoppelt würden, lieferten 15 % von etwa

250.000 MW auch nur 37.500 MW. Wegen der bis dahin angestrebten E-Mobilität können abends im Winter die Spitzenlasten 2035 bei 100.000 MW liegen: Es fehlten noch über 67.000 MW, in den Abendspitzen eventuell deutlich mehr: Bei ungünstigen Wetterlagen könnte dies zu Versorgungsproblemen führen.

Hinzu kommt für die Zeit ab 2023 ein regionales Problem: Süddeutschland, d. h. vor allem Baden-Württemberg, Bayern und Südhessen legen ihre letzten Kernkraftwerke Ende 2022 still, haben aber zu wenig eigene Kohlekraftwerke als Reserve. Diese wurden in der Vergangenheit wegen der auch für die Steinkohle bedeutenden Transportkosten bevorzugt im mittleren und nördlichen Deutschland gebaut. Am Oberrhein und Neckar gibt es derzeit noch Steinkohlekraftwerke, von denen aber bereits Stand Mitte 2019 verschiedene Blöcke stillgelegt sind. Als Ausgleich für die weggefallenen Kernkraftwerke sollten zur Sicherheit der Stromversorgung auch auf Veranlassung der Bundesnetzagentur einige **größere HGÜ-Stromleitungen** in den Süden gebaut werden. Deren Fertigstellung bis 2023 ist nicht vollständig gesichert.

Mittelfristig wird gegebenenfalls eine Absicherung durch gut verfügbare konventionelle Kraftwerke notwendig. Auch die technische Anbindung an die wachsenden Windenergie-Potentiale in Nord- und Ostsee sowie eine Starkstromtrasse nach Norwegen wird langfristig ebenso gefordert sein, wie eine weitere bei Bedarf verfügbare „Reserve-Option".

Die Schlüsseltechnologie für eine weitestgehend sichere Stromversorgung über die kommenden 15 Jahre wird in der zügigen großtechnischen Erschließung von „Speichertechniken", z. B. über Wasserstoff-Erzeugung und Zwischenspeicherung zur Stromerzeugung bei „Dunkelflaute", gesehen. Solange diese nicht ausreichend verfügbar sind und auch die Nachfrage nicht hinreichend flexibel werden kann, kann man auf den Einsatz konventioneller Kraftwerke mit einem Kohlehaufen oder einem gefüllten Gasspeicher als „speicherbaren" Input nicht gänzlich verzichten.

In Zukunft könnte ein deutlich größerer Anteil des gesamten Endenergieverbrauchs auf elektrische Systeme umgestellt werden, wie etwa durch Elektromobilität oder das Heizen mit Wärmepumpen, was entsprechend die Höhe und Form der Lastkurven verändern kann.

Die Veränderung der jeweiligen Restnachfrage auf dem Strommarkt kann durch eine **Residualdauerlinie** dargestellt werden. Sie ergibt sich aus der Jahresdauerlinie durch Abzug der (schwankenden) Nutzungsstunden der bevorzugt einzuspeisenden Strommenge aus erneuerbaren Energieträgern Sonne, Wind, Biomasse, Wasserkraft etc. Da wegen des hohen Anteils dargebotsabhängiger Stromerzeugung die Jahresdauerlinie bei nur geringfügig verringerter Lastspitze eine andere Form annimmt, verschieben sich die Anteile der optimalen Kraftwerke.

Mit dem Ausbau der Erneuerbaren kann angesichts der hohen kurzfristigen Schwankungen etwa im Tagesverlauf der Einsatz einer bestimmten Kraftwerkskapazität mit sehr hoher Flexibilität wichtiger werden als in der Vergangenheit. Neubauten bestimmter konventioneller moderner und emissionsärmerer Kraftwerke weisen mittelfristig nicht mehr genügend Einsatzzeiten im Jahresverlauf auf, um ihre Kapitalkosten zukünftig zu decken: Im Gegenteil: Mit dem schrittweise angestrebten Kohleausstieg aus der Verstromung scheidet diese Option für Deutschland aus – obwohl diese Anlagen sämtlich im EU-CO_2-Emissionshandelssystem sind. Es werden dann in Deutschland bevorzugt neue Kraftwerke mit geringen Kapitalkosten, aber hohen variablen Kosten wie Erdgasturbinen gebaut. In der dann resultierenden Merit-Order impliziert das ansteigende Strompreise in der Zukunft. Zusätzlich ist noch die Frage nach der Verfügbarkeit von ausreichend Erdgas am Ende eines strengen Winters zu stellen: Dann sind die Erdgasspeicher auch fast leer, und die Restmengen werden für die Industrie und Raumheizung benötigt.

Insgesamt kommen **fünf Effekte in Richtung höherer Strompreise** als Folge des politisch gewollten Vorrangs für Strom aus erneuerbaren Energien in den kommenden Jahren zu Tragen:

- Die EEG-Umlage belastet die Stromnachfrager unmittelbar.
- Steigende Systemkosten für „Redispatch", d. h. regional nötiger Einsatz teurer Kraftwerke wegen Netzengpässen anstelle günstiger Versorgung aus anderen Regionen, Netzausbau, Bereitschaftsprämien für „Winterreserve" u. ä. werden über die „Netzentgelte" umgelegt.
- Der Kraftwerkspark entwickelt sich mittel- bis langfristig derart, dass das preisbestimmende Kraftwerk öfter als bisher durch ein hochpreisiges GuD-Kraftwerk mit sehr gutem Wirkungsgrad oder sogar eine einfache Erdgasturbine gegeben wird.
- Auch Maßnahmen des „Demand-Managements" gibt es nicht umsonst. Wenn Kühlhäuser oder Aluminiumhütten ihre nachgefragte bestellte Leistung herunterfahren, müssen die Netzbetreiber diesen Extra-Service (faktisch Ersatz für „positive Regelenergie") bezahlen.
- Sobald „überschüssiger" EE-Strom großtechnisch zur Elektrolyse benutzt und damit Wasserstoff gewonnen wird, der nach Zwischenlagerung (entweder tiefgekühlt, unter hohem Druck oder an andere Materialien gebunden) wieder in einer Turbine oder Brennstoffzelle verstromt werden soll, ist bei einem Systemwirkungsgrad von rund 25 % für alle einzelnen Schritte mit stark steigenden Kosten für die nötigen Spitzenlastkraftwerke zu rechnen.
- An zusammenhängenden 48 Stunden Ende Januar 2019 wurden 3.160 Mio. kWh erzeugt. Davon waren nur 510 Mio. kWh (= 16 %) Erneuerbare. Wenn von den konventionell gedeckten 2.650 Mio. kWh nur 80 % aus „Speichern" käme, müssten einige Tage vorher fast 8.500 Mio. kWh „überschüssiger" Strom erzeugt worden sein, um den nötigen Wasserstoff (5.950 Mio. kWh) für zwei Tage durch Elektrolyse zu erzeugen. Derartige großtechnische Speichertechniken sind vor 2030 kaum verfügbar; deren Einsatz wäre jedoch bei vergütetem EE-Strom, insbesondere mit den hohen Umlagen, Abgaben und Steuern, als Input auch sehr teuer.

Ein Argument für den verstärkten Einsatz von Erneuerbaren Energieträgern zur Stromproduktion ist der Merit-Order-Effekt.[185] Der Merit-Order-Effekt bedeutet, dass es durch den vermehrten Einsatz von Erneuerbaren zu einer Senkung der Strompreise kommen kann. Dies wird dadurch begründet, dass erneuerbare Kraftwerke variable Stromkosten nahe Null haben. Sie verdrängen dadurch Kraftwerke mit hohen variablen Stromkosten aus dem Markt. Insgesamt sinkt der Strompreis.

Die verstärkte Integration von Erneuerbaren Energieträgern ist eine Herausforderung hinsichtlich der Versorgungssicherheit und der Bezahlbarkeit. Sie ist aber zum Erreichen der Klimaziele notwendig und unter Nutzung von zusätzlichen Flexibilitätsoptionen technisch und ökonomisch machbar.

---

185 Vgl. Fürsch et al. (2015).

13 Sektorale Energienachfrage und -bedarfsprognosen

Dieses Kapitel behandelt die Nachfrage nach Energie für die einzelnen Sektoren Industrie, Haushalte und Verkehr. Nach einer Einführung in das Konzept der Nachfrage nach Energiedienstleistungen (13.1) wird zunächst der Sektor Industrie (13.2), dann Haushalte und Kleinverbraucher (13.3) und schließlich der Sektor Verkehr (13.4) betrachtet. Das Kapitel schließt mit einer Erklärung des Konzepts der nationalen und weltweiten Energiebedarfsprognosen (13.5).

13.1 Nachfrage nach Energiedienstleistungen

Dieses Kapitel beschäftigt sich mit dem Verbraucherverhalten und der Nachfrage nach Energiedienstleistungen der verschiedenen Sektoren. Eine flexiblere Energienachfrage vermeidet Netzüberlastungen, da sie sich der dargebotsabhängigen Einspeisung angepasst werden kann. Ein niedrigerer Energieverbrauch erlaubt einen höheren Anteil erneuerbarer Energien am Gesamtstromverbrauch. Diese Chancen gehen allerdings mit der Frage einher: „Welche Faktoren beeinflussen das Energienachfrageverhalten von Haushalten und Unternehmen?". Die Nachfrage nach Energieträgern ist am besten aus einer produktionstheoretischen Sicht zu verstehen. Kommerzielle Energie kann nicht direkt konsumiert werden. Die typischen Energieeinsätze werden getätigt, um mithilfe spezieller Umwandlungsgeräte bestimmte Energiedienstleistungen zu produzieren:

- Die **Bereitstellung eines warmen Raums** kann entweder mithilfe von sehr viel Brennstoff in einer primitiven Feuerstätte mit geringem Wirkungsgrad in einem undichten Gebäude mit schlecht gedämmten Wänden und Fenstern erfolgen. Da der Kapitaleinsatz K dafür niedrig ist, aber viel Energie E benötigt wird, ist das Verhältnis K/E „niedrig". Oder es kann der gleiche warme Raum durch Einsatz von wenig Brennstoff in einem Brennwertkessel, der auch die Verdunstungswärme im Abgas nutzt, in einem Gebäude mit guter Wärmedämmung und dichten Fenstern mit Luftaustausch mit Wärmerückgewinnung erfolgen. Dann ist das Verhältnis K/E „hoch".
- Die **Ermöglichung von Mobilität für Güter oder Personen**, d. h. Transportleistungen, kann grundsätzlich über verschiedene technische Systeme erfolgen. Der Transport eines Menschen im Nahbereich kann mit dem Fahrrad erfolgen (Energiequelle: Biomasse = Nahrung), im ländlichen Bereich eher mit einem Pkw, wobei dort unterschiedlichste Techniken (Benzin, Diesel) mit unterschiedlichem Energieverbrauch pro 100 km einsetzbar sind, zwischen Städten mit Eisenbahnsystemen, die je nach Besetzung mit Passagieren und Energiequelle (Elektrolok, Diesellok) sehr unterschiedliche spezifische Energieverbrauchswerte aufweisen.

https://doi.org/10.1515/9783110556339-013

– Die **Erzeugung von mechanischer Kraft**, d. h. der Antrieb von stationären Motoren, geschieht heute aufgrund der regeltechnischen Vorteile praktisch ausschließlich mit Elektromotoren. Diese laufen in großen Aggregaten der Industrie genauso wie in kleinen Haushaltsmaschinen oder Kühlgeräten. Wie viel mechanische Kraft beispielsweise für Kühlzwecke benötigt wird, hängt wiederum von der Dämmung des Kühlgerätes und dem Umgebungsmedium ab, in das die Innenwärme gepumpt werden muss: Eine Gefriertruhe im Keller benötigt deutlich weniger Stromeinsatz gegenüber einer Gefrierkombination, die in einer Einbauküche neben dem Backofen installiert ist.
– Der **Stromverbrauch für Beleuchtung** ist von der gewünschten Helligkeit einerseits und den technischen Produktionsmöglichkeiten für Licht andererseits abhängig (Glühbirne, Leuchtstofflampe, LED-Licht, Lichtreflektion an hellen Wänden, usw.).

Neben diesen eher technischen Argumenten bestimmt auch das **Nutzerverhalten** den letztlich notwendigen Energieverbrauch: Ein Autofahrer mit nervösem Gasfuß und wenig vorausschauendem Fahren und Ausnutzen der Höchstgeschwindigkeit verbraucht für 100 Kilometer leicht 50 % mehr Kraftstoff als ein anderer, geschickterer Fahrer. Am Beispiel der Heizung eines Raumes sollen die ökonomischen Argumente aus der Mikroökonomie hier die Nachfrage nach Energieträgern herleiten.

Die Abb. 13.1 zeigt die Nachfrage nach Energie für die Heizung in Abhängigkeit von der gewünschten Raumtemperatur. Bei einer gegebenen Ausstattung der Wohnung und gegebenem Energiepreis kann der Verbraucher die Höhe seiner Energieausgaben in Abhängigkeit von der gewählten Raumtemperatur bestimmen. Im Diagramm wählt der Verbraucher z. B. 21 °C und muss dafür 119 € ausgeben.

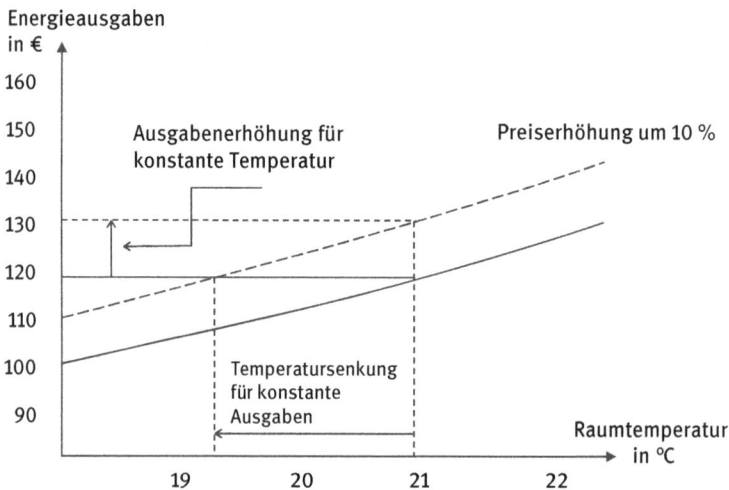

Abb. 13.1: Energieausgaben in Abhängigkeit der Raumtemperatur

Steigt der Energiepreis, so kann der Verbraucher bei gegebener Ausstattung der Wohnung (Heizung, Isolierung, Fenster etc.) nur über die Anpassung der gewünschten Raumtemperatur reagieren. Will er z. B. seine Energieausgaben konstant halten, so müsste er die Raumtemperatur auf 19,3 °C reduzieren. Andererseits könnte er auch die Raumtemperatur konstant halten und dafür seine Ausgaben um 12 € erhöhen oder eine andere Kombination wählen. Bei der Ableitung der üblichen Nachfragefunktion unterstellen wir, dass bei steigendem Preis die Nachfrage zurückgeht. Auf längere Sicht kann der Verbraucher nicht nur über die Energiemenge reagieren, er kann z. B. umziehen oder die vorhandene Wohnung verbessern [also die Kurve mit dem Zusammenhang von Temperatur und Energieausgaben verändern]. Solche Maßnahmen verursachen Aufwand, z. B. Investitionen in das Gebäude. Für das Verhalten der Verbraucher spielt dann der Aufwand für Veränderungen an der Nutzungsstruktur ebenso eine Rolle wie der Energiepreis. Dies kann mit dem folgenden Diagramm gezeigt werden.

In der Abb. 13.2 verdeutlicht das Isoquantenschema die verschiedenen Raumtemperaturen in einem Wohn- oder Büroraum. Es gibt eine Isoquante für die Raumtemperatur 21 °C und eine für 24 °C. Wenn die Personen eines Haushalts bisher bei niedrigen Energiepreisen und einem Lebensstil mit leichter Bekleidung zu Hause gerne 24 °C Raumtemperatur realisierten, operieren sie im Punkt P_0 als Minimalkostenkombination in der „Haushaltsproduktionsfunktion für die Energiedienstleistung". Der Kapitaleinsatz ist K_0, der laufende Energieeinsatz E_0. Die Gesamtkosten belaufen sich auf Q_0/A.

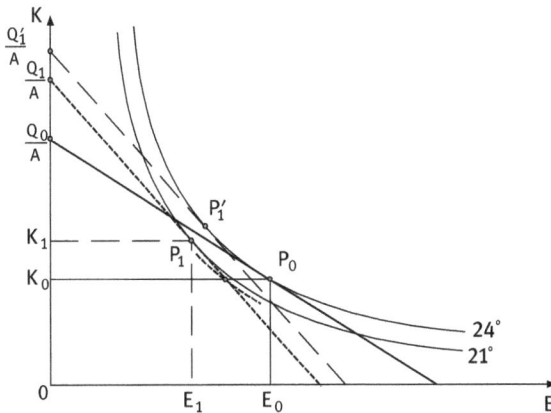

Abb. 13.2: Unterschiedliche Techniken zur Bereitstellung der Dienstleistung „warmer Raum"

Steigen jetzt die Energiepreise an, so löst dies zwei Effekte aus: Die neue Minimalkostenkombination wandert bei gleicher nachgefragter Raumtemperatur nach P_1', und gleichzeitig ist der Haushalt jetzt wegen der dann auf Q_1'/A gestiegenen Kosten bereit, mit einer etwas geringeren Raumtemperatur auszukommen. Im neuen Punkt P_1 muss zwar öfter ein Pullover zu Hause angezogen werden, der Verlust an Bequemlichkeit wird aber durch die niedrigeren Kosten Q_1/A im Punkt P_1 ausgeglichen.

Dennoch muss der Haushalt in diesem Beispiel anstelle der bisherigen Kosten Q_0/A nunmehr ein Energiebudget von Q_1/A aufbringen, wenn die neue Technik installiert ist. Trotz der abgesenkten Raumtemperatur verzichtet er also auf Käufe anderer Güter wie Möbel, Restaurantbesuche, usw.; er erleidet also insgesamt einen Einkommensverlust. Natürlich erfordern diese Umstellungsprozesse auch Zeit, da beispielsweise eine neue Heizungsanlage installiert oder Fenster erneuert werden müssen. Auf vergleichbare Kosten wie in P_1 kommt der Haushalt bei Weiternutzung der bisherigen Kapitalgüter K_0 nur dann, wenn er eine Raumtemperatur von etwa 19 °C in Kauf nähme, was aber beispielsweise von älteren oder kranken Menschen ungern hingenommen würde.

Offensichtlich kommt es bei jeder einzelnen energetischen Dienstleistung als erstes auf die **technischen Substitutionsmöglichkeiten** an, wie leicht auf geänderte Energiepreise mit einer neuen Technik reagiert werden kann. Als zweites ist nach den **institutionellen Regelungen** zur Umsetzung der Minimalkostenkombination zu fragen: Der Heizenergieverbrauch einer Mietwohnung kann durch Nutzungsverhalten des Mieters (Raumtemperatur, Lüftungsgewohnheiten, usw.) und durch Investitionen des Hausbesitzers (Heizungstechnik, Wärmedämmung von Wänden und Fenstern, usw.) beeinflusst werden. Das daraus entstehende so genannte Mieter-Vermieter-Dilemma ist allerdings nur begrenzt auflösbar. Entscheidet der Haushalt etwa in einem selbstgenutzten Einfamilienhaus über die Technik und die Nutzung (Raumtemperatur) selbst, so ist die Lösung einfacher. Steht ein Haushalt beispielsweise beim Neubau eines Hauses (Anschaffung langlebiger Energie verbrauchender Geräte) vor der optimalen Festlegung der richtigen Technik, so muss er zur Bestimmung der (langfristigen) Minimalkostenkombination folgende Überlegungen anstellen:

– Welche Mehr- oder Minderkosten hat er bei der Neuinstallierung verschiedener technischer Lösungen jeweils ex ante und ex post: Brennwert- vs. Standardkessel, normale vs. extra dicke Wärmedämmung, Mehrfachverglasung mit Sonnenenergienutzung vs. normale Doppel-Isolierverglasung etc.?
– Erwartet er real konstante oder fallende Energiepreise, so wird eine Festlegung der optimalen Technik anders ausfallen, als wenn er von real steigenden Energiepreisen ausgeht. Geht er von einigermaßen konstanten Energiepreisen über die nächsten 10–15 Jahre aus, rechnet aber danach mit steigenden Preisen, so wird er bei denjenigen Komponenten sicherheitshalber hoch vorhalten, bei denen eine spätere Umrüstung sehr aufwändig ist: Die Wand mit der Dämmung soll über 80 Jahre halten, während der Heizungskessel vielleicht ohnehin in 20 Jahren zu erneuern sein wird.

Im Idealfall installiert er heute diejenige Technik, die bei der bestmöglichen Abschätzung zukünftiger Preisentwicklungen die Barwerte der Kosten aus verschiedenen

Komponenten (Kapitalgüter, die in einem bestimmten Rhythmus zu ersetzen sind, Wartungs- und Reparaturkosten, Brennstoffeinsatz) minimiert. Offensichtlich spielen dabei neben dem Zeithorizont des Investors auch Zinssätze und steuerliche Aspekte wie Abschreibungsmöglichkeiten u. ä. eine wichtige Rolle.

Ein weiteres Problem der Ermittlung der Minimalkostenkombination in den jeweiligen Anwendungsbereichen besteht für die vielen Energienutzer darin, dass sie nur sehr unvollkommen über die erforderlichen Informationen verfügen. Angesichts der vielen „kleinen" Anwendungsbereiche beispielsweise in einem Haushalt (Kraft für Küchenmaschinen, Kühlgeräte, Strom für Kochen, Beleuchtung, Umwälzpumpen für Heizung und Warmwasser, usw.) und geringem technischen Verständnis sind Haushalte oftmals überfordert, die Vielzahl der technischen Möglichkeiten zu optimieren. Wenn dieses **Informationsproblem** nicht vorläge, hätten beispielsweise Tiefkühlgeräte mit Stromkosten von 100 € jährlich keine Marktchancen gegen gleich gute Geräte mit nur 60 € Stromkosten p. a., selbst wenn letztere in der Anschaffung um 110 € teurer sind: Bereits nach drei Jahren Betriebszeit hat das etwas teurere Gerät durch den geringeren Stromverbrauch seine höheren Investitionskosten bei einem Zinssatz unter 9 % p. a. „eingespielt". Bei einer Lebensdauer derartiger Geräte von 10–15 Jahren ist offensichtlich das „energiefressende" Gerät klar unwirtschaftlich.

Wo die Energiekosten einen relativ hohen Anteil an den Gesamtproduktionskosten ausmachen, also etwa in der Grundstoff- und Produktionsgüterindustrie oder im Umwandlungsbereich (Raffinerien, Kraftwerke, usw.), lohnen sich Forschungs- und Entwicklungsanstrengungen in den jeweiligen Unternehmen oder bei den Anlagenherstellern besonders, um durch bessere Techniken die spezifischen Energieverbrauchswerte zu verringern.

Auch etliche empirische Analysen haben sich dem Energienachfrageverhalten von Haushalten und Industrie und deren Flexibilitäts- und Reduktionspotenzial gewidmet. Ein Überblick zeichnet allerdings ein eher uneinheitliches Bild. Die Vielfalt an Methoden und Politikinstrumenten spiegelt sich in der Bandbreite der geschätzten Nachfrageanpassungen gegeben verschiedener Politikinterventionen wider. Generell zeigt sich, dass die Wirkungsevaluationen in experimentellen Studien geringer ausfallen als die Abschätzungen aus Pilotstudien oder aus technischen Modellierungen. Darüber hinaus wird deutlich, dass die Stromnachfrage sowohl von Haushalten als auch von Unternehmen **unelastisch** ist und nur inflexibel auf Preisänderungen reagiert. So zeigen empirische Evaluationen zeitvariabler Stromtarife, bei denen der gezahlte Strompreis abhängig von dem Zeitpunkt der Nachfrage ist (beispielsweise nachts niedrigere Strompreise), nur dann Verhaltensänderungen, wenn die Preisspreizung groß genug ist. Der derzeitige regulatorische Rahmen in Deutschland erlaubt aber nur geringe Preisvariationen, da der Strompreis größtenteils von nicht marktlichen Entgelten bestimmt wird (Netzentgelte, Steuern, EEG-Umlage). Des Weiteren stellt sich die Frage der Akzeptanz von flexiblen Preisen, insbesondere bei privaten Haushalten. Die Energienachfrage von Haushalten wird auch von nicht preislichen Faktoren beeinflusst. So bewirken auch Informationen, soziale Normen oder Energiesparziele Verbrauchsreduktionen, deren Umfang jedoch begrenzt ist.

Der Gesamtenergieverbrauch einer Volkswirtschaft und seine Zusammensetzung nach Energieträgern ergeben sich somit aus einer Vielzahl von mikroökonomischen Einzelentscheidungen von Haushalten, Verkehrsteilnehmern, Unternehmen mit verschiedenen Produktionsprozessen etc. Dahinter sind wiederum Größen wie Energiepreise, (reale) Einkommensentwicklung, technischer Fortschritt, sektoraler Strukturwandel etc. maßgeblich für die Gesamtgrößen. Hinter den makroökonomischen Kennzahlen des Energiebedarfs wie Primärenergieverbrauch pro Einwohner oder Stromverbrauch pro Kopf stehen also eventuell relativ feine Einzelkomponenten, deren Struktur sich im Zeitablauf stark verschieben kann. So lag im Jahr 1990 der (Primär-)Energieverbrauch pro Kopf in Deutschland bei 187 GJ, nach einem Höchstwert von 229 GJ/Kopf im Jahr 1988 in der damaligen DDR. Im Jahr 2016 liegt dieser Wert bei 164 GJ/Kopf, d. h. um 4,9 % niedriger als 2010. Man kann aber kaum sagen, dass es deswegen dem einzelnen in Deutschland im Jahr 2016 hinsichtlich seiner Raumwärme, Mobilität o. ä. schlechter ging als 2010.

Im Folgenden sollen die jeweiligen Bestimmungsfaktoren der Energienachfrage sowie die entsprechenden makroökonomischen Kennzahlen und Prognosemethoden für die großen Sektoren genauer betrachtet werden. Als erste Daumenregel lassen sich die Anteile von Industrie, Verkehr und privaten Haushalten am Endenergieverbrauch mit rund 28 %, 30 % und 26 % leicht merken.

13.2 Industrie

In diesem Kapitel wird empirische Evidenz und Fallzahlen für die Energienachfrage im Sektor Industrie betrachtet. Abschnitt 13.2.1 betrachtet die mikroökonomische Evidenz zum Lastverschiebungs-Potenzial von Unternehmen, während Abschnitt 13.2.2 die makroökonomischen Statistiken des industriellen Energiebedarfs vorstellt und die sektoralen Wachstumsprognosen erläutert.

13.2.1 Mikroökonomische Evidenz

Empirisch ist das **Lastverschiebungs-Potenzial** von Unternehmen relevant: Wie viel ihrer Stromnachfrage können Unternehmen zeitlich verlagern, sodass das Netz weniger stark belastet wird? Schätzungen des Lastverschiebungs-Potenzials in Deutschland variieren von 1 GW bis zu 15 GW.[186] Bei diesen Schätzungen wird häufig das technisch mögliche Potenzial betrachtet, ohne das wirtschaftlich mögliche Poten-

---

186 Vgl. Holtrup (2016).

zial zu berücksichtigen, welches die Kosten und die Auslastung der Anlagen bei Lastverschiebung mitberücksichtigt. Darüber hinaus sind die Schätzungen zumeist auf modelltheoretischen Annahmen oder auf Fallbeispiele gestützt. Auch im unternehmerischen Bereich wird das Lastverschiebungs-Potenzial wissenschaftlich verlässlicher anhand von (Quasi-)Experimenten abgeschätzt. Ein häufig betrachtetes Instrument zur Lastverschiebung sind Time-Of-Use(TOU)-Tarife. Bei TOU-Tarifen zahlen Unternehmen zu Zeiten mit hoher Netzbelastung (Peak) einen höheren Strompreis als zu Zeiten niedriger Netzbelastung (Off-Peak). Dieser finanzielle Anreiz soll eine Lastverschiebung der Stromnachfrage von Peak- zu Off-Peak-Zeiten attraktiv machen.

So nutzen Jessoe und Rapson (2015) die Einführung verpflichtender **TOU-Tarife** in industriellen und gewerblichen Firmen mit einer maximalen Last über 100 kW für ihre Analysen. Unternehmen mit einer maximalen Last unter 100 kW blieben bei einer fixen kWh-Bepreisung. An der Grenze von 100 kW kann angenommen werden, dass diese Unternehmen bis auf den Tarif identisch sind und die Einteilung in zeitvariablen und in fixen Tarif somit „quasi zufällig" ist, da die Unternehmen ihre Spitzenlast kaum kontrollieren können. Ein Vergleich des Verbrauchs dieser Unternehmen um die Schwelle von 100 kW zeigt allerdings keine signifikanten Unterschiede im Peak- und Off-Peak-Verbrauch. Auch die monatlichen Elektrizitätskosten bleiben bei zeitvariablem Tarif unverändert, es findet keine Peak-Last-Reduktion statt.

Eine Studie von Aigner et al. (1994) führte für teilnehmende kleine und mittelständische Unternehmen im industriellen und gewerblichen Sektor randomisiert TOU-Tarife ein. Für einen Zeitraum von 15 Monaten erhielten zwei Interventionsgruppen diese gestaffelten Tarife mit drei bzw. zwei Zeitstufen. Eine Kontrollgruppe blieb bei einem fixen Preis pro kWh. Die Autoren beobachten durch die Einführung der zeitvariablen Tarife kleine, aber signifikante Lastverlagerungen der Unternehmen von Peak zu Off-Peak. Basierend auf diesen Lastverlagerungen bei variierenden Preisen schätzen die Autoren eine Preiselastizität zu Peak-Zeiten im Winter von −0,05 bis −0,08. In den anderen Jahreszeiten wird eine geringere Preiselastizität beobachtet, sodass im Sommer eine Preiselastizität von Null nicht ausgeschlossen werden kann. Während die Potenzialschätzungen für Deutschland also durchaus ein hohes Lastverschiebungs-Potenzial im unternehmerischen Bereich für möglich halten, scheinen die Ergebnisse aus experimentellen Studien außerhalb Deutschlands kritischer.

13.2.2 Makroökonomische Fallzahlen und Prognosen

Der Anteil der Industrie am gesamten Endenergieverbrauch ist in Deutschland in den letzten 40 Jahren deutlich zurückgegangen: Seit 1990 hat die Industrie ihren Endenergieverbrauch um etwa 100 TWh gesenkt. Im Durchschnitt der sechs Jahre 2011–2016 beträgt der Anteil der Industrie am Endenergieverbrauch nur noch 28,77 %. Der spezifische Energiebedarf der Industrie einer Volkswirtschaft unterscheidet sich sehr stark danach, welche Branchenmischung vorherrscht. Wenn man davon ausgeht, dass im verarbeitenden Gewerbe auch bezüglich Energie die Minimalkostenkombination angestrebt wird, so realisiert jede Industriegruppe den für sie spezifischen Energie- und Kapitaleinsatz jeweils getrennt für die industriellen Einsatzbereiche Prozesswärme, Niedertemperaturwärme, Antrieb und sonstige elektrische Anwendungen. Bei großen Unternehmen mit sehr verschiedenen Energieeinsatzbereichen, wie etwa in der chemischen Industrie, sind auch komplexere Lösungen mit integrierter Strom- und Wärmeerzeugung und Nutzung von Energie auf mehreren Stufen nacheinander sinnvoll. Ein erheblicher Teil der **Veränderungen des industriellen Energieverbrauchs** lässt sich dann aus drei Komponenten erklären:

- Veränderungen der **relativen Preise**, beispielsweise nach den beiden Ölpreiserhöhungen 1973/74 und 1979 und seit 2006, bewirken mittelfristig Substitutionen zwischen verschiedenen Energieträgern und zwischen Energie und Sachkapital. So wechselte beispielsweise die Zementindustrie nach 1979 relativ zügig von Heizöl auf Steinkohlefeuerung.
- Entwicklung **neuer Techniken**, die in den einzelnen Branchen unterschiedlich zum Zuge kommen können. Eine „Querschnittstechnik" wie Mikroelektronik mit besserer Steuerung und Regelung in zahlreichen Anwendungen kann in allen Branchen eingesetzt werden, während ein besseres Elektrolyseverfahren nur in wenigen Bereichen zum Einsatz kommt.
- Veränderung der **Beiträge der einzelnen Branchen zur Gesamtproduktion der Industrie**, d. h. innerindustrieller Strukturwandel führt zur Umgewichtung der unterschiedlich energieintensiven Bereiche. Auch wenn statistisch die Chlorchemie und die pharmazeutische Industrie in der Branche „Chemie" ausgewiesen werden, so unterscheidet sich der Stromverbrauch pro Einheit Wertschöpfung um ganze Größenordnungen. Die inländische energieintensive Grundstoff- und Produktionsgüterindustrie kann häufig auch durch Importe aus dem Ausland ersetzt werden. Volkswirtschaften mit dieser Lösung sehen dann in der Statistik als „sehr energieeffizient" im Vergleich zu anderen aus. Wenn man aber die Herstellung der letztlich doch benötigten Güter (Stahlbleche, Aluminiumpellets, Kupferkabel, Chemikalien, usw.) im Ausland und die benötigte Transportenergie einrechnet, was als „Rucksackansatz" bezeichnet wird, relativieren sich derartige Einschätzungen sehr schnell.

Wenn eine **sektoral differenzierte Wachstumsprognose** für den Industriebereich erstellt wird – beispielsweise im Rahmen eines dynamischen Input-Output-Modells – dann lässt sich alleine aus den resultierenden sektoralen Verschiebungen eine Energiebedarfsabschätzung für die Industrie erstellen. Wenn man derartige Analysen um Prognosen über mögliche relative Preisänderungen der Energieträger (wobei der Stromsektor als Umwandlungsbereich eigenständig zu modellieren ist) und die dadurch ausgelösten Technikwechsel bei heute bekannten Techniken ergänzt bzw. eine Abschätzung aus Brancheninformationen über absehbare technische Fortschrittsraten vorliegt, dann kann die Energiebedarfsprognose für den Industriebereich erstellt werden.

Alleine unter einer ceteris-paribus-Annahme würde beispielsweise eine Wachstumsprognose, die für Eisen und Stahl und NE-Metalle eine Stagnation oder nur schwache Zunahme, für Maschinen- und Fahrzeugbau hingegen ein kräftiges Wachstum vorhersagt, zu einer Senkung des spezifischen Energiebedarfs der gesamten Industrie kommen. Ebenso lassen sich dann aus den Umgewichtungen der jeweiligen Energieträger auch die geänderten Beiträge etwa von Steinkohle, Heizöl oder Strom prognostizieren.

Die **Reaktionsmöglichkeiten** auf geänderte relative Preise der Energieträger sind ebenfalls innerhalb der einzelnen Industriebranchen sehr unterschiedlich: Während manche Industriebetriebe Feuerungsanlagen für Kessel oder andere Prozesswärme von vornherein bivalent ausgelegt haben, d. h. mit mindestens zwei verschiedenen Brennstoffsorten betreiben können, sind zumindest kurz- bis mittelfristig in den weniger energieintensiven Bereichen nur geringe Substitutionsmöglichkeiten gegeben. In der Vergangenheit hat es derartige Brennstoffwechsel besonders nach starken Preisveränderungen etwa für Heizöl 1979 und 1986 und 2006–2008 gegeben.

13.3 Haushalte und Kleinverbraucher

Dieses Kapitel gibt zunächst in Abschnitt 13.3.1 einen Überblick über die mikroökonomische Evidenz zu den Einflussfaktoren der Haushaltnachfrage nach Strom. In Abschnitt 13.3.2 wird die zeitliche Entwicklung des Anteils der Haushalte am gesamten Endenergieverbrauch sowie die Prognose des zukünftigen Energiebedarfs von Haushalten und Kleinverbrauchern dargestellt.

13.3.1 Mikroökonomische Evidenz

Es existiert eine große Anzahl empirischer Studien, welche die Einflussfaktoren der Stromnachfrage von Haushalten analysieren. Neben einer Betrachtung finanzieller Anreize, wie auch bei der Industrie, sind bei der Nachfrage der privaten Haushalte auch „weichere" verhaltensökonomische Anreize, wie soziale Normen oder Echt-Zeit-Informationen relevant. Insbesondere Echt-Zeit-Informationen sind beim Konsum von Strom relevant, da, anders als bei anderen Gütern, Verbrauch und Kosten nicht unmittelbar zusammenhängen. Der Stromverbrauch wird nur aggregiert, mit zeitlicher Distanz zum Konsum, meist in einer Jahresrechnung, abgerechnet.

In einer Übersicht von Faruqui und Sergici (2010) werden 15 Studien zur Wirkung zeitvariabler Tarife vorgestellt. Unterschieden wird **ein Time-Of-Use(TOU)-Tarif**, der für zwei bis drei Preisperioden einen unterschiedlichen Betrag pro kWh berechnet, und ein **Critical-Peak-Pricing(CPP)-Tarif**, bei welchem zu Zeiten kritischer Netzbelastung ein besonders hoher Preis pro kWh gezahlt werden muss. Die Analyse zeigt, dass bei der Einführung eines TOU-Tarifs ein Rückgang des Peak-Verbrauchs von 3–6 % beobachtbar ist, bei einem CPP-Tarif ist eine Peak-Reduktion von 13–20 % möglich. Diese Reduktionen beschreiben den Durchschnittseffekt über alle 15 Studien, obwohl die Studien nur schwer vergleichbar sind. Diesen Effekten liegen teilweise extreme Spreizungen in den Tarifen zugrunde, die bei den Verbrauchern auf Widerstand stoßen dürften und politisch schwer durchsetzbar wären.

Wolak (2011) verwendet ein randomisiertes Feldexperiment, um die Wirkung der **verschiedenen dynamischen Preismodelle** auf den Elektrizitätsverbrauch zu testen. Neben einem CPP-Tarif werden ein Tarif mit stündlicher Bepreisung (Hourly Pricing HP) und ein Critical-Peak-Rebate(CPR)-Tarif mit einer festen ct/kWh-Bepreisung verglichen. Beim CPR werden Nachfragereduktionen in Peak-Zeiten mit Gutschriften pro eingesparter kWh belohnt. Ein Vergleich des Verbrauchs zwischen den Gruppen zeigt in den kritischen Stunden einen 9 % Nachfragerückgang bei CPP- und CPR-Tarif und einen 3 % Nachfragerückgang bei HP im Vergleich zu der fixen Bepreisung. Die Differenz in den Tarif-Effekten ist auf die Differenz in den marginalen Preisen zwischen den Tarifen in den kritischen Stunden rückführbar. Eine Studie von Allcott (2011a) vergleicht in einem randomisierten Felddesign einen HP-Tarif mit einer fixen ct/kWh-Bepreisung. Es wird eine Preiselastizität der Elektrizitätsnachfrage von −0,1 geschätzt, das heißt ein Anstieg des Strompreises um 1 % bewirkt einen Rückgang der Nachfrage um 0,1 %. Dabei ist zu beachten, dass der Verbrauch in Peak-Zeiten reduziert wurde, aber der Verbrauch in Off-Peak-Zeiten nicht angestiegen ist. Laut Faruqui und Sergici (2010) kann die Preiselastizität der Elektrizitätsnachfrage durch smarte Technologien, wie etwa smarte Thermostate oder smarte Gateways, elastischer werden. Peak-Reduktionen von bis zu 44 % sind bei dem CPP-Tarif in Kombination mit smarten Technologien beobachtbar. Jessoe und Rapson (2014) vergleichen die Verbrauchsrückgänge bei einem CPP-Tarif mit und ohne zusätzliche Echt-Zeit-Verbrauchsinformationen über ein In-Home-Display (IHD) in einem randomisierten Feldexperiment. Ohne die Echt-Zeit-Verbrauchsinformationen bewirkt der CPP-Tarif Peak-Reduktionen von 0–7 % im Vergleich zu einer Kontrollgruppe. Sobald die Teilnehmer zusätzlich ein IHD erhalten, steigen die Reduktionen auf 8–22 %.

Bei diesen Studien zur **Reaktionsfähigkeit** der Haushalte auf Strompreisänderungen bleibt die Akzeptanz der Haushalte für solche Tarife häufig unklar. Forsa (2015) hat Gruppendiskussionen und quantitative Befragungen zur Akzeptanz zeitvariabler Tarife durchgeführt. Die Gruppendiskussionen haben gezeigt, dass die Schwelle der Akzeptanz für zeitvariable Tarife bei einem Einsparpotenzial von mindestens 10 % liegt. Einsparungen von mindestens 10 % sind bei der derzeitigen Strompreisstruktur aber kaum umsetzbar. Allcott (2011a) schätzt für die USA Einsparungen von 1–2 % der Energiekosten durch stündliche Echt-Zeit-Preise. Höhere Effekte könnten durch zusätzliche zeitvariable Netzentgelte erzielt werden.[187] In jedem Fall erfordert Akzeptanz

---

187 Vgl. Löschel et al. (2016).

durch die Haushalte auch Regelungen hinsichtlich Datenschutz, Komplexität der Tarifgestaltung, Kostendeckelung und technische Innovationen, die eine leichtere Kontrolle des Verbrauchs ermöglichen.[188]

Schließlich sind die Verteilungswirkungen **zeitvariabler Tarife** sorgfältig zu untersuchen. Eine Analyse von Schulte und Heindl (2016) schätzt anhand der deutschen Einkommens- und Verbrauchsstichprobe Preiselastizitäten der Elektrizitätsnachfrage für verschiedene Haushaltstypen in Deutschland. Es zeigt sich, dass die Elastizität heterogen zwischen Haushalten mit verschiedenem Einkommen verteilt ist. So hat ein Haushalt, welcher zu den 25 % der höchsten Einkommen zählt, eine dreimal so hohe Anpassungsfähigkeit im Vergleich zu einem Haushalt, der zu den 25 % der niedrigsten Einkommen zählt. Dies impliziert regressive Effekte von Strompreissteigerungen und legt nahe, dass insbesondere einkommensschwache Haushalte negativ von zeitvariablen Tarifen betroffen sein könnten. Aus dieser Perspektive erscheinen „weichere", verhaltensökonomische Interventionen zur Anpassung des Verbrauchsverhaltens von Haushalten besonders attraktiv.

Als „weichere" verhaltensökonomische Interventionen werden unter anderem soziale Vergleiche verstanden. In einer Studie von Allcott (2011b) wurde in einem randomisierten Feldexperiment das Verbrauchsverhalten von 600.000 Haushalten im Hinblick auf die **Wirkungen solcher sozialen Vergleiche** untersucht. Die Interventionsgruppe erhielt „Home Energy Reports", welche Energiespartipps, einen deskriptiven Vergleich des Elektrizitätsverbrauchs mit dem Verbrauch der Nachbarn und eine Bewertung dieses Vergleichs mittels Smileys umfassen. Die Home Energy Reports bewirkten einen durchschnittlichen Verbrauchsrückgang um 2 % im Vergleich zu der Kontrollgruppe. Insbesondere Haushalte mit einem hohen Ausgangsverbrauch vor der Intervention reduzierten ihren Verbrauch. Diese zeigten Einsparungen von durchschnittlich 6,3 %. Allcott und Rogers (2014) beobachten in einer Langfristanalyse allerdings einen abnehmenden Effekt dieser Home Energy Reports.

Andor et al. (2017) betrachten die **Wirkung von Energiesparbriefen, Framing und sozialen Vergleichen** auf den Elektrizitätsverbrauch für Deutschland in einem Feldexperiment mit 140.000 Haushalten. Die Interventionsgruppe erhielt Energiesparbriefe, abhängig von dem Energieversorger enthielten die Briefe zusätzlich zu Energiespartipps auch ein ökonomisches, ein ökologisches, ein ökonomisch und ökologisches Framing oder einen sozialen Vergleich. Im ökonomischen Framing wurden die möglichen Einsparungen in € angegeben, im ökologischen Framing in CO_2. Die Einsparungen aufgrund der Framing-Energiesparbriefe liegen bei durchschnittlich etwa 1 %. Die Wirkungen der verschiedenen Framing-Varianten auf den Elektrizitätsverbrauch sind statistisch nicht voneinander signifikant. Auch die Energiesparbriefe mit sozialem Vergleich bewirken nur moderate Verbrauchsrückgänge, statistisch kann nicht ausgeschlossen werden, dass gar keine Einsparungen realisiert werden konn-

---

188 Vgl. Forsa (2015).

ten. Aufgrund der nur geringen Kosteneffektivität der Energiesparbriefe empfehlen die Autoren keine flächendeckende Einführung in Deutschland.

Als weitere verhaltensökonomische Intervention testen Harding und Hsiaw (2014) **jährliche Energiesparziele**, welche die Studienteilnehmer über ein Online-Portal selbst wählten. Bei dieser Studie handelt es sich nicht um ein randomisiertes Feldexperiment, die ökonometrische Analyse vergleicht Haushalte, die an dem Programm teilnehmen, mit Haushalten, die erst später teilnehmen werden. Die zugrundeliegende Annahme ist, dass der Zeitpunkt der Programmteilnahme zufällig ist. Die Ziele bewirkten einen Rückgang im Elektrizitätsverbrauch um durchschnittlich 4,4 %. Eine Vielzahl der Teilnehmer wählte Ziele, die ambitioniert, aber realisierbar waren. Diese Teilnehmer reduzierten ihren Verbrauch sogar um bis zu 11 %. Teilnehmer mit zu ambitionierten Zielen oder dem Minimalziel realisierten keine signifikanten Einsparungen.

Schließlich betrachten Feldexperimente auch **Fairnesspräferenzen von Haushalten**, so etwa Kesternich et al. (2016) im Kontext des freiwilligen Ausgleichs von konsumbedingten CO_2-Emissionen. Langfristig signifikante Effekte sind hier erzielbar, wenn Konsumenten und Produzenten gleichermaßen am CO_2-Ausgleich beteiligt sind. Im Gegensatz dazu zeigen Löschel et al. (2013) in einem Framed Field Experiment eine Zahlungsbereitschaft für die Minderung von CO_2 ohne Konsumbezug im Median von Null. Der Vergleich beider Studien zeigt, dass sowohl eine „faire" Aufteilung als auch der Bezug zum eigenen Konsum, der die CO_2-Emissionen bedingt, Auswirkungen auf die Zahlungsbereitschaft haben. Eine entsprechende „faire" Aufteilung von Belastungen zwischen Konsumenten und Produzenten könnte auch im Kontext der Energienachfrage eine Rolle spielen.

Im Rahmen der zunehmenden Digitalisierung des Stromsektors können solche **verhaltensökonomischen Interventionen** zukünftig auch über smarte Technologien, wie Apps oder IHDs, kommuniziert werden. Im Zusammenspiel mit der Echt-Zeit-Informationsbereitstellung durch digitale Technologien können weitere Einsparungen ermöglicht werden. Dadurch und durch andere Maßnahmen kann auch das Energiewissen der Haushalte (energy literacy) gesteigert werden. Das Wissen um Energiefragen spielt eine wichtige Rolle für den Energieverbrauch, wie Blasch et al. (2017) mittels eines Fragebogens unter 2000 Haushalten in der Schweiz zeigen. Etwa 27 % der befragten Haushalte wussten den durchschnittlichen Strompreis in der Schweiz, dies entspricht einer eher geringen Energy Literacy. Die Verbesserung der Energy Literacy könnte einen senkenden Effekt auf die Energienachfrage haben.

Haushalte schenken ihrem Stromverbrauch oft wenig Aufmerksamkeit. Gilbert und Zivin (2014) verwenden Smart Meter Daten und monatliche Abrechnungen, um den Effekt der Abrechnung auf den Elektrizitätsverbrauch zu schätzen. Eine Abrechnung wirkt für unaufmerksame Haushalte wie eine Erinnerung. Nach jeder Abrechnung beobachten die Autoren einen Rückgang des Verbrauches um 0,6–1 %. Sowohl Allcott und Taubinsky (2015) als auch Rodemeier et al. (2017) bestätigen diese Überlegungen in randomisierten Online-Experimenten: Eine Informationsbereitstellung zu den Lebenszeitkosten einer Energiesparbirne bzw. einer LED im Vergleich zu einer herkömmlichen Glühbirne erhöht die Zahlungsbereitschaft für die Energiesparbirne bzw. LED signifikant. Sowohl unvollkommene Informationen als auch Unaufmerksamkeit gegenüber diesen Kosten können den Effekt begründen. Smarte Technologien, die Feedback zum Verbrauch und zu den Kosten von Elektrizität geben, könnten an beiden Problemen ansetzen, denn sie wirken sowohl wie eine Informationskampagne als auch wie eine Erinnerung.

Eine Literaturübersicht mehrerer Pilotstudien von Faruqui et al. (2010) zeigt, dass über IHDs dargestellte Echtzeit-Informationen zu Elektrizitätsverbrauch und -kosten einen Rückgang des Stromkonsums von Haushalten um durchschnittlich 7 % bewirken. Houde et al. (2013) randomisieren in einer feldexperimentellen Studie die Informationsbereitstellung durch einen IHD. Alle Haushalte erhielten ein IHD, bei der Kontrollgruppe blieb der Bildschirm allerdings schwarz, bei der Interventionsgruppe wurden der historische und der aktuelle Energieverbrauch grafisch dargestellt. Durch diese Feedback-Technologie wurde ein durchschnittlicher Rückgang des Elektrizitätskonsums um 5,7 % ausgelöst. Insbesondere vormittags waren Reduktionen von durchschnittlich 12 % und abends von durchschnittlich 8 % beobachtbar. Im Zeitverlauf nehmen diese Verbrauchsreduktionen allerdings ab: Ein signifikanter Verbrauchsunterschied zwischen den Gruppen mit und ohne Echt-Zeit-Information zeigt sich nur für die ersten vier Wochen.

Lynham et al. (2016) versucht darzulegen, warum IHDs den Energieverbrauch von Haushalten beeinflussen. Unterschieden werden ein **Lerneffekt** und ein **Sichtbarkeitseffekt,** welcher die ständige Erinnerung an den Stromverbrauch meint. In einem Feldexperiment werden drei randomisierte Gruppen betrachtet: Die erste Gruppe erhielt Zugang zu einem IHD in den Monaten zwei und drei, die zweite Gruppe erhielt nur in dem zweiten Monat ein IHD. Eine dritte Kontrollgruppe erhielt kein IHD. Ein Vergleich aller Gruppen im Monat zwei zeigt einen signifikanten Verbrauchrückgang zu Peak-Zeiten durch die Echt-Zeit-Informationen. Der Vergleich zwischen den Gruppen im dritten Monat weist auf einen statistisch signifikanten (abnehmenden) Lern-Effekt hin. Ein Sichtbarkeits-Effekt kann statistisch nicht nachgewiesen werden. Diese Ergebnisse legen nahe, dass IHDs insbesondere einen Lerneffekt haben. Dieser kann aber auch anders erzeugt werden. Politikmaßnahmen zum Verständnis von Energieverbräuchen, wie etwa Informationen oder Fortbildungen, sind daher möglicherweise kosteneffizienter als IHDs. Allerdings wurde die Studie von Lynham et al. (2016) mit nur 58 Haushalten durchgeführt, sodass die Aussagekraft der Ergebnisse eingeschränkt ist.

13.3.2 Makroökonomische Fallzahlen und Prognosen

In früheren Energiestatistiken wurden die Bereiche Haushalte und Kleinverbraucher nicht getrennt ausgewiesen. Heute erfolgt eine getrennte Erhebung für „private Haushalte" und „Gewerbe, Handel, Dienstleistungen", die in den älteren Statistiken als „Kleinverbraucher" geführt wurden. Dennoch sind die Bedarfsstrukturen durchaus ähnlich: Eine Bank oder eine Tankstelle benötigen den größten Teil ihrer Energie für Heizungszwecke, Beleuchtung und für den Antrieb diverser elektrischer Geräte. Jedoch ist der Sektor Kleinverbrauch sehr heterogen, denn er umfasst energieintensive Produktionsstätten (z. B. Bäckereien) ebenso wie reine Dienstleistungen (z. B. Architekturbüros) mit geringerem Energieeinsatz.

In Deutschland liegt der **Anteil der Haushalte am gesamten Endenergieverbrauch** seit fast 30 Jahren bei rund 26 %. Hinter diesen scheinbar stabilen aggregierten Strukturparametern liegt aber ein erheblicher Wandel in den Beiträgen der einzelnen Anwendungsbereiche. Während der Heiz- und Warmwasserenergiebedarf durch Einsparmaßnahmen nach 1973/74 stark rückläufig war, stieg der Stromverbrauch der Haushalte in Deutschland durch die weiter wachsende Elektrifizierung bis zum Jahr 1990 stark an, flachte dann aber deutlich im Zuwachs ab, stagnierte in den frühen 2000ern auf einem konstanten Niveau von rund 140 TWh jährlich und nimmt in den letzten Jahren sogar wieder ab. Im Jahr 2016 wurden nun knapp über 128 TWh verbraucht.

Das Hinzukommen von 16 Mio. Deutschen nach der **Wiedervereinigung** am 3. Oktober 1990 gab eine statistische Verzerrung: Nach der schrittweisen energetischen Sanierung der Wohnungen in den neuen Bundesländern ging der anfangs noch überdurchschnittlich hohe Heizenergiebedarf pro qm Wohnfläche deutlich zurück; der Beitrag anderer Energieträger stieg dafür an.

Eine zweite statistische Verzerrung ist in den Jahren 2006–2008 zu beobachten. In diesem Zeitraum stiegen die Ölpreise und damit auch die Preise für leichtes Heizöl stark an. Der Rohölpreis erreichte im Sommer 2008 ein Maximum bei knapp unter 150 US-$/b. Da Haushalte mit Ölheizungen über die jeweilige Befüllung ihrer Heizöltanks eigene Optimierungen bezüglich ihrer Preiserwartungen anstellen können, weist die Statistik für das Jahr 2006 einen „Heizölverbrauch" von 727 PJ aus, während für das Jahr 2007 nur 439 PJ zu verzeichnen sind. Als die Tanks weitestgehend leer waren, normalisierte sich der „Verbrauch", der ja statistisch beim Tankvorgang registriert wird, auf 647 PJ im Jahr 2008. Auch wenn unterschiedlich kalte Winter eine Rolle spielen, so sind derartige Ausschläge auch durch geplantes Tankverhalten der Heizölkunden zu interpretieren.

Für die Zukunft sind in Deutschland zwei gegenläufige Trends zu erwarten: Steigende Wohnflächen pro Person wegen der demografischen Veränderungen lassen c. p. den Heizenergiebedarf steigen, die technische Effizienzsteigerung (bessere Wärmedämmstandards, bessere Heizungstechniken) ihn eher sinken.

Für die **Prognose des Energiebedarfs** für Heizung und Warmwasserbereitung der Haushalte differenziert man heute relativ fein nach Wohnungsgröße und -typ, d. h. Ein- bzw. Zweifamilienhaus oder Geschosswohnung und oft auch noch nach Altersklassen der Gebäude, da diese Merkmale erheblich den Heizenergiebedarf seitens der Technik festlegen. Aus Zu- und Abgangsmodellen für den Wohnungsbestand, der durchschnittlichen Wohnungsgröße für die verschiedenen Haushaltsgruppen, absehbaren technischen Veränderungen für Neubauten (z. B. schrittweise verschärfte Wärmeschutzverordnungen ab 1996) lässt sich der Heizenergiebedarf über 10–15 Jahre im Durchschnitt gut prognostizieren.

Natürlich muss dieser mittlere Bedarf in den einzelnen Jahren für mittelfristige Prognosezwecke um jahreszeitliche Temperaturschwankungen gegenüber dem langjährigen Mittel bereinigt werden. Dazu benutzt man die Jahresgradtagzahlen oder Monatsgradtagzahlen, mit denen der Energieverbrauch eines vergangenen Jahres aufgrund der tatsächlichen Temperatur – beispielsweise in einem extrem kalten oder milden Winter – auf eine durchschnittliche Trendgröße umgerechnet werden kann. Diese Gradtagzahlen (GTZ) stellen die Wetterämter zur Verfügung. Sie sind wie folgt definiert: Abweichung der Außentemperatur über 24 h von einer als normal angesetzten Innentemperatur (z. B. 20 °C), wobei nur Werte unterhalb der „Heizgrenze" (z. B. 15 °C) berücksichtigt werden. Eine Außentemperatur von durchschnittlich 8 °C ergibt also GTZ = 12, −6 °C führen auf GTZ = 26 und 16 °C ergeben GTZ = 0 wegen der Heizgrenze von 15 °C. In den Wintermonaten rechnet man bisher bei einer um 1 °C kälteren Außentemperatur als Faustregel mit einem höheren Heizenergieverbrauch von 5–6 %.

Der Haushalts-Stromverbrauch wird prognostiziert, indem die voraussichtliche Geräteausstattung für einzelne Klassen von Haushalten (berufstätige Singles, Familien mit Kindern, Rentner, usw.) in Abhängigkeit von der demografischen Entwicklung und der abgeschätzten Einkommensentwicklung betrachtet wird und die absehbare technische Effizienzsteigerung aus neueren Produktinformationen verwendet wird.

Da die Ausstattung mit jedem Gerät gemäß einer Sättigungskurve abgeschätzt werden kann, lässt sich aus den Vergangenheitsdaten des Stromverbrauchs eine Aufteilung auf die Bedarfsbeiträge der einzelnen Geräte abschätzen. Zusammen mit den veränderten spezifischen Stromverbrauchswerten neuer Geräte kann dann mit diesen Datengrundlagen wiederum eine relativ gute Prognose erstellt werden. Für manche Prognosen aus einer „Geräteüberlebensfunktion" zeigt sich ein Phänomen: Viele scheinbare Ersatzbeschaffungen führen lediglich dazu, dass das bisherige Altgerät an anderer Stelle weiter betrieben wird und damit länger als erwartet zum Stromverbrauch beiträgt (zweiter Kühlschrank für Getränke im Keller, Kühlschrank in der Studentenbude eines Kindes).

Der **Anteil der GHD am Endenergieverbrauch** liegt zwischen 2010 und 2016 bei etwa 15–16 %. Mit Prognosen über Arbeitsplätze, Geräteausstattung, zukünftige Produktion u. ä. wird versucht, den zukünftigen Bedarf an Heizenergie bzw. Strom abzuschätzen. Oft wird auch nach Einsatzbereichen für Prozesswärme (Handwerksbetriebe wie Bäckereien) und Niedertemperaturwärme (Heizung, Warmwasser) auf feiner sektoraler Ebene differenziert.

13.4 Verkehr

Der Verkehrssektor wies 1995 in Gesamtdeutschland einen Endenergieverbrauch von 2.608 PJ aus, von denen statistisch lediglich 58,6 PJ = 2,2 % mit Elektrizität erbracht wurde. Dieser Gesamtverbrauchswert sank nach einem Spitzenwert im Jahr 1999 von fast 2.784 PJ bis 2009 auf 2.535 PJ, die fast ausschließlich für den Antrieb mobiler Fahrzeuge eingesetzt wurden. Auch 2009 stammten rund 58,6 PJ = 2,5 % aus elektrischem Strom (Bundesbahn, Straßen- und U-Bahnen u. ä.). Im Jahr 2015 beruhten immer noch 98 % des Endenergieverbrauchs auf Kraftstoffen, die für Dieselmotoren in Lkw, Pkw, Schiffsmotoren u. ä., als Benzin in Pkw-Otto-Motoren oder Kerosin in Flugzeugturbinen eingesetzt wurden. Die meisten davon wurden praktisch ausschließlich aus Mineralöl hergestellt; der Biokraftstoffanteil liegt mit 5,2 % allerdings inzwischen in einer sichtbaren Größenordnung.

Innerhalb der verschiedenen großen Verbrauchssektoren der Energiebilanzen war der Verkehrssektor der wichtigste Bereich mit anhaltendem Verbrauchswachstum in den Jahren von 1973 bis 2000: Dementsprechend hat er seinen **Anteil am Endenergieverbrauch** von 18 % im Jahr 1973 auf heute knapp über 29,5 % gesteigert. Da in diesem Zeitraum zwei sehr starke Preissprünge nach oben (1973 und 1979) sowie ein heftiger Preisabsturz (Dezember 1985) zu verzeichnen waren, deutet dieser Befund darauf hin, dass Mobilität sowohl für das produzierende Gewerbe als auch für berufsbedingte Anforderungen sowie für Freizeitgestaltung von Haushalten (Ferienreisen, Wochenendausflüge, usw.) ein superiores Gut ist, das im Zuge des Wirtschaftswachstums überproportional nachgefragt wird. Nach dem Jahr 2000 ging erstmals der Energieverbrauch des Verkehrs zurück. Auch wenn der Rückgang mit nur 5 % in zehn Jahren schwach ausfiel, so zeigt sich hier eine wachsende Tendenz zu spritsparenden Autos, begleitet durch einen wachsenden Dieselanteil bei den Neuzulassungen der Pkws (von 14,5 % im Jahr 1995 auf 38,8 % im Jahr 2017[189]). Die Kombination von neuen Lösungen wie Turbodiesel oder Benzin sparende Techniken und Reaktionen auf gestiegene Kraftstoffpreise haben dieses Ergebnis herbeigeführt.

Eine **Prognose für die Energieverbrauchsentwicklung im Verkehr** muss somit zunächst die Mobilitäts- und Transportnachfrage und deren Aufteilung auf die einzelnen Transportsysteme (Modal Split) abschätzen. Die jeweils wirtschaftlich vorteilhafteste Lösung lässt sich nicht einfach nach dem Kalkül: „Minimiere die gesamtwirtschaftlichen Transportkosten" ermitteln. Transportvorgänge finden wechselnd über verschiedene Distanzen, für verschiedene Zwecke und häufig mit ein und demselben Fahrzeug, das nur unterschiedlich genutzt wird, statt. Ein Pkw kann in einem Monat 15-mal zur Fahrt zum Arbeitsplatz für eine Person dienen, mehrfach durch zwei Personen für Einkaufs- und Freizeitzwecke eingesetzt und schließlich für eine Familie mit zwei Kindern für die Urlaubsfahrt mit viel Gepäck beladen werden. Ob Substitu-

---

[189] Vgl. Kraftfahrtbundesamt (o. J.).

tionsmöglichkeiten zwischen Verkehrsträgern bestehen, ist jeweils örtlich höchst unterschiedlich. Die Entscheidung für die Anschaffung eines bestimmten Fahrzeugtyps wird neben den jeweils benötigten Spitzenlasten für das Fahrzeug (Urlaubsfahrt, Belieferung einer Baustelle, usw.) auch durch Merkmale wie Komfort, Sicherheit, Prestige u. ä. bestimmt. Eine Minimierung der Summe aus Treibstoff- und Kapitalkosten für eine gegebene Transportleistung (Personenkilometer, Tonnenkilometer) ist ohne die Berücksichtigung des Zusatznutzens oder persönlicher Mindeststandards für Komfort oder Sicherheit wenig aussagefähig.

Nicht nur der Modal Split, sondern auch die eventuell mögliche Wahl innerhalb eines Typs von Verkehrsträgern ist in einem zweiten Schritt von den Kostenparametern für die Nutzung der Transportsysteme abhängig. Dazu gehören nicht nur die Kapital- und spezifischen Treibstoffkosten, die sich auch im Preis einer produzierten Leistung wie eines Mallorca-Fluges niederschlagen, sondern auch die eventuell direkt oder indirekt zu entrichtenden Beiträge für die Nutzung einer Verkehrsinfrastruktur. Der Urlauber in südeuropäischen Ländern entrichtet diese direkt an den Maut-Stationen der Autobahnen, der Autofahrer in Deutschland bezahlt sie in Form der Mineralölsteuer an der Tankstelle. Derzeit wird noch keine Abgas-Abgabe erhoben, aber auch diese Nutzung von Umweltmedien kann eines Tages kostenrelevant für den einzelnen Entscheider sein. Mit der Differenzierung der Kraftfahrzeugsteuer nach Schadstofftypen ist bereits ein erster Schritt dazu getan.

Die Anforderungen an Komfort (individuelle Beweglichkeit, Schnelligkeit, Zuverlässigkeit, Flexibilität in der Nutzung) und Sicherheit können ein und dasselbe Verkehrsmittel zu verschiedenen Zeiten unterschiedlich vorteilhaft erscheinen lassen. Dies liegt daran, dass jedes Verkehrsmittel komplementär ein Netz für die Nutzung benötigt, und in Deutschland zeigen die meisten derartigen Netze derzeit immer wieder Anzeichen massiver Überlastung. Insbesondere, wenn das gleiche Netz parallel für verschiedene Transportanforderungen genutzt wird (Pkw auf Urlaubsfahrt konkurriert mit Lkw mit einem Gütertransport um Raum auf der Autobahn), können eventuell nur noch staatliche Eingriffe (Sonntagsfahrverbot für Lkw, Zuteilungsmechanismen für Start- und Landerechte auf Großflughäfen, usw.) ein Funktionieren der Verkehrsnetze gewährleisten. Liegt die Beanspruchung der Verkehrsnetze noch deutlich unterhalb ihrer Maximalkapazität, werden die Verkehrsnachfrage und die benutzten Verkehrsmittel relativ einfach durch Fortschreiben von Vergangenheitswerten zu prognostizieren sein. Treten allerdings wiederholt Überlastungen ("Staus", d. h. Start- oder Landeverzögerungen, Wartezeiten vor Engpässen, usw.) auf, so werden eventuell Umsteigereaktionen auf das nächstgünstige – jetzt aber die Komfort- oder Mobilitätsrestriktionen besser erfüllende – Verkehrsmittel ausgelöst. Wer dreimal einen Termin in Bonn kaum einhalten konnte, weil der Stau am Kölner Ring zu stark war, fährt irgendwann mit der Deutschen Bahn, auch wenn diese Variante am Abfahrtsort diverse Unbequemlichkeiten mit sich bringt: Die Kosten des Staus sind dann zu hoch.

Eine Verteuerung von **Energiepreisen** wirkt sehr unterschiedlich auf die Kosten der einzelnen Verkehrssysteme. Da auch hier die jeweils installierten Antriebssysteme nicht kurzfristig ausgetauscht werden können, sind die kurzfristigen Effekte deutlich gravierender als die längerfristigen. Die Entscheidung für oder gegen eine bestimmte Motortechnik fällt i. d. R. beim Neuwagenkauf, sodass die zu diesem Zeitpunkt herrschenden Treibstoffpreise [und eventuell die kurzfristigen Erwartungen] die Entscheidung bestimmen. Die Hersteller planen natürlich längerfristig, können aber auch nicht „gegen den Markt" agieren. Die jeweiligen spezifischen Verbrauchssenkungen bei den verschiedenen Motoren wurden dann auch zumindest nach 1986, als die Benzinpreise deutlich gefallen waren, durch höhere PS-Zahlen und etwas schwerere und größere Fahrzeuge sowie durch Umwelt- und Sicherheitsstandards wieder kompensiert. So ist beispielsweise der durchschnittliche Treibstoffverbrauch der gesamten Pkw-Flotte in Deutschland von rund 8,8 l/100 km Mitte der neunziger Jahre gesunken auf 7,2 l/100 km im Jahr 2016.[190] Die technischen Möglichkeiten zur Verbrauchsreduzierung sind auch heute noch nicht ausgeschöpft.

Im Straßenverkehr lastet heute eine erhebliche Steuer auf den Treibstoffen. Auf den eigentlichen Produzentenpreis und die Mineralölsteuer wird zusätzlich die 19 %-Mehrwertsteuer erhoben. Die Größenordnungen verdeutlicht die Abb. 13.3.

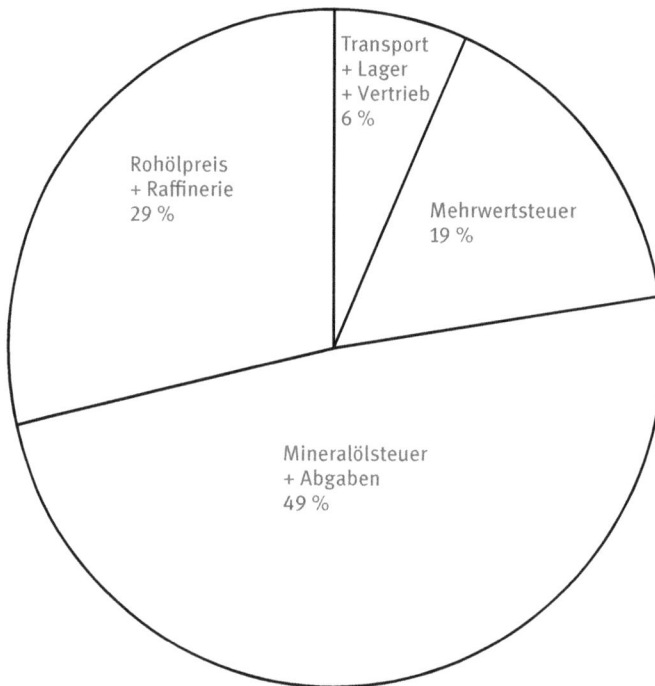

Abb. 13.3: Rohstoff-, Verarbeitungs- und Vertriebskosten in Relation zu staatlichen Abgaben für Benzin (Stand: März 2018)

---

190 Vgl. Umweltbundesamt (2018c).

Die Mineralölsteuer kann methodisch als eine Art „Straßenbenutzungsgebühr" betrachtet werden, deren Steuersatz einen Rabatt für Vielfahrer und schwere Fahrzeuge enthält: Lastkraftwagen und Pkws von Vielfahrern sind i. d. R. mit Dieselmotoren ausgerüstet. Diesel hat gegenüber anderen Kraftstoffen eine deutlich geringere Steuerbelastung. Dies führt zu einem hohen Sockeleffekt der Mengensteuer im Endverbraucherpreis, sodass eine angenommene prozentuale Verteuerung von Mineralöl um x % etwa zu x % höherem Heizölpreis führt, aber zu einer prozentual deutlich geringeren Benzinpreiserhöhung als x %. Deshalb wirkt eine Verteuerung der Mineralölpreise um beispielsweise 10 % deutlich unterproportional auf den Benzinpreis, der lediglich um ca. 2–2,5 % ansteigt. Berücksichtigt man noch die kurzfristig geringe Preiselastizität der Nachfrage, so wird die Problematik deutlich, wenn über preisliche Impulse eine Verringerung des Treibstoffeinsatzes angestrebt werden soll.

Nur für Lkw gibt es in Deutschland eine separate Autobahnmaut, die elektronisch erfasst wird. Da der größte Teil der Fahrbahnabnutzung und -beschädigung durch schwere Lastwagen hervorgerufen wird, werden damit die Kosten für die Autobahnen derzeit im Wesentlichen verursachungsgerecht den Lastwagen angelastet.

13.5 Nationale und weltweite Energiebedarfsprognosen

Sowohl auf nationaler Ebene als auch in weltweiter Betrachtung werden regelmäßig Energiebedarfsprognosen erstellt. Auch wenn die Erfahrungen mit der Treffsicherheit derartiger Rechnungen zumindest für die letzten 25 Jahre eher ernüchternd sind, so sind Szenarien-Rechnungen im Sinne von „Wenn-dann-Aussagen" nützlich, um bestimmte Bandbreiten zukünftiger Entwicklungen auf ihre Implikationen für Kraftwerkskapazitäten oder Verbrauchsmengen an Öl und Gas abzuschätzen.

Grundsätzlich gibt es zwei verschiedene Analyse-Techniken für Energiebedarfsschätzungen (siehe Abb. 13.4):

- Die so genannte **Bottom-up-Methode** analysiert auf mikroökonomischer Ebene die Technikwahlmöglichkeiten sehr fein. In Abhängigkeit unterstellter zukünftiger Energiepreise [seitens des Marktes oder über politische Interventionen, d. h. Steuern oder Subventionen, als Prognosewerte vorgegeben] wird dann die bestmögliche Technik in der Zukunft eingesetzt, woraus ein notwendiger Energieeinsatz zur Erzeugung bestimmter Energiedienstleistungen resultiert.
- Die so genannte **Top-down-Methode** geht von sektoral gegliederten, aber hoch aggregierten Wachstumsmodellen aus. Der jeweilige sektorale Energiebedarf ist aus Vergangenheitsdaten an ökonomische oder demografische Kennzahlen gekoppelt, woraus sich dann mithilfe makroökonomischer aggregierter Produktionsfunktionen der künftige [sektorale] Energiebedarf ergibt.

Offensichtlich haben die beiden Methoden einen **systematischen Verzerrungseffekt** der ermittelten Bedarfswerte: Bottom-up-Modelle unterstellen eine sofortige Technik-

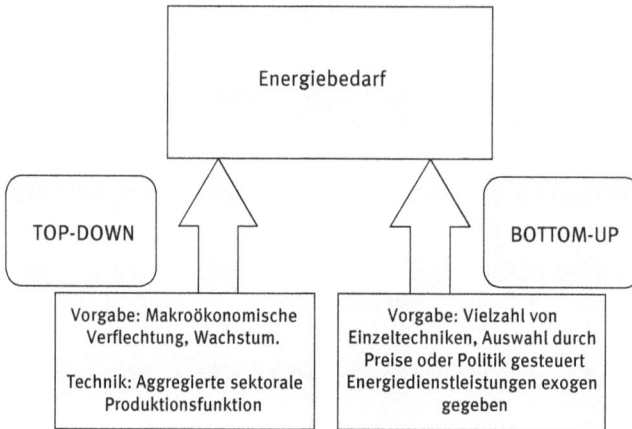

Abb. 13.4: Top-down und Bottom-up als Methoden der Energiebedarfsprognosen

anpassung an geänderte Faktorpreise und ignorieren Umstellungskosten, Trägheiten, unvollkommene Informationen und nicht gut abbildbare Einflussgrößen wie Bequemlichkeit oder Nebennutzen durch Image bei bestimmten Formen der Energienutzung: Im Ergebnis sind derartige Rechnungen tendenziell zu optimistisch bezüglich der erreichbaren Energieeinsparungen. Nach der Logik dieser Modellierung ist es „irrational", ein Mobilitätsbedürfnis anstelle mit einem Golf TDI mit einem BMW 7er zu befriedigen.

Die Top-down-Rechnungen schleppen bereits aus ihrer Kalibrierung mit Vergangenheitsdaten die unvollkommenen und bereits damals teilweise ineffizienten Strukturen der Vergangenheit mit sich und schreiben sie als verlängerten Fingerabdruck in die Zukunft weiter fort.

Da damit tendenziell die Energiebedarfswerte bisher systematisch zu hoch ausgewiesen werden und dann in die Zukunft verlängert werden, arbeitet dieser Ansatz heute mit einem durch den Modellierer exogen einzubringenden autonomen energiesparenden technischen Fortschritt, der absehbare Verbesserungen gegenüber den vergangenen Strukturen einfangen soll. Dieser Ansatz hat wiederum eigene Tücken, da bereits ein scheinbar bescheidener „technischer Fortschritt" in der Energieeffizienz von 2 % jährlich nach 35 Jahren den spezifischen Energiebedarf pro Produktionseinheit ohne jegliche zusätzliche Investition und damit Extrakosten im Ergebnis halbiert. Damit kann sich der Modellierer eine unterschiedlich schöne und leichte Zukunft auf dem Papier zurechtlegen, was die unaufgeklärte Öffentlichkeit kaum wahrnimmt.

Große Modellierungsarbeiten versuchen daher inzwischen eine Synthese beider Konzepte, was aber nicht einfach lösbar ist.

14 Energiehandel

In der Vergangenheit herrschten aufgrund der immensen Höhe der notwendigen Investitionen in die Energieinfrastruktur und des natürlichen Monopols in der Netzebene langfristige Lieferverträge vor. Der freie Handel mit Energieträgern führte ein Nischendasein. Erst durch die Liberalisierungsbemühungen der 1980er und 1990er Jahre entstanden Handelsmärkte für Energie.

Jeder Handelsmarkt ist ein komplexes, adaptives System. Dies bedeutet, dass seine Teilnehmer auf vielfältige Weise miteinander interagieren und sich an Veränderungen anpassen können. Aus der Wechselwirkung der verschiedenen Marktteilnehmer, Regulierungsbehörden und Politik ergeben sich die institutionellen Rahmenbedingungen eines Marktes. Dementsprechend existiert kein idealtypischer Energiehandelsmarkt.

Trotz der komplexen und adaptiven Natur von Handelsmärkten sind sie einer abstrahierten Analyse zugänglich, denn in allen Handelsmärkten existieren Gesetzmäßigkeiten, die im Hintergrund das Verhalten der Marktteilnehmer lenken. Die Gesetzmäßigkeiten von Handelsmärkten besitzen zwar nicht den strengen Charakter von physikalischen Gesetzen, aber sie erlauben eine sinnvolle Analyse. Sie sind der Untersuchungsgegenstand der volkswirtschaftlichen Theorie.

Die Analyse der Energiehandelsmärkte kann sich auf die theoretischen Erkenntnisse stützen, muss aber die spezifischen institutionellen Rahmenbedingungen berücksichtigen. Dieses Kapitel folgt dieser Einsicht, indem es zunächst die gemeinsamen Aspekte des Energiehandels behandelt und darauf aufbauend die Strom-, Gas- und Kohlemärkte mit ihren Besonderheiten detaillierter beschreibt. Die Märkte werden dabei so genau wie möglich beschrieben.

Der allgemeine Teil dieses Kapitels behandelt drei Fragenkomplexe:

1. Wo wird gehandelt? Welche institutionellen Rahmenbedingungen existieren? Wie ist ein Handelsplatz organisiert? Was zeichnet einen attraktiven Handelsplatz aus?
2. Was wird gehandelt? Wie sind die gehandelten Produkte beschaffen?
3. Was ist eine Handelsposition wert? Wie können Handelsprodukte bewertet werden?

Anschließend wird diese allgemeine Struktur anhand verschiedener Warenmärkte konkretisiert und detailliert. Im Sinne einer praktischen Einführung werden die theoretischen Gesichtspunkte in den Hintergrund gestellt, um den Blick für die realen Marktgegebenheiten zu schärfen.

https://doi.org/10.1515/9783110556339-014

14.1 Handelsplätze

Keine Transaktion zwischen zwei Marktteilnehmern erfolgt im luftleeren Raum. Für den Abschluss eines Geschäfts müssen konkrete institutionelle Rahmenbedingungen vorliegen. Der Begriff des Handelsplatzes umfasst diese spezifischen institutionellen Rahmenbedingungen.

Die wichtigste Eigenschaft eines Handelsplatzes ist das Vertrauen der Marktteilnehmer. Aus diesem Grund gelten auf Handelsplätzen im Idealfall vollkommen transparente Regeln. Die Regeln können sowohl formaler als auch informeller Natur sein. Solange ein Marktteilnehmer davon ausgehen kann, dass sich alle anderen Marktteilnehmer ebenfalls an die Regeln halten, führt dies zu einer positiven Feedback-Schleife. Das Vertrauen in einen Handelsplatz steigt im Zeitablauf. In einem adaptiven System lernen die Teilnehmer die akzeptierten Regeln und passen ihr Verhalten entsprechend an. Im Umkehrschluss bedeutet dies, dass bereits die Erwartung eines Regelbruchs einen Handelsplatz beschädigen oder sogar vollständig zerstören kann.

14.1.1 Börse vs. OTC-Handel

Ein Handelsplatz kann zentral oder dezentral organisiert sein. Während bei einem zentral organisierten Handelsplatz wie einer Börse sämtliche Transaktionen über eine zentrale Stelle laufen, erfolgen bei einem dezentral organisierten Handelsplatz die Transaktionen direkt zwischen den Teilnehmern. Dezentral organisierte Handelsplätze werden als **Over-the-Counter**-Handel bzw. OTC-Handel bezeichnet.

Der **Börsenhandel** für Energieprodukte erfolgt ausschließlich auf einer digitalen Plattform, die Angebot und Nachfrage zusammenführt (siehe Abb. 14.1). Die Börse ist nur Vermittler zwischen den Marktteilnehmern. Die zentrale Stelle des Börsenhandels ist die Clearingstelle, mit der sämtliche Handelsbeziehungen abgeschlossen werden. Die Clearingstelle handelt nicht auf eigene Rechnung, sodass sich bei ihr zu jedem Zeitpunkt die Käufe und Verkäufe ausgleichen.

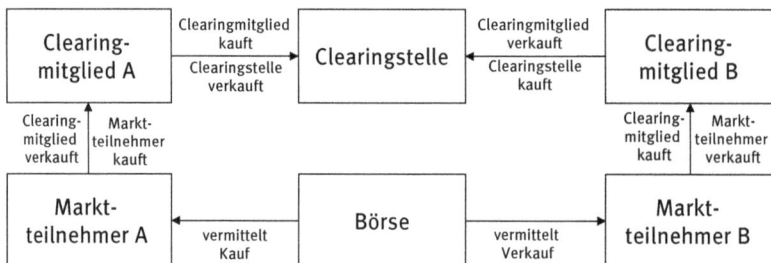

Abb. 14.1: Aufbau des Börsenhandels

Nicht jeder Marktteilnehmer kann mit der Clearingstelle handeln. Nur den Clearingmitgliedern ist es erlaubt, direkt mit der Clearingstelle ein Geschäft abzuschließen. Clearingmitglieder sind in der Regel große Banken. Die meisten Marktteilnehmer haben daher eine indirekte Beziehung zur Clearingstelle. Das über die Börse vermittelte Geschäft des Teilnehmers wird mit dem Clearingmitglied abgeschlossen. Das Clearingmitglied schließt im selben Moment das gleiche Geschäft mit der Clearingstelle ab.

Die Clearingstelle trägt das gesamte Kontrahenten- bzw. Ausfallrisiko aller abgeschlossenen Verträge. Unter Kontrahentenrisiko wird die Gefahr verstanden, dass eine Partei ihre Verpflichtungen aus dem Vertrag nicht erfüllen kann, weil sie zwischen Vertragsabschluss und Vertragserfüllung insolvent geworden ist.

Um sich gegen einen Ausfall eines Vertragspartners abzusichern, verlangt die Clearingstelle vom Clearingmitglied eine Barsicherheit, die **Initial Margin**. Das Clearingmitglied verlangt ihrerseits die Barsicherheit vom Handelspartner. Die Initial Margin ist vergleichbar mit einer Versicherungsprämie, die ein Marktteilnehmer an die zentrale Clearingstelle entrichten muss, damit diese das Ausfallrisiko übernimmt. Im Gegenzug kann der Marktteilnehmer sicher sein, dass der Vertrag erfüllt wird.

Im Börsenhandel werden durchgängig Handelsgewinne und -verluste zwischen den Marktteilnehmern über die **Variation Margin** ausgewechselt. Die **Variation Margin** gleicht bei jedem Handelsteilnehmer täglich die Veränderung des Marktwerts der offenen Position gegenüber dem Einstandspreis (*Mark-to-Market*) aus. Wenn sich der Marktwert positiv für einen Handelsteilnehmer entwickelt, erhält er die Differenz bar auf seinem Clearingkonto; denselben Betrag muss der Handelsteilnehmer mit der entsprechenden Gegenposition auf dessen Clearingkonto hinterlegen. Während für die Clearingstelle die Variation Margin ein Nullsummenspiel ist, müssen die Handelsteilnehmer ggf. hohe Barmittel bei ihrem Clearingmitglied hinterlegen.

Die Variation Margin schließt aus, dass ein Marktteilnehmer unentdeckt über einen langen Zeitraum hohe Handelsverluste anhäuft. Im Extremfall könnten die Handelsverluste so hoch sein, dass die Clearingstelle nicht mehr in der Lage ist, sie mit eigenen Mitteln auszugleichen und damit selbst insolvent wäre. Der tägliche Ausgleich der Handelsverluste durch Barsicherheiten beschränkt das Ausfallrisiko auf die Höhe der täglichen Marktschwankungen.

Der **OTC-Handel** basiert auf bilateral abgeschlossenen Verträgen zwischen Handelspartnern (siehe Abb. 14.2). Der Handel erfolgt zumeist unter einem Rahmenvertrag, der die jeweiligen Vertragspflichten und -rechte sowie Sanktionen bei Vertragsverletzungen festlegt. Die unter dem Rahmenvertrag abgeschlossenen Einzelverträge spezifizieren nur noch Preis, Lieferzeitraum, Menge und Lieferort. Im europäischen Energiehandel hat sich bei Strom- und Gasgeschäften der Rahmenvertrag der EFET (*European Federation of Energy Traders*) als Standard durchgesetzt.

Der Großteil des OTC-Handels erfolgt über **Brokerplattformen**. Die zumeist in London ansässigen Broker bringen Angebot und Nachfrage zusammen. Der Broker ist niemals Vertragspartner, sondern erhält für die Vermittlung des Vertrags eine festge-

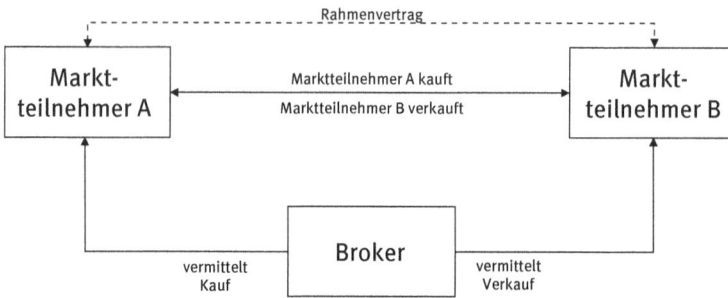

Abb. 14.2: Aufbau des OTC-Handels

legte Provision. Für viele Handelsprodukte sind die OTC-Brokerplattformen liquider als die entsprechenden Börsenprodukte. Der Vorteil des OTC-Handels ist, dass vielfach keine Barsicherheiten hinterlegt werden müssen. Unternehmen mit einer guten Bonität können untereinander vereinbaren, dass sie bis zu einem bestimmten Umfang ohne Einschränkungen miteinander handeln. Bei einer Überschreitung des vereinbarten Handelsumfangs müssen Sicherheiten wie Bürgschaften hinterlegt werden, die in der Beschaffung preiswerter als Barmittel sind.

Große Handelspartner können durch Abschluss eines **Credit Support Annex** (CSA) im OTC-Handel auf einen ähnlichen Mechanismus wie die Variation Margin zurückgreifen. Im CSA tauschen die Handelspartner Zahlungen aus, je nachdem wie sich der Marktwert der offenen Positionen gegenüber den Einstandspreisen verändert hat. Anders als bei der Variation Margin an der Börse existieren unter dem CSA in der Regel Wertgrenzen, sodass nicht jede Wertveränderung zu einer Zahlung führt.

14.1.2 Liquidität eines Handelsplatzes

Die Attraktivität eines Handelsplatzes drückt sich in seiner Liquidität aus. Allgemein gesprochen ist die Liquidität gleichbedeutend mit Angebot und Nachfrage auf einem Handelsplatz. Händler präferieren tendenziell Handelsplätze mit hoher Liquidität, da sie dort schnell die von ihnen gewünschten Mengen handeln können.

In einem liquiden Markt können viele verschiedene Produkte und Fälligkeiten jederzeit und zu geringen Kosten gehandelt werden. Die Messung der Liquidität erfolgt anhand der Breite, der Tiefe, der Dichte und der Resilienz eines Marktes. Die Breite eines Marktes beschreibt dabei die Anzahl der Produkte und die verfügbaren Lieferzeiträume. Die Markttiefe misst, wie viele Gebote auf der Angebots- und Nachfrageseite eingestellt sind. Ein flacher Markt weist nur wenige Gebote mit geringem Volumen auf, während ein tiefer Markt zu jedem Preisinkrement Gebote zeigt.

Die Dichte eines Marktes zeigt an, wie weit Angebot und Nachfrage auseinanderliegen. Auf einem Handelsschirm sind zwei Angebotspreise für einen Kontrakt sichtbar: Der Bid-Preis ist ein Angebot den Kontrakt zu verkaufen, während zu dem Ask-Preis gekauft werden kann. Der Bid-Preis liegt immer unter dem Ask-Preis. Die Differenz zwischen diesen Preisen ist der **Bid-Ask-Spread**. Der Bid-Ask-Spread ist in illiquiden Märkten höher als in liquiden Märkten.

Die Resilienz eines Marktes zeigt sich, wenn ein Marktteilnehmer in kurzer Zeit große Mengen kauft bzw. verkauft. In einem liquiden Markt mit hoher Tiefe, führt dies zu einer relativ geringen Preisschwankung; in einem illiquiden Markt reagiert der Preis hingegen außerordentlich stark. In einem liquiden Markt sollten kleinere Käufe und Verkäufe den Preis kaum wahrnehmbar beeinflussen.

Verglichen mit Aktienmärkten sind die meisten Energiehandelsmärkte nicht liquide. Eine Ausnahme bilden die Börsenplätze für Erdöl, die mit Abstand die liquidesten Handelsmärkte darstellen. Die deutschen und englischen Strommärkte sind in Europa vergleichsweise liquide, ebenso der niederländische und englische Gasmarkt. Der liquideste europäische Kohlemarkt ist der Börsenhandel auf den API 2-Index.

14.2 Handelsprodukte

Der direkte Austausch von Gütern mit Geld ist im Energiehandel selten. Stattdessen erfolgt der Handel über Vertragsbeziehungen. Was auf einem Handelsplatz genau gehandelt wird, ist somit nicht einfach zu beantworten. Grundsätzlich können zwei Handelspartner beliebige Absprachen hinsichtlich Lieferzeitraum, Lieferstruktur, Erfüllung, Zahlungsmodalitäten, Flexibilität und Zahlungsstruktur treffen. Eine große Vertragsvielfalt führt jedoch zu einem hohen Aufwand in der Vertragsabwicklung.

Aus diesem Grund bildeten sich standardisierte Vertragsarten heraus, die Handelsprodukte. Je mehr unterschiedliche Handelsprodukte an einem Handelsplatz angeboten werden, desto höher ist die Flexibilität und desto besser werden die verschiedenen Bedürfnisse der Marktteilnehmer abgedeckt. Im gleichen Zug teilt sich die Liquidität des Handelsplatzes auf eine höhere Anzahl von Handelsprodukten auf und die Kosten in der Vertragsabwicklung steigen.

Standardisierte Handelsprodukte definieren die Art der Lieferung, den Lieferzeitraum, den Lieferort und -zeitpunkt sowie bei netzgebundenen Energieprodukten die Lieferstruktur. Bei einem hinreichend definierten Handelsprodukt sind ausschließlich der Preis, die Menge und die Vertragspartner frei (siehe Abb. 14.3).

14.2.1 Standardprodukte, Near-Standards, Off-Standards

Handelsprodukte unterteilen sich in Standard, Near-Standard und Off-Standard. Die Vertragsausgestaltung von **Standardprodukten** ist möglichst einfach, um den Abwicklungsaufwand zu minimieren. Der Handel mit Standardprodukten ist in der Regel liquider als Near-Standards oder Off-Standards. Standardprodukte sind einfach struk-

Abb. 14.3: Dimensionen von Handelsprodukten

turiert. Trotzdem ist durch die Kombination der Standardblöcke der Aufbau komplexer Handelspositionen möglich. Der Handel an Börsenplätzen erfolgt ausschließlich mit Standardprodukten.

Near-Standards orientieren sich an der Struktur eines Standardkontrakts, aber weichen in einem oder mehreren Merkmalen ab. Dies kann beispielsweise eine unübliche Losgröße bei der Menge, ein abweichender Lieferort oder eine ungewöhnliche Lieferstruktur sein. Near-Standards werden nicht an Börsen gehandelt. Auf dem OTC-Markt ist es hingegen vergleichsweise einfach, einen Handelspartner für Near-Standards zu finden. Da der Abwicklungsaufwand höher ist, handeln sie ggf. mit einer kleinen Prämie gegenüber vergleichbaren Standardprodukten.

Off-Standards weichen in ihren Vertragsausprägungen so stark von Standardprodukten ab, dass sie ausschließlich bilateral abgeschlossen werden. Zumeist gehen umfangreichen Verhandlungen über die genaue Ausprägung dem Abschluss voraus. Auch Ausschreibungen, Bieterrunden und Auktionen fallen in der Regel unter die Off-Standards. Beispiele für Off-Standards sind virtuelle Kraftwerksverträge oder Gasspeicherverträge.

14.2.2 Physische vs. Finanzielle Geschäfte

Physische und finanzielle Geschäfte unterscheiden sich nach der Art ihrer Erfüllung. Bei physischen Geschäften erfolgt der Austausch der Ware an einem definierten

Lieferort. Eine physische Erfüllung kann zu einem erheblichen logistischen Abwicklungsaufwand führen.

Bei einer finanziellen Erfüllung schließen die Marktteilnehmer die Positionen durch die Zahlung von Geldbeträgen. Bei der Börse geschieht dies durch das Margining auf einer täglichen Basis. Bei einem OTC-Geschäft überweist ein Marktteilnehmer zu einem vereinbarten Zeitpunkt den fälligen Nettobetrag an seinen Vertragspartner. Ein finanzielles Geschäft kann beispielsweise dann sinnvoll sein, wenn eine vorhandene physische Position mit einem für Standardprodukte unüblichen Lieferort preislich abgesichert werden soll. Im Erdölhandel ist dies der Regelfall.

Einige Börsenkontrakte bieten die Möglichkeit, die finanzielle Position auf Wunsch in eine physische Lieferung umzuwandeln. Beide Marktteilnehmer müssen diese EFP Futures (Exchange for Physical) bei der Börse anmelden. Ein EFP verbindet die Vorteile des Clearings mit einer physischen Lieferung. Da die beiden Marktteilnehmer die physische Lieferung bei der Börse anmelden müssen, könnten sie auch direkt bilateral handeln.

14.2.3 Lieferzeitraum und Lieferort

Jedes Handelsprodukt benötigt für die Preisfindung einen klar definierten Lieferzeitraum und Lieferort. Wenn die Vertragspartner Wahlmöglichkeiten hinsichtlich Lieferzeitraum und Lieferort vereinbaren, müssten sie diese bei der Bepreisung berücksichtigen, denn jede Wahlmöglichkeit hat einen Wert bzw. verursacht Kosten. Standardprodukte und Near-Standards gewähren in der Regel keine Wahlmöglichkeiten.

Im Handel wird der **Lieferzeitraum** häufig relativ zum aktuellen Datum ausgedrückt. Der nächste handelbare Lieferzeitraum wird als Frontkontrakt bezeichnet. Beispielsweise ist ausgehend vom 5. Juni 2019 der Juli der „Frontmonat" und das nächste Kalenderjahr das „Frontjahr". Weiter in der Zukunft liegende Lieferzeiträume werden hochgezählt. So ist der August der „Frontmonat + 1" und das Jahr 2022 das „Frontjahr + 2". In den Strom- und Gasmärkten sind jeweils die ersten drei Frontwochen, Frontmonate, Frontquartale und Frontjahre vergleichsweise liquide. Weiter hinten liegende Kontrakte wie beispielsweise „Frontmonat + 8" sind nicht liquide. Eine solche Position müsste bei einem Broker oder einer großen Handelspartei explizit angefragt werden.

Kontrakte mit Lieferzeiträumen, die sich derzeit in der Erfüllung befinden, heißen „Balance-of"-Produkte. Beispielsweise umfasst das Balance-of-Week-Produkt (BoW) am Mittwoch die Tage Donnerstag bis Sonntag. Entsprechend beinhaltet das „Balance-of-Month"-Produkt (BoM) alle verbleibenden Tage des aktuellen Monats.

Börsenkontrakte besitzen hinsichtlich des Lieferzeitraums eine Besonderheit, denn sie kaskadieren, sobald ihr Lieferzeitraum begonnen hat. In der **Kaskadierung** wird der ursprüngliche Kontrakt in mehrere neue Kontrakte mit kürzerer Laufzeit aufgebrochen. Beispielsweise wird ein Jahreskontrakt am ersten Tag seines Lieferzeitraums in drei Quartalskontrakte, drei Monatskontrakte, drei Wochenkontrakte und einen BoW-Kontrakt umgewandelt. Auf diese Weise besteht eine Börsenposition zu jedem Zeitpunkt aus handelbaren, veröffentlichten Kontrakten.

14.2.4 Fristigkeit und Zahlungsstruktur

Handelsprodukte unterscheiden sich nach der **Fristigkeit** in Intraday-, Spot- und Termingeschäfte. Im **Intraday** bzw. Within-Day beträgt der Lieferzeitraum nur Stunden oder sogar Viertelstunden und die Lieferung erfolgt noch am gleichen Tag. Bei **Spotmärkten** liegen zwischen Vertragsabschluss und Lieferung wenige Tage. Für Intraday- und Spotgeschäfte existieren häufig besondere Anforderungen, die durch spezifisch hierauf ausgerichtete Abwicklungsprozesse unterstützt werden müssen.

Alle Verträge mit weiter in der Zukunft liegenden Lieferzeitpunkten heißen **Termingeschäfte**. Die Termingeschäfte unterteilen sich weiter hinsichtlich der Zahlungsstruktur in unbedingte Termingeschäfte wie Forward und Futures und bedingte Termingeschäfte wie Optionen. Jedes Termingeschäft muss sich auf einen Basiswert (*Underlying*) beziehen, der in Energiemärkten in der Regel ein Spotmarktpreis ist.

14.2.5 Termingeschäfte

Bei Forward- und Futurekontrakten verpflichtet sich eine Partei, zu einem in der Zukunft liegenden Termin eine bestimmte Menge eines Gutes zu einem bei Vertragsabschluss festgelegten Preis zu liefern, während sich die andere Partei verpflichtet, diese Menge zu diesem Zeitpunkt zum vereinbarten Preis abzunehmen. **Forwards** handeln ausschließlich OTC, wodurch sie mehr Ausgestaltungsmöglichkeiten zwischen den Vertragspartnern zulassen. Demgegenüber handeln **Futures** nur an Börsen und sind hinsichtlich Qualität, Menge, Notation, Lieferzeitpunkt und -ort vollständig standardisiert.

Optionen sind bedingte Termingeschäfte, da der Halter einer Option das Recht besitzt, eine bestimmte Menge zu einem festgelegten Preis zu kaufen bzw. zu verkaufen. Er ist also nicht verpflichtet, die Option auszuüben. Das Recht zu kaufen ist eine Call-Option, das Recht zu verkaufen ist eine Put-Option. Jede Option hat einen definierten Ausübungszeitpunkt bzw. -zeitraum. Der Verkäufer einer Option erhält vom Käufer eine Prämie für die Übernahme des Preisrisikos.

In Strom- und Gasmärkten handeln europäische Optionen am häufigsten. Sie können nur an einem definierten Tag zu dem dann gültigen Basiswert ausgeübt werden. Andere in der Energiewirtschaft gebräuchliche Optionsarten sind amerikanische und asiatische Optionen. Eine amerikanische Option kann zu einem beliebigen Zeitpunkt innerhalb der Laufzeit zu dem jeweils gültigen Marktpreis ausgeübt werden. Bei asiatischen Optionen berechnet sich der Ausübungspreis als der über einen Zeitraum definierte Mittelwert des Basiswerts. Asiatische Optionen sichern beispielsweise das Preisrisiko für den Zeitraum, den der Transport des Rohöls zu den Raffinerien benötigt.

Bei **Swaps**, die auch als Contract for Differences (CfD) bezeichnet werden, tauschen die Vertragspartner zwei Zahlungsreihen gegeneinander. Der Austausch erfolgt zu mehreren bei Vertragsabschluss festgelegten Zeitpunkten. Der häufigste Swap in der Energiewirtschaft ist der Fix-for-Floating Swap, bei dem der eine Handelspartner einen Festpreis bezahlt und dafür den aktuellen Marktwert vom anderen Handelspartner erhält. Beispielsweise kann ein Rohölproduzent mit einem Swap den schwankenden Spotpreis gegen einen Fixpreis tauschen. Unternehmen können mit Swaps beliebige Zahlungsreihen miteinander tauschen, beispielsweise mit Fix-for-Fix oder Floating-for-Floating Swaps. Die Erfüllung der Swaps ist fast immer finanziell und die tatsächliche Zahlung zwischen den Vertragspartnern beschränkt sich auf die Differenz der beiden Zahlungsreihen.

14.3 Bewertung von Energiehandelspositionen

Bisher wurde der Aufbau eines Handelsmarktes und die Handelsprodukte allgemein vorgestellt. Damit sind die in der Einleitung beschriebenen ersten beiden Fragenkomplexe behandelt. Es bleibt die Frage, was der Wert einer Handelsposition ist.

Händler können Standard-Handelsprodukte mit einem Klick auf ihrem Händlerbildschirm kaufen oder verkaufen. Ein Handelshaus schließt je nach Größe täglich hunderte oder tausende Geschäfte über Millionenbeträge ab. Eine kontinuierliche Bewertung der Handelspositionen ist notwendig, um die Handelspositionen zu steuern und zu kontrollieren.

Relevant für die Bewertung ist einzig die **offene Position**, die durch die Saldierung aller Handelsgeschäfte pro Handelsprodukt entsteht. Der Kauf eines Handelsprodukts führt zu einer **Longposition**, der Verkauf zu einer **Shortposition**.

Wenn beispielsweise ein Händler für den gleichen Lieferzeitpunkt 5.000 Tonnen Kohle kauft und am nächsten Tag 10.000 Tonnen verkauft, besitzt er eine offene Shortposition von 5.000 Tonnen. Durch den Kauf von 5.000 Tonnen kann der Händler die offene Position auf null ausgleichen; die Position ist damit geschlossen.

Eine offene Position bezieht sich immer auf die Zukunft. Sämtliche Positionen in der Vergangenheit wurden zwingend entweder physisch oder finanziell realisiert. Die Realisierung einer Position ergibt sich direkt aus den jeweiligen vertraglichen Bestimmungen. Bei einer physischen Realisierung erfolgt der Austausch der Ware an dem vereinbarten Lieferpunkt. Finanzielle Geschäfte werden nach vorher vereinbarten Regeln mit der Zahlung von Geldbeträgen glattgestellt.

14.3.1 Mark-to-Market

Die Bewertung von zukünftigen Positionen erfolgt **Mark-to-Market** (MtM). Bei der MtM-Bewertung wird für jedes Geschäft die Differenz zwischen aktuellem Marktpreis und Einstandspreis mit der jeweiligen Menge des Geschäfts multipliziert. Longpositionen gehen mit einem positiven Vorzeichen und Shortpositionen mit einem negativen Vorzeichen in die Berechnung ein.

Beispiel: Ein Händler kaufte 5.000 Tonnen Kohle zu 80 €/t und verkaufte später 2.000 Tonnen zu 85 €/t. Der aktuelle Marktpreis beträgt 90 €/t. Das MtM seiner Position beträgt somit 40.000 $[= (90 - 80) \cdot 5.000 - (90 - 85) \cdot 2.000]$ €.

In der Praxis erfolgt die MtM-Bewertung mithilfe einer **Price Forward Curve** (PFC). Die PFC ist eine Zeitreihe, die für jeden zukünftigen Lieferzeitpunkt einen Preis festlegt. Als Rohdaten gehen in die PFC alle veröffentlichten Preise von liquiden Handelsprodukten ein. Dies reicht in der Regel nicht aus, um die PFC vollständig zu bestimmen. Wenn für einen Zeitraum kein veröffentlichter Preis existiert, werden die Preise anhand von Modellannahmen und historischen Daten extrapoliert.

Eine PFC sollte die **Anforderung der Arbitragefreiheit** erfüllen. Bei einer arbitragefreien PFC sind die Preise für alle Lieferzeiträume konsistent. Beispielsweise muss der Durchschnitt der drei Monatspreise eines Quartals dem Quartalspreis entsprechen und der Durchschnitt der vier Quartale dem Jahrespreis. Die PFC muss die veröffentlichten Preise der Handelsprodukte exakt treffen.

Weiterhin sollte die PFC die strukturellen Eigenschaften der Preise wie Saisonalität abbilden. So ist beispielsweise in einer PFC für den Gasmarkt zu beachten, dass die kalten Monate Dezember bis Februar strukturell höhere Preise aufweisen als Oktober, November und März.

Grundsätzlich können Price Forward Curves eine beliebige zeitliche Granularität besitzen. In den Strom- und Gasmärkten wird fast immer eine stündliche Auflösung verwendet, die **Hourly Price Forward Curve** (HPFC).

Die MtM-Bewertung von offenen Positionen hat eine so große Bedeutung, dass sie in der Praxis häufig in Echtzeit erfolgt. Auf diese Weise können Händler und Risikomanager jederzeit den Umfang der offenen Positionen überblicken.

14.3.2 Handelsstrategien

Handelsstrategien basieren auf die Preisrichtung oder die Preisstruktur. Die Richtung gibt an, ob der Preis eines Handelsprodukts steigt oder sinkt. Der Händler kauft bzw. verkauft ein Handelsprodukt nur nach der erwarteten Preisentwicklung. Wenn der Händler steigende Preise erwartet, wird er eine Longposition einnehmen, wenn er sinkende Preise erwartet, geht er Short.

Beim Handeln einer Preisstruktur erwartet ein Händler, dass die Preise verschiedener Handelsprodukte auseinanderlaufen. Er handelt einen **Spread**. Der Händler gewinnt bei einer Spread-Longposition, wenn sich die Differenz zwischen den Handelsproduktpreisen vergrößert und verliert, wenn sie kleiner wird.

Beispiel: Ein Händler verkauft 10.000 Tonnen zu 80 €/t für den Frontmonat und kauft 10.000 Tonnen zu 95 €/t für den Frontmonat + 1. Seine Position ist nicht geschlossen, da die beiden Kohlekontrakte unterschiedliche Lieferzeitpunkte und entsprechend auch unterschiedliche Preise haben. Er hat eine Spread-Longposition aufgebaut. Wenn der Markt insgesamt nach oben läuft und die Preise für den Frontmonat und den Frontmonat + 1 um jeweils 5 €/t steigen, dann verändert sich sein MtM nicht. Was er in der einen Position gewinnt, verliert er mit der anderen. Wenn sich der Spread öffnet, also der Marktpreis für den Frontmonat bei 80 € bleibt und der Preis für Frontmonat + 1 auf 100 € steigt, beträgt sein MtM 50.000 €.

Es existieren zahlreiche Spread-Strategien: Der **Time-Spread** ist eine Wette auf die Struktur zwischen verschiedenen Lieferzeitpunkten. Ein **Location-Spread** wettet auf die Struktur verschiedener Lieferorte und der Handel zwischen verschiedenen Waren ist ein **Cross-Commodity-Spread**.

Der **Optionshandel** ermöglicht weitere Strategien, erhöht aber die Portfoliokomplexität. Der Optionswert teilt sich in einen intrinsischen und extrinsischen Wert auf. Der intrinsische Wert entspricht der Differenz zwischen Ausübungspreis und aktuellem Marktpreis. Der extrinsische Wert zeigt den Wert der Möglichkeit an, dass sich der Marktpreis in der restlichen Laufzeit für den Halter der Option positiv verändert. Während der intrinsische Wert negativ oder positiv sein kann, ist der extrinsische Wert immer positiv, da die Option bei einem negativen Wert nicht ausgeübt würde.

Im Gegensatz zu unbedingten Terminprodukten wie Futures und Forwards ermöglichen Optionen – zumindest theoretisch – die Nachbildung beliebiger Auszahlungsprofile. Zudem sind durch Optionen ausgefeilte Wetten bezüglich der Preisentwicklung möglich. Beispielsweise erlaubt ein Straddle, d. h. eine Long Call-Option verbunden mit einer Long Put-Option auf den gleichen Basiswert und dem gleichen Ausübungspreis, eine Wette auf starke Preisveränderungen im Markt.

Optionen sind keine rein spekulativen Instrumente, sondern können auch physische Positionen absichern. Beispielsweise könnte ein Stromversorgungsunternehmen seinen Bedarf mit einer Option gegen Preissteigerungen absichern, Preissenkungen jedoch mitnehmen wollen.

14.3.3 Bewertung von Optionen

Die MtM-Bewertung unterscheidet sich bei Optionen nicht grundsätzlich von derjenigen anderer Positionen. Allerdings ist in einem Optionsportfolio die Höhe der offenen Position unklar, da die Optionen nur unter bestimmten Rahmenbedingungen ausgeübt werden können. Diese Eigenschaft ist insbesondere für komplexe Portfolien problematisch, die sowohl Forwardkontrakte als auch Optionen enthalten.

Die **offene Position von komplexen Portfolien** wird mithilfe des Deltawerts ermittelt. Der Deltawert ist als die erste Ableitung des Optionswerts nach dem Basiswert definiert. Eine Interpretation des Deltawerts ist, dass er die Anzahl der Kontrakte angibt, die ein Händler zu einem Zeitpunkt halten muss, um den Optionswert nachzubilden.

Beispiel: Ein Händler hält eine Long Call-Option über 10.000 Tonnen Kohle. Sein Handelssystem berechnet ihm einen Deltawert von 20 %. Der aktuelle Marktwert beträgt 100 €/t. Die offene Position beträgt 2.000 [= 0,2·10.000] Tonnen. Der Wert seiner Option ist entsprechend 200.000 [= 0,2 · 10.000 · 100] €. Der Händler könnte seine Position schließen, wenn er 2.000 Tonnen Kohle verkauft. Die Position bleibt nur geschlossen, solange sich der berechnete Deltawert nicht ändert. Wenn der Deltawert am nächsten Tag auf 25 % anstiege, müsste der Händler weitere 500 [= (0,20 − 0,25) · 10.000] Tonnen verkaufen. Das **Delta Hedging** bezeichnet die kontinuierliche Anpassung einer unbedingten Terminposition je nach Veränderung des Deltawerts. Das Delta Hedging bildet das Verhalten einer Option nach und erlaubt somit die Absicherung einer Optionsposition mit Forwards bzw. Futures.

14.3.4 Risikobewertung

Aus Unternehmenssicht dürfen die Risiken aus dem Halten von Positionen zu keinem Zeitpunkt den Fortbestand des Unternehmens gefährden. Weder der Ausweis der Höhe der offenen Position noch der MtM-Wert zeigen an, wie riskant das Halten der Position aufgrund des Preisrisikos ist. Die Preise von Handelsprodukten unterliegen zum Teil erheblichen Schwankungen.

Risikokennzahlen machen das Preisrisiko erfassbar und interpretierbar. Der **Value at Risk** (VaR) ist die gebräuchlichste Risikokennzahl. Der VaR gibt an, welcher Verlust zu einem gegebenen Konfidenzniveau innerhalb eines bestimmten Zeitraums nicht überschritten wird.

Beispiel: Für eine offene Position wird ein VaR zum Konfidenzniveau von 99 % für die Haltedauer von einem Tag mit 2 Mio. € berechnet. In einem Zeitraum von 100 Handelstagen ist die Erwartung, dass an 99 Tagen der Verlust aus dieser Position 2 Mio. € nicht überschreitet. An einem Tag ist der erwartete Verlust höher als der ausgewiesene VaR. Der VaR gibt nicht an, wie hoch der Verlust in diesem Fall ist. Es könnten beispielsweise 3 Mio. oder auch 50 Mio. € sein.

Der VaR ist zur Abschätzung des „normalen" Risikos einer Position eine wichtige Risikokennzahl. Bei extremen Ereignissen, die sehr selten auftreten, unterschätzt er das eingegangene Risiko gegebenenfalls erheblich. Daher wird ihm häufig der **Con-**

ditional **Value at Risk** (CvaR) bzw. der Expected Shortfall (ES) zur Seite gestellt. Der CvaR gibt an, wie hoch der erwartete Verlust im Falle einer Überschreitung eines gegebenen Konfidenzniveaus ist.

VaR und CvaR zeigen nur das Preisrisiko von kurzfristigen Marktschwankungen und nicht den maximalen Verlust aus einer Position über einen bestimmten Zeitraum. Der VaR gibt das Risiko aus Preisschwankungen an, die so kurzfristig auftreten, dass nicht mehr gegengesteuert werden kann. Ein kontinuierlicher Wertverlust der Position ist hingegen im MtM sichtbar.

Beispiel: Der VaR einer Position zum 99 % Konfidenzniveau mit einer Haltedauer von einem Tag beträgt 2 Mio. €. Der MtM-Wert der Position reduziert sich über zehn Tage jeweils um 400.000 €. Der Verlust aus der Position beträgt also 4 Mio. €, dem doppelten des VaR. Der VaR beträgt weiterhin 2 Mio. €. Die bisher aufgelaufenen Verluste oder Gewinne verändern den VaR nicht notwendigerweise.

14.3.5 Erweiterte Bewertung

Beim Ausweis der MtM-Werte sind häufig weitere Positionen enthalten. So werden in der Praxis sämtliche **Börsengebühren und Brokerprovisionen** in die MtM-Werte eingerechnet. Auf diesem Weg sind sämtliche variablen Kosten eines Geschäfts erfasst und können in eine Deckungsbeitragsrechnung eingehen.

Weiterhin können die MtM-Werte einen Aufschlag für eine geringe Marktliquidität enthalten. Der Aufschlag für eine geringe Marktliquidität berücksichtigt den Bid-Ask-Spread, indem jede offene Long-Position zum Bid-Preis und jede offene Short-Position zum Ask-Preis bewertet wird. Dies ist eine konservative Annahme, da der Händler eine offene Longposition zum Ask-Preis einstellen kann. Wenn ein anderer Handelspartner das eingestellte Angebot annimmt, hätte er die Position zum Ask-Preis verkauft.

Die erweiterte Deckungsbeitragsrechnung weist weitere Aufschläge für produkt-, handels- und unternehmensspezifische Fixkosten sowie die prognostizierte Steuerlast aus. In die produkt- und handelsspezifischen Fixkosten laufen nicht nur die Lohnzahlungen für Händler und Analysten ein, sondern auch die Kosten für die komplexe IT-Infrastruktur und die Sicherheitenkosten, die beispielsweise durch die Herausgabe von Bürgschaften und die Hinterlegung von Barsicherheiten anfallen.

14.4 Stromhandel

Der Stromhandel muss berücksichtigen, dass Strom und das Transportnetz untrennbar miteinander verbunden sind, denn Strom ist netzgebunden und nicht speicherbar. Weiterhin kann der Weg des Stroms im Netz nicht genau bestimmt, sondern nur geschätzt werden. Am Ausspeisepunkt ist der Ursprung des Stroms nicht mehr nachvollziehbar.

Der nicht nachvollziehbare Weg des Stroms durch das Stromnetz bedeutet, dass kein Eigentumsrecht auf Strom im Netz definiert werden kann. Es ist nur nachvollziehbar, wer Strom in das Netz eingespeist hat und wer Strom aus dem Netz entnimmt.

Folgerichtig ist der relevante Handelsplatz für Strom das Netz. Der freie Netzzugang ist somit für alle Marktteilnehmer von grundlegender Bedeutung. Ohne freien Netzzugang könnte ein Marktteilnehmer seine Lieferverpflichtungen nicht erfüllen, denn jedes Handelsgeschäft hat als Lieferort das Netz, d. h. eine der vier deutschen Netzgebiete bzw. Regelzonen.

Die Regelzonen bilden den physischen Rahmen für den Stromhandel. Da ein Transfer zwischen den verschiedenen Regelzonen kostenlos ist, existiert ein einheitlicher Strommarkt für Deutschland. Dagegen sind die Grenzkapazitäten zu angrenzenden Märkten physisch beschränkt, sodass sich trotz regulatorischer Anstrengungen kein gemeinsamer europäischer Markt herausgebildet hat.

Der Handel zwischen den Ländern, der **Cross-Border-Handel**, wird vom Joint Allocation Office koordiniert. Das Joint Allocation Office versteigert die grenzüberschreitenden Kapazitäten von vielen europäischen Ländern, um die maximal mögliche Marktintegration zwischen den Ländern zu erreichen.

Die Definition der Handelsprodukte ergibt sich aus den speziellen physikalischen Eigenschaften von Strom. Die gleichmäßige Lieferung einer bestimmten Energiemenge über eine definierte Zeit wird als **Base** bzw. eine Bandlieferung bezeichnet. Üblicherweise wird im Energiehandel die Energiemenge als Leistung in Megawatt über einen definierten Zeitraum angegeben. Beispielsweise bezeichnet der Ausdruck „10 MW Base Frontjahr" eine Bandlieferung über das kommende Jahr mit einer Energiemenge von 87.600 [= 24 h/d · 365 d · 10 MW] Megawattstunden. Die kürzeste handelbare Einheit ist die Viertelstunde.

Die **Peak**-Lieferstruktur ist im Stromhandel ebenfalls verbreitet. Der Peak ist definiert als die Lieferung zwischen 8 und 20 Uhr von Montag bis Freitag. Der Peak bildet somit die Zeiten des höchsten Stromverbrauchs über die Woche ab.

Mit einem sog. **Fahrplan** kann eine beliebige Lieferstruktur gehandelt werden, d. h. die vereinbarte Leistung kann sich für jede Viertelstunde unterscheiden. Der Fahrplanhandel erfolgt ausschließlich OTC.

Im Terminmarkt haben sich Base und Peak in vollen Megawatt als **Standardprodukte des Stromhandels** etabliert. Die Standardprodukte werden als Futures an Börsenplätzen und als Forwards OTC gehandelt. Die wichtigsten Börsenplätze sind die **EEX** mit der Clearingstelle ECC und die **ICE** mit der Clearingstelle ICE Clear Europe. Insgesamt ist der OTC-Handel liquider als der Börsenhandel.

Der Basiswert für Forwards und Futures mit Lieferung in Deutschland ergibt sich aus der täglichen **Day Ahead Auktion** der Stromhandelsbörse **EPEX Spot**. Die Auktion erfolgt täglich um 12 Uhr. Die Auktionsteilnehmer müssen für jede Stunde des

Folgetags ein Gebot abgeben. In dem Gebot ist definiert, wie viel Energie ein Auktions-teilnehmer pro Stunde zu welchem Preis kaufen bzw. verkaufen will. Die Börse EPEX Spot aggregiert sämtliche Gebote zu einer Angebots- und Nachfragefunktion und er-mittelt hieraus den markträumenden Preis für jede Stunde. Die Börse informiert die Auktionsteilnehmer darüber, ob ihre Gebote den Zuschlag erhalten haben. Sämtliche angenommenen Gebote gehen am nächsten Tag in die physische Lieferung. Die finan-zielle Abwicklung der Geschäfte erfolgt über die Clearingstelle ECC.

Das Ergebnis der Day Ahead Auktion bestimmt die Fahrweise des Großteils der konventionellen Kraftwerkskapazitäten. Das finanzielle Ergebnis eines Kraftwerks ist zwar zum Zeitpunkt der Day Ahead Auktion in der Regel bereits durch Termingeschäf-te abgesichert, aber ob das Kraftwerk tatsächlich läuft, entscheidet sich erst in der Day Ahead Auktion. Wenn der Day Ahead Preis günstiger als die Grenzkosten des Kraft-werks ist, kauft ein Kraftwerksbesitzer die Energie in der Auktion und fährt das Kraft-werk nicht hoch.

Eine zweite wichtige Auktion ist die täglich um 15 Uhr stattfindende **Intraday Auktion der EPEX Spot** für den Folgetag. Das Verfahren der Intraday Auktion ent-spricht demjenigen der Day Ahead Auktion, allerdings werden in dieser zweiten Auk-tion Viertelstunden statt Stunden gehandelt. Entsprechend müssen Auktionsteilneh-mer 96 Einzelgebote abgeben. Die Intraday Auktion ist vergleichsweise illiquide und wird insbesondere zur Strukturierung der Viertelstundenstruktur des Folgetags ver-wendet. Beispielsweise haben Kraftwerksbetreiber das Problem, dass sie nicht eine konstante Energiemenge über eine Stunde liefern können, wenn das Kraftwerk in die-ser Stunde hoch- bzw. herunterfährt. Die Viertelstundenauktion bildet die tatsächli-che Kraftwerksfahrweise genauer ab.

Im Anschluss an die Intraday Auktion beginnt der **kontinuierliche Intraday-Handel** an der EPEX Spot. Im Intraday-Handel werden die Differenzen zwischen Pro-gnose und tatsächlichem Absatz bzw. Bedarf ausgeglichen. In der Regel werden im In-traday-Handel nur kleine Stunden- und Viertelstunden-Blöcke gehandelt. Wenn bei-spielsweise ein Kraftwerk nach der Day Ahead Auktion technisch bedingt ausfällt, steht der Kraftwerksbetreiber vor dem Problem, dass er die Produktion aus dem Kraft-werk bereits verkauft hat, jetzt aber nicht mehr liefern kann. In diesem Fall kann er die Mengen im Intraday-Handel einkaufen, um seine bereits eingegangenen Lieferver-pflichtungen zu erfüllen.

Seit dem Jahr 2012 ist der Intraday-Handel relativ liquide, da dort im Zuge der **Direktvermarktung** die Prognosedifferenzen aus Erneuerbaren-Energien-Anlagen gehandelt werden. Die Prognosen für produzierte Energiemengen aus Wind- und Solaranlagen unterliegen selbst für den Folgetag noch hohen Schwankungen. Ei-ne am Vortag für 10 Uhr prognostizierte Windflaute kann sich kurzfristig um einige Stunden früher oder später einstellen. Der Intraday-Handel läuft bis eine halbe Stun-de vor der tatsächlichen Lieferung, d. h. der realen Einspeisung des Stroms in das Netz.

14.5 Gashandel

Wie im Strommarkt ist ein freier Zugang zum Gastransportnetz für alle Marktteilnehmer eine notwendige Voraussetzung für den Gashandel, da physikalisch nur über das Netz geliefert werden kann. Die jeweiligen nationalen Regulierungsbehörden gewährleisten den freien Netzzugang in Europa. Ohne eine staatliche Regulierung mit transparenten Regeln und Sanktionsmechanismen hätte sich kein Gashandel entwickelt.

In Deutschland existieren die zwei von der Bundesnetzagentur regulierten Marktgebiete Net Connect Germany (NCG) und Gaspool (GPL). In beiden Marktgebieten haben sich Handelsmärkte herausgebildet. Der National Balancing Point (NBP) in Großbritannien und die Title Transfer Facility (TTF) in den Niederlanden haben im Gashandel jedoch eine größere Bedeutung, da sie wesentlich liquider als die deutschen Handelsmärkte sind.

Der deutsche Gashandel erfolgt an dem **virtuellen Handelspunkt** (VHP) der beiden Marktgebiete. Der virtuelle Handelspunkt besitzt keine Entsprechung in der physischen Netzstruktur. Für den Gashandel ist die genaue Funktionsweise des Gasnetzes eine Black Box. Es wird so getan, als ob alle Gasmengen an einer riesigen Verteilerstation zusammenlaufen würden. An dieser fiktiven Verteilerstation, dem VHP, kann das Gas beliebig häufig gehandelt werden. Dabei spielt es keine Rolle, dass der Gastransport in der physischen Welt nicht von jedem beliebigen Ort im Gasnetz möglich ist.

Durch die Fiktion einer zentralen Verteilerstation steht die gesamte Gasmenge im Netz dem Handelsmarkt am VHP zur Verfügung. Unter Berücksichtigung aller physikalischen Lieferbeschränkungen wäre die mögliche Anzahl der Transaktionen so stark eingeschränkt, dass die Märkte vollkommen illiquide wären.

Der Marktgebietsverantwortliche garantiert, dass ein Marktteilnehmer das an einem physischen Punkt eingespeiste Gas, an jeden anderen physischen Punkt im Marktgebiet ausspeisen kann. Für die physische Ein- und Ausspeicherung von Gas sind Kapazitätsentgelte zu entrichten, die sog. **Entry- und Exitgebühren**. Entrygebühren fallen für Einspeicherungen in das Netz an und Exitgebühren für Ausspeicherungen aus dem Netz. Am VHP fallen hingegen keine Kapazitätsentgelte an. Da der Großteil des Handels auf den VHP entfällt, haben die Kapazitätsentgelte für den Gashandel nur eine untergeordnete Bedeutung.

Bei Gas existieren im Gegensatz zu Strom unterschiedliche Qualitäten. Vor der Einspeisung des Gases in das Gasnetz wird es so aufbereitet, dass seine chemischen Eigenschaften innerhalb enger Toleranzen liegen. Im deutschen Gashandel sind daher nur zwei Gasqualitäten von Bedeutung: das sog. **H-Gas** mit einem höheren Brennwert und **L-Gas** mit einem geringeren Brennwert.

Für den Gashandel besitzt die Unterscheidung in H-Gas und L-Gas eine geringe Bedeutung, da die **Konvertierung** zwischen den beiden Gasqualitäten für einen Händler einfach ist. Der Gashändler muss die Konvertierung bei dem jeweiligen Marktgebietsverantwortlichen anmelden und ein Konvertierungsentgelt bezahlen.

Die physische Konvertierung zwischen den beiden Gasqualitäten ist ein technisch anspruchsvoller Prozess. Die Konvertierungskapazitäten sind entsprechend begrenzt. Allerdings zieht nicht jede Konvertierung auf der Gashandelsseite eine physische Konvertierung nach sich. Dies ist vielmehr der Ausnahmefall, denn der Marktgebietsverantwortliche kann die Konvertierungswünsche der Marktteilnehmer miteinander saldieren. Er muss nur die Residualmenge physisch konvertieren.

Der Transport zwischen zwei Marktgebieten ist ein **Marktgebietsübergang**. Hierfür wird in einem Marktgebiet Gas physisch ausgespeist und in das andere eingespeist, wofür Kapazitätsentgelte anfallen. In diesem Fall entsprechen sich das Gashandelsgeschäft und der physische Gastransport. Es ist gleichzeitig ein Handelshemmnis, da die verschiedenen Handelsmärkte nur über einen physischen Transport verbunden sind. Die Auslastung der Grenzkapazitäten ergibt sich somit ggf. nicht aus den physikalischen Erfordernissen des Netzes, sondern aus den Handelsgeschäften der Marktteilnehmer.

Die Preise an den drei Handelsmärkten TTF, NCG und Gaspool sind hoch korreliert. Dies ist ein Anzeichen dafür, dass hinreichende freie Kapazitäten zwischen den Marktgebieten existieren. Wenn die Preise bei freien Grenzkapazitäten auseinanderlaufen würden, könnte ein Marktteilnehmer Gas zu einem niedrigen Preis kaufen, das Gas physisch in das andere Marktgebiet transportieren und dort teurer verkaufen. Diese Arbitragegeschäfte berücksichtigen die Marktteilnehmer in ihren Handelsaktivitäten.

Der Gashandel ist somit in vieler Hinsicht von den tatsächlichen Gasflüssen im Netz losgelöst. Dies ist unproblematisch, solange alle Kosten verantwortungsgerecht auf die Marktteilnehmer aufgeteilt werden. Das finanzielle Ergebnis im Gashandel darf nicht zu stark von den tatsächlichen Kosten aus den physikalischen Gasflüssen abweichen. Der Handelsmarkt muss anreizkompatibel ausgestaltet sein.

Eine weitere Besonderheit des Gasmarktes ist seine saisonale Nachfragestruktur. Der Gasverbrauch ist in der Heizperiode zwischen Anfang Oktober bis Ende März wesentlich höher als im restlichen Jahr. Dies hat für den Gashandel eine zentrale Bedeutung. Die gesamte Gasinfrastruktur ist für die maximale Auslastung in der Heizperiode ausgelegt. Außerhalb der Heizperiode ist die Infrastruktur hingegen eher unterausgelastet, was vergleichsweise niedrige Preise mit geringen Schwankungen zur Folge hat. An kalten Tagen kann es zu physischen Knappheiten mit Preisspitzen kommen.

Aufgrund der hohen Bedeutung der Heizperiode hat sich in der Gaswirtschaft ein eigenes Zeitsystem herausgebildet. Das **Gaswirtschaftsjahr** (GWJ) beginnt am 1. Oktober und endet am 1. Oktober des darauffolgenden Jahres. Weiterhin wird im Gashandel nicht der normale Kalendertag verwendet, sondern der Gastag. Der Gastag geht von 6:00 bis 5:59 des Folgetages. Die Logik hinter diesem Zeitsystem ist einfach, wenn auch gewöhnungsbedürftig. Ein kalter Winter würde zwei Kalenderjahre beeinflussen, da die Heizperiode über den Jahreswechsel läuft. Im Gaswirtschaftsjahr ist sichergestellt, dass die gesamte Heizperiode abgedeckt ist.

Im Gashandel existieren Handelsprodukte sowohl für Kalenderjahre als auch für Gaswirtschaftsjahre. Der Börsenhandel basiert auf den Kalenderprodukten, während im OTC-Handel beide Lieferzeiträume gehandelt werden. Grundlage für alle Kontrakte in NCG und Gaspool bildet der Gastag, d. h. auch die Börsenkontrakte beginnen um 6 Uhr.

Die Lieferung von Gaskontrakten ist in der Regel physisch. Dies gilt auch für an Börsen gehandelte Produkte. Im **Terminmarkt** für Gas bilden Basekontrakte in vollen Megawatt die Standardprodukte. Der Handel der Standardprodukte erfolgt sowohl OTC über Broker als auch über die Börse ICE. Anders als im Strommarkt existieren keine Peakkontrakte; insgesamt wird die Intra-Tagesstruktur vergleichsweise selten gehandelt.

Der **Spotmarkt für Gas** ist ein kontinuierlicher Handel. Es gibt also keine tägliche Auktion für den Day-Ahead, sondern der Folgetag wird während der gesamten Handelszeit gehandelt. Es schließt sich der untertägige **Within-Day**-Handel an. Die Pegas-Handelsplattform der Börse Powernext ist der liquideste Kurzfristmarkt für die deutschen Marktgebiete NCG und Gaspool. Alle Lieferungen sind physisch. Die Grenze zwischen Termin-, Spot- und untertägigen Within-Day-Handel ist im Kurzfristhandel fließend. Dies zeigt sich anschaulich an dem Wochenendprodukt, das sowohl einige Tage vorher als auch am Freitag oder sogar als einzelne Tage am Wochenende gehandelt werden kann.

14.6 Kohlehandel

Im **physischen Kohlehandel** existiert keine Fiktion eines übergreifenden großen Marktgebiets wie im Strom- oder im Gashandel. Er ist geprägt von der Spezifität des Lieferorts. Dies begründet sich einerseits durch die hohen Transportkosten von Kohle, zum anderen durch die Qualitätsunterschiede zwischen verschiedenen Kohlearten.

Kohle ist ein inhomogenes Gut. Die Verarbeitung und Aufbereitung von Kohle ist wesentlich aufwändiger als bei Gas, sodass bei Kohle die chemische Zusammensetzung nicht standardisiert wird. Kohle wird im Wesentlichen so verfeuert, wie sie aus der Erde kommt.

Der relevante Handelsplatz für physische Kohle ist verglichen mit Strom und Gas klein. Es ist ein konkreter Hafen, eine Kohlehalde oder ein sonstiger genau definierter Lieferort. Somit existiert kein deutscher oder gar europäischer physischer Kohlehandel, in dem Mengen beliebig miteinander ausgetauscht werden können. Eine Kohlemenge mit einer definierten Qualität wechselt an einem bestimmten Ort den Besitzer. Der neue Besitzer muss diese Kohle an den Verbrauchsort transportieren.

Für den physischen Kohlehandel sind der Brennwert (GCV, Gross Calorific Value), der Aschegehalt und die Feuchtigkeit die wichtigsten Eigenschaften. Ein hoher Brennwert wird mit einem Preisaufschlag belohnt, während ein hoher Asche- oder Feuchtigkeitsgehalt den Preis einer Kohlelieferung senkt. Hohe Anteile von Asche und

Feuchtigkeit verringern die Verbrennungseffizienz und erschweren insgesamt die Handhabung der Kohle. Weitere relevante technische Eigenschaften sind der Sulfur- und Phosphorgehalt und der Anteil der flüchtigen Bestandteile in der Kohle.

Hinsichtlich der Transportlogistik ist Kohle ein Schüttgut, das für den Transport nicht kostengünstig komprimiert oder anderweitig aufbereitet werden kann. Kohle wird nach Möglichkeit über den Seeweg transportiert, da der Kohletransport auf dem Landweg relativ teuer ist. Der Kohletransport erfolgt entsprechend mit möglichst wenigen Umwegen von der Mine bis zum nächsten Hafen, wo die Kohle verschifft wird. Am Zielhafen angekommen wird die Kohle zwischengelagert und, zumeist über die Binnenschifffahrt, an ein Kraftwerk bzw. einen Hochofen geliefert und dort verbrannt.

Bei der physischen Kohlelogistik sind zahlreiche Details zu beachten. So sind beispielsweise die Handelsklauseln (Incoterms) beim Schiffstransport von großer finanzieller Bedeutung. Bei einer mit FOB (Free on Board) gekennzeichneten Kohleladung enthält der vereinbarte Preis nur die Kosten bis zur Schiffsverladung im Exporthafen. Der Händler muss also die Transport- und Ausladekosten selbst tragen. Eine mit CIF (Cost, Insurance, Freight) gekennzeichnete Ladung enthält sämtliche Kosten bis zur Ankunft im Zielhafen.

Durch die Spezifizität des Lieferorts und der Nichtaustauschbarkeit verschiedener Kohlemengen existieren nur geringe Marktzutrittsbarrieren. Jeder kann Kohle handeln, sofern er über die Fähigkeit verfügt, es auf irgendeine Weise vom dem Einkaufsort zum Bestimmungsort zu transportieren. Entsprechend benötigt der Kohlehandel keinen regulatorischen Eingriff, um einen Handelsmarkt zu schaffen.

Neben dem physischen Kohlehandel hat sich ein finanzieller Kohlehandel etabliert. Der **finanzielle Kohlehandel** basiert auf veröffentlichten Indexpreisen für Kohle von Preisdienstleistern. Der wichtigste Index ist der von Argus/McCloskey veröffentlichte **API 2-Index** mit Lieferort Amsterdam, Rotterdam und Antwerpen (**ARA**). In den Index gehen die Preise von physischen Kohlegeschäften ein, die von dem Preisdienstleister Argus/McCloskey gesammelt und anschließend veröffentlicht werden.

Der Index erschafft die fiktive Möglichkeit einer Austauschbarkeit zwischen den physischen Kohlemengen. Der Handelsplatz erhält somit eine hinreichende Liquidität. Der finanzielle Handel mit Kohle wird möglich, da die reale Austauschbarkeit der Kohlemengen für die Marktteilnehmer von untergeordneter Bedeutung ist. Sie nutzen den finanziellen Kohlehandel, um sich gegen Preisrisiken abzusichern.

Der finanzielle Kohlehandel konzentriert sich auf die Futurekontrakte der Börse **ICE**. Die standardisierten Terminhandelsprodukte für API 2 haben eine minimale Menge (Lot) von 1.000 Tonnen Kohle. Ein Kontrakt mit 10 Lots geht also über 10.000 Tonnen. Die Börsenkontrakte notieren ausschließlich in US-Dollar.

Die finanziellen Kontrakte bieten ein Mittel zur Absicherung von Preisschwankungen bei der Lieferung von physischer Kohle. Beispielsweise kann ein Kohlekraftwerk die benötigte physische Kohlemenge finanziell im Terminmarkt absichern. Damit ist es vor einer allgemeinen Steigerung der Kohlepreise sicher. Möglicherweise bietet der API 2-Kontrakt keine vollständige Absicherung, da das Kohlekraftwerk eine spezielle

Kohlequalität benötigt, die nicht exakt dem API 2-Kontrakt entspricht. Die Unsicherheit aufgrund der unvollständigen Absicherung wird als **Basisrisiko** bezeichnet.

Neben dem Basisrisiko hat das Kohlekraftwerk durch die US-Dollar-Notierung ein **Währungsrisiko**, denn zwischen Abschluss des Absicherungsgeschäfts und der physischen Lieferung kann der Wechselkurs zwischen Euro und US-Dollar auseinanderlaufen. Zur Absicherung dieses Risikos muss ggf. ein zweites Währungsgeschäft abgeschlossen werden.

Neben dem Börsenhandel existiert ein finanzieller OTC-Handel. Der OTC-Handel weist eine geringere Liquidität auf, bietet dafür mehr Flexibilität. So ist OTC beispielsweise der Handel von in Euro notierten Terminkontrakten möglich.

Glossar

AGE-Modell	Applied General Equilibrium Model
ARA-Häfen	Amsterdam, Rotterdam, Antwerpen mit Anschluss an die „Rheinschiene„
API	American Petroleum Institute (bekannt durch seine Klassifikationen von Rohöl- und Produktenspezifikationen niedergelegt im Technical Data Book)
b (bbl)	Abkürzung für Barrel = 158,984 Liter, gebräuchlich in der Mineralölwirtschaft; Barrel ist eine Volumen-, keine Gewichtsangabe. Dennoch oft Daumenregel: 1 mb/d ≈ 50 Mill. T p. a.
BDI	Bundesverband der Deutschen Industrie
BGR	Bundesanstalt für Geowissenschaften und Rohstoffe in Hannover
BGW	Bundesverband der deutschen Gas- und Wasserwirtschaft
BIP	Bruttoinlandsprodukt
BKV	Bilanzkreisverantwortlicher
BnetzA	Bundesnetzagentur (Sitz in Bonn)
BoM	Balance-of-Month
BoW	Balance-of-Week
Brent	Ölfeld in der Nordsee, nach dem zurzeit die Standard-Rohölsorte für Handel an der Londoner ICE (vormals IPE) bezeichnet ist
CANDU	CANada Deuterium Uranium (Schwerwasserreaktortyp)
CCS	carbon capture and storage = Verfahren für Großanlagen zur Abspeicherung (großer Teile) der ansonsten emittierten CO_2-Emissionen mit anschließender Lagerung in geeigneten unterirdischen Lagerstätten (ausgeförderte Öl- oder Gasfelder, saline Aquifere)
CCU	carbon capture and utilization
CDM	Clean Development Mechanism
CES-functions	constant elasticity of substitution; dt.: konstante Substitutionselastizität
CfD	Contract for Differences = Risikoabsicherungsvertrag
CH_4	Methan (Hauptbestandteil von Erdgas); gleichzeitig auch (bei Freisetzung) Treibhausgas
CIF	cost, insurance, freight, d. h. das Gut wird frei Lieferhafen abgerechnet
CO_2	Kohlendioxid
COP	Vertragsstaatenkonferenz
CPP	Critical-Peak-Pricing
CPR	Critical-Peak-Rebate

https://doi.org/10.1515/9783110556339-015

Crack	Differenz zwischen Mineralölprodukten- und Rohöl-Preis (abgeleitet aus Raffinerieprozess „Cracken")
CSA	Credit Support Annex
CvaR	Conditional Value at Risk
DEA	Data Envelopment Analysis = Dateneinhüllungsmethode
DOE	US-amerikanisches Department of Energy
EE	Erneuerbare Energien
EEG	Erneuerbare Energien Gesetz
EEX	European Energy Exchange, Strom-, Gas- und CO_2 -Handelsbörse in Leipzig
EFET	European Federation of Energy Traders
EFP	Exchange of Futures for Physicals = flexible Form einer physischen Erfüllung
ENTSO-E	Verband Europäischer Übertragungsnetzbetreiber
EnWG	Energiewirtschaftsgesetz
EPEX Spot	European Power Exchange = europäische Strombörse
EROI	Energy Return on Investment, auch Erntefaktor genannt
EUA	EU-Allowance = Emissionsrecht für CO_2
EU-EHS	Europäisches Emissionshandelssystem
EVU	Energieversorgungsunternehmen
FKWs	Fluorkohlenwasserstoffe
fob	free on board, d. h. das Gut wird ab Anlieferung Verladehafen abgerechnet
Fracking	Abgeleitet von „Hydraulic Fracturing Technologie"
GABiGas	Grundmodell für Ausgleichs- und Bilanzierungsregeln im (liberalisierten) Gasmarkt
Gallon	übliches Maß für Treibstoff in den USA, 42 Gallonen = 1 barrel (USA), 1 Gallone $\approx$ 3,8 Liter
Gaspool	Marktgebietsbetreiber, der ehemals sieben Gesellschaften für Erdgastransport zusammenfasst
GCV	Gross Calorific Value
GS	Grenzschaden
GTL	gas to liquids, Nutzungsform von Erdgas aus Feldern, aus denen der Gastransport nicht lohnend oder technisch kaum möglich ist
GTZ	Gradtagszahl = Messgröße für tageweise Schätzung des Heizenergieverbrauchs. Die Formel lautet GTZ = Temp −20 °C für Temp < 15 °C; GTZ = 0 für Temp $\geq$ 15 °C Bei einer Außentemperatur von −4 °C beträgt somit die GTZ = 24, für 9 °C GTZ = 11, für 17 °C GTZ = 0.
GVK	Grenzvermeidungskosten
GWJ	Gaswirtschaftsjahr vom 01.10.xx–30.09.xx+1

Henry Hub	Knoten von zahlreichen Erdgastransportpipelines im Südosten der USA; dominierender Gashandelspunkt für die Nymex
HGÜ	Hochspannungsgleichstrom-Übertragungsleitung
Ho	oberer Heizwert = 8400 kcal (wird in amtlichen Statistiken verwendet)
HPFC	Hourly Price Forward Curve
Hu	unterer Heizwert = 7580 kcal (wird als „Energiegehalt" in Energiebilanzen verwendet)
Hz	Hertz = Maßeinheit für Frequenz (Schwingungen pro Sekunde). In Europa hat der Wechselstrom eine Frequenz von 50 Hz, in den USA hingegen 60 Hz.
ICE	International Commodity Exchange, London, handelt u. a. mit Öl- und Ölprodukten-Futures
IEA	International Energy Agency, Unterorganisation der OECD für Energiefragen mit Sitz in Paris
IHD	In-Home-Display
IKT	Informations- und Kommunikationstechnologien
I-O-Tabelle	Input-Output-Tabelle; zeigt wie viele (in monetären Einheiten bewertete) Güter eines Sektors (Output) an einen anderen Sektor geliefert werden (Input)
IPCC	Intergovernmental Panel on Climate Change (Weltklimarat)
IPE	International Petroleum Exchange, Sitz in London (heute: ICE)
JI	Joint Implementation
kV	Kilovolt
kWh	Kilowattstunde
KWK	Kraft-Wärme-Kopplung, Prozess der kombinierten Strom- und Wärmerzeugung, bei dem die Abwärme hinter der Dampfturbine für Wärmezwecke genutzt wird.
LNG	liquefied natural gas = auf −162 °C abgekühltes Erdgas (dadurch verflüssigt)
mHz	Megahertz
MOX	Mischoxid (Uran + Plutonium)
MtM	Market-to-Market
MWh	Megawattstunde
N_2O	Distickstoffmonoxid, „Lachgas", Distickstoffoxid
NAP	Nationaler Allokationsplan im CO_2-Handelssystem der EU
NBP	National Balancing Point = (fiktiver) Handelspunkt für Erdgasgroßhandel in England
NCG	Net Connect Germany: Marktgebietsbetreiber, der ehemals sechs Gesellschaften für Erdgastransport zusammenfasst
NER 300	Finanzierungsprogramm, in dem rund 2 Mrd. EUR für innovative kohlenstoffarme Technologien gebündelt werden, wobei der Schwer-

	punkt auf der Demonstration von umweltfreundlicher CO_2-Abscheidung und -Speicherung (CCS) und innovativen Technologien für erneuerbare Energien auf kommerzieller Ebene in der EU liegt
NYMEX	New York Mercantile Exchange, Sitz in New York. Aus Energiesicht wichtig als Handelsplatz für Mineralöl und – produkte sowie Erdgas in den USA
ÖE	Öleinheit bzw. Oil Equivalent
OECD-Länder	Mitgliedsländer der Organisation for Economic Co-operation and Development (bzw. Organisation für wirtschaftliche Zusammenarbeit und Entwicklung)
OPEC	Organization of Petroleum Exporting Countries
OTC	Over the Counter = bilaterales Energieliefer- und -bezugsgeschäft, z. B. zwischen einem Stromerzeuger und einem großen Industriebetrieb; erlaubt Eingehen auf die jeweiligen Besonderheiten der beiden Marktparteien
PCI	Projects of Common Interest oder pulverized coal injection (= schwefel- und aschearme Steinkohle mit einem hochflüchtigen Anteil aber un-günstigem Verkokungsverhalten)
PFC	Price Forward Curve
PFCs	perfluorierte Kohlenwasserstoffe
ppmv	parts per million volume, Gase wie z. B. CO_2 in der Atmosphäre werden so quantifiziert
SF$_6$	Schwefelhexafluorid
SKE	Steinkohleeinheit (in Deutschland lange Zeit benutzte Maßeinheit für Energiegehalt), $1\,t\,SKE = 29.308 \cdot 10^9$ Joule
SLP	Standard Lastprofil (aus historischen Daten für große Kundengruppen geschätzt)
Swap	Vereinbarung zwischen zwei Parteien, einen fixen Preis für eine bestimmte Menge eines Energieträgers (Heizöl, Kerosin, usw.) über einen festen Zeithorizont (z. B. 6 Monate) als finanzielle Transaktion (also ohne Austausch des Energieträgers) zu garantieren. Der Ausgleich gegenüber dem tatsächlichen (schwankenden) Preis erfolgt durch Bezahlung der jeweiligen Differenz zum Swap-Preis an den ansonsten benachteiligten Partner.
THG	Treibhausgas
TOU	Time-of-Use
TTF	Title Transfer Facility = Gashandelspunkt in den Niederlanden (virtueller Hub)
UCTE	Union ort he Coordination of Transmission of Electricity = Kooperationsgemeinschaft der europäischen Stromnetzbetreiber auf Höchst- und Hochspannungsebene
UdSSR	Abkürzung für Union der Sozialistischen Sowjetrepubliken

UGR	Umweltökonomische Gesamtrechnung
ULCC	ultra large crude carrier = Öltanker mit über 350.000 Bruttoregister-tonnen
ÜNB	Übertragungsnetzbetreiber
VDEW	Bundesverband der Energie- und Wasserwirtschaft
VaR	Value at Risk
VGR	Volkswirtschaftliche Gesamtrechnung
VHP	Virtueller Handelspunkt
VDI	Verband deutscher Ingenieure
VIK	Verband der industriellen Kraftwirtschaft
VKU	Verband der kommunalen Unternehmen
VLCC	very large crude carrier = Öltanker mit 200–350.000 Bruttoregister-tonnen oder sehr großes Frachtschiff für Eisenerz, Steinkohle o. ä.
VV	Verbändevereinbarung
WTI	West Texas Intermediate, Standard Rohölsorte in den USA, dient als Referenzöl an der NYMEX.

Literatur

ABS (2002). Surveyor Magazine, American Bureau of Shipping, Winter 2002.

Adelman, M. (1990). Mineral Depletion, with Special Reference to Petroleum. *The Review of Economics and Statistics*, 72(1):1–10.

AG Energiebilanzen e. V. (2015). Auswertungstabellen zur Energiebilanz Deutschland – Stand September 2017. https://ag-energiebilanzen.de/10-0-Auswertungstabellen.html (zuletzt abgerufen am 27.11.2019).

AG Energiebilanzen (2017). Zusammenfassung Anwendungsbilanzen für die Endenergiesektoren 2013 bis 2015. Tabelle 13. https://ag-energiebilanzen.de/index.php?article_id=8&archiv=5&year=2017 (zuletzt abgerufen am 27.11.2019), Berlin.

AG Energiebilanzen e. V. (2018a). Auswertungstabellen zur Energiebilanz für die Bundesrepublik Deutschland 1990 bis 2017 (Stand Juli 2018). https://ag-energiebilanzen.de/10-0-Auswertungstabellen.html (zuletzt abgerufen am 27.11.2019).

AG Energiebilanzen e. V. (2018b). Energieverbrauch in Deutschland – Daten für das 1.–4. Quartal 2018. Abgerufen über Statisata GmbH: Primärenergieverbrauch von Steinkohle nach Nutzer in Deutschland in den Jahren 2016 bis 2018. https://de.statista.com/statistik/daten/studie/153973/umfrage/primaerenergieverbrauch-von-steinkohle-nach-nutzer (zuletzt abgerufen am 27.11.2019).

Agora Energiewende (2019). Agorameter. Stromerzeugung und Stromverbrauch. Agora Energiewende. Berlin. https://www.agora-energiewende.de/service/agorameter/chart/power_generation (zuletzt abgerufen am 27.11.2019).

Aigner, D. J., Newman, J. und Tishler, A. (1994). The Response of Small and Medium-Size Business Customers to Time-of-Use Electricity Rates in Israel. *Journal of Applied Econometrics*, Vol. 9:283–304.

Allcott, H. (2011a). Rethinking real-time electricity pricing. *Resource and Energy Economics*, Vol. 33:820–842.

Allcott, H. (2011b). Social Norms and Energy Conservation. *Journal of Public Economics*, Vol. 95:1082–1095.

Allcott, H. und Taubinsky, D. (2015). Evaluating behaviorally motivated policy: experimental evidence from the lightbulb market. *The American Economic Review*, Vol. 105(8):2501–2538.

Allcott, H. und Rogers, T. (2014). The short-run and long-run effects of behavioral interventions: Experimental evidence from energy conservation. *The American Economic Review*, Vol. 104(10):3003–3037.

Altemeyer-Bartscher, M., Markandya, A. und Rübbelke, D. (2014). International Side-payments to Improve Global Public Good Provision when Transfers are Refinanced through a Tax on Local and Global Externalities. *International Economic Journal*, Vol. 28(1):71–93.

Andor, M., Gerster, A., Peters, J., Schmidt, C. und Simora, M. (2017). Energiesparen in privaten Haushalten – Ein Randomized Controlled Trial zur Wirkungsevaluierung einer Endverbrauchersensibilisierung. rwi Projektbericht, Leibniz-Institut für Wirtschaftsforschung.

Arbeitsgemeinschaft Energiebilanzen e. V. (2015). Vorwort zu den Energiebilanzen für die Bundesrepublik Deutschland. Berlin.

Arbeitsgemeinschaft Energiebilanzen e. V. (2018). Anwendungsbilanzen. https://ag-energiebilanzen.de/8-0-Anwendungsbilanzen.html (zuletzt abgerufen am 27.11.2019).

Arbeitsgemeinschaft Energiebilanzen e. V. (o. J.). Bilanzen 1990–2016. https://ag-energiebilanzen.de/7-0-Bilanzen-1990-2016.html (zuletzt abgerufen am 27.11.2019).

Averch, H. und Johnson, L. L. (1962). Behavior of the Firm under Regulatory Constraint. *The American Economic Review*, 52(5):1052–1069.

https://doi.org/10.1515/9783110556339-016

Barrett, S. und Toman, M. (2010). Contrasting Future Paths for an Evolving Global Climate Regime. The World Bank, Development Research Group, Policy Research Working Paper 5164.

Bärthel, H. (1997). *Die Geschichte der Gasversorgung in Berlin*. Nicolai Verlag, Berlin.

Baumol, W. J. (1977). On the Proper Cost Tests for Natural Monopoly in a Multiproduct Industry. *The American Economic Review*, 67(5):809–822.

BGR (2016). Energiestudie 2016 – Reserven, Ressourcen und Verfügbarkeit von Energierohstoffen. Bundesanstalt für Geowissenschaften und Rohstoffe. https://www.bgr.bund.de/DE/Themen/Energie/Produkte/energiestudie2016_Zusammenfassung.html (zuletzt abgerufen am 27.11.2019).

BGR (2018). *Daten und Entwicklungen der deutschen und globalen Energieversorgung*. Bundesanstalt für Geowissenschaften und Rohstoffe, Hannover. https://www.bgr.bund.de/DE/Themen/Energie/Downloads/energiestudie_2018.pdf?__blob=publicationFile&v=8 (zuletzt abgerufen am 27.11.2019).

Blasch, J., Boogen, N., Filippini, M. und Kumar, N. (2017). *The role of energy and investment literacy for residential electricity demand and end-use efficiency. CER-ETH Working Paper 17/269.* Center of Economic Research. Zürich.

BMWi (2016). Fünfter Monitoring-Bericht „Energie der Zukunft". BMWi Report, Öffentlichkeitsarbeit, S. 1–151.

BMWi (2018). Energiedaten: Gesamtausgabe – Stand Januar 2018. http://www.bmwi.de/Redaktion/DE/Artikel/Energie/energiedaten-gesamtausgabe.html (zuletzt abgerufen am 27.11.2019).

BMWi (2019). Verordnung zur Regelung des Verfahrens der Beschaffung, des Einsatzes und der Abrechnung einer Kapazitätsreserve (Kapazitätsverordnung – KapResV). Verordnung des Bundesministeriums für Wirtschaft und Energie. https://www.bmwi.de/Redaktion/DE/Downloads/J-L/kapazitaetsreserve-referentenentwurf.pdf?__blob=publicationFile&v=8 (zuletzt abgerufen am 27.11.2019).

BNetzA (o. J.). Programm SMARD – Strommarktdaten [in Marktdaten visualisieren]. https://www.smard.de/home/marktdaten (zuletzt abgerufen am 27.11.2019).

Boiteux, M. (1971). On the management of public monopolies subject to budgetary constraints. *Journal of Economic Theory*, 3(3):219–240.

Borchert, J., Schemm, R. und Korth, S. (2006). *Stromhandel – Institutionen, Marktmodelle, Pricing und Risikomanagement*. Schäffer-Poeschel, Stuttgart.

BPA (o. J.). Bundesregierung beschließt Ausstieg aus der Kernkraft bis 2022. Presse- und Informationsamt der Bundesregierung. Berlin. https://www.bundesregierung.de/breg-de/suche/bundesregierung-beschliesst-ausstieg-aus-der-kernkraft-bis-2022-457246 (zuletzt abgerufen am 27.11.2019).

British Petroleum (BP) (2015). Statistical Review of World Energy 2015. https://www.bp.com/content/dam/bp-country/es_es/spain/documents/downloads/PDF/bp-statistical-review-of-world-energy-2015-full-report.pdf (zuletzt abgerufen am 27.11.2019).

British Petroleum (BP) (2017). Statistical Review of World Energy June 2017. https://www.bp.com/content/dam/bp-country/de_ch/PDF/bp-statistical-review-of-world-energy-2017-full-report.pdf (zuletzt abgerufen am 27.11.2019).

British Petroleum (BP) (2018). Statistical Review of World Energy 2018. https://www.bp.com/content/dam/bp/en/corporate/pdf/energy-economics/statistical-review/bp-stats-review-2018-full-report.pdf (zuletzt abgerufen am 27.11.2019).

British Petroleum (BP) (2019). BP Statistical Review of World Energy 2019 – Coal. https://www.bp.com/content/dam/bp/business-sites/en/global/corporate/pdfs/energy-economics/statistical-review/bp-stats-review-2019-coal.pdf (zuletzt abgerufen am 27.11.2019).

Buchholz, W. und Eichenseer, M. (2017). Strategic coalition formation in global public good provision. In *The Theory of Externalities and Public Goods*, S. 61–84. Springer, Cham.

Buchholz, W., Frank, J., Karl, H.-D., Pfeiffer, J., Pittel, K., Triebswetter, U., Habermann, J., Mauch, W. und Staudacher, T. (2012). *Die Zukunft der Energiemärkte. Ökonomische Analyse und Bewertung von Potenzialen und Handlungsmöglichkeiten.* Ifo-Institut, München.

Bundesamt für Justiz (o. J.). Steinkohlefinanzierungsgesetz. http://www.gesetze-im-internet.de/steinkohlefing/__3.html (zuletzt abgerufen am 27.11.2019).

Bundesamt für Wirtschaft und Ausfuhrkontrolle (o. J.). Drittlandskohlepreis. http://www.bafa.de/DE/Energie/Rohstoffe/Drittlandskohlepreis/drittlandskohlepreis_node.html (zuletzt abgerufen am 27.11.2019).

Bundesanstalt für Geowissenschaften und Rohstoffe (BGR) (2017). BGR Energiestudie 2017 – Daten und Entwicklungen der deutschen und globalen Energieversorgung. Hannover.

Bundesministerium für Wirtschaft und Energie (BMWi) (2010). Energiekonzept für eine umweltschonende, zuverlässige und bezahlbare Energieversorgung. Berlin.

Bundesministerium für Wirtschaft und Energie (BMWi) (2016a). *Fünfter Monitoring-Bericht zur Energiewende, Die Energie der Zukunft, Berichtsjahr 2015.* BMWi, Berlin.

Bundesministerium für Wirtschaft und Energie (BMWi) (2016b). Infografik: Industriestrompreiskomponenten 2016 (20 GWh < Verbrauch < 70 GWh, in EUR/kWh). https://www.bmwi.de/Redaktion/DE/Downloads/I/industrie-energieintensive-industrien-strompreise.pdf?__blob=publicationFile&v=19 (zuletzt abgerufen am 27.11.2019).

Bundesministerium für Wirtschaft und Energie (BMWi) (2017). Gesetzeskarte für das Energieversorgungssystem. Karte zentraler Strategien, Gesetze und Verordnungen. http://www.bmwi.de/Redaktion/DE/Publikationen/Energie/gesetzeskarte.pdf?__blob=publicationFile&v=35 (zuletzt angerufen am 27.11.2019), Berlin.

Bundesministerium für Wirtschaft und Energie (BMWi) (2018a). *Sechster Monitoring-Bericht zur Energiewende. Die Energie der Zukunft. Berichtsjahr 2016.* BMWi, Berlin.

Bundesministerium für Wirtschaft und Energie (BMWi) (2018b). Verwendung von Fernwärme in Deutschland – Infografik. https://www.bmwi.de/Redaktion/DE/Infografiken/Energie/Energiedaten/Energietraeger/energiedaten-energietraeger-32.html (zuletzt abgerufen am 27.11.2019), Berlin.

Bundesministerium für Wirtschaft und Energie (BMWi) (2019a). *Kohleausstieg und Strukturwandel. Artikel Regionalpolitik.* BMWi. https://www.bmwi.de/Redaktion/DE/Artikel/Wirtschaft/kohleausstieg-und-strukturwandel.html (zuletzt abgerufen am 27.11.2019).

Bundesministerium für Wirtschaft und Energie (BMWi) (2019b). *Rahmen und nächste Schritte für die Kohleausstiegsgesetzgebung. Stand: 03. Juli 2019.* BMWi, Berlin. https://www.bmwi.de/Redaktion/DE/Downloads/P-R/rahmen-und-naechste-schritte-kohleausstiegsgesetzgebung.pdf?__blob=publicationFile&v=10 (zuletzt abgerufen am 27.11.2019).

Bundesministerium für Wirtschaft und Energie (BMWi) (2019c). *Eckpunkte zur Umsetzung der strukturpolitischen Empfehlungen der Kommission „Wachstum, Struktur wandel und Beschäftigung" für ein „Strukturstärkungsgesetz Kohleregionen".* BMWi, Berlin. https://www.bmwi.de/Redaktion/DE/Downloads/E/eckpunkte-strukturwandel.pdf?__blob=publicationFile&v=16 (zuletzt abgerufen am 27.11.2019).

Bundesministerium für Wirtschaft und Energie (BMWi). Bruttostromerzeugung 2017 in TWh. https://www.bmwi.de/Redaktion/DE/Infografiken/Energie/bruttostromerzeugung-in-deutschland.html (zuletzt abgerufen am 27.11.2019), Berlin.

Bundesministerium für Wirtschaft und Energie (BMWi). Datenübersicht zum sechsten Monitoring Bericht. https://www.bmwi.de/Redaktion/DE/Artikel/Energie/monitoring-prozess.html (zuletzt angerufen am 27.11.2019), Berlin.

Bundesministerium für Wirtschaft und Energie (BMWi). Eine Zielarchitektur für die Energiewende: Von politischen Zielen bis zu Einzelmaßnahmen. http://www.bmwi.de/Redaktion/DE/Artikel/Energie/zielarchitektur.html (zuletzt abgerufen am 27.11.2019), Berlin.

Bundesministerium für Wirtschaft und Energie (BMWi). Elektromobilität in Deutschland. https://www.bmwi.de/Redaktion/DE/Dossier/elektromobilitaet.html (zuletzt abgerufen am 27.11.2019), Berlin.

Bundesministerium für Wirtschaft und Energie (BMWi). Unsere Energiewende: sicher, sauber, bezahlbar. https://www.bmwi.de/Redaktion/DE/Dossier/energiewende.html (zuletzt abgerufen am 27.11.2019), Berlin.

Bundesnetzagentur (2010). Netzregelverbund Stromnetze. https://www.bundesnetzagentur.de/SharedDocs/Pressemitteilungen/DE/2010/100316NetzregelverbundStrom.html (zuletzt abgerufen am 27.11.2019), Bonn.

Bundesnetzagentur (2017). Energielexikon – Stand Oktober 2017. https://www.bundesnetzagentur.de/SharedDocs/FAQs/DE/Sachgebiete/Energie/Verbraucher/Energielexikon/EEGUmlage.html (zuletzt aufgerufen am 27.11.2019).

Bundesnetzagentur (2019). Strommarktdaten – SMARD Marktdaten Download. https://www.smard.de/home/downloadcenter/download_marktdaten (zuletzt abgerufen am 27.11.2019), Bonn.

Clean Energy Wire (2019). Germany's dependence on imported fossil fuels. https://www.cleanenergywire.org/factsheets/germanys-dependence-imported-fossil-fuels (zuletzt abgerufen am 27.11.2019).

Cornell, S. E., Prentice, I. C., House, J. I. und Downy, C. J. (2009). *Understanding the earth system: global change science for application.* Cambridge University Press, Cambridge, UK.

Cornes, R. und Sandler, T. (1984). Easy riders, joint production, and public goods. *The Economic Journal*, Vol. 94(375):580–598.

Cornes, R. und Sandler, T. (1994). The comparative static properties of the impure public good model. *Journal of Public Economics*, Vol. 54(3):403–421.

DEBRIV (2017). *Braunkohle in Deutschland 2017 – Sicherheit für die Stromversorgung.* Bundesverband Braunkohle, Berlin.

Deutscher Bundestag (2017). Steinkohlesubventionen. Dokumentation. WD 5 (Wirtschaft und Verkehr, Ernährung, Landwirtschaft und Verbraucherschutz). https://www.bundestag.de/blob/505892/0a3577d00633e51547e8b148f2d58e01/wd-5-033-17-pdf-data.pdf (zuletzt abgerufen am 27.11.2019).

Duden (o. J.). Kuppelproduktion. Verfügbar unter https://www.duden.de/rechtschreibung/Kuppelprodukton (zuletzt abgerufen am 27.11.2019).

Edenhofer, O., Knopf, B., Luderer, G., Steckel, J. und Bruckner, T. (2011). More heat than light? On the economics of decarbonisation. In *Sustainable Energy*, S. 70–108. Routledge.

Europäische Kommission (2011). Mitteilung der Kommission an das Europäische Parlament, den Rat, den Europäischen Wirtschafts- und Sozialausschuss und den Ausschuss der Regionen, Energiefahrplan 2050. KOM(2011) 885, Brüssel.

Europäische Kommission (2015). Mitteilung der Kommission an das Europäische Parlament, den Rat, den Europäischen Wirtschafts-und Sozialausschuss, den Ausschuss der Regionen und die Europäische Investitionsbank, Paket zur Energieunion. COM(2015) 80, Brüssel.

Europäische Kommission (o. J.). 2020 climate & energy package. https://ec.europa.eu/clima/policies/strategies/2020 (zuletzt abgerufen am 27.11.2019), Brüssel.

Europäische Union (EU) (2019). Investitionen in eine nachhaltige Energiezukunft für Europa. https://europa.eu/european-union/topics/energy_de (zuletzt abgerufen am 27.11.2019).

European Commission (2015). The role of gas storage in internal market and in ensuring security of supply. Report EUR 2015.1391 EN.

ExxonMobil (2007). *Oeldorado 2007.* ExxonMobil Central Europe Holding GmbH, Hamburg. http://www.eberhart.ch/services/infothek/oeldorado/details/1403 (zuletzt abgerufen am 27.11.2019).

Farmer, G. und Cook, J. (2013). *Climate Change Science: A Modern Synthesis. Volume 1 – The Physical Climate.* Springer Netherlands.

Faruqui, A. und Sergici, S. (2010). Household response to dynamic pricing of electricity: a survey of 15 experiments. *Journal of Regulatory Economics*, Vol. 38(2):193–225.

Faruqui, A., Sergici, S. und Sharif, A. (2010). The Impact of Informational Feedback on Energy Consumption – A Survey of the Experimental Evidence. *Energy*, Vol. 35:1598–1608.

Flakowski, S. (2003). *Die erschöpfbare Ressource Erdgas. Auswirkungen der Transporteigenschaften auf Preisbildung und Strategien in Europa.* Lit-Verlag, Münster.

Forbes (2018). The World's Largest Public Companies. https://www.forbes.com/global2000/list/ #header:revenue_sortreverse:true_industry:Diversified%20Metals%20%26%20Mining (zuletzt abgerufen am 27.11.2019).

Forsa (2015). Akzeptanz von variablen Stromtarifen – Ergebnisse einer qualitativen Vorstufe und einer bevölkerungsrepräsentativen Umfrage. November, 2015.

Freudendahl, D. (2016). Carbon Capture and Usage. Europäische Sicherheit und Technik. S. 123. https://www.int.fraunhofer.de/content/dam/int/de/documents/EST/EST%201216% 20Carbon%20Capture%20and%20Usage.pdf (zuletzt abgerufen am 27.11.2019).

Fürsch, M., Malischek, R. und Lindenberger, D. (2015). *Der Merit-Order-Effekt der erneuerbaren Energien – Analyse der kurzen und langen Frist. EWI Working Paper 12/14.* Energiewirtschaftliches Institut an der Universität zu Köln (EWI), Köln.

Geman, H. (2005). *Commodities and Commodity Derivatives: Modeling and Pricing for Agriculturals, Metals and Energy.* Wiley Finance, Chichester.

GGFR (2017). Gas flaring data 2013–17, World Bank, Global Gas Flaring Reduction Partnership. http: //www.worldbank.org/en/programs/gasflaringreduction#7 (zuletzt abgerufen am 27.11.2019).

Gilbert, B. und Zivin, J. G. (2014). Dynamic salience with intermittent billing: Evidence from smart electricity meters. *Journal of Economic Behavior & Organization*, Vol. 107:176–190.

Gordon, R. (1967). A Reinterpretation of the Pure Theory of Exhaustion. *Journal of Political Economy*, 75(3):274–286.

Harding, M. und Hsiaw, A. (2014). Goal setting and energy conservation. *Journal of Economic Behavior & Organization*, Vol. 107:209–227.

Holtrup, F. (2016). Potenzial für Demand Side Management der energieintensiven Industrie in Deutschland: Beispiel Chlor-Alkali-Elektrolysen. *Energiewirtschaftliche Tagesfragen*, 04/2016:51–56.

Hotelling, H. (1931). The Economics of Exhaustible Resources. *Journal of Political Economy*, 39(2):137–175.

Houde, S., Todd, A., Sudarshan, A., Flora, J. A. und Armel, K. C. (2013). Real-time Feedback and Electricity Consumption: A Field Experiment Assessing the Potential for Savings and Persistence. *The Energy Journal*, Vol. 34(1):87–102.

Ihori, T. (2017). *Principles of Public Finance.* Springer.

International Atomic Energy Agency (IAEA) (2017). Energy, Electricity and Nuclear Power Estimates for the Period up to 2050. Reference Data Series, 37(1).

International Atomic Energy Agency (IAEA) (2019a). Operational & Long-Term Shutdown Reactors. https://pris.iaea.org/PRIS/WorldStatistics/OperationalReactorsByCountry.aspx (zuletzt abgerufen am 27.11.2019).

International Atomic Energy Agency (IAEA) (2019b). Anzahl der Atomreaktoren weltweit nach Reaktortyp in den Jahren 2016 und 2017. https://de.statista.com/statistik/daten/studie/ 28904/umfrage/anzahl-der-kernkraftwerke-weltweit-nach-reaktortyp/ (zuletzt abgerufen am 27.11.2019).

International Energy Agency (2017). World Energy Balances 2017: Overview. Paris.

International Energy Agency (iea) (2017). Coal Information: Overview. https://www.iea.org/publications/freepublications/publication/CoalInformation2017Overview.pdf (zuletzt abgerufen am 27.11.2019).

International Energy Agency (iea) (2019a). Statistics. Coal production. 1995–2016. https://www.iea.org/statistics/?country=WORLD&year=2016&category=Coal&indicator=CoalProdByType&mode=chart&dataTable=COALANDPEAT (zuletzt abgerufen am 27.11.2019).

International Energy Agency (iea) (2019b). Statistics. https://www.iea.org/statistics/?country=WORLD&year=2016&category=Energy%20supply&indicator=TPESbySource&mode=table&dataTable=BALANCES (zuletzt abgerufen am 27.11.2019).

IPCC (2013). *Climate Change 2013: The Physical Science Basis.* Cambridge University Press.

IPCC (2014). *Climate Change 2014: Synthesis Report. Contribution of Working Groups I, II and III to the Fifth Assessment Report of the Intergovernmental Panel on Climate Change.* IPCC, Geneva, Switzerland. Core Writing Team, R. K. Pachauri and L. A. Meyer (eds.).

Jessoe, K. und Rapson, D. (2014). Knowledge is (less) power: Experimental evidence from residential energy use. *The American Economic Review*, Vol. 104(4):1417–1438.

Jessoe, K. und Rapson, D. (2015). Commercial and Industrial Demand Response under Mandatory Time-Of-Use Electricity Pricing. *Journal of Industrial Economics*, Vol. 63(3):397–421.

Kaltenegger, O., Löschel, A. und Pothen, F. (2017). The effect of globalisation on energy footprints: Disentangling the links of global value chains. *Energy Economics*, Vol. 68(1):148–168.

Kesternich, M., Löschel, A. und Römer, D. (2014). The Long-Term Impact of Matching and Rebate Subsidies when Public Goods are Impure: Field Experimental Evidence from the Carbon Offsetting Market. CAWM Discussion Paper No. 76, Münster.

Kesternich, M., Löschel, A. und Römer, D. (2016). The long-term impact of matching and rebate subsidies when public goods are impure: Field experimental evidence from the carbon offsetting market. *Journal of Public Economics*, Vol. 137:70–78.

Kesting, S. (2006). *Transmission network access regulation in the European gas market.* Nomos. Baden-Baden.

Kobelt, H. und Schulte, P. (2006). *Finanzmathematik: Methoden, betriebswirtschaftliche Anwendungen und Aufgaben mit Lösungen.* NWB-Studienbücher Wirtschaftswissenschaften, NWB Verlag.

Koch, H. und Vögele, S. (2009). Dynamic modelling of water demand, water availability and adaptation strategies for power plants to global change. *Ecological Economics*, 68(7):2031–2039.

Kraftfahrtbundesamt (2019). Anzahl der Elektroautos in Deutschland von 2006 bis 2018. In Statista – Das Statistik-Portal. https://de.statista.com/statistik/daten/studie/265995/umfrage/anzahl-der-elektroautos-in-deutschland/ (zuletzt abgerufen am 27.11.2019).

Kraftfahrtbundesamt (o. J.). Jahresbilanz der Neuzulassungen. https://www.kba.de/DE/Statistik/Fahrzeuge/Neuzulassungen/neuzulassungen_node.html (zuletzt abgerufen am 27.11.2019).

Livernois, J., Thille, H. und Zhang, X. (2006). A test of the Hotelling rule using old-growth timber data. *Canadian Journal of Economics*, 39(1):163–186.

Löschel, A., Sturm, B. und Vogt, C. (2013a). The demand for climate protection—empirical evidence from Germany. *Economics Letters*, Vol. 118(3):415–418.

Löschel, A., Flues, F., Pothen, F. und Massier, P. (2013b). Den Strommarkt an die Wirklichkeit anpassen: Skizze einer neuen Marktordnung. ZEW Discussion Papers. S. 13-065, Mannheim.

Löschel, A., Erdmann, G., Staiß, F. und Ziesing, H.-J. (2016). *Stellungnahme zum fünften Monitoring-Bericht der Bundesregierung für das Berichtsjahr 2015.* Expertenkommission zum Monitoring-Prozess „Energie der Zukunft", Berlin, Münster, Stuttgart.

Löschel, A., Erdmann, G., Staiß, F. und Ziesing, H.-J. (2018). Stellungnahme zum sechsten Monitoring-Bericht der Bundesregierung für das Berichtsjahr 2016. Berlin, Münster, Stuttgart.

Lynham, J., Nitta, K., Saijo, T. und Tarui, N. (2016). Why does real-time information reduce energy consumption? *Energy Economics*, Vol. 54:173–181.

Martiny, M. und Schneider, H.-J. (Hrsg.) (1981). *Deutsche Energiepolitik seit 1945*. Bund-Verlag, Köln.

Motta, M. (2004). *Competition Policy*. Cambridge University Press, New York.

MWV (2009). *Jahresbericht 2008*. Mineralölwirtschaftsverband e. V., Berlin. https://www.mwv.de/wp-content/uploads/2016/06/mwv-publikationen-jahresberichte-mineraloelzahlen-2008.pdf (zuletzt abgerufen am 27.11.2019).

MWV (2011). *Jahresbericht 2010*. Mineralölwirtschaftsverband e. V., Berlin. https://www.mwv.de/wp-content/uploads/2016/06/mwv-publikationen-jahresberichte-mineraloelzahlen-2010.pdf (zuletzt abgerufen am 27.11.2019).

MWV (2015). *Broschüre „Raffinerien bewegen Menschen und Märkte"*. Mineralölwirtschaftsverband e. V. https://www.mwv.de/wp-content/uploads/2016/07/mwv-raffinerien-bewegen-menschen-und-maerkte-2015.pdf (zuletzt abgerufen am 27.11.2019).

MWV (2017). *Jahresbericht 2017*. Mineralölwirtschaftsverband e. V., Berlin. https://www.mwv.de/wp-content/uploads/2016/06/170629_Mineraloelwirtschaftsverband_Jahresbericht-2017.pdf (zuletzt abgerufen am 27.11.2019).

MWV (o. J.). *Rohölpreisentwicklung jährlich [in Statistiken]*. Mineralölwirtschaftsverband e. V. https://www.mwv.de/statistiken/rohoelpreise/ (zuletzt abgerufen am 27.11.2019).

Next Kraftwerke (o. J.). *Was ist Regelenergie?* Next Kraftwerke GmbH. https://www.next-kraftwerke.de/wissen/regelenergie (zuletzt abgerufen am 27.11.2019).

Nord Pool (o. J.). Organisation. https://www.nordpoolgroup.com/About-us/organisation (zuletzt abgerufen am 27.11.2019), Lysaker, Norwegen.

Nuklearforum Schweiz (2019). Statistische Kennzahlen (ganze Welt) – Kernkraftwerke. https://www.nuklearforum.ch/de/nuclearplanet/app (zuletzt abgerufen am 27.11.2019).

OECD, IEA and Eurostat (2004). *Energy Statistics Manual*. IEA Publications, Paris.

Pechan, A. und Eisenack, K. (2014). The impact of heat waves on electricity spot markets. *Energy Economics*, 43:63–71.

Perman, R., Ma, Y., McGilvary, J. und Common, M. (2003). *Natural Resource and Environmental Economics*. Pearson., 3. Aufl.

Pittel, K. (2012). Das energiepolitische Zieldreieck und die Energiewende. *Ifo Schnelldienst*, 12/2012 (65):22–26.

Presse- und Informationsamt der Bundesregierung (BPA) (o. J.). Bundesregierung beschließt Ausstieg aus der Kernkraft bis 2022. https://www.bundesregierung.de/breg-de/suche/bundesregierung-beschliesst-ausstieg-aus-der-kernkraft-bis-2022-457246 (zuletzt abgerufen am 27.11.2019).

Quaschning, V. (2013). *Erneuerbare Energien und Klimaschutz*. Hanser, München.

Ramsey, F. P. (1927). A Contribution to the Theory of Taxation. *The Economic Journal*, 37:47–61.

Reuters (2017). Business News. Factbox: Shenhua and Guodian – China's latest state marriage. 29. August 2017. https://www.reuters.com/article/us-china-power-shenhua-guodian-factbox-idUSKCN1B918I (zuletzt abgerufen am 27.11.2019).

Ritschel, W. und Schiffer, H.-W. (2007). *Weltmarkt für Steinkohle*. RWE Power AG, Essen.

Rockström, J., Gaffney, O., Rogelj, J., Meinshausen, M., Nakicenovic, N. und Schellnhuber, H.-J. (2017). A roadmap for rapid decarbonization. *Science*, Vol. 355:1269–1271.

Rodemeier, M., Löschel, A. und Kube, R. (2017). Casting light on energy efficiency: evidence on consumer inattention and imperfect information. *Applied Economics Letters*, S. 1–13.

Rübbelke, D. (2002). *International climate policy to combat global warming – an analysis of the ancillary benefits of reducing carbon emissions*. Edward Elgar, Cheltenham, Northampton.

Rübbelke, D. und Vögele, S. (2011). Impacts of climate change on European critical infrastructures: The case of the power sector. *Environmental Science & Policy*, 14(1):53–63.

Rübbelke, D. und Vögele, S. (2013). Short-term distributional consequences of climate change impacts on the power sector: who gains and who loses? *Climatic Change*, 116(2):191–206.

Salameh, M. G. (2018). The Petro-yuan: A Momentous Game Changer for the Global Energy Markets, the Global Economy & Sanctions. IAEE Energy Forum S. 29–33.

Schulte, I. und Heindl, P. (2016). Price and Income Elasticities of Residential Energy Demand in Germany. ZEW Discussion Paper 16-052.

Schwintowski, H.-J. (Hrsg.) (2018). *Handbuch Energiehandel*. Erich Schmidt Verlag, Berlin., 4. Aufl.

Shen, L., Gao, T. M. und Cheng, X. (2012). China's coal policy since 1979: A brief overview. *Energy Policy*, 40:274–281.

Siemens (2014). Wahrzeichen mit Weltrekord. https://www.siemens.com/press/pool/de/feature/2014/corporate/2014-02-lausward/pof-lausward-d.pdf (zuletzt abgerufen am 27.11.2019), Pictures of the future, Frühjahr 2014, München.

Simon, J. (1996). *The Ultimate Resource 2*. Princeton University Press.

Smil, V. (2015). *Power Density: A Key to Understanding Energy Sources and Uses*. The MIT Press, Cambridge.

Sprengler, J. J. (1950). Vertical Integration and Antitrust Policy. *Journal of Political Economy*, 58:347–352.

Statistik der Kohlenwirtschaft e. V. (2017). Der Kohlebergbau in der Energiewirtschaft der Bundesrepublik Deutschland im Jahr 2017. https://kohlenstatistik.de/wp-content/uploads/2019/10/silberbuch_2017.pdf (zuletzt abgerufen am 27.11.2019).

Tennet (o. J.). Marktbasiertes Engpassmanagement. https://www.tennet.eu/de/strommarkt/strommarkt-in-deutschland/engpassmanagement/marktbasiertes-engpassmanagement (zuletzt abgerufen am 27.11.2019).

The World Bank (o. J.). CO2 emissions (kt). Data from: Carbon Dioxide Information Analysis Center, Environmental Sciences Division, Oak Ridge National Laboratory, Tennessee, United States. https://data.worldbank.org/indicator/EN.ATM.CO2E.KT (zuletzt abgerufen am 27.11.2019).

Timmer, M. P., Dietzenbacher, E., Los, B., Stehrer, R. und de Vries, G. J. (2015). An Illustrated User Guide to the World Input–Output Database: the Case of Global Automotive Production. *Review of International Economics*, Vol. 23(3):445–665.

Umweltbundesamt (2013). Carbon Capture and Storage. https://www.umweltbundesamt.de/themen/wasser/gewaesser/grundwasser/nutzung-belastungen/carbon-capture-storage#textpart-1 (zuletzt abgerufen am 27.11.2019).

Umweltbundesamt (2017). *Daten und Fakten zu Braun- und Steinkohle. Hintergrund Dezember 2017*. Umweltbundesamt, Dessau-Roßlau.

Umweltbundesamt (2018a). Schwefeldioxid-Emissionen. https://www.umweltbundesamt.de/daten/luft/luftschadstoff-emissionen-in-deutschland/schwefeldioxid-emissionen#textpart-1 (zuletzt abgerufen am 27.11.2019).

Umweltbundesamt (2018b). Entwicklung des durchschnittlichen Brutto-Wirkungsgrades fossiler Kraftwerke. Abgerufen von https://www.umweltbundesamt.de/sites/default/files/medien/384/bilder/dateien/6_abb_entwicklung-brennstoffausnutzungsgrad_2019-03-15.pdf (zuletzt abgerufen am 27.11.2019).

Umweltbundesamt (2018c). Kraftstoffe. Durchschnittlicher Kraftstoffverbrauch von Pkw und Kombi pro 100 Kilometer. https://www.umweltbundesamt.de/daten/verkehr/kraftstoffe (zuletzt abgerufen am 27.11.2019).

Umweltbundesamt (2019a). Konventionelle Kraftwerke und erneuerbare Energien. https://www.umweltbundesamt.de/daten/energie/konventionelle-kraftwerke-erneuerbare-energien#textpart-4 (zuletzt abgerufen am 27.11.2019).

Umweltbundesamt (2019b). Energiebedingte Emissionen. https://www.umweltbundesamt.de/daten/energie/energiebedingte-emissionen#textpart-1 (zuletzt abgerufen am 27.11.2019).

United Nations (2018). *International Recommendations for Energy Statistics (IRES). ST/E SA/S TAT/SER. M/93*. Department of Economic and Social Affairs – Statistics Division, New York.

United Nations Framework Convention on Climate Change (Hrsg.) (1992). United Nations Framework Convention on Climate Change. Article 3. FCCC/Informal/84 GE.05-62220 (E) 200705.

United Nations Framework Convention on Climate Change (Hrsg.) (1998). Adoption of the Kyoto Protocol to the United Nations Framework Convention on Climate Change Kyoto. FCCC/CP/1997/7/Add.1, Decision 1/CP.3, Annex A, 18.3.1998.

Urban, W., Girod, K., Lohmann, H., Dachs, G. und Zach, C. (2009). *Technologien und Kosten der Biogasaufbereitung und Einspeisung in das Erdgasnetz. Ergebnisse der Markterhebung 2007– 2008*. Fraunhofer-Gesellschaft.

van Vliet, M., Yearsley, J. R., Ludwig, F., Vögele, S., Lettenmaier, D. P. und Kabat, P. (2012). Vulnerability of US and European electricity supply to climate change. *Nature Climate Change*, 2:676–681.

van Vliet, M., Franssen, W., Yearsley, J. R., Ludwig, F., Haddeland, I., Lettenmaier, D. P. und Kabat, P. (2013). Global river discharge and water temperature under climate change. *Global Environmental Change*, 23(2):450–464.

Verein der Kohleimporteure (2019). Jahresbericht. Fakten und Trends 2018/19. https://www.kohlenimporteure.de/publikationen/jahresbericht-2019.html?file=files/user_upload/jahresberichte/Jahresbericht_2019.pdf (zuletzt abgerufen am 27.11.2019).

Vögele, S., Rübbelke, D., Mayer, P. und Kuckshinrichs, W. (2018). Germany's „No" to Carbon Capture and Storage: Just a Question of Lacking Acceptance? *Applied Energy*, Vol. 214:205–218.

Wildmann, L. (2007). *Einführung in die Volkswirtschaftslehre, Mikroökonomie und Wettbewerbspolitik*. Oldenbourg Wissenschaftsverlag GmbH, München.

Wissenschaftliche Dienste des deutschen Bundestags (2007). CO2-Bilanzen verschiedener Energieträger im Vergleich. Klimafreundlichkeit von fossilen Energien, Kernenergie und erneuerbaren Energien im Vergleich.

Wolak, F. A. (2011). Do Residential Customers Respond to Hourly Prices? Evidence from a Dynamic Pricing Experiment. *The American Economic Review*, Vol. 101(3):83–87.

World Energy Council (2017). World Energy Resources 2016, World Energy Council. https://www.worldenergy.org/wp-content/uploads/2016/10/World-Energy-Resources-Full-report-2016.10.03.pdf (zuletzt abgerufen am 27.11.2019).

World Information Service on Energy (WISE) Uranium Project (2017). News. http://www.wise-uranium.org/new.html (zuletzt abgerufen am 27.11.2019).

Zenke, I. und Schäfer, R. (Hrsg.) (2017). *Energiehandel in Europa: Öl, Gas, Strom, Derivate, Zertifikate*. C.H. Beck, München.

Ziesing, H.-J., Görgen, R., Maaßen, U. und Nickel, M. (2012). *Energie in Zahlen – Arbeit und Leistungen der AG Energiebilanzen*. Arbeitsgemeinschaft Energiebilanzen e. V. (Hrsg.), Berlin.

Zypries, B. (2014). Schriftliche Fragen an die Bundesregierung im Monat März 2014, Frage Nr. 30. https://www.bmwi.de/Redaktion/DE/Parlamentarische-Anfragen/2014/3-30-schriftliche-anfrage-abwanderung-von-stromintensiven-unternehmen.pdf?__blob=publicationFile&v=1 (zuletzt abgerufen am 27.11.2019).

Stichwortverzeichnis

https://doi.org/10.1515/9783110556339-017

www.ingramcontent.com/pod-product-compliance
Lightning Source LLC
Chambersburg PA
CBHW081037220326
41598CB00038B/6904